KB269971

말하기 영작문 트레이닝 : 어휘편

장근섭 지음

making english sentences for speaking

네이티브처럼 어휘를 쓰는 23가지 법칙

말하기 영작문 트레이닝: 어휘편

지은이   장근섭
펴낸이   정규도
펴낸곳   (주)다락원

초판 1쇄 발행   2018년 1월 10일
초판 3쇄 발행   2021년 1월 25일

책임편집   유나래, 장의연
내지 디자인   장선숙
표지 디자인   하태호
전산편집   이현해
본문 일러스트   김나나

경기도 파주시 문발로 211
내용문의: (02)736-2031 내선 523
구입문의: (02)736-2031 내선 250~252
Fax: (02)732-2037
출판등록 1977년 9월 16일 제406-2008-000007호

값 24,500원
ISBN 978-89-277-0092-0 13740
www.darakwon.co.kr

※다락원 홈페이지를 방문하시면 상세한 출판정보와 함께 동영상 강좌, MP3자료 등 다양한 어학 정보를 얻으실 수 있습니다.

네이티브처럼
어휘를 쓰는
23 가지
법칙

말하기 영작문 트레이닝 : 어휘편

장근섭 지음

making english sentences for speaking

쉬운 단어부터 제대로 아는 것이 중요하다

〈말하기 영작문 트레이닝: 어휘편〉이라고 하니 〈Vocabulary 33000〉처럼 어렵고 방대한 양의 어휘를 담은 책으로 오해하는 사람이 있을지도 모르겠다. 막상 책을 펴니 go, get, come, good, bad, in, at 같은 기본적인 어휘를 연구하겠다고 하면 실망하는 사람도 있을 것이다.

그러나 대부분의 의사소통은 쉬운 단어를 통해 이뤄진다. 특히 우리는 말하기, 듣기, 읽기, 쓰기 중 말하기에 관심이 많으므로, 쉬운 단어를 이용하여 의사표현을 하는 훈련이 다른 영역보다 훨씬 더 중요하다. 어떤 단어를 사용해서 어떤 형식으로 표현할 것인지 바로 우리 자신이 결정하기 때문이다.

일반적인 교육과정을 이수했다면 우리가 알고 있는 단어로 대부분의 의사표현은 충분히 가능하다. 따라서 언제 사용할지도 모르는 어려운 단어를 외우려고 노력하기보다는, 일상적으로 사용하는 쉬운 단어의 다양한 뜻을 파악하여 대화에서 단어 활용 효율을 높이는 것이 유리한 방법이다.

전작 〈말하기 영작문 트레이닝〉에서는 주어, 동사, 목적어 등을 통해 한국어와 영어의 작동 원리가 다름을 알아보았다. 이런 원리를 이해하지 않고서는 영어다운 문장을 만들 수 없다. 그러나 원리를 습득한다고 해서 자동적으로 영어를 잘하게 되는 것은 아니다. 총론이 아닌 각론을 체화하는 과정이 없으면 총론에 대한 지식은 사상누각에 불과하다. go home과 get home이 어떤 차이가 있는지, come here와 get here가 어떻게 다른지 이해하지 못하고서는 제대로 영어를 구사할 수 없다. 그래서 이 책 〈말하기 영작문 트레이닝: 어휘편〉은 각 단어의 근본으로 파고 들어가, 네이티브가 본능적으로 이런 단어에 대해 느끼는 의미를 파악하는 것을 목표로 했다.

오랫동안 저자는 궁금한 한국어 문장을 영어로 전환해 보는 노력을 해 왔다. 그러다 보니 기본동사, 형용사와 부사, 전치사, 관사 등 우리가 흔히 쉽다고 여기는 '쉬운 단어'가 결코 쉽지 않음을 알게 되었다. 특히 이들 단어의 근본적인 뜻이 우리가 생각하는 것과 달라 당황스러웠던 적이 한 두 번이 아니었다. 누구도, 어떤 책도 이런 점을 설명해 주지 않았기 때문에 여러 명의 네이티브에게 번갈아 묻고 인터넷을 뒤져가며 연구하는 것 외에는 달리 방법이 없었다. 심지어 네이티브도 문장이 그렇게 쓰인다고 할 뿐 '왜 그렇게 쓰이는지는' 설명하지는 못 했다.

예를 들어 He won't be available until Wednesday.는 그 사람이 수요일에 시간이 난다는 말인가, 아니면 목요일에 시간이 난다는 말인가? 이 문장은 마치 목요일에 시간이 난다는 말처럼 들리지만 실제로는 수요일에 시간이 난다는 뜻이다. 이것은 한국어의 '~까지'와 영어의 until의 의미가 다른 데서 비롯된다. 저자는 오랜 시간 동안 시행착오를 겪으며 발견한 이런 원리들을 독자와 공유하기 위해 이 책을 쓰게 되었다. 이 책에서 언급된 문장들은 매우 신중하게 선택한 것이다. 저자가 다뤘던 수

천 개의 문장 중에서 일상 생활에서 사용할 가능성이 가장 높고, 어법상으로도 의미가 큰 문장을 선택했다. 여기 나온 문장들은 오랜 기간 연구해 온 원리의 핵심을 담고 있으므로, 학습자의 영어 실력을 한 단계 업그레이드하는 데 안성맞춤일 것이다.

단어의 근본까지 이해한다

2013년, 600페이지 분량의 〈말하기 영작문 트레이닝〉을 출간할 때 누가 이렇게 두꺼운 책을 보겠는가 하는 우려도 많았다. 다행히 많은 독자들이 응원을 해 주셔서 〈말하기 영작문 트레이닝: 어휘편〉을 발간하는 데에까지 이르게 되었다. 〈어휘편〉에서는 영어식 사고로 문장을 만들어 보는 데서 더 나아가, 네이티브가 느끼는 단어와 표현의 미묘한 차이에도 집중했다. 이런 차이를 명사, 대명사, 동사, 형용사와 부사, 전치사, 관사 등 품사별로 나누어 꼼꼼하게 살펴보았다. 자신의 영어 실력을 한 단계 도약시키고자 하는 독자들에게 도움이 되리라 확신한다.

보다 심도 있는 학습을 원하는 독자를 위해, 전작과 마찬가지로 이 책에 포함되지 않은 문장들까지 정리해 네이티브와 논의했던 내용을 원문 그대로 저자의 블로그(blog.naver.com/engstudio)에 올렸다. 블로그의 해당 문장을 찾아보면 각 문장별로 저자와 튜터들이 토론했던 몇 년간의 기록을 고스란히 살펴볼 수 있을 것이다. 궁금한 점을 블로그에 질문하면 신속하게 답변 드리도록 하겠다. 댓글을 통해서도 활발한 토론이 이뤄지길 기대한다.

본격적으로 이 책을 시작하기 전에 독자들께 딱 한 가지만 부탁 드리고자 한다. 반드시 한국어 표제문에 맞는 영어 문장을 직접 만들어 보시기 바란다. 틀려도 좋으니 직접 해 보는 것이 중요하다. 오히려 틀려 봐야 내가 모르는 것이 무엇인지 알 수 있게 된다.

이 책의 독자라면 영어를 잘하고자 하는 열정이 상당하리라 믿는다. 이 책을 통해 독자의 영어 실력이 일취월장하여, 영어로 하고 싶은 말을 자유롭게 할 수 있게 되기를 진심으로 기원한다.

2017년 12월
장근섭

늘 궁금했던 영어 문장을 담았다

일상 생활에서는 많이 쓰지만 영어로는 잘 생각 나지 않는 단어를 중심으로, 한국인이 가장 궁금해할 만한 문장을 골라 담았다. 한국어를 영어로 바꾸는 120개 표제문을 통해 1000개가 넘는 영어문장을 살펴볼 수 있으며, 추가로 제시된 약 70개의 표제문이 맞고 틀리는지 체크하면서 다채로운 영어문장을 접할 수 있다.

진짜 네이티브가 쓰는 생생한 말하기 영어다

이 책에 나오는 모든 문장들은 성인 영어 사용자가 일상 생활에서 사용하는 구어체 영어를 기준으로 삼았다. 모든 표제문은 실생활에서 이루어지는 대화를 전제로 하고 있으므로 맥락이 무엇보다 중요하며, 모든 예문에는 그에 맞는 적절한 맥락이 주어져 있다. 문장이 맞는지 틀리는지도 역시 구어체 문장이 기준이다. 한국어도 그렇지만 구어체에서는 문법적으로는 틀리지만 일반적으로 자주 사용되는 문장도 적지 않은데, 이런 문장들에 대해 네이티브마다 의견이 다른 경우가 많았다. 문법과 네이티브의 의견을 종합해서 결정하되, 맞는 문장의 범위를 가급적 폭넓게 인정했다.

'맞다', '틀리다'가 중요한 것은 아니다

각 문장에 대해 '맞다', '틀리다'라고 어쩔 수 없이 결정했지만, 네이티브마다 편차가 있기 때문에 어떤 문장이 100% 틀렸다고 말하기는 정말 어려운 일이다. 그럼에도 불구하고 어떤 문장은 맞고 어떤 문장은 틀렸다고 한 것은 독자에게 어느 정도 가이드라인을 주어야 하는 영어 학습서의 특성상 취한 방책이다. 독자들은 문장이 맞냐 틀리냐는 결론에 집중하기보다는, 실제로 네이티브가 단어를 어떻게 활용해서 말하는지 그 과정에 집중하기 바란다.

북미식 영어가 기준이다

모든 문장은 미국과 캐나다에서 쓰는 북미식 영어를 기준으로 했다. 이는
저자가 영국식 영어에 반대해서가 아니라 저자의 미국 유학 경험을 토대
로 이 책을 썼으며, 저자의 튜터들이 대체로 미국인과 캐나다인이었기 때
문이다. 북미식 영어는 어차피 가장 널리 쓰이는 영어인 만큼 독자들에게
친숙하게 다가갈 수 있고 널리 활용하기도 적절할 것이다. 필요한 경우에
는 영국식 어법에 대한 설명을 덧붙였다.

영어 어휘 활용에 유용한 법칙을 23개로 규칙화했다

단어와 품사 수준에서 한국어와 영어가 어떻게 다른지, 일반화할 수 있는
경향성이 있는지 연구해 핵심사항을 23개의 법칙으로 규칙화했다. 물론
자연과학처럼 완전무결한 법칙은 아니지만, 네이티브처럼 어휘를 자연스
럽게 활용하는 데 있어 아주 유용한 법칙이다. 명사, 대명사, 동사, 형용사,
부사, 전치사, 관사 등 품사별로 어휘 활용에 있어 꼭 알아둬야 할 법칙을
정리했다.

문장 속 어휘와 문법을 상세하게 분석했다.

전작 〈말하기 영작문 트레이닝〉이 주어, 동사, 목적어 등 큰 틀에서 영어식
으로 문장 만드는 법을 살펴봤다면, 이 책은 영어 문장 내에서 개별 단어의
의미와 용법을 상세히 분석하고, 단어가 아니라 뜻을 어떻게 영어로 옮길
것인지에 주안점을 두었다. 특히 한국에서 나고 자란 사람들이 네이티브
가 쓰는 단어 간의 미묘한 차이를 간파하기란 쉽지 않다. 따라서 실제로 쓰
는 다양한 예문을 통해 단어의 의미와 용법에 대해 심도 있게 분석하였다.
또한, 중급 이상이 되면 영어를 능숙하게 표현하기 위해 문법 지식이 필수
이므로 전작과 마찬가지로 문법도 자세하게 설명했다.

❶ 문장을 직접 만들어 본다

한국어로 된 표제문을 주어진 상황을
참고하여 영어문장으로 바꿔 써 보자.
바로 영어로 떠올리기 힘들면
한국어 표제문을 영어식으로
먼저 바꿔 보고 영어로 떠올려 봐도 좋다.
귀찮더라도 이 부분을 꼭 하고
넘어가야 영어 실력이 향상된다.

❹ 더 많은 문장으로 연습한다

〈미션! 영어다운 문장을 찾아라〉에서
앞에서 배운 규칙이 적용된 문장을
어떤 것이 맞고 틀린 지 체크해 보자.
표제문보다 더 구어체적인 다양한
문장이 가득하다.

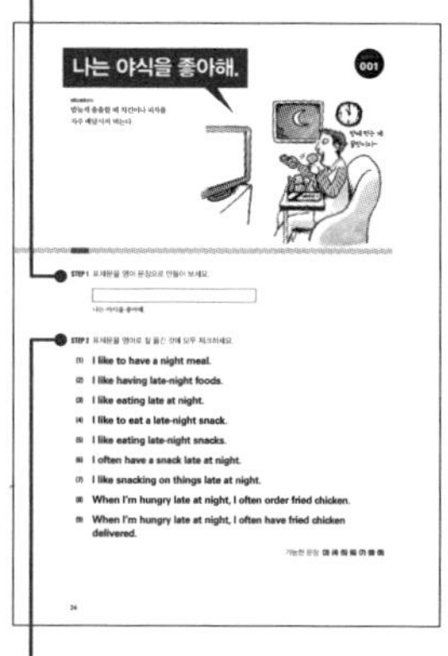

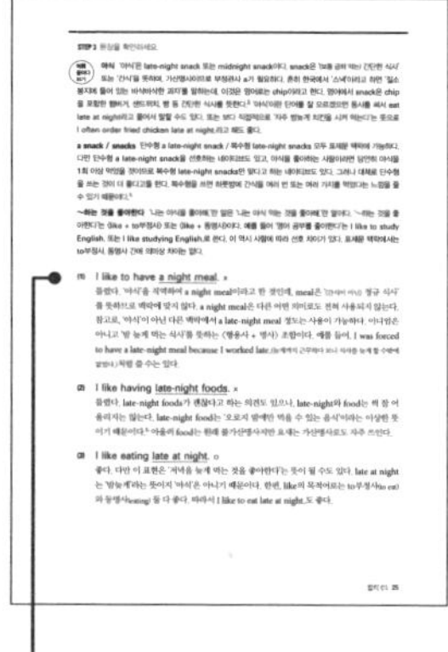

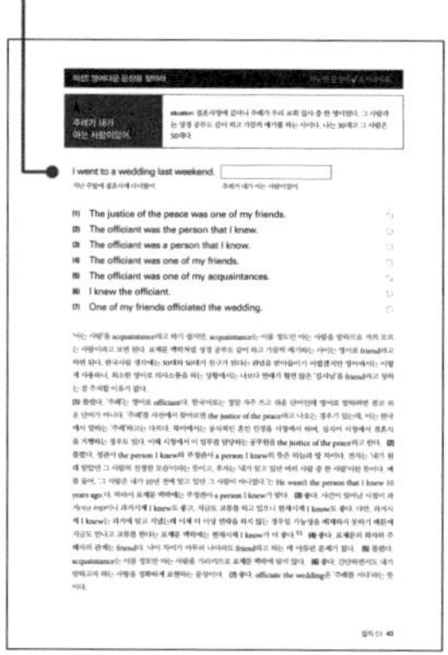

❷ 맞는 문장을 체크한다

제시된 영어문장 중에 맞고
틀린 것을 구분해 보자.
자기가 쓴 문장이 있는지
대조해 보고,
없으면 어떤 문장이 있는지
살펴보면서 맞는 것을 체크해 나가자.

❸ 문장을 확인한다

각 문장에 대한 상세한 설명을 읽고 확인해 보자.
문법상 틀렸거나, 문장에는 문제가 없더라도 상황에 맞지 않는 경우에는
X로 표시했으며, 문법과 상황에 모두 맞는 문장은 O로 표시했다.
맞는 문장 중심으로 공부하는 것도 좋지만 틀린 문장이 왜 틀렸는지
아는 것도 중요하므로 틀린 이유를 꼭 알고 넘어가자.

❺ 네이티브 발음을 확인한다

문장을 그냥 눈으로 보는 데서 그치지 말고 직접 읽어 보는 것도 중요하다. 책에 나오는 모든 표제문을
영어로 바꾼 1200여 개의 문장을 MP3 파일로 제공한다. 틀린 문장은 빼고 가능한 문장만 읽었다.
네이티브가 말하는 속도만큼 읽을 수 있도록 영어 문장을 많이 읽어 보자. 자꾸 읽어서 혀가 익숙하게
만들어야 한다. MP3 파일은 다락원 홈페이지(www.darakwon.co.kr)에서 무료로 내려 받을 수 있다.
MP3 듣기 옆에 있는 QR코드를 찍으면 스마트폰으로도 바로 MP3를 들어 볼 수 있다.

전작에 이어 그동안 저자에게 영어를 가르쳐 줬던 영어 선생님들을 소개한다. 이 책에 나온 문장들은 저자가 지난 10여 년간 네이티브와 토론을 통해 쌓아온 데이터를 통해 나온 것이다. 맞는 문장과 틀린 문장을 가려내기 위해, 아울러 다른 상황에서도 적용할 수 있는 원리를 알아 내기 위해 다양한 배경을 가진 네이티브들에게 물어 보고 확인하는 과정을 여러 번 거쳤다. 이들은 모두 대학 재학 중이었거나 학사 학위 이상 소지자다.

April

20대 후반 여성. 미국 텍사스 출신이다. 매우 표준적인 영어를 구사하며 언어에 관심이 많다. 문장이 맞는지 틀렸는지에 대해 상당히 일관성이 있으며, 그 설명 또한 상당히 통찰력이 있다. 이번 책 작업에 가장 많은 도움을 주었다.

George

50대 초반 남성. 캐나다 위니펙 출신이다. 같은 문장에 대해 생각이 정반대로 달라지는 경우가 적지 않았지만, 이 점이 역설적으로 새로운 각도에서 문장들을 주의 깊게 살펴 보는 계기가 되었다. 중년 남성이라 그런지 격식적이며 옛날식 표현을 선호한다.

Charlie

20대 후반 남성. 미국 캘리포니아 출신이다. 대만계로 미국에서 태어났다. April, George 와 함께 이 책의 출간 작업 마지막까지 함께 했다.

Wayne

20대 중반 남성. 영국 중부 출신으로 영국식 영어 사용자다. 대학 졸업 후 세계 여러 나라를 여행하고 있다. 한국에 체재했던 몇 개월 동안 영어를 가르쳐 줬다. 매우 창의적이어서 저자가 생각하지 못한 새로운 문장들을 많이 제시했다.

Maegan

20대 초반 여성. 미국 중부 출신이다. 한국에 교환학생으로 체재하면서 6개월 동안 영어를 가르쳐 줬다.

Luis

20대 초반 남성. 스페인 출신이다. 영어가 모국어는 아니나 국제학교에 다녔기 때문에 모국어와 같은 수준의 영어를 구사했다. 영국식 영어 사용자다. 한국에 교환학생으로 체재하는 동안 1년 정도 영어를 가르쳐 줬다.

Sean

20대 초반 남성. 미국 캘리포니아 출신이다. 한국에 교환학생으로 체재했던 몇 개월 동안 영어를 가르쳐 줬다.

한국 상황에서 쓸 수 있는 영어다

이 책에 나오는 문장은 영어를 모국어로 사용하는 사람만을 화자나 청자로 전제하지는 않는다. 이 책에서 네이티브만 이해할 수 있는 어려운 숙어를 배제하고 누구나 쉽게 말할 수 있는 쉬운 문장을 추구하는 이유도 바로 이 때문이다. 북미식 영어가 중심이지만 문장의 배경이 미국이나 캐나다인 것은 아니다. 오히려 많은 문장이 한국 상황을 전제로 삼고 있다. 한국 사람이 영어를 수단으로 자기가 하고 싶은 말을 표현하는 상황이라고 생각하면 된다.

주어진 상황에 따라 문장이 달라진다

이 책에는 '나'를 중심으로 여자친구(수지), 친구(지호), 직장동료(박과장), 부하(박대리), 아내, 남편 등 다양한 사람들이 상황에 등장한다. '나'는 상황에 따라 남자일 수도 있고 여자일 수도 있으며, 학생일 수도 있고 직장인일 수도 있다. 화자—청자의 사회적 거리 및 친밀도도 단어 선택과 관사 사용에 미묘하게 영향을 미친다. 따라서 반드시 주어진 상황을 읽고 거기에 맞는 문장을 만들어 보자. 앞뒤로 주어진 문장에 따라 어휘 선택이 달라지는 경우도 많으므로 이 점에도 주의하며 영어 문장을 시도해 보자.

대명사로 사람을 지칭한다

표제문에는 '그녀는/그는'이라는 표현 대신 '그 사람은', '이 대리는', '수지는'처럼 표현했다. 이렇게 되어 있는 주어는 그대로 옮기지 말고, 이 문장에 앞서 그 사람이 언급되었다고 가정하고 상황에 따라 대명사 She 또는 He라고 하면 된다. 목적어도 마찬가지로 her와 him이라고 옮기면 된다. '그녀/그'를 일상 대화체에서 사용하는 사람은 없다. 기존의 영어 학습서와 달라 어색하게 보일 수는 있지만, 철저하게 대화에서 사용할 만한 문장만 다루기 위한 것이니 독자의 이해를 바란다.

기존 문법용어와 다른 것도 있다

이 책에 나오는 몇몇 문법용어는 독자들의 이해를 돕기 위해 새로 만들어낸 것이다. 관사나 전치사가 붙지 않은 단어나 어구를 강조할 때는 앞에 '무부정관사', '무정관사', '무전치사' 같은 용어를 넣어 독자가 좀 더 알아보기 쉽게 표현했다. (아울러 전치사와 관사가 들어간 어구를 강조할 때는 앞에 '전치사', '관사' 같은 표현을 추가했다.) 또한 '정관사의 두히키(doohickie) 용법'처럼 독자의 이해를 돕기 위해 기존에 없던 새로운 문법 개념을 만들어 내기도 했다. 처음에는 일반 영어책과 달라 조금 낯설게 느껴질 수도 있겠지만, 익숙해지면 보다 쉽게 설명을 이해할 수 있으리라 확신한다.

단어가
힘이다

의사소통의 기본 단위는 '단어'입니다. 영어를 공부하는 과정은 알고 보면 단어의 정확한 뜻과 용법을 알아나가는 과정이라고 말할 수 있지요. 그렇다고 고급 단어를 많이 알아야 하는 것은 아닙니다. 흔하고 쉬운 단어를 제대로 아는 것이 중요합니다. 밥 먹듯이 사용하는 일상 단어를 제대로 모르면 밥 먹듯이 실수하게 될 테니까요. 다들 잘 알고 있다고 생각하는 say / speak / talk / tell의 차이를 떠올려 보면, 의외로 쉬운 단어도 잘 모르고 있다는 사실을 알게 될 겁니다.

이 파트에서는 자주 사용하지만 사실은 우리가 잘 모르는 단어들을 풀어 가면서 각 단어들을 정확하게 잘 이해하는 것이 의사소통에 얼마나 중요한 것인지 함께 살펴보겠습니다. 더불어 한국식 사고와 한국어 특성이 고스란히 반영되어 있는 단어를 영어로는 어떻게 자연스럽게 바꿀 수 있는지도 알아보겠습니다.

법칙
01
—
법칙
05

단어,
무조건
외워라

001 나는 야식을 좋아해.

002 한국은 2010년에 월드컵 16강에 진출했어.

003 고기가 아직 덜 익었어.

004 처음에 1대 0으로 이기다가 결국 3대 4로 역전패했어.

005 (소독 잘 해. 안 그러면) 세균에 감염돼서 상처가 곪을 수도 있으니까.

영어, 단어가 밑천이다

오늘 아침 출근길에 다른 차와 접촉사고가 발생했다고 말하려고 한다. 이때 '접촉사고'를 영어로 뭐라고 할까? '접촉사고'는 fender-bender[1]인데, 이걸 몰라도 I had a minor accident this morning.이라고 하면 대충 뜻은 통할 것이다. 하지만 I had a fender-bender this morning.이라고 하면 보다 생생하게 자기 의사를 전달할 수 있다. 이처럼 단어는 정확하게 자기 의사를 전달하는 가장 기본적인 단위다.

단어를 외우자고 하니까 『Vocabulary 33000』같은 책에 나오는 단어를 모두 외우자는 말로 오해하는 사람도 있을지 모르겠다. 하지만 여기에서 말하는 단어들은 이런 '어려운' 단어가 아니다. 어려운 단어들은 우리가 쉬운 단어로 충분히 의사 표현할 수 있는 것을 방해한다는 측면에서 오히려 영어 실력 향상에 부정적인 영향을 끼칠 수도 있다.

이 책에서 말하는 '쉬운' 단어는 우리가 일상적으로 접하는 사물이나 개념을 담은 단어를 말한다. 우리가 하는 대화는 주로 우리 생활에서 비롯된 것이기 때문이다. 돌이켜 보면 의외로 우리는 일상 생활에서 자주 쓰는 단어조차 너무나 모르고 있다. 예를 들면 양복(suit), 상의(top), 하의(bottom), 잠바(jacket), 마이(blazer, jacket), 팬티(남자용 briefs, shorts, 여자용 panties), 벙어리장갑(mittens), 귀 덮개(earflap), 신사화(dress shoes), 끈으로 묶는 신사화(oxfords), 여성용 정장신발(pumps), 통굽 신발(platform shoes), 운동화(sneakers) 같은 단어들이다.

또한 일상의 삶이 대화에 반영되므로 당연히 한국 문화, 의식주, 식물, 동물 관련 단어들도 영어로 잘 표현할 줄 알아야 한다. 예를 들어, 서정주 시인의 '국화 옆에서'라는 시를 외국인에게 소개한다고 하자. 최소한 '국화'를 영어로 뭐라고 하는 줄은 알아야 말이라도 꺼낼 수 있지 않을까? '국화'가 chrysanthemum[krisǽnθəməm]이라는 것을 모르면 아예 입을 뗄 수조차 없을 것이다. 마찬가지로 진달래(azalea), 개나리(forsythia) 등 우리가 친숙하게 접하는 것들을 영어로 알고 있는 것이 대화를 풍부하게 하는 데 큰 도움이 된다.[2]

어려운 단어도 자주 쓰는 단어면 알아야 한다

앞에서 '쉬운 단어'란 일상적으로 접하는 사물이나 개념을 나타내는 말이라고 했다. 그런 의미에서 보면, 복잡하고 어려워 보이지만 꼭 알아두어야 할 단어도 많이 있다. 특히 인체기관과 질병에 대한 단어가 좋은 예다. 혈관(blood vessel), 백혈구(white blood cell), 알통(biceps), 간(liver), 맹장(appendix), 간질(epilepsy), 골다공증(osteoporosis), 뇌성마비(cerebral palsy), 습진(eczema), 여드름(pimples, acne), 무좀(athlete's foot), 백내장(cataract), 천식(asthma), 불면증(insomnia), 성병(STD:

Sexually Transmitted Disease), 뇌졸중(stroke), 영양실조(malnutrition), 빈혈(anemia) 같은 단어들이 여기에 속한다. 영어로는 어렵게 느껴져도 우리가 한국어로 말할 때를 떠올리면 이런 단어들을 굉장히 자주 사용한다는 것을 알 수 있다.

단어는 무조건 많이 알수록 좋다. 그 중에서도 특히 명사가 중요하다. 명사를 모르면 돌려 말하거나 풀어 말할 수가 없기 때문이다. 동사나 형용사는 어떻게든 우회해서 표현할 수 있지만, 명사를 모르면 문장 자체를 구성하기 어려운 경우가 대부분이다.

사전을 사랑하고 영자 신문을 읽어라

영어 좀 하는 사람들은 잘 알고 있는 사실이지만 단어는 그 자체만 외워가지고는 별로 소용이 없다. 단어를 외웠다고 해서 곧바로 써먹을 수 있는 것도 아니다. 예를 들어 fit이라는 단어를 외웠다고 하자. 그런데 '이 재킷 나한테 맞아.'를 This jacket fits to me. 또는 I fit to this jacket.이라고 하면 틀린 문장이 된다. This jacket fits me.라고 해야 제대로 된 문장이다. 동사 fit은 주로 〈A(주어: 옷) + fit + B(목적어: 사람)〉 형식으로 쓰기 때문이다. 이처럼 단어의 특성을 정확히 알기 전에는 그 단어를 안다고 할 수가 없다. 따라서 단어 자체를 독립적으로 외워 봤자 소용이 없고, 어법 또는 문법 지식과 결합한 뒤에서야 비로소 그 단어를 안다고 할 수 있는 것이다.

단어 자체만 알아서는 이해가 안 되는 일도 부지기수다. 예를 들어 hang이라고 하는 단어가 있다. 기본적인 뜻은 '매달다, 걸다, 교수형에 처하다'지만, 아래에서 보듯 대화에서 hang은 이런 뜻과는 전혀 관계 없는 다른 뜻으로 자주 사용된다.

> **Sometimes Mr. Park and I hang out after work.** 퇴근하고 박과장하고 나는 한 번씩 같이 논다.
> **One more thing before I hang up.** 전화 끊기 전에 한 가지 더.
> **Once you get the hang of it, it's pretty easy.** 일단 감을 잡으면 상당히 쉬워요.
> **I'm suffering from a hangover.** 숙취가 안 깨 힘들다.
> **I guess we all have our hang-ups.** 우리 모두 각자 나름대로 콤플렉스가 있잖아요.

이런 단어들을 어느 날 갑자기 외우려고 해 봐야 외워지지도 않고 금방 잊어버린다. 그래서 단어를 오래 기억하려면 영자신문을 구독하는 것이 큰 도움이 된다. 저자 역시 영자신문을 매일 보며 신문 기사들을 통해 많은 배움을 얻는다. 신문을 읽으면서 매일 꾸준하게 조금씩 공부하는 것이 좋다. 또한 공부한다고 생각하지 말고 새로운 지식과 정보를 얻는다고 생각하며, 영자신문을 항상 손에 쥐고 놓지 말 것을 권한다.

사전을 찾지 말라고 하는 전문가들도 있지만 저자는 사전도 적극적으로 활용할 것을 권장한다. 갑자기 생각나는 단어나 영어로 말하다가 모르는 단어가 있으면 스마트폰으로 바로 검색해 보면 된다. 얼마나 영어 공부하기에 편리한 세상인가! 네이버 사전(endic.naver.com) 또는 원룩 사전(onelook.com)을 활용하면 편리하다.

나는 야식을 좋아해.

situation:
밤늦게 출출할 때 치킨이나 피자를
자주 배달시켜 먹는다.

STEP 1 표제문을 영어 문장으로 만들어 보세요.

나는 야식을 좋아해.

STEP 2 표제문을 영어로 잘 옮긴 것에 모두 체크하세요.

(1) **I like to have a night meal.**

(2) **I like having late-night foods.**

(3) **I like eating late at night.**

(4) **I like to eat a late-night snack.**

(5) **I like eating late-night snacks.**

(6) **I often have a snack late at night.**

(7) **I like snacking on things late at night.**

(8) **When I'm hungry late at night, I often order fried chicken.**

(9) **When I'm hungry late at night, I often have fried chicken delivered.**

가능한 문장 **(3) (4) (5) (6) (7) (8) (9)**

어휘 들여다 보기 **야식** '야식'은 late-night snack 또는 midnight snack이다. snack은 '(보통 급히 먹는) 간단한 식사' 또는 '간식'을 뜻하며, 가산명사이므로 부정관사 a가 필요하다. 흔히 한국에서 '스낵'이라고 하면 '질소 봉지에 들어 있는 바삭바삭한 과자'를 말하는데, 이것은 영어로는 chip이라고 한다. 영어에서 snack은 chip 을 포함한 햄버거, 샌드위치, 빵 등 간단한 식사를 뜻한다.[3] '야식'이란 단어를 잘 모르겠으면 동사를 써서 eat late at night라고 풀어서 말할 수도 있다. 또는 보다 직접적으로 '자주 밤늦게 치킨을 시켜 먹는다'는 뜻으로 I often order fried chicken late at night.라고 해도 좋다.

a snack / snacks 단수형 a late-night snack / 복수형 late-night snacks 모두 표제문 맥락에 가능하다. 다만 단수형 a late-night snack을 선호하는 네이티브도 있고, 야식을 좋아하는 사람이라면 당연히 야식을 1회 이상 먹었을 것이므로 복수형 late-night snacks만 맞다고 하는 네이티브도 있다. 그러나 대체로 단수형 을 쓰는 것이 더 좋다고들 한다. 복수형을 쓰면 하룻밤에 간식을 여러 번 또는 여러 가지를 먹었다는 느낌을 줄 수 있기 때문이다.[4]

~하는 것을 좋아한다 '나는 야식을 좋아해.'란 말은 '나는 야식 먹는 것을 좋아해.'란 말이다. '~하는 것을 좋 아한다'는 〈like + to부정사〉 또는 〈like + 동명사〉이다. 예를 들어 '영어 공부를 좋아한다'는 I like to study English. 또는 I like studying English.로 쓴다. 이 역시 사람에 따라 선호 차이가 있다. 표제문 맥락에서는 to부정사, 동명사 간에 의미상 차이는 없다.

(1) I like to have a night meal. ×
틀렸다. '야식'을 직역하여 a night meal이라고 한 것인데, meal은 '(간식이 아닌) 정규 식사' 를 뜻하므로 맥락에 맞지 않다. a night meal은 다른 어떤 의미로도 전혀 사용되지 않는다. 참고로, '야식'이 아닌 다른 맥락에서 a late-night meal 정도는 사용이 가능하다. 이디엄은 아니고 '밤 늦게 먹는 식사'를 뜻하는 〈형용사 + 명사〉 조합이다. 예를 들어, I was forced to have a late-night meal because I worked late.(늦게까지 근무하다 보니 식사를 늦게 할 수밖에 없었다.)처럼 쓸 수는 있다.

(2) I like having late-night foods. ×
틀렸다. late-night foods가 괜찮다고 하는 의견도 있으나, late-night와 food는 썩 잘 어 울리지는 않는다. late-night food는 '오로지 밤에만 먹을 수 있는 음식'이라는 이상한 뜻 이기 때문이다.[5] 아울러 food는 원래 불가산명사지만 요새는 가산명사로도 자주 쓰인다.

(3) I like eating late at night. ○
좋다. 다만 이 표현은 '저녁을 늦게 먹는 것을 좋아한다'는 뜻이 될 수도 있다. late at night 는 '밤늦게'라는 뜻이지 '야식'은 아니기 때문이다. 한편, like의 목적어로는 to부정사(to eat) 와 동명사(eating) 둘 다 좋다. 따라서 I like to eat late at night.도 좋다.

(4) I like to eat <u>a late-night snack</u>. ○

(5) I like eating <u>late-night snacks</u>. ○

좋다. '야식'이란 뜻의 단어 a late-night snack을 정확히 쓴 문장이다. 앞서 언급했듯이 단수형과 복수형 모두 가능하다. 한편, 야식은 먹는 것 외에 다른 행위를 하는 것은 생각하기 어려우므로 굳이 '먹다'를 나타내는 eating이나 having을 쓰지 않아도 된다. 따라서 I like a late-night snack. / I like late-night snacks.라고만 해도 좋다.

(6) I often <u>have</u> a snack late at night. ○

좋다. 표제문을 '나는 밤늦게 간식을 자주 먹는다.'로 전환하면 이 문장이 쉽게 생각날 것이다. '먹다'라는 뜻의 동사로는 eat이나 have 둘 다 좋다.

(7) I like <u>snacking on</u> things late at night. ○

좋다. 동사 〈snack on + A(음식물)〉는 'A(음식물)를 간식으로 먹다'라는 뜻이다. snack을 '간식'이란 뜻으로만 국한 생각하지 말고, '군것질을 하다', '입이 심심할 때 먹다', '중간 중간에 조금씩 먹다'[6]에 모두 동사 snack을 쓰면 된다. 예를 들어, '난 군것질을 좋아한다.'는 I like snacking on things.다. 여기에 late at night를 추가하여, I like snacking on things late at night.라고 하면 '야식'에 해당하는 명사를 사용하지 않고도 표제문의 뜻을 잘 전달할 수 있다. 물론 on things를 생략하고 I like snacking late at night.라고만 해도 된다.

(8) When I'm hungry late at night, I often <u>order</u> fried chicken. ○

(9) When I'm hungry late at night, I often <u>have</u> fried chicken <u>delivered</u>. ○

좋다. 야식은 보통 밤에 배고플 때 먹는 것이므로 when I'm hungry + late at night라고 표현해도 좋다. '치킨을 시켜 먹는다', '치킨을 배달시켜 먹는다'는 order fried chicken 또는 have fried chicken delivered라고 한다. 이때, 배달시킨 후 '먹는' 것은 너무나도 당연한 것이니 '먹는다'를 따로 영어로 옮길 필요는 없다.

(한국에서) 최고로 인기 있는 야식은 치킨이야.

situation: 한국사람들이 야식으로 가장 선호하는 메뉴에 대해 설명하고 있다.

(a) The most popular late-night snack is a chicken.

(b) The most popular late-night snack is the fried chicken.

(c) The most popular late-night snack is fried chickens.

(d) The most popular late-night snack is fried chicken.

(e) Fried chicken is one of the most popular late-night snacks.

(f) Fried chicken is one of the most frequently ordered foods late at night.

(g) Many people like eating late at night in Korea. They usually have fried chicken delivered.

(h) The most popular choice is fried chicken when Koreans grab a bite to eat late at night.

 치킨 chicken이 '동물로서의 닭'을 의미할 때는 가산명사이므로 a chicken, two chickens처럼 표현한다. 하지만 '닭고기'라는 뜻으로 쓸 때는 불가산명사다. 삼계탕처럼 통으로 먹기도 하지만 닭 가슴살, 닭 다리, 닭 날개 등 부위별로 먹기도 하므로 '닭고기'라는 뜻으로 쓸 때는 불가산명사인 것이 충분히 이해될 것이다. 표제문에서 말하는 '치킨'은 '닭고기'를 뜻하므로 불가산명사로 쓰는 게 맞으며, 맥락상 '튀긴 닭고기'를 뜻하므로 fried chicken이 가장 정확한 표현이다.

(a) 틀렸다. a chicken은 '동물로서의 닭 한 마리'라는 뜻이므로 맥락에 맞지 않는다. **(b)** 틀렸다. 맥락상 특정한 프라이드 치킨을 말하는 것이 아니므로 the fried chicken이라고 정관사 the를 사용할 이유가 없다. **(c)** 틀렸다. 살아 있는 동물이 아닌 '닭고기'로서의 chicken은 불가산명사이므로 복수형으로 쓸 수 없다. **(d)(e)** 좋다. 음식으로서의 '치킨'을 말할 때는 반드시 fried chicken이라고 해야 '살아 있는 닭 한 마리', 즉 a chicken과 구별이 된다. **(f)** 좋다. 야식은 보통 배달시켜 먹는 음식이므로 ordered foods라고 표현했다. 또, '가장 인기 있는' = '가장 자주 시켜 먹는'이란 뜻이므로 most frequently로 옮겼다. **(g)** 좋다. '음식을 배달시키다'는 〈have + A(목적어: 음식) + B(과거분사)〉 형식을 활용하여 have fried chicken delivered라고 하면 된다. **(h)** 좋다. '야식'은 '밤에 먹는 간식'을 뜻하므로 grab a bite to eat late at night로 표현했다. 동사 grab은 '붙잡다, 움켜 잡다'란 뜻이고 명사 a bite는 '한 입'이란 뜻인데, grab a bite to eat은 '간단히 먹다', '간식을 먹다'라는 뜻이 된다. 한편 The most popular choice에서 choice 대신 pick / food / snack을 쓸 수도 있다.

한국은 2010년에 월드컵 16강에 진출했어.

situation:
대한민국 축구팀이 2010년 남아공 월드컵에서 16강에 진출한 것을 회상하면서 얘기하고 있다.

STEP 1 표제문을 영어 문장으로 만들어 보세요.

한국은 2010년에 월드컵 16강에 진출했어.

STEP 2 표제문을 영어로 잘 옮긴 것에 모두 체크하세요.

(1) **Korean team advanced to the round of 16 teams in World Cup 2010.**

(2) **The Korean team advanced to the round of 16 in the 2010 World Cup.**

(3) **Korea progressed to the 2nd round of the World Cup in 2010.**

(4) **Korea reached the World Cup's 2nd round in 2010.**

(5) **The Korean team advanced to the 2nd round of the World Cup finals in 2010.**

(6) **The Korean team advanced to the knockout stage of the World Cup in 2010.**

(7) **The Korean team made it to the round of 16 in the World Cup in 2010.**

(8) **The Korean team became one of the 16 finalists in the World Cup in 2010.**

(9) **Korea was among the 16 finalists in the World Cup in 2010.**

가능한 문장 (2) (3) (4) (5) (6) (7) (8) (9)

STEP 3 문장을 확인하세요.

예선 · 본선 · 16강 · 결승 FIFA 월드컵은 지역별 '예선'과 여기에서 선발된 32개팀이 참여하는 '본선'으로 구성된다. '예선'을 qualification이라고 하고, '본선'을 the World Cup finals라고 한다. the World Cup finals는 우승을 가리는 '최종 결승전'이라는 뜻도 될 수 있다. 다만 각 월드컵 당 '결승전'은 딱 한 차례이므로 단수형을 써서 the World Cup final이라고 해야 한다. 물론 복수(複數)의 '역대 결승전(예를 들어, 2002, 2006, 2010 결승전)'을 지칭할 때는 복수형 the World Cup finals라고 써야 맞다. 월드컵 결승전은 the final, 준결승전(4강전)은 the semi-finals, 준준결승전(8강전)은 the quarterfinals라고 한다. 예를 들어, '한국 여자 축구팀이 아쉽게도 월드컵 8강 진출에 실패했다.'는 The Korean women's football team failed to qualify for the quarterfinals to our regret.다.[7] 그렇다면 축구 경기의 '16강'은 뭐라고 해야 할까? '16강'은 the round of 16 teams 또는 the round of 16 finalists가 적절하다. teams와 finalists는 빼고 the round of 16이라고만 해도 충분하다. 명사 round는 '(토너먼트 경기의) ~회전'을 뜻하며 '(월드컵) 16강'의 '강'에 해당한다. 한편, 32개의 팀이 조별 리그전을 벌이는 '32강전'을 the first round라고 생각하면, 토너먼트 방식으로 진행하는 '16강전'은 the 2nd round가 되므로 '16강에 진출했다'를 advanced to the 2nd round라고 해도 된다.

(1) Korean team advanced to the round of 16 teams in World Cup 2010. ×

틀렸다. Korean team과 World Cup 앞에 정관사 the를 추가해야 맞는 문장이 된다. '한국'이라는 나라를 뜻하는 Korea에는 정관사가 붙지 않지만 '한국팀'을 뜻하는 Korean team의 경우, Korean이 team을 수식하므로 '딱 한 개의 특정한 팀'을 지칭하는 의미에서 정관사가 반드시 필요하다. 마찬가지로 '한국 여자 축구 대표팀'도 정관사를 넣어 the Korean women's football team이라고 한다. 또한, '월드컵'이라고 하면 우리는 흔히 FIFA 월드컵[8]을 생각하지만 럭비 월드컵(Rugby World Cup)도 있고, 이제는 더 이상 하지는 않지만 야구 월드컵(Baseball World Cup)도 있다. 따라서 여러 월드컵 중 2010년 개최한 FIFA 주관 월드컵이라는 뜻에서 정관사를 붙여 the FIFA World Cup이 적절한 표현이다. 여기서는 화자-청자 사이에 FIFA가 주관한 월드컵이라는 정보를 공유하고 있을 것이므로 정관사만 붙여 the World Cup이라고 해야 한다. 참고로 in the World Cup 2010보다는 in the 2010 World Cup이 더욱 자연스러운 표현이다.

(2) The Korean team <u>advanced</u> to <u>the round of 16</u> in the 2010 World Cup. ○

좋다. '진출하다'라는 뜻으로 동사 advance를 쓸 수 있으며, '16강'은 the round of 16이라고 한다. 한편 in the 2010 World Cup(2010년 월드컵에서) 대신 in the World Cup of 2010도 좋고 '2010년에 월드컵에서'라는 의미로 in the World Cup in 2010도 좋다.

(3) Korea <u>progressed</u> to <u>the 2nd round of the World Cup</u> in 2010. ○

좋다. '16강'은 the 2nd round of the World Cup과 the World Cup's 2nd round 둘 다 좋다. 한편, 축구에서 16강, 8강, 4강 등에 '진출하다'라는 뜻으로 동사 progress를 쓴다. progress는 동사로는 [prəgrés]라고 발음하고, 명사로는 [prágres]이라고 발음하므로 차이에 주의하자.

(4) Korea <u>reached</u> the World Cup's 2nd round in 2010. ○

좋다. 타동사 reach는 앞에 나온 progress to / advance to와 같은 뜻이다.

(5) The Korean team advanced to the 2nd round of the World Cup <u>finals</u> in 2010. ○

좋다. 다만 월드컵 경기방식을 잘 모르는 사람에게는 finals란 단어가 좀 헷갈릴 수 있다. 우승팀을 가르기 위한 최종 마지막 결승전(final)은 단번에 끝나는 것이 아니라 여러 번 해야 끝나는데(예를 들어, 5전 3승제, 3전 2승제 등), 그 결승전 시리즈의 첫 번째 경기에 왔다는 느낌이라고 생각하는 사람도 있을 수 있다. 따라서 여기에서는 finals를 제거하면 오히려 뜻이 명확해진다.

(6) The Korean team advanced to the <u>knockout stage</u> of the World Cup in 2010. ○

좋다. 다만 월드컵 시스템을 좀 알아야 문장이 이해된다. 설령 네이티브라 하더라도 knockout stage가 무엇인지 모르면 이 문장의 의미를 이해할 수 없다. knockout stage는 승자진출방식(single elimination tournament)으로 진행되는 경기를 말한다. 32강은 리그전(round-robin tournament)으로 진행되므로, knockout stage는 16강, 8강, 4강, 결승을 말하는 것이다. 다만 8강, 4강, 결승의 경우 각각 the quarterfinals, the semi-finals, the final이라고 부를 것이므로, knockout stage는 사실상 '16강'을 뜻한다고 봐도 무리가 없다.

(7) The Korean team <u>made it to</u> the round of 16 in the World Cup in 2010. ○

좋다. made it to는 '(다음 라운드로) 진출했다'라는 뜻이다. 참고로 '나 합격했어.', '나 제시간에 도착했어.', '나 해냈어.' 등을 I made it.이라고 한다.

(8) The Korean team became one of the 16 <u>finalists</u> in the World Cup in 2010. ○

좋다. finalists 또는 teams 둘 다 좋다. finalist는 '결승전 진출자', '최종적으로 살아 남은 팀'을 말하며, FIFA 월드컵 맥락에서는 '(지역별 예선을 통과한) 32개 월드컵 본선 진출팀'을 뜻한다. '16강에 진출했다'는 '16개 팀 중의 하나가 되었다'는 뜻이므로 became one of the 16 finalists라고 해도 좋다. 맥락상 became 대신 was로 바꿔도 좋다.

(9) <u>Korea was among the 16 finalists</u> in the World Cup in 2010. ○

아주 좋다. 굳이 '16강에 진출했다'를 영어로 옮기려고 하지 말고 '16개의 결승 진출팀 중 하나였다'는 뜻으로 was among the 16 finalists라고만 해도 된다.

영어 지식 ✱ **리그전 vs. 토너먼트**

　스포츠 경기에서 각 팀이 다른 팀과 최소 한 번 이상 경기를 치르는 방식인 '리그전'은 콩글리시다. 영어로 league는 '대회'를 뜻한다. 예를 들어, 잉글랜드 축구의 Premier league(프리미어 리그), 유럽 축구의 UEFA Champions league(UEFA 챔피언스 리그)처럼 쓰는 단어이다. 영어로 '리그전'은 round-robin tournament라고 한다. FIFA World Cup의 32강전이 이런 방식을 따른다. 한편, '리그전'과 대비되는 경기 방식으로 '토너먼트 방식'이 있다. 두 팀이 단판 승부를 벌여 승리한 팀이 다음 라운드로 진출하고 패배한 팀은 탈락하는 방식인데, 영어로는 single elimination tournament(승자전) 또는 knockout이라고 한다. 한국어에서 '토너먼트'는 영어 tournament의 일부 뜻(즉, single elimination tournament)으로만 쓰인다. 다르게 말하면, 영어 tournament는 한국어의 '토너먼트'와 '리그전'을 모두 포괄하는 단어이다.

고기가 아직 덜 익었어.

situation:
가스레인지 위에서 소고기
감자볶음을 하고 있다. 감자
는 다 익었는데 고기가 아직
다 익지 않았다. 애들이 배고
프다고 난리다.

STEP 1 표제문을 영어 문장으로 만들어 보세요.

아이   **How's it coming along?**
아직 다 안 됐어요?

아빠   [　　　　　　　　　　　　　　　　　]
고기가 아직 덜 익었어.

STEP 2 표제문을 영어로 잘 옮긴 것에 모두 체크하세요.

(1) **Meat wasn't cooked yet.**

(2) **The meat isn't cooked yet.**

(3) **The beef hasn't finished cooking yet.**

(4) **The beef isn't finished cooking.**

(5) **It'll take some time to cook it thoroughly.**

(6) **It's not done.**

(7) **It's undercooked.**

(8) **It is uncooked.**

(9) **It's almost done.**

(10) **The beef isn't ready yet.**

가능한 문장 **(2) (3) (4) (5) (6) (9) (10)**

> **어휘
> 들여다
> 보기**
>
> **덜 익었다** '익었다', '덜 익었다'는 영어로 뭐라고 할까? 한국어 '익다'에는 '열매나 씨가 여물다', '식재료가 열을 받아 변하다', '김치, 술, 장 따위가 맛이 들다' 등 여러 뜻이 있어서 영어로도 다양하게 옮겨지니 주의해야 한다. 여기서는 '(고기가) 익었다 / 덜 익었다'니까 우리가 아주 잘 아는 단어 cook을 쓰면 된다. 또는 done을 써도 좋다. '덜 익었다'는 not cooked yet / not done이라고 한다. cook을 보통 '요리하다'라는 뜻으로만 알고 있기 때문에 막상 잘 떠오르지 않을 때가 많은데, 다양하게 활용 가능한 단어이니 잘 익혀두자.
>
> 한편 한국어와 영어의 시제 차이에도 주목하자. 한국어에서는 '익었다' 또는 '덜 익었다'처럼 과거시제로 말하지만, 영어에서는 현재시제를 써서 is cooked / is done으로 말한다. 표제문처럼 아직 익지 않은 상황마저도 한국어에서는 '안 익었다', '덜 익었다'처럼 과거시제를 사용한다는 점에 주의해야 한다. 이와 달리 영어에서는 현재 상태를 묘사할 때는 현재시제로 표현한다. 이렇듯 한국어 과거시제가 실제로는 현재 상태를 표현하는 경우가 아주 많으니 주의해야 한다.

(1) Meat wasn't cooked yet. ×

(2) The meat isn't cooked yet. ○

(1)은 틀렸고 (2)는 맞다. 여기에서 고기는 요리하고 있는 그 고기를 말하므로 정관사를 써서 the meat라고 해야 한다. 한편, 영어에서 과거시제 wasn't cooked는 지금 벌어지고 있는 상황이 아니라 오늘 아침, 어제, 그제, 한 달 전, 1년 전 등 '과거'에 발생했던 상황을 나타낸다. 따라서 여기에서는 현재시제 isn't cooked를 써야 맞다. 이때, yet이 없으면 '아직 고기는 조리를 시작하지 않았다.(The meat hasn't started cooking yet.)'는 뜻이 되기 때문에 yet이 반드시 필요하다.

(3) The beef hasn't finished cooking yet. ○

좋다. 문장이 너무 긴 것 아닌가 생각할 수도 있으나 아주 자연스러운 문장이다. 요리하고 있는 고기 종류가 소고기이므로 주어를 The beef라고 해도 좋다.[9] hasn't finished는 현재완료시제로, finished는 동사 finish의 과거분사다.

(4) The beef isn't finished cooking. ○

좋다. '고기가 아직 덜 익었다'에서 이 문장을 생각해내기란 여간 어렵지 않다. finish를 동사로 사용해서 (3)처럼 쓰는 데까지는 생각이 미칠 수 있지만, (4)처럼 ⟨be finished with + 명사/대명사/동명사⟩ 형식을 생각해내기는 쉽지 않다. (뒤에 동명사를 쓸 때 with는 생략해도 된다.) (4)의 finished는 동사 finish의 과거분사가 아니라, '끝난'이란 뜻의 형용사다.

(5) It'll take some time to cook it thoroughly. ○

좋다. '고기가 덜 익었다'를 '고기가 완전히 익으려면 시간이 걸린다'로 전환해서 생각하면 이렇게 말할 수 있다. cook it thoroughly 또는 cook it enough 둘 다 가능하다.

(6) It's not <u>done</u>. ○

좋다. 앞서 언급했듯이 '다 된, 완료된'이란 뜻의 done을 써서 표현해도 좋다. It's not finished.도 가능하다. yet은 붙여도 되고 생략해도 된다.[10]

(7) It's <u>undercooked</u>. ×

틀렸다. undercooked(설익은)는 음식을 먹으면서 '음식이 익지도 않았네!'라고 불평할 때 쓸 수 있는 말이다. 다만, 네이티브 중에는 맥락상 이런 뜻이 아님은 자명한 것이니 (7)을 표제문 맥락에 사용하는 데 아무런 문제가 없다는 의견도 있으니 참고하기 바란다.

(8) It is <u>uncooked</u>. ×

틀렸다. is uncooked는 '날 것이다', '아예 불 근처에도 가지 않았다', '생식이다'라는 뜻이다.

(9) It's <u>almost done</u>. ○

좋다. '거의 다 됐다'라는 뜻이므로 고기가 덜 익었다는 의미를 간접적으로 전달할 수 있다.

(10) The beef <u>isn't ready yet</u>. ○

좋다. '덜 익었다'는 '아직 준비가 안 되었다'라는 뜻이므로 isn't ready yet을 쓸 수 있다.

이거 덜 익었어요.

situation: 식당에서 스테이크를 주문하면서 미디엄 웰던(medium well done)으로 해 달라고 했는데 레어(rare)로 나왔다. 웨이터에게 스테이크가 덜 익었다고 항의하려고 한다.

(a) It's not cooked well.

(b) It's not cooked enough.

(c) It's not cooked properly.

(d) It's undercooked.

(e) It's uncooked.

(f) It's not medium well done.

(g) It's too rare.

(a) 틀렸다. 표제문은 서빙된 스테이크 맛을 보니 거의 구워지지 않아 불만을 표현하려는 맥락이다. 그러나 이 문장에는 너무 많은 의미가 들어 있다. 이 문장은 '고기가 요리가 제대로 안 됐다', 즉 '나 이 스테이크 맘에 안 든다' 정도의 뜻을 갖는다. 물론 덜 익었다는 뜻도 될 수 있지만, 반대로 너무 익힌(overcooked) 정도일 때도 이 문장을 사용할 수 있다. 즉, 조리 자체를 잘못했다(not properly cooked)는 의미일 수도 있다. 한쪽은 익었는데 다른 쪽은 아예 안 익었다든지, 한쪽은 아예 타 버렸다든지 한 것도 포함된다. 결론적으로 It doesn't taste good.(맛이 없다.)이라는 뜻이다. 이 문장에 enough를 추가하여 It's not cooked well enough.라고 고치면 맞는 문장이 된다. **(b)** 좋다. '충분히 익지 않았다', 즉 '덜 익었다'는 뜻이다. cooked 대신 done을 써서 It's not done enough.라고 해도 좋다. 참고로, 주어로 It을 썼는데 무조건 '이것 = this'라는 공식을 버려야 한다. 대부분의 맥

락에서 '이것'은 it 또는 this 둘 다 잘 사용된다. 표제문 맥락에서도 It's / This is 둘 다 좋다. **(c)** 좋다. properly 는 '제대로', '적절히'란 뜻이므로 내가 주문한 대로 구워지지 않았다는 뜻이 된다. **(d)** 좋다. undercooked는 '설익은', '덜 익은'이란 뜻으로, 표제문 맥락에서 가장 적절한 단어다. underdone도 같은 뜻이다. **(e)** 사용할 수는 있지만, uncooked는 '날 것의'라는 뜻이라서 아주 과장된 표현이다. **(f)** 좋다. 내가 주문한 'medium well done이 아니다'라는 뜻이다. **(g)** 좋다. rare는 '(고기가) 덜 구워진'이란 뜻이다.

처음에 1대 0으로 이기다가 결국 3대 4로 역전패했어.

situation:
어젯밤에 한일전 축구 경기가 있었다.
전반전에는 한국이 1대 0으로 이기다가
후반전에 무려 4골을 허용해서 역전패했다.

STEP 1 표제문을 영어 문장으로 만들어 보세요.

친구 **How did it go last night?**
어제 어떻게 됐어?

나

처음에 1대 0으로 이기다가 결국 3대4로 역전패했어.

STEP 2 표제문을 영어로 잘 옮긴 것에 모두 체크하세요.

(1) **We were winning 1:0 at first but defeated 3:4.**

(2) **We were winning 1:0 at first but we were defeated 4:3.**

(3) **We were leading 1:0 at first, but we lost 4:3 in the end.**

(4) **We were leading 1:0, but suffered a 4:3 come-from-behind defeat to Japan.**

(5) **We were winning 1:0 at first but suffered a reversal. We lost 4:3.**

(6) **We were leading 1:0 at first but suffered an upset. We lost 4:3.**

(7) **Japan was trailing 1:0, but turned it around and beat us 4:3.**

(8) **Japan was trailing 1:0 but came back and won 4:3.**

(9) We were leading 1:0 in the first half, but Japan came back and won the game 4:3.

가능한 문장 (2) (3) (6) (7) (8) (9)

어휘 들여다 보기

역전패 '역전패'를 영어로 뭐라고 하는지 아는 독자는 그리 많지 않을 것이다. 사실 우리가 너무나 잘 아는 단어 upset에 바로 '역전패'라는 뜻이 있다. 동사로는 '뜻밖에 패배하다'라는 뜻도 가지고 있다. 한편, 동사 upset은 '뒤엎다', '화나게 하다' 등의 뜻으로, 〈A(사건) + upset + B(사람)〉 또는 〈B(사람) + be upset + (by + A(사건))〉 형식으로 쓴다. 따라서 You might be so upset by the upset of your favorite team that you might upset your table in frustration.(당신은 아마도 응원하던 팀이 역전패(upset)를 하면 화가 나서(upset) 탁자를 뒤집어엎어(upset) 버릴지도 모른다.) 같은 언어유희도 가능하다.

역전승 반대로 우리가 '역전승'한 상황은 어떻게 표현할까? '역전승하다'는 come back and win the game / come from behind and win the game / turn it around and win the game으로 표현할 수 있다. '처음에는 1:0으로 지고 있었는데 결국 4:3으로 역전승했다'는 We were trailing 1:0 but came back and won 4:3. 또는 We were losing 1:0 but won the game 4:3 with a comeback victory.다.

(1) We were winning 1:0 at first but defeated 3:4. ×

(2) We were winning 1:0 at first but we were defeated 4:3. ○

(1)은 틀리고 (2)는 맞다. 능동태 defeated를 수동태 we were defeated로 바꾸고, 또한 영어에서는 점수를 얘기할 때 보통 큰 숫자부터 나오므로 3:4는 어색하니 4:3으로 고치면 좋은 문장이 된다. 한편, 과거진행시제로 We were winning은 좋다. win(이기다)은 단 한번 일어나는 사건이므로 논리적으로만 보면 were winning이 말이 안 되지만, 이 표제문 맥락에서의 의미는 were leading(앞서고 있었다)이므로 문제 없다.

한편 at first는 전반전, 후반전, 시작 후 20분 등과 같은 시간과는 아무런 관계가 없다. at first는 '일본이 득점해서 1:1이 되는 바로 그때까지'라는 뜻이라고 보면 된다. 즉, 일본이 첫 득점한 시점이 전반 15분이든 후반 15분이든 아니면 극단적으로 후반 40분이든 간에 일본이 최초 득점하여 1:0 리드가 깨진 그때까지를 나타낸다. 결과적으로 말하면 at first는 '처음에는 우리가 이겼는데 나중에 상황 변화가 생겼음' 외에는 별로 전달하는 정보가 없다. 따라서 at first를 제거해도 별 문제가 없다.

(3) We were leading 1:0 at first, but we lost 4:3 in the end. ○

좋다. in the end는 '결국', '필경', '마침내', '급기야'라는 뜻이다. 대신 같은 뜻의 finally / eventually 또는 when the game ended(경기가 끝났을 때)를 써도 좋다.

(4) **We were leading 1:0, but suffered a 4:3 come-from-behind defeat to Japan.** ×

틀렸다. '역전승'은 come-from-behind victory 또는 comeback victory라고 하지만, '역전패'를 come-from-behind defeat라고는 하지 않는다. 역전승을 거둔 Japan을 주어로 하여, Japan was losing 1:0 but ended with a 4:3 come-from-behind victory over Korea.라고 말하거나, come from behind를 동사로 써서 Japan was losing 1:0, but came from behind and defeated Korea 4:3.라고 하면 좋은 문장이 된다.

(5) **We were winning 1:0 at first but suffered a reversal. We lost 4:3.** ×

틀렸다. reversal은 '역전, 전환'이란 뜻인데, 연달아 경기를 했을 때 첫 번째 경기에는 이겼지만 두 번째 이후의 경기에서 졌을 때 a reversal이라고 한다. 아울러 suffer a reversal of fortune의 형태로도 자주 쓰는데, 이때 의미는 '(인생의) 시련을 겪다', '운명의 쓴맛을 경험하다'가 된다. 즉, 인생의 고락이나 흥망성쇠 중 '시련의 시기를 겪다'라는 뜻이다.

(6) **We were leading 1:0 at first but suffered an upset. We lost 4:3.** ○

좋다. '역전패했다'를 suffered an upset으로 표현했다. upset은 명사로는 '역전패', 동사로는 '뜻밖에 패배하다'란 뜻이다. 참고로, 자동사 suffer from과 타동사 suffer는 뜻이 다르다. suffer from은 '(상대적으로 긴 시간 동안, 강도는 약하게) ~으로 인해 고생하다/아프다/고통받다/시달리다'라는 뜻으로, He suffered from a bad headache.(그 남자는 심한 두통을 겪었다.)처럼 사용할 수 있다. 반면, 타동사 suffer는 '(순간적으로, 하지만 강도는 강렬하게) 고통/상해/손해/슬픔 등을 경험하다/겪다/입다/받다/당하다'라는 뜻이며, 예를 들면 He suffered a massive heart attack.(그 사람은 심각한 심장마비를 겪었다.), He suffered great losses.(그 사람은 큰 손해를 입었다.), Jesus Christ suffered death upon a cross.(예수 그리스도는 십자가 위에서 돌아가셨다.) 같은 활용이 가능하다.[11]

(7) **Japan was trailing 1:0, but turned it around and beat us 4:3.** ○

좋다. Japan을 주어로 내세운 문장으로, trail은 '(경기에서) 지고 있다'라는 뜻이다. 한편, turn around는 본래의 의미에 '역전승하다/역전패하다'라는 뜻은 포함되어 있지 않지만, 문맥에 의해 뜻이 확장되어 사용되었다.

(8) **Japan was trailing 1:0 but came back and won 4:3.** ○

좋다. come back은 '역전승하다'라는 뜻이다. 혹은 '역전승'이라는 의미를 가진 명사 comeback victory / comeback win을 써서 Japan was losing 1:0 but ended with a 4:3 comeback victory over Korea. 또는 Japan was losing 1:0 but ended with a 4:3 comeback win over Korea.라고 해도 좋다.

(9) We were leading 1:0 <u>in the first half</u>, but Japan came back and won the game 4:3. ○

좋다. 표제문에는 '전반전'이란 말이 안 나와 있으나 맥락상 in the first half(전반전에)를 넣어도 좋다. 한편, 표제문 맥락에서는 '역전패했다'는 점이 중요하므로 굳이 수고스럽게 1:0이라고 표현하지 않아도 된다. 예를 들어, Japan was behind by one goal but came back and won the game 4:3.(일본이 한 골 차이로 지다가 4:3으로 역전승했다.) 또는 We got the first goal, but Japan came back and won the game 4:3.(한국팀이 첫 골을 넣었는데, 결국에는 4:3으로 역전패했다.) 역시 맞는 문장이다.

영어지식 ✱ 축구 경기에서 1:0과 4:3은 영어로 어떻게 말할까?

축구 경기에서 4:3이라는 점수는 four three 또는 four to three라고 읽는다. 한편, 1:0은 one zero / one to zero / one nothing / one to nothing이라고 읽는다. 영국식 영어 사용자는 one nil이라고 말하기도 한다. 영국식 영어에서 nil은 '(경기에서의) 0점'을 뜻하는 단어이다. 북미에서는 축구가 야구나 미식축구에 비해 인기가 없기는 하지만, 축구를 좋아하는 미국식 영어 사용자라면 one nil이라는 표현을 쓰기도 한다.

참고로 골 점수를 말하는 순서와 관련해서, 한국어에서는 우리 팀 점수 또는 먼저 거론된 팀(즉, 문장의 '주어가 되는 팀)의 점수를 먼저 말하는 것이 일반적이다. 절대적인 원칙은 없지만 영어에서는 우리 팀이 이겼건 졌건 상관 없이 대체로 큰 숫자가 먼저 나온다.

situation:
지호가 레이저 시술로 얼굴에 있는 큰 점을 한 개 뺐다. 아물면서 점을 뺀 부위에서 진물이 나오고 있다. 소독을 잘 못하면 상처가 곪을 수 있는 상황이다.

STEP 1 표제문을 영어 문장으로 만들어 보세요.

지호 I had a mole removed yesterday and fluid is oozing out of the wound.
어제 점을 **뺐는**데 점 **뺀** 부위에서 진물이 나와.

나 Clean it well, otherwise
소독 잘 해.　　　　안 그러면　　　세균에 감염돼서 상처가 곪을 수도 있으니까.

STEP 2 표제문을 영어로 잘 옮긴 것에 모두 체크하세요.

(1) **the injury may be infected.**

(2) **the wound may become infected.**

(3) **the wound will become infected and form pus.**

(4) **it will get infected and pus will form on the wound.**

(5) **it will get infected and pus will form over the wound.**

(6) **the surgery site will get infected and form pus.**

(7) **the surgical site will get infected and form pus.**

(8) **the incision will get infected and form pus.**

(9) **it will get infected and pus will form where you had the mole removed.**

가능한 문장 **(2) (3) (4) (5) (7) (8) (9)**

어휘 들여다 보기

상처 표제문 맥락에서 '상처'는 '(레이저) 시술 부위' 또는 '점을 빼낸 부위'를 뜻한다. wound / sore도 좋고, incision / surgical site 또는 where you had surgery / where you had the mole removed도 좋다. sore는 '닿으면 아픈 데', '쓰리고 아픈 곳', '벗겨진 피부', '피부가 까진 곳', '문드러진 곳', '짓무른 곳', '상처', '종기' 등을 뜻한다. sore는 이미 균에 감염되어 궁극적으로 곪게 되는 경우뿐 아니라 단순히 까진 피부, 벗겨진 피부, 쓰리고 아픈 곳처럼 적절한 치료를 하면 화농 없이 딱지가 생겨 치료되는 경우에 쓸 수 있다. 따라서 sore라고 해서 무조건 곪는 것은 아니다. wound는 주로 전투에서 칼이나 총과 같은 흉기로 입은 상처를 뜻하기는 하지만 수술로 인한 상처를 가리키기도 한다. '(외과 수술의) 절개 상처'라는 뜻의 incision은 다소 의학 용어에 가까운 단어이며, '수술 부위'를 뜻하는 surgical site는 더욱 더 전문적인 단어다. 한편, injury는 교통사고, 스포츠 경기 중 사고로 부상을 입은 경우나 남이 나를 공격하여 일부러 상처를 주는 경우를 말하므로 표제문 맥락에는 맞지 않다.

(1) the injury <u>may be infected</u>. ×

(2) the wound <u>may become infected</u>. ○

(1)은 틀리고 (2)는 좋다. 표제문 맥락처럼 수술로 인한 '상처'는 injury가 아니라 wound가 맞다. 아울러 may는 현재 상태를 의미하기도 하고 미래의 변화 가능성을 의미하기도 한다. be infected는 이미 세균에 감염되어 있음을 뜻한다. 따라서 may be infected는 맥락에 따라 '아무래도 상처가 이미 세균에 감염된 것 같다' 또는 '아무래도 미래에 상처가 세균에 감염될 것 같다'의 두 가지 뜻이 모두 가능하다. 따라서 may be infected는 의미가 불분명하다 보니 네이티브에게는 다소 불편한 문장으로 느껴진다. 앞으로의 세균 감염 가능성을 우려하는 뜻을 표현하기 위해서는 become infected / get infected가 좋고, 그 중 become이 더 좋다. 조동사 may는 might / can / could / will로 대체할 수 있으며, 이 중에서는 will이 확신의 정도가 가장 높다. 표제문 맥락에서는 수술 부위를 청결하게 유지하지 않으면 상처에 염증이 생겨 화농이 될 수 있는 가능성이 매우 높음을 전달하고자 하는 것이다. 따라서 may도 좋지만 will을 쓰면 이런 우려가 더 잘 전달된다.

(3) the wound will become infected and form <u>pus</u>. ○

좋다. '상처가 곪다'는 '고름'이란 뜻의 pus를 써서 form pus 또는 generate pus라고 한다. 이 문장은 한국어 표제문을 직역한 것이다. 틀린 것은 없으나, 많은 네이티브가 감염(infected)과 화농(forming pus)을 동일시하고 있다. 현실적으로 감염이 되면 화농이 되는 경우가 많으므로 대부분의 네이티브들은 form pus를 덧붙이는 것을 사족이라고 생각한다.[12]

(4) it will get infected and pus will form <u>on</u> the wound. ○

(5) it will get infected and pus will form <u>over</u> the wound. ○

좋다. '상처가 곪다'는 pus(고름)를 주어로 삼아 pus will form이라고 해도 된다. '상처에'는 on the wound 또는 over the wound 둘 다 좋다. 아울러, in the wound / around the wound / from the wound도 괜찮다.

(6) the <u>surgery site</u> will get infected and form pus. ×

(7) the <u>surgical site</u> will get infected and form pus. ○

(8) the <u>incision</u> will get infected and form pus. ○
(6)은 틀렸다. '수술 부위'란 뜻으로 surgery site는 쓰지 않는 말이다. (7) surgical site 또는 (8) incision을 쓰면 된다. 다만 surgical site는 아주 전문적인 단어라서 의사들이나 쓴다고 보면 되겠다. incision은 의학 상식이 풍부한 일반인 정도는 쓸 수 있겠다.

(9) it will get infected and pus will form <u>where you had the mole removed</u>. ○
좋다. 문법적으로 봤을 때 where는 관계부사로, where you had the mole removed는 부사절이다. 이 앞에 around the area / on the spot / over the spot이란 표현이 없어도 '점을 뺀 곳에'라는 뜻을 나타낸다. 물론 이들 어구를 함께 써도 아무런 문제가 없다. 예를 들어, pus will form around the area where you had the mole removed 또는 pus will form on the spot where you had the mole removed라고 해도 좋다.

A

**주례가 내가
아는 사람이었어.**

situation: 결혼식장에 갔더니 주례가 우리 교회 집사 중 한 명이었다. 그 사람과는 성경 공부도 같이 하고 가끔씩 얘기를 하는 사이다. 나는 30대고 그 사람은 50대다.

I went to a wedding last weekend.

지난 주말에 결혼식에 다녀왔어.   주례가 내가 아는 사람이었어.

(1)   The justice of the peace was one of my friends.   ☐

(2)   The officiant was the person that I knew.   ☐

(3)   The officiant was a person that I know.   ☐

(4)   The officiant was one of my friends.   ☐

(5)   The officiant was one of my acquaintances.   ☐

(6)   I knew the officiant.   ☐

(7)   One of my friends officiated the wedding.   ☐

'아는 사람'을 acquaintance라고 하기 쉽지만, acquaintance는 이름 정도만 아는 사람을 말하므로 거의 모르는 사람이라고 보면 된다. 표제문 맥락처럼 성경 공부도 같이 하고 가끔씩 얘기하는 사이는 영어로 friend라고 하면 된다. 한국사람 생각에는 30대와 50대가 친구가 된다는 관념을 받아들이기 어렵겠지만 영어에서는 이렇게 사용하니, 최소한 영어로 의사소통을 하는 상황에서는 나보다 연배가 훨씬 많은 '집사님'을 friend라고 칭하는 걸 주저할 이유가 없다.

(1) 틀렸다. '주례'는 영어로 officiant다. 한국어로는 정말 자주 쓰고 쉬운 단어인데 영어로 말하려면 결코 쉬운 단어가 아니다. '주례'를 사전에서 찾아보면 the justice of the peace라고 나오는 경우가 있는데, 이는 한국에서 말하는 '주례'하고는 다르다. 북미에서는 공식적인 혼인 인정을 시청에서 하며, 심지어 시청에서 결혼식을 거행하는 경우도 있다. 이때 시청에서 이 업무를 담당하는 공무원을 the justice of the peace라고 한다. **(2)** 틀렸다. 정관사 the person I knew와 부정관사 a person I knew의 뜻은 하늘과 땅 차이이다. 전자는 '내가 원래 알았던 그 사람의 진정한 모습'이라는 뜻이고, 후자는 '내가 알고 있던 여러 사람 중 한 사람'이란 뜻이다. 예를 들어, '그 사람은 내가 10년 전에 알고 있던 그 사람이 아니었다.'는 He wasn't the person that I knew 10 years ago.다. 따라서 표제문 맥락에는 부정관사 a person I knew가 맞다. **(3)** 좋다. 사건이 일어난 시점이 과거(지난 주말)이니 과거시제 I knew도 좋고, 지금도 교류를 하고 있으니 현재시제 I know도 좋다. 다만, 과거시제 I knew는 과거에 알고 지냈는데 이제 더 이상 연락을 하지 않는 경우일 가능성을 배제하지 못하기 때문에 지금도 만나고 교류를 한다는 표제문 맥락에는 현재시제 I know가 더 좋다.[13] **(4)** 좋다. 표제문의 화자와 주례자의 관계는 friend다. 나이 차이가 아무리 나더라도 friend라고 하는 데 아무런 문제가 없다. **(5)** 틀렸다. acquaintance는 이름 정도만 아는 사람을 가리키므로 표제문 맥락에 맞지 않다. **(6)** 좋다. 간단하면서도 내가 말하고자 하는 사항을 정확하게 표현하는 문장이다. **(7)** 좋다. officiate the wedding은 '주례를 서다'라는 뜻이다.

B
이비인후과에 갔다 왔어.

situation: 귀에 염증이 생겨서 이비인후과에 갔다 왔다.

(1)	I saw an otolaryngologist.	☐
(2)	I went to an ENT doctor.	☐
(3)	I went to an ear doctor.	☐
(4)	I went to a doctor for my ear.	☐
(5)	I went to a doctor about my ear.	☐
(6)	I went to a doctor to check my ear.	☐

(1) 틀렸다. 아무도 사용하지 않기 때문에 틀린 문장이다. 한국어에서는 '이비인후과 의사'란 말을 흔히 쓰지만, 이비인후과 의사를 뜻하는 영어 단어 otolaryngologist는 네이티브도 거의 아는 사람이 없다. 표제문 맥락에는 귀에 문제가 있으므로 '귀 전문의'를 뜻하는 otologist[outάləʤist]라는 단어가 있지만 역시 일상대화에서는 잘 사용하지 않는다.[14] **(2) (3)** 좋다. 일반적으로 '이비인후과 의사'는 ENT doctor / ENT physician / ENT specialist라고 한다. ENT는 Ears, Nose, Throat의 첫 글자를 따서 만든 두문자어(acronym)다. 또는 ear doctor도 자주 쓴다. went to 대신 동사 saw를 써서 I saw an ENT doctor.라고 해도 좋다.　**(4) (5)** 좋다. ENT doctor란 단어를 모르면 '귀 때문에 병원에 갔다'라고 상황을 풀어 말하면 된다. 코가 아픈 경우에는 I went to a doctor for my nose.[15], 목(후두)이 아픈 경우에는 I went to a doctor for my throat.라고 말하면 된다.　**(6)** 좋다. check은 '검사하다', '점검하다'라는 뜻이다.

C
난 난시가 아주 심해.

situation: 나는 양쪽 눈에 심한 난시가 있다.

My vision is really poor. I'm seriously near-sighted, and [　　　　　　]

난 눈이 아주 나빠.　　　　　　고도근시인데다가　　　　　　난시가 아주 심해.

(1)	my astigmatism is too bad.	☐
(2)	my astigmatism is very bad.	☐
(3)	I have really bad astigmatism.	☐
(4)	I have a serious astigmatism.	☐
(5)	I suffer from a bad astigmatism.	☐
(6)	I'm very astigmatic.	

(1) 틀렸다. too bad에는 관용적으로 다른 뜻이 있기 때문에 이 문장처럼 쓰면 이상한 문장이 된다. too bad는 바보 같은 짓을 한 것을 한탄할 때 쓰기도 하고, 다른 사람이나 자기 자신에게 일어난 안 좋은 일에 대해 유감을 나타낼 때 쓰기도 한다. 예를 들어, '주말에 비가 온다는데, 안 좋다.'는 Too bad it's gonna rain this weekend. 다.　(2) 좋다. '난시'는 영어로 astigmatism[əstígmətìzm]이라고 한다. 참고로 '근시'는 near-sighted, '원시' 는 far-sighted다. 여기서는 '아주 심하다'의 뜻으로 very bad 또는 really bad 모두 가능하다.　(3) 좋다. very bad astigmatism / really bad astigmatism 둘 다 좋다. 긍정문, 부정문 모두에 부정관사 a bad[serious] astigmatism, 무관사 bad[serious] astigmatism이 모두 가능하다.　(4) 좋다. serious astigmatism에 부정관 사는 있어도 되고 없어도 된다.　(5) 좋다. 난시로 신체적 고통이 있는 것은 아니라서 suffer를 쓰는 것이 이상하 게 느껴질 수도 있지만, suffer from은 통증이나 불편함이 느껴지지 않을 때도 사용할 수 있다. 여기서 suffer from은 동사 have와 같은 뜻이다.　(6) 틀렸다. '난시의'란 뜻으로 형용사 astigmatic가 사전에 나오기는 하지 만, 네이티브도 이런 단어는 거의 모르고 사용하지도 않으므로 틀린 것으로 하겠다.

<table>
<tr><td>**D**
난 난시가 심하지 않아.</td><td>situation: 누군가 내 눈 상태가 전반적으로 어떤지 물었다. 내 눈은 난시가 있기 는 하지만 심하지는 않다.</td></tr>
</table>

　　　　　　　　　　　　　　 but I'm very near-sighted.

난 난시가 심하지 않아.　　　　　　　　　　하지만 근시는 상당히 심해.

(1)　My astigmatism is not that bad　　　　　　　□

(2)　My astigmatism is not so bad　　　　　　　□

(3)　My astigmatism is slight　　　　　　　□

(4)　My astigmatism is not a big deal　　　　　　　□

(5)　I have astigmatism which is not that bad　　　　　　　□

(6)　I have an astigmatism which is not that serious　　　　　　　□

(7)　I have a slight astigmatism　　　　　　　□

(8)　I'm slightly astigmatic　　　　　　　□

(1) (2) 좋다. (2)는 비교를 전제로 하고 있다. 비교 대상에 비해 썩 나쁘지는 않다는 뜻이다. bad 대신에 serious 역시 좋다.　(3) 괜찮다. 하지만 (7)처럼 I have a slight astigmatism이라고 하면 더 좋은 문장이 된다.　(4) 좋 다. not a big deal은 '별거 아니다'라는 뜻이다.　(5) (6) 좋다. 무관사 astigmatism / 부정관사 an astigmatism 둘 다 좋다.　(7) 좋다. '심하지 않다'를 slight라고 한 점에 주목하자. slight 대신 mild를 써서 I have a mild astigmatism.도 좋다.　(8) 틀렸다. 앞에서도 설명했듯 astigmatic가 사전에 나오기는 하지만, 네이티브도 이 런 단어는 거의 모르고 사용하지도 않는다.

<table>
<tr><td style="background:#444;color:white">E
수지한테 목디스크가
생겼어.</td><td>situation: 경추(목뼈) 5, 6번에 이상이 생겨 디스크(추간판)가 튀어나온 상황이다.</td></tr>
</table>

(1) She caught ruptured disk on the neck. ☐

(2) She developed ruptured disks in her neck. ☐

(3) She has ruptured disks in the neck. ☐

(4) She has ruptured disks in her neck. ☐

(5) She has ruptured her disks in the neck. ☐

(6) She has ruptured her disks in her neck. ☐

(7) She has slipped disks in the neck. ☐

(8) She has slipped disks in her neck. ☐

(9) She has herniated disks in her neck. ☐

경추나 척추가 아픈 현상을 한국어에서는 '디스크'에 걸렸다고 표현한다. 물론 '디스크'는 콩글리시다. 영어로 '디스크'는 slipped disk / ruptured disk / herniated disk라고 한다. 이 중에서 slipped disk가 가장 구어적이고 herniated disk가 가장 의학적인 용어다. 디스크(추간판) 한 개에 문제가 생긴 경우에는 단수형 a slipped disk, 두 개 이상에 문제가 생긴 경우에는 복수형 slipped disks를 쓰면 된다. 표제문 맥락의 경우 복수형 slipped disks가 맞다. '수지한테 목디스크가 생겼다.'는 She has slipped disks + 정관사 in the neck / 소유격 in her neck 둘 다 좋다. 소유격 her가 조금 더 좋기는 하지만 정관사 the 역시 괜찮다.

(1) (2) 틀렸다. '(병에) 걸리다'라고 할 때 catch는 비교적 급성 질병에, develop는 장시간 동안 서서히 진행되는 병에 주로 쓴다. 예를 들어 '감기 걸렸다.'는 She caught a cold.라고 하고, '당뇨에 걸렸다.'는 She developed diabetes.라고 한다. '목디스크에 걸렸다'는 catch / develop가 아니라 have를 사용해 표현하면 된다. **(3) (4) (5) (6)** 좋다. 다만, 소유격 her disks는 목뼈 전체에 문제가 생겼다는 뜻을 전달할 수도 있으므로 무한정사 disks가 더 좋다. rupture는 '배관, 인체의 장기 등이 파열되다'라는 뜻이다. **(7) (8)** 좋다. 동사 slip는 '미끄러지다'란 뜻이고, 명사로는 '작은 실수'를 뜻한다. '말실수', '실언'을 a slip of the tongue라고 한다. 예를 들어 I've made a slip of the tongue.(제가 말실수를 했군요.)처럼 쓴다. **(9)** 좋다. herniated disks는 가장 의학적인 용어다. 추간판 탈출증은 일반적으로 경추(목뼈)와 요추(허리뼈)에서 많이 발생하며 전자를 목디스크(herniated disks in her neck), 후자를 허리디스크(herniated disks in her back)라고 한다. 디스크는 목의 통증(neck pain), 요통(back pain / backache)의 주요 원인이 된다.

가능한 문장   **A** (3)(4)(6)(7)   **B** (2)(3)(4)(5)(6)   **C** (2)(3)(4)(5)   **D** (1)(2)(3)(4)(5)(6)(7)   **E** (3)(4)(5)(6)(7)(8)(9)

쉬운 단어라고 무시하지 마라

트레이닝
006
|
트레이닝
010

쉬운 단어일수록 뜻과 용법을 정확히 알아야 한다

영어에는 '말하다'라는 단어로 say, tell, talk, speak가 있다. 얼핏 비슷해 보이는 이들 네 단어는 쓰임새가 상당히 다르다. say, tell은 전달 내용에 중점을 두고, talk, speak는 대화의 양태와 형식에 중점을 둔다. 대체로 say와 tell이 대체 가능하고 talk와 speak가 대체 가능하다. [16]

그렇다면 남자친구에게 화가 나서 '일주일 동안 말을 안 했다'는 뭐라고 할까? 어떤 내용을 얘기했는지를 말하는 것이 아니라 '대화 자체가 없었다'는 점을 전달하는 것이니까 동사로 talk 또는 speak를 써서 I haven't talked to him for a week. 또는 I haven't spoken to him for a week.라고 한다. 절대로 I haven't said to him for a week. / I haven't told to him for a week.라고 하지 않는다. '내 말 좀 끊지 마. 내가 말하고 있잖아.' 역시 Please don't cut me off. I'm still talking.이다. 대화의 내용이 아니라 '말하고 있는 것 자체'에는 talk를 사용한다. I'm still speaking.은 좋지만, I'm still saying. 또는 I'm still telling.이라고는 절대로 하지 않는다. '너 오늘 누구 만난다고 그랬잖아.'라고 친구가 말했을 때, '나 그런 말 한 적 없어.'라고 대답하려면 어떻게 할까? I never talked like that.을 떠올리기 쉽지만, 이 문장은 '나 그런 식으로(예를 들어, 건방지게/웃긴 목소리로/느끼한 소리로/반말로 등) 말한 적 없어'라는 뜻이다. 말하는 태도를 나타내는 것이다. 즉, talk / speak는 대화의 외양에 중점을 둔다. 대화 중에 어떤 내용이 오고 갔는지는 talk / speak의 관심 밖이다. 따라서 말하는 내용에 중점을 두어 '나 그런 말 한 적 없어.'라고 하려면 I didn't say so. / I didn't say that. / I didn't tell you that. 등으로 표현한다.

그렇다면 다음 대화에서는 빈칸에 talk to와 tell 중에 뭐라고 하는 것이 맞는지 생각해 보자.

박과장 You're going to be transferred to New York.
너 뉴욕으로 발령 난다는데.

나 Are you sure? I can't wait to [________] my wife.
진짜야?   빨리 아내한테 알려줘야겠다.

talk / speak가 대화의 외양에 중점을 두고 say / tell이 대화의 내용에 중점을 둔다는 점을 기억하면 어렵지 않다. I can't wait to <u>talk</u> to my wife.는 '내 아내하고 대화하고 싶어 미치겠다.'란 뜻으로서 그동안 여러 가지 사정이 있어 '대화 자체'가 통 없었기 때문에 그동안 밀린 대화를 하고 싶다는 말이다. 반면 I can't wait to <u>tell</u> my wife.는 '내 아내에게 (그것에 대해) 말해주고 싶어 미치겠다.'라는 뜻이다. 그 내용을 알려주고 싶어 못 참겠다는 뜻이므로 이 대화 상황에 부합하는 문장이 된다. I can't wait to tell my wife 다음에 about it이 생략되었다고 보면 이해가 빠를 것이다.

다른 예로 자동차, 버스, 기차, 비행기에 '타다'도 간단하지 않다. '뭐 타고 왔어?'라는 질문에 '택시 타고 왔어.'는 I took a taxi. '버스 탔어.'는 I took the bus.라고 한다. 하지만 '수지 차 탔어.'는 I took Susie's car.라고 하지 않는다. 이렇게 쓰면 '수지 차를 **뺏었다**'는 뜻이 된다. I rode with Susie. 또는 Susie gave me a ride.라고 해야 수지가 나를 태워줬다는 뜻이 된다. 한편 '택시 탔어'(지금 택시에 탑승한 상태라는 뜻) 같은 경우 I took a taxi.라고 하기는 어렵고, 이때는 I'm in a taxi.가 맞다. '버스에 탔다.'는 I'm on the bus. 지하철 탔다.'는 I'm on the subway.다. 한편, '(놀이동산에서) 놀이기구를 탔다.'는 I took the rides.가 아니라 I went on the rides.라고 한다.

'전화' 역시 쉽지 않은 단어다. '전화가 안 걸린다.'는 I can't make a call. 전화 왔다.'는 I've got a call. '전화를 안 받았다.'는 I didn't answer the call. 또는 I didn't pick up the phone.이다. 아울러, 상대방이 전화 안 받았다고 따지자 '너한테서 전화 안 왔는데.'는 I haven't received a call from you.다.

단어 뜻은 한꺼번에 외우려고 하지 마라

sorry에는 여러 가지 의미가 들어 있다. 대표적으로 〈1〉 미안하다(apologize) 〈2〉 안됐다/유감이다(It's a regret) 〈3〉 불쌍히 여기다(pity for) 〈4〉후회하다(regret) 같은 의미를 갖는다. 문장이나 맥락에 따라서는 sorry가 네 가지 의미 가운데 두 가지 이상으로 중첩되어 해석될 수도 있다. 특히 sorry는 함께 사용되는 동사와 전치사에 따라 뜻이 여러 갈래로 달라진다. 예를 들어, 길거리에서 구걸하는 아이를 보고 '애가 불쌍하다.'라고 할 때는 I feel sorry for him.이라고 하지, I feel sorry about him.이라고는 하지 않는다. 〈feel + sorry for + 사람〉 형식으로 쓰기 때문이다. 한편, 아이가 식당에서 장난치다 컵을 깨뜨렸을 때 부모가 식당 관계자에게 사과하는 말로는 보통 I'm so sorry about that. 또는 I'm so sorry about him.이라고 한다. (여기서 that은 '자기 아이가 컵을 깨뜨린 행동'을 말한다.) 이처럼 사과는 대체로 〈be + sorry about + 행동〉으로 표현하되, 사고 친 사람을 대신해서 사과하는 경우에는 〈be + sorry about + 사람〉으로 표현한다. 여기서 '사람'은 맥락상 '그 사람의 행동'을 뜻한다.

이처럼 기본적인 이해를 바탕으로 구체적인 사례를 통해 각 단어의 정확한 의미를 깨우쳐 나가야 진정으로 그 단어의 의미를 알 수 있다.

단어의 여러 가지 뜻을 너무 한꺼번에 외우려고 하면 머리에 잘 들어오지도 않을 뿐만 아니라 여러 미묘한 뜻이 헷갈려서 갈피를 잡을 수 없게 된다. 따라서 가장 궁금한 표현부터 시간을 두고 익혀 나가기 바란다. 비가 내려 흙이 다져져야 땅이 단단해지듯이 영어 표현 또한 시간을 두고 천천히 익혀 나가야 정확한 의미를 알게 되고, 정확한 의미를 알아야 실전에서 뜻에 맞게 활용할 수 있다.

우리는 본격적으로 쇼핑을 하려고 시내로 갔어.

situation:
해외 여행을 가서 마지막 날 저녁 때 사람들과 쇼핑하려고 시내로 갔다. 여행을 갔다 와서 친구에게 이야기 하는 상황이다.

STEP 1 표제문을 영어 문장으로 만들어 보세요.

우리는 본격적으로 쇼핑을 하려고 시내로 갔어.

STEP 2 표제문을 영어로 잘 옮긴 것에 모두 체크하세요.

(1) **We went to downtown in order to shop in earnest scale.**

(2) **We went downtown for some serious shopping.**

(3) **We went downtown to indulge in some serious shopping.**

(4) **We went into town for a shopping spree.**

(5) **We went into the town for a shopping spree.**

(6) **We went on the shopping spree in downtown.**

(7) **We went on a shopping spree downtown.**

(8) **We treated ourselves to a good deal of shopping downtown.**

(9) **We enjoyed shopping downtown.**

(10) **We went downtown and enjoyed shopping.**

가능한 문장 **(2) (3) (4) (7) (8) (9) (10)**

> **어휘 들여다 보기**
> **downtown** '시내로 가다'는 go to downtown이 아니라 go downtown이라고 한다. 마찬가지로 '시내로 오다'는 come downtown이라고 한다. downtown은 대체로 부사로 사용되어 '시내에'라는 뜻이다. 따라서 '시내에 왔어.'라고 할 때도 I'm downtown.으로 족하다. in downtown 또는 in the downtown이라고 하지 않는다. 다만 in the downtown area 또는 도시 이름과 함께 써서 in downtown New York는 좋다.

(1) We went <u>to</u> downtown in order to shop <u>in earnest scale</u>. ✕

틀렸다. downtown은 부사이므로 went to downtown 대신에 went downtown이 맞다. 한편, '본격적으로'는 in earnest scale이 아니라 in earnest다. 그렇다 하더라도 표제문 맥락에 in earnest를 사용하는 것은 어울리지 않는다. in earnest는 '진지하게', '진실되게', '헌신적으로', '성실하게' 측면의 '본격적으로'를 의미한다. 주로 업무, 학업 등 중요한 사안에 사용된다. 예를 들어, The project began again in earnest.(그 프로젝트가 다시 한번 본격적으로 추진되었다.)처럼 쓸 수 있다.

(2) We went downtown <u>for some serious shopping</u>. ○

좋다. 문맥상 '본격적으로'는 '마음 먹고 제대로'란 뜻이며, 한국어의 부사는 영어로 곧잘 〈형용사 + 명사〉 형식으로 전환되므로 for some serious shopping으로 표현할 수 있다. 물론 맥락과 문장 형식에 따라 '본격적으로'는 부사 seriously로도 표현 가능하다. 예를 들어 '지난 달부터 본격적으로 구직 활동을 시작했어.'는 I started seriously looking for a job since last month.라고 하면 좋다.

(3) We went downtown to <u>indulge in</u> some serious shopping. ○

좋다. 쇼핑을 '마음껏 하다'는 평소에 제대로 해 보지 못했던 것을 큰맘 먹고 맘껏 해 본다는 뜻을 가진 indulge in 또는 treat oneself to를 활용하면 된다. indulge in은 '~을 마음껏 하다'라는 뜻이다.

(4) We <u>went into town</u> for a <u>shopping spree</u>. ○

(5) We went into <u>the</u> town for a shopping spree. ✕

(4)는 좋고 (5)는 틀렸다. 정관사 없이 went into town이 좋다. 여기서 town은 '작은 소도시'가 아니라 대도시의 어느 구역(a certain district)을 뜻한다. 따라서 went into town은 '시내로 갔다' 정도의 해석이 가능하다. 한편, shopping spree는 '광란의 쇼핑' 정도의 뜻이 되겠다.

(6) We went on <u>the</u> shopping spree <u>in downtown</u>. ×

(7) We went on <u>a</u> shopping spree <u>downtown</u>. ○

(6)은 틀리고 (7)은 맞다. 정관사 대신 부정관사를 붙여 the shopping spree를 a shopping spree로 고쳐야 한다. ⟨go on + A(활동)⟩ 형식으로 'A(활동)를 시작하다/계속하다'라는 뜻으로 자주 쓰인다. 예를 들어, go on a vacation(휴가 가다) / go on a hike(등산 가다) / go on a diet(다이어트를 하다) / go on a picnic(소풍 가다) / go on strike(파업하다)[17] / go on a field trip(현장 견학 가다) 등이 있다. (6)은 in downtown도 틀렸다. 그냥 downtown 또는 in the downtown area라고 해야 맞다.

(8) We <u>treated ourselves</u> to a good deal of shopping downtown. ○

좋다. ⟨treat oneself to + A(활동/사물)⟩는 'A(활동/사물)로 자기 자신을 대접하다', 즉 '큰맘 먹고 비싼 것을 사다'라는 뜻이다.

(9) We enjoyed shopping <u>downtown</u>. ○

좋다. '시내에'는 전치사를 써서 in downtown 또는 in the downtown이라고 하지 않는다. 부사 downtown을 쓰면 맞다.

(10) We went downtown and enjoyed shopping. ○

좋다. '쇼핑을 하려고 시내로 갔다'를 '시내로 가서 쇼핑을 했다'로 전환하면 이 문장을 생각해내기 쉬울 것이다.

그렇게 말한 적 없는데.

오늘 밤에 누구 만난다고 했잖아.

situation:
오전 11시, 지호가 나한테 오늘 밤에 친구를
만난다고 전에 말하지 않았냐고 물어본다.
하지만 난 그런 말을 한 적이 없다고 말하려
고 한다.

STEP 1 표제문을 영어 문장으로 만들어 보세요.

지호 **You are going to see your friend tonight, aren't you?**
너 오늘 밤에 친구 만날 거지?

나 **Who? I have no plans tonight.**
누구?　　나 오늘 약속 없어.

지호 **You said you were going to see somebody tonight.**
오늘 밤에 누구 만난다고 했잖아.

나 [________________________] **You must have misunderstood me.**
그렇게 말한 적 없는데.　　　　　　네가 잘못 들었겠지.

STEP 2 표제문을 영어로 잘 옮긴 것에 모두 체크하세요.

(1) **I never talked like that.**

(2) **I never spoke like that.**

(3) **I never said so.**

(4) **I never said that.**

(5) **I never said it.**

(6) **I never told you so.**

(7) **I never told that to you.**

(8) **I never told you that.**

가능한 문장 **(3) (4) (6) (7) (8)**

말하다 '나 그렇게 말한 적 없는데.'를 I never talked like that.이라고 생각하는 사람이 많을 것이다. 그러나 이 문장은 '난 그렇게 건방지게 말한 적이 없어.', '그렇게 무식하게 말한 적이 없어.', '그렇게 웃기게 말한 적이 없어.'라는 뜻이다. 그래서 '나한테 그런 식으로 말하지 마'라고 할 때 Don't talk to me like that!이라고 한다. talk의 의미는 '이야기하다/대화하다'이다. 이렇듯 talk는 이야기 중 실제로 사용된 문장이나 내용을 표현하는 것이 아니라, '회담', '토론', '논의', '대화'를 했다는 점을 전달한다. '평화 회담'을 peace talks, '정상회담'을 summit talks, '실무 회담'을 working-level talks[18] 라고 하는 점을 봐도 talk가 '대화'의 외형적인 모습을 묘사한다는 점을 알 수 있다. 따라서 표제문 맥락에서는 talk가 아니라 say나 tell을 활용해서 말하면 된다.

(1)　I never <u>talked</u> like that. ×

(2)　I never <u>spoke</u> like that. ×

틀렸다. 이 문장들은 예를 들어 '그런 방식으로 말한 적이 없다', 즉 '그렇게 심한 사투리로 말한 적이 없다', '그렇게 무례하게 말한 적이 없다', '그렇게 웃기게 말한 적이 없다' 등의 뜻을 갖는다. 다만 적절한 문장 형식을 취하면, talk를 활용해서 표제문 뜻을 전달할 수 있다. 예를 들어 I never talked to you about any dinner plans.(저녁 약속에 대해 너한테 얘기한 적 없는데.)라고 하면 표제문과 근접한 뜻이 된다.

(3)　I never said <u>so</u>. ○

좋다. 이때 so는 이미 언급된 것을 가리키는 말로 '그렇게'라는 뜻의 부사다. I hope so.(나도 그러길 바라.), I think so.(나도 그렇게 생각해.), I don't think so.(난 그렇게 생각 안 해.), She never said so.(걔 그렇게 말하지 않았어.) 등이 같은 용법이다. 다만 so는 that보다는 불분명한 말이다. 표제문 맥락에서는 I never said that.이라고 하는 것이 훨씬 더 좋다.

(4)　I never said <u>that</u>. ○

가장 좋다. I didn't say that.도 물론 좋다. that은 앞에서 말한 문장을 가리키는 지시사다. 다른 사람이 바로 직전에 말한 것을 반박할 때는 지시사 that을 쓰는 것이 좋다. 예를 들어, '헛소리 마! 걔가 그렇게 말한 적 없어!'는 Bullshit! He never said that!이라고 하면 단호하고 분명하게 반박하는 문장이 된다.

(5)　I never said <u>it</u>. ×

틀렸다. it은 이미 알고 있는 사실을 말하는 것이므로 표제문 맥락에 부합하지 않는다. 표제문 맥락에서는 지호가 You said you were going to see somebody tonight.라고 하니까, 내가 I never said I was going to see somebody tonight.라고 하고 싶은데 어구 I was going to see somebody tonight의 반복을 피하기 위해 대명사 it 또는 지시사 that 중 무엇을 쓸지 결정해야 하는 상황이다. 지호가 내게 말한 문장 You said you were going to see somebody tonight.는 이제 막 1초 전에 세상에 나온 문장이기 때문에 아무도 알 수도 없는 완전히 새로운 문장이다. (문장의 내용이 새롭다는 말이 아니라 문장 자체가 막 발화되었다는 뜻이다.) 따라서 내가 I never said it.이라고 하면, 지호가 말하기 전부터 이미 지호가 무슨 문장을 말하려고 하는지를 내가 알고 있었다는 뜻이 되어 말이 안 된다. 방금 지호가 말한 새로운 문장을 지칭하는 것이니까 지시사 **that**을 써야 한다.

(6) I never told you so. ○

좋다. 다만, (6)은 I told you so.가 강하게 연상되어 어색하다는 의견도 있다. I told you so.는 내가 여러 번 얘기를 했는데도 상대방이 계속 자기 주장을 굽히지 않다가 결국 내가 말했던 사태가 발생한 경우 '내가 몇 번이나 말했잖아.', '내가 그럴 거라고 안 그랬나?'라는 뜻으로 쓴다.

(7) I never <u>told</u> that <u>to</u> you. ○

(8) I never told you that. ○

좋다. tell은 〈tell + 간접목적어 + 직접목적어〉 또는 〈tell + 직접목적어 + to + 간접목적어〉 형식으로 주로 쓴다. 따라서 (8) I never told you that. 또는 (7) I never told that to you. 역시 좋다. 이 중에서는 (8)이 더 자연스럽게 들린다. 아울러, (7) (8)은 다소 중의적인 문장이다. 표제문과 같은 뜻도 있지만, '다른 사람한테는 그렇게 말을 했을지 모르겠지만 최소한 너한테는 그렇게 말하지 않았다.(I might have told somebody else about it, but not to you.)'라는 뜻도 갖고 있다. 즉, (3) (4)는 '아예 그런 말을 하지 않았다'는 뜻인데 비해 (7) (8)은 '그런 말을 하기는 했지만 너한테는 안 했다'는 뜻이 될 수도 있다.

그 사람 성격 어때?

situation:
다른 부서에 이성으로 관심이 가는 직원 Bob이 있다. Bob과 같이 근무하는 직원에게 그 사람 성격이 어떤지 물어본다.

STEP 1 표제문을 영어 문장으로 만들어 보세요.

How well do you know Bob?

밥 잘 알아?　　　　　　　　　　그 사람 성격 어때?

STEP 2 표제문을 영어로 잘 옮긴 것에 모두 체크하세요.

(1) **How's his personality?**

(2) **How's his character?**

(3) **How about his personality?**

(4) **What about his character?**

(5) **How do you like his personality?**

(6) **What do you think about his character?**

(7) **What do you think about him?**

(8) **How's he?**

(9) **How's he like?**

(10) **What's he like?**

가능한 문장 **(1) (2) (5) (6) (7) (10)**

어휘 들여다 보기   **personality / character**   원래 personality와 character는 분명히 구분된다. personality는 외향적인지 내향적인지 등의 유전적으로 결정되어 타고나는 '성격'을 말하고, character는 성실한지, 약속을 잘 지키는지, 다른 사람에게 친절한지, 겸손한지, 거만한지 같은 '성품'을 가리킨다. personality는 태어나면서 타고나기 때문에 바꾸기가 어렵고, character는 교육이나 자기 수양을 통해 개선이 가능하다는 점에 차이가 있다. 그런데 요즘에는 많은 사람들이 '(타고난) 성격'에 personality 또는 character를 둘 다 사용한다. 즉, character가 점차 personality를 뜻하는 쪽으로 가고 있다.[19] 물론 아직도 의미상 차이점이 남아 있다. 외향적인지 내향적인지, 감성적인지 이성적인지 등의 '(타고난) 성격'은 personality 또는 character라고 하면 되지만, '그 사람 인격이 높은 사람이다'에서의 '인격/인품/성품', 즉, '도덕적, 윤리적 됨됨이'에 대해서는 character라고만 한다. 표제문 맥락에서는 Bob의 '(타고난) 성격'뿐만 아니라 '인격/인품/성품'에도 관심이 있으므로 둘 다 써도 무방하다.

(1)   How's his <u>personality</u>? ○

(2)   How's his <u>character</u>? ○

좋다. 또는 What's his personality like? / What's his character like? 역시 좋다.

(3)   <u>How about</u> his personality? ×

(4)   <u>What about</u> his character? ×

틀렸다. 이 두 문장이 표제문 뜻을 가질 수는 있으나 사용하는 맥락이 분명히 다르다. How about ~?또는 What about ~?은 '화제 전환', '새로운 주제 제안' 기능이 있다. 즉, 그 사람에 대해 나이, 학벌, 가족 배경, 취미 등에 대해 얘기를 나눈 다음에 '그 사람 성격은 어때?'라고 할 때 이렇게 말할 수는 있겠다.

(5)   <u>How do you like</u> his personality? ○

좋다. 이 문장이 표제문의 뜻을 정확하게 그대로 전달하는 것은 아니나, 표제문 맥락에 여타 다른 문장 틈에 섞여 충분히 쓰일 수 있다. 이 질문에 대한 대답으로는 원칙적으로 I like him. 또는 I don't like him. 또는 He's great. 등과 같은 짧은 대답이 기대된다. How do you like ~?로 물어봤기 때문에 폭넓게 대답할 수 있는 여지는 별로 없다. 그러나 상대방이 I like him because ~. 또는 I don't like him because ~. 등과 같이 대답하면 그 사람의 성격이나 성품에 대한 다양한 얘기가 가능하므로 표제문 맥락에 전혀 문제가 없다.

(6)   What do you <u>think about</u> his character? ○

좋다. think about을 더 선호하기는 하지만 think of도 좋다.

(7)   What do you think about him? ○

좋다. What kind of person is he? 역시 비슷한 뜻이다. 이들 문장은 다른 것들에 비해 묻는 바가 더 포괄적이다.

(8)　How's he? ✕

틀렸다. '그 사람 건강은 어때?', '그 사람 잘 지내?', '그 사람 기분 어때?'라는 뜻이다.

(9)　How's he like? ✕

아예 문법적으로 틀린 문장이다. how는 부사라서 like의 목적어가 될 수가 없다. what을 써서 (10)처럼 What's he like?라고 해야 한다.

(10)　What's he like? ○

좋다. 사람의 성격을 묻는 가장 일반적인 문장이다. 즉, 무엇을 묻는지 맥락에 따라 아주 다양할 수 있다. 예를 들어 의복이나 패션, 스타일에 관해 얘기하는 중이라고 하면, 이 문장에 대해 He dresses very well.(그 남자 옷 잘 입어.)이라고 답할 수도 있다. 아무튼 맥락에 의해 그 의미가 정해질 것이므로 이 문장은 맞는 문장이다. 실제 상황에서는 대답하는 사람의 답변에 따라 내가 궁금한 것을 물어보면서 말을 이어가면 될 것이다.

situation:
내가 수지와의 약속 날짜를 잘못 알고 있었다. 나는 내일 만나는 것으로 알고 있었는데 실제로는 오늘 만나기로 했다고 한다. 수지가 스마트폰을 꺼내 자기 일정표를 보여 주며 확인시켜 준다.

STEP 1 표제문을 영어 문장으로 만들어 보세요.

수지 **Look at my calendar.**
내 일정표를 봐.

나 **Okay!**
그렇네!　내가 잘못 알고 있었네.

STEP 2 표제문을 영어로 잘 옮긴 것에 모두 체크하세요.

(1) **I wrongly knew.**

(2) **I wrongly thought.**

(3) **I wrongly thought that we were supposed to meet tomorrow.**

(4) **I took it the wrong way.**

(5) **I was mistaken.**

(6) **I was misunderstood.**

(7) **I misunderstood.**

(8) **I was wrong.**

(9) **I made a mistake.**

(10) **My mistake!**

가능한 문장 **(3) (4) (5) (7) (8) (9) (10)**

알다 한국어 '알다'는 상황에 따라 영어로 know / think 두 가지로 전환할 수 있다. know는 '정확히 사실을 아는 것'을 말하고 think는 '(맞든 틀리든 관계 없이) 화자가 인식하고 있는 것'을 말한다. 예를 들어 '난 네가 오늘 저녁 늦게나 도착하는 줄 알았어.'는 I thought you were going to arrive late tonight.다. 반면, '내 이럴 줄 알았어!'는 I knew it!이다. '잘못 알았다.'는 I was confused. / I was mistaken. / I was wrong. 또는 I misunderstood. 또는 I took it the wrong way. 같은 표현을 사용할 수 있다.

(1) I wrongly knew. ✕

틀렸다. wrongly knew는 '틀리게(wrongly) 정확하게 사실을 알았다(knew)'란 뜻이 되는데, 이는 논리적 모순으로서 전혀 말이 안 된다.

(2) I wrongly thought. ✕

(3) I wrongly thought that we were supposed to meet tomorrow. ○

(2)는 틀렸다. 불완전한 문장이다. (3)과 같이 고치면 의미는 통하지만 썩 좋은 문장은 아니다. 사실 (3)에서 wrongly를 뺀 I thought (that) we were supposed to meet tomorrow. 는 표제문에 맞는 좋은 문장이 된다. 동사 think에 명시적으로 '잘못 알고 있다'라는 뜻이 있는 것은 아니나 문장의 뜻이 내가 인식을 잘못했음을 나타내는 것이니 다른 부가 어구 없이 동사 think만으로도 얼마든지 '잘못 알고 있다'란 뜻을 나타낸다. 착각했음을 강조하고자 하는 경우 seriously를 써서 I seriously thought we were supposed to meet tomorrow.라고 하면 '심각하게 생각했다'가 아니라 '완전히 내 마음대로 잘못 생각하고 있었다'는 뜻이 된다.

(4) I took it the wrong way. ○

좋다. 다만 이 문장은 '(상대방의 의도를) 곡해했다'는 뜻도 있다. 예를 들어 다른 사람이 내게 칭찬을 했는데 나는 비방하는 줄 알고 기분이 언짢았으나, 그 사람이 해명을 해서 오해를 푼 상황이 있다고 하자. 그때 I took it the wrong way.라고 하면 '제가 잘못 생각했네요.', '제가 잘못 이해했네요.'란 뜻이 된다.

(5) I was mistaken. ○

좋다. I was mixed up. / I was confused. / I was under the wrong impression. 모두 좋다. 아울러 I got it wrong. 역시 좋다.

(6) I was misunderstood. ✕

틀렸다. '다른 사람들이 나를 알아주지 않았다', '다른 사람들이 나의 진가를 알아주지 않았다', '다른 사람들이 내가 의도하는 바를 제대로 이해하지 못하고 잘못 이해했다'는 뜻이다. 다시 말해 내가 착각을 하고 있는 것이 아니라 다른 사람들이 나에 대해, 나의 의도에 대해,

나의 가치에 대해 잘못 이해를 했다는 뜻이다. 즉 They misunderstood me.의 뜻이므로
표제문에 부합하지 않는다.

(7) I misunderstood. ○

좋다. I misunderstood what you said. / I misunderstood it. 역시 좋다. 목적어는 있어
도 되고 없어도 상관 없다.

(8) I was wrong. ○

좋다. 주로 내가 잘못 이해하고 있을 때 사용할 수 있는 문장이다. 여기서는 I was wrong
about the date.에서 about the date가 생략되었다고 생각하면 이해하기 쉽겠다.

(9) I made a mistake. ○

좋다. 행동 측면의 실수가 아니라 잘못 이해한 것에도 mistake를 써도 된다.

(10) My mistake! ○

좋다. 간결한 표현이다. 속어로 My bad!도 괜찮다. '내 잘못이야!'란 뜻의 관용구다. 물론
My bad!는 격의 없는 사이에서 쓰는 말이므로 직장 상사나 윗사람한테는 쓰기 어렵다.

나 그 문제 틀렸어.

situation:
수학 시험에서 10번 문제가
너무 어려워서 틀렸다. 10번
문제는 객관식 문제로, 정답
개수는 한 개였다.

STEP 1 표제문을 영어 문장으로 만들어 보세요.

친구 **How did you do on No. 10?**
10번 문제 어떻게 됐어?

나

나 그 문제 틀렸어.

STEP 2 표제문을 영어로 잘 옮긴 것에 모두 체크하세요.

(1) **I was wrong about the question.**

(2) **I was mistaken about that question.**

(3) **I gave a wrong answer for that one.**

(4) **I didn't get it.**

(5) **I didn't get it right.**

(6) **I got it wrong.**

(7) **I didn't answer it correctly.**

(8) **I screwed it up.**

가능한 문장 **(3) (5) (6) (7) (8)**

어휘 들여다 보기

틀렸다 '(그 문제) 틀렸다'는 형용사 wrong 또는 구동사 screw up / mess up을 활용하면 된다. '(그 문제) 맞았다'의 부정형을 쓰면 되니까 형용사 correct / right 또는 부사 correctly를 활용해서 부정문으로 표현해도 된다. 동사의 특성에 따라, 형용사 I didn't get it correct. 또는 부사 I didn't answer it correctly.처럼 표현하면 된다. 다만, I was wrong about the question. 또는 I wasn't right[correct] about the question.은 '나 그 문제 틀렸다'는 뜻이 아니라 '내가 그 문제를 잘못 이해했다.(I misunderstood the question.)', 즉 '그 문제가 무슨 의미인지를 제대로 파악하지 못했다'는 뜻이니 주의를 요한다.

(1) I was wrong about the question. ×

(2) I was mistaken about that question. ×

틀렸다. 이 문장은 '그 문제가 무슨 의미인지를 제대로 파악하지 못했다.(I didn't understand the correct meaning of the question.)'는 뜻이다.

(3) I gave <u>a wrong answer</u> for that one. ○

좋다. 객관식 문제이므로 정답은 한 개이고 틀린 답은 여러 개 중 하나일 것이다. 따라서 '정답'은 정관사를 써서 the right answer라고 하고 '틀린 답'은 부정관사를 써서 a wrong answer라고 한다. 그렇지만 사실은 정관사를 써서 I gave the wrong answer for that one.도 가능하다. 누군가 내게 전화를 잘못 걸었을 때 You have the wrong number.라고 하듯, 정답과 오답을 하나의 단위로 간주하여 정관사 the wrong answer도 가능하다.

(4) I didn't get it. ×

틀렸다. 이 문장은 문제의 의미를 이해하지 못했다(I didn't understand it.)는 뜻이다. 문장 말미에 right를 추가하여 (5)처럼 쓰면 맞는 문장이 된다.[20]

(5) I didn't get it right. ○

(6) I got it wrong. ○

좋다. I didn't get it right. 또는 I got it wrong. 둘 다 좋다. 〈get + A(목적어) + B(상태)〉 형식은 'A(목적어)를 B(상태)에 이르게 하다'라는 뜻이다. B(상태)에는 to부정사, 현재분사, 과거분사, 형용사가 올 수 있다. I'll get it done soon.(그거 곧 끝내겠다.), My son got his hands dirty while playing outside.(우리 아들이 밖에서 놀다가 손이 더러워졌다.), You'll never get him to understand.(아무리 해 봐야 그 사람은 설득 불가능하다. / 아무리 설명해 봐야 그 사람이 (멍청해서 니가 설명하는 것을) 도저히 이해 못 할 것이다.)처럼 쓸 수 있다.

(7) I didn't answer it correctly. ○

좋다. '정확하게 답을 하지 못했다'는 말이니까 '그 문제 틀렸다'는 뜻이다.

(8) I <u>screwed</u> it <u>up</u>. ○

좋다. screw up은 '엉망으로 만들다', '망치다'라는 뜻으로, '(시험문제를) 틀렸다'는 뜻으로도 쓸 수 있다. How did you do on the interview?(면접 잘 했어?)라는 질문에 대해 '망했어.'라는 뜻으로 I screwed it up.이라고 한다. 참고로 '완전히 망했어.'는 I totally screwed it up. / I screwed it up big time.이다.

 **나 그 문제 맞았어.**

situation: 수학 시험에서 10번 문제를 맞췄다. 10번 문제는 객관식 문제이며 정답 개수는 한 개였다.

친구 **How did you do on No. 10?**
10번 문제 어떻게 됐어?

나

나 그 문제 맞았어.

(a) I was right about the question.

(b) I got it.

(c) I got it right.

(d) I got it correct.

(e) I answered it correctly.

(f) I aced it.

(g) I nailed it.

(a) 틀렸다. 이 문장은 예를 들어 '이번에 문제가 쉽게 출제될 것이라 생각했는데 내 예상이 맞았어.'에서 '내 예상이 맞았어.'에 해당되는 문장이다.[21] **(b)** 좋다. I got it.은 '이해했다', '알겠다'라는 뜻으로 자주 사용된다. 하지만 How did you do on No. 10?에 대한 답변으로 쓸 경우 I got it.이라고 하면 I got it right.로 이해하는 데 크게 무리가 없다. **(c)(d)** 좋다. '나 그 문제 맞았다'를 뜻하는 표준적인 문장이다. 〈get + A(목적어: 시험문제) + right〉는 'A(목적어:시험문제)를 (틀리지 않고) 맞혔다'는 뜻이다. **(e)** 좋다. 형용사 I got it correct.와 부사 I answered it correctly.의 차이에 주의하자. **(f)(g)** 좋다. 둘 다 구어체 문장이다. 동사 ace는 '~을 완벽하게 하다', '~을 완벽하게 잘 처리하다'의 뜻이고, 동사 nail은 '~을 완벽하게 하다/해치우다'라는 뜻이다.

A
**서울-부산 간 KTX
요금이 어떻게 되나요?**   situation: 기차역 매표소에서 서울-부산 간 KTX 요금을 문의하고 있다.

(1) How's the price for KTX from Seoul to Busan? ☐

(2) What's the price for the KTX from Seoul to Busan? ☐

(3) How much is the KTX from Seoul to Busan? ☐

(4) What's the KTX rate from Seoul to Busan? ☐

(5) What's the fare for the KTX between Seoul and Busan? ☐

(6) How much do I have to pay for the KTX between Seoul and Busan? ☐

교통수단을 이용할 때 내는 '요금'은 fare가 일반적이다. fee는 '전문적 서비스에 대한 요금(예: legal fee 법률 자문료 / school fee 수업료)', '조직, 기관 등에 내는 회비(membership fee)', '정상 가격/비용 외에 추가적으로 지불하는 수수료(extra fee)'의 뜻으로 주로 사용하며, 교통 수단 이용에 대한 '요금'에는 사용하지 않는다. rate는 shipping rate(운송료), rental rate(렌탈 요금), room rate(숙박 요금)에 주로 쓴다. 교통 요금에는 잘 사용하지 않으나 'KTX 요금'이란 뜻으로 KTX rate 정도는 가능하다. '버스 요금'은 bus fare라고 하며 bus fee / bus rate는 안 된다. 마찬가지로 항공 요금도 airfare라고 하고 air fee / air rate는 쓰지 않는다. 지하철 요금 역시 subway fare라고 하고 subway fee / subway rate라고는 하지 않는다. KTX의 경우에도 the KTX fare는 좋으나, the KTX fee라고 하지는 않는다.

(1) 틀렸다. '요금이 어떻게 되나요?'는 '얼마인가요?'란 뜻이다. 따라서 how는 곤란하고 how much나 what으로 표현하는 것이 맞다. 또한, KTX 앞에는 반드시 정관사 the가 필요하다. KTX가 고유명사이기는 하지만 여전히 '기차'임에는 틀림없고, 기차 운송 서비스의 한 종류이니(즉, KTX 말고도 ITX, 무궁화호 등 여러 기차 운송 서비스가 있으니) 정관사 the KTX라고 해야 한다. **(2)** 좋다. KTX '요금'에 price도 사용 가능하다. the price for the KTX 또는 the KTX price 둘 다 좋다. **(3)** 좋다. How much is it?과 마찬가지로 How much is the KTX?라고 말할 수 있다. **(4)** 좋다. the KTX rate 대신 the cost of the KTX 또는 the cost of a KTX ticket 역시 좋다. **(5)** 좋다. the fare for the KTX 대신 the KTX fare 역시 좋다. **(6)** 좋다. pay 대신 charge를 써서 How much do they charge for the KTX from Seoul to Busan?이라고 해도 좋다. 여기서 how much는 pay와 charge의 목적어다. 한편, ticket를 쓰는 것도 방법이다. How much does a KTX ticket cost from Seoul to Busan?도 좋다.

I have something to tell you.

통화 가능해?

너한테 할 말 있어.

(1) Phone call is possible? ☐

(2) Is it possible to talk now? ☐

(3) Are you available now for a phone call? ☐

(4) Can you talk now? ☐

(5) Can you say now? ☐

(6) Can you speak now? ☐

(7) Can you tell now? ☐

(8) Have you got a few minutes now? ☐

(9) Can you spare me a few minutes now? ☐

(10) Are you free to chat? ☐

(1) 아주 저급한 영어다. 한국어를 그대로 직역한 문장으로 틀린 문장이다. **(2)** 좋은 문장이다. 문법적으로 말하면 'it ~ to부정사'를 쓴 가주어-진주어 구문이다. **(3)** 괜찮다. 다만 상당히 격식적인 문장이다. 업무 상황(work setting)에서 주로 쓰기 때문에 여자친구에게 이 문장을 사용하는 것은 썩 적절하지는 않다. 한편, 무관사 phone call 또는 정관사 the phone call은 틀렸다. 반드시 부정관사 a phone call이어야 한다. **(4)** 좋다. talk는 '이야기하다', '대화하다'란 뜻이다. Can we talk?도 좋다. **(5)** 틀렸다. say는 대화의 내용을 전달하는 '말하다'이다. 따라서 목적어로 전달하고자 하는 내용이 포함되어야 한다. 지금 맥락에 전혀 부합하지 않는다. **(6)** 틀렸다. 동사 speak는 '이야기하다 / 대화하다 / 말을 주고받다'란 뜻이기는 하지만, talk와는 사용되는 상황이 많이 다르다. talk와 달리 매우 격식적이므로 지금처럼 애인 사이에 사용하기에는 적절치 않을 뿐만 아니라, '후두염이 걸려 말을 못 한다고 들었는데 이제는 말할 수 있어?', '주변에 다른 직원이 있어 말할 수 없는 상황은 아닌 거지?', '네가 그 문제에 대해 말할 권한이 있어?' 등과 같은 맥락에서 쓰기 때문에 표제문 맥락에 사용하기는 곤란하다. 아울러, speak는 직접 만나서 말하는 상황에서 주로 쓰기 때문에, 지금과 같이 통화하는 상황에는 잘 맞지 않는다. **(7)** 틀렸다. tell은 타동사이므로 목적어가 필요하다. 전달하고자 하는 내용이 그 뒤에 따라 나와야 한다. **(8) (9)** 좋다. talk를 사용하지 않고도 충분히 다른 방법으로 표현 가능하다. **(10)** 좋다. Are you free for a chat?라고 해도 된다. (부정관사 a chat다.) chat는 동사로는 '담소를 나누다', 명사로는 '담소, 수다'라는 뜻이다.22

가능한 문장 **A** (2) (3) (4) (5) (6) **B** (2) (3) (4) (8) (9) (10)

한국어 한 단어가
영어에선 여러 단어로
분화된다

한국어 한 단어가 영어에선 여러 단어로 분화된다

영어는 다양한 단어로 분화된다

영어를 진지하게 공부해 본 사람이라면 한국어 한 단어가 영어에서는 여러 단어로 분화되는 경우가 상당히 많아, 영어로 적절한 단어를 찾는데 어려움을 겪은 적이 적지 않을 것이다. 왜 이런 일이 발생할까? 이것은 한국어의 단어와 영어의 단어가 의미 범위가 다를 뿐만 아니라 영어 단어가 좀 더 세분화되어 있기 때문이다.

물론 모든 상황에서 한국어 한 단어가 영어 여러 단어로 분화된다는 것은 아니다. 오히려 그 반대 상황도 얼마든지 많을 것이다. 하지만 한국어 한 단어가 영어 여러 단어로 분화하는 사례가 그 반대보다 훨씬 많을 뿐만 아니라, 이런 현상 때문에 한국인 영어학습자가 적지 않은 고생을 하기 때문에 특히 관심을 가져야 한다는 말이다. 영어 중급을 넘어 고급을 지향하는 독자라면 더구나 이 고비를 넘지 않고서는 제대로 된 고급 영어를 구사할 수가 없다.

'아프다'를 예로 들어 보자. 감기나 몸살이 났을 때 '나 아프다'는 I am sick.다. 두통이 있다는 뜻으로 '머리가 아프다'는 My head hurts. 또는 I have a headache.다. '배가 아프다'는 My stomach hurts. 또는 I have a stomachache.다. 이것을 My head is sick. 또는 My stomach is sick.라고는 하지 않는다. 또한, 밥을 굶는 어린 아이들 소식에 '마음이 아프다'는 I feel very sad when I think of them.이고, 애인하고 헤어져 '마음이 아프다'는 I'm heartbroken.이다.

'약속'은 어떨까? '약속' 하면 promise가 쉽게 생각날 것이다. 영어를 좀 하는 사람은 '약속할게.'의 '약속'을 영어로 말할 때 사람을 만날 '약속'과는 달리 말해야 한다는 것을 알 것이다. promise는 '뭔가 해주겠다는 의미의 약속'이다. 반면, '만나는 약속'은 plan(또는 plans)이다.

'문제'도 영어로 옮기려고 할 때 애를 먹는 경우가 많다. 문맥에 따라 question / problem / trouble / issue / matter 등으로 옮겨야 하기 때문이다. '위험' 역시 danger / risk / hazard 등 영어에서는 다른 단어가 사용된다. '머리'는 hair / head / brain으로 쓸 수 있고, '허리' 또한 waist / back / hip / side 등으로 다양하다. '코' 역시 사람이냐 동물이냐, 동물이면 어떤 동물이냐에 따라 다른 단어를 쓴다. '사람의 코'는 nose, '돼지의 코'는 snout, '개 또는 말의 코'는 muzzle, '코끼리의 코'는 trunk다. 따라서 '코끼리는 코가 길다'는 Elephants have long trunks.라고 해야 한다. 자동차의 '트렁크' 역시 승용차의 트렁크와 SUV의 트렁크를 구분한다. 승용차의 '트렁크'는 trunk라고 하지만 SUV의 '트렁크'는 hatch다. '만화'도 마찬가지인데, '만화책'은 comic book이고, '만화영화'는 cartoon이다.

'휴가' 역시 만만치 않은 단어다. '그 사람 (여름) 휴가 갔습니다.'는 He is on vacation.이라고 하면 된다. 하지만 '저 오늘 하루 휴가 냈어요.'는 뭐라고 할까? 한국어에서는 기간이 길든 짧든 직장에 나가지 않고 업무를 쉬는 것을 '휴가'라고 한다. 영어에서는 기간이 길고 여름에 가는 것을

vacation(영국에서는 주로 holiday), 하루 이틀 일하지 않고 쉬는 것은 a day off라고 한다. 따라서 '저 오늘 하루 휴가 냈어요.'는 I took a day off today. 또는 간단히 I'm off today.라고 하면 된다.

'참다' 역시 put up with / hold / endure / stand / take / bear / resist / suppress / refrain from 등 다양한 표현을 쓸 수 있다. 어떤 참기 어려운 일을 당했을 때 '난 그거 더 이상 참을 수 없어.'는 I can't stand it.이라고 하고, '하품을 도저히 참을 수 없었다.'는 I couldn't stop yawning.이라고 한다. 생리적인 현상을 더 이상 참을 수 없는 경우 I can't hold it in any more.라고 하면 되겠다.

앞에서도 언급했지만 물론 한국어로 여러 단어로 표현하는 것을 영어로는 한 단어로 표현하는 경우도 있다. '입다/끼다/쓰다/차다/신다'를 영어에서는 wear로 표현한다. 이런 경우는 상대적으로 영어로 표현하기가 쉽기 때문에, 그 반대 사례에 더 관심을 갖고 주의 깊게 살펴보아야 한다.

국립국어연구원의 『표준국어대사전』에는 약 50만 단어가 등재되어 있고 『옥스퍼드 영어사전』에는 약 60만 단어가 등재되어 있다. 이를 보면 한국어와 영어의 어휘수가 큰 차이가 없는 것처럼 보이지만 실제로는 영어 표현이 훨씬 다채롭다는 데 큰 이의가 없을 것이다.

허리가 아파.

situation:
어제 이사한다고 무거운
물건을 좀 날랐더니 허리가
아프다. 평소에 요통은 없었다.

STEP 1 표제문을 영어 문장으로 만들어 보세요.

지호 **Are you okay?**
너 괜찮니?

나

허리가 아파.

STEP 2 표제문을 영어로 잘 옮긴 것에 모두 체크하세요.

(1) **My waist is sick.**

(2) **My back is painful.**

(3) **My back is really aching.**

(4) **My back aches.**

(5) **I have a backache.**

(6) **My back hurts!**

(7) **My back is killing me!**

(8) **My back bothers me a lot.**

(9) **My back is sore.**

가능한 문장 **(2) (3) (4) (5) (6) (7) (9)**

어휘 들여다 보기

허리 '허리'는 상황에 따라 여러 부위를 지칭할 수 있다. 맥락에 따라 waist(몸통과 엉덩이 사이의 잘록한 부분), side(옆구리), hip(골반, 고관절), back(등)으로 쓴다. 표제문처럼 '허리가 아프다'고 할 때는 back이 적절하다.[23]

아프다 '아프다'는 형용사 painful(상처 또는 신체 부위가 아픈) / 명사 backache(요통) / 동사 hurt(아프게 하다)를 사용해서 나타낼 수 있다. 〈A(통증의 원인) + is painful〉은 'A(통증의 원인)가 화자로 하여금 통증을 느끼게 하다', 'A(통증의 원인) 때문에 아프다'라는 뜻이다. 예를 들어, '그 상처가 엄청 아프다.'는 The wound is really painful. '관절염이 다시 도져서 고통스럽다.'는 My arthritis has kicked up again, it's painful. 이다. painful의 주어로는 '다친 부위', '질병', '(마음의) 상처' 등이 올 수 있다.

(1) My <u>waist</u> is <u>sick</u>. ✕

틀렸다. 표제문의 허리는 back을 말한다. waist는 몸통과 엉덩이 사이의 잘록한 부분을 가리킨다. 예를 들어, '그 여자는 허리가 잘록하다/가늘다.'는 She has such a slender waist. 라고 한다. sick도 병으로 인해 아픈 것을 가리키므로 틀렸다.

(2) My back is <u>painful</u>. ○

좋다. My back feels painful. 또는 I have a pain in my back.도 좋다. 항상 그런 것은 아니지만 painful은 주로 외상(physical trauma)이 있을 때 사용된다. 예를 들어, 두통이 있을 때 '머리가 아프다.'는 My head is painful.이라고 하지 않고, I have a headache.라고 한다. 반면, 뭔가에 머리를 부딪혀서 머리가 아픈 경우는 My head is painful.이라고 한다.

(3) My back <u>is</u> really <u>aching</u>. ○

(4) My back <u>aches</u>. ○

좋다. ache는 '아프다'라는 뜻의 동사로, 이들 문장은 일시적인 통증이 있을 때 사용할 수 있다. 예를 들어, '온몸이 아팠다.'는 My whole body ached. 또는 All of my body ached.다.

(5) I have a <u>backache</u>. ○

좋다. '허리가 아프다'가 '허리 통증 = 요통 = backache'로 전환되었다. backache는 가산명사이므로 부정관사 a가 필요하다. 참고로 I have back pain.이라고 해도 좋은데, 이때는 부정관사 없이 쓴다.

(6) My back <u>hurts</u>! ○

좋다. 대체로 일시적인(at that point) 통증이 있을 때 사용하는 문장이다. 예를 들어, 친구가 일부러 내 발을 밟고 있어서 아파 죽을 지경일 때, '그만해! 아파!'는 Stop it! That hurts!라고 한다.

(7)　My back is <u>killing</u> me! ○

(8)　My back <u>bothers</u> me a lot. ×

(7)은 맞지만 (8)은 틀렸다. '허리가 아프다'를 '허리가 날 죽일 듯이 아프다', '허리가 날 괴롭게 한다' 정도로 생각하고 영어로 옮기면 (7)을 생각해내기 수월할 것이다. 다만 현재시제로 쓴 (8)은 평소에도 자주 허리가 아프다는 뜻이라서 표제문 맥락과는 맞지 않다. 현재진행시제로 My back is bothering me a lot.이라고 하면 표제문 맥락에 잘 맞는 문장이 된다.

(9)　My back is <u>sore</u>. ○

좋다. 또는 I have a sore back.도 좋다. sore는 '아픈'이라는 뜻인데, 염증으로 아픈 것뿐만 아니라, 물리적으로 상해를 입거나 근육을 지나치게 많이 사용하였거나 근육이 뭉쳤거나 삐었을 때 등 통증이 있는 거의 모든 상황에 사용 가능한 단어다. 예를 들어, '장시간 등산을 해서 발이 아프다.'는 My feet are sore after many hours of hiking. '데드리프트를 해서 허리가 뻐근하다.'는 My back is sore after doing some deadlifts.라고 한다. 운동하고 나서 몸이 뻐근한 것은 운동이 제대로 되었다는 것을 나타내므로 이때 sore는 좋은 통증이다. 부연하면 sore는 hurt 또는 painful에 비해 정도가 낮은 통증을 뜻한다. 예를 들어 My back is sore from moving yesterday.는 '어제 이사를 했더니 허리가 뻐근하다.' 정도의 뜻인 데 비해, My back hurts from moving yesterday. / My back is painful from moving yesterday.는 '어제 이사를 하고 나서 허리가 아프다. / 허리에 통증이 느껴진다.' 정도의 뜻으로, 그 정도가 sore에 비해 보다 심각한 상황임을 나타낸다.

situation:
지금은 오전 9시인데 친구한테 전화가
왔다. 병원 가려고 하루 휴가를 냈다고
친구에게 말한다.

STEP 1 표제문을 영어 문장으로 만들어 보세요.

지호 **Are you at work?**
사무실이야?

나 **No, I'm at home.**
아니, 집이야.　　　　　　병원 가려고 오늘 하루 휴가 냈어.

STEP 2 표제문을 영어로 잘 옮긴 것에 모두 체크하세요.

(1) **I took a vacation to see a doctor.**

(2) **I took a vacation day today to see a doctor.**

(3) **I took a leave to see a doctor.**

(4) **I have a day off today. I am going to see a doctor.**

(5) **I take a day off today. I am going to see a doctor.**

(6) **I took a day off today. I am going to see a doctor.**

(7) **I'm taking the day off today. I'm going to see a doctor.**

(8) **I'm a day off today. I'm going to see a doctor.**

(9) **I'm off today. I am going to see a doctor.**

(10) **I'm on leave today. I am going to see a doctor.**

가능한 문장 **(2) (4) (6) (7) (9)**

> **어휘 들여다 보기** **휴가** '휴가'를 사전에서 찾아보면 vacation / holiday / leave 등이 나온다. vacation은 여름 휴가 또는 학생들의 방학처럼 일상으로부터 단절된 비교적 장기간의 휴가를 가리킨다. holiday는 설날, 추석, 크리스마스 휴가(Christmas holidays: 북미에서는 크리스마스를 전후로 1~2주 정도 휴가가 있다)처럼 공휴일 또는 공휴일과 결부된 휴일, 연말 휴가시즌 등을 지칭하는 것이 일반적이다. leave는 주로 법령이나 회사 규정으로부터 주어지는 법령상 휴가를 가리킨다. 예를 들어 sick leave(병가), annual leave(연차 휴가), maternity leave(산전후 휴가, 출산 휴가) 등을 말한다. 문제는 표제문처럼 병원에 가려고 '하루 휴가'를 낸 경우 이것을 뭐라고 하느냐인데, 이런 휴가는 a day off 또는 off라고 한다. '하루 휴가 냈다'는 I have a day off. / I'm off today.라고 하면 된다.

(1) I took a <u>vacation</u> to see a doctor. ×

틀렸다. vacation은 비교적 장기간의 휴가를 가리킨다. '난 작년에 여름 휴가를 일주일 다녀왔다.'는 I took a week long summer vacation last year.라고 한다. 참고로 영국식 영어에서는 북미식 영어의 vacation의 뜻으로 holiday를 쓴다. 다시 말해 holiday가 '장기간의 휴가'를 뜻한다.

(2) I took <u>a vacation day</u> today to see a doctor. ○

좋다. vacation day는 '내게 1년에 주어지는 총 휴가 일수(holiday allowance) 중의 하루'라는 뜻이다. 따라서 '오늘 하루 휴가'의 뜻에 부합하는 단어다. 이 문장은 '내게 주어진 총 연가 일수 중 하루를 빼서 사용한다'는 뜻이 된다. 한편 personal day라는 표현도 '하루 휴가'라는 뜻으로 아주 자주 사용된다.

(3) I took a <u>leave</u> to see a doctor. ×

틀렸다. a leave는 비교적 장기 휴가(longer time period, 예를 들어 3일 이상)를 뜻한다. 따라서 하루 쉬는 것을 a leave라고 표현하는 건 이상하다. a leave of absence로 고치면 쓸 수 있다. a leave of absence는 '휴학', '휴직', '휴가' 등 학업 및 직업으로부터 벗어나 있는 시간과 기간을 뜻하며, 장기간과 단기간에 관계 없이 쓰인다. 다만 a leave of absence는 보통 1주일 이상의 장기 휴가를 말하므로 적절하지 않다고 말하는 네이티브도 있으니, 표제문 맥락에 a leave of absence가 아주 좋은 표현이라고 할 수는 없겠다.

(4) I have <u>a day off</u> today. I am going to see a doctor. ○

좋다. 정관사를 쓴 I have the day off today. 또는 I have today off. 역시 좋다. 다만 이 문장은 내가 휴가를 일부러 냈든 아니면 근무 일정상 하루 쉬게 되었든 간에 '오늘 하루 일 안 하고 쉰다'는 뜻이다. 따라서 이 문장 자체만 놓고 보면 내가 휴가를 신청해서 하루 쉬게 된 것인지, 공휴일 또는 근무 일정상 일을 안 하게 된 것인지 분명하지가 않다.

(5) I <u>take</u> a day off today. I am going to see a doctor. ×

틀렸다. 활동동사의 현재시제는 현재의 일반적인 습관, 규칙 등을 나타낸다. 따라서 현재시제 I take를 쓴 (5)는 전혀 맞지 않는다. 지금 이 순간 휴가 중이라고 말하고자 하는 경우 과거시제를 쓴 (6), 현재진행시제를 쓴 (7)이 적절하다. 모두 시제는 다르지만 당일 오전이라면 충분히 사용 가능한 문장이다.

(6) I <u>took a day off</u> today. I am going to see a doctor. ○

좋다. 과거시제 I took a day off와 today가 한 문장에 쓰여 어색한 것 아닌가 생각할 수도 있겠지만 아무 문제 없다. I am off today.와 같은 뜻이다. (6)은 또한 '(오늘이 아닌 미래의 어느 시점에) 휴가를 가기 위해 오늘 상사로부터 휴가 승인을 받았다.(I got an approval from my boss for a few days off next week.)'는 뜻도 가능하다. 예를 들어, 다음 주에 휴가 가기 위해 오늘 부장님 승인을 받은 경우 I took a day off, today, for next week.라고 말할 수도 있으나, 이렇게 쓰면 헷갈릴 수 있으므로 보통 '예약하다'라는 뜻의 동사 book을 써서 Today I booked a day off for next week.라고 하는 것이 더 자연스럽다. 아무튼 I took a day off today.에서 부정관사 a day 대신 정관사 the day로 고치면 '오늘 하루 쉰다'는 뜻만 갖게 된다. the day는 맥락상 '오늘'을 뜻하기 때문이다.

(7) I'm <u>taking the day off</u> today. I'm going to see a doctor. ○

좋다. 휴가를 신청해서 휴가 결재를 받는 과정에 있다는 말이 아니라, 이미 상사의 결재를 받아 '오늘 휴가 중인 상태'라는 뜻이다. 정관사 the day도 좋고, 부정관사 a day도 좋다.

(8) I'm <u>a day off</u> today. I'm going to see a doctor. ×

(9) I'm <u>off</u> today. I am going to see a doctor. ○

(8)은 틀렸다. a day off는 be동사와 같이 쓰지 않는다. 이 문장은 I = a day off가 되어 전혀 말이 안 된다. (9)는 좋다. off는 '(출근하지 않고) 근무를 쉬는'이란 뜻이다.

(10) I'm <u>on leave</u> today. I am going to see a doctor. ×

틀렸다. on leave는 질병, 육아, 가사 등의 중요 사유로 최소 3일 이상, 대체로 일주일 이상 장기 휴가 중이라는 말이다. 따라서 표제문 맥락에 부합하지 않는다.

오늘 반가 냈어.

situation: 오늘은 오전에는 쉬고 오후에 출근한다.

(a)   I'm half day off today.

(b)   I have a half day off today.

(c)   I have half a day off today.

(d)   I took a half day off today.

(e)   I took half a day off today.

(f)   I'm off work in the morning.

(g)   I'm off in the morning today.

(h)   I have the morning off today.

(i)   I took the morning off today.

(a) 틀렸다. 이 문장은 I = half day off가 되어 전혀 말이 안 되는 문장이다.   **(b)(c)** 좋다. 여기에서는 오전에 쉬는 것이므로 **(h)**처럼 I have the morning off today.도 좋다. 다만 이 문장으로는 내가 휴가를 낸 것인지, 근무 일정상 일을 안 하게 된 것인지는 분명하게 알 수 없다.   **(d)(e)** 좋다. 동사 take를 쓰면 내가 적극적으로 휴가 승인을 신청하여 휴가를 사용한다는 의미를 전달할 수 있다.   **(f)** 틀렸다. today를 추가해서 **(g)**처럼 말하면 표제문 맥락에 잘 들어맞는다. **(f)**의 off work는 '일을 쉰다'가 아니라 '일을 끝내고 퇴근하다'라는 뜻이다. 즉, 이 문장은 '나는 (근무 일정상, 또는 어젯밤에 일하느라 밤을 새서) 오전에 퇴근한다'는 뜻이다. 교대근무(shiftwork) 상황에 잘 들어맞는 문장이다.   **(g)** 좋다. off 또는 off work 둘 다 같은 의미다. today가 있느냐 없느냐가 문장의 의미에 결정적인 영향을 미친다.   **(h)(i)** 좋다. I have[took] a day off today.와 같은 형식이다. a day를 the morning으로 바꾼 것에 불과하다. 또는 I have[took] this morning off. 역시 좋다.

situation:
캐나다 출장을 갔다 온 지 한참 됐는데도
아직 한국 시간대로 생활이 잘 안 된다.
내가 출장 갔다 온 것을 알고 있는 박과장
에게 하는 말이다.

STEP 1 표제문을 영어 문장으로 만들어 보세요.

I have a hard time falling asleep at night.
밤에 잠이 잘 안 와.

아직도 시차 적응이 안 된 거 같아.

STEP 2 표제문을 영어로 잘 옮긴 것에 모두 체크하세요.

(1) **I didn't overcome the time difference.**

(2) **I haven't gotten back to the local time.**

(3) **My body hasn't gotten back to the local time.**

(4) **My internal clock hasn't readjusted to the local time.**

(5) **I'm still suffering from jet lag.**

(6) **I don't think I have overcome jet lag yet.**

(7) **I'm still jet-lagged.**

(8) **I still have jet lag.**

가능한 문장 **(3) (4) (5) (6) (7) (8)**

> **어휘 들여다 보기**

시차 / 시차로 인한 피로 한국어에서는 '시차 적응이 안 됐다'라고 하지만, 영어로는 '시차로 인한 피로가 있다'라고 표현한다. 한국어에도 '시차로 인한 피로'를 뜻하는 '시차증'이라는 말이 있으나 실제로는 거의 쓰지 않고 '시차'로 두 가지 의미를 모두 표현한다. 하지만 영어에서는 time difference(시차)와 jet lag(시차로 인한 피로)를 분명하게 구분한다. '시차로 고생하고 있다'는 suffer from jet lag, '시차에 적응하다', '시차를 극복하다'는 overcome one's jet lag 또는 get over one's jet lag라고 한다. 그리고 '시차로 인해 피곤한'을 뜻하는 형용사 jetlagged도 있다. 한편 한국어로는 '안 된 거 같다'라는 식으로 명확하지 않게 말하는 경우가 많으나, 영어로는 '아직도 시차 적응이 안 됐어.'라고 정확하게 말하는 것이 좋다.[24]

(1) I didn't overcome the <u>time difference</u>. ×

틀렸다. 지금 맥락에 time difference는 전혀 맞지 않는다.

(2) <u>I</u> haven't gotten back to the local time. ×

(3) <u>My body</u> hasn't gotten back to the local time. ○

(4) <u>My internal clock</u> hasn't readjusted to the local time. ○

(2)는 틀리고 (3) (4)는 좋다. '시차 적응이 안 됐다'는 '내 몸이 한국 시간으로 돌아가지 않았다', '내 생체시계가 한국 시간으로 재조정되지 않았다'는 말이니까 my body 또는 my internal clock을 주어로 삼을 수 있다. 다만, (2)처럼 대명사 I를 주어로 삼기는 곤란하다. '한국 시간'은 the local time, '재조정하다'는 동사 readjust를 쓰면 된다.

(5) I'm still suffering from <u>jet lag</u>. ○

좋다. jet lag는 불가산명사이므로 부정관사 a를 붙이지 않는다. 한편 '감기에 걸려 있다'라고 할 때 '감기'를 뜻하는 cold는 가산명사이므로, I'm suffering from a cold.처럼 부정관사를 붙인다.

(6) I don't think I have <u>overcome</u> jet lag yet. ○

좋다. overcome 대신에 get over(~을 극복하다) / recover from(~에서 회복하다)을 써도 좋다. I don't think 뒤에는 과거시제 I overcame jet lag yet보다 현재완료시제 I have overcome jet lag yet이 더 좋다. 과거시제를 쓰면 시차를 극복하지 못했고 앞으로도 극복할 가능성이 없다는 뜻을 주기 때문에, 반드시 yet 등 현재와 관련이 있는 어구가 있어야 사용 가능하다.

(7) I'm still <u>jet-lagged</u>. ○

좋다. 명사 jet lag는 맞지만, 두 단어로 쓴 jet lagged는 틀리다. 하이픈을 써서 jet-lagged, 또는 한 단어로 jetlagged라고 해야 맞다.

(8) I still have <u>jet lag</u>. ○

좋다. '시차 적응이 안 됐다'는 '시차로 인한 피로(jet lag)를 가지고 있다(have)'로 바꿔 말할 수 있다.

오늘 저녁에 약속 있어.

situation:
친한 회사 동료가 오늘 저녁에 뭐 할 건지 물어봤다. 특별한 계획이 없으면 한잔하자는 뜻이다. 그러나 나는 오늘 저녁 여자친구와 데이트 약속이 있다.

STEP 1 표제문을 영어 문장으로 만들어 보세요.

회사동료 **What are you doing tonight?**
오늘 저녁에 뭐 할 거야?

나

오늘 저녁에 약속 있어.

STEP 2 표제문을 영어로 잘 옮긴 것에 모두 체크하세요.

(1) **I have a promise this evening.**

(2) **I have an appointment this evening.**

(3) **I have a schedule with my girlfriend this evening.**

(4) **I have an engagement with my girlfriend this evening.**

(5) **I'm going to have dinner with my girlfriend this evening.**

(6) **I'm having dinner with my girlfriend this evening.**

(7) **I have a date with my girlfriend this evening.**

(8) **I have plans this evening.**

(9) **I'm going to see my girlfriend tonight.**

(10) **I'm going on a date with my girlfriend tonight.**

가능한 문장 **(5) (6) (7) (8) (9) (10)**

약속 '약속'이라고 하면 쉽게 떠올리는 단어 promise는 '뭔가 해주겠다는 의미의 약속'이다. 따라서 '약속할게.'라고 할 때는 I promise.라고 해야 한다. 반면, '만나는 약속'에 해당되는 것으로는 engagement / arrangement / commitment / appointment / meeting / date / plans가 있다. 물론 이들 단어는 각각 사용되는 맥락이 완전히 다르다. engagement는 도저히 빠져 나올 수 없는 '미리 약속된 일정(promised plan)'을 의미한다. 비슷한 의미로 commitment가 있으며, 정례적인 중요한 미팅 또는 일요일 아침 예배 참석처럼 개인적이든 공적이든 묶여 있어 도저히 시간을 내기 어려운 약속을 의미한다. commitment는 반드시 습관적 행동이나 약속만을 의미하는 것은 아니고 고정된 시간에 행해진다는 데 중점이 있다. arrangement는 engagement보다 훨씬 모호하고 애매하다. 비즈니스 미팅인지 개인적인 볼일인지 불분명하므로 '약속'이라는 뜻으로 잘 사용하지 않는다. appointment는 치과 진료 약속, 회사의 업무적인 미팅, 업무적인 만찬 등을 말하며, meeting은 비즈니스 관련 회의 또는 회합을 말한다. plan은 친구와의 약속, 애인과의 약속 등 모든 개인적인 약속을 뜻한다. 특히 애인과의 약속은 a date라고도 한다.

(1) I have a promise this evening. ×
틀렸다. promise는 '뭔가 해주겠다는 의미의 약속'이지 '만나는 약속'이 아니다.

(2) I have an appointment this evening. ×
틀렸다. appointment는 업무 관련 약속 또는 병원 예약을 가리킨다. 진료 예약, 회사의 업무적인 미팅, 업무적인 만찬 등이 모두 appointment에 속한다.

(3) I have a schedule with my girlfriend this evening. ×
틀렸다. 한국어로는 '오늘 저녁에 스케줄이 있어.'처럼 '스케줄'을 약속 또는 행사의 뜻으로 쓰는 경우가 있으나, 이는 콩글리시다. schedule은 하나의 약속이 아니라 집합명사로서 한 사람이 가지고 있는 '일정 전체'를 말한다. 사회생활을 하는 사람이라면 schedule이 없을 수가 없다. 한 개 한 개의 appointment, engagement, commitment, date, plans가 모여 나의 총체적인 schedule을 형성하기 때문이다. 참고로 '내일 일정'은 my schedule for tomorrow라고 한다. schedule은 I have had a heavy schedule lately.(요새 일정이 꽉 찼다.) 처럼 쓸 수 있는 단어이다.

(4) I have an engagement with my girlfriend this evening. ×
틀렸다. engagement는 피할 수 없는, 반드시 참석하거나 수행해야만 하는 약속을 말한다. (4)는 약혼식(engagement ceremony) 정도를 뜻한다.

(5) I'm going to have dinner with my girlfriend this evening. ○
좋다. 일반적인 의미의 '저녁식사'에는 관사 없이 dinner를 쓰는 것이 보통이지만, 부정관사를 써서 a dinner라고 해도 별 문제 없다. dinner를 '저녁식사'의 뜻으로 쓰는 경우는 관사 없이 dinner를 선호하고, '(공식적인) 저녁행사 모임(예를 들어 회식)'이라는 의미로 쓰는 경우는 부정관사를 붙인 a dinner를 선호하지만, 이는 일반적으로 그렇다는 것이고 실제로는 무관사와 부정관사 모두 괜찮다. 물론 보통과 다른 특별한 식사를 한 경우 반드시 부정관사를 사용한다. 특히 형용사의 수식을 받고 있는 경우에는 부정관사가 반드시 필요하다. 예를 들어 '저녁을 너무 많이 먹어 뭘 먹고 싶은 생각이 전혀 없다.'는 Because I had a heavy dinner, I have no appetite.다. 이때는 dinner 앞에 수식하는 말 heavy가 있으므로 부정관사 a가 붙었다.

(6) <u>I'm having</u> dinner with my girlfriend this evening. ○

좋다. 현재진행형으로 가까운 미래를 표현할 수 있으므로 정상적인 문장이다.

(7) I have <u>a date</u> with my girlfriend this evening. ○

(8) I have <u>plans</u> this evening. ○

좋다. 표제문의 '약속'은 plans와 date로 표현하는 것이 가장 적당하다. (7)의 a date는 '남녀의 데이트'를 말하므로, 표제문 맥락에 잘 맞는다. plans는 친구와 만날 약속처럼 업무 외적인 약속을 말한다. ⟨have + 복수형 plans⟩는 다른 사람과의 약속 또는 다른 사람과 함께 하는 행사가 있음을 뜻한다. 오늘 저녁 만나는 단 한 번의 약속이지만 네이티브는 반드시 복수형 plans라고 말한다. 반면 ⟨have + 단수형 a plan⟩은 나 혼자서 또는 나 스스로를 위한 어떤 일정이 있음을 뜻한다. 예를 들어 I have a plan this evening.은 I have something to do this evening.과 같은 뜻이다.[25]

(9) I'm going to <u>see</u> my girlfriend tonight. ○

좋다. 동사 see 대신 meet도 좋다. 참고로 동사 see에는 표제문과 같은 '(1회의 만남을 뜻하는) 데이트하다'의 뜻도 있지만 '사귀다'의 뜻도 있다. 예를 들어, Actually I'm seeing someone.(실은 만나는 사람 있어.)처럼 쓸 수 있는 단어다.

(10) I'm <u>going on a date</u> with my girlfriend tonight. ○

좋다. '데이트하다'라는 뜻으로 go on a date 또는 go out on a date 또는 go out도 좋다.

성과 이름이 거꾸로 예약되어 있었어.

situation:
해외 출장지에 도착해 호텔에 체크인하려고
하는데 성과 이름이 거꾸로 예약되어 있었다.
내 예약을 찾는 데 시간이 한참 걸렸다.

STEP 1 표제문을 영어 문장으로 만들어 보세요.

성과 이름이 거꾸로 예약되어 있었어.

STEP 2 표제문을 영어로 잘 옮긴 것에 모두 체크하세요.

(1) **My reservation was made with my family name and given name oppositely.**

(2) **My family and given names were put in the opposite order.**

(3) **My family and given names were recorded the wrong way around.**

(4) **My family and given names were switched the other way around.**

(5) **They mixed up my family and given names.**

(6) **They placed my family and given names in the wrong order.**

(7) **I found my family and given names were switched.**

(8) **My family and given names were recorded in the reverse order.**

(9) **My family and given names were reversed.**

(10) **My family name and given name were screwed up.**

가능한 문장 (2) (3) (4) (5) (6) (7) (8) (9) (10)

STEP 3 문장을 확인하세요.

거꾸로 (어휘 들여다보기) '거꾸로'는 상황에 따라 여러 가지로 표현할 수 있다. 위아래가 뒤바뀐 경우 upside down, 앞뒤가 뒤바뀐 경우 backwards, 안과 바깥이 바뀐, 즉 뒤집어진 경우 inside out이다. 예를 들어, '티셔츠가 거꾸로야.(앞과 뒤가 바뀐 경우)'는 You have your T-shirt on backwards. '양말이 거꾸로야.(뒤집어 신은 경우)'는 You have your socks on inside out.이다. '지하철을 거꾸로(반대 방향으로) 탔다.'는 I got on the subway going the opposite direction. / I got on the subway from the opposite platform.이다. 표제문처럼 성과 이름이 '거꾸로' 뒤바뀐 상황에는 in the opposite order / in the wrong order / the wrong way around / the other way around를 쓸 수 있다. 동사로 표현하는 경우, switch / reverse / mix up을 활용하면 된다.

예약하다 '(호텔 객실, 식당의 테이블 등을) 예약하다'는 reserve / book / make a reservation이다. 예를 들어, '(호텔) 방을 예약했다'는 I reserved a room. / I booked a room. / I made a reservation of a room.이라고 한다. 한편, 호텔 객실의 '예약'은 reservation 또는 booking이라고 한다.

성과 이름 영어로 '성과 이름'은 my first name and last name이라고 하면 되지만, 한국 이름은 '이름+성'인 영어 이름과는 반대로 '성+이름' 형식이므로 이렇게 말하면 헷갈릴 수 있다. 따라서 my family name and given name이라고 해도 좋다. name을 반복하지 않으려면 복수형으로 my family and given names라고 하면 된다.

(1) My reservation was made with my family name and given name <u>oppositely</u>. ✗
틀렸다. oppositely 대신 recorded reversely로 고치면 맞다. 즉, My reservation was made with my family name and given name recorded reversely.가 맞다. 다만 이 문장은 지나치게 길어 별로다. 맥락상 예약에 관해 얘기하고 있음이 명백하므로 My reservation was made는 언급하지 않고, My family name and given name were recorded reversely.라고만 하면 간결하고 좋은 문장이 된다.

(2) My family and given names were put <u>in the opposite order</u>. ○
좋다. 내 이름 '홍 + 길동'을 거꾸로 표현할 수 있는 방법은 '길동 + 홍' 하나밖에 없으므로 '거꾸로'는 부정관사 in an opposite order는 틀리고 정관사 in the opposite order라고 해야 맞다.

(3) My family and given names were recorded <u>the wrong way around</u>. ○

(4) My family and given names were switched <u>the other way around</u>. ○

좋다. 앞쪽과 뒤쪽이 뒤바뀐 경우에는 the wrong way around 또는 the other way around라고 한다.

(5) They <u>mixed up</u> my family and given names. ○

좋다. mix up은 '~을 뒤섞다', '~을 혼동하다'라는 뜻이다. 또는 동사 confuse를 써서 They confused my family name with my given name, when they recorded them. 이라고 해도 좋다.

(6) They <u>placed</u> my family and given names <u>in the wrong order</u>. ○

좋다. place는 '배치하다', '설치하다'란 뜻이며, 뒤에 '틀린 순서로'라는 뜻의 in the wrong order를 넣어 성과 이름이 거꾸로 배치되었음을 표현하는 문장이다.

(7) I found my family and given <u>names</u> were <u>switched</u>. ○

좋다. 동사 switch에는 '엇바꾸다'라는 뜻이 있다. '성'과 '이름'을 별개로 봐서 복수형 names를 사용해야 한다.

(8) My family and given names were recorded in the <u>reverse</u> order. ○

(9) My family and given names <u>were reversed</u>. ○

좋다. 형용사 reverse는 '거꾸로 된, 반대의'란 뜻이며, 동사 reverse는 '(앞뒤/순서 등을) 뒤집다, 뒤바꾸다, 거꾸로 하다'란 뜻이다.

(10) My family name and given name <u>were screwed up</u>. ○

좋다. 구동사 screw up은 '(일을) 망치다', '(일을) 엉망으로 만들다'라는 뜻이다. were screwed up은 were reversed / were switched / were misspelled / were mixed up 등 다양한 뜻이 가능하기 때문에 정확하게 표제문에 맞는 표현은 아니지만, 대충 대화에서 표제문 뜻으로 사용하는 데는 별 문제 없다. were screwed up 대신에 were messed up도 좋다.

A
그 여자는 얼굴에 잡티가 많아.

situation: 자외선 노출, 임신, 노화로 인해 기미, 검버섯 등 얼굴에 잡티가 많은 중년 여성에 대해 얘기 중이다.

(1) She has a lot of pimples on her face. ☐

(2) She has a lot of scars. ☐

(3) She has a lot of blemishes on her face. ☐

(4) She has a lot of marks on her face. ☐

(5) She has a lot of age spots. ☐

(6) She has a lot of freckles on her face. ☐

(7) She has bad skin. ☐

'잡티'는 blemish / mark / uneven pigmentation이다. 이 단어들은 주근깨·기미(freckles), 붉은 반점(red patches), 흉터(scars), 점(moles), 사마귀(warts), 색소침착(discolored pigmentation) 등 피부에 나는 모든 지저분한 것들을 망라하는 개념이다. 피부의 색이 균일하지 않고 일부분의 색깔이 다르거나, 기미 또는 주근깨가 있거나, 여드름이 나고 있거나, 여드름 자국이 남아 있는 등 고운 피부와 반대되는 개념이다. '기미'는 햇볕에 노출되었거나 노화과정에 생기는 색소침착현상을 말한다.

(1) (2) 틀렸다. pimple은 '여드름', scar는 '흉터'란 뜻이므로 표제문 맥락에 맞지 않는다. **(1)**은 '얼굴에 여드름이 많다'는 뜻이고, **(2)**는 '흉터가 많다'는 뜻이다. **(3) (4)** 좋다. '잡티'는 blemish 또는 mark다. **(5)** 틀렸다. 햇빛에 노출되면 기미(freckles from exposure to the sun)가 생겨 시간이 경과하면 커지고 짙어져 검버섯(age spot)이 된다. 표제문의 '잡티'보다 지나치게 구체적이기 때문에 어색하다. 한편, '검버섯'을 liver spots라고도 하는데 간(liver)의 색깔이 검붉은 색이기 때문인 것 같다. **(6)** 틀렸다. freckles는 '주근깨', '기미'를 뜻하는데, 전자가 기본적인 의미다. 말괄량이 삐삐의 '주근깨'가 바로 freckles다. 다른 정보 없이 **(6)**이라고 하면 '주근깨가 많다'라는 뜻이 부각되므로 표제문 맥락과 달리 해석될 여지가 많아 틀린 문장이라고 하겠다. 한편, 한국어에서는 '주근깨'와 '기미'를 구분한다. '주근깨'는 어렸을 때 생기고 주로 유전적이며 깨알 같은 반점을 말한다. '기미'는 주로 임신, 피임제, 자외선 노출 등이 원인이며 멜라닌 색소가 피부에 넓고 깊게 침착되는 질환을 말한다. '주근깨'와 '기미'는 한 개 이상이므로 복수형 freckles를 쓴다. **(7)** 좋다. 한국어에서 '그 여자 피부가 지저분하다'라고 하는 뜻에 가깝다. 이 문장을 청소년에게 사용하면 여드름이 심하다는 뜻이고, 중년 이상을 지칭하는 경우에는 햇볕에 너무 많이 탔고(tanned too much), 오래된 주름이 있고(older wrinkles), 피부가 가죽처럼 되었고(leathery skin), 너무 건조하고(too dry), 햇빛에 과노출되었다(overexposed to the sun) 등의 다양한 의미를 담을 수 있다.

situation: 오랜만에 수지를 만나니 설레는 마음에, 4시에 만나기로 했는데 3시에 도착했다. 수지를 기다리며 빨리 왔으면 좋겠다고 전화로 이야기한다.

I can't wait to see you!

빨리 와.   보고 싶어 죽겠어!

(1) Please come fastly. ☐

(2) Please come quick. ☐

(3) Please get here fast. ☐

(4) Please get here quickly. ☐

(5) Please get here soon. ☐

(6) Please get here early. ☐

(7) Please get here as soon as you can. ☐

(8) Please hurry. ☐

'빨리'는 영어로 fast / quickly / soon / early 등으로 옮길 수 있다. fast는 '(속도가) 빠르게', quickly는 '행동을 잽싸게', '반응을 재빠르게', soon은 '가까운 장래에', early는 '당초 약속된 시각 이전에'란 뜻이다. 맥락에 따라 어느 것을 사용할지 결정된다. 예를 들어, '(운전자에게) 좀 더 빨리 못 가나?'는 Can't you drive any faster?지 Can't you drive any more quickly?[26]가 아니다. 표제문 맥락의 경우, soon이 좋으나 fast / quickly / early 도 사용할 수 있다. 한편, '가급적'이라는 뜻의 as ~ as you can / as ~ as possible 구문을 사용하게 되면 이상 과 같은 의미상의 차이점들이 별로 중요하지 않게 되고 긴급성이 부각되면서 모두 자연스러운 표현이 된다.
(1) 틀렸다. fastly는 영어에 없는 단어다. '빠르게'는 fast다. 아울러 come은 너무 짧아서 갑작스럽고 퉁명스러 운(abrupt) 느낌을 주므로 here를 붙여 come here라고 해야 표제문 맥락에 보다 자연스럽다. 다만 come here 가 좋기는 하지만, get here가 훨씬 더 좋다.[27] **(2)** 틀렸다. quick이 아니라 quickly가 맞다. 구어체에서는 사 용할 수 있다는 의견도 있으나 지나치게 구어체인 문장이므로 **(4)** quickly를 쓰는 것이 좋다. **(3)** 좋다. fast는 'speed가 빠르다'는 뜻이다. 표제문 맥락에 아주 정확히 부합하지는 않으나 구어체 문장에서는 대충 사용할 수 있겠다. **(4)** 좋다. quickly는 '재빨리', '행동을 민첩하게'란 뜻이다. 예를 들어 The last few weeks have gone by quickly.(지난 몇 주가 빨리 지나갔다.)처럼 쓸 수 있다. 다만 **(4)**는 비상상황(emergency)임을 나타내기 때문에 맥락 에 맞지 않는다는 의견도 있다. **(5)** 좋다. soon은 기본적으로 '곧', '머지 않아', '이내'란 뜻이므로 표제문 맥락에 잘 부합한다. 가령, '여기 얼마나 빨리 올 수 있어?'는 How soon can you get here?이다. **(6)** 좋다. 다만 '너 항 상 늦는데 이번에는 늦지 마라(don't be late)' 정도의 부정적인 어감도 들어 있으니 말하는 톤이 중요하다. **(7)** 좋 다. as fast[quickly / soon / early] as you can 또는 as fast[quickly / soon / early] as possible 모두 좋다. as soon as possible은 흔히 구어체에서는 ASAP[에이쌥]으로 축약해서 사용한다. **(8)** 좋다. 우리말로 '서둘러라' 는 너무 재촉하는 뉘앙스라서 좀 기분이 안 좋을 것 같지만, 영어 문장 Please hurry.는 별 문제 없이 쓸 수 있 다. 물론 어조가 중요하다.

가능한 문장   **A** (3) (4) (7)   **B** (3) (4) (5) (6) (7) (8)

마땅한 단어가 없거나, 직역하면 뜻이 안 통하는 경우도 있다

한국어 단어와 영어 단어는 1:1이 아니다

중고등학교 시절, 영어에 '출근', '퇴근'에 해당하는 단어가 없다는 사실이 신기했었다. 한국어 단어와 영어 단어 간에 일대일 대응을 당연하게 생각했기 때문에 직접 대응하는 단어가 없는 것이 이상하게 느껴졌었다. '출근', '퇴근' 같은 일반적인 단어는 보편적으로 어느 언어에나 있을 것 같지만 실상은 그렇지 않다. '출근하다'는 come to work / be in the office, '퇴근하다'는 leave work / go home 등으로 표현한다. '팀원들이 다들 이미 퇴근했다.'는 All of my team members went home for the day.라고 하면 된다. 비서가 상사한테 '(제가) 퇴근하기 전에 시키실 일 있으세요?'라고 한다면 Do you want me to do anything before I leave?면 족하다. '그분은 오늘 회사에 출근하지 않습니다.'는 He won't be in today.다.

'친구'는 영어로 friend다. 하지만 두 단어의 의미 영역이 다르기 때문에 종종 표현이 달라질 수 있다. '같은 학년의 내 친구 또는 한 학년 밑 후배들'하고 같이 어떤 활동을 했다고 하자. 이것을 my friends and my juniors a grade below me라고 말하지 않는다. 대신 my friends my age and a grade lower라고 말한다. my age이건 a grade lower이건 두 집단을 모두 my friends라고 한다. 영어에서 friends의 정의는 나이에 영향을 받지 않으므로 이들을 달리 나누어 얘기해야 할 이유가 없다. 갑자기 후배를 소개할 상황이 생겼다고 가정하자. '얘는 제 고등학교 후배예요.' 역시 friend를 쓰면 된다. 따라서 He's a friend of mine from high school.로 충분하고, 내가 꼭 '선배다'라는 것을 밝혀야 하는 상황이라면 I am older than he is.라고 하면 된다. 듣는 사람이 의아해하며 쳐다볼 가능성이 크기는 하겠지만.

이처럼 어떤 단어를 가질 것인가, 각 단어를 어느 범위까지 정의할 것인가, 어떻게 범주를 나눠 표현을 할 것이냐는 언어마다 자의적이다. 언어와 문화의 상호의존성을 고려하면, 각 문화마다 다른 역사와 제도를 갖고 그에 기반하여 구성원의 가치 체계도 서로 다를 수밖에 없으며, 이것이 언어로 표출되는 것은 어찌 보면 당연할 것이다. 그러니 '친구', '가족' 등 외견상 각 문화마다 유사한 개념과 제도라 하더라도 실제로 자세히 들여다보면 상당히 다른 측면이 존재한다는 것을 알 수 있다. 서양에서는 아이를 꼭 몇 살에 가져야 한다는 통념이 없으니 나이 들어 애를 갖는다고 해도 그다지 주목의 대상이 되지 않는다. 그러나 한국에서는 나이가 많이 들어 갖게 된 아이를 '늦둥이'라고 부른다. '그 사람은 나이 50에 늦둥이를 보았다.', '나는 늦둥이야. 부모님이 40대 후반에 날 낳으셨어.'를 영어로 얘기하려면 영어에 '늦둥이'에 대응하는 단어가 없어 애로를 겪을 수밖에 없다. 이런 경우 He had a child, at the age of 50. It's very late for typical Koreans. / I have older parents. They had me in their late 40s.처럼 일반 단어를 엮어 '늦둥이'의 관념을 전달할 수밖에 없다.

신문 기사에서 '2009년에 있었던 마이클 잭슨 사망사건을 LA경찰국은 살인사건으로 규정했다.'라는 문장을 보았다. 이 문장만 보면 마치 누군가가 일부러 마이클 잭슨을 죽인 것처럼 생각될 것이다. 하지만 영어 기사를 찾아보면 '살인'으로 번역된 단어가 homicide지 murder가 아니다. 이것은 주치의가 과실을 범해 마이클 잭슨을 죽음에 이르게 한 것, 즉 '과실치사'를 범한 사건이라고 판단했다는 말이고, 그래서 homicide라는 단어를 사용한 것이다. homicide는 '고의든 실수든 사람을 죽게 만드는 죄'를 포괄적으로 지칭하는 것이며, 이것은 murder(살인)와 manslaughter(과실치사)를 포함하는 개념인데, 우리말로는 homicide에 딱 들어맞는 단어가 없어 그냥 '살인'이라고 할 수밖에 없다. 그렇기 때문에 한국어로 번역하는 과정에서 homicide의 뜻을 100% 전달할 수가 없게 된다. 이렇듯이 제도가 다르면 개념과 용어가 완전히 달라 다른 언어에서 이를 제대로 표현하기가 쉽지 않다.

영어 단어 중에 한국어에 적절한 단어가 없어 애를 먹는 경우도 많다. 앞에서 얘기한대로 일반적으로 영어 단어가 더욱 분화되어 있으므로 이것을 한국어로 옮길 때는 한 개의 단어로 표현할 수밖에 없을 때가 많다. 예를 들어 technology / skill / technique은 모두 '기술'로 옮긴다. night out은 '밤에 외출해서 신나게 노는 것'을 뜻하는데, 대응하는 명사를 찾기보다는 문장으로 이런 느낌을 전달하는 것이 효과적이다. 사귄 지 1년 된 것을 기념하기 위해 나는 '오늘밤 수지와 특별한 데이트를 할거야.'는 I have a special night out with her tonight.이 special date보다 느낌을 살리는 데 좋다. 친구들끼리 '어젯밤에 신나게 놀았다.'는 We had a night out last night.가 좋다.

또한 언어는 문화를 투영하고 있으므로 한국어는 한국인의 문화를, 영어는 서구의 문화를 품고 있는 것이 당연하다. 한국인의 정서에만 있는 '정(情)', '한(恨)', '효(孝)' 등을 영어로 옮길 때 어려움을 겪을 수밖에 없고, 이런 경우 우회적으로 의역하는 수밖에 방법이 없다.

어제 저녁에 우리 팀 회식이 있었어.

situation:
우리 팀에 신입 직원이 들어와서 팀장 주관 하에 회식을 했다. 항상 그렇듯이 술을 많이 마셨다. 우리 팀은 재무팀이며 회사 설립 때 부터 지금까지 존속하고 있다.

STEP 1 표제문을 영어 문장으로 만들어 보세요.

어제 저녁에 우리 팀 회식이 있었어.

STEP 2 표제문을 영어로 잘 옮긴 것에 모두 체크하세요.

(1) **I had a team dinner last night.**

(2) **I had an office dinner last night.**

(3) **I had a staff get-together last night.**

(4) **I had a staff gathering last night.**

(5) **I had a company outing last night.**

(6) **We went for dinner and drinks last night.**

(7) **I had dinner with my colleagues last night.**

(8) **My office hosted a dinner last night.**

(9) **My boss took us out for dinner last night.**

가능한 문장 **(2) (3) (4) (6) (7) (8) (9)**

어휘 들여다 보기

회식 북미에서 '회식'은 매우 드물다. 종무식이나 크리스마스 휴가 등을 기념하는 회사 주최 파티가 그나마 한국의 회식에 가깝지만, 이 역시 1년에 한두 번 개최되는 것이 일반적이다. 신입 직원이 왔다고 환영회를 하는 경우도 거의 없다. 차라리 은퇴하거나 이직할 때 환송회(going away party / farewell party)를 하는 경우는 종종 있다고 한다. 따라서 '회식'에 해당하는 영어 표현 또한 마땅치가 않다. '회식'이란 단어는 company dinner / office dinner / staff get-together / staff gathering / staff party 등을 사용해서 표현할 수 있고, '어제 저녁에 사무실이(즉, 사무실 비용으로) 저녁을 주최했다.' 또는 '어제 저녁에 상사가 우리를 데리고 저녁을 먹으러 갔다.'로 전환해서 The office hosted a dinner last night. / My boss took us out for dinner last night.라고 해도 좋다.

(1) I had a <u>team</u> dinner last night. ×

틀렸다. 한국어의 '팀'은 일종의 콩글리시다. 영어의 team은 sports team을 뜻하거나, 회사의 임시 부서(temporary department) 또는 특정한 업무 수행을 위해 각 부서에서 차출된 직원으로 구성되는 임시 모임(temporary group)[28]을 뜻한다. 따라서 team dinner는 이런 team의 회식을 뜻하게 된다. 표제문 맥락의 '재무팀'은 기업이 존속하는 한 반드시 필요한 부서이므로 team이 아니라 department다. 즉, '재무팀'은 finance department가 정확한 영어 표현이다. 따라서 team dinner는 표제문 맥락에 전혀 맞지 않는다.

(2) I had an <u>office dinner</u> last night. ○

(3) I had a <u>staff get-together</u> last night. ○

(4) I had a <u>staff gathering</u> last night. ○

좋다. '회식'은 (2) office dinner도 좋고, company dinner도 좋다. 다만 큰 회사에서 company dinner라고 하면 크리스마스 및 연말 송년 파티를 뜻하는 것이 일반적이다. 한편 get-together는 '(비격식적인) 모임, 파티'를 뜻한다. 이는 '회식'에 국한된 단어가 아니므로 표제문의 뜻을 표현하기에 불충분하다. 따라서 앞에 staff를 넣어 (3) staff get-together 라고 하면 '회식'이란 뜻에 근접한다. gathering은 '공식적인 집회'라는 뜻으로 자주 쓰이는데, 예를 들어 '정치집회'는 political gathering이라고 한다. 따라서 (4) staff gathering 은 다소 격식적인 느낌을 주는 표현이다. 한편 We had a staff party last night.도 좋다. party는 '성대한 파티'만을 뜻하지는 않는다. '모임', '회합' 정도의 의미라고 생각하면 된다.

(5) I had a company <u>outing</u> last night. ×

틀렸다. outing은 '소풍, 체육대회 등 야유회, 견학, 영화 보기' 등을 뜻한다. outing에서 한국식의 '푸짐한 음식, 술, 노래방' 등의 회식 문화를 생각하기는 쉽지 않다. 참고로 outing 은 보통 당일 행사를 뜻한다. 리조트 등으로 가서 수행하는 1박 2일 MT[29], 워크숍[30] 등의 경우는 일반적으로 company retreat(회사 야유회, 단합대회)라고 한다.

(6) We went for <u>dinner and drinks</u> last night. ○

좋다. '회식'은 dinner and drinks라고 하면 좋다. 신입직원 환영회이므로 a welcome dinner and drinks[31]가 정확히 이에 부합한다. 한편 go for는 여러 가지 뜻이 있지만 여기서는 '~을 먹으러 (식당 또는 술집에) 가다'라는 뜻이다. go for에는 '~을 선택하다'라는 뜻도 있다. 식당에 가서 '나는 스테이크로 할래.'는 I'll go for the steak.다. '힘내!', '힘껏 해 봐.', '가서 싸워 (그걸) 쟁취해!'는 Go for it!이다.

(7) I had <u>dinner with my colleagues</u> last night. ○

좋다. '회식'이란 단어가 영어로 생각나지 않거든 순간적으로 문장을 전환해서 (7)처럼 '동료들과 저녁을 먹었다'라고 하면 된다. 다만 이 문장은 표제문에서 나타내는 공식적인 회식이 있었다는 의미로도 쓸 수 있으나, 직원들 몇몇하고 저녁을 같이 먹었다는 의미까지도 포함할 수 있다.

(8) My office <u>hosted a dinner</u> last night. ○

좋다. 맥락상 소유격 My office 또는 정관사 The office가 맞다. hosted a dinner는 다소 격식적인 표현이기는 하지만, 동사 host는 '~을 주최하다'라는 뜻으로 일상적으로도 자주 사용된다.

(9) My boss took us out for dinner last night. ○

좋다. 이 문장처럼 굳이 '회식'에 상응하는 단어를 사용하지 않아도 된다. 아울러 이 문장은 팀장이 저녁을 사는 공식적, 비공식적 기회를 모두 가리키는 아주 범위가 넓은 말이다. 따라서 캐주얼하게 금요일 저녁에 팀장이 술이나 한잔 마시러 가자고 해서 따라나선 경우에도 충분히 사용할 수 있다.

situation:
우리 애는 중학교 3학년이다. 아들의 수학 성적이 바닥을 헤매는 것 같아 걱정이 많다. 담당 선생님에게 문의했더니, 이번 중간고사에서 수학을 자기 반 학생 30명 중에서 24등을 했다고 한다.

STEP 1 표제문을 영어 문장으로 만들어 보세요.

친구 **Why the long face? Any problems?**
왜 울상이야?   뭐 문제 있어?

나 **My son had his mid-terms last week and**
아들이 지난주에 중간고사를 봤는데   수학이 반에서 30명 중에 24등이야.

STEP 2 표제문을 영어로 잘 옮긴 것에 모두 체크하세요.

(1) **his math was the 24th from 30 students in his class.**

(2) **his math score put him 24th out of 30 students.**

(3) **his math score ranked him 24th among the 30 students.**

(4) **he was 24th out of 30 students in math class.**

(5) **he was in 24th place out of 30 students in math class.**

(6) **he placed 24th out of 30 students in his math class.**

(7) **he came in 24th out of 30 students on the math mid-term.**

(8) **he ranked 24th out of 30 students on the math mid-term.**

가능한 문장 **(2) (3) (4) (5) (6) (7) (8)**

어휘 들여다 보기 **(몇) 등** 미국이나 캐나다의 성적표(report card)에는 반 석차나 전교 등수 같은 건 나오지 않는다. 점수(score)와 A, B 같은 평점만 나온다. 따라서 북미에서는 '몇 등'을 했냐고 물어 볼 일도 없고 몇 등을 했는지 말하기도 어렵다.[32] 따라서 표제문은 한국적 상황을 영어로 전환하는 법을 연구하도록 하겠다. 대체로 '달리기에서 ~등 했다'와 유사하게 말하면 되지 않을까 생각하면서 문장을 만들어 봤다. 동사 rank / place / come in 등을 활용하면 된다.

반에서 북미와 유럽의 교과 운영방식이 우리와는 차이가 있기 때문에 '자기 반에서'를 in his class로 옮기면 오해의 소지가 있다. 중학교부터는 수업시간에 맞춰 학생이 각 과목별로 교실을 찾아다니는 방식으로 운영된다. 따라서 in his class만 가지고서는 어느 과목반인지 알 수가 없어 적절하지가 않다. in his class in math라고 하면 되겠지만 이는 지나치게 복잡하다. 이때는 간단명료하게 in math class가 좋다. 그렇게 쓰면 in English class도 아니고 in science class도 아닌 in math class에서 30명 중 24등을 했다는 뜻이 된다.[33]

(1) his math was the 24th from 30 students in his class. x

틀렸다. 시험점수가 몇 등인지를 나타낼 때 the 24th는 틀리고, 정관사 없이 24th라고 해야 한다. '30명 중에'는 among 또는 out of를 써야 맞다. '자기 반에서'는 전치사 in his class로 옮기면 좋다. 이 문장은 his math score was 24th out of 30 students in his class로 고치면 맞는 문장이 된다.

(2) his math score <u>put</u> him 24th out of 30 students. o

괜찮다. 다만 put보다는 동사 place / rank를 쓰는 것이 더 자연스럽다. 즉, his math score placed him 24th out of 30 students라고 하면 좋다. 또는 사람을 주어로 하여 (6)처럼 자동사 he placed 24th out of 30 students 역시 좋다.

(3) his math score <u>ranked</u> him 24th among the 30 students. o

좋다. rank는 타동사와 자동사로 모두 쓸 수 있다. 따라서 (3)에서 목적어 him을 생략하여 his math score ranked 24th among the 30 students라고 해도 역시 좋다. 참고로, among the 30 students에서 정관사 the는 생략해도 무방하다.

(4) he was 24th out of 30 students in math class. o

(5) he was in 24th <u>place</u> out of 30 students in math class. o

좋다. 다만 (4)는 시험 점수에 따라 일렬로 학생들을 세우는 한국 상황을 상대방이 알고 있는 경우 이해가 되겠지만, 그렇지 않은 경우 정확히 무엇을 말하는지 다소 애매할 수 있다. 네이티브에게 (4)는 키가 24등이라는 것인지, 인기도가 24등이라는 것인지, IQ가 24등이라는 것인지 그 의미가 다소 애매하다. (4) he를 his math score로 고치든지, (5)처럼 24th를 in 24th place로 고치면 의미가 분명해진다. 참고로, 명사 place는 스포츠 경기(athletic competitions)에서 '~등'이란 뜻으로 전치사 in과 함께 쓰인다. 예를 들어 Usain Bolt finished in third place in his last 100-meter sprint.(우사인 볼트가 생애 마지막 100미터 경주에서 3등을 했다.)라고 쓸 수 있다.

(6) he <u>placed</u> 24th out of 30 students in his math class. ○

(7) he <u>came in</u> 24th out of 30 students on the math mid-term. ○

좋다. came in과 place는 horse racing 등과 같은 스포츠 경기에 주로 사용된다. 등수를 나타내는 서수(ordinal number)에는 정관사를 붙이지 않으므로, 24th에는 정관사 the를 붙이지 않는다.

(8) he <u>ranked</u> 24th <u>out of</u> 30 students on the math mid-term. ○

좋다. 동사 rank는 '~등을 하다'라는 뜻이다. 정관사 없이 쓴 24th도 좋고, 여기에 '30명 중에'를 뜻하는 out of 30 students까지 있어 더욱 자연스러운 문장이 되었다.

영어지식 ✱ **한국과 다른 북미의 수업 방식**

북미나 유럽도 초등학교는 한국처럼 학생들이 한 교실에 있고 선생님 한 명이 각 교과목을 가르친다. 하지만 중학교부터는 형식적으로 자기 반(homeroom)이 있어도 수업시간에 맞춰 학생이 각 과목별 교실을 찾아 다니는 방식으로 운영된다. 대학에서 강의실을 찾아 다니는 방식과 같다. 따라서 학생들은 아침에 수업시작 전에 자기 반에 들러 10분 정도 담임선생님(homeroom teacher)의 전달사항을 듣고 나면 각자 과목 스케줄에 따라 뿔뿔이 헤어져 자기가 수강하는 교실을 찾아 다닌다. 따라서 각 과목마다 '반(class)'이 형성되며 '같은 반 친구들(classmates)'은 각 과목마다 하나씩 만들어지게 된다. 따라서 수학반(math class)의 classmates와 과학반(science class)의 classmates를 구성하는 학생들은 다르다. 물론 같은 학생들이 섞여 있을 수도 있지만, 한국처럼 '같은 반 친구들(classmates)'은 '3학년 2반 학생들'처럼 고정되어 있지 않고 각 과목마다 달라진다. 따라서 학생들의 homeroom에 대한 소속감은 매우 희박한 편이다.

출퇴근 시간에 길에서 허비하는 시간이 정말 아까워.

situation:
출근에 1시간 30분, 퇴근에 1시간 30분,
하루에 3시간을 길에서 허비한다. 이 시간에
뭔가 생산적인 일을 할 수 있는데 아무 것도
못하고 묶여 있으니 시간이 정말 아깝다.

STEP 1 표제문을 영어 문장으로 만들어 보세요.

출퇴근 시간에 길에서 허비하는 시간이 정말 아까워.

STEP 2 표제문을 영어로 잘 옮긴 것에 모두 체크하세요.

(1) **I am sorry about the many hours I spend going to and from the office.**

(2) **I waste a lot of time going to and from work every day. What a waste!**

(3) **I spend 3 hours going to and from work every day. What a waste!**

(4) **I hate the time I spend commuting.**

(5) **It's a real shame how much time I spend commuting.**

(6) **It's a regret that I am spending too much time on commuting.**

(7) **It's one of my regrets that I spend too much time commuting.**

(8) **Commuting is such a waste of time. It takes three hours for me to commute.**

(9) I hate being on the bus for more than 3 hours every day.

(10) It sucks how much time I spend commuting.

가능한 문장 (2) (3) (4) (5) (7) (8) (9) (10)

STEP 3 문장을 확인하세요.

어휘 들여다 보기 **출근 / 퇴근** 영어에는 '출근', '퇴근'에 정확히 부합하는 명사가 있는 것은 아니므로 go to work(출근하다) 또는 go home(퇴근하다)을 활용하거나, 또는 He's at work.(출근했다.)처럼 문맥에 맞게 적당히 표현하면 된다. '출퇴근'은 go to and from work라고 해도 되지만 동사이자 명사인 commute가 있으므로 이를 활용해도 된다. 따라서 명사 commute to and from work 또는 동명사 commuting도 좋다. 다만 commute가 '출퇴근하다'란 뜻이니까 commutation은 '출퇴근'이라는 뜻의 명사일 것이라고 생각하기 쉬운데, 실은 '(형량의) 감형'이라고 하는 전혀 다른 뜻이니 주의하자. '출퇴근'은 commuting이라고 한다.

(1) I am <u>sorry about</u> the many hours I spend going to and from the office. ×

틀렸다. 표제문 맥락에 sorry for 또는 sorry about은 전혀 맞지 않는다. sorry는 '사과(apology)'의 느낌이 있기 때문에 표제문 맥락에는 어울리지 않는다. 속어이기는 하지만 am sorry about 대신 feel shitty about으로 고치면 좋다. 물론 이 표현은 친구 사이에만 써야 한다.

(2) I waste a lot of time going to and from work every day. What a waste! ○

(3) I spend 3 hours going to and from work every day. What a waste! ○

좋다. '아깝다'를 What a waste!로 옮겼으며, '출퇴근'은 going to and from work라고 해도 문제 없다.

(4) I <u>hate</u> the time I spend commuting. ○

좋다. '허비하는 시간이 아깝다'를 '~하게 낭비하는 시간을 아주 싫어한다'로 전환하면 동사 hate를 생각해내기 쉬울 것이다. 한편 현재시제 I spend, 현재진행시제 I am spending 둘 다 좋다.

(5) It's a <u>real shame</u> how much time I spend commuting. ○

좋다. It's a real shame과 how much time I spend commuting의 문법적 관계가 무엇인지 의문이 생길 수 있다. 원래 문장은 How much time I spend commuting is a real shame.인데, 주어가 너무 길어 가주어 It을 추가하여 It's a real shame how much time I spend commuting.이 되었다고 보면 이해하기 쉽다. (10) It sucks / It's unfortunate / It's lame 등도 마찬가지로 가주어 It을 활용한 문장 구성이다.

(6) <u>It's a regret</u> that I am spending too much time on commuting. ×

(7) <u>It's one of my regrets</u> that I spend too much time commuting. ○

(6)은 틀리고 (7)은 좋다. It's a regret는 과거에 발생한 어떤 특정한 사건을 두고 그 사건에 대해 유감을 표현할 때 사용한다. 예를 들어, It's a regret that I spent 3 hours on the road the other day.(일전에 길에서 3시간이나 허비한 것이 정말 아까워.)는 좋은 문장이다. 표제문 맥락에는 (7) It's one of my regrets 또는 형용사 It's regretful 또는 동사 I regret가 맞다. 참고로, It's a regret는 불가하지만 It's a pity / It's a shame은 아무 문제가 없다. It's a pity how much time I spend commuting.이라고 해도 좋다.

(8) <u>Commuting</u> is such a waste of time. It takes three hours for me to commute. ○

좋다. '출퇴근'은 the commute to and from work 대신에 commuting도 좋다.

(9) I hate <u>being on the bus</u> for more than 3 hours every day. ○

좋다. '길에서'를 being on the bus로 옮겼다. 지하철을 타고 출퇴근하는 경우 being on the train이라고 하면 된다. 자동차를 운전해서 출퇴근하는 경우라면 I hate driving for more than 3 hours every day.라고 한다.

(10) <u>It sucks</u> how much time I spend commuting. ○

좋다. It sucks 대신 It's lame 또는 It's unfortunate 등도 같은 뜻을 나타낸다.

그 남자는 소심한 A형이야.

situation:
그 남자는 A형의 전형적인 성격을 고스란히 가지고 있다. 다른 사람들 눈치를 많이 보고 다른 사람들이 나를 어떻게 생각하는지 지나치게 의식한다. 그래서 소신 있고 과감하게 행동하지 못한다.

STEP 1 표제문을 영어 문장으로 만들어 보세요.

그 남자는 소심한 A형이다.

STEP 2 표제문을 영어로 잘 옮긴 것에 모두 체크하세요.

(1) **He is a narrow-minded blood type A.**

(2) **He has blood type A which is generally regarded as shy.**

(3) **He's timid.**

(4) **He's insecure.**

(5) **He lacks confidence.**

(6) **He's too conscious of others' feelings about him.**

(7) **He's too self-conscious.**

(8) **He's sensitive.**

(9) **He's oversensitive.**

(10) **He's not a risk taker.**

가능한 문장 **(3) (4) (5) (6) (7) (8) (10)**

어휘
들여다
보기 **소심한 A형** 서양에도 별자리(zodiac signs)가 사람의 성격에 영향을 미친다는 믿음은 있다. 하지만 혈액형이 성격에 영향을 미친다는 주장은 전혀 없다. 심지어 많은 사람들이 자신의 혈액형이 무엇인지도 모른다고 한다. 따라서 표제문을 그대로 영어로 옮겼다가는 전혀 말이 통하지 않는다. 혈액형 부분을 빼고 그저 '그 사람은 소심하다'라는 부분만 전달하면 된다. 표제문에서 '소심하다'는 다른 사람의 눈치를 살피고 매사에 자신이 없는 것을 가리키므로, 형용사 timid / shy / insecure로 표현하거나, '자신감이 부족하다'라는 뜻의 lack confidence 등으로 표현할 수 있다.

(1) He is a narrow-minded blood type A. x

틀렸다. narrow-minded는 새로운 아이디어를 받아들이는 데 소극적이고(not open to new things / stuck in his ways / stubborn) 생각이나 사상이 편협하다(prejudiced)는 뜻이다.

(2) He has blood type A which is generally regarded as shy. x

틀렸다. 표제문이 전달하고자 하는 의도, 즉 '혈액형이 A형이고 그래서 소심하다'는 뜻을 전달하기는 하지만 영어 네이티브가 전혀 이해할 수 없는 문장이다. 다만, (2) 뒤에 Koreans believe blood type is associated with your personality.(한국사람들은 성격과 혈액형이 관련 있다고 생각한다.)라고 덧붙이면 비로소 네이티브도 내가 무슨 말을 하려고 하는지 정도는 이해할 수 있을 것이다.

(3) He's timid. o

좋다. timid는 '수줍어하는', '자신이 없는', '겁 많은'이란 뜻으로, shy와 같은 뜻이다.

(4) He's insecure. o

좋다. insecure는 '자신이 없는(lack of confidence)'이란 뜻이다.

(5) He lacks confidence. o

좋다. lack confidence는 '자신감이 없다'란 뜻이며 (4) He's insecure.와 같은 뜻이다. 한편 He's lacking in confidence.라고 해도 좋다.

(6) He's too conscious of others' feelings about him. o

좋다. conscious는 '의식하는'이란 뜻인데, very conscious / really conscious는 '잘 챙겨준다', '(다른 사람의 필요를) 잘 이해한다'란 뜻이므로 권장할 만한 일이고 바람직한 일이지만, too conscious는 이 단계를 넘어 지나치게 신경을 쓴다는 뜻이 되어 바람직하지 않음을 표현한다. 따라서 표제문에 부합한다.

(7) He's too self-conscious. o

좋다. self-conscious는 '남의 시선을 의식하는'이란 뜻이다.

(8) **He's <u>sensitive</u>.** ○

좋다. '소심하다'의 정의는 '민감하거나 예민해서 (다른 사람 말이나 행동에) 상처를 잘 받는다' 정도까지 확장할 수 있다. sensitive는 이런 뜻에 잘 들어맞는 단어다. so sensitive / very sensitive / really sensitive 모두 정도만 다를 뿐 본질적으로 sensitive와 같은 뜻이다. 참고로 sensitive는 맥락에 따라 긍정적, 부정적 의미를 다 가지고 있다. '다른 사람의 감정을 잘 헤아린다(so caring)'라는 뜻도 가능하고, '다른 사람 눈치를 살피며 자신이 없다(insecure)', '예민하다'라는 뜻도 가능하다.

(9) **He's <u>oversensitive</u>.** ×

틀렸다. oversensitive는 too sensitive와 같은 뜻으로, 다른 사람의 얘기에 대해 지나치게 감정적으로 반응하는 것을 말한다. 즉, '신경이 날카롭다' 정도의 뜻이라서 표제문 맥락에 맞지 않는다.

(10) **He's not a risk taker.** ○

좋다. '소심하다'를 '위험을 회피하다'라는 뜻으로 썼을 때 이 문장이 이에 부합한다. He never takes a risk. 또는 He's too cautious.도 같은 뜻이다.

우리 집은 전세를 줬어.

situation:
지금 지방에서 근무하고 있는데
그동안 서울에 있는 우리 집은
전세를 놨다.

STEP 1 표제문을 영어 문장으로 만들어 보세요.

친구 **What did you do with your apartment?**

너희 아파트는 어떻게 했어?

나

우리 집은 전세를 줬어.

I've invested the money and at the end of the contract I'll give the deposit back and keep the profit. We call this lease system 'jeonse', which is unique in Korea.

전세금을 투자했다가 계약이 끝나면 전세금은 세입자에게 돌려주고 그간에 발생한 수익은 내가 갖는 거야.
이걸 '전세'라고 하는데 오로지 한국에만 있는 임대 형태야.

STEP 2 표제문을 영어로 잘 옮긴 것에 모두 체크하세요.

(1) **I gave it a lease.**

(2) **I put my apartment up for rent.**

(3) **I leased my apartment out with a deposit.**

(4) **I leased my apartment out for a large deposit, instead of monthly payments.**

(5) **I've rented it out, but for a lump sum of money, instead of receiving monthly payments.**

(6) **I've leased out my apartment, in which the renter paid a lump sum of money up front, which I've invested.**

가능한 문장 (4) (5) (6)

어휘 들여다 보기

전세 한국을 제외하고 전세 제도가 있는 나라는 거의 없다. 따라서 '임대를 해 줬다'는 사실만 전달할 것인지, 월세가 아니라 전세를 줬다는 점도 함께 전달할 것인지 결정해야 한다. '전세' 개념은 서양 사람들에게 아주 생소한 개념이기 때문에 상세하게 설명해 줘야 이해를 할 수 있다. '전세'는 for a large deposit / for a lump sum of money 등으로 표현할 수 있겠으나 여전히 이해에 어려움이 있으므로 위 대화에서처럼 별도로 설명해 주는 것이 바람직하다. 참고로, '집주인', '임대인(賃貸人)'은 landlord / landlady / owner / lessor이며, '임차인(賃借人)', '세입자'는 renter / tenant / lessee[lesíː]이다. 다만, lessor / lessee는 임대차 문서를 제외하고는 잘 사용되지 않는 단어다. 특히 대화에서 사용되는 일은 거의 없다.

세를 놓다 '세를 놓다'는 영어로 rent를 써도 되고 lease를 써도 된다.[34] 동사 rent / lease는 '주인으로서 세를 주었다'라는 뜻도 있고 '세입자로서 세를 얻었다/냈다'는 뜻도 가능하다. 따라서 내가 세를 주었다는 것인지 내가 세를 냈다는 것인지 상황에 따라 판단해야 한다. 세를 주었음을 명확하게 하기 위해서는 rent out / lease out처럼 out을 추가하면 된다. 대체로 rent는 자동차 렌트처럼 대체로 짧은 시간(short period of time) 동안 임차하는 것을 말한다. 반면 lease는 수 개월, 수 년간 계약 등 비교적 장기간의 임대차 계약을 뜻한다. 하지만 이는 원론적인 구분이며 대부분의 상황에서 서로 대체 사용이 가능하다.

(1) **I gave it a lease.** ×

틀렸다. 전혀 성립하지 않으나 굳이 말하자면 '내 아파트(my apartment)한테 전세를 주었다.' 정도에 가까운 문장이다.[35] lease는 명사로는 '임대차 계약'이란 뜻이다.

(2) **I put my apartment up for rent.** ×

틀렸다. 임대 절차가 진행 중이라는 뜻이다. 즉, '내 아파트를 세 주려고 부동산에 내놨다. (I asked my real estate agent to find a tenant.)'라는 뜻이다. 다른 예로, '집을 팔려고 부동산에 내놓았다.'는 I put my house up for sale.이라고 한다.

(3) **I leased my apartment out with a deposit.** ×

with a deposit가 틀렸다. '보증금(deposit)' 없이 임대를 하는 경우는 현실적으로 없기 때문에 당연히 틀린 문장이다. 표제문의 '전세'라는 뜻도 전혀 전달하지 못한다.

(4) **I leased my apartment out for a large deposit, instead of monthly payments.** ○

그럭저럭 쓸 만하다. 한국의 전세 제도를 모르는 경우 for a large deposit는 '전세금'이라고 이해하기 힘들다. 한 달에 한 번씩 월세를 받지 않고 월세 일 년 치를 한꺼번에 받았다는 말로 네이티브는 이해할 수밖에 없다. 하지만 뒤에 '전세' 제도에 대한 부가적인 설명이 이어지고 있으므로 표제문 뜻을 전달할 수 있게 된다.

(5) I've rented it out, but for <u>a lump sum of money</u>, instead of receiving monthly payments. ○

부가적인 설명이 뒤따라 나오므로 괜찮은 문장이다. lump는 큰 덩어리를 뜻하고 sum은 액수를 뜻하므로 a lump sum은 '큰 액수'를 뜻한다. 예를 들어, a lump sum of money는 '많은 돈'을 뜻한다. 한편 in a lump sum은 '일시불로(in full / all at once)'라는 뜻으로도 쓴다. 예를 들어, Paying the tuition in a lump sum was burdensome for me.(학비를 일시불로 내는 건 나한테 큰 부담이었다.)처럼 쓸 수 있다.

(6) I've leased out my apartment, in which the renter paid a lump sum of money <u>up front</u> which I've invested. ○

좋다. up front는 '선불로'란 뜻이다. 예를 들어 '절반은 선불로 주겠다.'는 I'll pay you half up front.다.

이 집에 전세로 살고 있어.

situation: 내 아파트에 놀러 온 친구가 아파트 좋다고 하자 실은 내 소유가 아니라고 하면서 덧붙이는 말이다.

친구 **What a nice apartment!**
아파트 좋다!

나 **Oh, thanks! Unfortunately it's not mine.**
고마워!　　　　안타깝지만 자가는 아냐.　　　　이 집에 전세로 살고 있어.

(a) I live here with some deposit.

(b) I live here under lease.

(c) It's a leased apartment.

(d) My place is a rent.

(e) This place is a rental.

(f) I'm just renting it.

(g) I'm only a tenant.

어휘
들여다
보기

전세 표제문 맥락에서는 굳이 '전세'를 전달해야 할 필요성이 없다. 한국의 '전세' 시스템에 대해 전혀 지식이 없는 네이티브에게 '전세'를 설명해 봐야 혼란만 가중될 것이다. 이 맥락에서는 이 아파트는 내 소유가 아니고 내가 임차인으로서 이 아파트에 세 들어 살고 있다는 뜻만 전달하면 된다.

(a) 틀렸다. 임대시 보증금을 내는 것이 일반적이므로 너무 당연한 문장이며, with some deposit는 '보증금과 함께'를 뜻하므로 의미상 전혀 맞지 않는다. **(b)** 괜찮다. 다만 under lease는 아주 격식적이고 전문적(formal/technical)인 표현이므로 그다지 자연스럽지 않다. **(c)** 좋다. leased apartment도 좋고 rented apartment도 좋다. **(d)** 틀렸다. 명사 rent는 '소작료'란 뜻이지, '세들어 사는 집', '빌린 집'이 아니다. 아울러 내가 살고 있는 아파트 안에서 대화가 진행되고 있는 상황에 소유격 my는 맞지 않다. 이 맥락에서 my place는 이 아파트/집이 아닌 제3의 아파트/집을 뜻하기 때문이다. 표제문 맥락에는 지시사 this place 또는 대명사 it이 좋다. **(e)** 좋다. '임차물'이란 뜻의 rental을 써야 말이 된다. rental은 진공청소기(vacuum cleaner), 정수기 등과 같은 작은 물건부터 시작해서 자동차(car rental), 아파트 임대차까지 광범위하게 사용된다. **(f)** 좋다. just는 '안타깝게도 내 소유가 아니다'를 나타내는 어구이며, only라고 해도 된다. 물론 renting 대신 leasing이라고 해도 된다. **(g)** 좋다. '세입자'란 뜻으로 tenant도 좋고 renter도 좋다. 반면 '집주인'은 성별에 따라 단어가 다른데 남자는 landlord, 여자는 landlady라고 한다.

A

**조조할인을 받아
싸게 봤어.**

situation: 오전 9시에 상영하는 조조 영화를 봤다. 조조할인을 적용받아 돈을 적게 냈다.

친구 **Did you check it out?**
그 영화 봤어?

나 **Yes, I did. I went to the movies yesterday morning.**
응.   어제 아침에 영화관에 갔었어.   조조할인을 받아 싸게 봤어.

(1) I watched the movie cheaply for early morning discount. ☐

(2) I watched the movie for a lower price because of the early morning discount. ☐

(3) I got a matinee discount. ☐

(4) I got a discount because it was 9 am. ☐

(5) I got a discount because it was the first showing of the day. ☐

(6) The ticket was cheaper because it was 9 am. ☐

한국 영화관은 보통 오전에 영화 상영을 시작하지만 북미에서는 오후 1시 이후 시작하는 것이 일반적이며, 아주 빨라야 오전 11시 정도다. 따라서 '조조할인'의 개념도 다르다. 북미는 일반적으로 하루의 제1회 상영부터 오후 5시 상영 정도까지 할인을 해 주고, 이것을 matinee라고 부른다. 즉, 북미에서는 첫 번째 상영하는 영화뿐만 아니라 matinee 시간 안에 상영이 시작되는 영화들에 대해 모두 할인을 해 주는 것이 일반적이다.[36] matinee의 사전적 정의는 연극 등을 오후에 상연하는 것을 말한다. 따라서 한국에서는 조조 상영이 오전 일찍 시작한다고 먼저 알려 준 다음에 표제문을 말해야 정확한 이해가 가능할 것이다. 한국어에서 말하는 '조조 상영'에 그나마 가장 근접한 단어가 matinee이긴 하지만 '조조 상영'과 matinee는 실제 행태가 상당히 차이가 있으므로 이런 정보를 부가적으로 제공해 줘야 상대방이 제대로 이해를 할 것이다. 영화에 쓰일 때 matinee는 '조조 상영'이라는 뜻도 있고 '조조 상영되는 영화'라는 뜻도 있다. the first showing은 영화의 '개봉상영(premiere / opening night)', '첫 방영' 등을 뜻하므로 '당일의 첫 상영시각', '당일의 1회 상영시각', '당일의 1차 상영시각'은 the first showing of the day라고 하는 것이 좋다. '조조할인'은 discount for the first showing of the day / discount for the matinee / early bird discount 등이 좋겠다.

(1) 틀렸다. '싸게'를 cheaply로 옮기면 곤란하다. cheaply에는 품질이 형편없는 싸구려라는 인식이 내재되어 있다. '싸게'는 at a lower price 또는 for a lower price라고 해야 한다.   (2) 좋다. 정관사 the early morning discount는 영화관에 조조할인제도가 있고 이런 제도를 이용하여 할인을 받았다는 느낌을 전달한다.   (3) 좋다. 간단하면서도 명확한 문장이다. 영화를 봤다는 점은 이미 자명하므로 '조조할인을 받았다'는 점만 말하면 된다.   (4) (5) 좋다. '조조할인'이 생각나지 않거든 한국어 문장을 '오전 9시라서 할인을 받았다.', '당일 첫 상영이라서 할인을 받았다.'로 전환하고, 이것을 영어로 옮기면 표제문 뜻을 잘 전달할 수 있다.   (6) 좋다. 표제문 맥락에 부사 cheaply는 곤란하지만 형용사 cheap는 아무런 문제 없이 쓸 수 있다.

조조가 몇 시예요?

situation: 영화관에서 몇 시에 첫 상영을 시작하는지 물어보려고 한다.

(1) What time is the first show? ☐

(2) What time is the first showing? ☐

(3) What time is the first showing of the day? ☐

(4) What time is the first showtime? ☐

(5) What time is the first matinee? ☐

(1) 틀렸다. the first show는 '개봉일(premiere / opening night)'을 뜻한다. **(2) (3)** 좋다. 다만 the first show보다는 정도가 약하지만 the first showing에도 '개봉일'이란 뜻이 있기 때문에 **(3)**처럼 the first showing of the day라고 하면 뜻이 보다 분명해진다. **(4)** 틀렸다. showtime은 연극이나 뮤지컬에서 쓰는 용어로, '연극/뮤지컬/오페라/공연의 시작 시각'이란 뜻이다. **(5)** 좋다. What time does the first matinee start?도 좋다.

C

오늘 저녁 상갓집에 조문 갈 거야.

situation: 지호에게 하는 말이다. 빈소는 종합병원 장례식장에 마련되었다.

My boss's mother passed away yesterday.

어제 부장님 어머니가 돌아가셨어.

오늘 저녁 상갓집에 조문 갈 거야.

(1) I am going to condolences this evening. ☐

(2) I am going to offer my condolences this evening. ☐

(3) I am going to make a call of condolences to the funeral home this evening. ☐

(4) I am going to a funeral parlor to give my condolences this evening. ☐

(5) I am going to the funeral home to give my condolences this evening. ☐

(6) I am going to visit the funeral home to express my condolences this evening. ☐

북미에서는 직장 상사의 어머니가 사망한 경우 문상을 가는 경우가 별로 없다. 부장님과 오랫동안 같이 근무했거나 아주 가까운 사이라면 갈 수 있겠으나 일반적으로 기대되는 행동은 아니다. 사망부터 매장 또는 화장까지의 장례기간 또한 한국은 3일장이 원칙이나, 북미의 경우 3~5일 정도 소요되고 가족이 외국에 있거나 하는 경우 별도로 장례식 날짜를 잡는 경우도 많다. 한국의 경우 빈소는 24시간 개방하니 아무 때나 찾아갈 수 있으나, 북미의 경우 조문 시간이 정해져 있어 그 시간을 준수하여야 한다. 한국은 병원 부속 시설 형태로 장례식장이 운영되는 것이 보통이나, 북미에서는 병원과 전혀 관련이 없는 전혀 별개의 장례식장(funeral home)이 있다. 마치 한국에서 결혼식장에서 결혼식을 하듯이 북미에서는 장례식장에서 조문을 받고 장례식을 거행하는 것이 일반적이다. 물론 교회에서 조문과 장례를 거행하는 경우도 있다. 아무튼 표제문처럼 부장님의 모친상에 내가 조문을 가는 것을 네이티브가 들으면 내가 부장님과 개인적으로 업무적인 관계 이상이거나 부장님의 어머니를 잘 알기 때문이라고 생각할 것이다. 따라서 이 문장 뒤에 한국의 문상 풍속을 알려주는 것이 좋을 것이다.

(1) 말이 안 된다. go to condolences라는 말은 없다. **(2)** 좋다. express 또는 offer 둘 다 좋다. 이 문장은 장례식장에 찾아 간다는 명시적인 뜻은 없다. '조문한다'는 뜻이므로 전화로 조의를 표하는 경우에도 사용 가능하다. 참고로 condolence(애도, 조의)를 여러 사람에게 표할 것이므로 condolences라고 복수형으로 쓰는 점에 주의하자. '상갓집에 조문을 가다', '문상을 가다'는 '조의를 표명하기 위해 장례식장에 가다' 정도로 바꿔 go to the funeral home to express my condolences라고 표현하면 된다. '상가'는 '상을 당한 집/가족'을 말하지만 요새는 병원에 있는 장례식장을 이용하는 것이 일반적이다. 앞서 언급한 대로 북미에서는 장례식 전문 업소가 있으며 이를 funeral home이라고 한다. **(3)** 틀렸다. make a call은 '전화하다'란 뜻이다. 맥락에 전혀 맞지 않은 문장이다. **(4)** 틀렸다. funeral parlor가 쓰이기는 하지만 구식(old-fashioned) 단어라서 별로다. 또한, 상갓집이 어디에 있는지는 지호가 전혀 알지 못하지만 내 직장 상사의 상가라는 점은 알고 있으므로, 부정관사 a funeral parlor는 틀리고 정관사 the funeral parlor가 맞다. **(5)** 좋다. give my condolences에서 동사는 give / express / offer 중 어느 것을 써도 괜찮다. 한편 home을 생략하여 the funeral이라고만 해도 된다. **(6)** 좋다. visit은 생략 가능하다.

가능한 문장   **A** (2)(3)(4)(5)(6) **B** (2)(3)(5) **C** (2)(5)(6)

한국어 '명사 + 명사'가 영어로는 다양하게 표현된다

법 칙
05

한국어 '명사 + 명사'가 영어로는 다양하게 표현된다

'명사 + 명사' 중첩어, 어떻게 바꿀 것인가?

새로운 개념을 표현하기 위해 여러 가지 방법으로 새 단어를 만들어 쓰게 된다. 그 중 가장 일반적인 방법은 기존의 단어를 결합하여 복합어(또는 합성어)를 만드는 것이다. 그 중에서 한국어를 영어로 표현할 때 문제가 되는 것은 '명사 + 명사' 형식의 복합명사다. 이 책은 한국어 문법서는 아니므로 복합명사뿐만 아니라 조사 없이 명사가 연달아 사용되는 경우(이것을 편의상 '중첩어'라고 하자.)를 모두 포괄해서 살펴보기로 한다. 예를 들어, '남자단식 준결승전', '교육예산 반대투쟁'은 복합명사는 아니나, 이를 영어로 표현하는 문제는 우리의 중요한 관심사이자 우리를 괴롭히는 문제이므로 함께 논의하기로 한다.

한국어의 〈명사 + 명사〉가 영어로도 〈명사 + 명사〉가 될 때는 고민할 것이 없다. 거기에 상응하는 단어를 찾아 바꿔 넣기만 하면 된다. 예를 들어, 폐암(lung cancer), 유방암(breast cancer), 위암(stomach cancer), 대장암(colon cancer), 피부암(skin cancer), 암환자(cancer patient) 같은 경우다. '삼성전자 부장'은 a Samsung Electronics general manager 또는 a general manager from Samsung Electronics라고 한다. '지원서 양식'은 application form, '서류전형'은 document review, '전형기준'은 selection criteria, '진학지도 담당 선생님'은 guidance counselor[37]다. '고등학교 친구'는 a high school friend 또는 a friend of mine from high school이다.

하지만 형식을 달리하는 경우에는 문제가 된다. 한국어 복합명사 또는 명사 중첩이 영어로는 〈형용사 + 명사〉로 나타나는 경우가 흔하다. '기술혁신'은 technology innovation이 아니라 technological innovation이다. '수술 부위'는 surgery site가 아니라 surgical site라고 한다.[38] 취임식은 inauguration ceremony가 아니라 inaugural ceremony라고 한다. '대통령 취임식' 역시 〈형용사 + 명사〉로 나타내 presidential inaugural ceremony라고 한다.

한국어의 명사 중첩이 영어로는 〈명사 + 전치사 + 명사〉로 나타나는 경우도 많다. 영어는 필요한 전치사를 꼬박꼬박 써 주기 때문에, 한국어 복합명사 또는 중첩단어를 머리 속으로 얼른 '~에 관한, ~에 대한, ~을 향해, ~로 인한' 등으로 바꿔 본 후 말하면 더 쉽다. '윗집 피아노 소리'는 '윗집에서 나는 피아노 소리'니까 the piano from the upstairs apartment, '원예서'는 '원예에 관한 책'으로 바꿔 book about gardening이라고 한다. (이 경우에는 gardening book도 괜찮다.) '명예문제'는 '명예에 관한 문제'니까 a matter of my honor이다. '암 사망률'은 cancer death rate가 아니라 '암으로 인한 사망률'이니까 death rate from cancer, '백화점 직원'은 '백화점에 있는 직원'이니까 an employee at a department store라고 하면 된다.[39]

이번에는 더 긴 중첩어구를 살펴보자. '그 단체는 교육예산삭감 반대투쟁에 적극적이었다.'에서 '교육예산삭감 반대투쟁'은 actions against education budget slash / movement against the slash of education budget / campaign against the cuts to the education budget라고 한다. 'UN 여성차별철폐협약'은 The U.N. Convention on the Elimination of All Forms of Discrimination Against Women(CEDAW)이라고 한다. 한국어에서 '명사 + 명사'로 표현하는 말을 영어에서는 각종 전치사를 활용해 표현하고 있음을 알 수 있다.

아울러, '남자 단식 준결승전'은 the men's singles' semi-final이라고 해도 되지만 the semi-final of the men's singles가 더 자연스럽다. 따라서 '그 사람은 남자 단식 준결승전에 진출했다.' 는 He's through to the semi-final of the men's singles.라고 하면 아주 자연스러운 문장이 된다.

'명사 + 명사'를 문장 속에 녹여라

복합명사 대신 문장 속에 녹이면 되는 경우도 많다. 이런 경우 〈명사 + 명사〉를 영어로 전환할 필요가 없다. '건물 개축 비용이 상당히 많이 나올 것 같아요.'는 It will cost a fortune to remodel the building.이라고 한다. '건물 개축 비용'은 building repair costs 또는 renovation costs지만 굳이 이걸 그대로 옮기지 않아도 표현이 가능하다. '그 친구는 흉부 엑스레이를 찍었다.'는 동사 chest x-ray(흉부 엑스선 검진하다)를 활용해 He had his chest x-rayed.라고 하면 된다. '회의 날짜를 잡아야 한다'고 할 때는 We need to set[fix / arrange / decide on] the date. 또는 We need to arrange[schedule] the meeting.이라고만 하면 된다. '회의 날짜'는 the meeting date / the meeting's date / a date for the meeting이지만 굳이 이 표현을 쓸 필요가 없다.

그렇다면 '나는 추측 능력이 떨어진다.'에서 '추측 능력'은 뭘까? guessing skill, guessing capability, guessing power, presumptive power 등을 검색해도 이런 용례는 없다. 대신 이 문장을 '나는 추측을 잘하지 못한다'로 전환하면 길이 보인다. 즉, I am not quite good at guess.라고 하면 된다. 그럼 '그 여자는 크리스마스 때 옷 선물을 받는 걸 싫어한다.'는 뭐라고 할까? She hates receiving a clothes gift on Christmas.는 틀렸다. 한국어에서는 '옷 선물', '화장품 선물', '향수 선물', '상품권 선물' 등이 자연스럽게 통용된다. 하지만 영어에 clothes gift라는 말은 없다. birthday gift, Christmas gift처럼 기념일에 대한 선물이 있는 것이지 종목에 따른 선물은 따로 복합명사로 존재하지 않는다. 따라서 She hates to receive clothes as Christmas gifts. / She hates receiving clothes for Christmas gifts.라고 해야 맞다. 이때 크리스마스에는 선물을 여러 개 받는 것이 보통이므로 복수형 gifts가 되어야 한다.

기온은 영하 2도였지만, 바람이 많이 불어서 체감온도는 그보다 낮았어.

온도계는 영하 2도를 가리키고 있으나,
바람이 엄청 세차게 불어 체감온도는
영하 20도였다.

STEP 1 표제문을 영어 문장으로 만들어 보세요.

기온은 영하 2도였지만, 바람이 많이 불어 체감온도는 그보다 낮았어.

STEP 2 표제문을 영어로 잘 옮긴 것에 모두 체크하세요.

(1)　It was -2°C but physical temperature was lower than that because of the much wind.

(2)　It was -2°C but sensory temperature was lower than that because of strong wind.

(3)　It was -2°C but the real feel was much lower than that because of a strong wind.

(4)　It was -2°C but the real feeling was much lower than that because of the strong wind.

(5)　The temperature was -2°C but it felt like -20°C because of a strong wind.

(6)　The temperature was -2°C but I felt like -20°C because of the strong wind.

(7)　The temperature was -2°C but I felt it was like -20°C because of strong winds.

(8) **The temperature was -2°C but the wind chill made it feel like -20°C.**

가능한 문장 (3) (4) (5) (7) (8)

(어휘 들여다 보기) **영하 2도** -2°C는 minus 2 degrees Celsius라고 읽는다. 섭씨임이 자명한 경우에는 minus 2 degrees / minus 2 / 2 below zero / 2 below라고 읽기도 한다. 북미에서는 화씨 온도를 사용한다. 화씨 온도는 Fahrenheit라고 쓰며 기호로는 °F를 쓴다.[40]

체감온도 영어로는 추위와 더위에 대한 '체감온도' 용어가 다르다. 추위에 대해서는 wind chill, 더위에 대해서는 heat index라고 한다. 다만 wind chill과 heat index는 용법이 조금 다르다. wind chill은 명확히 말하자면 '체감온도'가 아니라 '체감온도를 낮추게 하는 강한 바람과 추위'라는 뜻이다. 반면 heat index는 '체감온도' 자체를 의미한다. 예를 들어, '기온은 -2도였는데 체감온도는 -20도였다.'는 The temperature was -2°C but the wind chill made it feel like -20°C. 또는 I felt colder because of the wind chill. 이라고 표현한다. 반면, '오늘 25도밖에 안 되는데, 체감온도는 35도이다.'는 It's only 25°C, but the heat index is 35°C.라고 한다. 아울러 '체감온도'라는 뜻으로 real feel / real feeling을 써도 좋다. 예를 들어, the real feel is 35°C도 좋다. wind chill / heat index가 생각나지 않으면 It felt like / I felt it was like / I felt colder 등 〈주어 + 동사〉로 간접적으로 표현해도 아무런 문제가 없다.

강한 바람 '바람'을 뜻하는 wind는 의외로 가산명사다. 표제문 맥락의 '강한 바람'은 부정관사 a strong wind / 정관사 the strong wind / 무한정사 strong winds 모두 좋다. 따라서 무부정관사에 단수형 strong wind는 불가하다. 부정관사 a strong wind는 바람이 일시적이었음을 암시한다. 정관사 the strong wind는 '바로 지금 불고 있는 그 센 바람(the strong wind that is blowing currently)' 또는 '하루 종일 바람이 세게 불고 있음'을 나타낸다. 예를 들어 Yesterday it was really cold because of the strong wind.는 '어제 바람이 하루 종일 세게 불어(it was a windy day) 매우 추웠다.'라는 뜻이다. 복수형 strong winds는 '하루 종일 바람이 셌다가 잦아들었다가 반복함(the winds keep picking up and dying down all day)'을 암시한다.

(1) It was -2°C but <u>physical temperature</u> was lower than that because of the much wind. ×

(2) It was -2°C but <u>sensory temperature</u> was lower than that because of strong wind. ×

틀렸다. '체감온도'의 뜻으로 physical temperature / sensory temperature를 시도했는데, 이는 영어에 없는 말이다. '바람이 많이 불어'는 because of the much wind라고 옮겼는데 역시 틀렸다. 한국어로는 '바람이 많이 불었다', '바람이 강하게 불었다'가 모두 가능하지만 영어에서는 much wind는 안 되고 strong wind라고 해야 한다.

(3) It was -2℃ but <u>the real feel</u> was much lower than that because of <u>a strong wind.</u> ○

좋다. '체감온도'에 가장 가까운 단어는 real feel인데, 반드시 정관사를 붙여 the real feel이라고 쓴다. 한편 wind는 가산명사이므로 a strong wind에 부정관사 a를 씀에 주의하자.

(4) It was -2℃ but <u>the real feeling</u> was much lower than that because <u>of the strong wind.</u> ○

좋다. '체감온도'를 '실제 느낌'으로 전환해 real feel도 좋고 real feeling도 좋다. 정관사 the strong wind는 맥락에 따라 바로 지금 불고 있는 그 바람을 뜻하기도 하고, 또는 종일 내내 지속적으로 센바람이 불고 있음을 뜻하기도 한다.

(5) <u>The temperature</u> was -2℃ but <u>it felt like</u> -20℃ because of a strong wind. ○

좋다. 기온을 나타낼 때는 주어로 it을 쓸 수도 있지만, 아예 직접 the temperature(기온)를 주어로 삼아도 된다. 아울러 '-20도 같았다'는 가주어 it을 써서 it felt like -20℃라고 하면 된다.

(6) The temperature was -2℃ but <u>I felt like</u> -20℃ because of the strong wind. ×

틀렸다. I felt like -20℃는 전혀 말이 안 된다. I feel like는 '~을 갖고 싶다, ~을 하고 싶다'라는 뜻이므로 맥락에 전혀 어울리지 않는다. 사물대명사를 써서 it felt like 또는 사람대명사를 쓰려면 I felt it was like라고 해야 맞다.

(7) The temperature was -2℃ but <u>I felt it was like</u> -20℃ because of strong winds. ○

좋다. I felt it was like -20℃라고 해도 되지만, I felt를 제거하고 아예 it was like -20℃라고만 해도 된다. I felt = I thought에 가까운 뜻이기 때문이다.

(8) The temperature was -2℃ but <u>the wind chill</u> made it feel like -20℃. ○

좋다. the wind chill은 '체감온도를 낮추게 하는 강한 바람과 추위'라는 뜻이므로 '체감온도를 낮추는 요인'이다. 따라서 the wind chill was -20℃는 말은 통하기는 하겠지만 정확한 영어는 아니다. the wind chill made it feel like -20℃라고 해야 말이 된다. 또는 I felt colder because of the wind chill이라고 할 수도 있다.

situation:
3년 전에 말기 암으로 6개월 시한부 판정을
받았지만, 지금은 이겨냈다.

STEP 1 표제문을 영어 문장으로 만들어 보세요.

but I have survived.

의사가 내게 6개월 시한부를 선고했어.　　　하지만 난 이겨냈지.

STEP 2 표제문을 영어로 잘 옮긴 것에 모두 체크하세요.

(1) **They sentenced me 6 months of time limited life**

(2) **They told me I had a 6 month life expectancy at best**

(3) **They gave me 6 months to live**

(4) **I was given 6 months to live**

(5) **They diagnosed me with terminal cancer with 6 months to live**

(6) **I was diagnosed with terminal cancer and given a life expectancy of 6 months**

(7) **They told me I could live for 6 months**

(8) **I was told I could only live for 6 months**

가능한 문장 **(2) (3) (4) (5) (6) (7) (8)**

어휘 들여다 보기 · **6개월 시한부** 영어에는 '시한부 인생'을 마땅히 표현할 만한 단어가 없다. 대신 '예상 수명', '기대 수명', '평균 수명'이라는 뜻인 life expectancy라는 단어가 있으므로, 이를 조금 바꿔서 '시한부 인생'이란 뜻으로 사용할 수 있다. 즉 a 6 month life expectancy라고 하면 '6개월 시한부 인생'을 나타낼 수 있다. 하지만 이렇게 어려운 단어를 쓰지 않아도 '6개월 시한부 인생'을 표현할 수 있는 방법이 있다. '6개월의 시한부 인생'은 다시 말해 '살 수 있는 6개월'이므로 6 months to live라고 쓸 수 있다. 또는 '6개월밖에 못 산다'이므로 I could only live for 6 months.처럼 표현해도 좋다.

(1) They <u>sentenced</u> me 6 months of <u>time limited life</u> ×

틀렸다. time limited life는 전혀 말이 안 되는 우스꽝스런 표현이다. 또한 sentence는 '판사가 (유죄 또는 무죄를) 선고하다'라는 뜻이라서 표제문 맥락에는 맞지 않다. '~개월 시한부를 선고했다'는 '수명이 ~개월 남았다고 말했다', '예상 수명 ~개월을 줬다'라고 전환하여 동사 told / said / gave 등 쉬운 동사를 활용해서 말하면 된다.

(2) They told me I had <u>a 6 month life expectancy</u> at best ○

좋다. '6개월 시한부 인생'은 a life expectancy of 6 months 또는 a 6 month life expectancy 둘 다 좋다. '6개월'이 전자는 복수형, 후자는 단수형으로 쓰였다. 복수형 숫자 표현이 명사를 수식할 때는 단수형으로 쓴다.

(3) They <u>gave</u> me 6 months to live ○

(4) I <u>was given</u> 6 months to live ○

좋다. 〈give + A(사람: 간접목적어) + B(사물: 직접목적어)〉 형식을 활용한 문장이다. (3)에서 gave는 진짜 뭔가를 줬다는 말이 아니라 '알려 줬다', '말을 해 줬다', '진단했다'는 뜻이다. '6개월 시한부 인생'을 6 months to live로 옮겼다.

(5) They <u>diagnosed</u> me <u>with</u> terminal cancer with 6 months to live ○

좋다. 'A에게 B라고 진단하다'라는 뜻의 〈diagnose + A(사람) + with + B(병명)〉 형식을 취한 문장이다. cancer는 보통 불가산명사로 쓴다. 한국어 사용자가 보면 가산명사일 것 같지만, 실제로는 불가산명사임에 유의하자. 따라서 He died of cancer.(암으로 사망했다.), She has terminal cancer.(말기 암에 걸렸다.), She's diagnosed with terminal cancer.(말기 암으로 진단받았다.) 등과 같이 무관사 cancer이다.

(6) I was diagnosed with terminal cancer and given a life expectancy of 6 months ○

좋다. terminal cancer with a life expectancy of 6 months를 I was diagnosed with terminal cancer와 I was given a life expectancy of 6 months로 나눈 것이다.

(7) They told me I could live for 6 months ○

(8) I was told I could <u>only</u> live for 6 months ○

좋다. 다만, (7)과 (8)은 상당한 의미 차이가 있다. (7)은 '당장 내일이라도 죽을 수 있고 정말 운이 좋아야 6개월까지 살 수 있다.'는 뜻이다. 즉, 기대 수명이 6개월이라는 말이 아니라 최대 생존 기간이 6개월이라는 말이다. 의사의 진단이라고 하기에는 무책임한 어림짐작(wild guess)에 불과하다. 여기에 only를 추가해야 비로소 '기대 수명이 6개월'이라는 뜻이 되어 표제문 맥락에 잘 부합하는 문장이 된다. '6개월'은 '앞으로 6개월'을 말하므로 for another 6 months 역시 좋다. 따라서 I was told I could only live for another 6 months도 아주 자연스러운 문장이다.

 **3개월 시한부 암환자가 TV에 나왔다.**

situation: 암 투병 중인 3개월 시한부 환자가 오늘 아침 TV에 나왔다.

(a) A time limited 3 month cancer patient came out in TV.

(b) A cancer patient with a 3 month life expectancy was on TV.

(c) A cancer patient with 3 months to live appeared on TV.

(d) A terminal cancer patient was on TV. He might only live for 3 months.

(e) A terminal cancer patient was on TV. He is only expected to live for 3 months.

어휘 들여다 보기 **3개월 시한부 암환자** 한국어로 '3개월 시한부 암환자'처럼 명사를 나열해서 표현했다고 영어로도 time limited 3 month cancer patient처럼 명사를 나열하면 틀린다. 영어에 '시한부'라는 말은 따로 없으므로 '시한부 3개월'을 a 3 month life expectancy / 3 months to live / 3 months left 등으로 표현하면 된다. '3개월 시한부 암환자'는 a cancer patient with 3 months to live가 가장 자연스러운 표현이다.

(a) 틀렸다. time limited는 말이 전혀 안 되는 표현이다. came out은 '(집) 바깥으로 나가다', '(동성애자가) 커밍아웃했다' 정도의 뜻이며, 'TV에서'는 in TV가 아니라 on TV이다. **(b)** 좋다. 여기서 3 month는 형용사적 용법으로 사용되었기 때문에 단수형을 취한다. a 3 month life expectancy는 a life expectancy of 3 months라고 해도 좋다. 이때 3 months는 일반 명사로서 사용된 것으로 전치사 of의 목적어이다. **(c)** 좋다. life expectancy가 좀 격식적인 표현인 데 비해 3 months to live는 일상적인 표현이다. 한편 'TV에 나왔다'는 was on TV도 좋고 appeared on TV도 좋다. **(d)** 좋다. A terminal cancer patient는 '말기 암 환자'를 말한다. 조동사 may 또는 might 둘 다 좋으며, only는 '최대 기대 수명이 3개월'임을 나타낸다. **(e)** 좋다. for 3 months = for 3 more months = for another 3 months 모두 좋다. 참고로 무정관사 on TV는 'TV 프로그램에'의 뜻이지만 정관사 on the TV는 '텔레비전 기기 위에'를 뜻한다.

15일 저녁에 시간 돼?

situation:
수지와 뮤지컬 관람을 하기 위해
날짜를 잡고 있다.

STEP 1 표제문을 영어 문장으로 만들어 보세요.

나 [   ]

15일 저녁에 시간 돼?

수지 **I'm afraid I'm not. How about the 16th?**
미안한데 안 돼.　　　　16일은 어때?

STEP 2 표제문을 영어로 잘 옮긴 것에 모두 체크하세요.

(1) **Are you free on 15th evening?**

(2) **Are you free in the evening of 15th?**

(3) **Are you free in the evening of the 15th?**

(4) **Are you free in the evening, on the 15th?**

(5) **Are you free during the evening, on the 15th?**

(6) **Are you free on the 15th, in the evening?**

(7) **Are you free on the evening of the 15th?**

가능한 문장 **(4) (5) (6) (7)**

> **어휘
들여다
보기**
>
> **15일 저녁에** '15일 저녁에'는 영어로 어떻게 표현하면 될까? 딱 보기에는 아주 간단한 것처럼 보이지만 막상 말하려고 하면 쉽지 않다. 그대로 직역하면 on 15th evening인데 이렇게 쓰면 틀리다. '15일 저녁에'는 on the evening of the 15th / in the evening, on the 15th / on the 15th, in the evening이라고 하면 된다.

(1) Are you free <u>on 15th evening</u>? ×

틀렸다. '15일 저녁'을 직역해서 on 15th evening이라고 한 것인데, 얼핏 맞을 것 같지만 틀린 표현이다.

(2) Are you free in the evening <u>of 15th</u>? ×

(3) Are you free in the evening <u>of the 15th</u>? ×

(4) Are you free in the evening, <u>on the 15th</u>? ○

(2) (3)은 틀리고 (4)는 좋다. '15일'은 on 15 / on 15th / on the 15th 중에서 어느 것이 맞을까? 반드시 〈정관사 the + 서수〉를 써서 the 15th라고 쓰고 읽어야 한다. 다만 월과 같이 쓰면 정관사 the를 생략할 수 있다. 예를 들어 '2015년 1월 15일'은 January 15th, 2015 또는 01/15/2015로 적는다. 이것을 읽을 때 January (the) fifteenth, two thousand fifteen이라고 한다.

(5) Are you free <u>during the evening</u>, on the 15th? ○

좋다. '저녁에'는 (4)처럼 in the evening도 좋고, (5)처럼 during the evening도 좋다.

(6) Are you free <u>on</u> the 15th, <u>in</u> the evening? ○

좋다. (4) in the evening, on the 15th에서 두 어구 순서를 뒤바꿔 on the 15th, in the evening도 좋다. Are you free 대신에 Are you available이라고 해도 된다.

(7) Are you free <u>on the evening of the 15th</u>? ○

좋다. '15일 저녁에'는 on the evening of the 15th라고 표현하면 된다. '아침'과 '밤'도 마찬가지다. 예를 들어 '그 사람은 15일 아침 뉴욕으로 떠났다.'는 On the morning of the 15th, he went to New York.며, '그 사람은 15일 밤 뉴욕으로 떠났다.'는 On the night of the 15th, he went to New York.다. 전치사 at night(밤에)에 힌트를 얻어 at the night of the 15th라고는 해도 되지 않을까 생각할 수도 있지만 절대로 그렇게 말하지 않는다.

오늘 한일전 축구 경기가 있습니다.

situation:
지금은 오후 3시, 대학에서 수업 중이다.
저녁 6시에 한일전 축구 경기가 있어서
교수에게 수업을 빨리 끝내 달라고 부탁
한다.

STEP 1 표제문을 영어 문장으로 만들어 보세요.

Dr. Smith! Can you finish class earlier today?
교수님!　　　오늘 좀 일찍 끝내 주시면 안 될까요?

오늘 한일전 축구 경기가 있습니다.

STEP 2 표제문을 영어로 잘 옮긴 것에 모두 체크하세요.

(1) **Today there is a soccer play between Korea and Japan.**

(2) **Today there is a soccer game between Korea and Japan.**

(3) **There will be a football match between Korea and Japan tonight.**

(4) **We'll have a football game between Korea and Japan tonight.**

(5) **This evening, we have a football match, Korea versus Japan.**

(6) **A football match will be held between Korea and Japan this evening.**

(7) **A football match will take place between Korea and Japan this evening.**

(8) **The Korean football team will play with Japan this evening.**

(9) **The Korean football team will play against Japan this evening.**

가능한 문장 (2) (3) (5) (6) (7) (9)

STEP 3 문장을 확인하세요.

> (어휘 들여다 보기) **축구 경기** 북미에서 football은 '미식 축구'를 의미하는 것이 보통이다. 우리가 흔히 아는 발로 하는 '축구'는 soccer라고 한다. 그러나 북미를 제외한 다른 나라에서 축구를 football이라고 하고, 국제축구연맹(FIFA) 역시 football을 사용하므로 여기서도 '축구'를 football이라 하겠다. 따라서 '축구 경기'는 football game 또는 football match가 맞다. '한일전 축구 경기', '축구 경기 한일전'은 a football game between Korea and Japan 또는 a football match, Korea versus Japan이라고 하면 된다. 아예 '한국 축구팀이 일본과 시합할 것이다.'라고 문장으로 풀어서 The Korean football team will play against Japan.이라고 해도 된다.

(1) Today there is a <u>soccer play</u> between Korea and Japan. ×
(2) Today there is a <u>soccer game</u> between Korea and Japan. ○
　(1)은 틀리고 (2)는 좋다. '축구 경기'는 soccer play가 아니라 soccer game 또는 soccer match가 맞다. 물론 soccer 대신 football을 쓰는 것이 바람직하다.

(3) <u>There will be</u> a football match between Korea and Japan <u>tonight</u>. ○
　좋다. 현재시제 There is, 미래시제 There will be 둘 다 좋다. 표제문에는 '오늘'이라고만 언급하고 있지만, 저녁 6시에 경기가 있으므로 '오늘'보다는 '오늘 저녁'이라고 하는 것이 좋다. 저녁 6시는 this evening과 tonight의 경계에 있기 때문에 화자의 인식과 생각에 따라 어느 것을 선택해도 된다. 한국어에서는 저녁 6시면 '오늘밤'이라고 하기가 어려운데 영어로는 this evening / tonight 둘 다 아무런 문제가 없다.

(4) <u>We'll have</u> a football game between Korea and Japan tonight. ×
(5) This evening, <u>we have</u> a football match, Korea versus Japan. ○
　(4)는 틀리고 (5)는 좋다. 여기서 We는 당연히 '한국 국민들'을 말한다. 현재시제 We have는 좋지만 미래시제 We'll have는 어색하다. We have는 표제문과 같은 뜻인데 비해, We'll have를 쓰면 we가 '국가대표 선수들'을 의미하게 된다. 즉, (4)는 한국 축구 국가대표 선수나 말할 만한 문장이다.

(6) A football match will <u>be held</u> between Korea and Japan this evening. ○

(7) A football match will <u>take place</u> between Korea and Japan this evening. ○

좋다. (6)의 수동태 be held는 '열리다'란 뜻이므로 사용해도 문제 없다. (7)에서 동사 take place 역시 '개최되다'라는 뜻이다.

(8) The Korean football team will <u>play with</u> Japan this evening. ×

(9) The Korean football team will <u>play against</u> Japan this evening. ○

(8)은 틀리고 (9)는 좋다. (8)은 전치사 with가 틀렸다. (9)처럼 against가 맞다. '~와 시합하다'를 play against라고 한다. play 대신 compete를 써도 좋다.

situation:
끈이 없는 내 남성용 구두 뒤축을
구두수선공에게 보여 주면서 하는
말이다. 양쪽 뒤축이 똑같이 닳았다.

STEP 1 표제문을 영어 문장으로 만들어 보세요.

구두 뒤축이 닳았어요.

STEP 2 표제문을 영어로 잘 옮긴 것에 모두 체크하세요.

(1) **The back of these dress shoes are worn out.**

(2) **The back of these loafers are worn out.**

(3) **These heels wore out.**

(4) **My heels have worn out.**

(5) **These shoes have worn out at the heels.**

(6) **These shoes have worn down at the heels.**

(7) **I've worn down the heels.**

(8) **I've worn out the heels.**

(9) **I have worn my heels down.**

(10) **I have worn my heels out.**

가능한 문장 **(3) (4) (5) (6) (7) (8) (9) (10)**

어휘 들여다 보기 **구두 뒤축** '끈이 없는 남성용 구두'는 dress shoes 또는 loafers라고 하면 되지만, 일반적인 상황에서는 그냥 shoes라고만 해도 족하다. '구두 뒤축', '구두 굽'은 heel이다. 표제문 맥락에서는 두 쪽 다 닳았으니까 복수형 heels라고 해야 한다. 독자 중에는 '하이힐'을 떠올리며 heel을 여자 구두에만 사용하는 것 아닌가 생각할 수 있겠으나, 남녀를 불문하고 '구두 뒤축'은 heel이라고 한다. '구두 뒤축'은 the heel(한 쪽) / the heels(두 쪽) / the heels of my shoes라고 표현한다.

닳았다 '신발이 닳다'는 wear out으로 표현할 수 있는데, 이때는 구두가 심각하게 훼손된 상태임을 나타낸다. 그렇게까지 심각하지 않은 경우는 wear down이라고 표현하면 된다. 뒤에서도 자세히 설명하겠지만, wear out / wear down은 문장 형태에 따라 '닳다' / '닳게 하다'라는 두 가지 뜻이 모두 가능하다. My heels have worn down.은 '뒤축이 닳았다.'라는 뜻이며, 이해하는 데 별 문제가 없다. 한편 I've worn down the heels.도 가능한데, '나는 뒤축을 닳게 했다'라는 뜻이다. 신발을 일부러 닳게 하는 사람은 없으므로, 이 문장은 '오래 신다 보니 자연 마모로(because of wear and tear) 신발이 닳았다.'는 뜻이다. 결과적으로 I've worn down the heels. = My heels have worn down.과 같은 뜻이 된다.

(1) The back of these dress shoes are worn out. ×

(2) The back of these loafers are worn out. ×

틀렸다. the back of these dress shoes / the back of these loafers는 '구두 뒤축'이 아니라 신발을 접고 신었을 때 접히는 부분을 말한다. 즉, 발목 뒤쪽 아킬레스건(Achilles tendon) 부위를 말한다. '구두 뒤축'은 the heels of these dress shoes / the heels of these loafers가 맞는 표현이다.

(3) These heels wore out. ○

좋다. 과거시제 wore out 또는 현재완료시제 have worn out 모두 좋다. 수동태 현재시제 are worn out도 좋은데, worn out을 형용사라고 생각하면 〈be동사 + 형용사〉 형식의 단순현재시제에 해당한다.

(4) My heels have worn out. ○

정확한 문장이다. heels는 '여성용 하이힐'을 뜻하기도 하지만, '발 뒤꿈치', '남녀의 구두 뒤축'이라는 뜻도 함께 있다.

(5) These shoes have worn out at the heels. ○

(6) These shoes have worn down at the heels. ○

훌륭한 표현이다. These shoes have worn out에다가 '굽이 닳았다'고 말하고 싶으면 at the heels를 추가하면 된다. (5)의 wear out은 구두가 심각하게 훼손된 상태가 연상이 된다. 이 정도까지 심각하지 않은 경우는 (6) wear down을 쓰면 된다.

(7)　I've <u>worn down</u> the heels. ○

(8)　I've <u>worn out</u> the heels. ○

좋다. 내가 신발이 닳는 데 '의도적인' 노력을 하지 않았지만, 영어에서는 주어로 I를 두는 것이 아무 문제가 없다. 열심히 돌아다닌 결과 신발이 닳은 거지, 내가 신발을 닳게 하기 위해 열심히 돌아다닌 것은 아니다. 이런 상황에서 한국어는 '구두 뒤축이 해졌다'에 '나'가 명시적으로 주어 자리에 드러나지 않는다. 반면에 영어는 I've worn out the heels.처럼 I를 주어로 써도 자연스러운 문장이 된다. 표제문을 영어로 전환하기 전에 '나는 구두 뒤축을 (수동적/소극적이기는 하지만) 닳게 했다.'라고 생각하고 I have worn out the heels of these shoes.라고 문장을 만들어 보면 좋다.

(9)　I have <u>worn</u> my heels <u>down</u>. ○

(10)　I have <u>worn</u> my heels <u>out</u>. ○

좋다. 〈wear + 목적어+ down〉도 좋고 〈wear down + 목적어〉도 좋다. 마찬가지로 〈wear + 목적어+ out〉도 좋고 〈wear out + 목적어〉도 좋다. 참고로 wear off는 모양은 비슷하지만 전혀 뜻이 다르다. wear off는 '약효가 사라지다', '마취가 풀리다', '열정이 식다'라는 뜻이다. 예를 들어 This medicine will wear off after 8 hours.는 '이 약은 8시간 후에 약효가 떨어진다.', 즉 '이 약은 효과가 8시간 지속된다.'라는 뜻이다.

영어 지식*　각양각색 구두 종류

'구두'를 세부적으로 살펴보면 여러 가지가 있다. 먼저, 남자 구두는 끈이 있느냐 없느냐에 따라 발등 양쪽에 끈이 있는 lace-up shoes(레이스업 슈즈)가 있다. 흔히 oxfords라고 부르는 것이 lace-up shoes의 일종이다. 발등에 끈이 안 달린 것은 loafers / slip-ons다. loafers를 세분화하면 발등에 일자의 밴드 모양 가죽이 붙여져 있는 것을 penny loafers, 술이 달려 있는 것을 tassel loafers라고 한다. 이 중에서 penny loafers는 loafers의 발등에 있는 밴드 모양 장식 가죽에 난 홈에 동전(penny)을 넣고 다니던 습관에서 나온 말이다. 발등에 버클 형태의 장식이 있는 것은 buckle strap shoes라고 한다. 구두코를 기준으로 살펴보면, 발등 양쪽에 끈이 있든 없든 구두코에 아무 장식이 없는 구두를 plain toe라고 한다. 따라서 발등 부분에 끈이 있으면 plain toe oxfords, 끈이 없으면 plain toe loafers라고 한다. 구두코의 측면에까지 블로깅(broguing: 뚫거나 바늘땀을 뜬 장식)이 있는 것은 wing tip이라고 한다. 장식 모양이 마치 날개를 펼친 새와 닮아 이런 이름이 붙었다. 이 역시 발등 부분에 끈이 있으면 wing tip oxfords, 끈이 없으면 wing tip loafers라고 한다. 부츠인 경우 wing tip boots라고 한다. 정식 구두는 아니지만 보통 '랜드로바'라고 불리는 deck shoes 또는 boat shoes도 있다.

여성용 구두는 엄청나게 다양한 변종이 많으나, 면접 볼 때 일반적으로 착용하는 발등이 보이는 신발 pumps, 앞은 구두처럼 막혀 있고 뒤는 샌들처럼 끈(슬링)으로 되어 있는 신발 slingbacks, 굽이 낮은 단화 flats 등이 대표적이다. 한편, 발 뒤가 트인 슬리퍼 형태의 신발은 mules라고 한다. 또 앞에서 봤을 때 T자의 샌들 형식으로(끈을 엄지발가락과 검지발가락 사이에 거는 형태) 우리가 보통 '쪼리'라고 부르는 신발은 flip-flops라고 한다.[41]

A
(다음 정거장에서는)
왼쪽 문이 열립니다.

situation: 지하철에서 다음 역에서 문 열리는 방향을 알려 주는 안내 방송이 나온다.

At the next stop ☐☐☐☐☐☐☐☐☐☐☐

다음 정거장에서는　　　　왼쪽 문이 열립니다.

(1)　left doors will be opened.　☐

(2)　the left doors will open.　☐

(3)　the left hand doors will open.　☐

(4)　the left-hand side doors will open.　☐

(5)　the doors on your left will open.　☐

(6)　the doors will open on the left.　☐

(7)　the doors are on your left.　☐

(1) (2) 틀렸다. '왼쪽 문'을 the left doors라고 하지 않고 the left-hand side doors라고 한다. 또는 방향을 나타내는 전치사 on이나 to를 써서 the doors on the left 또는 the doors on the left-hand side도 좋고, the doors to the left 또는 the doors to the left-hand side 역시 좋다. 또한 (1)의 will be opened는 틀렸다. 기관사에 의해 문이 열리는 것이니까 수동태 will be opened도 괜찮다고 생각할 수도 있겠지만, 네이티브는 이런 식으로 생각하지 않고 문이 저절로 열린다고 생각해서 능동태 will open이라고 한다. **(3)** 틀렸다. left hand는 '왼손'이지 '왼쪽'이 아니다. **(4)** 좋다. hand를 생략하여 the left side doors 역시 좋다. 그러나 the left-hand doors라고는 하지 않으니 주의하자. **(5)** 좋다. 정관사 the 대신에 소유격 your를 써도 좋다. 즉, on the left / on your left 모두 좋다. 물론 the doors on the left-hand side / the doors on your left-hand side 역시 좋다. **(6)** 좋다. (5)의 전치사구가 맨 뒤에 위치한 형태의 문장이다. on the left /on your left 둘 다 좋다. **(7)** 좋다. 서울 지하철에서는 이렇게 안내 방송을 한다. (7) 자체로는 썩 좋은 문장이라고 할 수는 없으나, The doors are opening on your left.에서 opening이 생략되었거나, The doors that'll open are on your left.에서 that'll open이 생략된 형태로 보면 어느 정도 이해가 될 것이다.

(1) He took his breast x-ray. ☐

(2) He took a chest x-ray. ☐

(3) They took a chest x-ray of him. ☐

(4) They took an x-ray of his chest. ☐

(5) He received a chest x-ray. ☐

(6) He received an x-ray of his chest. ☐

(7) His chest was x-rayed. ☐

(8) He had his chest x-rayed. ☐

(9) He got his chest x-rayed for persistent coughing. ☐

(1) 틀렸다. breast는 '(여성의) 유방'을 뜻한다. 엑스레이 찍는 대상으로서의 '가슴/흉부'는 chest이다. **(2)** 틀렸다. '가슴 엑스레이', '흉부 엑스레이'는 a chest x-ray 또는 an x-ray of his chest가 맞고, 동사 take도 좋다. take a picture에 쓰이는 take와 같은 뜻이라고 생각하면 이해가 쉬울 것이다. 문제는 주어에 있다. took a chest x-ray는 방사선 기사가 하는 것이지 He가 하는 일은 아니다. 그래서 **(3) (4)**는 표제문에 맞지만 **(2)**는 전혀 엉뚱한 의미가 되어 버린다. **(2)**는 '그 사람 자신이 스스로 엑스레이를 찍었다.', '그 사람이 가슴 엑스레이를 한 장 훔쳤다.' 또는 '그 사람이 가슴 엑스레이를 한 장 들고 어딘가로 갔다.' 정도의 뜻이 되어 버린다. **(3) (4)** 좋다. 주어로 쓴 They는 '병원' 또는 '병원 직원' 또는 '병원 소속의 방사선 기사'를 총칭해서 부르는 말이다. **(5) (6)** 좋다. chest x-ray는 원래 chest x-ray examination(엑스레이 검사)을 말한다. '엑스레이 검사를 받았다'라고 생각하면 동사 receive(받다)를 떠올리기 쉬울 것이다. 이때는 주어로 He가 아무런 문제가 없다. **(7)** 틀렸다. 그 사람 동의도 받지 않고, 무슨 목적으로 엑스레이를 찍는지도 모르고 그냥 '그 사람 가슴이 엑스레이로 찍혔다' 정도의 뜻이 된다. **(8) (9)** 아주 훌륭한 문장이다. '~을 되게/받게 하다'라는 뜻의 피동구문 〈have/get + 목적어 + p.p.〉를 활용했다. **(9)**처럼 for persistent coughing 또는 because of persistent coughing 같이 엑스레이를 찍은 이유를 붙여 주면 더욱 자연스러운 문장이 된다.

가능한 문장 **A** (4) (5) (6) (7) **B** (3) (4) (5) (6) (8) (9)

1 동사 fend는 defend(막다, 지키다, 공격을 받아 넘기다)와 같은 뜻이다. 명사 fender는 자동차의 '흙받기'를 뜻하는데, 자동차의 앞바퀴/뒷바퀴를 덮고 있는 차체의 일부분을 말하며, 돌이나 진흙, 물 등으로부터 차체나 보행자를 보호할 목적으로 설치된다. 한편 bender는 '구부리는 사람/도구'를 뜻한다. 따라서 fender-bender는 '흙받기가 구부러지는 작은 사고'를 뜻한다.

2 반면에 한국에서만 통용되는 특유한 사물이나 개념을 소개할 때에는 가급적 상대방인 외국인 입장에서 이해하기 쉬운 단어를 선택하는 것이 바람직하다. 예를 들어, '족발'을 pig's foot라고 하면 북미에서는 돼지 발을 그대로 조리한 요리를 말한다. 한국식으로 납작하게 썰어 먹는 것은 pork hock라고 하는 것이 더 좋다. 또한 '사골국', '우족탕'을 beef shank bone soup라고 해 봐야 외국인이 이해하기는 쉽지 않다. 반드시 '사골국', '우족탕'을 그대로 번역해야 하는 경우가 아니라면 beef bone soup, 또는 아예 bone을 삭제하고 beef soup라고 하는 것이 이해를 돕는 길이다. 또는 한국어 단어를 그대로 소개하고 영어로 부연 설명을 하는 것도 방법이다. '삼겹살'을 아무리 three layer pork라고 얘기해 봐야 상대방은 도통 의미를 모를 것이다. 따라서 아예 samgyeobsal이라고 한 다음에 이것이 뭔지를 설명해 주는 것이 나을 수 있다. '김밥'은 gimbap이라고 하고, steamed rice wrapped in dried laver라고 부연 설명하는 것이 좋을 것이다. 마찬가지로 '비빔밥'은 bibimbap이라고 말하고 steamed rice mixed with vegetables and meat라고 풀어 주면 비빔밥을 전혀 모르는 사람도 이해할 수 있을 것이다.

3 snack의 범위에 대해서는 네이티브 사이에 이런 저런 의견이 많다. 음식 종류에 불문하고 보통 먹는 정규 식사의 양보다 적기만 하면 무조건 snack이라고 하는 의견이 대체로 다수다. 하지만 사람에 따라서는 snack은 주로 chips and cookies처럼 포장을 뜯어 먹는 것을 말하며 '떡볶이'처럼 조리를 필요로 하는 것은 snack이라고 하지 않겠다고 하는 사람도 있다. 밤에 야식으로 먹는 '치킨', '피자'를 snack이라고 볼 것인지 아닌지에 대해서도 의견이 갈린다. 우리가 보통 집에서 배달시켜 먹는 '프라이드 치킨 한 마리', '피자 한 판'은 거의 정규 식사(meal)에 해당하는 분량이다. 프라이드 치킨, 피자를 snack으로 봐도 된다고 하는 사람들도 '프라이드 치킨 한 마리', '피자 한 판'을 염두에 둔 것이 아니라 '프라이드 치킨 두 세 조각', '피자 두 세 조각'을 가정하고 좋다고 하는 것이다. 네이티브가 snack이라는 단어에 대해 갖는 공통적인 생각은 '일반 정규 식사보다 적은 분량의 음식'이므로 한국어의 '야식'과는 개념상 다소 차이가 있다.

4 좀 더 자세히 들어가면, 문장 형태에 따라 선호가 조금 달라진다. 예를 들어, 단수형 I like eating a late-night snack. 과 복수형 I like eating late-night snacks.의 경우 단수형 a late-night snack을 선호한다. I like eating이 들어가니 야식을 먹는 동작이 연상이 되고, 보통 야식은 하룻밤에 한 번 먹는 것이니까 아무래도 단수형을 더 선호하게 된다. 그러나 여기에서 동사 eating을 생략하는 경우, 즉 단수형 I like a late-night snack.과 복수형 I like late-night snacks.의 경우에는 복수형 late-night snacks를 더 선호한다. 이것은 마치 '사과를 좋아한다.'고 할 때 복수형 I like apples.라고 하지 단수형 I like an apple.이라고 하지 않는 것과 비슷한 이치다. 이런 연장 선상에서 복수형 I like late-night snacks.가 단수형 I like a late-night snack.보다 더 자연스러운 문장이 된다. 참고로 단수형 I like an apple.은 틀린 반면, 단수형 I like a late-night snack.은 괜찮다고 하는 이유는 snack은 apple과 달리 여러 가지 음식을 포괄하는 일종의 umbrella word(포괄적 용어)이기 때문이다. 어떤 음식이든 snack이 될 수 있기 때문에 단수형 I like a late-night snack.이라고 해도 별 문제가 없다.

5 다만 문장 형태에 따라서는 late-night food를 사용할 수 있는 경우도 있다. 예를 들어, One of the most popular late-night foods is fried chicken.(가장 인기 있는 야식 중 하나는 치킨이다.), Fried chicken is a popular late-night food.(치킨은 인기 있는 야식이다.) 같은 문장은 쓸 수 있다.

6 I got some fruit for her so she can snack on them.(중간 중간에 꺼내 먹으려고 과일 좀 샀어.), Sometimes you want to chew or snack on something even though you are not really hungry.(배가 고프지 않은데 그냥 입이 심심하거나 배가 안 고픈데 먹을 게 당길 때가 있잖아요.)에서 보듯 snack on을 활용할 수 있다.

7 북미에서 football은 '미식 축구'를 의미하고 soccer가 발로 하는 '축구'를 의미한다. 그러나 북미를 제외한 다른 나라에서는 축구를 football이라고 하며, 국제축구연맹(FIFA: Fédération Internationale de Football Association) 역시 football을 사용하므로 이 책에서는 '축구'를 football이라고 하겠다.

8 FIFA 월드컵에도 사실 여러 가지가 있다. 현재 월드컵이라는 이름으로 치러지는 FIFA 대회는 월드컵, U-20 월드컵, U-17 월드컵, 클럽 월드컵, 풋살 월드컵, 비치사커 월드컵, 인터렉티브 월드컵 등 남자 대회 7개와 여자 월드컵, U-20 여자 월드컵, U-17 여자 월드컵 등 여자 대회 3개가 있다.

9 hasn't finished의 주어로 the beef가 쓰이고 있음에 주목하자. hasn't finished의 주어로 사람만 올 수 있는 것은 아니다. my food hasn't finished cooking / my pasta hasn't finished cooking 모두 좋다. 문법에 조예가 있는 독자들은 동명사 cooking의 의미상의 주어 또한 the beef임에 의문을 제기할 수도 있을 것이다. 한국인 영어 학습자에게는 동사

cook의 주어로는 사람이 오는 것이 자연스럽고 요리 재료인 the beef가 오는 것은 자연스럽지가 않을 수도 있겠지만, 영어 자동사 cook은 〈A(요리 재료) + cook〉 형식으로 'A(요리 재료)가 요리가 되다 / 조리가 되다 / 준비가 되다 / 삶아지다 / 구워지다 / (밥을) 하다'라는 뜻으로 사용된다. 예를 들어, While the pasta is cooking, prepare the sauce.(파스타를 삶고 있는 동안 소스를 만들어라.)는 지극히 자연스러운 문장이다. 여기서 the pasta is cooking은 the pasta is boiling과 같은 뜻이다.

10 (2) The meat isn't cooked yet.은 좋으나, (2)에서 yet을 제외한 The meat isn't cooked.는 틀리고, (6) It's not done yet. / It's not done.은 yet이 있든 생략되든 둘 다 좋다고 하는 이유는 무엇일까? 이것은 cooked와 done의 의미 차이에 기인한다. cooked에는 '요리하다', '익다'라는 두 가지 뜻이 들어 있고, done에는 오로지 '익다(finished)'란 뜻만 들어 있다. The meat isn't cooked.는 '고기가 아직 덜 익었다'라는 뜻도 가능하고 '조리를 시작하지도 않았다(It hasn't started cooking yet)', 또는 '날 것 상태이다(It's raw).' 등의 뜻도 가능하다. done은 이미 요리를 시작했음을 전제로 하기 때문에 yet이 있느냐 없느냐가 문장의 실질적인 의미에 영향을 주지 못한다.

11 자동사와 타동사의 차이점 측면에서도 같은 설명이 가능하다. 〈말하기 영작문 트레이닝〉 1권의 pp. 503~504에서 설명한 적이 있는데, 타동사와 목적어의 관계는 아주 직접적 관계, 밀착된 관계인 데 비해, 〈자동사 + 전치사〉의 목적어는 그 정도가 타동사와 목적어보다는 약하다. 이런 관점에서 보면 타동사 He suffered death. / He suffered a heart attack. / He suffered losses. 등이 이해가 된다. 반면 He suffered from a headache. / He suffered from a cold.의 경우, 두통이나 감기가 사람에게 주는 영향은 death 또는 heart attack이 주는 정도와 비교할 수 없을 정도로 약하기 때문에 suffer from을 쓰는 것이 어느 정도 이해가 될 것이다.

12 의학적으로 보면 상처가 세균에 감염되는 것과 상처가 곪는 것(즉, 화농이 되는 것)은 별개의 문제다. 즉, 세균에 감염된 경우에도 상처를 청결하게 유지하고 적절한 소독을 하면 상처가 곪지 않고 아물 것이다. 하지만 많은 사람들이 이런 의학 상식을 가지고 있는 것은 아니다. 상처가 세균에 감염되는 것과 상처가 곪는 것을 같은 것으로 생각하는 사람들이 많다. 따라서 일반적으로 the wound will become infected처럼 말하겠으나 강조하기 위해 and form pus를 덧붙인다고 해서 틀린 것은 아니다. 이 책에서는 독자들에게 '상처가 곪는다'는 표현을 알려 주는 측면에서 이 표현을 포함해서 문장을 연구하기로 하겠다.

13 네이티브 중에는 표제문 맥락에 과거시제 I knew를 절대로 사용하지 않겠다고 하는 사람도 있다. 이들은 과거시제 I knew에 (어떤 사연이 있어 지금은) 친구가 아니라는 뜻이 너무 강력하게 들어 있기 때문에 도저히 표제문 맥락에 사용할 수 없다고 주장한다. 저자 생각에도 불필요한 오해를 줄이기 위해 가급적 현재시제 I know를 취하는 것이 좋을 것 같다.

14 '안과 의사'도 마찬가지로 ophthalmologist[àfθælmáləʤist]라는 단어가 있지만 일반적으로 쉽게 eye doctor라고 부른다. 반면, '피부과 의사'는 skin doctor라고도 하지만 dermatologist[də̀ːrmətáləʤist]가 더 일반적이다. '산부인과 의사'는 ob/gyn이라고 하는데 알파벳 읽듯이 o b g y n이라고 하나씩 또박또박 읽으면 된다. ob/gyn doctor라고 하지 않고, doctor를 빼고 ob/gyn이라고만 하니 주의하자. 예를 들어, I saw my ob/gyn.이다. ob/gyn은 obstetrician(산과 의사) + gynaecologist(부인과 의사)의 준말인데, obstetrician을 빼고 gynaecologist만으로 '산부인과 의사'를 총칭하기도 한다. 한편, '외과 의사'는 surgeon, '내과 의사'는 physician, '소아과 의사'는 pediatrician이다. 감기 같은 생활 질환 치료, 간단한 수술을 시행하는 의사는 general practitioner(일반 개업의)라고 한다.
이들이 운영하는 병원들은 대체로 동네의 작은 병원인 경우 hospital이 아니라 clinic이라고 한다. '내과'는 internal medicine clinic. '피부과'는 skin clinic 또는 dermatology clinic. '산부인과'는 ob/gyn clinic, '비뇨기과'는 urology clinic, '이비인후과'는 ENT clinic, '안과'는 eye clinic, '소아과'는 pediatrics 또는 pediatric clinic이다. '치과'는 dental clinic 또는 dentist's office다. 북미에서 '외과'는 반드시 전문 분야를 가져야 하므로 surgery clinic은 쓰지 않는다. 전문 분야에 따라 개업 및 영업을 하므로, '정형외과'는 orthopedic clinic이다. '성형외과'는 plastic surgery clinic 또는 cosmetic surgery clinic 또는 plastic surgeon's office다.

15 사실 '코'와 관련된 이비인후과의 주된 관심은 '코' 자체는 아니다. 코 밑의 안면부에 공기가 찬 공간(=공동)이 여러 개 있는데, 이것을 부비동(sinus)이라고 한다. 염증으로 비점막(鼻粘膜)이 부으면 공동의 입구가 막힌다. 각 공동의 점막 분비물이 배출되지 못해 세균에 쉽게 감염되고 분비물은 고름이 된다. 이것을 부비동염(sinusitis [sàinəsáitis])이라고 하는데 쉽게 말하면 '축농증'이다. 아무튼 이런 부비동이 이비인후과의 주된 관심이므로 nose 대신 sinus를 써서 I went to a doctor for my sinus.라고 해도 아주 훌륭한 문장이 된다.

16 그런데 이런 일반적인 설명으로 쉽게 납득되지 않는 고유의 용법도 있어 영어 학습자들을 헷갈리게 한다. 예를 들어 I speak English.는 '나는 영어를 할 줄 한다'는 뜻으로, 앞에서 설명한 용법으로 이해하려고 해 봐야 잘 이해가 안 된다.

아울러, '말하다'라고 해서 무조건 say, tell, talk, speak로 옮기는 것은 물론 아니다. 예를 들어, 상대방이 어떤 분야에 대해 아주 잘 알고 있는 경우 '마치 그 분야에서 일하시는 것처럼 말하시네요.'라고 할 때 You are talking like you have been involved in that field.는 전혀 말이 안 된다. 이렇게 말하면 '당신 뭐 좀 안다고 정말 으스대는 것 같네요.' 같은 아주 부정적인 뜻이 연상된다. '~처럼 말하시네요'는 '~처럼 느껴지네요/~처럼 들리네요/~처럼 생각되네요'라는 뜻이므로 I think you have been in that field. / Sounds like you've been in that field. / You sound like you've been in that field. / It sounds like you've been in that field.라고 해야 말이 된다. 요컨대 '말하다'를 무조건 say, tell, talk, speak로 옮겨서는 안 된다.

17 '파업하다'는 부정관사 a 없이 go on strike가 일반적이다. (부정관사 a strike는 '군사력 타격' 생각이 난다고 한다.) 물론 형용사와 함께 사용되는 경우 go on a long-term strike(장기 파업에 돌입하다)처럼 부정관사가 반드시 필요하다.

18 talks 대신 meeting이라고 해도 된다. 회의가 분명한 경우, 아예 talks / meeting을 생략하기도 한다. 예를 들어, 'G7 정상회담'의 경우, 공식 명칭은 G7 summit다. '남북정상회담' 역시 the inter-Korean summit라고만 해도 된다.

19 저자의 튜터들 중에는 personality와 character를 구분하는 사람이 반 정도, 구분하지 않은 사람이 반 정도 되었다. 이 문제를 상의한 튜터는 지금까지 6명 정도 되는데 3명이 분명히 구분을 했고 3명은 거의 구분하지 않았다. 연령대는 그다지 관련성이 없었다.

20 다만, '나 그 문제 맞았다.'라고 할 때, I got it.은 좋다. 이 점은 다소 미묘한 문제이긴 한데, 부정문 I didn't get it.은 '나 그거 이해 못 했다.'라는 뜻이 강하게 부각되기 때문에 '나 그거 틀렸다.'는 뜻으로 사용하기가 곤란하고, I got it.은 '나 그거 이해했다.'란 뜻도 가능하고 '나 그 문제 정답 맞췄다.(I got it right.)'란 뜻도 별 무리 없이 가능하다.

21 이 문장이 표제문에 맞다고 하는 네이티브도 있다. 다만, 맞다고 하는 사람도 문장이 격식적이라 실제 대화에서 이런 문장이 사용되는 경우는 많지 않다고 했다. 이래저래 일반 대화에서 사용하기 적절한 문장은 아니다.

22 chat이 영국식 영어라고 주장하는 사전도 있으나 근거 없는 주장이다. 북미에서도 chat이 자주 사용된다. 참고로, 표제문 맥락에서(즉, 내가 수지에게 전화를 건 맥락에서) 〈1〉 Are you free to chat?과 〈2〉 Are you free for a chat?은 약간의 뉘앙스 차이가 있다. 〈1〉은 '전화 통화를 하자.(Let's talk on the phone.)'라는 뜻인 데 비해, 〈2〉는 '전화 통화를 하자.'라는 뜻도 가능하지만, '커피 한잔하면서 만나서 얘기하자.'(Could you come out and talk over a coffee?)는 뜻도 약간 포함되어 있다. 물론 둘 다 표제문 맥락에 전혀 문제는 없다.

23 참고로, 광화문 광장에 있는 이순신 장군 상을 보고 '이순신 장군이 한 손은 허리에 두고, 다른 손은 칼을 잡고 당당하게 서있다'라고 하려면 Admiral Yi Sun-Shin is standing firmly with one hand on his hip, and the other holding a sword.다. on his hip 대신에 on his side 또는 on his waist도 좋다. 다만 on his side는 어디를 가리키는지 다소 불분명하고 waist는 다소 여성적(feminine)인 단어라 완벽한 대체 표현은 아니다. '골프는 허리가 유연해야 한다.'는 '등'이나 '몸통과 엉덩이 사이의 잘록한 부분'이 아니라 '골반/고관절'이 유연해야 한다는 뜻이니까 You need to have flexible hips to play golf.다. 이때는 단수형 a flexible hip이 아니라 복수형 flexible hips가 맞다.

24 한국어에서는 '~같다'를 지나치게 많이 사용하는 경향이 있다. 이런 문장을 영어로 표현할 때는 진짜로 불확실한 상황을 표현해야 하는 경우를 제외하고는, 가급적 '~같다'를 배제하고 표현하는 것이 바람직하다. 예를 들어, '나 오늘 야근할 거 같아.'에서 맥락상 야근할 것이 아직 분명하지 않은 경우에는 당연히 I might have to work late.라고 해야 하지만, 이미 야근할 것이 결정된 경우라서 그 의미가 '나 오늘 야근할 거야.', '나 오늘 야근해.'인 경우에는 '같다'를 제외하고 I'm going to be working late.라고 말하는 것이 좋다.

25 다른 형식의 문장에서는 단수형 plan 역시 사용된다. 예를 들어, '오늘밤 우리 약속 아직도 유효해?'는 단수형 Is our plan still good for tonight? 또는 복수형 Are our plans still good for tonight? 둘 다 좋다. (여전히 복수형 plans가 더 선호되기는 한다.)

26 이 문장은 마치 수동변속장치가 있는 자동차를 몰고 가는 상황에서 '1단, 2단, 3단, 4단 등 각 단 사이에 왜 이리 민첩하게 변속을 하지 못하냐?'라는 뉘앙스가 느껴지는 문장이다. quickly는 '행동을 민첩하게' 정도의 뜻이기 때문이다.

27 Part 3 동사 편에서 자세하게 살펴보겠지만 동사 come은 '온다는 사실'에 중점이 있다. 표제문 맥락의 경우 이미 수지가 여기로 오기로 한 상황이므로 '온다는 사실'을 강조할 하등의 이유가 없다. 이런 경우 '도착'에 중점이 있는 동사 get을 사용하는 것이 자연스럽다. Could you come over here, please?(여기로 좀 와 주시겠어요?), Can you come to the party tonight?(오늘 저녁 파티에 올 수 있어?)의 경우 '오느냐 오지 않느냐'에 초점이 있으므로 동사 come이 자연스럽다. 그러나 How did you come here?(교통 수단을 뭘 타고 오셨어요?)는 이미 왔으므로 오느냐 안 오느냐가 중요한 것

이 아니라 '어떻게', 즉, '무슨 교통 수단을 이용하여'가 중요한 상황이라 come이 자연스럽지 않다. 이때는 How did you get here?가 훨씬 더 자연스러운 문장이 된다.

참고로 Could you get over here, please? / Can you get to the party tonight?는 말이 안 된다. 다만 Can you get to the party tonight?는 파티에 초청하는 맥락이 아니라 이미 파티에 온다고 한 상황에서 '너 무슨 일 생겼다고 하는데 파티에 참석할 수 있겠어?', 또는 '폭우가 쏟아져 일부 도로가 막혔다고 하는데 너희 집에서 여기까지 오는 길은 문제 없는 거야?' 등 '도착 가능 여부'가 중점인 경우에는 사용할 수 있다. come과 get의 차이에서 비롯되는 의미의 차이다.

28 이런 임시조직의 구성원들은 일시적으로 자기 업무를 면제 받고 프로젝트를 수행하기 위해 별도의 task force를 구성하거나, 일정 시점에 특정 장소에 모여 프로젝트 업무를 공동으로 진행하고 나머지 시간에는 자기 부서에서 기존 업무를 처리하는 경우 등 다양한 형태를 가질 것이다.

29 MT는 membership training의 약자라고들 하는데 정체 불명의 콩글리시다. 네이티브가 전혀 알지도 못 하고 들어 본 적도 없고 사용하지도 않는 어구다.

30 영어에서 workshop은 아이디어를 교환하고(share ideas) 계획을 수립하는(do some planning) 회의 또는 새로운 제품이나 기술이 나왔을 때 사용법이나 원리를 학습하기 위해 개최되는 교육을 말한다. workshop은 대체로 오락이 배제된 상당히 진지한 회합을 지칭한다. 우리나라에서 '워크숍'은 이와 같은 진정한 의미의 workshop을 뜻하는 경우도 있지만 그밖에 여러 다양한 맥락에서 사용된다. 예를 들어, 리조트 등에 가서 직원들 사이의 단합을 도모하는 일련의 행사들(team building activities)을 '워크숍'이라고 하는 경우도 있다. 이것을 영어로 workshop이라고 하면 교육이나 수업이 생각이 나기 때문에 맞지가 않다. 대신 company retreat(회사 단합대회)라고 하는 것이 맞다.

31 I had dinner.처럼 다른 어구의 수식을 받는 경우가 아니면 무관사 dinner로 사용하는 것이 일반적이다. I had a dinner.라고 할 수도 있지만, 이때는 '만찬 행사'라는 개념이 강하다. 즉, 저녁 음식 섭취에 중점이 있는 경우 무관사 dinner, 행사에 중점이 있는 경우 부정관사 a dinner로 사용되나, welcome dinner처럼 수식을 받는 경우 네이티브는 한 개, 두 개로 셀 수 있다고 생각한다. 따라서 반드시 부정관사 a welcome dinner라고 해야 말이 된다.

32 북미의 중고등학교는 수학, 과학 등의 경우 보통반, 심화반 등 여러 과정을 개설하고 학생은 자기 수준에 맞는 과정을 이수하는 것이 일반적이다. 특히 고등학교에는 보통반(regular class), 심화반(honor class), 선 이수반(advanced placement class), IB(International Baccalaureate, 국제 인증 학점 프로그램) 등 아주 다양한 과정을 운영하고 있으므로 전교 석차를 산정하기가 쉽지 않으며, 산정하는 경우에도 한국과는 산정 방식 자체가 상당히 다르다.

33 다만, 이 경우에도 표제문이 전달하는 실망감을 100% 전달하지 않을 수도 있으니 주의하기 바란다. 북미, 유럽의 중고등학교들은 대체로 수학, 과학에 대해 고급과정을 운영하고 있다. 따라서 이 math class가 어떤 과정이냐에 따라 he is 24th out of 30 students in math class의 의미가 상당히 달라진다. 즉, 이 학생이 고급과정을 수강하는 경우 이 학생의 수학 실력이 절대적으로 모자라서가 아니라 자기 수준에 비해 지나치게 어려운 과정을 수강하고 있다는 의미가 되고 이런 경우 표제문은 지금 수강하고 있는 과정이 너무 어려우니 조만간 일반과정으로 반을 옮겨야 하겠다는 메시지를 전달하게 된다.

34 lease는 자동차 리스에 사용할 뿐 주택 임대차에는 사용하지 않는다는 의견도 있으니 참고하기 바란다.

35 I gave him a lease. 역시 전혀 말이 안 된다는 말이다. I gave him a lease.는 '그 사람에게 전세를 주었다.', '그 사람에게 전세 계약서 양식을 주었다.' 등 그 의미가 불분명하다. '그 사람에게 전세를 주었다.'는 I leased it to him. / I rented it to him.이라고 한다.

36 좌석이 좋거나 3D 등 부가적인 서비스가 있는 경우에는 첫 번째 상영 영화라 하더라도 할인을 해 주지 않는 경우가 많다. 시간대에 따라 일률적으로 할인을 해 주는 것이 아주 일반적이지는 않다는 말이다.

37 북미에서 guidance counselor는 '교사'가 아니라 상담을 전문으로 하는 직원을 말한다. 이들의 업무는 상급학교 진학 상담뿐만 아니라 학교에 개설된 교과과정 중에서 학생의 수준에 맞게 어느 것을 수강해야 할지 조언하는 역할도 포함한다. 북미의 중고등학교는 대학처럼 각 과목별, 수준별로 다양한 과정이 개설되기 때문에 학생이 자기 판단 하에 일일이 수강신청을 해야 하는데, 이런 과정에서 어려움을 겪거나 도움이 필요한 경우 guidance counselor가 지원을 한다.

38 하지만 이는 의사 등 의료전문가가 쓰는 전문적인 단어이므로, wound, incision이라고 하거나 풀어서 where you had surgery를 쓰는 것이 좋다.

39 전치사 at 대신 for, in을 써서 an employee for a department store / an employee in a department store 역시 좋다. 그러나 an employee of a department store는 틀렸다.

40 섭씨는 얼음이 녹는점을 0℃, 물이 끓는점을 100℃로 하여 그 사이를 100등분한 것이다. 반면에 화씨는 물이 어는 온도는 32도(섭씨 0도), 물이 끓는 온도는 212도(섭씨 100도)로 하여 이 사이의 온도를 180등분한 단위다. 체온은 섭씨온도에서 36.5℃고, 화씨온도에서는 98°F다.

41 '쪼리'를 원래 thongs라고 했는데, 최근에는 뜻이 바뀌어 '티팬티'라는 뜻으로 자주 쓰이게 되었다. 대신 '쪼리'는 flip-flops로 부르게 되었다. 이와 관련해서 튜터 April이 재밌는 경험담을 얘기해 줬다. 자신이 대학교 신입생 오리엔테이션에 참석했을 때, 어느 노 교수님이 학교에 '쪼리'를 신고 다녀서는 안 된다고 할 때 thongs라고 했다고 한다. 이걸 듣고 학생들이 웃고 난리가 났는데 교수님은 학생들이 왜 웃는 줄 몰라 당황했었다고 한다. 다음 날 교수님이 다시 나와 내가 어제 말하고자 한 것은 thongs가 아니라 flip-flops이었다고 하면서 정정했던 적이 있었다고 한다. 이 일화에서 보듯 아마 지금도 나이든 세대는 '쪼리'를 thongs라고 알고 있어서 계속 사용하고 있을 것이라고 했다.

1

명사 없이
영어 없다

인간의 언어는 명사부터 발전했다고 합니다. 구체적인 사물을 나타내는 말은 인류 초기 의사소통의 기본이자 핵심이었을 겁니다. 지금도 여전히 사물이나 사상, 개념을 규정 짓는 명사는 의사 소통에서 매우 중요합니다. 따라서 아주 빈번하게 쓰는 명사 단어들을 영어로 어떻게 전환하는 것이 좋은지 평소에 생각해 두면 실제 말하기가 훨씬 수월해집니다. '생각', '일', '사람', '기분', '느낌', '문제' 같이 자주 쓰는 명사부터 정리해 두면 좋습니다.

영어는 한국어와는 달리 단수냐 복수냐, 즉 수에 민감한 언어입니다. 그러다 보니 한국어를 쓸 때에는 고민하지 않아도 될 문제가 자주 나타나지요. 예를 들어, '난 요리 잘 하는 남자가 좋다.'는 I like a man who can cook.이라고 해야 할까요, 아니면 I like men who can cook.이라고 해야 할까요, 아니면 두 가지 다 좋을까요?

이번 파트에서는 이렇게 자주 쓰는 명사를 중심으로 한국어를 영어로 바꾸는 법을 꼼꼼하게 알아봅니다.

법 칙
06
—
법 칙
08

일상적으로
자주 쓰는 명사를
마스터하라

026 술이 약한 사람도 자꾸 마시면 는다고들 하더라.

027 그 사람 일 아주 잘해.

028 갑자기 가스레인지를 안 끄고 나온 것 같은 생각이 들었어.

029 기분이 언짢아.

일상적으로 자주 쓰는 명사를 마스터하라

일상에서 많이 쓰는 명사 영어로 옮기기

일상 생활에서 자주 쓰지만 영어로 옮기기가 만만치 않은 명사들이 있다. 먼저, 평소에 많이 쓰는데 의외로 영어로 옮기기 어려운 명사가 바로 '사람'이다. '사람'은 일반적으로 a person(한 명인 경우)이나 people(두 명 이상인 경우)로 옮길 수 있지만, 상황에 따라 somebody else / others 또는 대명사 he / she / they를 쓰는 것이 바람직한 경우가 많다. 예를 들어, '걔는 똑똑하기는 한데 태도 때문에 사람들이 싫어한다.'는 She is smart, but her manner tends to put people off.[1]다. 그렇다면 '술이 약한 사람도 자주 마시면 술이 는다.'는 어떻게 표현할까? '술이 약한 사람'은 a person with a low tolerance for alcohol이라고 해도 좋지만 대명사 I 또는 you를 써도 충분히 의사 표현이 가능하다.

'일' 역시 자주 쓰지만 상황에 따라 적절하게 바꿔 써야 한다. '일이 잘못되었다.', '일이 생겼다.', '일 났다.'는 Things went wrong. / Something came up. / I have trouble.이다. '안타까운 일이다.'는 What a pity it is! / That's too bad.라 하듯, '일'이 '어떤 상황이나 사실'을 가리킬 때도 많다. 이런 때는 대명사(it / they / that / those 등)로 받거나 아예 굳이 옮길 필요가 없는 경우도 많다. '(업무로서의) 일'은 work / job / task 등으로 옮길 수 있다. '요즘 일이 너무 많다.'는 I'm overloaded with work these days.라고 한다. work와 job은 보통 서로 대체 사용이 가능하나 뉘앙스에는 차이가 있다. work는 자기가 맡고 있는 '업무'에 중점을 두는 데 비해 job은 '직장에서 직위를 점유하고 있는 측면의 일'을 뜻한다. '취업 면접'을 job interview라고 하지, work interview라고 하지는 않는 것을 보면 알 수 있다. task는 work와 job의 일부분으로서 개별적으로 수행하는 단위 업무를 말한다. '일을 잘한다, 일을 못한다'는 형용사 capable / skilled / competent를 써서 표현하는 것이 좋다. '그 사람 일 잘한다.'는 He's highly capable. / He's excellent at his job. / He's fantastic at his work. 등으로 표현하며, '그 사람은 일을 잘 못한다.'는 He's not great at his job. / He's not very competent at his job. / He's doing poorly at his job.이다.

'생각' 역시 다양한 의미로 쓰이기 때문에 영어로 옮기기가 쉽지 않은 단어이다. '생각'은 thought / idea다. 가령, '좋은 생각이 났어.'는 I got an idea.인데, '생각나다'는 think of / come to mind / strike (me) / occur to (me) 등으로 옮겨야 할 때가 많다. 예를 들어 '(갑자기) 그 사람이 생각났다.'는 I thought of him.이다.

'느낌'은 '감촉', '기분', '예감' 정도의 뜻이며 대체로 feeling으로 표현할 수 있다.[2] '느낌이 안 좋다.(즉, 뭔가 안 좋은 일이 생길 것 같은 예감이 든다.)'는 I have a bad feeling.이다. '그 여자가 거짓말을 하고 있다는 느낌이 들었다.'는 I had a feeling that she was lying.이다. 한편 '기분'은 mood다.

'(특별한 이유가 없이) 기분이 언짢다.'는 I'm in a bad mood.다. 그러나 어떤 외부적인 요인으로 '기분이 좋다', '기분이 안 좋다', '기분이 상하다' 등에는 mood를 사용하지 않고 feeling 또는 동사 feel을 쓴다.[3] '사람들이 내가 쓴 글에 (인신공격성) 악플을 달면 기분이 나쁘다.'는 It's not a good feeling to be rudely criticized for my posts.다. 또는 feel bad / upset / offended / pissed off 등도 좋다. 수지한테 영화 보자고 했더니 피곤하다고 안 간다고 해서 '기분이 나빴다.'라고 할 때는 I felt bad because she didn't want to go to the movies.라고 한다. '나는 작은 일에도 기분이 팍 상한다.'는 Little things can piss me off.다. 한편 '감정'은 emotion 또는 feeling 이다. '그 사람은 감정을 억눌렀다.'는 He suppressed his emotions[feelings]. 또는 He didn't show his emotions[feelings].[4]다. '그들 사이에는 악감정이 많았다.'는 There have been a lot of bad feelings between them. 또는 Bad emotions have built up between them.이라고 한다. '대일 감정이 악화되었다.'는 The feelings[emotions] toward Japan have worsened in Korea.다.

'신경' 역시 영어로 옮길 때 많이 신경 써야 할 단어다. '신경'은 nerve인데, '감각신경'은 sensory nerves, '운동신경'은 motor nerves다. 하지만 일상 생활에서 nerve를 쓰는 일은 많지 않다. '운동신경이 좋다'는 He is athletic. '신경이 날카롭다'는 She is oversensitive. '그것에 신경 좀 써주라.'는 Please pay attention to that. '그 사람은 자기 일만 신경 쓴다.'는 He doesn't care about anybody but himself. 상대방의 고맙다는 말에 '별거 아닙니다. 신경 쓰지 마세요.'는 It's nothing. Never mind. '(옆 사람이 자꾸 부스럭거려서) 그거 신경 쓰이네.'는 It's annoying. / It's bothering. / It's getting on my nerves.라고 한다.

'부담' 역시 burden / burdened / burdensome / uncomfortable 등으로 표현할 수 있다. 상대방이 과잉 친절을 베풀 때 '(자꾸 이러시면) 저 부담돼요.'는 It's a burden on me. 또는 I feel uncomfortable with it.이다. '부담 갖지 마세요.'는 Don't feel burdened. It's nothing. '내 행동이 너에게 부담이 되니?'는 Is my action burdensome? '학비를 일시불로 내는 것은 우리 가족에게 부담스러웠다.'는 Paying the tuition in a lump sum was burdensome on my family.다.

이상에서 살펴본 것처럼 일상적으로 사용되는 많은 명사가 곧이곧대로 옮겨지지 않는다는 점에 유의하자. 일상 생활에서 많이 사용된다는 것은 그만큼 다양한 뜻이 있다는 것이고, 따라서 대부분 영어로 전혀 다른 단어, 문형으로 나타난다. 이런 일상적인 단어가 포함된 문장을 영어로 옮길 때에는 단어보다는 그 문장이 의도하는 바가 무엇인지, 전달하는 바가 무엇인지 생각해 보고 그런 뜻을 전달하는 문장을 만들어 보기 바란다.

술이 약한 사람도 자꾸 마시면 는다고들 하더라.

situation:
술을 잘 못 마시기는 하지만 조금씩
마시려고 노력 중이다.

STEP 1 표제문을 영어 문장으로 만들어 보세요.

술이 약한 사람도 자꾸 마시면 는다고들 하더라.

STEP 2 표제문을 영어로 잘 옮긴 것에 모두 체크하세요.

(1) **People say a person increases alcohol if he drinks more often even though he is weak for alcohol.**

(2) **People say a person weak for alcohol becomes stronger when he drinks more often.**

(3) **People say a person with a low tolerance for alcohol can increase his tolerance when he drinks more often.**

(4) **People say even poor drinkers could increase their tolerance for alcohol if they drink more often.**

(5) **People say I may drink more and feel less drunk as I drink more often.**

(6) **People say you could increase your tolerance when you drink more often.**

(7) **People say if I drink more often I'll be better at drinking.**

(8) **People say the more you drink the stronger you become.**

(9) **People say the more you drink the better drinker you become.**

(10) **People say the more you drink the better you can hold your alcohol.**

가능한 문장 **(3) (4) (5) (6) (7) (9) (10)**

STEP 3 문장을 확인하세요.

어휘
들여다
보기 **술** '술'을 나타내는 영어 단어에는 drink / liquor / alcohol 등이 있다. 명사 drink는 알코올 음료, 비알코올 음료를 모두 포괄하지만 통상 알코올 음료, 즉 '술'을 뜻한다. drink는 일반적으로 불가산명사로 생각하기 쉽지만 가산명사이므로 주의하자. 한편 liquor는 위스키 같은 '독주'를 뜻한다. 다만 숙어에서는 일반적인 의미의 '술'을 뜻하기도 한다. 예를 들어 hold one's liquor는 '술을 잘하다'란 뜻이지 '독주를 잘 마신다'는 뜻은 아니다. She didn't hold her liquor very well; she could get tipsy on two glasses of red wine.(그 여자는 술을 잘 마시지는 못 했다. 레드 와인 두 잔만 마셔도 알딸딸한 상태가 되었다.)[5]처럼 쓸 수 있다.

술이 약한 사람 '술이 약한 사람'은 a person with a low tolerance for alcohol이라고 해도 좋지만 너무 장황하다. 영어는 〈형용사 + 명사〉 구성을 선호하므로 간단히 poor drinker라고 해도 된다. drinker는 어려운 명사는 아니지만 한국적 관념에서는 생각해내기가 쉽지 않은 표현이다. 한편, '술이 약한 사람'을 곧이곧대로 번역하지 말고 대명사 you 또는 I를 주어로 삼아 말해도 된다.

(1) People say a person increases alcohol if he drinks more often even though he is <u>weak</u> for alcohol. ✕

(2) People say a person <u>weak</u> for alcohol becomes <u>stronger</u> when he drinks more often. ✕

틀렸다. '술이 약하다'를 나타낼 때는 형용사 weak를 사용하지 않는다. 마찬가지로 '술이 세다' 역시 strong을 써서 표현하지 않으니 주의하자.

(3) People say a person with a low <u>tolerance</u> for alcohol can increase his tolerance when he drinks more often. ○

좋다. '술이 약한 사람'은 a person with a low tolerance for alcohol이다. tolerance는 일반적으로 '용인, 관용, 아량'이란 뜻이다. 가령, zero tolerance는 성범죄 등 중요 범죄에 대해 처벌을 대단히 엄격하게 가하는 '무관용 정책'을 뜻한다. 다만 (3)에서 tolerance는 '주량'을 뜻한다. 사전에서 tolerance를 찾아봐도 '주량'이라는 뜻은 안 나오지만 실제로는 이런 의미로 빈번하게 사용된다.

(4) People say even <u>poor drinkers</u> could increase their tolerance for alcohol if they drink more often. ○

좋다. '술이 약한 사람'을 poor drinker라고 한다. 예를 들어 I'm a poor drinker.는 '난 술이 약하다. / 난 술 잘 못 마신다.(I have a low tolerance for alcohol.)'란 뜻이다. could increase their tolerance for alcohol 대신 could hold their alcohol[liquor] better 또는 could become better drinkers라고 해도 좋다.

(5) People say <u>I</u> may drink more and feel less drunk as <u>I</u> drink more often. ○

좋다. '술이 약한 사람'을 군이 영어로 옮길 이유가 없다. 표제문이 전달하고자 하는 요지는 '술을 자주 마시면 술이 는다'는 것이다. 그래서 '술이 약한 사람'을 I 또는 you로 써도 아무런 문제가 없다. (5)도 좋고, People say you can drink a lot and still feel sober the more often you drink.도 좋다. 여기서 sober는 '술에 취하지 않은', '말짱한'이란 뜻이다.

(6) People say you could increase <u>your tolerance</u> when you drink more often. ○

좋다. '주량'은 your tolerance for alcohol인데 맥락상 '술'은 분명하므로 for alcohol은 생략해도 된다.

(7) People say if I drink more often I'll <u>be better at drinking</u>. ○

좋다. '술을 잘 마신다'는 뜻으로 be good at drinking이라고 할 수 있다. 따라서 '술이 늘다'는 be better at drinking이다.

(8) People say the more you drink the <u>stronger</u> you become. ×

틀렸다. '술이 세다'를 나타낼 때 형용사 strong을 사용하지 않는다.

(9) People say <u>the more you drink the better</u> drinker you become. ○

좋다. 〈the 비교급, the 비교급〉은 '~할수록, …하다'라는 뜻을 갖는다. '술 잘 마시는 사람'이 good drinker므로 '술을 더 잘 마시는 사람'은 better drinker라고 하면 된다. 따라서 '술이 늘다'는 the better drinker you become이라고 하면 좋다.

(10) People say the more you drink <u>the better</u> you can <u>hold your alcohol</u>. ○

좋다. hold one's alcohol well은 '술을 잘 마시다'란 뜻이므로 hold one's alcohol better는 '술을 더 잘 마시다', 즉 '술이 늘다'란 뜻이 된다.

그 사람 일 아주 잘해.

situation:
그 사람은 기업의 부장급이다. 추진력도 좋고 업무를 아주 빈틈없이 처리하며 업무 성과 역시 탁월하다. 사람 자체는 나쁘지 않은데 직원들한테 너무 심하게 일을 시켜서 직원들이 썩 좋아하지는 않는다.

STEP 1 표제문을 영어 문장으로 만들어 보세요.

| | However, he doesn't get along with his staff. |

그 사람 일 아주 잘해.　　　　　　　하지만 밑에 있는 직원들하고는 원만하지가 않아.

STEP 2 표제문을 영어로 잘 옮긴 것에 모두 체크하세요.

(1) **He works very well.**

(2) **He does his job very well.**

(3) **He always gets things done.**

(4) **He has the ability to get things done.**

(5) **He's capable.**

(6) **He is a very capable manager.**

(7) **He's cut out for the job.**

(8) **His performance has been outstanding.**

(9) **He's always on the ball.**

가능한 문장 **(2) (3) (4) (6) (7) (8) (9)**

어휘 들여다 보기

일 '일을 잘한다'에서 '일'은 work 또는 job이다. 유사한 말로 task도 있으나 이는 직업(job)을 구성하는 단위 업무를 가리키는 것이 보통이고, 특히 '일상적으로 처리되는 사무'를 뜻하는 것이 일반적이다. 단기간에 처리하는 임무는 assignment, 군인이나 경찰의 직무, 업무는 duty다. 한편 responsibility는 회사 업무뿐만 아니라 가정, 집안일 등 '책임을 맡고 처리하는 모든 일'을 뜻한다. 표제문 맥락에서는 work와 job을 쓰는 것이 적절하다. 다만 work와 job은 뉘앙스의 차이가 있다. work가 내가 맡고 있는 총체적인 업무를 뜻하는 데 비해, job은 나를 고용하고 있는 회사와 거기에서 내게 부여하고 있는 직책을 의식하는 개념이다. 따라서 '취업 면접'을 work interview라고 하지 않고 job interview라고 한다.

일을 잘한다 '일을 잘한다'는 '능력 있다', '역량이 있다', '실력이 출중하다', '매우 유능하다', '탁월한 성과를 낸다', '실적이 탁월하다'라는 뜻이다. '능력'은 상황에 따라 아주 다양한 단어로 표현할 수 있다. '능력/실력'이란 뜻을 나타내는 단어는 ability / skill / capacity / competence / competency / capability / qualifications 등이 있다. '일 잘한다'는 형용사 competent / capable / skilled 등을 활용하여 표현하는 것이 일반적이다. '그 사람 아주 일 잘한다.', '그 사람 아주 능력 있다.'는 He's incredibly competent. 또는 He's incredibly capable.이라고 하면 좋다.

(1) He works very well. ✕

틀렸다. 이 문장에는 '업무능력이 좋다'는 뜻도 있지만 '조직의 일원으로서 동료들과 원만하게 잘 지낸다.(He works very well with others.)'는 뜻이 강하다. 그 사람의 대인관계능력(people skills), 조율능력(coordination skills)이 좋다는 뜻이 강하게 포함되어 있으므로 표제문 맥락에 어긋난다. 참고로, 동사 work는 '취업 상태다'의 뜻도 있으므로 He's not working now.는 '그 사람은 지금 실직 상태다.(He's out of work. / He's out of a job. / He's unemployed. / He's jobless.)'라는 뜻이다.

(2) He does his job <u>very well</u>. ○

좋다. very well 대신에 perfectly라고 해도 좋다.

(3) He always gets <u>things</u> done. ○

좋다. things 대신 the job을 써도 좋다. 또는 He always gets results. / He always produces results.라고 해도 좋다.

(4) He has <u>the ability to</u> get things done. ○

좋다. '~하는 능력'은 〈the ability + to부정사〉 형식으로 자주 사용된다. the ability 뒤에 업무를 잘한다는 어구가 오면 표제문 뜻을 나타내는 좋은 문장이 된다. 또는 복수형을 써서 He has exceptional abilities.[8]라고 하거나, '직무능력'이란 뜻의 job skills를 활용하여 He has great job skills.라고 해도 좋다.

(5)　**He's <u>capable</u>.** ×

틀렸다. capable은 '아주 잘 하지 못하고 겨우 할 수 있다' 정도의 뜻밖에 되지 않는다.[9] 탁월하다는 뜻과는 전혀 거리가 멀다. 그러므로 앞에 highly / very / really 같이 칭송하는 말이 들어가야 비로소 표제문의 '능력 있다'라는 뜻에 근접하게 된다. 따라서 (5) He's capable.은 '그 사람 (능력)은 보통이다.'란 뜻이며, He's highly capable.이라고 해야 표제문 맥락에 맞는 문장이 된다. 한편, capable은 '직무능력(job skills)'과 '대인관계능력(people skills)'을 포괄하여 '능력 있는'을 뜻하므로 표제문 맥락에 100% 잘 들어맞는 단어는 아니다. 반면, competent / skilled는 오로지 '직무능력(job skills)이 뛰어난'을 뜻하므로 capable보다 표제문 맥락에 더 적합하다. 즉 He's highly competent. 또는 He's highly skilled.가 더 표제문 맥락에 맞다.

(6)　**He is a very <u>capable manager</u>.** ○

좋다. capable에도 '대인관계능력'이 포함되어 있고, manager도 역시 정의상(조직 구성원 간 원만한 관계를 만들어 내는 것은 관리자의 임무) '대인관계능력'을 포함하고 있으므로 (6) 자체만으로는 '그 사람은 업무능력과 대인관계능력이 뛰어난 훌륭한 관리자이다'를 뜻한다. 그런데, 뒤따라 나오는 문장 However, he doesn't get along with his staff.로 인해 청자(聽者)는 '아, 이 사람은 오로지 업무능력만 뛰어난 사람이구나.'라고 이해를 하게 된다. (6)의 capable 대신 competent 또는 skilled로 고치면 업무능력에 보다 중점이 가기 때문에 표제문 맥락에 더 잘 맞는다.

(7)　**He's <u>cut out</u> for the job.** ○

좋다. 〈be cut out for + A(일, 직위)〉는 'A(일, 직위)에 적임이다, 적합하다, 맞다'라는 뜻이다. 다른 말로 하면 '체질이다'라는 뜻이다. 구체적이고 특정한 직무(specific job)에 가장 적합한 직원이라는 말이다. 또는 He's the best choice for the job. / He's the best fit for the job. 역시 좋다.

(8)　**His <u>performance</u> has been <u>outstanding</u>.** ○

좋다. performance는 '실적', '성과'란 뜻이다. '탁월한'을 나타낼 때는 outstanding 대신 fantastic / impressive / excellent / exceptional / incredible / awesome / terrific / unbelievable을 써도 좋다.

(9)　**He's always <u>on the ball</u>.** ○

좋다. 다만 구어체 문장이다. on the ball은 '(업무 처리가) 철저한 / 철두철미한 / 빈틈이 없는'이란 뜻이다. (9)는 He does his job perfectly.(그 사람은 일을 완벽하게 해낸다.)와 같은 뜻이다.

갑자기 가스레인지를 안 끄고 나온 것 같은 생각이 들었어.

situation:
집을 나와 주차장에 와서 차를 타려고 하는데, 가스레인지를 제대로 끄지 않고 나왔을지도 모른다는 불안한 마음이 들었다.

STEP 1 표제문을 영어 문장으로 만들어 보세요.

When I reached my car,

차에 타려고 하는데   갑자기 가스레인지를 안 끄고 나온 것 같은 생각이 들었어.

STEP 2 표제문을 영어로 잘 옮긴 것에 모두 체크하세요.

(1) **all of a sudden I thought that I might forget turning off the gas range.**

(2) **all of a sudden I thought that I might have forgotten to turn off the stove.**

(3) **all of a sudden I thought that I didn't turn off the gas range.**

(4) **I realized that I hadn't turned off the stove.**

(5) **it crossed my mind that I might have forgotten to turn off the stovetop.**

(6) **it occurred to me that I had forgotten to turn off the stovetop.**

(7) **I had an impression that I hadn't turned the stove off.**

(8) **it came to me that I might not have turned off the stove.**

(9) **I had a feeling that I didn't turn off the gas range.**

(10) I wasn't sure if I turned the stove off or not.

가능한 문장 (2) (3) (4) (5) (6) (7) (8) (9) (10)

STEP 3 문장을 확인하세요.

어휘 들여다 보기 **가스레인지** gas range(가스레인지)는 많은 사람들이 콩글리시로 알고 있지만 의외로 정상적인 영어 단어다. 다만, 북미에서는 취사나 난방에 전기를 사용하는 것이 일반적이므로 gas range라는 단어를 사용할 일은 많지 않다. '가스레인지'는 영어로 gas range라고 해도 좋고 gas stove라고 해도 좋다. 거의 모든 집에서 취사할 때 가스를 사용하는 한국 상황을 감안하면, 굳이 gas를 언급하지 않고 그냥 range / stove 라고 해도 괜찮겠다. 참고로 range / stove는 고기나 빵을 굽는 오븐(oven)과 가스 불이 올라오는 화구 (burner)[6]로 구성되어 있다. 한국에서는 이것을 '오븐레인지'라고 하는데 이것은 콩글리시다. 한국에서 '가스레인지'라고 부르는 것은 range / stove의 화구(burner) 부분을 가리키는데, stove 위쪽에 붙어 있으므로 이것을 stovetop이라고 부른다.[7] 따라서 '아내가 가스레인지에 김치찌개를 끓이고 있었다.'는 She was cooking Kimchi stew on the stovetop[stove / range]. 모두 좋다.

생각이 들었다 '문득 생각이 들었다'는 '기억이 났다', '느낌이 들었다'라는 뜻이다. 이를 나타낼 때는 〈I thought / I remembered / I realized / it crossed my mind / it occurred to me / it came to me + that절〉 형식을 사용하면 된다. '~한 느낌이 들었다'이므로 〈I had a feeling + that절〉로 표현해도 좋다. 이 중에서 〈I thought + that절〉은 내가 주도적이고 적극적으로 뭔가를 생각한 경우에도 사용할 수 있고 의도하지 않게 머리 속에서 어떤 생각이 떠오른 경우에도 사용할 수 있다.

(1) all of a sudden I thought that I <u>might forget</u> turning off the gas range. ×

틀렸다. 〈might + 동사원형〉은 '미래에 ~할 지 모른다'란 뜻이므로 표제문 맥락에 부합하지 않는다. (2)처럼 〈might have + 과거분사〉 형식으로 써야 '과거에 ~했을 수 있다'는 뜻이 된다.

(2) all of a sudden I thought that I <u>might have forgotten to turn off</u> the stove. ○

좋다. 〈forget + to부정사〉는 '(앞으로) ~할 것을 잊다', 〈forget + 동명사〉는 '(이전에) ~한 것을 잊다'란 뜻이다. 따라서 표제문 맥락에는 to부정사 forgotten to turn off를 써야 맞다.

(3) all of a sudden I thought that I <u>didn't turn off</u> the gas range. ○

(4) I realized that I <u>hadn't turned off</u> the stove. ○

좋다. 이론적으로는 가스레인지를 끄지 않은 것이 내가 그것을 기억했던 시점보다 앞서기 때문에 과거완료시제가 맞지만, 대화에서는 과거시제를 사용해도 문제가 없다. 과거완료시제 (4) hadn't turned off와 단순과거시제 (3) didn't turn off 모두 좋다. 한편 (4) I realized에는 '갑자기' 생각났음이 어느 정도 내재되어 있기 때문에 all of a sudden을 생략해도 표제문 뜻을 표현하는 데 문제가 없다.

(5) it crossed my mind <u>that</u> I <u>might have forgotten</u> to turn off the stovetop. ○

(6) it occurred to me <u>that</u> I <u>had forgotten</u> to turn off the stovetop. ○

좋다. 〈it ~ that절〉은 가주어-진주어 구문이다. 조동사 might가 없는 (6)의 had forgotten 은 가스레인지를 끄지 않은 것이 100% 명확한 경우에 쓸 수 있는 문장이다. 따라서 표제문 과 뜻이 100% 일치하는 것은 아니지만, 일상적인 상황에서 이렇게 심하게 따지는 일은 없 으므로 두 문장 모두 큰 문제 없이 사용 가능하다.

(7) I had an <u>impression</u> that I hadn't turned the stove off. ○

좋다. impression은 '인상'이란 뜻도 있고 '막연한 관념/느낌/기분'이란 뜻도 있다.

(8) it came to me that I <u>might not have turned off</u> the stove. ○

(9) I had a feeling that I <u>didn't turn off</u> the gas range. ○

좋다. 다만 화자의 확신 정도에 다소 차이가 있다. (8) I might not have turned off는 가스 레인지를 안 껐음을 60-70% 확신하는 데 비해, (9) I didn't turn off는 가스레인지를 안 껐 다고 90-100% 확신하는 상황이다.

(10) I <u>wasn't sure if</u> I turned the stove off or not. ○

좋다. '~했을지도 모른다는 생각이 들었다'는 '~이 확실하지 않았다'는 뜻이므로 〈I wasn't sure + if절〉을 쓰면 간단하면서도 명쾌한 문장이 된다. 이때 or not은 생략 가능하다. 참 고로 〈I wasn't sure + that절〉도 가능한데, 이때는 or not을 반드시 제거해야 한다. 즉 I wasn't sure that I turned the stove off.라고 해도 좋다.

기분이 언짢아.

법칙 06 147

situation:
아침에 일어났더니 바깥에 비도 추적추적
오고, 아무 이유도 없이 만사가 귀찮고
신경질이 난다. 출근하기 싫다.

STEP 1 표제문을 영어 문장으로 만들어 보세요.

I don't really want to go to work today.

기분이 언짢아.   진짜 출근하기 싫어.

STEP 2 표제문을 영어로 잘 옮긴 것에 모두 체크하세요.

(1) **My mood is not good.**

(2) **I have a bad feeling.**

(3) **I'm in a low mood.**

(4) **I'm in a bad mood.**

(5) **I'm pissed off for no reason.**

(6) **I'm feeling bad.**

(7) **I'm not feeling very well.**

(8) **I'm feeling low.**

(9) **I feel depressed.**

(10) **I woke up on the wrong side of the bed.**

가능한 문장 **(4) (5) (6) (7) (8) (9) (10)**

기분 '기분'은 mood다. 사람의 '기분'과 '신체적 컨디션'[10]은 직결까지는 아니더라도 서로 긴밀하게 연결되어 있다. 아침에 일어나 '오늘 별로인데.'라고 하면 기분이 별로라는 것인지 몸 상태가 별로라고 하는 것인지 명확하지 않다. 후속적인 대화를 통해 '오늘 별로인데.'의 의미가 분명해질 것이다. 영어도 마찬가지다. 아래에 나오는 많은 영어 문장들은 감정적으로(emotionally) 기분이 언짢다는 뜻으로 쓰기도 하고 신체적으로(physically) 몸 상태가 안 좋다는 뜻으로 쓰기도 한다. 한편, 어떤 외부적인 요인으로 '기분이 좋다', '기분이 안 좋다', '기분이 상하다' 등에서는 mood를 사용하지 않는다. '수지가 영화 보러 안 간다고 해서 기분이 나빴다.'라고 할 때는 I felt bad because she didn't want to go to the movies.라고 한다. 또는 felt bad 대신 was upset / was offended를 쓸 수도 있다.

(1)　My mood is not good. ×

틀렸다. 전혀 이런 식으로 사용하지 않는다. 마찬가지로 My feeling's not good. / My emotion's not good. 역시 전혀 사용되지 않는 문장이다.

(2)　I have a bad feeling. ×

틀렸다. 〈I have + 단수형 a bad feeling〉은 '(일이 잘 안될 것 같은 느낌이나 어떤 사람이 수상쩍다는 뜻으로) 감이 안 좋다', '(뭔가 안 좋은 일이 발생할 것 같다는 뜻으로) 예감(premonition)이 안 좋다'라는 뜻이다. 따라서 (2) I have a bad feeling.은 '뭔가 안 좋은 일이 생길 것 같다.(I guess something bad will happen.)'는 뜻이다. 한편, 〈I have + 복수형 bad feelings〉는 '(사람 사이의) 악감정이 있다', '적의가 있다'는 뜻이다. 예를 들어, '두 사람은 감정이 안 좋다.'는 They have bad feelings for each other.다.

(3)　I'm in a low mood. ×

(4)　I'm in a bad mood. ○

(3)은 틀리고 (4)가 맞다. in a low mood는 쓰지 않는 표현이다. '기분이 언짢은'은 in a bad mood라고 해야 한다. 이때 mood는 가산명사이므로 부정관사 a가 앞에 붙었다.

(5)　I'm pissed off for no reason. ○

좋다. be pissed off는 '짜증나다', '화가 나다', '기분이 상하다'라는 뜻이며, 표제문 맥락에 사용하는 데 큰 무리가 없다.

(6)　I'm feeling bad. ○

좋다. feel bad는 '~에 대해 낙담하다', '실망하여 맥이 빠지다', '후회하다', '죄스런 마음이 들다' 등 다양한 뜻으로 쓰인다. 표제문처럼 감정적으로 기분이 언짢다는 뜻도 되고, 신체적으로 몸 상태가 안 좋다는 뜻도 된다.

(7)　I'm not feeling very well. ○

좋다. 다만, 우리말로 '(신체적 측면의) 컨디션이 별로 안 좋다'는 뜻도 가능하고, 표제문처럼 '기분이 언짢다', '기분이 안 좋다'는 뜻도 가능하다.

(8) I'm <u>feeling low</u>. ○

표제문에 정확히 부합하는 문장이다. I'm feeling low.라고는 하지만 (3)처럼 I'm in a low mood.라고는 하지 않으니 주의하자.

(9) I feel depressed. ○

좋다. depressed는 '(기분이) 우울한', '우울증을 앓는'이란 뜻으로만 사용되지는 않는다. 표제문 맥락처럼 감정적으로 '(별다른 이유 없이) 기분이 언짢은', '기분이 안 좋은'이라는 뜻으로도 잘 사용된다.

(10) I woke up on the wrong side of the bed. ○

좋다. wake up on the wrong side of the bed는 '아침에 기분 나쁘게 일어나다'라는 뜻의 관용적인 표현이다. '기분이 안 좋다'란 뜻만 있고 '신체적인 컨디션이 안 좋다', '몸이 찌뿌둥하다'는 뜻은 들어 있지 않다. 정관사 the bed에 주의하자

사람들이 내가 쓴 글에 악플을 달면 기분이 나빠.

situation: 인터넷에 내가 올린 글에 근거 없이 비방하는 악플이 달리면 기분이 나쁘다.

(a) My feeling is bad when people slander my writings.

(b) I feel bad when I read rude criticisms about my posts.

(c) I have a bad feeling reading rude criticisms about my posts.

(d) I don't feel very good about malicious comments about my writing.

(e) It feels bad to read rude replies to my posts.

(f) It upsets me to be rudely criticized for my posts.

> **어휘 들여다 보기** **악플 / 기분이 나쁘다** '악플'은 rude replies / rude comments / rude criticisms 모두 좋다. rude 대신 vicious / spiteful / malicious를 써도 좋다. '(악플을 보면) 기분이 나쁘다'는 I feel bad / I don't feel very good / I'm offended / I'm upset 모두 좋으며 〈It upsets me + to부정사〉로 표현해도 좋다.

(a) 틀렸다. My feeling is bad라고는 쓰지 않는다. 복수형 My feelings are hurt로 고치면 좋다. 한편, '명예훼손'을 뜻하는 slander(구두상 명예훼손), libel(서면에 의한 명예훼손)은 전문적인 법률 용어이므로 맥락에 맞지 않으며, '(블로그에 올리는) 글'은 단수형으로 writing, 복수형으로 posts 둘 다 좋다. **(b)** 좋다. 단수형 criticism도 좋고 복수형 criticisms도 좋다. criticism은 on / about / of와 모두 잘 어울린다. **(c)** 틀렸다. I have a bad feeling / I don't have a good feeling은 '예감이 안 좋다'라는 뜻이다. 복수형 I have bad feelings / I don't have good feelings가 맞다. 아울러 이 어구 뒤에 접속사 when을 써야 맥락에 맞는다. 즉, I have bad feelings when reading rude criticisms about my posts.라고 하면 좋다. **(d)** 좋다. I feel bad 또는 I don't feel good은 여러 가지 뜻이 있지만 여기서는 '(악플에) 기분이 나쁘다'라는 뜻이므로 맥락에 부합한다. **(e)** 좋다. 〈가주어 It feels bad ~ 진주어 to부정사〉 형식이다. 물론 가주어를 생략하여 To read rude replies to my posts feels bad. 역시 문제 없다. **(f)** 좋다. It upsets me 대신 It's upsetting이라고 해도 좋다.[11] 또는 I'm easily upset with being rudely criticized for my posts.도 좋다. upset은 원형, 과거형, 과거분사가 upset-upset-upset으로 모두 동일한 형태다.

A

수지가 거짓말을 하고 있다는 느낌이 들어.

situation: 수지가 이유를 둘러대기는 했는데 진실은 아닌 것 같다. 직접적인 증거는 없으나, 아무래도 뭔가 내게 숨기는 것 같다.

(1)   I have a feeling that she is lying.   ☐

(2)   I have a hunch that she's lying.   ☐

(3)   I'm feeling she is lying.   ☐

(4)   I feel she's lying.   ☐

(5)   I think she's lying.   ☐

(6)   It seems like she's lying.   ☐

'느낌'은 대체로 feeling이다. '그 사람하고 잘 맞지 않을 것 같다'는 뜻으로 '그 사람 느낌 별로인데.'는 I don't have a good feeling about him.이다. 표제문 역시 I have a feeling that she's lying.이라고 하면 좋다. 표제문의 '느낌'은 '본능적인 직감'을 말하는 것이니까 hunch라고 해도 된다.

(1) (2) 좋다. 표제문의 '느낌'은 '본능적인 직감'을 뜻하며 feeling / gut feeling / hunch 모두 좋다.   **(3) (4)** **(3)**은 틀리고 **(4)**는 좋다. 현재진행시제 I'm feeling은 '기분'을 나타낼 때 사용된다. 예를 들어, I'm feeling sick[happy / hungry / groovy].처럼 아프거나 행복하거나 배고프거나 좋은 기분을 나타낼 때 쓸 수 있는 표현이다. 반면, 현재시제 I feel은 '(직감적으로) ~라는 생각이 든다'라는 뜻이므로 표제문 맥락에서는 현재시제로 써야 한다.   **(5) (6)** 좋다. '느낌이 든다'는 쉽게 말하면 '생각이 든다'는 말이니까 I feel / I think / It seems like 역시 좋다. 여기서 she's lying은 she's not telling the truth라고 말해도 좋다.

B

너무 무리하지는 마.

situation: 수지한테 새로 문을 연 놀이공원에 가 보자고 하니까 그날 회사에 일이 있다고 한다. 나는 거기에 아주 가고 싶지만, 수지의 직장 일을 방해하면서까지 무리해서 가고 싶지는 않다.

수지   I've got something to do on that day. Let me check if I can ask someone to take care of it.
그날 일이 있어. 대신 해 달라고 부탁할 사람이 있는지 알아볼게.

나   [________________________________] We can go later.
너무 무리하지는 마.   나중에 가도 되니까.

(1)   Don't overdo it.   ☐

(2)   Don't take too much trouble for me.   ☐

(3)   If it's a hassle, don't take the trouble.   ☐

(4) If it's a hassle, don't trouble yourself. □

(5) If it's a hassle, don't bother. □

(6) If it's too much trouble for you, never mind. □

(7) If it's any trouble, don't worry about it. □

(8) I hope it's not going to be too much trouble for you. □

'무리'는 일상대화에서 자주 사용된다. '그건 무리다.'는 That's impossible. / That's really difficult. '운동 시작한 건 좋은데 너무 무리하게는 하지 마.'는 Good to hear you started working out, but don't overdo it.이라고 하면 된다. overdo는 '운동/공부/일/다이어트를 무리하게 하다'라는 뜻이다. 또는 Take it easy.(쉬엄쉬엄 해라.)라고 해도 된다. 밤낮 없이 일하는 남편에게 '요새 너무 무리하는 거 아냐?'는 Aren't you overworking these days? / Aren't you overworked these days? 둘 다 좋다. 속어로는 You are working your ass off these days, aren't you?라고 해도 된다. work one's ass off는 '뼈빠지게 일하다'란 뜻이다. 그렇다면 표제문 맥락의 '너무 무리하지는 마.'는 뭐라고 할까? 위에 든 예문과는 달리 표제문은 '상황이 번거로우면 시간 내려고 지나치게 신경 쓰지 마.' 정도의 뜻이므로 If it's a hassle, don't worry about it. 정도가 좋다.

(1) 틀렸다. overdo는 신체적인 측면에서 '지나치게 힘들게/지치게 하다, 혹사하다'라는 뜻이다. 따라서 Don't overdo it.은 Don't push yourself too much.(너무 스스로 몰아 부치지 마라.) 정도의 뜻이 된다.   **(2)** 틀렸다. 문장 자체는 문제가 없는데 표제문 맥락과 약간 다르기 때문에 틀렸다. '대신 해 달라고 부탁할 사람이 있는지 알아볼게.'라고 수지가 말하자마자 Don't take too much trouble for me. We can go later.라고 내가 말해 버리면 '그래? 할 수 없지. 거기 가보자는 거 없던 얘기로 하자. 나중에 기회 되면 가 보자.' 정도의 뜻이 된다. 표제문 맥락에서 나는 최소한 시도는 해 보고 도저히 안 되면 나중에 가겠지만, 다소 무리하더라도 이번에 가능하다면 꼭 가보고 싶은 상황이다. 그에 비해 (2)는 시도도 안 해보고 너무 쉽게 포기해 버리는 뜻이 되므로 맥락이 상당히 달라지게 된다. 앞에 If it's a hassle을 추가하여 If it's a hassle, don't take too much trouble for me.라고 하면 표제문 맥락에 부합하는 좋은 문장이 된다.   **(3)** 좋다. take the trouble은 '수고를 아끼지 않다'라는 뜻이므로 명령문 don't take the trouble은 '수고롭게 노력하지 않아도 된다'는 뜻이다. 평서문 you don't have to take the trouble도 자연스러우며, don't go to the trouble도 좋다.   **(4) (5)** 좋다. 타동사 trouble은 '~을 성가시게 하다 / 귀찮게 하다 / 폐를 끼치다'라는 뜻이므로 명령문 don't trouble yourself는 '너무 무리하지는 마'라는 뜻이 된다. 반면 bother는 bother yourself 형식으로 사용되지 않고, (5)처럼 자동사 don't bother 형식으로만 사용된다.   **(6) (7)** 좋다. never mind / don't worry about it은 표제문 맥락에 아주 잘 맞는다. '신경 쓰지 마', '신경 안 써도 돼'라는 뜻으로, 표제문 맥락의 '무리하지는 마.' 역시 '신경 쓰지 마.'와 본질적으로 같은 뜻이다. 참고로, trouble과 거의 같은 뜻의 hassle은 '귀찮은 일', '번거로운 상황'을 뜻하며 가산명사다. 서로 대체 사용이 가능하지만 trouble은 불가산명사이므로 부정관사를 붙이지 않으니 주의하자.   **(8)** 좋다. 한국어 명령문을 영어로 〈I hope + that절〉로 표현한 점에 주목하자. 뒤에 if so를 붙여도 되고 생략해도 된다. 즉 I hope it's not going to be too much trouble for you. If so, we can go later.도 좋다.

C
(어디 죽이 되든 밥이 되든)
니 마음대로 해!

situation: 지호가 게임 때문에 좋은 그래픽 카드가 필요해 새 컴퓨터를 산다고 한다. 한 달만 더 기다리면 최신 그래픽 카드가 출시되니 그때까지 기다리는 것이 좋겠다고 내가 조언했지만 계속 지금 사겠다고 고집을 피운다. 이렇게 자기 마음대로 하는 일이 전에도 자주 있었다.

I give up. [   ]

난 더 이상 말 안 할래. (어디 죽이 되든 밥이 되든) 니 마음대로 해!

(1) Do as your mind. ☐

(2) Do as you wish! ☐

(3) Do whatever you want! ☐

(4) Have it your way! ☐

(5) It's up to you. ☐

(6) Suit yourself. See if I care. ☐

(7) You're the boss. ☐

(8) You just won't listen to me. ☐

'마음'은 mind / heart / feeling / taste / liking 등으로 옮길 수 있다. '눈에서 멀어지면 마음에서도 멀어진다.'는 Out of sight, out of mind. 백화점에서 판매원이 '특별히 마음에 둔 게 있어요?'라고 물을 때는 Do you have anything particular in mind? 친구에게 '니 마음을 아프게 하려고 한 건 아니었어.'라고 하는 경우 I didn't mean to break your heart. / I didn't mean to hurt your feelings.다. 다만 실제 대화에서는 이렇게 직역되지 않는 경우도 많다.[12] '(화가 나서) 니 마음대로 해!'는 Do as you wish! / Suit yourself! 또는 아주 빈정거리는 목소리로 You're the boss! 정도가 가능하다.

(1) 틀렸다. 전혀 성립하지 않는 문장이다. **(2)** 좋다. 또는 Do as you please!도 좋지만 이 표현은 화자가 아주 화가 나 있는 상태를 나타내는 것은 아니므로 (2)가 훨씬 더 좋다. **(3)** 좋다. whatever는 관계대명사 what의 강조형이다. Do what you want!도 표제문 맥락에 잘 맞는다. **(4)** 좋다. 버거킹의 슬로건이기도 한데, '취향대로 즐기세요.'라는 뜻으로, 양파, 토마토, 양상추, 피클 등을 주문자 마음대로 넣고 뺄 수 있다는 뜻이다. 이 문장은 말하는 사람의 어조에 따라 화가 나 있음을 뜻할 수도 있다. 또는 You always have everything your own way!라고 하면 화자가 아주 화가 나 있음을 곧바로 나타낸다. **(5)** 틀렸다. 상대방에게 결정권이 있다는 뜻으로, '니가 하는 대로 따라갈게.'라는 의미이다. **(6)** 좋다. Suit yourself.와 See if I care. 둘 다 '마음대로 해라'라는 뜻이며, 부정적인 뜻의 문장이므로 표제문 맥락에 잘 부합한다. 각각 따로 써도 상관 없지만 두 문장을 동시에 같이 쓰면 화자의 불만족, 답답함, 화가 나 있음을 강하게 전달할 수 있다. **(7)** 좋다. 보통 '니 말대로 하겠다', '니가 결정한 대로 따르겠다'라는 긍정적인 뜻이지만, 아주 빈정거리며 말을 하면 표제문 뜻이 된다. **(8)** 좋다. '니 마음대로 해.'는 달리 말하면 '너 내 말 참 지독하게도 안 듣는다'와 같은 뜻이므로 (8)도 좋다. 미래시제 won't (= will not)는 딱 이 건에 대해서만 말하는 문장이다. 표제문 맥락에서는 지호가 과거에도 이렇게 자기 마음대로 한 일이 있었으므로 현재시제 You just don't listen to me.도 문제 없다.

가능한 문장 **A** (1) (2) (4) (5) (6)　**B** (3) (4) (5) (6) (7) (8)　**C** (2) (3) (4) (6) (7) (8)

단수, 복수
제대로
써라

단수, 복수 제대로 써라

영어는 항상 한 개인지 여러 개인지를 의식한다

한국어는 단수와 복수 개념이 애매하기 때문에 영어로 문장을 말할 때 한 명인지 두 명인지, 한 개인지 두 개인지 정보를 보충해 줘야 하는 경우가 많다. 직장 동료였는데 취미도 같고 마음이 같아 '그 사람하고 친구가 되었다.'는 I became a friend with him.이 아니라 I became friends with him.이라고 해야 한다. 두 사람이 서로 친구가 되었으므로 복수형 friends를 쓰는 것이다. I became a friend with him.은 나는 그 사람 친구가 되었는데 그 사람은 내 친구가 되기를 거부했다는 뜻이 되어 버린다. 같은 개념으로 '다른 사람하고 자리를 맞바꿨다.'는 I changed seats with another person.이다.

가산명사에 단수, 복수 사용하기

사실 명사의 단수, 복수 문제, 아울러 관사 사용법은 의사소통에 곤란을 줄 만큼 민감한 문제는 아니다. 하지만 고급 영어를 구사하기 위해서는 언젠가는 넘고 가야 할 장애물이다. 이런 문제는 대체로 100% 옳고 그른 문제라기보다는 이런저런 이유로 네이티브가 대체로 단수형 또는 복수형을 취하는 경향성의 문제다. 이제부터 네이티브의 머릿속에 들어가 이들이 어떻게 생각하는지 그 사고체계를 따라가 보자.

Please open your books to page 189.
(선생님이 학생들에게) 교과서 189페이지를 펴 주세요.

→ 학생 한 명이 책 한 권을 가지고 있겠지만 다중을 상대하는 경우 복수형을 쓰는 것이 일반적이다.

She told us to write our names on the piece of paper.
선생님이 종이에 각자 이름을 쓰라고 하셨다. (종이 한 장에 돌려가며 쓰는 경우)

→ 복수형 대명사(여기서는 us, our) 뒤에는 복수형을 써 주는 것이 자연스럽다.

If you have any questions, raise your hand.
질문이 있으면 손을 드세요.

→ 단수형 hand를 쓴다. 복수형 hands를 쓰면 두 손을 들라는 것으로 들리기 때문이다.

Those in favor, please raise your hands.
(회의에서 의장이) 찬성하시면 손을 들어 주십시오.

→ 앞에 복수대명사 those가 쓰였으므로 복수명사 hands가 자연스럽기도 하고, 찬성하는 사람들이 동시에 손을 드는 것이므로 복수형이 더 자연스럽다.

All vehicles come with a CD player.
모든 차량에는 CD 플레이어가 기본으로 딸려 나온다.

→ 개별 차량에 달려 있는 CD player는 한 개이기 때문에 단수형이 자연스럽다.

Did you see my car keys?
내 자동차 키 못 봤어?

→ 자동차 키에 열쇠가 한 개 있더라도 일반적으로, 습관적으로 복수형 car keys라고 한다. 보통 집 열쇠, 사무실 열쇠 등과 함께 한 꾸러미를 이루고 있기 때문일 수도 있고, 원래 옛 날에는 자동차 문 열쇠와 트렁크 열쇠가 달라서 기본적으로 자동차 키가 두 개 이상이었 기 때문일 수도 있다. 아무튼 자동차 키는 보통 복수형을 사용한다.[13]

같은 상황이라도 어떤 단어와 함께 쓰느냐에 따라 달라진다

단수냐 복수냐는 확정적인 것은 아니다. 앞뒤에 나오는 단어와 맥락에 비추어 무엇이 더 자연스 러운지에 따라 결정된다. 아주 일반적인 원칙을 굳이 제시한다면 영어에는 대체로 단수, 복수를 일치시키려고 하는 관성이 있다는 점을 기억하면 좋겠다.

Most guests place their smartphones next to their glasses.
손님들이 대부분 스마트폰을 물잔 옆에 놓는다.

Most guests place their smartphone on their table.
손님들이 대부분 스마트폰을 테이블 위에 놓는다.

위의 두 문장에서 차이점은 오로지 스마트폰을 물잔 옆에 두느냐, 테이블 위에 두느냐이다. 그러 나 각각 glasses와 table에 맞추어 smartphone의 수를 일치한 문장을 가장 선호한다.

항상 복수형으로 쓰는 명사

영어 단어 중에서 쌍을 나타내는 명사, 예를 들어 scissors(가위), glasses(안경), pants(바지), shorts(반바지), socks(양말), gloves(장갑), shoes(신발), pajamas(잠옷) 등은 항상 복수형으로 쓰는 것은 독자들도 잘 알고 있을 것이다.

이론적으로는 이렇게 알고 있지만 이들 명사를 실제 사용할 때 문제가 생길 수 있다. 예를 들어 '바지 한 개'를 가리킬 때는 this pants가 아니라 반드시 these pants라고 해야 하며, 대명사로 받을 때도 they로 받아야 한다.

아무 이유도 없이 복수형으로만 쓰는 명사도 있다. '본부'를 뜻하는 headquarters는 복수형이 아니라 원래 그렇게 생겨 먹은 명사다. 따라서 단수 취급한다. 즉, '그 회사의 본사는 인천에 있다.'는 The firm's headquarters is in Incheon.이다.

한편, 영어에서는 완성된 문장이 아니라 짧게 한 단어로 쓸 때 s를 붙이는 경우가 많다. 예를 들어서 thank 대신에 thanks라고 하고 greetings와 apologies도 마찬가지다. 부탁을 들어 준 친구에게 Thank!라고 안 하듯이 뭔가 대단한 일을 한 사람에게 Congratulation!이 아니라 Congratulations!라고 해야 한다.

집합명사, 물질명사 등의 단수, 복수 취급 요령

'그 사람은 우리 회사 직원이다.'라고 할 때 He is a staff in our company.라고 말하기 쉽다. staff는 '총체적인 직원 전체'를 가리키는 개념이다. 따라서 한 사람 한 사람을 staff라고 하지는 않는다. '직원 한 사람'은 staff member 또는 employee라고 하므로, He is a staff member of our company. / He's an employee of our company.라고 하면 된다.[14] 마찬가지로 영화의 '출연진 전체'는 cast라고 하고, '배심원 전원'을 jury라고 한다. 한 개 두 개 셀 수 있는 기계는 machine이라고 하지만, '기계류'는 machinery라고 한다. hair의 경우, 한 올 한 올 셀 때는 가산명사지만, 머리털 전체를 말할 때는 불가산명사다. 예를 들어 '거기 머리 잘 못 자른다.'라고 할 때 복수를 쓴 They don't cut hairs well.이 아니라 단수를 쓴 They don't cut hair well.이 맞다. beer는 물질명사이지만 영화 보고 나서 '맥주 한잔합시다.'라고 할 때는 보통 Let's go grab a beer.라고 말한다. Part 6의 관사 편에서도 자세히 살펴보겠지만, beer는 물질명사지만 많은 경우 보통명사처럼 a beer / two beers라고 자주 사용된다.

명사의 단수형, 복수형은 우리가 한국말을 할 때는 생각할 필요가 거의 없는 문제이나 영어로 말하는 순간부터 신경을 안 쓸 수 없는 문제다. 저자가 그동안 관찰한 바로는 단수형이냐 복수형이냐 헷갈릴 때는 대체로 복수형으로 쓰면 무난한 것으로 보인다. 물론 여러 가지 변수가 있으나 대체로 세상사는 여러 건들이 관련되기 때문에 복수형이 자연스럽게 느껴지는 경우가 많다.

situation:
외국을 나가는 큰 즐거움 중 하나는 면세점 쇼핑이기 때문에, 나는 공항에 일찍 가서 면세점을 구석구석 둘러보며 쇼핑을 즐긴다.

STEP 1 표제문을 영어 문장으로 만들어 보세요.

난 공항이 좋아. 면세점 구경에 시간 가는 줄 몰라.

STEP 2 표제문을 영어로 잘 옮긴 것에 모두 체크하세요.

(1) I like an airport. I really enjoy shopping around duty-free shops.

(2) I like the airport. I really enjoy shopping in the duty-free shops.

(3) I like airports. I really enjoy shopping at duty-free shops.

(4) I love airports. It's amazing how many shops they have.

(5) I love airports. I easily lose track of time looking around the duty-free shops.

(6) I like to go to airports. I easily lose track of time looking around the duty-free shops.

(7) I like going to airports. I easily kill time looking around the duty-free shops.

(8) I love airports, oh my God, the duty-free shops blow my mind.

가능한 문장 **(2) (3) (4) (5) (6) (7) (8)**

（어휘 들여다 보기） **an airport / the airport / airports** '난 공항이 좋다.'는 I like an airport. / I like the airport. / I like airports. 중 뭐라고 할 것인가? 인천공항, 뉴욕의 JFK공항, 파리의 샤를 드골 공항 등 특정한 공항을 얘기하는 것이 아니고 일반적인 의미의 공항을 얘기하는 거라면 복수형 I like airports.라고 해야 한다. 정관사 the airport에는 일반적인 의미의 공항, 화자가 살고 있는 곳에서 가깝거나, 비행기 탈 때 통상 이용하는 공항(서울시 거주자의 경우, 인천국제공항), 이전에 언급된 어느 특정한 공항 등 여러 가지 뜻이 있다. 표제문 맥락에 사용할 수는 있겠지만, 정관사 the airport보다는 복수형 airports를 쓰는 것이 더 좋다. 한 사람이 동시에 두 군데 공항에 있을 수는 없으므로 부정관사 an airport라고 해야 하는 것 아닌가 생각할 수도 있겠지만, an airport는 너무 막연해서 표제문 맥락에 맞지 않는다. (마찬가지로 '사과를 좋아한다.'는 I like an apple.이 아니라 복수형을 써서 I like apples.라고 한다. 자세한 사항은 관사 파트의 538페이지를 참고하라.)

(1) I like <u>an</u> airport. I really enjoy shopping <u>around</u> duty-free shops. ×

(2) I like the airport. I really enjoy shopping <u>in</u> the duty-free shops. o

(3) I like airports. I really enjoy shopping <u>at</u> duty-free shops. o

(1)은 틀렸고 (2) (3)이 맞다. 앞에서 설명했듯 '난 공항이 좋다'에 부정관사 an airport는 틀렸다. 아울러 (1)은 동사 shopping 대신 looking으로 고치면 전치사 around와 잘 어울린다. shopping을 그대로 두는 경우, (2) in the duty-free shops 또는 (3) at duty-free shops라고 해야 좋다. duty-free shops에서 정관사 the는 생략 가능하다.[15]

(4) I <u>love</u> airports. It's amazing how many shops <u>they</u> have. o

(5) I <u>love</u> airports. I easily <u>lose track of time</u> looking around the duty-free shops. o

좋다. like 대신 love를 써서 표현해도 좋다. '면세점 구경에 시간 가는 줄 몰라'를 '면세점이 얼마나 많은지 정말 놀랄 지경이야.'로 전환하면 (4)의 It's amazing how many shops they have.가 쉽게 생각 날 것이다. 여기서 they는 airports를 말한다. (5)의 lose track of time은 '시간 가는 줄 모르다'란 뜻이다. 예를 들어 '너는 비디오 게임을 할 때는 완전히 시간을 잊어 버리는구나.'는 You completely lose track of time when you play video games.다. spend time / kill time / get absorbed를 써도 좋다. get absorbed는 '열중하다', '몰두하다', '정신이 팔리다'라는 뜻이다.

(6) I <u>like to go to</u> airports. I easily lose track of time looking around the duty-free shops. o

(7) I <u>like going to</u> airports. I easily kill time looking around the duty-free shops. o

좋다. I like to go to airports.와 I like going to airports.는 둘 다 가능하기는 하지만 후자가 더 좋다. like의 목적어로 동명사가 선호되기 때문이다. 마찬가지로 I like to go shopping. / I like going shopping. 또는 I like to drink it. / I like drinking it. 중에서도 후자가 더 좋다. 한편 '난 공항이 좋아.'를 '공항에 (가) 있는 것을 좋아한다'라고 전환하면

I like to be in airports. / I like being in airports.라고 할 수도 있다.

(8) I love airports, oh my God, the duty-free shops <u>blow my mind</u>. ○
좋다. blow one's mind는 '정신을 쏙 빼다'라는 뜻이다.

난 공항이 싫어. 기다리는 데 시간이 너무 많이 허비돼.

situation: 비행기를 타기까지 너무 시간이 오래 걸려서 공항을 싫어한다.

(a) I hate an airport. I have to waste too much time for just waiting.

(b) I hate airports. I have to waste too much time to wait.

(c) I hate airports. I waste too much time waiting.

(d) I hate airports. I waste too much time just waiting around.

(e) I hate airports. There's so much time being wasted just waiting around.

(a) 틀렸다. 인천공항, 샤를 드골 공항 등 특정한 공항을 얘기하는 것이 아니고 일반적인 의미의 공항을 나타낸다면 복수형 I hate airports.라고 하는 것이 맞다. 아울러 for just waiting도 틀렸다. for를 빼야 한다. **(b)** 틀렸다. to부정사 to wait는 맞지 않는다. **(c)(d)** 좋다. 하지만 '하릴없이 마냥 빈둥빈둥하면서 그냥'이라는 의미를 전달하려면 waiting보다는 just를 추가하여 just waiting around가 훨씬 좋다. around에는 '이리저리 빈둥빈둥 싸돌아 다닌다'는 뜻이 들어 있다. **(e)** 좋다. so much time과 being wasted는 의미상 주어-서술어 관계다. so much time이 낭비되는 것이니까 수동형 being wasted가 맞다. 분사 being은 자주 생략되므로 wasted라고만 해도 문제 없다.

몸매 좋은 사람이 부러워요.

situation:
난 얼굴은 예쁜 편이란 소릴 듣지만,
키가 작고 몸매도 썩 좋지 않아 몸매
좋은 사람이 부럽다.

STEP 1 표제문을 영어 문장으로 만들어 보세요.

몸매 좋은 사람이 부러워요.

STEP 2 표제문을 영어로 잘 옮긴 것에 모두 체크하세요.

(1) **I envy a person with a good body line.**

(2) **I envy a person with an S line.**

(3) **I envy a person who has a nice figure.**

(4) **I envy those who have nice figures.**

(5) **I envy those who have a nice figure.**

(6) **I'm jealous of a woman who has a nice body.**

(7) **I'm jealous of women who have nice bodies.**

(8) **I'm jealous of women who have a nice body.**

가능한 문장 **(3) (4) (5) (6) (7) (8)**

어휘 들여다 보기

몸매 '몸매'는 figure 또는 shape 또는 body라고 한다. '몸매가 좋다'는 have a nice figure / have a nice body / have a toned body / be in good shape 등으로 표현한다. 특히 toned body는 운동을 많이 해서 '근육질인 몸', '탄력 있는 몸'을 말한다. figure / body는 가산명사로서 주어에 따라 단수형 또는 복수형을 취한다. 그러나 in good shape는 숙어이므로 주어에 따라 변화하지 않고, 항상 단수형 in good shape 형태를 유지한다.

부럽다 '부럽다'는 형용사 jealous / 동사 envy / 형용사 envious 등을 쓸 수 있다. 1:1로 누군가가 부럽다고 할 때는 jealous를 주로 쓴다. 표제문 맥락처럼 1:1인 아닌 어느 집단이 부러운 경우 I envy 또는 I'm envious of가 좋다. 물론 I'm jealous of도 문제 없다. 다만 친구가 I'm married and have a good job.(결혼했고 좋은 직장도 얻었어.)이라고 했을 때 '부럽다!'라고 하려면 굳이 envy, jealous, envious를 쓰지 않고 You're so lucky!라고 하는 것이 일반적이다. 이때는 '부럽다'란 뜻으로 lucky를 사용하는 점에 주의하기 바란다.

(1) I envy a person with a good <u>body line</u>. ×

(2) I envy a person with an <u>S line</u>. ×

틀렸다. body line이라는 말은 없다. 당연히 S line도 콩글리시다. '몸매가 좋은'은 형용사 curvy 또는 curvaceous를 써서 표현할 수 있다. 따라서 I envy curvy women. 또는 I envy curvaceous women.이라고 해도 좋다.

(3) I envy a person who has <u>a nice figure</u>. ○

(4) I envy those who have nice <u>figures</u>. ○

(5) I envy those who have a nice <u>figure</u>. ○

모두 좋다. 가급적 단수–단수, 복수–복수를 맞춰 쓰는 것이 좋으나, 한 개인을 기준으로 놓고 보면 한 사람이 가질 수 있는 몸매는 한 개에 불과하므로 (5)처럼 복수형 those와 단수형 a nice figure도 실제로는 자주 사용된다. (다만, (4)가 맞고 (5)는 어색하다고 하는 네이티브도 있다.) 한편, 표제문에 '사람'이라고 되어 있지만 영어로 (3) a person은 다소 어색하다. 내용상 몸매 좋은 사람은 '여성'임이 분명하므로 a woman이 보다 자연스럽다. those는 전혀 문제 없다. 물론 복수형 women 역시 좋다.

(6) I'm jealous of <u>a woman</u> who has <u>a</u> nice <u>body</u>. ○

(7) I'm jealous of <u>women</u> who have nice <u>bodies</u>. ○

(8) I'm jealous of <u>women</u> who have <u>a</u> nice <u>body</u>. ○

좋다. 복수형 women과 복수형 bodies가 조화를 이루기 때문에 (7)이 좋으나 (8)도 자주 사용된다. jealous의 사전적인 의미는 '질투하는', '시기하는', '시샘하는'이기는 하지만, 이런 사전적 정의와는 달리 표제문과 같은 맥락에서도 매우 잘 사용된다. 친구가 최신형 스마트폰을 구입해서 자랑할 때 '부럽다'고 말하는 상황이라면 I envy you.보다는 오히려 I'm jealous of you.가 더 잘 쓰인다. (따라서 실제 대화에서 jealous = '부러운'이라고 생각해도 전혀 문제 없다.) 아울러 envious 역시 나쁘지 않다.

난 담배 피우는 여자가 섹시하다고 생각해.

situation:
호프집에서 친구와 한잔하고
있는데, 저쪽에 담배 피우는
여자가 있다.

STEP 1 표제문을 영어 문장으로 만들어 보세요.

난 담배 피우는 여자가 섹시하다고 생각해.

STEP 2 표제문을 영어로 잘 옮긴 것에 모두 체크하세요.

(1) **I think a woman who smokes is sexy.**

(2) **I think women who smoke are sexy.**

(3) **I think a smoking woman is sexy.**

(4) **I think smoking women are sexy.**

(5) **I think a woman smoker is sexy.**

(6) **I think women smokers are sexy.**

(7) **I think a woman is sexy when she smokes.**

(8) **I think women are sexy when they smoke.**

가능한 문장 **(1) (2) (5) (6) (7) (8)**

(어휘 들여다 보기) **여자** 표제문의 '여자'는 woman / female / lady / girl 중 어느 것이 맞는가? 한국어도 '여자', '여성', '암컷', '숙녀', '소녀'가 차이가 있듯이 각 단어들의 쓰임새는 차이가 있다. 표제문 맥락에는 woman이 어울린다. female은 학문적, 생물학적인 개념으로서의 '여성'이고, girl은 '(미성년자인) 소녀'의 뜻이 강하므로 여기서는 잘 어울리지 않는다. lady는 다소 구식(old-fashioned) 단어이고 젊은 여성을 낮춰 부르는(derogatory) 느낌이 들어 있으므로 그다지 썩 좋지는 않다. lady는 틀렸다고 할 정도는 아니나 듣는 사람을 불쾌하게 만들 가능성이 있으므로 굳이 사용할 필요가 없다.

담배 피우는 여자 '담배 피우는 여자'는 a woman who smokes / women who smoke 둘 다 좋다. 화자(話者)의 머리 속에 a woman who smokes는 담배를 피우는 어떤 여성이 생각나는 상황일 가능성이 높은 반면, women who smoke는 특정인이 아닌 아주 일반적인 의미의 여성을 가리킬 가능성이 높다.

(1) I think <u>a woman who smokes</u> is sexy. ○

(2) I think <u>women who smoke</u> are sexy. ○

둘 다 좋다. 표제문 맥락에서 '담배 피우는 여자가 섹시하다'는 '여성 흡연자가 섹시하다'는 말이라기보다는 '담배 피우는 행동을 하는 동안 그 여자가 섹시하게 보인다'란 뜻이다. 이것을 영어로 말할 때 현재진행시제를 쓰는 것이 맞지 않을까 생각할 수 있다. 그러나 현재시제 women who smoke 안에 women who are smoking 또는 when they are smoking의 뜻이 포함되어 있기 때문에 굳이 현재진행시제를 써야 할 필요가 없다. 오히려 현재진행시제보다 현재시제가 더 자연스럽게 들린다.

(3) I think <u>a smoking woman</u> is sexy. ×

(4) I think <u>smoking women</u> are sexy. ×

틀렸다. smoking woman은 She's on fire.(그 여자 불 났다. / 그 여자한테 불 붙었다.)라는 뜻이다. 자동사 smoke는 쓰임이 특이하다. '그 여자는 지금 담배를 피우고 있다.'는 She is smoking right now.다. 하지만, smoking woman은 '담배 피우는 여자'가 아니라 '불이 붙어 있는 여자 / 연기를 내뿜고 있는 여자'라는 뜻이 되어 버린다. 아울러 smoking에는 '섹시한', 요샛말로는 '핫한'이란 뜻도 있다. 예를 들어 '그 여자는 퀸카다.'는 She's smoking hot.이라고 한다. 따라서 (3) (4)는 smoking = sexy가 되어 버려 중언부언 문장이 된다.

(5) I think <u>a woman smoker</u> is sexy. ○

(6) I think <u>women smokers</u> are sexy. ○

좋다. '담배 피우는 여자', 즉, '여자 흡연자'는 a woman smoker / women smokers 둘 다 문제 없다. 그러나 lady smoker / female smoker / girl smoker는 자연스럽지 않다.

(7) I think <u>a woman</u> is sexy <u>when she smokes</u>. ○

(8) I think <u>women</u> are sexy <u>when they smoke</u>. ○

좋다. 현재시제 when she smokes / when they smoke 외에 현재진행시제 when she is smoking / when they are smoking도 좋다.

situation:
수지의 이상형은 요리 잘하는
남자라고 한다.

STEP 1 표제문을 영어 문장으로 만들어 보세요.

난 요리 잘하는 남자가 좋더라.

STEP 2 표제문을 영어로 잘 옮긴 것에 모두 체크하세요.

(1) **I like a man who cooks well.**

(2) **I like men who cook well.**

(3) **I like men who are good at cooking.**

(4) **I like a man who is a good cook.**

(5) **I like men who are good cooks.**

(6) **I like men who are a good cook.**

(7) **I like a man who can cook.**

(8) **I like men who can cook.**

가능한 문장 **(1) (2) (3) (4) (5) (7) (8)**

어휘 들여다 보기 **남자** '남자'는 단수 a man / 복수 men 둘 다 좋다. 다만, 단수형 a man은 화자의 머리 속에 특정한 한 명(a certain person)을 염두에 두고 있을 가능성이 높다. 영어는 가급적 단수, 복수를 일치시키려는 경향이 있으므로, 주어가 단수냐 복수냐가 a man / men 선택에 영향을 미치기도 한다. 예를 들어, Why do girls like men who can cook?(왜 여자들은 요리 잘하는 남자를 좋아하는 거지?)에서 보듯이 주어가 복수형 (girls)인 경우 일반적으로 복수형 men을 선호한다. 물론 단수형 a man이라고 해도 문제는 없다.

요리 잘하는 남자 '요리 잘하는 남자'는 men who cook well / men who can cook 둘 다 좋기는 한데, 후자가 관용적으로 더 자주 사용된다. men who can cook은 단순히 '요리를 할 줄 아는 남자'를 뜻하는 것이 아니고 '요리를 잘하는 남자'를 뜻한다.

(1) I like <u>a man</u> who <u>cooks well</u>. ○

(2) I like <u>men</u> who <u>cook well</u>. ○

좋다. 단수형 a man과 복수형 men 둘 다 좋다. 동사 cook은 '요리를 하다'라는 뜻이고, cook well은 '요리를 잘하다'란 뜻이다.

(3) I like men who <u>are good at</u> cooking. ○

좋다. be good at은 '~을 잘하다 / ~에 능숙하다'라는 뜻이다.

(4) I like <u>a man</u> who is <u>a good cook</u>. ○

(5) I like <u>men</u> who are good <u>cooks</u>. ○

(6) I like <u>men</u> who are <u>a good cook</u>. ×

(4) (5)는 좋은데 (6)은 틀렸다. (6)은 복수형 주어(men)에 대해 단수형(a good cook)을 사용해 논리적으로 맞지 않다. 한편 (4) (5)에서 cook은 '(직업으로서의) 요리사'만을 뜻하지 않는다. '요리하는 사람'은 직업적 요리사가 아니더라도 누구나 cook으로 불릴 수 있다. 마찬가지로 춤추는 사람은 누구나 dancer, 수영하는 사람은 누구나 swimmer라고 할 수 있다. 따라서 '(그 사람은 수영선수는 아니지만 일반인치고는) 수영 잘 한다'를 He's a good swimmer.라고 할 수 있다.

(7) I like <u>a man</u> who <u>can cook</u>. ○

(8) I like <u>men</u> who <u>can cook</u>. ○

좋다. 표제문 뜻으로 네이티브들이 보통 쓰는 문장이다. 단수 a man과 복수 men 둘 다 쓸 수 있다.

situation:
운동용 반바지 M 사이즈를
구입했는데 너무 작아 입기가
어렵다. 바지를 샀던 가게에
가서 하는 말이다.

STEP 1 표제문을 영어 문장으로 만들어 보세요.

추리닝 반바지 중간 사이즈 하나를 여기서 구입했는데 너무 작아요.

STEP 2 표제문을 영어로 잘 옮긴 것에 모두 체크하세요.

(1) **I bought middle size training short here, but it's too small.**

(2) **I bought medium size gym shorts here, but they are too small.**

(3) **I bought medium gym shorts here, but they are too small.**

(4) **I bought a pair of medium gym shorts here, but it's too small.**

(5) **I bought a pair of medium gym shorts here, but they are too small.**

(6) **I bought a pair of medium gym shorts here, but they are too tight.**

(7) **I bought a pair of medium gym shorts here, but I don't fit to them.**

(8) **I bought a pair of medium gym shorts here, but they don't fit me.**

가능한 문장 **(2) (3) (5) (6) (8)**

어휘 들여다 보기

추리닝 반바지 '추리닝'은 training clothes가 아니라, gym clothes / gym suit / sweat suit / track suit라고 한다. 마찬가지로 '추리닝 반바지'는 training shorts가 아니라 gym shorts다. 한 벌이 분명히 맞지만 반바지(shorts)를 대명사로 받는 경우 it이 아니라 them이라고 한다. 복수형 명사는 단 한 개라도 항상 복수 취급을 한다. 따라서 I bought gym shorts here. 뒤에 단수형 It's too tight.가 아니라 복수형 They are too tight.라고 해야 한다. 그렇다면 I bought a pair of gym shorts here.라고 한 경우, 즉 그냥 gym shorts가 아니라 단위를 나타내는 a pair of와 사용된 경우 it인가, they인가? 이 경우에도 여전히 they라고 해야 한다. 선뜻 납득이 안 되겠지만 영어는 이런 식으로 쓴다.

중간 사이즈 '중간 사이즈', '중간 사이즈 옷'은 middle size가 아니라 a medium 또는 a medium size다. 반바지를 가리키며 '그거 사이즈가 어떻게 돼?(What size are they?)'에 대한 대답으로서 'M 사이즈야.'[16] 는 They are a medium. / They are a medium size.라고 한다. '추리닝 반바지 중간 사이즈 한 개'는 a pair of medium gym shorts / a pair of medium size gym shorts / a pair of medium sized gym shorts다. medium size가 명사를 수식하는 경우 medium size도 좋고 medium sized도 좋다. 참고로, '라지 사이즈 옷' 역시 a large / a large size라고 한다.

(1) I bought middle size <u>training short</u> here, but <u>it's</u> too small. ✕

(2) I bought medium size <u>gym shorts</u> here, but <u>they</u> are too small. ○

(1)은 틀리고 (2)는 좋다. '추리닝 반바지'는 training short가 아니라 gym shorts라고 해야 한다. 아울러, shorts는 복수 취급을 하므로 대명사 it은 틀리고 they가 맞다.

(3) I bought <u>medium</u> gym shorts here, but they are too small. ○

좋다. '중간 사이즈의'는 medium / medium size / medium sized 모두 가능하다. medium은 형용사로서 '중간 사이즈의'라는 뜻이 있고, 명사로서는 '중간 사이즈 물건'이 라는 뜻이 있다. 이 문장에서는 '중간 사이즈의'라는 뜻으로 쓰이고 있다. 한편, medium gym shorts 앞에 some이나 a pair of를 붙이는 것이 문장 흐름상 더 자연스럽다.

(4) I bought <u>a pair of</u> medium gym shorts here, but <u>it's</u> too small. ✕

(5) I bought <u>a pair of</u> medium gym shorts here, but <u>they</u> are too small. ○

(4)는 틀리고 (5)는 좋다. 단위를 나타내는 a pair of(한 벌의 ~)를 썼을 때도 gym shorts는 복수로 받아야 한다. 따라서 3인칭 단수 it's too small이 아니라 복수형 they are too small 이 되어야 한다.

(6) I bought a pair of medium gym shorts here, but they are <u>too tight</u>. ○

좋다. '너무 작아요'라고 할 때 too small / too tight 모두 좋다. tight는 '꽉 조이는'이란 뜻 이다.

(7) I bought a pair of medium gym shorts here, but <u>I don't fit to</u> <u>them</u>. ×

(8) I bought a pair of medium gym shorts here, but <u>they don't fit</u> <u>me</u>. ○

fit은 타동사로 〈A(사물: 옷) + fit + B(사람: 나)〉 형식으로 'A(사물: 옷)가 B(사람: 나)에 꼭 들어 맞다'의 뜻을 갖는다. 따라서 (7) I don't fit to them이 아니라 (8) they don't fit me라고 해야 정확한 문장이 된다. 물론 don't fit은 맞지 않는다는 뜻이니까 클 수도 있고 작을 수도 있다. 어느 쪽인지는 맥락으로 결정된다.

라지 사이즈로 좀 바꿔 주세요.

situation: M 사이즈 반바지를 구입했는데 너무 작아 L 사이즈로 바꾸려고 매장에 다시 왔다.

I bought some medium gym shorts here, but they are too tight.

추리닝 반바지 중간 사이즈 하나를 여기서 구입했는데 너무 꽉 껴요.

라지 사이즈로 좀 바꿔 주세요.

(a) Please change it to large size.

(b) Please change them for a large size.

(c) Please exchange them for a large.

(d) Do you have a larger size?

(e) Do you have one size larger?

(f) I think I need them in a large size.

(a) 틀렸다. 한 벌이지만 반바지(shorts)는 대명사 it으로 쓰지 않고 them으로 쓴다. '라지 사이즈 (옷)'은 부정 관사 a large 또는 a large size다.　(b)(c) 좋다. change도 좋지만 exchange가 훨씬 좋다. exchange ~ to / exchange ~ for / exchange ~ with 모두 좋다. 명령문보다는 Could you ~?가 더 좋다.　(d) 틀렸다. a larger size는 '동일 디자인의 반바지로서 M보다 큰 L, XL, XXL 등을 전부 다'라는 뜻이기 때문에 표제문 맥락에 정 확히 일치하는 문장은 아니다.　(e) 좋다. '한 치수 큰 것'이란 뜻으로 one size larger / a size larger 둘 다 좋 다. 이들은 형용사구니까 목적어가 될 수 없다고 생각할 수도 있겠지만, 달리 생각해서 them[these] one size larger에서 them과 these가 생략되었다고 보면 이해가 잘 될 것이다.　(f) 좋다. '라지 사이즈 (반바지)'는 them in a large size라고 하면 된다.

A

나는 보통 와이셔츠 안에 러닝셔츠를 입어.

situation: 땀 흡수를 위해 여름에도 와이셔츠 안에 소매 없는 러닝셔츠를 입는 것이 습관이다.

(1) I generally wear running shirts inside a Y-shirt.　□

(2) I generally wear an undershirt below a dress shirt.　□

(3) I generally wear an undershirt under a dress shirt.　□

(4) I generally wear a tank top under a dress shirt.　□

(5) I generally wear tank tops under dress shirts.　□

(6) I generally wear a wife beater underneath my dress shirt.　□

'와이셔츠'는 Y shirt가 아니라 white shirt에서 온 말이다. 보통 와이셔츠가 흰색이기 때문에 이렇게 부른 것인데 요새는 그다지 사용되지 않는 말이다. 일반적으로 dress shirt라고 한다. 한편 '러닝셔츠', '난닝구', '런닝구'는 running shirt에서 온 말인데 이 역시 콩글리시다. running shirt는 달리기할 때 입는 소매 없는 상의를 뜻한다. 소매가 있든 없든 '속옷으로서의 러닝셔츠'는 undershirt라고 하며, 소매가 없는 undershirt는 sleeveless undershirt라고 해도 되지만 tank-top이 가장 일반적인 표현이다. 아주 격식 없는 남성들 사이의 대화에서는 wife beater라는 단어도 많이 사용된다.

(1) (2) 틀렸다. '(와이셔츠) 안에'를 inside, '(와이셔츠) 밑에'를 below라고 하지 않는다. 전치사 inside는 3차원 공간에 사용된다. 예를 들어 '방 안에'는 inside a room이다. 표제문의 '안에'는 전치사 under 또는 전치사 underneath가 알맞다. below는 '수직으로, 밑으로'란 뜻이므로 **(2)**는 '하반신에 러닝셔츠를 입는다'는 우스꽝스러운 뜻이 된다. **(3)** 좋다. 다만 undershirt는 소매가 있는 것, 없는 것을 모두 포괄한다. 소매가 있느냐 없느냐가 중요하지 않을 때는 undershirt라고 하면 되고, 굳이 '소매 없는 러닝셔츠'라고 말하고자 하는 경우 sleeveless undershirt라고 하면 된다. **(4) (5)** 좋다. tank top과 dress shirt는 단수형과 복수형 둘 다 좋다. 다만, 동시에 두 개 이상의 tank top과 두 개 이상의 dress shirt를 착용하는 일은 없기 때문에, 단수형 a tank top / a dress shirt라고 하는 것이 더 좋다. **(6)** 좋다. 왜 '소매 없는 흰색 러닝셔츠'를 wife beater라고 부르는지는 어림짐작이 가능할 것이다. 소매 없는 러닝셔츠는 예나 지금이나 아주 싸다. 이렇게 싼 옷은 가난하고 교육 수준이 낮은 사람들이 대체로 많이 입었고, 이들은 또한 아내를 구타하는 경우가 많았다. 여기에서 wife beater라는 단어가 유래한 것이다. 다만 여성이 wife beater라는 단어를 들으면 상당히 기분 나쁠 수 있으므로 사용에 주의를 요한다. 한편 부정관사 a dress shirt도 좋지만, **(6)**처럼 소유격 my dress shirt도 좋다.

I saw the movie.

그 영화 봤어.　　　　　　　배우들이 연기를 잘 했어.

(1)　The actors performed very well. ☐

(2)　The actors did a great job. ☐

(3)　The actors gave great performances. ☐

(4)　The actors gave a great performance. ☐

(5)　The cast gave great performances. ☐

(6)　The cast gave a great performance. ☐

(7)　The performances of the actors were great. ☐

(8)　The performance of the cast was great. ☐

(9)　The cast was great. ☐

(10)　The acting was great. ☐

'배우들'은 복수형 actors다. '배우들'을 집합적으로 생각하여 '(그 영화에 출연한) 연기자 전체'를 뜻하는 the cast 역시 좋다. 단 the cast는 단수 취급한다. '연기'라는 뜻의 performance가 the actors와 함께 사용되는 경우 복수형 performances가 맞고, the cast와 같이 사용되는 경우 단수형 performance가 맞다. 다만 performance 는 '모든 연기자들의 연기를 총체적으로 합한 전체'를 뜻하기도 하므로 the actors와 단수형 performance도 함께 쓸 수 있다. (물론 복수형 performances를 더 선호한다). 또는 the cast를 the cast members로 전환하여 The cast members gave great performances.라고 해도 된다.

(1) 좋다. 원칙적으로 actors는 '남자배우들'만을 뜻하므로 actors and actresses라고 해야 맞겠지만, 너무 길므로 그냥 actors라고만 해도 된다. (2) 좋다. '연기를 잘 했다'를 did a great job으로 전환할 수 있다. 한편, The cast did a great job. 역시 좋다. (3) (4) 좋다. 한국어가 〈부사 + 동사〉 중심의 언어인 반면 영어는 〈형용사 + 명사〉 중심의 언어이기 때문에 '연기를 잘 했다'를 a good performance / a great performance 등으로 표현할 수 있다. (5) (6) (5)는 틀리고 (6)은 좋다. the cast는 집합적으로 '출연진 전원'을 가리킨다. the cast는 단수 취급하므로 (5)의 복수형 performances는 맞지 않다. (7) (8) 좋다. 복수형 the performances of the actors 외에 단수형 the performance of the actors도 좋다. 그러나 복수형 the performances of the cast는 맞지 않다. 단수형 the performance of the cast만 맞다. (9) 좋다. (9)는 배우들의 연기가 훌륭했다는 말이다. 참고로, '그 영화에 출연한 배우들이 정말 대단한 사람들이었다. / 배우들이 정말 적재적소에 잘 배치가 되었다.' 정도의 뜻을 갖기 위해서는 The casting was great.라고 한다. 한편, the cast = the actors이므로 The actors were great[terrific / superb].도 좋다. (10) 좋다. 한국어의 부사 '잘'은 영어로 great / terrific / superb 등으로 표현할 수 있다.

가능한 문장　**A** (3) (4) (5) (6)　**B** (1) (2) (3) (4) (6) (7) (8) (9) (10)

한국어 동사를 영어 명사로 전환하면 생생한 표현이 된다

한국어 동사를 영어 명사로 전환하면 생생한 표현이 된다

한국어는 '부사 + 동사', 영어는 '형용사 + 명사'

이 원칙은 한국어와 영어의 본질적인 차이를 아주 잘 보여 주는 것으로, 영어다운 표현을 하는 데 있어 대단히 유용한 것이다. 한국어는 동사[17] 위주의 언어인 데 반해 영어는 명사 위주의 언어이기 때문에, 한국어 문장을 영어로 옮길 때에는 이를 잘 표현할 만한 명사구 표현을 찾는 것이 아주 중요하다. 한국어로 〈부사 + 동사〉로 표현하거나 절로 표현하는 것을 영어로는 〈형용사 + 명사〉로 표현할 수 있다. 이렇게 해서 한국어 문장에 딱 들어맞는 정확한 영어 명사를 찾았을 때의 희열은 경험해 보지 않으면 알 수가 없다.

'그 사람은 식성이 까다롭다.'는 He's picky about food.도 좋지만 He's such a picky eater.도 좋다. '취업 인터뷰하기 전에 난 엄청 긴장했다.'는 I was really nervous before I had a job interview.라고 해도 되지만 I was a nervous wreck before my job interview.가 훨씬 더 생동감이 있다. '걔는 정말 눈치가 없다.'는 She's so ditzy. 또는 She's so clueless.도 좋기는 하지만 She's such a slow thinker. 역시 훌륭한 문장이다. '전 거짓말 잘 못해요.'는 I'm a bad liar. '노래 잘 못 부르지만 한번 불러 볼게요.'는 I am not much of a singer but I'll try. '그 여자는 매사를 직접 해야 직성이 풀린다.'는 She's a control freak.다. '(그 영화는) 초호화 캐스팅을 자랑하겠죠.'는 It will be star-studded casting.이라고 하면 좋다. '대부분의 남자들은 쇼핑을 정말 귀찮아한다.'를 It's annoying for most men to go shopping.이라고 해도 되지만, It's a real drag for most men to go shopping.이 더 좋다. '60년대 영화 줄거리를 도용한 그 영화는 싼 티가 줄줄 흐른다.'는 It is a poor knockoff of 60's classics.[18]라고 하면 생생하게 뜻이 전달된다.

직역만 하지 말고 취지를 전달하는 명사를 생각하라

한국어 문장을 직역하려고만 하지 말고 한국어 문장의 '취지'를 전달하는 표현을 생각해 보는 것도 방법이다. '더위가 한풀 꺾여 좋다.'라고 할 때 '한풀 꺾이다'를 직역하기는 힘들다. 이럴 때는 취지를 전달하는 명사를 한 번 생각해 보자. 더위가 피크를 지나 막 '방향 전환'을 했다는 말이니까 turnaround를 사용하는 것도 방법이다. 이렇듯이 한국어 문장을 직역하는 습관에서 벗어나 보다 창의적인 대안을 찾는 노력이 중요하다.

영어 단어만으로 문장을 대신할 수도 있다. 급하면 명사, 형용사, 부사만 나열해도 훌륭한 영어가 된다. 어떤 미드에서 '이 건물 안에서는 핸드폰이 안 터져.'를 간단히 No cell service inside.라고 말하는 것을 본 적이 있다. 마찬가지로 '시계 멋있네!'는 Nice watch! '머리 잘 잘랐네!', '머리 이쁘네!'는 Great haircut![19]이라고만 해도 된다. 이렇듯이 무조건 완전한 문장을 구성해야 한다고 생각하지 말고, 간결하고 핵심적인 단어들, 특히 〈형용사 + 명사〉만 모아도 충분히 훌륭한 영어를 구사할 수 있음을 기억하자.

그 사람은 정말 추진력이 대단해요.

situation:
김부장은 시장 개척 같은 업무를 잘하며
반드시 목표를 달성한다.

STEP 1 표제문을 영어 문장으로 만들어 보세요.

Did you hear he successfully launched the products in the Chinese market in such a short period of time?

김부장이 엄청 짧은 기간 내에 중국 시장에 제품을 출시했다는 얘기 들었어요?

그 사람은 정말 추진력이 대단해요.

STEP 2 표제문을 영어로 잘 옮긴 것에 모두 체크하세요.

(1) **He achieves his goal effectively.**

(2) **He's really good at achieving his goals.**

(3) **He's tremendously driven.**

(4) **He's incredibly ambitious.**

(5) **He has tremendous drive.**

(6) **He has incredible energy.**

(7) **He's a natural born leader.**

(8) **He is a real go-getter.**

(9) **He is a man of tremendous drive.**

가능한 문장 **(2) (3) (4) (5) (6) (7) (8) (9)**

> **어휘 들여다 보기** **추진력이 대단하다** '(업무, 프로젝트를 이끌어 가는) 추진력'은 drive / energy다. 따라서 '추진력이 대단하다'는 His drive is incredible. 또는 He has incredible drive. 모두 좋다. 한편, '정말 추진력이 대단하다.'는 '목표 달성을 아주 잘한다.'란 뜻이므로 He's really good at achieving his goals.도 좋다. He's really ambitious. 또는 He's tremendously driven. 역시 좋다. 이런 뜻을 명사로 콕 집어 real go-getter라고 한다. '박력이 있는 사람', '투지가 있는 사람', '야망이 있는 사람'이라는 뜻이다. 직접적으로 표제문의 의미를 뜻하지는 않으나, 어려움을 뚫고 목표를 달성하는 타고난 탁월한 리더라는 뜻으로 natural born leader 역시 좋다.

(1) He achieves his goal effectively. ×

(2) He's <u>really</u> good at achieving his goals. ○

.(1)은 틀리고 (2)는 그럭저럭 괜찮다. (1)은 문장으로서는 문제가 없으나 실생활에서 이런 식의 문장을 사용하지 않기 때문에 틀렸다고 한 것이다. 이것은 업적평가(performance review)의 check list 항목에 나올 만한 문장이다. 대신 (2)가 대화에서 사용될 만한 문장이다. really 대신 amazingly / exceptionally / incredibly를 써도 좋다.

(3) He's tremendously <u>driven</u>. ○

좋다. 형용사 driven은 '(사람이) 투지가 넘치는, 의욕이 넘치는'이란 뜻이므로 표제문 뜻에 부합한다. driven은 합성어에서는 '~주도의', '~중심의'란 뜻도 갖는다. 예를 들어 '시장 주도 경제'는 a market-driven economy이다.

(4) He's incredibly <u>ambitious</u>. ○

좋다. '소년이여! 야망을 가져라!'를 Boys! Be ambitious!라고 하니까 ambitious를 '야망이 있는'이란 뜻으로 생각하기 쉽다. 하지만 최고경영자(CEO)까지 출세하겠다는 목적 의식이 있는 경우가 아니더라도 ambitious를 사용할 수 있다. ambitious는 '목표 달성을 위해 세게 밀어 부치는(pushing himself hard)', 즉, '추진력이 있는', '기대 이상의 성과를 거두는(above what is expected of him)'의 뜻으로 자주 쓰인다. 표제문 맥락에서 ambitious의 의미는 '짧은 시간 동안에 소기의 성과를 거둘 수 있는 추진력이 있는(capable of getting things done within a short period of time)'이란 뜻이다.

(5) He has <u>tremendous</u> drive. ○

좋다. '추진력'을 뜻하는 drive 앞에 '엄청난'을 뜻하는 tremendous를 붙여 표제문 뜻이 되었다. tremendous drive 앞에 부정관사를 a를 써도 되나, 쓰지 않는 것이 더 자연스럽다. 다만 수식 어구가 있는 경우에는 반드시 부정관사 a / an을 써야 한다. 예를 들어 He has an incredible drive to achieve his goals.(그 사람은 목표를 달성하려는 추진력이 정말 대단하다.)라고 한다.

(6) He has incredible <u>energy</u>. ○

좋다. '추진력'은 energy라고 바꿀 수 있다. 또는 He has incredible initiative. / He takes incredible initiative.도 좋다. initiative는 '주도', '주도권'이란 뜻이지만 표제문 맥락처럼 '추진력'을 뜻하기도 한다.

(7) He's a <u>natural born leader</u>. ○

표제문에서 약간 비껴간 문장이지만 그런대로 쓸 만하다. '그 사람은 리더로 타고난 사람이다.'라는 뜻이다. 목표를 설정하고 이를 달성하기 위해 구성원을 잘 동기 부여시켜 온갖 어려움을 뚫고 목표를 달성하는 사람이라는 말이다. 따라서 간접적으로 표제문의 뜻을 나타내고 있다.

(8) He is a <u>real go-getter</u>. ○

좋다. real go-getter는 '박력이 있는 사람', '투지가 있는 사람', '야망이 있는 사람'이라는 뜻이다.

(9) He is a man of <u>tremendous drive</u>. ○

좋다. 다만 경외하는 듯한 찬양 일변도의 표현이므로 감성적인(a little poetic) 문장이다. 따라서 대화 상황에서 쓰기보다는 사망한 사람을 추모하거나, 축사나 연설을 하면서 그 사람의 업적이나 성품을 기리는 맥락에서 더 자주 쓸 만한 문장이다.

STEP 1 표제문을 영어 문장으로 만들어 보세요.

박과장 **She spends so much on bags and clothing.**
이 대리는 가방하고 옷에 돈을 많이 쓰더라.

나 **Yes, she really does.**
응, 엄청 쓰지.　　　　　　이 대리는 명품이라면 사족을 못 써.

STEP 2 표제문을 영어로 잘 옮긴 것에 모두 체크하세요.

(1) She loves luxury goods.

(2) She loves luxury items.

(3) She loves luxury brands.

(4) She is crazy about brand names.

(5) She is head over heels about expensive brands.

(6) She loves big-name brands.

(7) She's a designer brand shopper.

(8) She's such a huge fan of luxury brands.

(9) She has a red-hot love affair with designer label handbags.

가능한 문장 **(2) (3) (5) (7) (8) (9)**

명품 '명품'은 영어로 뭐라고 할까? '명품'은 '유명 상표가 붙은 제품 한 개'를 뜻하기도 하고 '이들 제품의 총칭'이기도 하다.[20] 표제문에서는 후자의 의미로 사용되었다. 표제문은 '이 대리는 루이 비통, 프라다, 구찌, 샤넬 등과 같은 명품 브랜드를 좋아한다.'는 뜻이다. '(고가의 유명 제품의 총칭으로서의) 명품'은 luxury brands / designer items / designer labels 등이 적당하다. goods는 경제학 용어로서 '재화', '화물', '상품', '제품'이므로 luxury goods / branded goods 등은 맞지 않는다. luxury goods는 경제학 용어로서 '필수재'에 반대되는 개념의 '사치재'다. 따라서 한국에서 말하는 '명품'이 여기에 포함되기는 하지만, 비싸기만 하면 그 어느 것도 luxury goods가 될 수가 있다. 예를 들어 비싼 호화 요트, 롤스 로이스 자동차, 명화(名畵) 등을 뜻할 수도 있기 때문에 luxury goods는 표제문 맥락에 맞지 않다. 한편, brand names / big-name brands / big-ticket brands는 '유명 상표'이지 '명품'은 아니다. Nike, Guess, Starbucks, FedEx, Apple처럼 세계적으로 유명한 브랜드를 가지고 있기만 하면, 그 브랜드가 판매하는 제품이 싸든지 비싸든지 관계 없이 brand names / big-name brands / big-ticket brands라고 할 수 있다. 여기에 '최고급'을 뜻하는 high-end를 추가해야 맥락에 맞는 표현이 된다.

사족을 못 쓴다 '사족을 못 쓴다'는 동사 love / 형용사 crazy about / 숙어 head over heels about 모두 좋다. head over heels는 '공중제비를 돌다'는 뜻인데, '너무 좋아서 공중제비를 돌 정도'라고 생각하면 표제문 맥락에 맞는 이유가 짐작이 될 것이다. 참고로 '공짜라면 사족을 못 쓴다.'는 She loves anything free. / She's crazy about freebies.다. 물론 맥락에 따라 얼마든지 달리 표현할 수 있겠다. '술이라면 사족을 못 쓴다.'는 He just can't say no to alcohol.이다. '사족을 못 쓴다'는 명사로도 충분히 표현 가능하다. such a big fan of 또는 such a huge admirer of를 쓰면 영어식의 훌륭한 문장이 나온다.

(1) She loves <u>luxury goods</u>. ×

틀렸다. luxury goods는 경제학 용어로서 '필수재'에 반대되는 '사치재'라는 뜻이다. '사치재'는 루이 비통, 샤넬 같은 '명품'은 물론 유명 미술가의 그림, 고급 공연예술 등 다양하다. 이처럼 luxury goods는 그 범위가 너무 넓기 때문에 표제문 맥락에 적절하지 않다.

(2) She loves <u>luxury items</u>. ○

(3) She loves <u>luxury brands</u>. ○

좋다. '명품'을 나타내는 단어로 luxury items / luxury brands 둘 다 좋다.

(4) She is crazy about <u>brand names</u>. ×

틀렸다. brand names에는 Prada, Chanel 등 명품도 포함되겠지만 나이키, 게스, 스타벅스 등 각종 '유명상표'가 모두 포함되므로 맥락에 잘 맞지 않는다. '명품'은 거의 예외 없이 '유명상표'이지만 모든 '유명상표'가 '명품'인 것은 아니다. 한편, be crazy about은 '~에 푹 빠져 있다'라는 뜻이다.

(5) She is head over heels about <u>expensive brands</u>. ○

좋다. '명품'이 영어로 잘 생각이 안 나거든 '비싼 브랜드(expensive brands)'라고 둘러 표현해도 된다. 보다 구체적으로 expensive bags from Louis Vuitton이라고 해도 된다. 단어가 생각나지 않을 때는 구체적으로 말하면 뜻도 잘 통하고 생생하게 의사 표현을 할 수 있다.

(6) She loves <u>big-name brands</u>. ×

틀렸다. big-name brands 역시 brand names와 같이 '유명상표'를 뜻하므로 맥락에 맞지 않다. big-name 대신 high-end로 고치면 괜찮다. high-end brands는 '명품'을 뜻한다.

(7) She's a <u>designer brand shopper</u>. ○

좋다. 한국어 사용자가 표제문을 보고 shopper(구매자)를 생각해내기가 쉽지는 않다. 단어가 어려워서가 아니라 한국어 동사를 영어 명사로 전환하는 습관이 익숙하지 않기 때문이다. '명품'은 일반적으로 유명 디자이너를 내세우는 경우가 많으므로 designer brand / designer item / designer label 모두 '명품'을 뜻한다.

(8) She's <u>such a huge fan</u> of luxury brands. ○

좋다. such a huge fan은 '매니아'라는 말이다. 이 문장에서 fan 대신 admirer라고 하면 보다 뜻이 세진다. 종교처럼 명품에 열광하고 있음을 나타낸다. 형용사 huge / big 둘 다 좋다.

(9) She has a <u>red-hot love affair with</u> designer label handbags. ○

좋다. red-hot은 '(금속이) 시뻘겋게 달아 있는'이란 뜻에서 '열렬한', '열광적인', '맹렬한'이란 뜻으로 확장되어 쓰인다. 예를 들어, '뜨거운 쟁점'을 a red-hot issue라고 한다. 한편, love affair의 문자적인 의미는 '(섹스를 수반하는) 연애', '애정행각'이지만 have a love affair with 형식으로 '~에 대해 열중하다/열망하다/집착하다'란 뜻으로 널리 쓰인다.

더위가 한풀 꺾여서 좋아.

situation:
지금도 낮에는 아주 덥다.
8월 10일쯤이 더위의 정점이라면
지금 8월 25일 정도로, 아침에
약간 서늘한 기운을 느낄 수 있다.

STEP 1 표제문을 영어 문장으로 만들어 보세요.

더위가 한풀 꺾여서 좋아.

STEP 2 표제문을 영어로 잘 옮긴 것에 모두 체크하세요.

(1) **I'm glad heat got better.**

(2) **I'm glad it seems to cool off a bit.**

(3) **I'm glad it seems to have cooled off a bit.**

(4) **I'm glad it's becoming cooler.**

(5) **I'm glad it's not so hot any more.**

(6) **I'm glad the heat wave has passed its peak.**

(7) **The summer has been at its hottest for a couple of weeks. It's a relief that it seems to be cooling down.**

(8) **It has been a hot several weeks, and finally it's beginning to cool down.**

(9) **I am glad there has been a turnaround with the heat.**

(10) **I'm glad there has been a break in the weather.**

가능한 문장 **(3) (4) (5) (6) (7) (8) (9) (10)**

더위 '더위'를 영어로 표현하는 것은 쉽지 않다. '더위'에 직접 대응하는 단어는 heat 또는 heat wave가 되겠지만, 날씨를 표현할 때는 이를 주어로 삼기보다는 대명사 it을 사용하면 자연스러운 문장을 쉽게 만들 수 있다. 즉, '더위가 한풀 꺾이다'는 It's getting cooler. 또는 It's cooling off.라고 하면 된다.

한풀 꺾이다 8월 하순 정도 되면 낮에는 여전히 불볕 더위는 계속 되지만 저녁 때는 서늘한 바람이 분다. 이런 상황에서 '더위가 한풀 꺾여 좋다.'라고 할 때 동사만 생각하지 말고 '한풀 꺾이다'라는 취지를 전달하는 명사를 한 번 생각해 보자. 명사 break는 '꺾이는 점, 변경점, 분기점'을 뜻하므로 there has been a break in the heat도 좋다. 또는 '(고통, 불안 등의) 경감/완화/제거'를 뜻하는 relief를 활용해서 I'm glad we have seen some realief from the heat.이라고 해도 좋다. 더위가 피크를 지나 막 '방향 전환'을 했다는 말이니까 turnaround를 사용하는 것도 방법이다. 참고로 turnaround는 '(상황의) 호전'을 뜻하기도 해서 '(경기) 회복'이란 의미로도 쓴다. 예를 들어 '연방준비은행은 경기가 회복되고 있음을 시사했다.'는 The Federal Reserve indicated a turnaround in the economy.다.

(1) **I'm glad heat got better.** ×

틀렸다. 이런 표현은 없다. heat 앞에는 정관사 the가 필요하며, got better도 이 맥락에 전혀 어울리지 않는다.

(2) **I'm glad it seems to cool off a bit.** ×

틀렸다. 〈seem + to부정사〉 형식은 '앞으로/향후' 더위가 한풀 꺾일 것이라는 뜻이다. 표제문에서는 이미 한풀 꺾인 상태이므로 〈seem + to have p.p.〉 형식이 맞다. 따라서 이 문장은 전혀 맞지 않다.

(3) **I'm glad it seems to have cooled off a bit.** ○

좋다. 〈seem + to have p.p.〉 형식으로 어떤 사건이 발생했음을 추측하고 있다. '더위가 한풀 꺾이다'는 cool off 또는 cool down을 사용하면 된다. cool off의 주어는 the heat나 the weather를 사용하지 않고 대명사 it을 쓰면 된다.

(4) **I'm glad it's becoming cooler.** ○

좋다. 아직도 여전히 덥지만 최고로 더울 때보다는 덜 더우니까 비교급 cooler를 썼다.

(5) **I'm glad it's not so hot any more.** ○

좋다. 다만 지금도 여전히 덥기 때문에 so가 반드시 필요하다. so는 아주 더울 때에 비해 그 정도로는 덥지 않다는 것을 표현하기 위한 것이다.

(6) **I'm glad the heat wave has passed its peak.** ○

좋다. '더위'를 the heat wave로 표현해도 좋다. '한풀 꺾이다'는 '정점을 지났다'는 말이니까 has passed its peak 역시 좋다.

(7) The summer has been at its hottest <u>for a couple of weeks</u>. It's a <u>relief</u> that it seems to be cooling down. ○

좋다. 통상 무더위가 2주를 넘기지는 않으므로 for a couple of weeks도 좋다. 한편 relief 는 '경감/완화/제거'라는 뜻 외에도 '안심/위안/안도'라는 뜻으로도 빈번하게 사용된다. 따라서 '온도가 내려가서 다행이다.'라는 뜻으로 It's a relief (that) it seems to be cooling down.이라고 하면 표제문 맥락에 잘 맞는다. It's a relief에 부정관사가 반드시 필요하니 주의하자. It's a relief는 I'm relieved / It's good / I like와 같은 뜻이다.

(8) It has been <u>a hot several weeks</u>, and finally it's beginning to <u>cool down</u>. ○

좋다. '더위가 한풀 꺾이다'는 '시원해지다'란 말이므로 cool down 또는 cool off 둘 다 좋다. 한편 a hot several weeks는 weeks가 복수형이지만 앞에 부정관사 a를 쓴다. hot several weeks를 한 개의 단위로 보고, 그 한 개의 단위 기간을 표시하기 위해 부정관사 a를 사용한 것이다. 예를 들어, 고학을 하며 무척이나 고생했던 대학 생활을 회상하며 '고통스러운 4년이었지만 난 마침내 해냈다.'는 It was a miserable four years, but I finally finished.라고 한다.

(9) I am glad there has been a <u>turnaround</u> with the heat. ○

(10) I'm glad there has been a <u>break</u> in the weather. ○

좋다. 표제문을 직역해서 동사로 바꿀 생각만 하지 말고 '한풀 꺾이다'의 취지를 전달하는 명사 turnaround / relief / break를 사용해 보자. I'm glad there has been a relief from the heat. 또는 I'm glad we've seen some relief from the weather. 역시 좋다.

(소득세 인상 발표 후에)
대통령 인기가 뚝 떨어졌어.

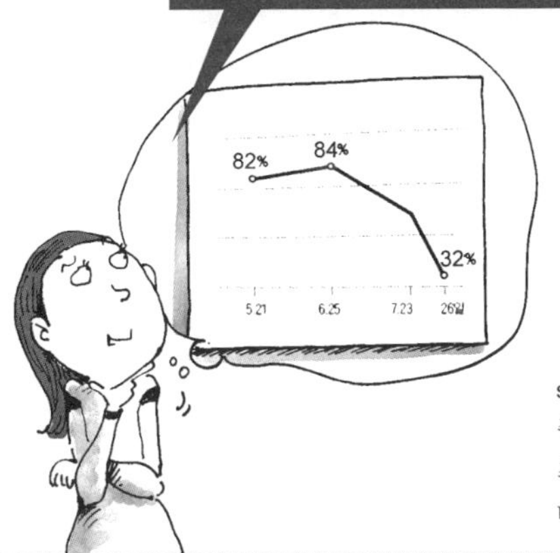

situation:
취임 초에는 대통령의 지지율이 하늘을 찔렀으나
최근의 소득세 인상 발표로 인해 지금은 지지율이
바닥으로 떨어지고 있다.

STEP 1 표제문을 영어 문장으로 만들어 보세요.

After the president's announcement of an income tax increase,

소득세 인상 발표 후에

대통령 인기가 뚝 떨어졌어.

STEP 2 표제문을 영어로 잘 옮긴 것에 모두 체크하세요.

(1) **his popularity fell suddenly.**

(2) **he lost his popularity big time.**

(3) **his popularity fell a lot.**

(4) **his approval rate was slashed by a large margin.**

(5) **his popularity plummeted.**

(6) **his presidential approval rate dropped dramatically.**

(7) **he suffered a sharp fall in his popularity.**

(8) **he saw a sharp fall in his popularity.**

가능한 문장 **(3) (4) (5) (6) (7) (8)**

인기 대통령의 '인기'는 대통령의 국정수행 '지지율'을 말하며 영어로는 presidential approval rate라고 한다. popularity 역시 같은 뜻이다. approval rating / approval figures도 좋다.

인기가 뚝 떨어졌다 '인기가 뚝 떨어졌다'는 His popularity dropped[fell] dramatically.도 좋지만, 명사를 활용하여 He suffered a sharp fall in his popularity.라고 해도 충분히 좋은 표현이 된다. 타동사 slash는 '대폭 줄이다/낮추다'란 뜻이므로 수동태 was slashed는 '낮아졌다'라는 뜻으로 사용된다. 즉 His presidential approval rate was slashed by a large margin. 역시 좋다. 마찬가지로 타동사 cut 역시 수동태 was cut 형식으로 표제문 뜻으로 사용할 수 있다.

(1) his popularity fell <u>suddenly</u>. ×

틀렸다. suddenly는 '갑자기(unexpectedly)'란 뜻이지 '큰 폭으로(by a large margin)'란 뜻이 아니다. 아울러 이 문장은 대화보다는 신문 기사에 나올 법한 격식적인 문장이다.

(2) he lost his popularity <u>big time</u>. ×

틀렸다. big time이 '대단히'라는 뜻은 맞는데 주로 어린애들이 쓰는 상당히 유치한 표현이다. 사용하지 않는 것이 좋다.

(3) his popularity <u>fell</u> <u>a lot</u>. ○

(4) his approval rate <u>was slashed</u> <u>by a large margin</u>. ○

좋다. 표제문의 '뚝'은 '큰 폭으로'란 뜻이므로 a lot / by a large margin / by a big margin / by a great deal을 쓸 수 있다. '떨어졌다'는 fell / dropped / was slashed / was cut으로 표현할 수 있다.

(5) his popularity <u>plummeted</u>. ○

좋다. plummet[plʌmit]는 명사로는 '줄에 달아 늘어뜨리는 납', '다림추', '다림줄', 동사로는 '수직으로 떨어지다', '(인기/물가/주가 등이) 폭락하다/급락하다/곤두박질치다'라는 뜻이다. 예를 들어, Share prices plummeted to an all-time low.(주가가 사상 최저치로 곤두박질쳤다.), As profits plummet, the outlook is not good.(수익이 급락하면서, 전망이 좋지 않다.)처럼 쓸 수 있는 단어다. 반대로 '지지율이 급상승했다'는 His popularity soared.라고 한다.

(6) his presidential approval rate dropped <u>dramatically</u>. ○

좋다. dramatically는 '(상당히) 큰 폭으로'라는 뜻이다.

(7) he <u>suffered a sharp fall</u> in his popularity. ○

좋다. 동사 suffer 대신 experience도 좋고, sharp 대신 steep / dramatic / huge도 좋다.

(8) he <u>saw</u> a sharp fall in <u>his</u> popularity. ○

좋다. 여기서 see는 experience와 마찬가지로 '겪다', '경험하다'의 뜻으로 쓰이고 있다. in popularity와 in his popularity 둘 다 좋지만 소유격 his를 쓰는 것이 훨씬 자연스럽다.

situation:
모기한테 몇 군데 물렸는데 가려워서 슬슬
긁었더니 부어올라 염증이 생겼다.

STEP 1 표제문을 영어 문장으로 만들어 보세요.

Last night I was bitten several times by mosquitos.

어젯밤에 모기한테 몇 방 물렸어.

물린 데가 부어올라 건드릴 때마다 아파.

STEP 2 표제문을 영어로 잘 옮긴 것에 모두 체크하세요.

(1) **The injuries are swollen and painful whenever I touch them.**

(2) **The wounds are swollen and painful when being touched.**

(3) **The bites are swollen and painful when I touch them.**

(4) **The bites are swollen and painful to touch.**

(5) **The bites became swollen and they hurt when I touch them.**

(6) **The bites became swollen and they're sore when I touch them.**

(7) **The bites are swollen and every touch feels painful.**

(8) **The bites are swollen and every touch hurts.**

(9) **The swollen bites are painful with every touch.**

가능한 문장 **(3) (4) (5) (7) (8) (9)**

부어오르다 '부어오르다'는 수동태 are swollen이므로 '물린 데가 부어오르다'는 The bites are swollen이라고 하면 된다. '물린 데가 건드릴 때마다 아프다'는 The bites are painful when I touch them이 좋다. 따라서 표제문은 The bites are swollen and painful when I touch them.이라고 하면 좋다. 또는 명사를 활용하여 '건드릴 때마다'를 every touch로 전환해서 every touch is painful / every touch hurts라고 해도 간결하고 훌륭한 표현이 된다.

(1) The <u>injuries</u> are swollen and painful whenever I touch them. ×

(2) The <u>wounds</u> are swollen and painful when being touched. ×

틀렸다. '벌레에게 물린 상처'는 injuries / wounds라고 하지 않는다. 일반적으로 wound는 전투나 사고로 인해 절개됐거나 크게 갈라진(open or gaping) 상처를 말한다. injury는 wound보다는 포괄적이다. 사고 등으로 인해 다리가 부러진 것은 injury이며 wound라고 하지 않는다. '(벌레에게) 물린 상처'는 bite라고 한다. 참고로, bite에는 '(벌레가) 물다'라는 뜻도 있다.

(3) The bites <u>are swollen</u> and <u>painful when I touch them</u>. ○

좋다. '부어올랐다'는 are swollen이며, '건드릴 때마다 아프다'를 painful when I touch them으로 표현했다.

(4) The bites are swollen and <u>painful to touch</u>. ○

좋다. '건드릴 때마다 아프다'는 달리 말하면 '건드리면 아프다'이며, 이를 표현하기 위해서는 to부정사의 부사적 용법의 '조건' 용법을 활용하면 된다. painful to touch는 '건드리면 아프다'라는 뜻이다.[21] 아울러, 왜 to부정사 to touch 뒤에 them 같은 목적어가 없는지 궁금해 하는 독자들도 있을 것이다. 이것은 원래 〈가주어 it ~ 진주어 to부정사〉 구문이다. 즉 it's painful to touch them(= the bites)이 원형인데, 가주어 it을 없애는 대신 to부정사의 목적어 them(= the bites)을 주어로 삼아 표현할 수 있다. 즉, the bites are painful to touch가 가능한 것이다.

(5) The bites became swollen and <u>they</u> hurt when I <u>touch</u> them. ○

좋다. 여기서 they는 '물린 상처(bites)'를 말한다. hurt 대신 동사 sting을 써도 좋다. sting은 '따끔거리다/따갑다/쓰리다'란 뜻이다. 예를 들어, '베인 상처에 소독약을 좀 발랐더니 잠시 따끔했다'는 I put some antiseptic on my cut and it stung for a second.다. (stung은 sting의 과거형이다.) 아울러, 긁어서 염증이 생긴 상황이므로 touch 대신에 scratch를 써도 좋다.

(6) The bites became swollen and they're <u>sore</u> when I touch them. ×

틀렸다. sore(아픈, 따가운)는 건드릴 때만 일시적으로 아픈 것 말고 가만 있어도 지속적으로 쑤시고 아픈 것을 뜻한다.

(7) The bites are swollen and <u>every touch feels painful</u>. ○

(8) The bites are swollen and <u>every touch hurts</u>. ○

좋다. 한국식 생각으로는 아픈 것을 느끼는 주체는 '나'이므로 feel painful과 hurt의 주어로 every touch를 쓰는 것이 다소 어색할 수 있겠지만, 영어식으로는 아무런 문제가 없다. 통증의 원인이 되기만 하면 그 어떤 것도 feel painful과 hurt의 주어가 될 수 있기 때문이다. 참고로 '아프다'라고 할 때 I feel painful. / I hurt.는 전혀 말이 안 되는 완전히 틀린 문장이다.

(9) <u>The swollen bites are painful</u> <u>with every touch</u>. ○

좋다. '상처가 부어올라'를 '부어오른 상처(the swollen bites)'로 전환했다. 아울러 '건드릴 때마다(when I touch them)'를 with every touch라고 표현한 점에도 주목하자.

A
목이 붓고 몸에 열이 나.

situation: 목이 부어 침을 삼킬 때마다 아프다. 열이 심하지는 않으나 다소 있어 몸이 보통 때보다 뜨겁다. 병원에 가 볼 생각이다.

I'll see a doctor soon.

목이 붓고 몸에 열이 나.   좀 이따가 병원 가려고 해.

(1) My throat swelled up and heat is coming up.   ☐

(2) My throat swelled up and my temperature is high.   ☐

(3) My throat is swollen and my fever is rising.   ☐

(4) My throat is swollen and I'm getting a fever.   ☐

(5) I have a swollen throat and I'm feeling a little feverish.   ☐

(6) I have a swollen throat and a fever.   ☐

'목이 부었다'는 '붓다, 부어오르다'라는 뜻의 동사 swell up을 활용하면 된다. 또는 〈형용사 + 명사〉 구성을 취하여 a swollen throat라고 해도 좋다. '목이 부었다'는 바이러스 감염이 있었다는 뜻이므로 I have an infection in my throat 역시 좋다. 또는 목이 부어 목이 아픈 '인후염에 걸렸다'는 뜻으로 I have a sore throat 역시 좋다. '열이 난다'는 my fever is beginning to rise / my temperature is beginning to rise 모두 좋다. 또는 I have a fever / I have a temperature 역시 좋다.

(1) 틀렸다. 체온이 올라가는 현상을 뜻하는 '열'은 heat가 아니라 fever다. 또는 '체온'을 뜻하는 temperature를 활용하여 my temperature is high라고 한다. **(2)** 좋다. 과거시제 my throat swelled up도 좋으나, 현재완료시제 my throat has swelled up이 더 좋다. **(3)** 좋다. 수동태 my throat is swollen도 좋고, 소유격 my fever is rising / my fever is beginning to rise도 좋다. **(4)** 좋다. 또는 I have a fever / I have a temperature라고 해도 좋다. 열이 좀 심하게 나는 경우 I have a high fever / I have a high temperature라고 한다. **(5)** 좋다. 형용사 feverish는 '(감기, 몸살 등으로 인해) 열이 나는'이란 뜻이다. **(6)** 좋다. '목이 부었다'를 I have a swollen throat로, '열이 난다'를 I have a fever로 표현하면 이처럼 깔끔한 문장이 나온다.

situation: 수지는 똠얌꿍, 팟타이 같은 태국 음식을 무척 좋아해서 자주 태국 음식점에 가고는 한다.

(1)　She loves the Thai foods.　☐

(2)　She loves Thai food.　☐

(3)　She is crazy about Thai food.　☐

(4)　She is a Thai food mania.　☐

(5)　She is a Thai food maniac.　☐

(6)　She is a Thai food addict.　☐

(7)　She is a Thai food freak.　☐

(8)　She's a Thai food fanatic.　☐

'태국 음식을 엄청 좋아한다'라는 문장을 '태국 음식 중독자/애호가/광팬'처럼 명사로 전환해 보면 영어 표현을 떠올리기 쉽다. 즉, Thai food enthusiast / Thai food freak / Thai food buff / Thai food nut / Thai food fan 같은 표현이 가능하다. 극단적으로 태국 음식을 좋아한다면 '태국 음식 매니아'라는 뜻으로 Thai food maniac도 괜찮다.[22]

(1) 틀렸다. 복수형 foods는 틀렸고, 앞에 붙은 정관사 the도 틀렸다. Thai food 자체가 모든 종류의 태국 음식을 포괄하는 것이므로 복수형 foods로 쓸 필요가 없다. (2) 좋다. '엄청 좋아한다'를 동사 loves 또는 enjoys로 나타낼 수 있다. (3) 좋다. be crazy about / be crazy for / go crazy for 모두 좋다. (4) 틀렸다. mania는 '광적인 열중/열광 현상'을 말하며, 의학적으로는 '극도의 흥분과 때로는 환각과 난폭한 거동이 따르는 정신착란증'을 뜻한다. 이런 증상을 갖고 있는 '사람'을 maniac라고 한다. (5) 좋다. 한국어에서 말하는 '매니아'는 영어로는 maniac(mania 증상을 가지고 있는 사람)다. 따라서 '태국 음식 매니아'라는 뜻으로 Thai food maniac을 쓸 수 있다. (6) 좋다. addict는 우리가 말하는 '매니아'에 가까운 말이다. 가산명사이므로 앞에는 부정관사 a / an이 필요하다. (7) 좋다. 다만, freak는 '괴짜', '변태', '성도착자', '신경증환자' 등 부정적인 뜻으로도 자주 사용되므로 가급적 Thai food + enthusiast / nut / fan / fanatic이라고 하는 것이 좋다. (8) 좋다. fanatic은 '광적인 사람'을 뜻하는 단어이다. 가령, '스포츠광'은 sports fanatic, 건강에 광적으로 신경을 쓰고 매일 헬스장에 들락거리는 '헬스광'은 fitness fanatic, '광적인 신자'는 religious fanatic, '맨유광'은 Manchester United fanatic라고 한다.

1 단수형 manner는 '(사람의) 태도', '몸가짐', '언행'이란 뜻이고, 복수형 manners는 '예의범절', '예절', '예법'이란 뜻이다. 예를 들어, '왜 이리 버릇이 없니?'는 Where are your manners?이며, '그 사람은 예의라고는 없다.'는 He has no manners.다. 영화 「킹스맨(Kingsman)」에서 해리(콜린 퍼스 분)가 불량배들을 혼내 주며 했던 대사 Manners maketh man.(매너가 사람을 만든다.)을 예로 들며 manners는 단수 취급한다고 주장하는 웹사이트들이 많이 있으나, 터무니없는 무책임한 주장이다. Manners maketh man의 연원은 14세기로 거슬러 올라가며, 문법과 의미가 현대 영어와 상당히 달랐던 중세 영어를 그냥 그대로 쓰고 있는 관용어구에 불과하다. 다시 말하지만 '예절'을 뜻하는 manners는 복수 취급하니 주의하자.

2 '느낌'은 감정(emotion)과 감각(sensation, 촉감과 같은 신체적인 감각)을 포함한다. 한국어 단어 '느낌'과 영어 단어 feeling 둘 다 감정과 감각 두 가지 뜻을 모두 포함하고 있다. '느낌', '기분', '감정' 등은 일면 구분이 되나 서로 호환되는 경우도 많다. 영어의 feeling, mood, emotion, sentiment, sensation 역시 구분이 되나 호환되는 경우도 많다. 이러니 '느낌'을 feeling, '기분'을 mood, '감정'을 emotion으로 일대일로 암기해 봐야 실제로는 실익이 별로 없다. 이들 단어들은 다대다(many to many) 대응이라고 생각하고 표현과 문장을 통해 이해해 나가는 것이 좋다. 한꺼번에 외우려고 해 봤자 오히려 헷갈리기만 하니, 시간을 두고 천천히 공부해 나가도록 하자.

3 명사 mood로 표현하는 것을 동사 feel로 표현할 수도 있다. 예를 들어, '오늘 나 기분 좋다.'는 I'm in a good mood today. '오늘 나 기분 나쁘다'는 I'm in a bad mood today.인데, '나 기분 좋다.'를 I feel good. / I feel well. / I feel wonderful. / I feel terrific. / I'm on cloud nine. 등으로 얼마든지 다르게 표현할 수 있다. 마찬가지로 '나 기분 나쁘다.'는 I feel bad. / I feel terrible. / I feel awful. / I feel shitty. / I feel blue. / I feel down. 등으로 표현할 수도 있다. 또한, '나 오늘 농담할 기분 아니다.'는 I'm in no mood for jokes now.(단수형 a joke는 불가하다) 또는 I don't feel like cracking a joke now.(복수형 jokes도 좋다) 등으로 표현할 수 있다.

4 이런 맥락에서는 반드시 복수형 emotions / feelings라고 해야 한다. There have been a lot of bad feelings between them.(둘은 서로 간에 감정이 좋지 않았다.), Bad emotions have built up between them.(두 사람 사이에 악감정이 쌓였다.) 역시 복수형 emotions / feelings다. The feelings/emotions toward Japan have worsened in Korea.(한국에서 반일 감정이 고조되었다.) 역시 마찬가지다.

5 술을 마시면 알코올의 영향으로 취기가 느껴지는데 이것을 get a buzz 또는 get buzzed라고 한다. 이 단계를 넘어 술을 계속 마시면 '알딸딸한' 상태가 되는데 이 상태가 tipsy다. 여기서는 레드 와인 두 잔으로 취기가 느껴지는 정도를 넘어 알딸딸하다는 점을 나타내고자 하므로 tipsy가 더 좋다.

6 burner는 화학실험실에서 쓰는 가열도구도 가리킬 수 있다. 종류를 불문하고 가열하는 도구는 모두 burner라고 할 수 있다.

7 북미에서 oven은 따로 판매하는 경우가 있지만, stovetop만 따로 분리해서 설치하거나 판매하는 경우는 거의 없다고 보면 된다. 즉, 북미에서 stovetop은 거의 예외 없이 stove와 range의 일부로 판매된다.

8 다만, 이 문장은 업적평가(performance review)에서 체크하는 check list에 맞는 문장이므로 대화에서 사용하기 어색하다는 주장도 있으니 참고하기 바란다.

9 비록 사전에서 capable을 very good at doing a job이라고 정의하고 있기는 하지만 실제 문장이나 대화에서는 '보통' 정도의 뜻으로 사용된다. competent 역시 마찬가지로 '보통' 정도의 뜻이다. '잘한다'와는 거리가 한참 멀다.

10 '컨디션'은 콩글리시다. 이때의 '컨디션'은 영어의 condition과는 전혀 관련이 없다.

11 It's upsetting me가 아니라, me를 제거하여 It's upsetting이라고 하는 것이 보통이다. 이때 upsetting은 '속상하게 하는'을 뜻하는 형용사이므로 me를 사용하지 않는 것이다.

12 '마음이 우울하다.'는 I feel low[down / blue / depressed / gloomy].이며, '마음 편히 가지세요.'는 Take it easy. '마음이 들떠서 일이 손에 안 잡힌다.'는 I can't concentrate on work because I'm so excited. '지호가 사과하자 내 마음이 풀렸다.'는 My anger melted away when he apologized. '지호가 제 마음대로 하려고 한다.'는 He's insisting on his own way. 지호가 내게 자기 하고 싶은 대로 하겠다고 하면서 '내 맘이야.'라고 하는 경우 This is what I want. / I'll do what I want.다. 한편, 여자친구가 남자친구에게 발렌타인 데이에 작은 선물을 주면서 하는 말 '내 마음이야.'는 직역이든 의역이든 옮기기가 마땅치 않다. 대체로 작은 선물을 주는 상황에 This is something I got for you. It's not a big deal, though. / I got something for you. It made me think of you. / I've got something for you, as a sign of my love for you. 등으로 표현하므로 이런 문장들을 활용할 수 있겠다.

13 참고로, 각 예문의 단수/복수 사용과 관련, 둘 중 어느 형태를 보다 선호하는 경우도 있고 절대적으로 어느 하나만 사용하고 다른 형태는 사용하지 않는 경우도 있다. 각 문장들에서 단수와 복수와 관련하여 다른 형태가 가능한지 살펴보자. Please open your books to page 189.은 단수형 your book도 가능하다. 소유격 your는 2인칭 단수(너의), 2인칭 복수(너희들의) 둘 다 가능하지만, 다른 언급이 없는 경우 보통 2인칭 단수로 인식되므로 단수명사 book 또한 별 문제 없이 느껴지기 때문이다. She told us to write our names on the piece of paper.는 단수형 name은 불가하다. our name은 '우리 모두가 똑같은 이름 한 개를 가지고 있음'을 뜻하기 때문에 상당히 어색하게 들린다. If you have any questions, raise your hand.는 복수형 hands가 불가하다. 반면, Those in favor, please raise your hands.는 단수형 hand가 불가하다. All vehicles come with a CD player.는 복수형 all vehicles가 선행하므로 복수형 CD players도 좋다. Did you see my car keys?는 습관적으로 단수형 key라고는 하지 않는다.

14 He's employed in our company. (in 외에 with나 at도 좋다.) 또는 We work at the same company.(at 외에 for도 좋다.) 등도 물론 좋다. 그 사람하고 같은 부서에서 일하는 경우 He's one of my coworkers.라고 하면 된다.

15 다만 at the luxurious duty-free shops처럼 duty-free shops를 수식하는 어구(여기서는 형용사 luxurious)가 있는 경우 정관사 the가 반드시 필요하다.

16 한국어에서는 'M 사이즈', 'L 사이즈', 'XL 사이즈'처럼 쓰지만, 영어로는 M size, L size, XL size라는 말은 쓰지 않는다. 반드시 medium size, large size, extra large size라고 쓰고 읽는다. 아울러, size를 굳이 사용하지 않는 것이 더 일반적이다. 즉, '그거 M사이즈야.'는 They are a medium size.보다는 They are a medium.이 더 일반적이다. 마찬가지로, They are a large size.보다는 They are a large.가 일반적이다. 'M사이즈 반바지 한 개'도 a pair of medium size gym shorts보다는 a pair of medium gym shorts가 일반적이다.

아울러, 한 사이즈로 모든 사람한테 다 맞는다는 의미로 '프리 사이즈'라는 말도 많이 하는데 이 역시 콩글리시다. 영어로는 one size fits all이라고 한다. 예를 들어, '그거 프리 사이즈예요.'는 It's one size fits all.이라고 한다. 저자의 튜터들은 free size를 전혀 들어 본 적이 없다고 했다. 전혀 말이 안 되는 표현이지만 굳이 해석을 하자면 free가 '무료의'란 뜻이므로 free size는 '공짜 사이즈'라는 뜻이 연상된다고 했다.

17 여기서 한국어 '동사'는 형용사를 포함하는 '용언'을 말한다. 한국어의 형용사는 활용을 한다는 점에서 본질적으로 동사와 차이가 없다. 반면, 영어의 형용사는 비교급을 제외하고는 전혀 변화가 없다. 따라서 영어의 형용사는 명사와 비슷한 성질을 갖는다.

18 of 60's classics도 좋지만 of classics in the 60's 역시 좋다. '80년대', '90년대'처럼 연도의 특정 기간을 표현하기 위해서는 정관사 the가 필요하다. 예를 들어, '그건 80년대부터 시작되었다.'는 It started in the 80's.다.

19 이 경우 절대로 부정관사를 붙여 A nice watch! / A great haircut!이라고 하지 않는다. 온전한 문장이 아닌 경우 관사를 생략하는 것이 일반적이다.

20 '명품 한 두 개'처럼 개별 제품을 뜻하는 경우 어떻게 표현할까? 예를 들어 '한국 여자치고 명품 한 두 개 안 가지고 있는 여자는 거의 없다.'라고 할 때는 items 또는 things를 써서 표현하면 된다. 이 문장을 직역하면 There are few Korean women who don't have at least a few items[things] from luxury brands.라고 할 수도 있겠지만, 이건 불필요하고 어렵게 표현한 문장이다. 쉽게 말해, Nearly all Korean women have at least a few items[things] from luxury brands.라고 하면 좋다. '명품 일반'을 뜻하는 경우 luxury brands이고, '명품 한 개', '명품 한 점' 등 개별적인 명품을 뜻하는 경우 items from luxury brands 또는 things from luxury brands 등으로 표현하면 좋다.

21 to부정사의 부사적 용법에는 목적(~하기 위하여), 원인(~해서 ~하다), 이유, 판단의 근거(~하는 것을 보니, ~하다니), 결과(~했다, ~해 버렸다), 조건, 가정(~한다면), 형용사 수식, too ~ to부정사, enough to부정사 용법이 있다. 표제문 맥락에 '건드릴 때마다 아프다'는 to부정사의 '조건' 용법을 적용하기가 아주 적절하다.

22 〈말하기 영작문 트레이닝〉의 559페이지에서, '축구 매니아'라는 뜻으로 football maniac은 훌리건 같은 미치광이들을 뜻하므로 불가하다고 한 적이 있다. 그렇다면 '태국 음식 매니아'라는 뜻으로 Thai food maniac 역시 불가하다고 하는 것이 순리일 것이다. 하지만 Thai food maniac은 쓸 만하다. 왜냐하면 축구와 달리 음식을 가지고 훌리건처럼 미치광이 짓거리를 하기는 곤란하며, 20대 젊은 층에서 maniac의 사용이 훨씬 더 수용도가 높아졌음을 네이티브와 얘기하면서 느꼈기 때문이다. 즉 20대, 30대 네이티브는 maniac의 사용에 대해 그다지 큰 거부감을 보이지 않는 것으로 판단된다. 한편, 이들 세대는 '축구광'이란 뜻으로 football maniac이라고 하는 것에도 큰 거부감이 없다.

한국어에서는 '당신'을 잘못 사용하면 싸움이 날 수도 있습니다. '당신'은 상황에 따라 높임말도 되고 낮춤말도 되기 때문입니다. 그래서 대신 상대방이 누구냐에 따라 '사모님', '선생님', '사장님', '언니', '오빠' 등으로 바꿔 쓰게 되지요. 사실 한국어에서는 '너', '당신' 같은 2인칭 대명사는 아주 가까운 사이가 아니면 잘 안 쓰는 편입니다.

거꾸로, 한국어를 막 배우기 시작한 외국인이 '당신'을 맥락에 맞지 않게 사용하거나, '나는 너를 사랑해요.'처럼 주어, 목적어를 빼먹지 않고 꼬박꼬박 말하는 것을 보고 웃은 적도 있을 것입니다. 영어는 주어, 동사, 목적어 등이 하나의 건물을 형성하고 있다고 보면 됩니다. 구성 요소를 빼버리면 건물, 즉 문장이 무너져 버리기 때문에 좀처럼 요소를 생략하는 법이 없습니다. 건물도 살리고 간결성과 효율성도 얻기 위해 영어는 대명사를 사용합니다.

흔히 지시대명사, 지시형용사라고 부르는 this / that과 3인칭 대명사 it을 무조건 '이것', '저것', '그것'으로 일대일로 대응하면 곤란합니다. 대상에 대한 화자의 인식(물리적, 심리적 거리)과 이미 알고 있는 사실인지 새로운 정보인지 여부 등에 따라 어느 것을 써야 하는지가 결정됩니다. 이런 차이를 다양한 예문을 통해 알아보도록 하겠습니다.

대명사로
말하는
습관을 가져라

법칙 09 대명사로 말하는 습관을 가져라

영어는 대명사로 간결성과 명확성을 추구한다

한국어 문장에서는 없어도 의사소통에 문제가 없는 문장성분은 과감히 뺀다. 주어, 목적어, 소유격이 주로 삭제된다. 그러나 영어 문장에서는 기본적으로 주어, 목적어, 소유격이 반드시 들어가야 하며, 이러한 문장성분이 반복될 때는 대명사로 표현한다. 영어는 반복을 싫어하는 언어지만, 유일하게 반복해도 문제 없는 품사가 바로 대명사다. 다음 대화를 살펴보자.

A Look out! There's a car coming!
B That was a close call. I didn't see it coming.

A 조심해! 차 온다!
B 큰일 날 뻔했네. 차 오는 줄도 몰랐어.

영어 대화를 살펴보면, B에서는 명사 a car 대신 대명사 it을 썼다. 물론 the car를 써도 크게 문제는 없다.[1] 하지만 특별히 the car를 강조해야 하는 상황이 아니라면 it을 쓰는 것이 일반적이다. 반면 한국어 대화에서는 '차'를 그대로 반복하고 있다. 여기서는 아예 '차'가 빠진다고 해서 크게 문제가 생기지도 않는다. 그러나 영어 대화에서 it이나 the car가 빠지면 5형식 문장의 필수 요소인 목적어가 빠져서 문장이 성립되지 않는다.

빠진 대명사를 찾아 복원하라

다음은 영화 『다이하드4: *Live Free or Die Hard*』에 나오는 대화다. 천재 해커 매튜 패럴이 주인공인 존 맥클레인에게 뭣 때문에 죽을 위험을 감수하며 고생을 사서 하는지 묻는 장면이다.

매튜 Then why are you doin' this?
존 Cause there's nobody else to do it now.
If there was somebody else to do it, I would let them do it.
But there's not. So we're doin' it.

매튜 근데 형사님은 왜 이렇게 하시는 거죠?
존 왜냐면 아무도 (이걸) 안 하니까.
다른 사람이 (이걸) 하면 그 사람한테 (이걸) 하라고 놔둘 거야.
근데 아무도 안 나서. 그래서 할 수 없이 우리가 (이걸) 하고 있는 거지.

동사 do는 타동사라서 목적어가 필요하다. 위의 대화에서도 목적어로 this 또는 it을 항상 쓰고 있다. 일상 대화니까 주어나 목적어를 빼먹어도 문제 없을 것 같다는 생각도 들고, 더구나 뻔히 아는 얘길 하는 상황이라 it이 계속 반복되므로 좀 빠진다 한들 무슨 문제가 되겠는가 생각이 들 수도 있을 것이다. 하지만 두 사람은 철저하게 대명사를 넣어서 말하고 있다. 반면 존의 한국어 대사를 보면 '이걸'을 생략해도 큰 문제가 없다.

따라서 한국어 문장을 영어로 말한다고 생각하면 한국어에서는 생략되었을 수 있는 주어와 목적어를 반드시 염두에 두어야 한다. 그리고 이 주어와 목적어는 특별한 경우가 아니면 대명사로 표현하는 것이 일반적이다. 즉, 한국어는 대명사를 생략하는 것이 일반적이므로 한국어 문장을 영어로 전환하는 경우에는 빠져 있는 대명사를 찾아 문장 속에 복원해 줘야 한다.[2]

일반인을 뜻할 때는 you / they / we

대명사를 쓸 때 우리가 일반적으로 생각하는 문법과는 조금 다른 경우가 있다. 예를 들어, '20퍼센트 할인 가격으로 표를 예매할 수 있다.'를 영어로 말한다고 하자. 이 문장의 주어는 '누구나', 즉 일반인이다. 한국어에서는 주어를 생략해도 오해가 없다. 하지만 영어는 주어가 명확해야 하므로 일반인을 뜻하는 대명사 you / they / we를 주어로 내세우는 경우가 많다. 따라서 이 문장은 A person can book tickets at a 20 percent discount.라고 할 수도 있지만, you 또는 we를 써서 You[We] can book tickets at a 20 percent discount.라고 표현하는 것이 더욱 일반적이다. 맥락상 이 문장에서 they를 사용하기는 곤란하다. they는 '보통 사람', '세상 사람'을 뜻하므로 일반적인 원리, 규칙을 말할 때 자주 사용된다. 예를 들어, '사랑은 맹목적이라고 하잖아.'는 They say love is blind.다. 물론 they 대신 people이라고 해도 문제는 없다.

3인칭 단수 대신으로 쓰이는 they / them / their

영어에서는 남성과 여성을 반드시 구분하는 언어적 특성 때문에 이를 회피하기 위해 복수가 아닌 상황에서도 they / them / their를 쓰는 경우가 많다. 이 역시 한국어에서는 발생하지 않는 상황이다. 예를 들어 '안전은 각자 책임이다.'라고 할 때, 원래는 Everybody is responsible for his own safety.가 맞는 문장이지만 대화에서는 Everybody is responsible for their own safety.라고 하는 경우도 많다.

주어는 명사보다 대명사가 우선이다.

대명사와 명사를 혼용하여 주어를 쓰는 경우, 1인칭(I)을 제외하고는 대명사가 먼저 오는 것이 일반적이다. 다만, 2인칭의 경우 명사를 먼저 쓸 수도 있겠다. 그러나 여전히 대명사 you가 먼저 오는 것이 더 자연스럽다.

'Jane하고 나는 이미 깨졌다.'에서는 주어를 Jane and I라고 한다. Jane and me처럼 목적격 me도 괜찮다는 사람도 있기도 하고, 실제 이렇게 말하는 사람도 있지만, 교양 있는 표현은 아니니 사용을 삼가는 것이 좋다. '우리 부부도 그 병원에 갔었다.'는 My wife and I went to the hospital.이다. 〈대명사 + 대명사〉 형식에도 1인칭 I가 뒤에 위치한다. '그 일이 있은 후 나는 그와 사이가 멀어졌다.'는 After that, he and I drifted apart.다.

선생님이 학생에게 '너와 마이클이 한 팀이다.'라고 알려줄 때, You and Michael are on the same team. 또는 Michael and you are on the same team. 둘 다 좋다. 특별한 이유가 있지 않으면 전자가 후자보다 훨씬 더 자연스럽다.

If it's sunny tomorrow, Jiho and his girlfriend will go to Chuncheon.(내일 날씨 좋으면 지호와 지호 여자친구 춘천 갈 거야.)에서 Jiho 대신 대명사(he)를 사용하는 경우, his girlfriend를 강조해야 할 특별한 사정이 있는 경우가 아니라면 he and his girlfriend가 his girlfriend and he보다 훨씬 더 많이 사용된다. Suji and her roommate got along with each other.(수지와 수지 룸메이트는 아주 사이가 좋았다.) 역시 대명사(she)를 쓰는 경우 She and her roommate라고 해야지 Her roommate and she는 상당히 어색하다. 마찬가지로 'Jane하고 걔가 깨졌어.'는 Jane and he broke up.이 아니고, He and Jane broke up.이라고 한다.

대명사와 명사를 혼용하여 주어로 삼는 것을 불편해하는 사람들도 있고 경우에 따라서는 자연스럽지 않은 경우도 있다. 따라서 가급적 명사만으로 주어를 구성하거나 대명사와 명사를 분리하는 것이 보다 자연스럽다. 예를 들어, '너와 마이클은 같은 팀이다.'라고 할 때, You and Michael are on the same team.보다는 You are on the same team as Michael. 또는 Michael is on the same team as you.로 말하면 훨씬 더 자연스럽다. 마찬가지로, If it's sunny tomorrow, he and his girlfriend will go to Chuncheon.(내일 맑으면 지호와 지호 여자친구가 춘천에 갈 거다.)의 경우 he will go to Chuncheon with his girlfriend처럼 he와 his girlfriend를 분리하는 것 역시 좋은 방법이다. 마찬가지로 '제인과 난 헤어졌다.'는 Jane and I broke up.도 맞지만, I broke up with Jane. 역시 좋다.

두 사람 사귀는 줄 알았어.

situation:
지호와 늘 같이 다니던 여자가 애인인 줄
알았는데, 알고 보니 그냥 친구라고 한다.

STEP 1 표제문을 영어 문장으로 만들어 보세요.

나   **How's it going with Stephanie?**
스테파니하고 잘 돼 가?

지호   **We are just good friends.**
우린 그냥 좋은 친구일 뿐이야.

나   **I see.** |________________________|
그렇군.   두 사람 사귀는 줄 알았어.

STEP 2 표제문을 영어로 잘 옮긴 것에 모두 체크하세요.

(1) **I knew two people were dating.**

(2) **I thought both of you were boyfriend and girlfriend.**

(3) **I thought the two of you were boyfriend and girlfriend.**

(4) **I thought you were together.**

(5) **I thought both of you were dating.**

(6) **I thought both of you were dating each other.**

(7) **I understood you two were dating.**

(8) **I thought the two of you were in a relationship.**

(9) **I understood you guys were a couple.**

가능한 문장 **(3) (4) (6) (7) (8) (9)**

> **어휘 들여다 보기** **두 사람** 표제문의 '두 사람'은 '너희 둘', '너희들'이란 뜻이므로 the two of you / you guys / you two / you / both of you 등으로 표현할 수 있다. you guys에서 guys는 남자에 한정되지 않고 남녀에 두루 쓰인다. 다만 both of you는 '너희 두 사람 각각'이란 뜻이라서, '결속체로서의 두 사람'이란 뜻이 아니다. 따라서 문장 중에 두 사람이 결속되어 있음을 뜻하는 each other 등의 어구가 있어야만 비로소 표제문의 뜻을 나타낼 수 있다.

사귀다 동사 date는 '사귀다(남녀가 장기적인 연애 관계를 유지하다)'란 뜻으로 주로 쓰지만, 연애 관계가 형성되기 전에 남녀가 같이 어울려 영화를 보거나 식사를 하는 것과 같이 '데이트하다'라는 뜻으로 쓰기도 한다. 반면, 명사 date는 장기적인 관계인지 여부에는 개의치 않고 오로지 '(연애를 하고 있거나 연애 관계를 형성할 목적으로) 남녀가 만나는 일회성의 사건'에 초점을 둔다. 명사 date를 이용하여 '데이트하다'는 be on a date / go on a date / have a date 등으로 표현한다.

(1) I knew <u>two people</u> were dating. ×

틀렸다. two people은 '사람 두 명'을 뜻한다. 내가 파악하고 있는 연애 중인 사람 숫자가 두 명이라는 말이다. 아울러 한국어 '알다'는 상황에 따라 know와 think로 옮길 수 있는데, know는 '사실을 알고 있다'는 말이다. 따라서 이 문장은 '다른 사람들은 몰랐지만 나는 (회사 직원 중) 두 명이 연애하고 있었음을 알고 있었다'라는 전혀 다른 뜻이 된다.

(2) I thought <u>both of you</u> were boyfriend and girlfriend. ×

(3) I thought <u>the two of you</u> were boyfriend and girlfriend. ○

(2)는 틀리고 (3)은 좋다. (3) the two of you는 '너희는 한 묶음으로'의 의미지만, (2) both of you는 숫자가 두 사람인 점에만 중점을 두고 있다. 따라서 both of you는 각각 제3자와 boyfriend and girlfriend 관계를 맺고 있음을 나타내는 데 불과하다.

(4) I thought <u>you</u> were together. ○

좋다. you는 '너희 둘'이란 뜻이므로 맥락에 전적으로 부합한다. you two / you guys / the two of you도 물론 좋다.

(5) I thought <u>both of you</u> were dating. ×

(6) I thought <u>both of you</u> were dating <u>each other</u>. ○

(7) I understood <u>you two</u> were dating. ○

(5)는 틀리고 (6) (7)은 좋다. (5)는 '너희 둘이 (서로 연애 중이 아니라) 각각 다른 상대하고 연애 중이라고 알고 있었다'로 해석될 가능성이 있다. 따라서 (6)처럼 each other를 추가해야 뜻이 완전해진다. 다만 (6)은 불필요하게 복잡하므로 (7) you two 또는 the two of you를 쓰면 each other 없이도 표제문 뜻을 전달할 수 있다. (6)의 thought는 understood와 같은 뜻이다.

(8) I thought the two of you <u>were in a relationship</u>. ○

좋다. '사귀고 있다'를 be in a relationship으로 표현했다.

(9) I understood you guys were <u>a couple</u>. ○

좋다. a couple은 '부부'뿐 아니라 '연애 중인 남녀'까지 포함하는 개념이다.

(그 여자는) 지금까지 데이트를 한 게 두 번밖에 안 돼.

situation: 그 여자는 대학교 3학년이다. 학교 공부나 동아리 활동, 취미 생활에 여념이 없다. 남자나 연애는 관심 밖이다.

She's not interested in dating. | |

그 여자는 데이트하는 데 관심이 없어.　　　　　지금까지 데이트를 한 게 두 번밖에 안 돼.

(a) She dated two times until now.

(b) She went on only two dates until now.

(c) She has gone on only two dates in her life.

(d) She has only had two dates in her life.

(e) She's only been on a date two times in her life.

(f) She's only been on two dates in her life.

(g) She has only ever been on two dates.

(a) 틀렸다. 동사 date에는 '이성친구를 사귀다'라는 뜻과 사귀기 전 단계로서 '데이트하다'라는 뜻이 모두 있다. 따라서 이 문장은 뜻이 애매하다. 아울러 until now는 지금 이 시점에서는 데이트를 두 번밖에 안 한 것이 맞지만, 이제 곧 상황 변화가 있음을 나타낸다. 즉 세 번째 데이트가 예정되어 있다는 말이다. (전치사 until의 자세한 용법은 436페이지를 참고하라.) **(b)** 틀렸다. 과거시제 went가 아니라 현재완료시제로 고쳐야 맞는 문장이 된다. **(c)** 좋다 '데이트 두 번'은 남자를 두 번 사귄 것을 말하는 것이 아니라 남자와 함께 한 '데이트'가 두 번이었음을 말한다. '데이트하다'는 go on a date / have a date / be on a date 등이 가능하다. 따라서 '데이트 두 번하다'는 go on a date two times / go on a date twice / have two dates라고 하면 된다. 한편 '지금까지'를 in her life 로 전환했다. only의 위치는 on only two dates / only on two dates / She has only gone on two dates 모두 좋다. **(d)** 좋다. '데이트 두 번 했다'는 have two dates도 좋다. **(e)(f)** 좋다. '태어나서 지금까지'의 '기간'을 표현하려면 현재완료시제 has been이 바람직하다. **(g)** 좋다. ever는 '인생을 통틀어(in her life) 지금까지'라는 뜻을 나타낸다. 따라서 only ever는 '인생을 통틀어 딱 ~번밖에'란 뜻이 된다.

이번 주는 정말 스트레스 많이 받았어.

situation:
지금은 금요일 오전이다. 이번 주에 부장님이 업무 관련해서 날 너무 괴롭혔다. 지금은 스트레스 받던 일이 거의 끝나간다.

STEP 1 표제문을 영어 문장으로 만들어 보세요.

이번 주는 정말 스트레스 많이 받았어.

STEP 2 표제문을 영어로 잘 옮긴 것에 모두 체크하세요.

(1) **I received a lot of stress this week.**

(2) **I have had a lot of stress this week.**

(3) **I've been under a lot of stress this week.**

(4) **I've been really stressed out this week.**

(5) **My boss really stressed me out this week.**

(6) **This week has been a really stress.**

(7) **This week has been really stressful.**

(8) **This has been a really stressful week.**

(9) **It's been a really stressful week.**

가능한 문장 **(2) (3) (4) (5) (7) (8) (9)**

(어휘 들여다 보기) **I / this week / it** 스트레스를 받은 사람은 '나'니까 당연히 주어를 I로 해서 문장을 만들 수 있다. 또는 '이번 주(this week)'를 주어로 할 수도 있고, 다소 낯설게 느껴질 수 있으나 대명사 it을 주어로 해도 된다. 시간·날짜·거리·날씨 등에 대해 말할 때는 주어로 it을 자주 쓴다.

(1) I <u>received</u> a lot of stress this week. ×
틀렸다. '스트레스를 받다'라고 할 때 '받다'에는 동사 receive / get / take를 쓰지 않는다.

(2) I <u>have had</u> a lot of stress this week. ○
좋다. 현재완료시제는 이미 스트레스 요인이 없어진 경우에도, 현재 스트레스로 고통 받고 있는 경우에도 모두 사용 가능하다.

(3) I've <u>been under a lot of stress</u> this week. ○
좋다. '스트레스를 심하게 받다'는 be under a lot of stress다.

(4) I've <u>been</u> really <u>stressed out</u> this week. ○

(5) My boss really <u>stressed</u> me <u>out</u> this week. ○
좋다. 〈A(스트레스 주는 사람) + stress + B(스트레스 받는 사람) + out〉 형식으로 'A(스트레스 주는 사람)가 B(스트레스 받는 사람)에게 스트레스를 주다'라는 뜻이다. 따라서 수동태로 쓴 〈B(스트레스 받는 사람) + be stressed out〉은 'B(스트레스 받는 사람)가 스트레스를 받다', 'B가 스트레스가 쌓이다', 'B가 스트레스가 심하다'라는 뜻이 된다.

(6) This week has been <u>a really stress</u>. ×
틀렸다. a really stress는 이상한 표현이다.

(7) <u>This week</u> has been really <u>stressful</u>. ○
좋다. '이번 주(this week)'를 주어로 할 수 있다. 맥락상 this week는 '이번 주에 일어난 일들'을 뜻한다. stressful은 '스트레스를 주는'이고 stressed out은 '스트레스를 받는'이다. 즉, this week는 stressful이었고, I는 stressed out되었다고 이해하면 된다.

(8) <u>This</u> has been a really stressful week. ○

(9) <u>It's</u> been a really stressful week. ○
좋다. 주어로 This week / This / It 모두 좋다. 맥락상 '기간'을 뜻하므로 현재완료시제가 가장 바람직하지만, 대화체에서는 현재시제 It's a really stressful week.도 좋다.

situation:
ATM 이용 수수료, 이체 수수료 등 은행이
떼어가는 돈이 상당히 많다.

STEP 1 표제문을 영어 문장으로 만들어 보세요.

I hate my bank.

은행이 아주 날강도예요. 매달 수수료로 나가는 돈이 장난이 아니네요.

STEP 2 표제문을 영어로 잘 옮긴 것에 모두 체크하세요.

(1) **The money for fees every month is not a play.**

(2) **The fees every month are a joke.**

(3) **The fees every month are no joke.**

(4) **The amount of money I'm paying in fees doesn't make sense at all.**

(5) **The amount of money I'm paying in fees is ridiculous.**

(6) **I can't believe how much I'm paying each month in fees.**

(7) **My bank charges me a huge fee for any possible reason.**

(8) **They charge me a huge fee for every possible reason. It's no joke!**

가능한 문장 **(2) (3) (4) (5) (6) (7) (8)**

> **어휘
들여다
보기** **수수료 / 은행** '수수료'를 주어로 삼아 a huge fee 또는 the amount of money I'm paying in fees 등을 사용할 수도 있으나, 돈을 빼가는 주체는 나의 거래 은행이므로 my bank를 주어로 삼을 수도 있다. 다만 표제문의 앞 문장 I hate my bank.에서 my bank가 언급되었으니, 이후 문장에서는 대명사 it 또는 they를 쓰는 것이 좋다. 은행 자체를 기준으로 하면 단수 대명사 it이 맞지만, 거기에서 일하고 있는 사람들 기준으로 보면 복수인 they도 좋다. 단수형 it보다는 복수형 they를 더 자주 쓴다.

(1) The money for fees every month is not a <u>play</u>. ×

틀렸다. '장난이 아니네요'에서 '장난'을 play로 직역했으나 맥락에 전혀 맞지 않는다. play 는 이런 뜻으로 전혀 쓰지 않는다. '매달 수수료로 나가는 돈'은 the money for fees every month는 어색하며, the money I'm paying in fees every month 또는 the fees every month가 좋다.

(2) The fees every month are <u>a joke</u>. ○

(3) The fees every month are <u>no joke</u>. ○

a joke는 '(한심하거나 어이가 없어) 웃기는 것', '아주 쉬운 것', '누워서 떡 먹기'란 뜻이고, no joke는 '심각한 것', '어려운 것', '대규모 금액', '심각한 문제', '매우 어려운 과제'란 뜻이다. 그렇다면 the fees every month(매달 수수료로 나가는 돈)는 a joke일까, no joke일까? 이때 는 둘 다 사용해도 좋다. 이런 맥락의 a joke / no joke는 일종의 숙어처럼 사용된다. 이때 복수형 jokes는 사용하지 않으니 주의하자.

(4) The amount of money I'm <u>paying in fees</u> doesn't make sense at all. ○

(5) The amount of money I'm <u>paying in fees</u> is ridiculous. ○

좋다. 전치사 pay for fees / pay in fees 모두 문제 없다.

(6) <u>I can't believe how much</u> I'm paying each month in fees. ○

좋다. '장난이 아니네요'를 I can't believe how much로 옮긴 것이다.

(7) <u>My bank</u> charges me a huge fee for any possible reason. ○

(8) <u>They</u> charge me a huge fee for any possible reason. It's no joke! ○

좋다. 다만 (7)처럼 주어로 my bank를 써도 틀린 것은 아니나, 앞 문장에 my bank가 있 으므로 (8)의 대명사 they가 더 좋다. bank는 그 기관이나 조직 자체보다는 거기에서 일하 는 사람이 연상되므로 복수형 대명사 they가 자연스럽다. 은행을 주어로 삼으면 '(은행이) 매달 막대한 수수료를 받는다/부과한다'이므로 〈charge + A(사람) + B(수수료)〉 형태가 된 다. 한편 a huge fee every month는 특히 '계좌를 유지하기 위해(설사 아무런 거래가 없더라 도) 매월 일정 금액을 은행이 떼가는 상황(즉, 계좌 관리 수수료)'이 연상되기 때문에 표제문 맥 락에 100% 잘 부합하지는 않는다. 표제문에 '매달'이라고 되어 있는데, 그 실질적인 의미 를 every month보다는 '터무니없는 여러 명목을 들이대면서'로 볼 수 있으므로 for any possible reason 또는 for every possible reason을 쓰면 좋다.

바람이 엄청 세게 불고 있어.

situation:
태풍이 와서 나뭇가지가 부러질
정도로 바람이 세게 불고 있다.
사무실에서 바깥을 보고 놀라서,
컴퓨터로 작업 중인 박과장에게
하는 말이다.

STEP 1 표제문을 영어 문장으로 만들어 보세요.

Oh, my goodness!
우와!　　　　　　　　바람이 엄청 세게 불고 있어.
The tree branches are breaking.
나뭇가지가 부러지려고 하네.

STEP 2 표제문을 영어로 잘 옮긴 것에 모두 체크하세요.

(1)　**Wind is blowing very strong right now.**

(2)　**A wind is blowing very hard.**

(3)　**Winds are blowing really hard.**

(4)　**There's the very strong wind blowing.**

(5)　**There's a very strong wind blowing.**

(6)　**The wind is really strong right now.**

(7)　**There's a very strong gust blowing.**

(8)　**There's a very strong gale right now.**

(9)　**It's crazy windy right now.**

가능한 문장 **(5) (6) (8) (9)**

어휘 들여다 보기

바람 wind는 가산명사다. 따라서 무관사에 단수형 wind는 절대로 사용하지 않는다. 정관사 the wind는 '바로 지금 불고 있는 바람'처럼 현실적으로 당장 지각할 수 있고 특정할 수 있는 바람을 의미한다. 따라서 표제문 맥락에는 정관사 the wind가 좋다. 부정관사 a wind는 한 개로 특정할 수 있는 경우 사용한다. 한 개로 특정하기 위해서는 보통의 바람과는 달라야 하니까 a strong wind처럼 주로 형용사와 함께 사용된다. 이때는 부정관사의 특성상 지금까지 겪었거나 지금 겪고 있는 바람이 아니라(즉 기존의 바람이 아니라) 새로운 바람을 뜻한다.

표제문은 주어를 '바람(The wind)'으로 삼아 The wind is really strong.이라고 하거나 There is 구문을 활용하여 There's a very strong wind blowing.이라고 하면 된다. 또한 맥락상 날씨 또는 바람 얘기를 하는 것이 명확한 문장에서는 대명사 it을 주어로 사용할 수 있다. 따라서 It's crazy windy right now. 역시 표제문을 훌륭하게 표현할 수 있다.

(1) <u>Wind</u> is blowing very strong right now. ×

틀렸다. 정관사 the wind라고 해야 말이 된다. 즉, The wind is blowing very strong right now.라고 하면 좋은 문장이 된다. '엄청 세게'는 very strong 또는 very hard 모두 좋다.

(2) <u>A wind</u> is blowing very hard. ×

(3) <u>Winds</u> are blowing really hard. ×

틀렸다. 정관사 the wind만 말이 된다. 부정관사 a wind는 아직 닥치지 않은 바람, 그래서 아직 경험하지 못한 바람에 대해 사용한다. 무관사 복수형 winds는 사용할 일이 거의 없고, 정관사 복수형 the winds는 일기예보(weather report)에나 사용할 만한 문장이다. 가령 북서풍, 남서풍 등을 언급할 때 the winds라고 할 수 있을 것이다.

(4) There's <u>the very strong wind</u> blowing. ×

(5) There's <u>a very strong wind</u> blowing. ○

(4)는 정관사 the very strong wind가 틀렸다. there is는 새로운 정보나 사실을 소개하는 구문이므로 (5)처럼 부정관사 a very strong wind를 쓰는 것이 적절하다. 참고로 blowing을 생략할 수는 있지만, There's a very strong wind.라고만 하면 어색하므로 right now 같은 어구를 추가하여 There's a very strong wind right now.라고 하면 blowing이 없어도 자연스러운 문장이 된다.

(6) The wind is really strong right now. ○

좋다. The wind is blowing really strong right now.도 좋다. 참고로 The wind is blowing really hard right now.는 좋은데, The wind is really hard right now.라고는 하지 않는다. 전자에서는 hard가 부사로 쓰여 '세게, 강력하게'라는 뜻인 데 비해, 후자에서는 형용사로 쓰여 '딱딱한', '어려운'이란 뜻이므로 맥락에 맞지 않는다.

(7) **There's a very strong <u>gust</u> blowing.** ✕

틀렸다. gust(돌풍)는 잠시 부는 바람이기 때문에 맥락에 맞지 않다.『콜린스 코빌드 사전』
에 의하면 gust는 짧고 강하고 갑작스럽게 부는 바람(a short, strong, sudden rush of wind)이
다. 따라서 이런 바람이 하루 종일 불고 있다고는 말할 수 없다.

(8) **There's a very strong <u>gale</u> right now.** ○

좋다. 다만 gale(강풍)은 표제문 맥락에 맞기는 하지만 상당히 전문용어(technical term)다. 네
이티브 중에는 gale이 일기예보(weather forecast)에나 나올 만한 단어이며, 일반인은 사용할
일이 없다고 하는 사람도 있다.

(9) **It's <u>crazy</u> windy right now.** ○

좋다. 대명사 it은 '날씨', '날짜', '시간'을 나타내는 문장의 주어로 자주 쓰인다. 여기서 crazy
는 '미친'이 아니라 '심하게' 정도의 뜻이다. 비격식 구어체 문장이므로 대화에서만 사용하
는 것이 좋겠다. crazy는 다소 유치하게 들리므로 ridiculously(터무니없게)로 고치면 더 좋
은 문장이 된다.

저기 프런트에 있는 직원이 나보고 여기로 가 보라고 해서 왔어요.

situation:
호텔의 리무진 서비스에 대해 문의
했더니 프런트에서 혼자 일하고 있던
여자 직원 A가 저쪽에 있는 직원에게
가서 물어보라고 했다. 가 보니 A가
여기서도 보인다. 내가 A를 가리키며
말하고 있다.

STEP 1 표제문을 영어 문장으로 만들어 보세요.

저기 프런트에 있는 직원이 나보고 여기로 가 보라고 해서 왔어요.

STEP 2 표제문을 영어로 잘 옮긴 것에 모두 체크하세요.

(1) **The staff at the front over there told me to go here.**

(2) **The staff member at the front desk told me to come here.**

(3) **The front desk clerk told me to come here.**

(4) **The representative at the reception desk told me to come here.**

(5) **That employee at the reception told me to come here.**

(6) **That person at the reception desk told me to come here.**

(7) **The woman at the reception desk told me to come here.**

(8) **The receptionist told me to come here.**

(9) **She told me to come here.**

가능한 문장 **(2) (3) (6) (7) (8) (9)**

STEP 3 문장을 확인하세요.

어휘 들여다 보기

직원 staff / employee / person / woman / lady / receptionist 등으로 '직원'을 표현할 수 있을 것이다. 직원이 눈에 보이면 대명사로 표현하면 된다. 즉, 직원이 눈에 보이고 딱 한 명인 경우, 남자 직원이면 he, 여자 직원이면 she라고 하면 된다. 표제문 맥락의 경우, 프런트에 이 순간에는 딱 한 명 근무하고 있는 것은 맞지만 실제 근무인원이 한 명인지 두 명 이상인지 100% 확실히 알 수 없고, 프런트에 두 명 이상이 근무하는 것이 일반적이므로 복수형 they라고 해도 별 문제가 없다.

프런트 호텔의 '프런트', '카운터'는 고급호텔의 경우 the reception desk, 또는 아예 줄여서 무관사로 reception이라고 하는 것이 보통이다. the check-in counter[3] 또는 the front desk도 쓰지만 네이티브에게는 좀 급이 떨어지는 호텔이 연상된다고 한다. 체크인과 체크아웃 업무는 하지 않고 오직 고객 서비스만을 담당하는 the concierge도 있다.

'저기' 프런트에 있는 직원 정관사 the와 지시사 that은 어떻게 구별되는가? 간단하다. 내 눈에 보이는 경우 that으로 쓸 수 있다. 즉, that person at the reception desk는 내가 손으로 가리키며 '프런트에 있는 저 사람'을 의미할 때 쓸 수 있다. 정관사 the는 눈에 보이는 경우 또는 눈에 보이지 않는 경우 모두 쓸 수 있다.

여기로 가다 한국어에서는 '여기로 가 보라고'도 가능하고 '여기로 와 보라고'도 가능하다. 하지만 영어에서는 표제문 맥락에서 반드시 동사 come을 사용한다. go와 here는 잘 어울리지 않는다. 지금 말하고 있는 장소가 아닌 다른 제3의 장소로 가라는 경우에만 go를 사용한다.

(1) The staff at the front over there told me to go here. ×

틀렸다. 동사 go가 아니라 come을 써야 한다. 원칙적으로 staff는 집합명사라서 '그 조직에 속한 직원 전체'를 뜻하며 대체로 두 명 이상의 직원을 전제로 한다. 표제문 맥락의 경우 지금 현재 프런트에 근무하는 직원은 한 명이지만 the staff라고 해도 별 문제는 없다. 한편, at the front over there는 중언부언이다. (1)은 The staff at the front desk told me to come here.라고 고치면 표제문에 맞는 문장이 된다.

(2) The staff member at the front desk told me to come here. ○

좋다. the staff는 '집합적 의미의 직원'을 뜻하고, staff member는 '직원 한 명'을 뜻한다. 프런트 데스크에 있는 '여러 직원 중 한 명'을 가리키는 경우 부정관사 a staff member, '딱 한 명'만 있는 경우 정관사 the staff member라고 한다. 표제문 맥락에는 정관사 the staff member가 맞다.

(3) The front desk clerk told me to come here. ○

좋다. clerk는 사무실에서 일하는 직원을 의미하는 것이 보통이지만, 표제문 맥락에도 크게 문제 없이 사용할 수 있다.

(4) The representative at the reception desk told me to come here. ×

틀렸다. representative는 '판매사원'을 말하는데, sales representative라고도 하며 sales rep라고 줄여 쓰고는 한다.

(5) That employee <u>at the reception</u> told me to come here. ×

틀렸다. that employee는 좋지만, 정관사 at the reception 때문에 틀렸다. 무관사 at reception이라고 해야 맞는 문장이 된다. at the reception은 '환영회에서', '(결혼식의) 피로연에서'라는 뜻이다. at the reception desk는 좋다.

(6) That <u>person</u> at the reception desk told me to come here. ○

person은 '프런트에 있는 직원'을 정확하게 지칭하지는 못하지만 그럭저럭 쓸 만은 하다. 우연히 프런트에 서 있는 손님을 뜻할 수도 있다.

(7) <u>The woman</u> at the reception desk told me to come here. ○

좋다. 여기로 가 보라고 말한 그 여직원을 가리키면서 말하는 상황이므로 정관사 the woman 또는 지시사 that woman 둘 다 좋다.

(8) The <u>receptionist</u> told me to come here. ○

좋다. receptionist는 프런트에서 손님을 응대하는 직원을 뜻할 수도 있고, 호텔 예약(reservation), 객실 판매(sales)를 담당하는 직원을 뜻할 수도 있다. 한편 일반 회사, 사무실의 receptionist는 고객이나 손님을 제일 먼저 응대하고 전화를 받아 적절하게 처리하는 역할을 수행한다.

(9) <u>She</u> told me to come here. ○

좋다. 시야에 보이는 사람을 가리키며 말할 때는 she라고 하면 된다. 복수형 they를 써도 별 문제 없다. 영어로 표현할 때는 이처럼 대명사를 사용하는 습관을 가져야 한다.

프런트에 있는 직원이 여기로 가보라고 했어요.

situation: 호텔 프런트에는 남녀 직원 여러 명이 근무하고 있다. 내가 리무진 서비스에 대해 문의했더니 그중 한 여직원이 나보고 이리 가 보라고 했다. 지금 내가 말하고 있는 상대는 프런트에 있는 여직원이 누구인지 모르며, 그 여직원은 여기서는 보이지 않는다.

(a) One of the members of the staff at the front told me to come here.

(b) A staff at the front desk told me to come here.

(c) A staff member at the front desk told me to come here.

(d) The staff at the front desk told me to come here.

(e) One of the staff at the reception desk told me to come here.

(f) Someone at reception told me to come here.

(g) A receptionist told me to come here.

(h) An employee at the reception desk told me to come here.

(i) A woman at the reception desk told me to come here.

(a)(b) 틀렸다. one of the members of the staff는 지나치게 길다. 또, a staff는 전혀 쓰이지 않는다. 대신 '직원 전체'가 아니라 '여러 프런트 직원 중에서 어느 직원 한 명'이란 뜻으로 a member of the staff / one of the staff / a staff member / the staff라고 하면 좋다. **(c)** 좋다. at the front desk도 좋고 at the front도 좋다. **(d)(e)** 좋다. the staff는 '직원 전체'를 가리키기도 하지만 여기서는 맥락상 one of the staff의 뜻이다. **(f)** 좋다. someone은 '프런트에 여러 사람이 있는 경우 그 중에서 누군지는 모르지만 한 명'이란 뜻이다. 프런트에 직원이 딱 한 명 있는 경우에는 someone이라고 하면 안 된다. **(g)(h)(i)** 좋다. 부정관사 a receptionist / an employee / a woman / a lady 등도 좋다.[4] 직원이 남자인 경우라면 a gentleman / a man / a guy 등도 좋다.

A
어머님 거는 너무 짜.

situation: 시어머니가 담가 주시는 김치가 너무 짜다고 남편에게 말하고 있다. 그 김치를 보면서 하는 말은 아니다.

남편 **How do you like my mom's Kimchi?**
우리 엄마 김치 괜찮아?

나 [   ]
어머님 거는 너무 짜.

(1)	Mother-in-law's kimchi is too salty.	☐
(2)	Your mom's kimchi is too salty.	☐
(3)	Her kimchi is too salty.	☐
(4)	Hers is too salty.	☐
(5)	That's too salty.	☐
(6)	That kimchi is too salty.	☐
(7)	It's too salty.	☐

(1) 틀렸다. 내 친구나 동생에게는 이렇게 말할 수 있을지 모르겠지만, 남편에게 말할 때는 mother-in-law's kimchi는 전혀 말이 안 된다. 어법적인 측면에서도 my mother-in-law's kimchi처럼 앞에 소유격을 넣어 말하는 것이 정석이다. **(2)** 좋다. 한국어에서는 your mom's kimchi처럼 '당신 어머니'까지 쓰는 경우가 거의 없지만 영어에서는 일상적인 쓰임이다. **(3)** 좋다. 한국식 사고에서는 her라는 말이 쉽게 나오지 않지만 익숙해지도록 노력해야 한다. **(4)** 좋다. 한국식 사고에서 hers를 생각하기는 여간 어렵지 않다. 다만 hers의 경우 '시어머니가 담가주는 김치(hers)' 외에도 '우리가 직접 담가 먹는 김치(ours)', '우리가 마트에서 사 먹는 김치(ours)'가 있고, 이것과 시어머니 김치를 비교한다는 느낌이 좀 난다는 의견도 있다. **(5) (6)** 틀렸다. that은 그 김치를 가리키며 말할 때 사용할 수 있다. 바로 내 앞에 시어머니 김치가 있는 경우에는 이 문장이 가능하다. **(7)** 좋다. 대명사 it을 쓰면 간단하고 정확한 문장이 된다.

situation: 청바지를 딱 한 벌 가지고 있는데, 작아서 잘 안 입는다.

(1) I have only one jeans pants. It's too small to wear. ☐

(2) I have only a pair of jeans. It is too small to wear. ☐

(3) I have only one pair of jeans. They are too small to wear. ☐

(4) I only have a pair of jeans. They are too tight to wear. ☐

(5) I only have one pair of jeans. They don't fit me. ☐

(1) 틀렸다. one jeans pants라는 표현은 없다. '청바지'는 jean pants / jeans pants라고 하지 않고, 그냥 jeans 라고만 하면 된다. 참고로 '청재킷'은 jean jacket 또는 denim jacket이다. '청바지 한 벌'은 a pair of jeans 또 는 one pair of jeans이며, '청바지 두세 벌'은 a few pairs of jeans라고 한다. 한편, jeans는 항상 복수형으 로 쓰는 단어이므로 복수로 취급한다. 따라서 대명사로 받으려면 it이 아니라 복수형 they / these / those를 써야 한다. **(2)** 틀렸다. a pair of jeans, 즉 딱 한 벌이라고 명시한 경우에도 복수대명사 they로 받아야 한다. **(3) (4)** 좋다. '작다'는 '쫙 달라 붙는다'는 뜻이므로 small 대신 '꽉 낀'이란 뜻의 tight을 써도 좋다. only의 위치 는 I have only one pair of jeans도 좋고, I only have one pair of jeans도 좋다. **(5)** 좋다. 다만 They don't fit me.는 '안 맞는다'란 뜻이므로, 너무 작다는 의미일 수도 있지만 너무 크다는 의미일 수도 있다.

가능한 문장 A (2) (3) (4) (7) B (3) (4) (5)

**it, this, that
정확하게
사용하자**

it, this, that
정확하게
사용하자

비슷해 보이는 it / this / that

영어는 반복을 싫어한다. 그래서 한국어처럼 명사를 반복하지 않고 대명사를 사용한다. 그러다 보니 자연스럽게 문장 속에서 대명사를 쓸 일이 많다. 한국어에 익숙한 사람들에게는 대명사를 사용하는 것 자체가 낯설기 때문에 영어로 말할 때 걸림돌이 되기 쉽다. 더군다나 it / this / that 처럼 비슷해 보이는 대명사는 더더욱 구분해 쓰기 어렵다.

먼저 생각해 보자. 물건을 손에 들고서 '이거 괜찮아?'라고 하려면 Do you like this?일까, Do you like it?일까? 전자에 대해서는 문제가 없다고 생각하는데, 후자는 어색하게 생각하는 독자가 많을 것이다. it은 무조건 '그것'이라고 배웠기 때문이다. 그러나 많은 상황에서 '이것 = it'인 경우가 많다. 이 맥락에서도 두 문장 모두 아무 문제 없이 잘 쓰인다. 바로 눈 앞에 있거나 손에 닿아 있는 '이것'을 나타낼 때는 it과 this 둘 다 가능하다.

또한 '그것', '저것', '이것'의 뜻으로 it과 that은 서로 대체 사용이 가능한 경우가 많다. 백화점에 가서 티셔츠를 사려고 마음에 드는 것을 골라 입어 봤는데, 함께 있던 여자친구가 '그거 좋은데!' 라고 거든다. 이런 상황에서는 I like it. 또는 I like that. 둘 다 좋다. 서로 알고 있는 티셔츠를 가리키니 it도 되고, 티셔츠가 화자(여자친구)에게서 떨어져 있으니 that도 된다. 대명사 it과 지시사 that의 기본적인 성격과 역할에 충실한 사용례다.

다른 예도 들어 보자. 여자친구와 영화를 보러 가기로 했다. 여자친구가 Should we buy tickets in advance?(표를 미리 사야 할까?)라고 말해, 내가 '응, 좋은 생각이야.'라고 할 때는 Yes, it's a good idea.인가, Yes, that's a good idea.인가? 둘 다 좋기는 하지만, that이 더 좋다. that은 '네가 방금 말한 것(what you just said)'을 뜻한다. that은 무엇을 가리키는지가 분명한 반면, it은 분명함이 that보다는 떨어진다. that은 강한 박력이 느껴지는 반면, it은 아주 평범한 느낌, 힘이 빠지는 느낌, 전혀 주목을 받지 못하는 느낌이다. it's a good idea에서 it은 여자친구가 말한 것에 대해 아무런 감정 없이 무신경하게 그저 고개를 끄덕이는 느낌을 전달하기 때문에 말을 꺼낸 여자친구 입장에서는 상당히 기분 나쁘게 생각할 수도 있다. (물론 말하는 사람의 어조, 표정이 중요하다.) 어느 특정한 문맥과 문장에서 it과 that은 호환이 되기도 하고 안 되기도 하는데 이것을 결정짓는 요소가 바로 이런 주목을 받느냐 받지 않느냐, 감정을 전달하느냐 전달하지 않느냐 같은 어감상의 차이인 경우가 많다.

아는 정보는 it, 새로운 정보는 that

반면 it과 that의 차이가 분명한 경우가 있다. 근본적인 차이점은 기존에 알고 있는 정보를 가리킬 때는 it을 쓰고, 새로운 정보를 가리킬 때는 that을 쓴다는 점이다.

가령 친구가 중요한 약속이 있는데 버스를 놓쳤다고 하자. 이때 나는 I am sorry to hear it.이라고 해야 할까, I'm sorry to hear that.이라고 해야 할까? 이때는 that이 맞고, it은 틀리다. 화자 입장에서 이미 알고 있는 것을 지칭할 때는 it, 화자가 처음 듣는 정보에 대해서는 that을 쓰기 때문이다. 친구가 버스를 놓친 것은 이제 막 들은 새로운 정보에 해당하기 때문에 that을 쓰는 것이 맞다.[5]

이 점을 유념하면 다음 문장도 이해가 된다. 정답을 찾아 이리저리 궁리하다가 드디어 뭔가를 찾았을 때 '바로 그거야!'는 That's it![6]이라고 한다. 대단한 뭐라도 있는 줄 알았더니 빈 수레만 요란한 경우 '애개~ 그게 다야?'는 That's it? 또는 Is that all?이다. '그 말을 들으니 이제 왜 그런지를 알겠군요.'는 That explains it.이다.

it은 사물이나 사람, that은 상황

대체로 it은 개별적인 사물/사람 등의 개체를 지칭한다. 반면 that은 상황, 사실, 정보, 뉴스 등을 가리킨다. 따라서 it이 단어나 명사를 가리키는 데 비해 that은 문장이나 절을 가리키는 경우가 많다. 예를 들어, Shall I send you a sample?(샘플 하나 보내드릴까요?)에 대해 '그럼 좋지요.'는 That'll be great.다. It'll be great.는 '샘플의 품질이나 디자인이나 성능이 좋을 것이다.'라는 뜻이기 때문에 두 문장은 뜻이 전혀 다르다. 다만, 이런 차이점은 상대적인 것이어서 맥락에 따라서는 that이 개별적인 사물/사람을 가리키는 경우도 적지 않다.

앞서 말한 it과 that의 근본적인 차이점(it = 구 정보, that = 신 정보)과 여기에서 제시한 상대적인 차이점(it = 한 개의 사물, that = 상황, 뉴스)이 합쳐지고, 지시형용사와 지시대명사로서의 this / that의 용법이 용광로에서처럼 융합되면서, 각 개별 문맥, 상황, 문장에 따라 어떤 때는 it / this / that이 호환이 되기도 하고 어떤 때는 각자 완전히 다른 뜻이 되어 바꿔 쓸 수 없는 경우도 있다. 물론 이런 차이점은 화자에 따라, 심지어 화자의 기분에 따라 미묘하게 달라지기도 한다.

대상에 대한 명확한 인식을 전제로 하는 this

this는 '이것'이고 that은 '저것'이다. 내게 가까운 것, 내가 가지고 있는 것, 내가 들고 있는 물건 등이 this다. that은 내게서 먼 것, 상대방이나 제3자가 가지고 있는 것, 다른 사람이 들고 있는 물건을 가리킨다.

하지만 this와 that을 구분하는 결정적인 차이점은 this는 나의 인식을 전제로 한다는 점이다. 아무리 가까이 있어도 무엇인지 인식하지 못했거나 인식하기 어려운 경우에는 that을 쓴다.

예를 들어, 집에 들어 갔더니 아주 이상한 냄새가 났을 때 '이 냄새 도대체 뭐지?'라고 말하고자 하는 경우 What's that smell?이라고 해야 한다. this를 쓰기 위해서는 그것이 어디에서 비롯되는지 명확한 인식이 필요하기 때문이다. 또 다른 예로, 20년만에 만난 친구에게 '이게 누구야? 이게 Jay 맞아?'라고 할 때도 Jay, is that really you?라고 한다.

사람을 지칭하는 it / that

사람을 지칭할 때 남자는 he, 여자는 she다. 하지만 상황에 따라서는 남자인지 여자인지 모르거나, 남자인지 여자인지를 밝히는 것이 어색한 경우, 맥락상 남자인지 여자인지를 밝히는 것이 대화의 흐름에 방해가 되는 경우에는 he / she를 쓰지 않고 it 또는 that을 사용한다.

문밖에서 누군가 문을 두드리고 있어서 그 사람을 향해 '누구세요?'라고 할 때는 Who is it?이라고 한다. 문을 두드리고 있는 사람이 누군지 모르기 때문에 she / he는 불가하다. 말하는 내 입장에서는 바깥에서 문을 두드리고 있는 사람이 누구인지 알 수가 없으므로 Who's that?도 가능하다. 당연히 Who are you?는 불가하다. Who are you?는 대면을 한 상태에서, 즉 상대방을 눈앞에 둔 상태에서 쓸 수 있다.

이처럼 대명사의 뜻을 '이것', '저것'으로 기계적으로 외워서는 안 된다. 근본적인 차이를 이해하고 상황과 맥락을 고려해서 사용해야 정확하게 쓸 수 있다. 물론 이것이 가능하게 되려면 많은 문장을 다뤄 보고 연습해 봐야 한다는 점은 당연하다.

situation:
퇴근하고 집에 들어왔는데 이상한 냄새가
나서 아내에게 얘기한다.

STEP 1 표제문을 영어 문장으로 만들어 보세요.

이게 무슨 냄새지? 지독한데. 마늘 냄새 같아.

STEP 2 표제문을 영어로 잘 옮긴 것에 모두 체크하세요.

(1) **What's the smell? That's terrible. That smells like garlic.**

(2) **What smell is this? This is terrible. This smells like garlic.**

(3) **What smell is it? It's terrible. It smells like garlic.**

(4) **What smell is that? It's terrible. It smells like garlic.**

(5) **What's that smell? It's terrible. It smells like garlic.**

(6) **What's that funky smell? That's terrible. That smells like garlic.**

(7) **What's that funky smell? This is terrible. It smells like garlic.**

(8) **What's this smell? This is terrible. This smells like garlic.**

(9) **What smells so bad? It smells like garlic.**

가능한 문장 **(5) (9)**

어휘 들여다 보기

냄새 명사 smell은 중립적인 의미의 '냄새'를 뜻하지만 불쾌한 냄새를 뜻하는 경우가 많다. 예를 들어, '휘발유 냄새'는 gasoline smell이다. 한편, '좋은 냄새', '향'은 scent고, odor는 '몸 냄새(body odor)'처럼 장기간 지속되는 냄새를 가리킨다. odor는 정의상 중립적인 의미의 '냄새'를 가리키나, 실제로는 '불쾌한 냄새'라는 뜻으로 자주 쓰인다. 한편, 동사 smell은 좋은 냄새이건 안 좋은 냄새이건, 어쨌든 '~냄새가 나다'란 뜻이다. 예를 들어, 빵 냄새가 좋을 때는 It smells so good.이라고 하며, '똥 냄새가 난다.'는 It smells like shit.이라고 한다. 동사 smell은 좋든 안 좋든 어떠한 냄새에 대해서라도 사용할 수 있다.

'이게' 무슨 냄새지? 지금 집에 퍼져 있는 정체불명의 냄새를 가리키며 집 안에 있던 아내에게 무슨 냄새인지 묻는 상황이다. 이때 한국인 영어 학습자들은 대체로 What smell is this? 또는 What's this smell?이라고 말하는 일이 많은데, 실제로는 What's that smell?이라고 한다. 심지어 What smell is that?이라고도 하지 않는다.

대명사 it은 이전에 반드시 언급이 되어 무엇을 의미하는지가 분명해야 사용할 수 있다. 따라서 당사자간에 아무 것도 합의가 안 되어 있는 상황에서 What smell is it?은 전혀 말이 안 된다. 무엇을 가리키는지 전혀 합의가 안 된 상태에서 it을 도입하는 것은 반칙이다.

지시사 this는 근접성(proximity) 측면에서 내가 붙잡고 있거나 바로 10cm 앞에 있는 것처럼 바로 화자와 붙어 있다시피 해야 한다. 아울러, 특정성(specificity) 측면에서 화자가 인식하고 있는 특정한 그 무엇을 지칭해야만 한다. 화자가 있는 공간에 냄새가 퍼져 있기는 하지만 근접성이나 특정성 측면에서 this는 맞지 않는다. 따라서 What is this smell?은 표제문 맥락에 절대로 사용할 수 없다.

지시사 that은 화자하고 떨어진 것을 지칭한다. 저 멀리 떨어져 있을 필요는 없다. 심리적인 측면에서 볼 때, 대상물이 내 것이 아니거나 내가 유발한 것이 아니기만 하면 that은 충분히 사용 가능하다. 따라서 What is that smell?은 표제문 맥락에 맞는 가장 바람직하고 유일하게 바람직한 문장이다.

지독한데. 마늘 냄새 같아. 앞 문장에서 이미 What is that smell? 또는 What's that funky smell?이라고 해서 '뭔지는 모르지만 고약하게 맡아지고 있는 그 냄새'에 대해 말하고 있는 점에 대해서는 화자와 청자 간에 이미 공유가 되고 있다. 이런 상황에서 '지독한데.'는 '이거/그거 지독한데.'이고, '마늘 냄새 같은데.'는 '이거/그거 마늘 냄새 같은데.'이다. 한국어로는 '이거/그거'일 수 있겠으나 영어로는 this / that이라고 하지 않는다. 대명사 it은 이미 앞에 나온 것을 대신하는 말이므로 이때는 대명사 it을 사용해야 한다. 따라서 It's terrible. It's smells like garlic.이라고 해야 맞다.

(1) What's <u>the</u> smell? <u>That's</u> terrible. <u>That</u> smells like garlic. ×
틀렸다. What's the smell?은 불완전한 문장이다. 뒤에 추가적인 어구가 붙으면 온전한 문장이 될 수는 있다. 예를 들어, '썩은 달걀은 어떤 냄새가 나지?'는 What's the smell of rotten eggs like?[7]가 정상적인 문장이다. 뒷 문장의 that도 둘 다 it으로 고쳐야 맞다.

(2) What smell is <u>this</u>? <u>This</u> is terrible. <u>This</u> smells like garlic. ×

(3) What smell is <u>it</u>? <u>It</u>'s terrible. <u>It</u> smells like garlic. ×

(4) What smell is <u>that</u>? <u>It</u>'s terrible. <u>It</u> smells like garlic. ×
틀렸다. What smell is this/it/that?은 사용되지 않는다. 굳이 사용한다면, 향초 매장에서 '이게/그게/저게 무슨 향이지?'라는 뜻으로 사용할 수는 있겠다. 다만, 이런 상황에서는

smell 대신 '향'을 뜻하는 scent / fragrance가 맞다. 명사 smell은 구체적으로 무슨 냄새인지 모르는 정체불명의 냄새를 뜻한다. What smell is this/it/that?은, 예를 들어 '이거/그거/저거는 우리가 이미 분류하여 놓은 다섯 가지의 냄새 중에서 어느 냄새를 말하는 것이냐?'란 뜻이 되어야 하는데, '정체불명의 냄새'를 뜻하는 smell과 충돌하므로 What smell is this/it/that?은 전혀 말이 안 되며 사용되지도 않는다. 예를 들어, 여자친구를 뒤에서 껴안으며 '이거 무슨 향이지?'라고 할 때 What scent is that?은 좋다. 여자친구가 가게에서 향수를 집어들 때 '그거 무슨 향이지?'라고 할 때 What fragrance is that?은 좋다. 한편, (2)는 This is terrible. This smells like garlic.의 지시사 this도 틀렸다. 모두 대명사 it으로 고쳐야 한다.

(5) **What's that smell? It's terrible. It smells like garlic.** ○
좋다. What's that smell?은 표제문처럼 집으로 들어오는데 집에서 냄새가 나는 경우에도 사용할 수 있고, 방에 있는데 그 냄새가 어디선가 풍겨오는 경우에도 사용할 수 있다. What's that funky smell?도 좋다. funky는 '고약한 냄새가 나는', '구역질 나는', '(냄새가) 역한'이란 뜻이다. that smell을 일단 언급했으므로, 그 다음에 that smell을 지칭하기 위해서는 대명사 it을 사용해야 한다.

(6) **What's that funky smell? That's terrible. That smells like garlic.** ×
틀렸다. That's terrible. That smells like garlic.은 눈에 보이는 특정한 사물 또는 거기서부터 발원하는 냄새를 가리키며 하는 말이다. '저거 정말 지독하다. 저거 냄새는 꼭 마늘 냄새 같아.'라는 뜻이라 표제문 맥락에는 맞지 않다. 다만 funky는 '고약한 냄새가 나는', '구역질 나는'이란 뜻이므로 What's that funky smell?은 What's that smell?보다 부정적인 감정을 나타내며 표제문 맥락에 잘 맞는다.

(7) **What's that funky smell? This is terrible. It smells like garlic.** ×
틀렸다. This가 맥락에 맞지 않는다. This is terrible.은 '오늘 저녁 식사가 맛이 없다.', '이런 상황이 도저히 말이 안 된다.' 등의 뜻을 갖는다. '냄새가 지독한데.'라는 뜻으로 쓰기는 곤란하다. this는 냄새가 아니라 상황을 지칭하는 말이다.

(8) **What's this smell? This is terrible. This smells like garlic.** ×
틀렸다. 표제문 맥락은 냄새가 구석구석 퍼져 있는 상황이다. '이게 무슨 냄새지?'라고 묻는 맥락에서, 인식을 전제로 하는 this와 정체불명의 냄새를 뜻하는 smell은 의미 충돌 때문에 맞지 않다. 아울러, 특정해서 어디 냄새라고 할 수 없기 때문에 that smell이라고 해야 한다.
그렇다면 What is this smell?은 어떤 경우에 사용하는가? 사실 이 문장은 정상적인 문장이 될 수 없다. 지시사 this는 화자의 인식을 전제로 한다. 즉, 대상이 무엇인지 알고 있는 상황에서 this를 사용한다. 그러나 smell은 '무엇인지 알지 못하는 정체 불명의 냄새'를 뜻하므로 this과 smell은 어울려 사용할 수가 없다. 예를 들어, 내가 여자친구를 껴안으면서 '향이 좋은데. 이거 무슨 향이지?'라고 물어 볼 때에도 You smell so good. What's this

smell?이라고 하지는 않는다. 여자친구와 닿을 정도로 아주 가까운 거리에 있다고 하더라도, 즉 사람이나 물체에 코를 대고 킁킁거리면서도 What's this smell?이라고 하지 않는 것이다. 이때는 smell 대신 scent를 사용하여 What's this scent?라고 하면 좋다. scent는 '좋은 향'을 뜻하므로, 향은 상업적으로 판매되며 표준적인 분류가 되어 있기 때문에(다시 말하면, 나는 잘 모르지만 상대방은 알고 있을 것이라고 생각하기 때문에) this와 scent는 아무런 문제가 없이 잘 어울린다. 또는 What's this heavenly smell? 또는 What's this exotic smell?처럼 적절한 형용사와 함께 사용하면 좋은 문장이 된다. heavenly smell / exotic smell은 이미 화자가 그 냄새를 인식하고 있음을 나타내므로 this와 함께 사용하는 데 문제가 없다. 다만, 흥미로운 점은 거의 모든 네이티브들은 여자친구를 껴안는 상황에서 지시사 this보다는 that을 더 선호한다는 것이다. 냄새(향)가 아무리 가까이 있더라도 그 냄새(향)가 내 것이 아니고 완전히 무슨 냄새(향)인지 확실히 인식하지 못한 상태이므로 this보다 that이 더 자연스럽게 여겨지는 것이라 생각한다. 따라서 What's this scent?보다는 What's that scent?가 더 좋다. 마찬가지로 What's this heavenly smell? 또는 What's this exotic smell?보다는 What's that heavenly smell? 또는 What's that exotic smell?이 더 좋다.

(9) What smells so bad? It <u>smells like</u> garlic. ○

좋다. What's that smell? It's terrible.을 한 문장 What smells so bad?로 표현할 수 있다. 동사 smell은 '~ 냄새가 나다'란 뜻이며, 〈smell + 형용사〉, 또는 〈smell like + 구/절〉 형태로 사용된다. '악취가 나다'라는 뜻의 동사 reek을 활용해 What reeks in here? 역시 표제문 맥락에 맞는 문장이다.

situation:
막 출간된 해리 포터 시리즈 한 권을 손에 들고
읽고 있다. 직장동료가 무슨 책이냐고 물어봐서
대답한다.

STEP 1 표제문을 영어 문장으로 만들어 보세요.

직장동료 **What are you reading?**
뭐 읽고 있어요?

나 **Oh,**
아,　새로 나온 해리 포터 시리즈예요.

STEP 2 표제문을 영어로 잘 옮긴 것에 모두 체크하세요.

(1) **this is a new Harry Potter series.**

(2) **this is a new volume of Harry Potter series.**

(3) **this is a new volume in the Harry Potter series.**

(4) **this is the new volume from the Harry Potter series.**

(5) **this is the newest volume in the Harry Potter series.**

(6) **it's the latest volume in the Harry Potter series.**

(7) **this is a new book from the Harry Potter series.**

(8) **it's the new book in the Harry Potter series.**

(9) **it's a new Harry Potter book.**

(10) **it's the new Harry Potter book.**

가능한 문장 **(3) (4) (5) (6) (7) (8) (9) (10)**

> **어휘 들여다 보기**
>
> **this / it** 표제문 맥락에서는 This is라고 해도 되고 It is라고 해도 된다. 'it = 그것'이라는 고정관념 에서 빨리 벗어나야 한다. 읽고 있는 책을 지금 손에 들고 있는 경우 대명사 it이 전혀 어색하지 않고 오히려 자연스럽다.

a new book / the new book 부정관사 a new book 또는 정관사 the new book 둘 다 좋지만, a new book은 다른 부가적인 뜻을 가지고 있다. 즉, 이번에 책이 두 권 이상 출판된 경우 그 중의 어느 한 권, 혹은 기존에 있던 책을 잃어버려 새로 산 책을 뜻한다, 따라서 정관사 the new book이 더 좋다.

시리즈 표제문에 나온 '시리즈'는 '해리 포터 시리즈 가운데 신간 도서'를 뜻한다. 그러나 영어 단어 series에 는 '시리즈 전(全)권'이라는 뜻만 있다. 따라서 표제문의 '시리즈'는 a book 또는 a volume으로 표현하면 된다.

(1) this is a new Harry Potter series. ×

틀렸다. 표제문에 '시리즈'라고 나왔으니 a Harry Potter series라고 썼지만 이것은 '해리 포터 시리즈 7권 전체'를 뜻한다. 게다가 '이건 해리 포터 시리즈 전집이다.'를 제대로 표현 하려면 This is the Harry Potter series.라고 해야 맞다.

(2) this is a new volume of Harry Potter series. ×

틀렸다. Harry Potter series는 특정할 수가 있으므로 반드시 정관사 the가 필요하다. 여기서 Harry Potter는 형용사적으로 쓰였다. from the Harry Potter series / in the Harry Potter series / of the Harry Potter series 중에서는 전치사 from이 제일 좋고, in 이 그 다음으로 좋다. of는 가장 덜 선호(the least favorite)된다.

(3) this is a new volume in the Harry Potter series. ○

(4) this is the new volume from the Harry Potter series. ○

좋다. '해리 포터 시리즈의'는 in the Harry Potter series 또는 from the Harry Potter series가 맞다. 한편, '(시리즈의) 한 권'은 volume / book 둘 다 좋지만 volume은 백과사전 이나 주요 연구 결과물에 대해 주로 쓰이므로, 시리즈 소설에 대해 말할 때는 book이 더 잘 맞는다.

(5) this is the newest volume in the Harry Potter series. ○

(6) it's the latest volume in the Harry Potter series. ○

좋기는 한데 중의적이다. 이 문장은 표제문처럼 막 출간된 '신간(brand-new)'이라는 뜻도 있 다. 하지만 '(6개월 전 또는 1년 전에 출간되기는 했지만 해리 포터 시리즈 중에서) 가장 최근에 출간된 책'이라는 뜻으로 주로 더 이해된다. 전자의 뜻으로는 it's the new Harry Potter book이 더 좋다. 후자의 뜻으로는 the newest volume[book] 또는 the latest volume[book]이 좋다.

(7)   this is a new book from <u>the</u> Harry Potter series. ○

(8)   it's the new book in <u>the</u> Harry Potter series. ○

좋다. the Harry Potter series에 정관사 the를 썼다는 점에 주의하자. Harry Potter는 사람 이름이고 고유명사이니 정관사를 붙일 이유가 없다. 하지만 series는 보통명사에 불과하며 특정할 수가 있으니 the를 붙이는 것이다. 여기서 Harry Potter는 형용사적 용법으로 쓰였다.

(9)   it's <u>a</u> new Harry Potter book. ○

(10)   it's <u>the</u> new Harry Potter book. ○

좋다. 다만, 부정관사 a new Harry Potter book은 '(새로 산 / 새로 구입한 / 새로 선물 받은 / 새로 주문한) 해리 포터 책(a new copy)'을 뜻하기도 한다. 즉, 반드시 이번에 새롭게 출시된 책을 의미하지는 않는다. 반면, 정관사 the new Harry Potter book은 바로 이번에 새롭게 출간된 책을 뜻한다.

situation:
상자 여러 개를 옮기고 있
는 박대리를 보고 내가 하
는 말이다. 아직 옮기지 않
은 상자가 저쪽에도 몇 개
있다. 지금 나와 박대리는
채 50cm도 떨어져 있지
않으며, 박대리는 상자를
들고 있는 상태다.

STEP 1 표제문을 영어 문장으로 만들어 보세요.

나 　　　　　　　　　　　　　　　　　Looks like you could use a hand.
상자가 많은데, 정말 괜찮겠어?　　　　　　도움을 받아야 할 것 같은데

박대리　No, thanks. I think I can handle them.
괜찮습니다.　　　혼자서도 할 수 있을 거 같아요.

STEP 2 표제문을 영어로 잘 옮긴 것에 모두 체크하세요.

(1) **There are a lot of boxes. Are you okay with that?**

(2) **There are a lot of boxes. Are you okay with them?**

(3) **There are a lot of boxes. Are you okay with these?**

(4) **There are a lot of boxes. Are you okay with those?**

(5) **You sure you're OK there with all those boxes?**

(6) **You sure you're OK there with all the boxes?**

(7) **Look at all these boxes. Are you okay with them?**

(8) **Look at all those boxes. Are you okay with them?**

가능한 문장 **(2) (4) (5) (6) (8)**

> **어휘 들여다 보기**
>
> **상자들** '상자들'을 영어로 옮기려면 '정관사 + 명사'를 써서 Are you okay with all the boxes? 정도로 말해도 된다. 하지만 지시사를 쓰는 경우 아무리 박대리가 나와 가까이 있다 해도 all those boxes라고 해야 한다. these는 내가 상자에 손이 닿아 있거나, 상자를 들고 있다가 박대리한테 넘겨 주거나, 박대리나 내가 그 상자에 손을 대지 않고 있는 상황에서 상자를 가리킬 때 사용한다. 한편, 대명사를 쓴다면 Are you okay with them?이라고 한다. 'them = 그것들'이라고만 생각하면 눈 앞에 바로 박스를 보고 있는 상황에서 them을 선뜻 쓰기가 어렵다. 표제문 맥락에서 아무런 문제 없으니 과감하게 them을 쓰는 습관을 가지길 바란다.

(1) There are a lot of boxes. Are you okay with that? ×

(2) There are a lot of boxes. Are you okay with them? ○

(1)은 틀리고 (2)는 좋다. 복수형 a lot of boxes는 단수형 that이 아니라 복수형 them으로 받는다. There are a lot of boxes.는 지금 박대리가 들고 있는 상자뿐만 아니라 저쪽에 남아 있는 상자까지 포함해서 상자가 많음을 나타낸다.

(3) There are a lot of boxes. Are you okay with these? ×

(4) There are a lot of boxes. Are you okay with those? ○

(3)은 틀리고 (4)는 좋다. these는 내가 들고 있던 박스를 넘겨주는 과정(while I'm handing them over)에서 쓸 수 있다. 따라서 (3)은 표제문 맥락에 맞지 않다.

(5) You sure you're OK there with all those boxes? ○

(6) You sure you're OK there with all the boxes? ○

좋다. 정관사 all the boxes / 지시사 all those boxes 둘 다 좋다. 박대리가 박스를 많이 가지고 있는 것을 보니 약간 놀라기도 하고 안타깝기도 하는 마음이 there에 녹아 있다. 물론 there가 없어도 문제는 없다.

(7) Look at all these boxes. Are you okay with them? x

(8) Look at all those boxes. Are you okay with them? o

(7)은 틀리고 (8)은 좋다. these가 아니라 those가 맞다. 여기서 Look at ~은 '~을 보라'는 문자적인 의미가 아니라 놀라움을 나타낸다. 예를 들어, 아침에 아이한테 우산을 가져가라고 했는데 놓고 갔다가 비를 맞아 흠뻑 젖은 경우(He was caught in the rain and he's drenched.) '그 꼴서니가 뭐냐! 내가 그럴 거라고 말했잖아.'라는 뜻으로 Look at you! I told you.라고 한다.

situation:
지호는 지금 미국 공항이다.
환승 항공편에 문제가 생겨
탑승구역에서 열 시간째
기다리고 있다. 전화로 그
상황을 듣고 나는 '그거 정말
안 됐다'고 말하고 싶다.

STEP 1 표제문을 영어 문장으로 만들어 보세요.

지호 What luck! I have been waiting for my connection for more than 10 hours.

운이 없네! 비행기 갈아타려고 벌써 열 시간 넘게 기다리고 있어.

나

그거 정말 안됐다.

STEP 2 표제문을 영어로 잘 옮긴 것에 모두 체크하세요.

(1) **I am so sorry to hear it.**

(2) **I am so sorry to hear that.**

(3) **I am so sorry about it.**

(4) **I am so sorry about that.**

(5) **Sorry to hear that. It sucks!**

(6) **Sorry to hear that. That sucks!**

(7) **That's too bad.**

(8) **It's too bad.**

(9) **It's too bad you had such a long wait.**

가능한 문장 **(2) (4) (6) (7) (9)**

> (어휘 들여다 보기) **'그거' 정말 안됐다** it은 기존 정보일 때 쓰지만 that은 구별 없이 쓸 수 있다. 표제문 맥락에서는 이런 사태가 발생한 사실을 지호한테서 전화가 온 다음 비로소 알게 되었다. 따라서 이 정보는 새로운 정보에 해당되므로 it은 쓸 수 없다. 예를 들어, 대명사 I'm so sorry to hear it.은 지호가 알려 주기 전에 이미 내가 지호의 환승 항공편 지연사태를 알고 있었던 경우 가능하겠지만, 표제문 맥락에는 지시사 I'm so sorry to hear that.이라고 해야 맞는 문장이 된다.

(1) I am so sorry to hear <u>it</u>. ×

(2) I am so sorry to hear <u>that</u>. ○

(1)은 틀리고 (2)는 좋다. hear it이 아니고 hear that이다. 지호한테 막 이 얘기를 들었으니 이미 알고 있는 정보일 수 없다. 한편 sorry는 〈sorry + to부정사〉 형식으로 자주 쓰인다.

(3) I am so sorry about <u>it</u>. ×

(4) I am so <u>sorry about</u> <u>that</u>. ○

(3)은 틀리고 (4)는 좋다. (3)처럼 sorry about it이라고 하면 이미 지호가 전화해서 말하기 전부터 내가 알고 있었다는 얘기가 되기 때문에 상황에 맞지 않는다. sorry about은 '미안하다'는 뜻으로도 많이 쓰지만 '안됐다'라는 뜻으로도 잘 쓴다.

(5) Sorry to hear that. <u>It</u> sucks! ×

(6) Sorry to hear that. <u>That</u> sucks! ○

(5)는 틀리고 (6)은 좋다. It sucks!는 불가하다. 그러나 It sucks to be stuck in the airport! / It sucks! I have been in the same situation!은 좋다.[8] 전자는 〈가주어 it ~ 진주어 to부정사〉 구문이고, 후자는 의미상 it = I have been in the same situation이기 때문이다.[9] 물론 (6) That sucks!가 훨씬 더 좋다.

(7) That's too bad. ○

좋다. 대체로 that은 상황(situation/event)을 가리키고, it은 주로 개체(more about an object)를 가리킨다.

(8) <u>It</u>'s too bad. ×

(9) <u>It</u>'s too bad you had such a long wait. ○

(8) it은 기존 정보에 사용되기 때문에 표제문 맥락에 틀렸다. (9)는 〈가주어 It ~ 진주어 that절〉 구문이다. It's too bad (that) you had such a long wait.의 조합이다. '그렇게 오래 기다리다니 안됐다'란 의미이므로 맥락에 맞는 문장이다. 참고로 It's too bad you're stuck in the airport. 역시 표제문 맥락에 부합하는 좋은 문장이다.

A
제이, 너 맞니?
정말 믿어지지 않는데
너 맞구나!

situation: 예기치 않은 상황에서 상대방을 만나 놀라움을 표시한다. 상대방이 지금 내 눈앞에 서 있다.

(1) Jay, you are Jay? I can't believe. You're right! ☐

(2) Are you Jay? Oh, you really are. I can't believe it. ☐

(3) Jay, is it you? I can't believe this. ☐

(4) Jay, is it really you? I can't believe it. ☐

(5) Jay, is this really you? I can't believe it. ☐

(6) Jay, is that you? I can't believe it. ☐

(7) Jay, is that really you? I can't believe it's really you. ☐

(8) Jay, is that really you? I can't believe it. It's really you. ☐

(9) Jay, is that really you? I can't believe this is really you! ☐

(10) Jay, is that really you? I can't believe that's really you! ☐

---

(1) 완전히 틀렸다. 대명사 사용이 전혀 말이 안 된다. 특히 You're right.는 '네 말이 맞다.'는 뜻이다. **(2)** 틀렸다. '새로운 대상'을 앞에 두고 곧 바로 Are you Jay?라고 하지 않는다. Are you Jay?는 '니 이름이 제이냐?'는 뜻이다. **(3) (4)** (3)은 틀리고 (4)는 좋다. Is it you?는 상대방의 어렸을 적 사진을 가리키며 '이게 너 맞니?'라고 말할 때 사용할 수 있다. 다만 여기에 really를 추가하여 Is it really you?는 상대방을 막 인식했음을 나타내기 때문에 표제문 맥락에 사용 가능하다. I can't believe this.는 지시사 this 때문에 틀렸다. 이 문장은 '그런데 말이야 난 (곧바로 이어서 말할) 이것이 도저히 믿어지지가 않아.' 정도의 뜻이므로 표제문 맥락에 맞지 않는다. this보다 구체적인 어구가 있어야 표제문에 맞는 문장이 된다. this를 this coincidence(이 우연의 일치) 또는 this is really happening으로 고치면 표제문 맥락에 맞는 문장이 된다. **(5)** 틀렸다. '너 맞니?'는 Is that you?가 가장 자연스럽다. '내 앞에 나타난 새로운 누군가'를 지칭하기 위해 that을 사용한다. 표제문 맥락에 Is this really you?는 불가하다. 오래 전 사진에 있는 제이를 가리키며 '이게 진짜 너야?'란 뜻으로 Is this really you?라고 한다. **(6)** 좋다. 바로 눈앞에 있는 사람이기는 하지만 막 만났을 때는 that이라고 하는 점에 유의하자. 또한 I can't believe it.에서 대명사 it은 지금 벌어지고 있는 이 상황을 말한다. **(7) (8)** 좋다. it's really you에서 대명사 it은 바로 앞에 있는 제이를 말한다. **(9) (10)** 틀렸다. this is really you! / that's really you! 둘 다 틀렸고, it's really you!라고 해야 한다.

situation: 영국에서 온 친구에게 내가 영국 학교에 대해 알고 있는 사실이 맞는지 확인하려고 한다.

I heard I don't have to pay anything for school in the U.K.

영국에서는 학교 다닐 때 전혀 돈이 안 든다고 들었는데.

실제로도 그래?

(1)   Is it true realistically? ☐

(2)   Is it so for real? ☐

(3)   Is it true in reality? ☐

(4)   Is it true? ☐

(5)   Is this true? ☐

(6)   Is that true? ☐

(7)   For real? ☐

(8)   Really? ☐

'실제로도 그래?'는 '이거 진짜야?', '이거 사실이야?'라는 뜻이다. 그렇다면 Is it true? / Is this true? / Is that true? 중에 뭐가 맞을까? 자기 자신이 방금 말한 것(I heard I don't have to pay anything for school in the U.K.)을 가리키는 맥락에서는 it / this / that 모두 좋다. 다만, 영국에서는 학교 다닐 때 돈이 안 든다는 것은 새로운 정보이자 예상 외의 정보로서 관심을 기울일 만한 정보이므로 지시사 that이 가장 부합한다. this도 가능하다. this는 '내가 방금 말한 이것/그것'이라는 뜻이다. it은 그럭저럭 쓸 만한 한데 썩 좋지는 않다. it은 특별한 강조의 의미가 없기 때문에 it을 쓰면 맥이 좀 빠지는 느낌이다. '(기존에 알고 있던 것과 다른) 흥미로운 새로운 사실'을 질문하는 맥락에 대명사 it은 썩 좋지는 않다.

(1) (2) (3) 틀렸다. 표제문 '실제로도 그래?'는 '이거 진짜야?', '이거 사실이야?'의 뜻이다. Is it true?라고 하든가, For real?이라고만 하면 좋다. 하지만 realistically(운이나 요행을 기대하지 않고; 현실적으로 가능성을 따져) 또는 Is it so는 전혀 말이 안 된다. in reality(상상이나 가공의 세계 아닌 현실 세계에서는; 현실에서는; 보이는 것과 달리 실제로 해보니까)도 썩 좋은 표현은 못 된다.   (4) 대명사 it은 그럭저럭 쓸 만한 한데 썩 좋은 표현은 아니다.   (5) 좋다. 선행 문장(I heard I don't have to pay anything for school in the U.K.)은 자기가 한 말이니까 this라고 해도 문제 없다.   (6) 좋다. '영국에서는 학교 다닐 때 돈이 안 든다'는 새로운 정보이므로 that이 표제문 맥락에 가장 부합한다.   (7) 좋다. For real?은 '진짜야?'란 뜻으로, 슬랭이기는 하지만 사용하는 데 아무런 문제가 없다. 특히 젊은 사람들이 주로 사용하는 말이다.   (8) 간단하면서도 정확한 표현이다. Seriously? 또는 Honestly?라고 해도 좋다.

가능한 문장   **A** (4) (6) (7) (8)   **B** (4) (5) (6) (7) (8)

1 사실 정관사 the car보다는 지시사 that car가 더 좋다. 정관사 the car는 '사고 날 뻔한 그 차'가 아니라 '제3의 새로운 차'를 대화에 도입하는 느낌이 들기 때문에 다소 어색하다.

2 일상 대화체 문장은 아니지만 대명사의 주격, 목적격, 소유격을 철저히 지키는 영어의 특성을 보여주는 예문을 하나만 더 들어 보자. They expressed confidence that they could entrust their souls to God for whatever arrangements He might make for their afterlife.(그들은 죽은 다음에 하느님한테 어떤 대접을 받을지는 모르겠지만 하느님께 영혼을 맡길 수 있는 그 믿음은 가지고 있다고 얘기들을 했다.)를 보면 원문에 나오는 다섯 개의 대명사를 한국어 문장에서는 단 한 개로 줄였음을 알 수 있다. 이마저도 문어체이기 때문에 '그들'이라고 한 것이지 실제 대화에서는 '그 사람들' 또는 '신자들' 또는 '신도들' 등 명사로 표현할 것이 분명하다. 한국어는 대명사를 생략하는 것이 일반적이므로 한국어 문장을 영어로 전환하는 경우 빠져 있는 대명사를 찾아 문장 속에 복원해야 한다. (영어 문장의 원래 출처는 Stuart Walton의 *A Natural History of Human Emotions*이며, 〈이희재, 2009, 번역의 탄생, 교양인〉에서 재인용하였다.)

3 check-in counter는 상대적으로 덜 사용된다. 보통 front desk 또는 reception이라고 한다.

4 표제문 맥락에는 당연히 부정관사 a receptionist가 좋지만, 사실 정관사 the receptionist도 별 무리가 없다. 왜냐하면 the receptionist는 the receptionist who I was talking to의 축약형이라고 볼 수 있기 때문이다. 부정관사 an employee / a woman / a lady 역시 마찬가지로, 정관사 the employee / the woman / the lady도 괜찮다.

5 실제로 that은 특정할 수만 있다면 대체로 신 정보냐, 구 정보냐를 가리지 않고 잘 사용된다.

6 물론 That's it.은 맥락에 따라 다양한 뜻으로 쓰일 수 있다. 가령, 쇼핑을 조금밖에 안 한 친구한테 '애걔~ 이게 다야?'라고 할 때, 캐셔가 계산하면서 '그게 전부죠? / 더 없죠?'라고 할 때, 친구하고 옥신각신하다가 '자, 이제 그만하자.'라고 할 때, 웨이터가 주문 받으면서 말미에 '더 주문할 거 없죠?'라고 할 때, 하와이로 여행 가자는 얘기에 '바로 그거지!'라고 할 때, 커피 더 먹겠냐는 질문에 '아니요, 충분합니다.'라고 할 때, 수리 기사가 '다 됐습니다 / 다 고쳤습니다.'라고 할 때 등 다양하게 활용할 수 있는 표현이다.

7 다만, 이 문장보다는 What do rotten eggs smell like? 또는 How do rotten eggs smell?이 더 좋다. 어떤 네이티브는 What's the smell of rotten eggs like?가 아예 틀렸다고 하면서 이 문장 대신 위 두 문장이 맞다고 했다.

8 It sucks!가 It sucks to be stuck in the airport! / It sucks! I have been in the same situation! / It sucks that the flight is late!를 염두에 두고 이들 문장의 축약형으로 볼 수도 있기 때문에 괜찮다는 의견도 있으나, 대부분 It sucks!만으로는 불가하다는 입장이다. 아울러, 이 책에서는 It sucks!과 That sucks!의 차이점을 보여주고자 하는 것이므로 위의 문장처럼 완결된 문장이 아닌 경우 대명사 it은 틀린 것으로 하겠다.

9 따라서 It sucks to be stuck in the airport!에서는 it을 that으로 대체할 수가 없다. 그러나 It sucks! I have been in the same situation!에서는 It sucks! 대신 That sucks!라고 해도 좋다. 사실 이때는 That sucks! I have been in the same situation!이 더 좋다.

기본동사의 뜻을 잘 이해하고 구동사(phrasal verbs)를 잘 활용하는 것은 영어를 잘하는 지름길입니다. 일상대화에서 밥 먹듯이 기본동사를 사용한다는 점을 생각하면 우리의 기본동사에 대한 이해는 정말 부끄러울 정도로 낮습니다. 이것을 극복하지 않고서는 영어를 잘할 수 있는 방법은 없다고 단언할 수 있습니다.

네이티브가 정말 밥 먹듯이 사용하는 구동사는 영어 실력을 한 단계 올리기 위해서는 반드시 넘어야 하는 분수령입니다. 구동사를 한꺼번에 다 외울 수는 없습니다. 그때그때 눈에 보이는 대로 암기하는 것이 최선입니다.

이 장에서는 우리가 잘 모르는 기본동사의 특성을 알아보고 다양한 구동사도 살펴보겠습니다.

기본동사부터 제대로 잡아라

기본동사를 알면 영어가 보인다

동사 smell을 모르는 사람은 없을 것이다. 하지만 '어디서 빵 굽는 냄새가 나네.'를 I smell bread baking coming from somewhere.라고 자연스럽게 말할 수 있는 사람은 많지 않다. '빵 굽는 냄새가 구수하다.'는 The bread baking smells so good.이며 '부엌에 생선 냄새가 진동을 한다.' 는 The kitchen smells really badly of fish.라고 한다. 이런 문장들이 얼른 생각나지 않는 것은 동사 smell의 의미와 용법, 속성을 제대로 알지 못하는 데서 기인한다.

동사 smell뿐만이 아니다. come, go, be, get 등 '기본 중의 기본'인 동사들에 대한 정확한 이해도 놀랄 정도로 부족하다. 영어를 편하고 자연스럽게 말하기 위해서는 기본동사를 제대로 활용하는 것이 무엇보다 중요하다. 기본동사는 다양한 뜻으로 쓰이기 때문에 이를 한꺼번에 암기하는 것은 가능하지도 않고 바람직하지도 않다. 여러 상황에서 다양한 예문을 접하면서 기본동사의 근본적인 의미를 '느끼는' 것이 좋다. 그래야 의미를 확장하여 다른 상황에서도 적용할 수 있다.

홍대 클럽에 놀러 가려고 하는데 '나하고 같이 갈래?'는 Want to come with me?와 Want to go with me? 중 어느 것이 맞는가?[1] come과 go의 본질적인 의미에 대한 이해가 부족하면 엉뚱한 동사를 사용하기 쉽다. 영어를 잘하기 위해서는 동사, 그 중에서도 기본동사의 쓰임을 제대로 이해하는 것이 무엇보다 중요하다. 사전을 찾아보면 알겠지만 기본동사의 뜻은 30가지를 넘는 것이 보통이다. 사전에 나타내지 못한 곁가지 의미까지 포함하면 기본동사의 의미는 상상을 초월할 정도로 많다. 이 책은 사전도 아니고 동사에 특화되어 있는 책도 아니며, 이런 뜻들을 한꺼번에 설명하는 것 또한 효과적이지도 않다. 따라서 가장 많은 빈도로 사용되는 의미를 중심으로 각 동사들의 기본적이고 근본적인 의미와 용법을 살펴보도록 하겠다.

〈말하기 영작문 트레이닝〉에서 기본동사로 do, give, have, take, make, get, put, go, come, bring, gain, turn을 제시한 바 있다. 이와 더불어 be, keep, appear, look 등 일상적으로 사용하는 동사들의 특성도 주의 깊게 살펴야 한다.

be

be는 한국어의 조사 '~이다'에 가깝지만, '가다', '오다'란 뜻으로도 자주 사용된다. '어젯밤 음악회에 갔었니?'를 Did you go to the concert last night?라고 해도 좋지만 Were you at the concert last night?라고 해도 역시 좋은 문장이다. '그분은 오늘 회사에 출근하지 않습니다.' 를 He won't come to work today.라고 할 수도 있지만 He won't be in today.라고 해도 좋다. be동사와 부사 in이 결합하여 '출근하다'란 뜻을 형성한 것이다. '지난주에 뉴욕 갔다 왔다.'는 I went to New York last week.라고 하기도 하지만 I was in New York last week. 역시 네이티브가 선호하는 문장이다. 약속이 있어 어떤 행사에 가지 못한 경우 '아쉽게도 나 거기 못 갔다.'는 Unfortunately I wasn't there.라고 한다. 물론 Unfortunately I couldn't go.[2] / Unfortunately I couldn't make it.이라고 해도 된다.

'~가 되다' 역시 be로 표현하는 경우가 많다. be는 '변화와 그 변화의 결과'를 동시에 품고 있다고 말할 수 있겠다. '(드디어) 가을이 왔다/되었다'라고 말하고자 할 때, 한국어는 '왔다/되었다'처럼 과거시제를 써서 지금 현재 가을임을 나타낸다. 영어로도 물론 has come / has arrived를 써서 표현 가능하지만, 간단히 be동사를 활용하여 현재 상태를 묘사해도 된다. 즉, Finally it's autumn.(드디어 가을이 되었네.)[3]이라고 하는 것이다. 마찬가지로 '내 딸은 커서 의사가 되겠다고 한다.'는 My daughter wants to be a doctor.라고 해도 아무런 문제가 없다.

이 밖에 be는 전치사 또는 부사와 결합하여 구동사로도 자주 사용된다. 〈be into + A(사람/사물)〉는 'A에 푹 빠지다 / A를 좋아하다'란 뜻이다. He's really into her.는 '그 남자는 그 여자한테 푹 빠졌다.'란 뜻이고, 영화 제목으로도 쓰였던 He's just not that into you.는 '그 남자는 너 별로 안 좋아해.'란 뜻으로 개봉 당시 제목은 '그는 당신에게 반하지 않았다'였다. 한편 〈be up to + A(꿍꿍이)〉는 'A(꿍꿍이)를 꾸미고 있다'란 뜻이며, What are you up to?는 '도대체 무슨 꿍꿍이냐?'란 뜻이 된다.

do

do는 '하다'라는 자체의 뜻도 있지만 앞에 언급된 다른 동사를 대신하는 '대동사'로 사용되거나 부정문, 의문문을 만들 때 조동사로도 많이 사용된다. 물론 do 본래의 '하다'란 뜻으로도 광범위하게 사용된다. '뭐 해?'는 What are you doing? '어떻게 지내세요?'는 How are you doing? '제가 뭐 잘못한 게 있나요?'는 Did I do something wrong?이다. 특히 do는 구동사 또는 숙어처럼 쓰이는 경우도 많다. '걔 공부 잘 한다.'는 He's doing well in school. '그 정도면 될 거야.'는 That'll do. '부탁 하나 들어 줄래?'는 Do me a favor? '이것 좀 요약해 주시겠어요?'는 Can you do a summary for me? '잘했어.'는 You did a good job.이다. 특히 집안일과 일상적인 행동에 대해 다른 동사들을 대신하여 do를 사용하는 경우가 많다. 아래 예문을 살펴보자.

Let me do the dishes. (do = wash) 설거지는 내가 할게.
It's his turn to do the table. (do = set) 이번에는 남편이 식사 준비할 차례다.
I did the cleaning up. (do = finish) 청소를 끝냈다.
It's a real drag to do the bathroom. (do = clean) 욕실 청소는 귀찮다.
Let's do lunch tomorrow. (do = have) 내일 점심이나 같이 하자.
Let's do a movie this weekend. (do = see/watch) 주말에 영화 보자.

give

give는 〈give + 간접목적어 + 직접목적어〉 형식으로 주로 쓰인다. 문법적으로 보면 4형식 문장을 이끈다. 추상적인 목적어를 사용하여 정말로 다양한 것들을 give한다. '나 그 문제에 대해 고민 많이 했다.'는 I gave it a lot of thought. 친구들이 내 외모를 가지고 놀려 먹을 때 '나 좀 괴롭히지 마라.'는 Don't give me a hard time.이다. '그 여자가 쌍둥이를 낳았다.'는 She gave birth to twins.인데, 애를 낳는 것도 birth를 give했다고 표현하는 점에 주목하자. 한편 '그런 씨도 안 먹히는 소리는 하지도 마라.', '턱도 없는 소리 하지도 마라.'는 Don't give me that crap. '건방지게 군다고 그 여자가 그 남자의 귀싸대기를 한 대 올려 붙였다.'는 She gave him a smack on the face for being cheeky.[4]다. 심지어 뺨을 때리는 데까지 give를 사용한다! 이처럼 give의 사용처는 무궁무진하니 늘 염두에 두고 새로운 표현들을 익혀 나가기 바란다.

have

have 역시 여러 가지 뜻을 가지고 있는 팔방미인 동사다. 〈말하기 영작문 트레이닝〉에서도 별도의 장으로 다룬 바 있다. '가지고 있다'로서의 have의 주체는 사람이건 사물이건 추상적인 개념이건 그 어떤 것도 될 수가 있으니 이 점을 유념하면 훨씬 유용하게 써 먹을 수 있다. 예를 들어, '이 작품에는 작가의 혼이 담겨 있다.'를 영어로는 '이 작품은 작가의 혼을 가지고 있다.'로 생각하고 This piece has the artist's soul in it.이라고 하면 훌륭한 문장이 된다. 옷 가게에서 점원이 '이 셔츠는 두 가지 색깔로 나옵니다.'는 This shirt comes in two colors.라고 해도 물론 좋으나, '우리는 이 셔츠를 두 가지 색깔로 가지고 있습니다.'로 생각하고 We have this shirt in two colors.라고 해도 자연스러운 문장이 된다.[5] '가지고 있다'로서의 have는 have got이라고 해도 된다. 따라서 이 문장은 We've got this shirt in two colors.도 역시 좋다.

일반적인 동사들도 '가지고 있다'의 개념으로 접근해 보자. 여행을 떠나면서 '커피도 챙겼고 휘발유도 가득 넣었으니 이제 출발하자.'라고 하려면, '커피와 가득한 휘발유를 가지고 있으니 이제 출발하자.'로 생각해 봐도 좋다. 따라서 We have coffee and a full tank of gas. Let's leave now.는 훌륭한 문장이 된다.[6]

have는 질병, 진단, 진료 및 치료 상황에 자주 쓰인다. '나 감기에 걸렸다.'는 I have a cold. '마이클 조던은 에이즈 바이러스에 감염되었다.'는 Michael Jordan has HIV. '목에 MRI를 찍었다.'는 I had an MRI for my neck problem.[7]이다. 또 '목 수술을 했다.'는 I had surgery on my neck. '그 여자는 코 성형수술을 했다.'는 She had plastic surgery on her nose. 또는 She had a nose job.[8]이라고 한다.

have는 피동형 〈have + 목적어 + p.p.〉 형식으로도 자주 사용된다. 주로 남을 시켜 서비스를 받는 경우 많이 나타난다. 예를 들어, '(미용실 가서) 어제 머리 깎았다.'는 I had my hair cut yesterday.고, '어제 충치를 때웠다.'는 I had my cavities filled.다. 하지만 이에 꼭 국한되지는 않고 멀쩡한 능동문도 이런 식으로 피동 구문을 사용하는 경우가 적지 않다. 항공사 카운터에서 '(위탁수하물로) 짐을 부쳤다.'는 I checked in my baggage.라고 해도 되지만, 굳이 I had my baggage checked in.이라고도 한다.

take

take는 '취하다', 즉 '내 것으로 만들다'가 근본적인 뜻이다. 여기에서 발원하여 take에 '받아들이다/섭취하다/채택하다'란 뜻이 있다. 물건을 상대방에게 건네주면서 '받아라!'라고 할 때는 Take it!이라고 한다. '(부모님이) 제 얘기를 심각하게 듣지 않으세요.'는 They don't take me seriously.다. '너는 항상 그 사람 편만 든다.'는 '그 사람 편을 취하다'라고 생각해서 You always take his side.라고 하면 아주 훌륭한 문장이 된다. 한편 '조치를 취하다'는 take actions이므로 '그러한 위반 행위에 대해서는 법적 조치를 취해야 한다.'는 We need to take legal actions against such violations.다. 물론 legal actions를 주어로 하여 Legal actions must be taken against such violations.라고 해도 된다.

take는 '데리고 가다, 가지고 가다'란 뜻이기도 하다. 식당에서 수프에 머리카락이 있어 항의했더니 웨이트리스가 '그것은 내가 가지고 가고 새로 한 그릇 갖다 드리겠습니다.'는 I'll take it back and get you another.다. '지갑 어제 AS 맡겼다.'는 I took it to a repair shop yesterday.다. '부장님 주재로 회식했다.'는 여러 문장이 가능하겠지만 take를 써서 표현해 보자. '부장님이 우리를 저녁자리로 데리고 갔다.'라고 생각하면, My boss took us out to dinner. 같은 표현이 가능하다.

더 나아가 take는 '뺏다', '분리하다'란 뜻이다. '태풍이 8명의 목숨을 앗아갔다.'는 The typhoon took 8 people's lives.[9] '간호사가 간단한 피검사를 하려고 내 피를 뽑았다.'는 She took my blood for a routine blood test.다. '1년 휴학하다' 역시 1년을 학업에서 떼어놓는 것이니까 I took a year off from school last year.(나는 작년 1년 휴학했다.)인데, take ~ off는 구동사이므로 반드시 off가 필요하다.

한편, 왜 take를 쓰는지 잘 납득이 안 되는 경우도 있다. 예를 들어 '똥 누다'는 take a dump / take a crap다. 친구한테 '나 똥 누고 있어.'라고 할 때 I'm taking a dump.라고 한다. 이 경우 똥을 가지고 가는 것도, 복용하는 것도, 잡는 것도, 섭취하는 것도 아니라 어떻게 이해해야 할지 난감하다. take a dump 뒤에 away from me 또는 out of my body가 생략되었다고 보면 좋겠는데, 그렇다면 take a dump away 또는 take a dump out처럼 away 또는 out과 함께 쓰여야 한다. 그렇게 쓰이지 않는 것을 보면, 이런 식의 이해가 적절하지 않음을 알 수 있다. 여러 문헌들을 참고하건대, take에는 앞서 말한 뜻과는 별도로 '(어떤 동작을) 수행하다(put into action)'는 뜻이 들어 있다고 보는 것이 좋을 것 같다. 이렇게 이해하면 take a break(휴식을 취하다), take a shower(샤워하다), take a picture(사진을 찍다), take an exam(시험을 보다), take care of(~을 돌보다) 등의 표현을 보다 쉽게 받아들일 수 있을 것이다. 아무튼 한 단어에 충돌되는 뜻들이 다양하게 들어 있을 수 있다는 점을 이해하고, 보다 종합적인 시각에서 단어의 쓰임새를 고려하는 것이 좋다.

make

make는 '(제품, 이야기, 사람 등을) 만들다'가 기본 뜻이다. 동시에 강제로 뭔가를 시키는 뜻으로 많이 사용된다. 문법적으로 이를 '사역동사'라고 하며 〈make + 목적어 + 동사원형〉 형식으로 쓴다. 예를 들어, '경찰이 내게 음주측정을 했다.'는 The policeman <u>made</u> me take a breath test.[10] 다. 경찰이 나한테 시키는 것이므로 사역동사 make를 사용했다. '왜 그렇게 망설이냐?'는 What <u>makes</u> you hesitate?라고 하는데, 어떤 요인이 나를 망설이도록 시켰다고 보면 이해하기 쉽다. '그런 소리를 들으면 난 정말 피가 끓는다.'는 When I hear something like that, it really <u>makes</u> my blood boil.이다.

make는 '만들다'에서 확장되어 '~로 삼다'란 뜻으로도 자주 쓰인다. 성 프란치스코의 기도문 (Saint Francis Prayer)은 '주여, 저를 당신의 평화의 도구로 써 주소서.'로 시작하는데, 이것을 동사 make를 활용하여 Lord, <u>make</u> me an instrument of your peace.라고 한다.

make는 특정한 목적어와 결합해서 숙어로 사용되기도 한다. 이때는 특별한 논리가 없으므로 그냥 외워야 한다. 이런 경우 make는 '(실행)하다' 정도의 뜻을 갖는다. 예를 들어, '실수하다'는 make a mistake, '돈을 벌다'는 make money, '돈을 벌어 생계를 유지하다'는 make a living이다. '서두르면 다음 기차를 탈 수 있을 것이다.'는 If you hurry, you can <u>make</u> the next train. 이라고 한다. '회복되다'는 make a recovery, '완치되다'는 make a full recovery다. '그 사람은 드디어 지난달로 완치되었다.'는 Finally he <u>made</u> a full recovery last month.[11]다. '이것 좀 한 부 복사해 주시겠어요?'는 Can you <u>make</u> a copy of this for me?다.

get

get은 가장 많이 사용되는 동사 중 하나다. get은 '받다', '사다', '얻다', '구하다'란 뜻이다. '크리스마스 선물 뭐 받았어?'는 What did you <u>get</u> for Christmas? '수학에서는 A, 물리학에서는 B를 받았다.'는 He <u>got</u> an A in math and a B in physics.[12] '다음 주 월요일에 MRI 찍기로 했다.' 는 I'm going to <u>get</u> an MRI next Monday.[13] '독감을 예방하는 가장 좋은 방법은 독감예방주사를 맞는 것이다.'는 The best way to prevent the flu is to <u>get</u> a flu shot.[14]이다. 이처럼 get 이 너무나도 다양한 상황에서 사용되다 보니 많은 네이티브들은 get을 게으른 사람들의 동사로 간주하고 가급적 get을 덜 사용하려 하는 경향이 있다. 독자들도 필요한 경우 get을 사용하되, 다른 대체 가능한 동사가 있으면 가급적 다른 동사를 사용하는 것이 좋을 것이다.

get은 〈get + A(간접목적어) + B(직접목적어)〉 형식으로 'A에게 B를 (사)주다'란 뜻도 된다. 즉, I <u>got</u> my wife a luxury watch for her birthday.[15](아내한테 생일선물로 명품시계를 사줬다.), What did you <u>get</u> your son for Christmas?(크리스마스 선물로 아들에게 뭐 사줬는데?)처럼 쓰인다. 한편, 수프에서 머리카락이 발견했다고 하니까 웨이터가 '다시 새 걸로 갖다 드릴게요.'라고 할 때, I'll <u>get</u> you another one.이라고 하면 되고, '그 사람을 대기업에 취업시켰다.'는 I <u>got</u> him a job at a large company.라고 하면 된다. 이 문장은 내가 단순히 그 기업의 일자리를 소개해 준 것이 아니라 힘을 좀 써서(I used my influence) 대기업에 취업하도록 직접적인 도움을 줬다는 말이다.

get은 '(장소, 위치에) 도착하다'란 뜻도 있다. get은 '도착(결과)'에 중점이 있다. (반면에 go는 '출발(시작)'에 중점이 있다.) 가령 어제 야근하고 늦게 퇴근했는데, 같이 일하던 박과장이 물어볼 게 있어 내게 전화를 했는데 곯아떨어져서 전화를 못 받았다고 하자. 그 다음날 아침에 박과장에게 '어제 집에 가자마자 곯아떨어졌다.'라고 할 때 I fell asleep as soon as I got home.이라고 한다. I fell asleep as soon as I went home.이라고 하면 집에 가는 도중에 지하철 또는 버스에서 잠들었다는 뜻이 된다. get back(돌아가다), get home(귀가하다)[16], get on(~을 타다), get off(~에서 내리다), get in(안으로 들어가다, 자동차에 탑승하다), get out(장소/상황에서 빠져나가다), get to bed(잠자리에 들다) 등 get은 구동사로도 자주 쓰인다. 특히 get out은 단순히 물리적 장소나 위치를 변화시키는 go out('장소를 떠나다' 즉, leave)과는 달리, '(노력을 기울여) 불쾌한 상황을 벗어나다'는 의미가 포함되어 있다. 미국 드라마에서 전투나 위기 상황에 빠졌을 때 Let's get out of here.(여기서 빠져나가자.)라고 하지 Let's go out of here.라고는 하지 않는다. 두 차 사이에 내 차가 끼어 있어 '빠져나갈 수가 없다.'는 I can't get out.이다. 이 회사에 계속 있어 봐야 좋을 일이 하나도 없으니 '기회 될 때 여기서 나가세요.'는 Get out of here while you still can.이다. 이런 상황에서 Go out of here ~ 라고는 말하지 않는다. 화가 나서 '나가!'라고 소리칠 때도 Go out!이 아니라 Get out! 또는 Get out of here!라고 한다.[17] 반면에, '선생님이 교실을 나가자마자 애들이 잡담을 하기 시작했다.'는 중립적인 의미로서 '교실을 떠나자마자'란 뜻이므로 Chattering started as soon as the teacher went out of the classroom.이라고 한다. 또는 went out of the classroom 대신 left the classroom이라고 한다.

⟨get + 형용사⟩, ⟨get + to부정사⟩, ⟨get + 동명사⟩는 '어떤 상태로 되다' 또는 '어떤 상태가 되게 하다'란 뜻이며 '변화'에 쓰인다. 헛된 망상에 사로잡혀 있는 사람에게 '정신 차려!'라고 할 때 Get real!이라고 한다. She's angry.는 '화 나 있다'(상태)란 뜻이지만 She got angry.는 '화가 났다'(변화)란 뜻이 된다. She's hungry.는 '배가 고프다'(상태)지만 She got hungry.는 '배가 고파졌다.'(변화)이다. 마찬가지로 '그 사람 음주가 문제가 되고 있다.'는 His drinking is getting to be a problem. '나 이제 가야 해.'는 I must get going now. '와인에 취했다.'는 I got drunk on wine. 내가 뭐라고 충고하니까 '수지가 방어적이 되어 참견하지 말라고 했다.'는 She got defensive and told me to leave her alone.이다.

get은 사역동사로서 광범위하게 사용된다. 원형동사를 목적보어로 취하는 make와 달리 ⟨get + 목적어 + to부정사⟩ 형식으로 사용된다. make보다는 강제성이 훨씬 약하다. I got him to get a job at the company.는 '그 사람을 잘 설득해서 그 기업에 지원하게 했다.(그리고 그 사람이 거기에 취업했다.)', 즉 I convinced him to apply for a job at the company.란 뜻이다.[18] 한편 I got him to understand life is tough.는 '그 사람에게 인생이 녹록하지 않다는 것을 (말로 잘 설명해) 알게 해 줬다.'란 뜻이다.

'그 여자가 임신을 했다.'는 She's pregnant.다. 그렇다면 '그 남자가 그 여자를 임신시켰다.'는 He got her to be pregnant.라고 하는가? 이 문장은 to be 때문에 매우 어색하다. 형용사, 부사는 to부정사 형식을 취할 필요 없이, 곧바로 ⟨get + 목적어 + 목적보어(형용사/부사)⟩ 형식을 취할 수 있으므로, He got her pregnant.라고 하면 된다. '한번 더 리허설 하기 위해 출연진들이 전부 다 모였다.'는 The cast got together for a rehearsal. '한번 더 리허설 하기 위해 (내가) 출연진을 전부 모았다.'는 I got the cast together for a rehearsal.이다. 이처럼 문장에 따라서는 〈get + 목적어 + 형용사/부사〉 형식으로도 사용된다. 물론 문장 형식으로 보면 이 구문에서 to부정사, 형용사/부사는 '목적보어'이며 5형식 문장이다. 이처럼 get은 5형식 문장으로도 아주 많이 사용된다.

put

put은 '~을 어디에 두다'가 기본적인 의미다. '가방을 거기 놓아 주세요.'는 Put them down there. '손 들어!'는 Put your hands up! '도로 갖다 놓다'는 put it back이다. '네가 내 입장이었다고 생각해 봐. 너 같았으면 어떻게 했었을 것 같아?'는 Put yourself in my position. What would you have done?이다.

이러한 put의 기본적인 의미 때문에, put은 누군가로 하여금 뭔가를 하도록 시키는 사역적인 맥락에서도 잘 쓰인다. 내가 되었건 다른 사람이 되었건 누군가를 어떤 상황에 처하게 할 때에는 동사 put의 사용을 고려해 보자. 들어맞는 경우가 많을 것이다. 피곤해서 '나는 링거를 맞았다.'는 '의사가 나를 링거액을 맞는 상태에 두었다'라고 생각하면 They put me on an IV.란 문장을 생각해 낼 수 있다. 또는 수동태로 I was put on an IV. 역시 좋다. 부장님한테 전화가 왔는데 내가 대신 받았을 때 He's on another line. Would you like to wait?(지금 통화 중이십니다. 기다리시겠습니까?)라고 해도 되지만 '내가 당신을 기다리는 상태로 두어도 될까요?'라고 생각하면 Can I put you on hold?라는 표현이 쉽게 이해될 것이다. '그 사람은 장동건 뺨치게 잘생겼다.'는 He's really handsome, enough to put Jang Dong Gun to shame.이 자연스러운 문장이다. '장동건 뺨치게 잘생겼다'를 '장동건을 창피(shame)에 두다(put)'로 표현하는 점이 참 재미있다. put ~ to shame은 인위적인 표현이 아니라, 일상 대화에서 흔히 사용하는 표현이다.

또한 대상물에 어떤 작용을 가하는 경우 put을 쓸 수 있는 상황이 많다. '배려하다'는 남을 내 앞에 두는 것이니까 put others before oneself로 표현할 수 있다. 따라서 '그 사람은 늘 남을 먼저 배려해 준다'는 He always put others before himself.다. 한편, '(불행한 사건, 좋지 않은 일, 불쾌한 경험을 과거지사로 돌리고) 잊어버리다, 극복하다'는 그런 일들을 내 뒤에 두는 것이니까 put something behind me라고 한다. '그 사람들은 그 비극을 극복하기를 원했다.'는 '비극을 과거지사로 두고 (앞으로 나아가기를) 원했다.'란 의미이므로 They wanted to put the tragedy behind them.이다. 물론 '앞으로 나아가기를 원했다'에 초점을 두어 They wanted to move on forward from the tragedy.라고 해도 좋다.

come / go

엄마가 아이한테 '밥 식겠다. 빨리 와서 안 먹고 뭐 해?'라고 하니 아이가 '가고 있어요.'라고 한다. 영어를 제법 하는 사람이라면 상대방에게 가는 것이기 때문에 I'm going.이 아니라 I'm coming.이라고 하는 것을 알고 있을 것이다. 상대방 입장에서 보면 '오는' 것이기 때문에 동사 come을 쓰는 것이다. I'm going.이라고 하면 화자와 청자가 같은 장소에 있다가 화자가 현재 장소를 이탈하여 자신의 목적지를 향해 이동하는 상황이 된다. 한편, 저녁 식사에 초대를 받은 상황에서 '몇 시까지 가면 돼?'라고 상대방에게 물어본다고 하자. 이때는 What time do you want me to come over?라고 하면 된다.

그렇다면 나와 상대방이 여기에서 함께 다른 제3의 장소로 가는 경우는 come과 go 중 무엇을 사용할까? 이때는 목적지가 어디냐에 따라 다르다. 형사가 현장에서 적발한 용의자에게 '당신 나와 함께 (경찰서로) 가 줘야겠어.'는 You have to come with me.라고 한다. 경찰서가 그 형사의 경찰서이기 때문에 동사 come을 사용한다. 이때는 go를 잘 사용하지 않는다.[19]

나와 상대방 둘 다 잘 모르는 장소로 가는 경우에는 come / go 모두 가능하다. '오늘밤 홍대에 갈 건데, 너도 같이 갈래?'는 I'm going to Hongdae tonight. Want to go with me? 또는 Want to come with me?라고 한다. 사실 이때는 go를 선호하는 사람도 많다. 여기서 말하고 싶은 것은, 한국어와 달리 영어에서는 come이 전혀 어색함 없이 아주 자연스럽게 사용된다는 점이다. 둘이 함께 낯선 곳으로 가기는 하지만 상대방과 함께 가는 것이므로 동사 come이 가능하다.

물론 come / go는 비유적인 의미로도 많이 사용된다. '모든 차량에는 CD 플레이어가 기본적으로 따라 나온다.'는 All the vehicles come with a CD player as standard.라고 한다. 한편 go는 비유적인 의미로 '상황이 ~하게 전개되다'란 뜻으로도 자주 사용된다. '일은 잘돼 가?'는 How are things going? 또는 How are things coming along?이며, '상황이 안 좋아졌어.'는 Things went wrong.이다.[20] '취업 면접 어떻게 됐어?'는 How did your job interview go?[21]다.

의사가 환자에게 How long have you had this condition?(이렇게 된 지 얼마나 됐어요?)이라고 물어 볼 때 '오래됐습니다.'로 It's been a long time.이라고 해도 좋지만, 구어체에서는 It goes way back.이라고 하기도 한다.

bring

bring은 '가지고 오다', '데리고 오다'란 뜻이다. 앞에서 '한번 더 리허설하기 위해 출연진을 전부 모았다.'는 I got the cast together for a rehearsal.이라고 했다. 이때는 I brought the cast together for a rehearsal. 역시 좋다. bring up은 '가지고 와서 돋보이게 올리다'란 뜻이므로 '(어떤 주제를) 제기하다, 꺼내다, 언급하다', '(아이를) 양육하다, 키우다, 보살피다'란 뜻이 된다.

특히 bring은 무생물이 주어인 물주구문에서 자주 쓰인다. 이때는 한국어의 절과 구를 주어로 옮기면 딱 들어맞는 경우가 많다. 예를 들어 '저 노래만 들으면 눈물이 나.'는 Whenever I hear that song I cry.라고 할 수도 있겠으나, That song always brings tears to my eyes.라고 하면 같은 뜻을 표현할 수 있다.

뭔가 추상적인 행동, 과제, 법적 조치, 임무가 시작하게 될 때도 bring으로 표현한다. '저 고속도로 언제 개통하지?'는 When will the expressway be brought into service?다. 이 문장은 격식체 문장이므로, 일상 대화에서 말할 때는 보통 When will the expressway open?이라고 한다. '여긴 어쩐 일이세요?'는 What brings you here?인데, 다소 격식적인 문장이므로 일상 대화에서는 What are you doing here? 또는 What's up?이라고 한다. '그거 때문에 문제가 많이 생길 거 같아.'는 That will bring a lot of trouble.인데 일상 대화에서는 주로 That'll cause a lot of trouble.이라고 말한다.

turn

turn은 '돌다, 돌리다, 방향을 틀다'란 뜻이다. 커피숍 위치를 가르쳐 주는 상황에서 '사당역 11번 출구 나오자마자 뒤로 돌면 바로 거기에 있어.'는 As soon as you come out of exit 11 of Sadang Station, turn around. It's right there.라고 한다. turn around는 몸의 방향을 180도 반대로 트는 것을 말한다. turn around 대신에 turn back이라고 말하기 쉬우나, turn back은 전혀 다른 뜻이 된다. turn back은 '(어떤 방해 때문에 하던 것을 계속하지 못하고) 돌아가다 / 돌아오다', 즉, return / come back / go back / get back의 뜻과 유사하다. 이 대화 상황에서 turn back을 쓰면 11번 출구를 통해 다시 지하철역 안으로 들어가라는 뜻이 되어 버린다. turn을 비유적 의미로 사용하여, turn on(틀다), turn off(끄다), turn down(음량, 세기를 낮추다), turn up(음량, 세기를 올리다) 역시 가능하다.

turn은 '어떤 상태로 변하다/되다'란 뜻도 있다. turn은 본질은 그대로 유지한 채 모양, 색깔 등이 바뀌는 것을 주로 말할 때 사용된다. '단풍이 들고 있다.'는 The leaves are turning red and orange. '더위 때문에 우유가 상했다.'는 The heat turned the milk sour.다. (물론 동사 go를 활용하여 The milk went sour due to the heat. 역시 가능하다.) 맥락에 따라 change / become / get 등과 바꿔 사용할 수 있는 경우도 있다. '날씨가 추워졌다.'는 The weather turned cold. 또는 The weather got cold. 또는 The weather became cold.다.

keep

keep은 '계속하다, 유지하다, 지키다'가 기본적인 뜻이다. 내 책을 친구가 흥미롭게 보고 있는 상황에서 '그 책 너 가져.'라고 할 때 Keep it.이라고 한다. '잔돈은 가지세요.'는 Keep the change. '그 여자는 약속을 지켰다.'는 She kept her promise. '참 잘했어. 계속 잘해 줘.'는 You did an excellent job. Keep up the good work.다.

〈keep + A(목적어) + B(목적보어)〉 형식으로 'A(목적어)를 B(목적보어) 상태로 유지하다'란 뜻으로도 자주 쓰인다. '그 사람은 외투를 계속 입고 있었다.'는 He kept his coat on.이다. '기다리게 해서 죄송합니다.'는 지금도 기다리고 있는 상태일 때는 I'm very sorry to keep you waiting.이고, 지금은 기다리는 상태가 아닌 경우에는 I'm very sorry to have kept you waiting.이다. 파티에서 음악 소리가 줄어들려고 할 때 '음악 끄지 마! 분위기 살리자!'는 Don't stop the music! Let's keep the ball rolling!이다. '일이 본 궤도에 오르지 못하고 있어.'는 I'm having trouble keeping it on track.이다.

'유지하다'는 반대로 생각하면 '다른 것들이 못 들어오게 막다'란 뜻이므로 keep은 이런 뜻으로도 광범위하게 사용된다. 이런 뜻으로 쓰일 때는 전치사 from과 잘 어울린다. 〈말하기 영작문 트레이닝〉에서 한국어의 긍정문은 부정문으로, 부정문은 긍정문으로 전환하는 것이 더욱 자연스러운 경우가 많다고 했는데, 이런 경우에 잘 활용할 수 있는 동사가 바로 keep이다. '저는 그 일에 관여하고 싶지가 않습니다.'는 I want to keep out of it. '그런 사람 가까이 하지 마라.'는 Keep away from such company.[22] '잔디에 들어가지 마세요.'는 Keep off the grass. '숙제 하느라 어젯밤에 잠을 못 잤다.'는 My homework kept me up last night. '어제 일 때문에 일찍 퇴근할 수가 없었다.'는 My work kept me late at my office last night. '무슨 일이 생겨 어제 저녁때 거길 갈 수가 없었다.'는 Something kept me from going there last night.다.

어디서 빵 굽는 냄새가 나네.

situation:
방 안에서 지호하고 얘기하고
있는데 빵 굽는 냄새가 난다.
빵 굽는 냄새의 출처가 어딘지는
알 수가 없다. 냄새를 맡으니
갑자기 허기가 느껴진다.

STEP 1 표제문을 영어 문장으로 만들어 보세요.

나 　Oh, ________________________________

음,　　어디서 빵 굽는 냄새가 나네.

지호 　Right. I was just wondering where it's coming from?

그러게.　냄새가 도대체 어디서 나는 거지?

STEP 2 표제문을 영어로 잘 옮긴 것에 모두 체크하세요.

(1) **the smell of baking bread comes from somewhere.**

(2) **the aroma of baking bread is coming from somewhere.**

(3) **I smell of baking bread.**

(4) **I smell like baking bread.**

(5) **I smell bread baking in here.**

(6) **I smell freshly baked bread coming from somewhere.**

(7) **I can smell something, like baking bread.**

(8) **it smells of bread baking in here.**

(9) **it smells like bread baking in here.**

(10) **there's an aroma of bread baking coming from somewhere.**

가능한 문장 **(2) (5) (6) (7) (8) (9) (10)**

어휘 들여다 보기 **smell** 표제문의 '빵 냄새가 난다'는 '빵 냄새가 내 코에 와서 후각세포(olfactory receptors)를 자극한다'는 말이다. '내가 일부러 킁킁거리며 빵에 다가가서 냄새를 의도적으로 맡는다'는 뜻이 아니다. 한국어에서는 수동적으로 냄새를 느끼는 것과 적극적으로 냄새를 맡는 것을 명확하게 구분한다. 반면, 영어 동사 smell은 냄새가 맡아지는 수동적인 상황뿐만 아니라 냄새를 일부러 맡는 적극적인 상황에 모두 사용된다. 아울러 '어떤 사물/동물/사람이 어떤 냄새를 풍기는 경우'까지 두루 사용된다. 〈A(주어) + 타동사 smell + B(목적어: 냄새를 풍기는 사물)〉는 'A(주어)가 B(목적어: 냄새를 풍기는 사물)를 수동적으로 또는 적극적으로 냄새 맡다'란 뜻이다. 따라서 I smell bread.는 '내가 빵 냄새를 맡고 있다.'란 뜻이며, 맥락이 정해지기 전까지는 '적극적으로 빵 냄새를 킁킁거리며 맡는다'는 것인지, 아니면 '빵 냄새가 풍겨 와서 그 냄새가 느껴진다'는 말인지 알 수가 없다.

그렇다면 '빵 굽는 냄새가 난다'는 뭐라고 해야 하는가? 이때는 〈A(주어) + 타동사 smell + B(목적어: 냄새를 풍기는 사물)〉 형식을 그대로 활용하면 된다. I smell bread.(빵 냄새가 난다.)에서 bread 대신에 bread baking으로 고치면 '빵 굽는 냄새가 난다.'란 뜻이 된다. 또는 I smell freshly baked bread. / I smell something being baked. 역시 같은 뜻이 된다.

smell like / smell of 자동사 smell은 '~냄새를 풍기다, ~냄새를 뿜어내다'란 뜻이다. 문법적으로 말하면 자동사 smell은 '감각동사(sense verb)'이며 형용사를 주격보어로 삼는다. 예를 들어 열대과일 두리안은 냄새가 지독한 것으로 유명한데, 이것을 Durian smells awful.이라고 말한다. 한편 냄새를 어떤 사물에 빗대어 표현하고자 하는 경우, 예를 들어 '두리안은 똥 냄새가 난다.'라고 말하고자 하는 경우에는 전치사 like를 써서 〈A(냄새 풍기는 사람/사물) + smell like + B(냄새)〉 형식으로 표현한다. 따라서 Durian really smells like shit.이라고 한다. '두리안 = 똥'은 아니므로 전치사 like를 썼다. 반면 〈A(냄새 풍기는 사람/사물) + smell of + B(냄새)〉는 'A가 B 냄새를 뿜어내고 있다', 즉 'A에게서 B 냄새가 나고 있다'란 뜻이다. A에게서 나오는 냄새가 정확히 B와 동일한 냄새인 경우 전치사 of를 사용한다. The room smells of paint.는 '그 방이 페인트 냄새를 발산하고 있다.', 즉 '그 방에서 페인트 냄새가 난다'는 뜻이다. 따라서 〈A(주어) + smell of + B(냄새)〉 형태를 활용하여 표제문 뜻을 표현할 수 있다.

표제문 맥락의 경우, 화자가 빵 굽는 광경을 지켜보고 있거나 빵 굽는 냄새가 나는 물체가 눈앞에 있거나 해서 직접 냄새를 100% 확인할 수 있는 상황이 아니므로 〈A(냄새 풍기는 사물) + smell like + B(냄새)〉 형식을 활용하는 것이 적절하다. Oh, it smells like bread baking in here.라고 하면 표제문을 표현하는 자연스러운 문장이 된다. 여기서 it은 '주변 공기(the air surrounding me)' 정도의 뜻이 되겠다. 빵 굽는 냄새는 어느 정도 분명하게 구분할 수 있으므로 〈A(냄새 풍기는 사물) + smell of + B(냄새)〉 형식을 활용할 수도 있다. 즉, Oh, it smells of bread baking in here. 역시 가능하다. (그렇지만 표제문 맥락에는 smell like가 더 자연스럽다.) 이렇듯이 각각의 용법에 정통해야 정확하고 자신감 있게 영어를 구사할 수 있으며, 영어 실력도 향상시킬 수 있다.

(1) the smell of baking bread <u>comes from</u> somewhere. ×

틀렸다. 현재시제 comes가 아니라 현재진행시제 is coming이 맞다. 현재시제는 일반적 사실을 서술하는 문장(general statement)이며, **(2)**의 현재진행시제가 바로 지금 빵 굽는 냄새가 발생하고 있는 표제문 맥락에 적절하다. come from은 '~에서 나오다/비롯되다/생산되다'란 뜻이다. 예를 들어 Where did it come from?(너 이거 어디서 났어?)은 Where did you get it?과 같은 뜻이다.

(2) the <u>aroma</u> of baking bread is coming from somewhere. ○

그럭저럭 사용할 수는 있겠으나 썩 좋지는 않다. 대화의 전체적인 흐름을 봤을 때(대화 도중 빵 굽는 냄새가 나니까 갑자기 배고픔을 인식하는 상황) 문장을 Oh, the aroma of baking bread로 시작하는 것은 아닌 밤중에 홍두깨처럼 밑도 끝도 없이 문장이 시작되는 것이라서 어색하다. 이때는 존재를 대화에 도입하는 there is / there are 구문을 활용하면 아주 자연스럽다. 따라서 (10)처럼 쓰는 것이 훨씬 자연스러운 문장이다. 한편, 빵 굽는 냄새는 좋은 냄새이니까 smell보다는 aroma가 더 좋다. scent는 '향초'의 '향'을 말하는 것이 보통이므로 표제문 맥락에 잘 맞지 않는다.

(3) I <u>smell of</u> baking bread. ×

틀렸다. 〈A + smell of + B〉는 'A에게서 B 냄새가 나다'란 뜻이므로, 이 문장은 '나한테서 빵 굽는 냄새가 난다.'란 뜻이다.

(4) I <u>smell like</u> baking bread. ×

틀렸다. 〈A + smell like + B〉는 'A에게서 B 같은 냄새가 나다'란 뜻이므로, '나한테서 빵 굽는 냄새 비슷한 냄새가 난다.'란 뜻이 된다.

(5) I smell bread baking in here. ○

(6) I smell freshly baked bread coming from somewhere. ○

좋다. in here 또는 coming from somewhere는 냄새의 출처가 방 안이든지 밖이든지 관계 없이 빵 굽는 냄새가 이 공간에 퍼져 있음을 뜻한다. bread baking 또는 freshly baked bread 둘 다 좋다.

(7) I <u>can</u> smell something, like baking bread. ○

좋다. can은 '(이론적) 가능성' 또는 '능력'을 나타낸다. 예를 들어 She can speak Spanish. (그 여자는 스페인어를 할 줄 안다.), He can cook.(그 사람은 요리를 할 줄 안다.)처럼 활용할 수 있다. 따라서 I can smell bread baking. 역시 '빵 굽는 냄새를 맡을 수 있는 후각이 있다'는 뜻으로 생각해서 틀린 문장이라고 생각하는 사람도 있을 것이다. 하지만 이 문장은 정상적인 문장이다. 〈can + 감각동사(feel, hear, see, smell, taste)〉 형식은 '바로 지금 그런 감각을 느끼고 있음'을 나타낸다. 따라서 I can hear music.은 '음악 소리를 들을 청각 기능이 정상 작동한다'는 뜻이 아니라 '(바로 지금) 음악 소리가 들린다'란 뜻이다. I can smell bread baking. 역시 '지금 당장 빵 굽는 냄새가 맡아지고 있다'는 뜻으로, can이 없는 I smell bread baking. 과 같은 뜻이다.

(8) it <u>smells of</u> bread baking in here. ○

좋다. 〈A + smell of + B〉는 'A에게서 B 냄새가 나다'란 뜻이다. smell of는 거의 100% 그 냄새임이 분명한 맥락에 사용하는 데 비해, 표제문 맥락은 그 정도의 확신은 아니다. 표제문 맥락에는 smell like가 훨씬 더 자연스럽다. 한편 in here는 '(주변) 어디서'란 뜻이며, 생략해도 된다.

(9) <u>it smells like</u> bread baking in here. ○

좋다. 여기서 it은 '주변 공기(the air)'를 뜻한다. '주변 공기에서 빵 굽는 냄새가 난다'란 뜻이다. 〈A + smell like + B〉는 'A에게서 B 같은(즉, B와 유사한) 냄새가 나다'란 뜻이다. 〈it smells like + 구/절〉 형식이 모두 가능하므로, it smells like bread is baking in here. / it smells like somebody is baking bread in here. 역시 표제문 맥락에 맞는 문장이다.

(10) <u>there's an aroma of</u> bread baking coming from somewhere. ○

좋다. '빵 굽는 냄새가 난다'를 '빵 굽는 냄새가 있다'로 전환하면 there is 구문을 생각해내기 쉬울 것이다. '~향/냄새'는 an aroma of ~ 혹은 the aroma of ~로 표현한다. 예를 들어 '난 갓 뽑은 커피향을 좋아한다'는 I love the aroma of freshly brewed coffee. / I love the aroma of fresh coffee.다.[23] 한편 in here / coming from somewhere 둘 다 좋다.

situation:
내 딸은 중학생인데 장래에
의사가 되는 것이 꿈이다.

STEP 1 표제문을 영어 문장으로 만들어 보세요.

내 딸은 커서 의사가 되겠다고 한다.

STEP 2 표제문을 영어로 잘 옮긴 것에 모두 체크하세요.

(1) **My daughter says she wants to get a doctor.**

(2) **My daughter says she wants to become a doctor.**

(3) **She says she'll become a doctor.**

(4) **She says she'll be a doctor.**

(5) **Her dream is a doctor.**

(6) **Her dream is to be a doctor.**

(7) **Her dream is becoming a doctor.**

(8) **Her dream is being a doctor.**

(9) **She dreams of becoming a doctor in the future.**

(10) **She dreams of being a doctor someday.**

가능한 문장 **(2) (3) (4) (6) (7) (8) (9) (10)**

> (어휘 들여다 보기) **~가 되다** 한국 사람들은 '되다 = become'으로 직역하는 경우가 많다. 대체로 맞기는 하지만 be동 사로 표현해도 아무런 문제가 없는 경우가 많다. 오히려 be동사가 더 자연스러운 경우도 적지 않다. 예를 들어, 딸이 의과대학을 졸업하고 의사가 될 준비를 모두 마친 경우 She's ready to be a doctor.가 She's ready to become a doctor.보다 자연스럽다. 다만, 과거시제 문장에서는 '되었다'를 표현할 때 be 동사를 사용하지 않는다. She became a doctor.는 '내 딸은 의사가 되었다.'란 뜻이지만, She was a doctor.는 '내 딸은 의사였다.'란 뜻으로, 면허를 박탈당하거나 자격증을 반납하여 더 이상 의사가 아니거나, 또는 이미 사망한 사람을 가리켜 그 사람이 살아 있었을 때 의사였다는 뜻이다. 의사가 되고 난 결과(즉, 상태)에 중점을 두는 be동사의 특성상 미래시제는 가능하겠으나 과거시제는 곤란하다는 것을 이해할 수 있을 것이다.

(1) My daughter says she wants to <u>get</u> a doctor. ×

틀렸다. get a doctor는 예를 들어 '(남편감으로) 박사를 얻다' 정도의 뜻이다. 또한 '박사학위 를 취득하다'라는 뜻으로 get a doctorate 또는 get a doctor's degree는 가능하겠다. 물론 표제문 뜻과는 전혀 관계가 없다.

(2) My daughter says she wants to <u>become</u> a doctor. ○

(3) She says she'll <u>become</u> a doctor. ○

(4) She says she'll <u>be</u> a doctor. ○

좋다. be와 become 사이에 의미상 아무런 차이점이 없다. 한국어로는 '의사이겠다고'라고 는 하지 않으나 영어로는 to be a doctor가 아무런 거리낌 없이 잘 사용된다.

(5) Her dream is a doctor. ×

(6) Her dream is <u>to be</u> a doctor. ○

(5)는 틀리고 (6)은 좋다. 한국어로는 '내 딸의 꿈은 의사다'가 자연스럽지만, 영어의 be동사 는 이런 식으로 사용되지 않는다. 왜냐하면 her dream은 a doctor가 아니라 to become a doctor / to be a doctor이기 때문이다. be동사를 사용하기 위해서는 주어와 보어가 완전 히 동격이 되어야 한다.

(7) Her dream is <u>becoming</u> a doctor. ○

(8) Her dream is <u>being</u> a doctor. ○

좋다. 문법적으로 볼 때 이 문장에서 becoming a doctor / being a doctor는 '의사가 되 는 것'을 뜻하며, 동명사로서 주격 보어다. 즉, 이 문장들은 현재진행시제가 아니니 오해하 지 말기 바란다.

(9)　She dreams of <u>becoming</u> a doctor <u>in the future</u>. ○

(10)　She dreams of <u>being</u> a doctor <u>someday</u>. ○

좋다. '커서'는 '나중에, 장래에, 언젠가'란 뜻이므로 in the future / someday / one day 등으로 표현하면 좋다. 특히 한 단어 someday는 in the future를 뜻하지만, 두 단어 some day는 '(장래의) '어느 하루'라는 뜻으로, Some day next week we should go to the beach.(다음 주 하루 바닷가에 한번 가 보자.)처럼 사용된다. 한편, 자동사 dream에는 반드시 전치사 of가 필요하다. ⟨dream + of + 목적어⟩ 형식에서 전치사 of의 목적어는 명사 상당 어구여야 하므로 맥락상 동명사 becoming / being이 사용된 것이다. 따라서 전치사 없이 She dreams becoming a doctor. / She dreams being a doctor.라고 하면 틀린 문장이 된다.

situation:
지호 사무실에 6시까지 도착할 예정이다.
그리고 나서 지호와 함께 약속 장소로
이동하려고 한다. 여기에서 지호 사무실
까지는 한 시간이 걸린다.

STEP 1 표제문을 영어 문장으로 만들어 보세요.

지호 **Are you coming to pick me up?**
나 데리러 올 거지?

나 **Yes,**

그래, 나 거기 6시까지 갈게.

STEP 2 표제문을 영어로 잘 옮긴 것에 모두 체크하세요.

(1) **I'll go there until 6.**

(2) **I'll get there by 6.**

(3) **I'll arrive there by 6.**

(4) **I'll come to your office by 6.**

(5) **I'll come over by 6.**

(6) **I'll stop by your office by 6.**

(7) **I'll be there by 6.**

(8) **I'll be at your office by 6.**

(9) **I'll go at 5, because it takes an hour.**

(10) **I'll start at 5, because it takes an hour.**

(11) **I'll leave at 5, because it takes an hour.**

가능한 문장 **(2) (3) (4) (5) (6) (7) (8) (11)**

(어휘 들여다 보기) **사무실로 가다** 표제문의 '네 사무실로 갈게'는 go to your office가 아니다. 동사 go는 '출발'에 중점을 둔다. 반면 표제문의 '갈게'는 '도착'의 의미다. 이런 뜻으로는 get 또는 arrive를 쓰는 것이 바람직하다. 따라서 I'll get there by 6. 또는 I'll arrive by 6. 둘 다 좋다. 영어는 상대방을 기준으로 '가다/오다'를 따진다. 지호가 있는 쪽으로 가는 것은 지호 입장에서 보면 '오는' 것이므로 come으로 표현한다. 따라서 I'll come to your office by 6. 또는 I'll come at 6.도 좋다. 한편, 이동의 결과, 즉 도착한 상태를 강조하는 be동사를 사용하는 것도 매우 좋다. 즉, I'll be there by 6.라고 하면 아주 좋은 문장이다. 이 문장은 '6시까지는 도착 상태에 있겠다'는 뜻이 된다.

그렇다면 I'll go to your office.는 어떤 상황에서 사용할 수 있을까? 지호가 자기 사무실에 없을 때, 예를 들어 지호가 나하고 같은 장소에 있거나 지방 출장 중인데 서류를 가지러 지호 사무실에 가야 할 일이 있는 경우에는 I'll go to your office to get the documents you've forgotten.(네가 잊어 버린 서류 가지러 너희 사무실로 갈게.)이라고 할 수 있다. 지호가 사무실에 있는 경우에는 go를 사용하지 못한다. 동사 come을 써서 I'll come to your office.만 가능하다.

(1)   I'll <u>go there until</u> 6. ×

틀렸다. 한국어 문장을 직역해서 이런 문장을 생각해 볼 수는 있겠지만 전혀 말이 안 되는 문장이다. go there는 상대방이 있는 곳이 아닌 제3의 장소에 간다는 뜻이다. 아울러 until 6는 '6시까지 하던 동작을 계속한다'는 뜻이므로, 맥락상 by 6가 바람직하다.

(2)   I'll <u>get there</u> by 6. ○

좋다. get there는 '거기 도착하다'란 뜻이다. 동사 get은 '도착'에 중점을 둔다. get there도 좋고 get to your office도 좋다.

(3)   I'll <u>arrive there</u> by 6. ○

좋다. there는 생략 가능하다. 전치사 at을 써서 arrive at your office도 좋다. 다만 arrive to your office는 사용되지 않는다.

(4)   I'll <u>come to your office</u> by 6. ○

(5)   I'll <u>come over</u> by 6. ○

좋다. '사무실에 가다'는 come to your office도 좋다. (5)의 come over는 원래 사무실로 간다는 말이 아니라 집을 방문한다는 말이다. 하지만 맥락으로 사무실임을 알 수 있으므로 큰 문제는 없다.

(6)   I'll <u>stop by</u> your office by 6. ○

좋다. stop by뿐만 아니라 swing by / come by / drop by 모두 좋다. 이 표현들은 모두 '들르다'란 뜻으로, 지호를 방문하고 볼일을 본 다음 나 혼자 지호 사무실을 떠나는 경우뿐만 아니라 지호 사무실에 들러 지호와 함께 다음 목적지로 같이 가는 경우에도 충분히 사용할 수 있다.

(7)　I'll <u>be</u> there by 6. ○

(8)　I'll <u>be</u> at your office by 6. ○

좋은 문장이다. 출발해서 도착한 결과 거기에 있는(be there) 것에 중점을 둔 표현이다. 한국어는 '가다/오다'처럼 움직임으로 표현하는 것을 영어는 be동사를 활용하여 정적으로 표현하는 점에 주목하자.

(9)　I'll <u>go</u> at 5, because it takes an hour. ×

틀렸다. 내가 지호가 같이 있다가 어느 목적지를 향해 출발하면서 '나는 5시에 출발할 거야, 한 시간 걸리니까.'라고 할 때 사용이 가능한 문장이다. 즉, 내가 지호와 함께 있을 때나 이 문장이 가능하다.

(10)　I'll <u>start</u> at 5, because it takes an hour. ×

틀렸다. start는 '시작하다'지 '출발하다'가 아니다. 안타깝게도 많은 한국인 영어 학습자들이 start를 '출발하다'로 알고 있으나 이는 전혀 맞지가 않다. KTX 승강장의 전광판을 보면 '열차가 곧 출발할 예정이오니 속히 승차해 주시기 바랍니다.'를 The train will be started. Please get on the train.으로 잘못 번역하고 있다. 하지만 The train will be started.는 '기차의 시동을 켤 것이다.'란 뜻이다. 절대로 '출발할 예정이다.'가 될 수 없다. '출발할 예정이다.'는 The train is about to leave. 또는 The train will be departing.이라고 한다.

(11)　I'll <u>leave</u> at 5, because it takes an hour. ○

좋다. leave를 '떠나다'라고만 생각하면 절대로 표제문 맥락에서 이 문장이 생각 날 수가 없다. leave에는 '출발하다'라는 뜻도 있다.

(숙취가 너무 심해서 오늘 아침)
링거주사를 맞았어.

situation:
어제 과음을 했더니 도저히
몸이 견딜 수가 없다. 쉴 겸
기력 회복도 할 겸 병원에
가서 링거주사를 맞았다.
그랬더니 이제는 날아 다닐
것처럼 가뿐하다.

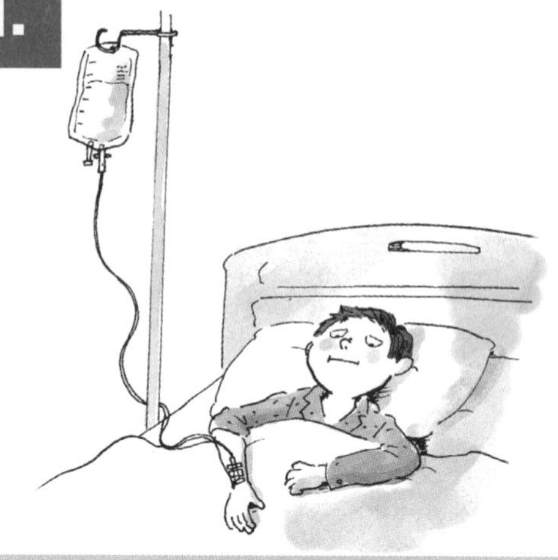

STEP 1 표제문을 영어 문장으로 만들어 보세요.

[   ] this morning because I was so hung over.

숙취가 너무 심해서 오늘 아침 링거주사를 맞았어.

STEP 2 표제문을 영어로 잘 옮긴 것에 모두 체크하세요.

(1) **I took ringer injection**

(2) **I took IV**

(3) **I received an IV**

(4) **I got an IV**

(5) **I had an IV**

(6) **They gave me an IV**

(7) **I was given an IV**

(8) **They put me on a saline drip**

(9) **I was put on a saline drip**

(10) **They put me on an IV**

(11) **I was put on an IV**

가능한 문장 **(3) (4) (5) (6) (7) (8) (9) (10) (11)**

어휘 들여다 보기

링거주사 '링거'는 링거액을 만든 의사의 이름 Sydney Ringer에서 따온 것으로, 한국에서만 사용하는 정체불명의 콩글리시다. '링거'는 intravenous[ìntrəvínəs]의 약자인 IV[aivì:]라고 한다. intravenous는 형용사로는 '정맥 내의', '정맥주사의'란 뜻이고 명사로는 '정맥주사'란 뜻이다. intravenous는 intravenous drip의 약어라고 보면 되는데, drip은 '정맥 내 투여기(환자의 정맥 속으로 약물·혈액을 바로 주입하는 데 쓰는 기구)'를 뜻한다. intravenous drip은 가산명사이므로 단 한 개를 가리키는 경우 반드시 부정관사 an과 함께 사용한다. IV는 intravenous drip의 준말이므로 an IV라고 한다.

링거주사를 맞다 링거주사를 '맞다'는 take an IV라고 할까, 아니면 get an IV라고 할까? '고혈압약을 먹고 있다.'를 I'm taking medicine for my high blood pressure.라고 하듯이 take에 '복용하다'란 뜻이 있어 take an IV도 가능하지 않을까 생각할 수도 있겠지만, 영어에서 약을 복용하는 것(take)과 주사 등 처치를 받는 것(get)은 다른 동사로 표현한다.[24] '(주사를) 맞다'는 동사 get을 사용한다. 예를 들어 '엉덩이에 주사를 맞았다.'는 I got a shot in my butt.다. 마찬가지로 '링거주사를 맞았다.'는 I got an IV. 또는 I had an IV. 둘 다 좋다. They put me on an IV. 또는 I was put on an IV.도 좋다. 사실 '수액주사'는 순식간에 놓는 다른 여느 주사와는 달리 적어도 한 시간 정도 지속적으로 투여를 받는 과정을 거치게 된다. 이런 관점에서 보면 on an IV가 납득이 될 것이다. on an IV는 '수액주사를 받고 있는 중/상태'란 뜻이므로, 맞는 데 한 시간 이상 소요되는 수액주사의 본질을 생각하면 잘 부합하는 표현이다.

(1) I took <u>ringer</u> injection. ×

틀렸다. ringer는 콩글리시다. '주사'를 뜻하는 injection도 틀렸다. 또한 수액주사를 맞는 것에는 동사 take를 사용하지 않는다.

(2) I took <u>IV</u>. ×

틀렸다. '주사를 맞다'에는 동사 take를 쓰지 않는다. 아울러 IV는 intravenous drip의 줄임말이다. drip은 원래 '액체가 뚝뚝 떨어짐' 또는 '뚝뚝 떨어지는 소리'란 뜻이지만, 뜻이 확장되어 '환자의 정맥 속으로 약물이나 혈액을 뚝뚝 떨어뜨려 바로 주입하는 기구'가 되었다. 이런 뜻으로는 가산명사이므로 부정관사 an IV가 맞다.

(3) I <u>received</u> an IV. ○

(4) I <u>got</u> an IV. ○

(5) I <u>had</u> an IV. ○

좋다. '링거주사를 맞다'는 〈동사 receive / get / have + an IV〉 모두 좋다.

(6) They <u>gave</u> me an IV. ○

(7) I <u>was given</u> an IV. ○

좋다. 동사 give를 써서 '링거를 맞았다'를 표현할 수 있다. (6)에서 They는 나를 진료했던 '의사', '병원'을 가리키는 일반 대명사다.

(8) They <u>put</u> me on a <u>saline</u> drip. ○

(9) I <u>was put</u> on a <u>saline</u> drip. ○

좋다. saline[séilain]은 형용사로는 '염분을 함유한'이란 뜻이며, 명사로는 '무균성의 식염수'를 뜻한다. '식염수'를 saline solution이라고도 한다. '링거액'의 주된 성분이 '생리 식염수'이므로 (8) (9)도 가능하다. on a saline drip은 '링거 주사를 꽂은 상태다'란 뜻이다. on a trip(여행 중인), on a break(휴식 중인), on the increase(증가 중인), on the rise(오름세에) 등에서 보듯이 전치사 on은 '진행 상태'를 뜻한다.

(10) They <u>put</u> me on an IV. ○

(11) I <u>was put</u> on an IV. ○

좋다. 동사 put은 〈put + A(목적어) + B(상태)〉 형식으로 잘 쓰이며, 'A(목적어)를 B(상태)에 처하게 하다'란 뜻이다. She felt cold in the evening and she put her coat on.(그 여자는 저녁에 추워서 코트를 입었다.) 역시 원래 〈put + her coat + on herself〉였을 것인데, herself는 자명한 것이기 때문에 put her coat on이 된 것이라고 생각하면 이해하기 쉬울 것이다.

영어지식 ✱ 외국에서는 맞기 힘든 링거

'링거액'은 식염수(saline)가 주된 성분이다. 환자의 상태에 따라 여기에 포도당(glucose), 단백질(protein), 비타민(vitamin), 전해질(electrolytes) 등 다양한 성분이 포함될 수 있다. 과음 후에는 전체적으로 전해질 균형이 깨지고(electrolyte imbalance) 탈수 증상(dehydration)이 심한 상태이므로 의사는 비타민 B, C, 미네랄이 들어 있는 비타민 수액을 처방하는 것이 보통이다.

하지만 북미, 유럽 등 서구권 국가에서 IV를 맞는 것은 한국처럼 일반화되어 있지 않다. 수술 후 회복, 신체 상태의 급격한 저하 등으로 반드시 IV가 필요한 경우 의사 처방에 따라 아주 제한적으로 투여가 이뤄진다. 저자의 튜터들은 숙취 해소, 피로 회복 등을 목적으로 손쉽게 IV를 맞는 한국의 관행을 설명했더니 모두들 놀라움을 금치 못했다. 이는 부분적으로 의료비용과도 관련이 있다. 북미의 경우, 극히 간단한 처치마저도 400~500달러를 우습게 초과하는 것이 현실이다. 의사를 만나는 것, 병원 가는 것 자체를 기피하는 상황인데 '링거'를 쉽게 맞을 수 있을 리가 없다.

매일 아침 출근하면서 올림픽대로를 지나다녀요.

situation:
나는 올림픽대로를 통해 자동차를
몰고 출퇴근한다.

STEP 1 표제문을 영어 문장으로 만들어 보세요.

매일 아침 출근하면서 올림픽대로를 지나다녀요.

STEP 2 표제문을 영어로 잘 옮긴 것에 모두 체크하세요.

(1) **I pass Olympic Boulevard every morning.**

(2) **I take Olympic Road every morning to work.**

(3) **I drive the Olympic Road every morning.**

(4) **I drive on Olympic Expressway every morning.**

(5) **I get to work by Olympic Road every morning.**

(6) **I get to work by taking Olympic Road every morning.**

(7) **I go to work through Olympic Road every morning.**

(8) **I go to work by taking Olympic Road every morning.**

(9) **I commute through Olympic Road every morning.**

(10) **I commute by taking Olympic Road every morning.**

(11) **My commute takes me to Olympic Road every morning.**

(12) **My commute takes me on Olympic Road every morning.**

가능한 문장 **(2) (4) (6) (8) (10) (12)**

어휘 들여다 보기　**대로**　'올림픽대로'의 '대로(大路)'를 뭐라고 할까? 사전을 찾아보면 main street / main road / boulevard 등이 나온다. 여기서 main street는 도시의 중심가에 있는 '중앙로'를 말한다. 이러다 보니 고유명사화하여 Main Street로 자주 쓰인다. 거의 모든 미국 도시에는 Main Street가 있다고 보면 된다. 하지만 '올림픽대로'를 Olympic Main Street 또는 Olympic Boulevard라고 하기는 곤란하다. street, avenue, boulevard 등은 모두 도심 안에 있는 도로를 말하기 때문이다. road는 도심 내의 도로뿐만 아니라 간선도로 등 모든 도로를 말하므로 Olympic Road는 좋다. expressway(고속도로)를 활용해서 Olympic Expressway라고 해도 좋다. 다만 이는 광주와 대구를 잇는 '88 올림픽 고속도로'와 헷갈릴 수 있으므로 맥락이 분명한 경우에만 사용하는 것이 좋겠다.[25] 종합적으로 볼 때, Olympic Road 또는 Olympic Expressway가 좋을 듯 하다. 아울러 Olympic Road에는 정관사 the가 있어도 되고 없어도 문제 없다. 화자의 선택 사항이다.

올림픽대로를 지나다니다　'올림픽대로를 지나다니다'는 '올림픽대로를 타다/이용하다'는 뜻이다. '어떤 도로를 타다/이용하다'는 take를 쓴다. 참고로, '어떤 교통수단을 이용하다' 역시 take를 써서 I took the bus to Seoul Station.(버스 타고 서울역으로 갔다.)처럼 말한다.

한편, take의 기본적인 뜻은 '붙잡다'이다. '데리고 가다' 역시 '붙잡다'에서 파생되었다고 보면 된다. 예를 들어 He took us to his place.(그 사람은 우리를 자기 집으로 데리고 갔다.) 역시 '우리를 붙잡아(took us)'가 기본적인 의미가 된다. '출근하면서 올림픽대로를 탄다'는 말은 출근길 기준으로 보면(즉, 출근길을 주어로 삼으면) '출근길(my commute)이 매일 아침 나를 붙잡아(take me) 올림픽대로 위에 올려 놓는다' 정도로 생각할 수도 있다. 영어는 사물 주어로 문장을 시작하는데 전혀 주저함이 없으므로 My commute takes me on Olympic Road every morning.이라고 해도 아주 자연스러운 문장이 된다. '출퇴근하는 데 편도로 한 시간 걸린다.'는 My commute takes me an hour each way. / It takes an hour each way for me to commute. 둘 다 자연스럽다. take me를 활용하여 It takes me an hour each way to commute. 역시 전혀 손색이 없는 문장이다. 이 문장에서 가주어 It의 진주어는 to commute이므로 실질적으로 My commute takes me an hour each way.와 모양만 다른 동일한 문장이다.

(1)　I <u>pass</u> Olympic Boulevard every morning. ×
　　틀렸다. 한국어 '지나다니다'라는 말 때문에 헷갈릴 수 있겠지만, pass는 올림픽대로를 '건너다', '횡단한다'는 의미다. 올림픽대로 위에서(올림픽대로를 타고서) 어느 지점에서 다른 지점까지 이동하는 경우에 사용하는 동사가 아니다.

(2)　I <u>take</u> Olympic Road every morning <u>to work</u>. ○
　　좋다. take 대신에 use를 써서, I use Olympic Road every morning to get to work.[26] 역시 좋다. 한편, '출근하면서'는 전치사 to work 또는 to my office다.

(3)　I <u>drive</u> the Olympic Road every morning. ×

(4)　I <u>drive on</u> Olympic Expressway every morning. ○
　　(3)은 틀리고 (4)가 맞다. 타동사 drive는 He drives a taxi.(택시를 몬다.) / He drives me crazy.(그 사람 때문에 내가 정말 미친다.)처럼 사용된다. 표제문의 경우 맥락상 자동사 drive라고 해야 하므로 전치사 on이 반드시 필요하다.

(5) I get to work <u>by</u> Olympic Road every morning. ×

(6) I get to work <u>by taking</u> Olympic Road every morning. ○

(5)는 틀리고 (6)은 좋다. (5) by = next to다. 즉, '매일 올림픽대로 옆에 있는 사무실에 출근한다'란 뜻이다. 내 사무실이 올림픽대로 옆에 있다는 말이므로 표제문과 다른 의미의 문장이다. (6)처럼 by taking Olympic Road라고 표현하면 최고의 문장이 된다.

(7) I go to work <u>through</u> Olympic Road every morning. ×

틀렸다. through는 터널을 통과하거나(through a tunnel) 도시를 관통하는(through a city) 맥락에서 사용된다. 예를 들어 '한강은 서울을 관통한다.'는 The Han River goes through Seoul.이다.

(8) I <u>go to work</u> by taking Olympic Road every morning. ○

좋다. 표제문 맥락의 '출근하다'는 go to work(출발에 중점) / get to work(도착에 중점) 둘 다 좋다. 영어에는 '출근'에 해당하는 하나의 단어는 없고, 맥락에 따라 다양하게 표현된다. 예를 들어, '그분 오늘 출근 안 합니다.(휴가를 갔을 수도 있고 아니면 현장으로 곧바로 갔다가 사무실에 안 들르고 퇴근할 수도 있을 것이다.)'는 오늘 사무실에는 없다는 사실을 전달하는 것이 중요하므로 He won't be in the office today. 또는 He's not coming to work today.라고 하면 훌륭한 표현이 된다.

(9) I <u>commute through</u> Olympic Road every morning. ×

(10) I <u>commute by taking</u> Olympic Road every morning. ○

(9)는 틀리고 (10)은 좋다. commute through / commute on은 불가하다. 대신 commute by taking / commute by using은 좋다.

(11) My commute <u>takes</u> me <u>to</u> Olympic Road every morning. ×

(12) My commute <u>takes</u> me <u>on</u> Olympic Road every morning. ○

(11)은 틀리고 (12)가 좋다. to는 '경유지' 또는 '목적지'를 말한다. to Olympic Road는 Olympic Road를 pass하거나, Olympic Road에서 stop하는 등 Olympic Road에서 어떤 활동/행동/사건이 일어난다는 말이다. Olympic Road를 취해 그 도로를 사용한다는 뜻을 전달하기 위해서는 on Olympic Road라고 해야 한다.

우산 가지고 가는 게 어때요?

situation:
남편이 출근하려고 하자 아내가
불러 세우며 하는 말이다. 일기예보
에서 오후에 비가 온다고 한다.

STEP 1 표제문을 영어 문장으로 만들어 보세요.

Honey! [   ]

여보!　　　우산 가지고 가는 게 어때요?

STEP 2 표제문을 영어로 잘 옮긴 것에 모두 체크하세요.

(1) **Why don't you get an umbrella?**

(2) **Why don't you take the umbrella?**

(3) **Why don't you take an umbrella?**

(4) **You should take an umbrella with you.**

(5) **You'd better take an umbrella with you.**

(6) **You have to take an umbrella.**

(7) **Don't forget to take an umbrella.**

(8) **Why don't you bring your umbrella?**

(9) **Why don't you bring your umbrella with you?**

(10) **Why don't you bring your umbrella to work?**

가능한 문장 **(3) (4) (5) (6) (7) (8) (9) (10)**

어휘 들여다 보기 **bring / take** bring과 take는 무슨 차이가 있는가? 학교에서 배운 바로는 take는 '데리고 가다 / 가지고 가다', bring은 '데리고 오다 / 가지고 오다'란 뜻이다. 즉, take는 화자로부터 멀어지는 것이고, bring은 화자에게 접근하는 것이라고 배웠다. 일반적으로 이 설명이 틀린 것은 아니다. 하지만 실제 생활 영어에서는 상황에 따라 양자가 혼용되어 쓰이는 경우가 적지 않다. 표제문 맥락에서도 take / bring 둘 다 문제 없이 쓸 수 있다.

(1) Why don't you <u>get</u> an umbrella? ×

틀렸다. 우산을 하나 사라는 말이다. 이 문장에서 get = buy다. 물론 맥락이 다르면 뜻이 달라진다. 남편과 아내가 집 바깥에 나가 있는 상황에서 비가 오려고 할 때, 아내가 이렇게 말했다면 '집에 가서 우산 가져 오는 게 어떨까?'란 뜻이 된다. 이때 get = go back and bring an umbrella와 같은 뜻이다. 이런 의미로 get은 대상물과 멀리 떨어져 있는 경우 사용된다.

(2) Why don't you take <u>the</u> umbrella? ×

틀렸다. 정관사 the umbrella는 집에 우산이 딱 하나 있는 경우(only one umbrella), 당신이 지난주에 샀던 그 우산(the umbrella you bought last week), 또는 보통 가지고 다니는 우산(the umbrella you usually use) 등을 뜻한다. 표제문 맥락에서는 현관에 있는 아무 우산이나 눈에 보이는 대로 가져가라는 말이므로 이런 특수한 상황을 염두에 둔 것이 아니다. 따라서 (2)는 표제문 맥락에 부합하지 않는다.

(3) <u>Why don't you</u> take an umbrella? ○

(4) You <u>should</u> take an umbrella with you. ○

(5) You'd <u>better</u> take an umbrella with you. ○

(6) You <u>have to</u> take an umbrella. ○

(7) <u>Don't forget to</u> take an umbrella. ○

좋다. (3) Why don't you ~?는 '~해 봐라'란 뜻을 갖는 가벼운 제안과 명령을 나타낸다. (4) 역시 좋은 문장이다. should는 의무가 아니라 제안을 나타낸다. (5) You'd better도 좋은데, 구어체나 대화에서는 You better라고 하기도 한다. (6) have to는 다소 강하기는 하지만 별 문제 없이 쓸 수 있다. (7) Don't forget to ~도 물론 가능하다. 이 중에서 (4)와 (5)의 with you는 생략 가능하다.

(8) Why don't you <u>bring</u> your umbrella? ○

(9) Why don't you <u>bring</u> your umbrella with you? ○

(10) Why don't you <u>bring</u> your umbrella to work? ○

좋다. 앞에서 언급했듯이 take / bring 둘 다 좋다. 소유격 your umbrella는 통상적으로 내가 들고 다니는 우산을 가리키는 것인데, 통상적으로 내가 들고 다니는 우산이 없더라도 크게 문제 없이 사용할 수가 있다.

내 가방 좀 가지고 올게.

situation:
지하철역 코인락커에 있는
가방을 가지러 가고 있다.

STEP 1 표제문을 영어 문장으로 만들어 보세요.

내 가방 좀 가지고 올게.

STEP 2 표제문을 영어로 잘 옮긴 것에 모두 체크하세요.

(1) **Let me go and pick up my bag.**

(2) **I'll be here with my bag.**

(3) **I'll be back with my bag.**

(4) **I'll come back with my bag.**

(5) **I'll get back with my bag.**

(6) **Let me take my bag.**

(7) **Let me bring my bag.**

(8) **Let me get my bag.**

(9) **Let me grab my bag.**

가능한 문장 **(3) (4) (7) (8) (9)**

가지고 오다 '가지고 올게'는 '올게'에 초점을 두면 be back with my bag / come back with my bag이 좋다. 한편 '가지고'에 초점을 두면 bring / get / grab이 좋다. get은 '얻다/구하다'라는 뜻에서 출발하여 표제문처럼 '가지고 오다'란 뜻으로도 얼마든지 잘 사용된다. 〈get + A(목적어)〉 구문에서 A(목적어)와 화자 사이는 다소간 거리가 있음을 시사한다. A(목적어)가 바로 옆에 있는 경우에는 get을 사용하기 곤란하다. Let me get my bag.은 내 가방이 저쪽 어디에 있음을 암시한다. 차가 주차장에 있는 경우 '차에서 뭔가를 가져와야 해요.'는 I have to get something in my car.다. grab도 '움켜쥐다'란 뜻에서 출발하여 바빠서 '급히/잠깐 ~하다'란 뜻으로 쓰인다. 예를 들어 grab a sandwich(급하게 샌드위치 하나 먹다), grab a seat(대화하기 위해 잠깐 앉다)처럼 사용된다.

(1) Let me go and pick up my bag. ×

틀렸다. 클럽에서 클럽의 가방 보관 서비스를 이용한 경우, 나중에 집에 갈 때 카운터 직원한테 '가방 좀 주실래요?', '가방 찾으려고 하는데요.'란 의미로 Let me pick up my bag.이라고 할 수는 있을 것이다. 따라서 (1)은 '(카운터에) 가서 가방 찾아 올게.'란 뜻이라 표제문 맥락에는 부합하지 않는다.

(2) I'll be here with my bag. ×

틀렸다. 누군가를 처음 커피숍에서 만나기로 한 경우, 그 상대방이 내가 있는 커피숍으로 찾아오기로 한 경우, '저 여기 있을게요. (혹시 못 알아볼 경우에 대비해서) 제 가방을 들고 있겠습니다.'라는 뜻으로 I'll be here with my bag.이라고 할 수 있겠다. 표제문 맥락에는 be here가 아니라 be back 또는 be right back이 맞다.

(3) I'll be back with my bag. ○

(4) I'll come back with my bag. ○

둘 다 좋다. be동사에는 '가다/오다'란 뜻이 들어 있으므로, 두 문장 모두 같은 의미다.

(5) I'll get back with my bag. ×

틀렸다. get back이 '돌아오다'란 뜻인 것은 분명하다. I'll get back to you.는 '(모든 일을 처리하고 나서, 지금 손님하고 얘기 다 끝내고) 당신에게 되돌아와서 손님 용무를 처리해 드리겠습니다.'란 뜻이다. I'll get back in ten minutes.(10분 후에 돌아올게.), What time did you get back last night?(어젯밤에 몇 시에 들어왔어?) 등도 모두 자연스러운 문장이다. 하지만 예문들을 통해서 알 수 있듯이 get back은 바로 지금 돌아오겠다는 것이 아니라 어느 정도 시간적인 간격이 있은 후에 돌아오겠다는 의미로 사용된다. 따라서 표제문 맥락에는 맞지 않다. 아울러 get back은 〈get back with + A(사람)〉 형식으로 남녀관계에서 주로 쓰이며, 'A(사람)와 화해하고 다시 연인 사이로 되돌아가다(make up, reconcile)'란 뜻도 있다. 따라서 이 문장은 '가방하고 화해할게' 정도의 뜻으로 들릴 수도 있고, 여행(journey)으로 어디 멀리 갔다가 돌아오겠다는 뜻으로 들릴 수도 있다.[27]

(6) **Let me <u>take</u> my bag.** x

틀렸다. 다른 사람이 내 가방을 가지고 있는 경우 '제가 들게요. 이제 저 주세요.'라고 말할 때 Let me take my bag.이라고 하면 된다. 또는 청자 근처에 내 가방이 있는 경우 '내 가방 좀 건네 줄래?' 정도의 의미로 Let me take my bag.이라고 할 수 있겠다. 내 가방이 내 바로 앞에 있거나 근처에 있는 경우, 옆에 있는 사람이 들고 있는 경우 take를 사용한다. 반면, 내 가방이 저쪽 멀리 있어서 거기에 가서 가져오는 경우 get을 사용한다.

(7) **Let me <u>bring</u> my bag.** ○

좋다. 다만 약간 다른 사람에게 허락을 구하는(asking for permission) 느낌의 문장이다. 예를 들어 가방을 들고 오는 것이 허락되어 있지 않는 곳으로 가방을 들여오고자 하는 경우 Let me bring my bag.이라고 할 수 있겠다. bring my bag도 좋지만 bring my bag here 또는 bring my bag over here가 더 좋다.

(8) **Let me <u>get</u> my bag.** ○

좋다. 동사 get에는 '~을 구하다', '~을 취하다', '~을 입수하다'란 뜻이 들어 있다. 한국어 표제문의 '올게'는 맥락상 자명하므로 (8)에는 명시되지 않고 있음에 유의하자.

(9) **Let me <u>grab</u> my bag.** ○

좋다. grab은 '(바빠서) 급하게 ~하다' 또는 '바삐 ~하다'란 뜻이다. '배고파 죽을 지경이다. 퇴근 후 뭐라도 간단히 먹자.'는 I'm starved. Let's grab a bite after work.라고 한다.

situation:
지금은 월요일이고 사무실이다.
지난주 토요일에 스키장에 갔다 왔다.

STEP 1 표제문을 영어 문장으로 만들어 보세요.

김대리   **What did you do on the weekend?**
주말에 뭐 했어요?

나   **I went skiing.**
스키 타러 갔다 왔어요. 주말에 스키장에 사람이 엄청나게 많이 왔어요.

STEP 2 표제문을 영어로 잘 옮긴 것에 모두 체크하세요.

(1)   **The ski field was crowded on this weekend.**

(2)   **The ski resort was crowded with skiers last weekend.**

(3)   **The resort was overcrowded last weekend.**

(4)   **The ski slopes were crowded last weekend.**

(5)   **Many people came to the ski resort this weekend.**

(6)   **Many people went to the ski resort this weekend.**

(7)   **There were so many people in the ski resort.**

(8)   **There were so many people at the ski resort.**

(9)   **There were so many skiers on the slopes.**

가능한 문장 **(2) (3) (4) (5) (6) (8) (9)**

(어휘 들여다 보기) **왔었다** '스키장에 사람이 엄청나게 많이 왔었다'는 Many people came to the ski resort.가 맞는가, Many people went to the ski resort.가 맞는가? 한국어 문장에서는 '왔었다'라고 하고 있지만, 지금 화자가 스키장에 머물고 있지 않은 상황이므로 went를 쓰는 것이 바람직하다. came의 경우 지금 화자가 스키장에 그대로 머물러 있는 경우에 사용할 수 있다. 표제문 맥락처럼 스키장에 더 이상 머물지 않는 상황인 경우, came에 대해서는 틀렸다고 하는 사람도 있고 큰 문제 없다고 하는 경우도 있다. 아무튼 came이 문제가 없다고 하는 사람도 표제문 맥락에는 went가 훨씬 더 좋다고 하므로 독자들은 가급적 went를 사용하기 바란다.

스키장 '스키장'은 ski resort다. 맥락상 스키장에 대해 얘기하는 것이 명확한 경우 간단히 resort라고만 해도 좋다. 스키장에는 슬로프가 대표적인 시설이므로 ski slopes로 스키장을 표현할 수도 있겠다. 간단히 slopes라고만 해도 된다.

주말에 '이번 주말에', '지난 주말에'를 전치사를 써서 on this weekend / on last weekend라고 하지 않는다. 무전치사 this weekend / last weekend가 맞다. 말하고 있는 시점이 월요일이므로 this weekend 또는 last weekend 둘 다 문제 없다.[28]

(1) The ski field was crowded on this weekend. ×

틀렸다. '스키장'을 ski field라고는 절대로 말하지 않는다. 또한 '이번 주말에'는 on this weekend가 아니라 on 없이 this weekend라고 해야 한다.

(2) The ski resort was crowded with skiers last weekend. ○

좋다. '스키 타는 사람'을 skier라고 한다. 물론 with skiers는 생략 가능하다. 이 문장 앞에서 I went skiing.이라고 했으므로 the ski resort에서도 ski를 생략해도 이해하는 데 아무런 문제가 없다.

(3) The resort was overcrowded last weekend. ○

좋다. was overcrowded는 '엄청나게 몰렸다'란 뜻이다. '스키장'은 ski resort / resort / slopes 모두 좋다.

(4) The ski slopes were crowded last weekend. ○

좋다. 스키장을 지칭할 때 ski slopes라고 해도 된다. the ski slopes / the slopes 둘 다 좋다. the slopes라고 하면 오로지 스키장의 슬로프밖에 생각나지 않기 때문에 ski는 생략해도 무방하다. 물론 ski가 있어도 아무런 문제가 없다.

(5) Many people came to the ski resort this weekend. ○

(6) Many people went to the ski resort this weekend. ○

좋다. 다만 came이 문제 없다고 하는 사람도 went가 훨씬 더 좋다는 점에 대해서는 이견이 없으므로 (6)을 사용하는 것이 안전할 것이다.

(7)　There were so many people <u>in</u> the ski resort. ×

(8)　There were so many people <u>at</u> the ski resort. ○

(7)은 틀리고 (8)은 좋다. 전치사 in the ski resort는 리조트 자체, 즉 호텔 자체만을 가리킨다. 즉, 스키 슬로프를 포함하지 않으므로 틀린 표현이다. 반면 at the ski resort는 호텔, 슬로프 등을 모두 포함하는 개념이다. in은 '물리적 장소 안에' 있는 것을 나타내고 at은 '(스키 타려고) 스키장에'란 뜻이다. 즉, 슬로프에 있건 리조트에 있건 주차장에 있건 모두 at the ski resort로 표현할 수 있다.

(9)　There were so many skiers <u>on the slopes</u>. ○

좋다. 전치사 in이 아니라 on이 되어야 한다. 아울러, 스키장마다 슬로프는 여러 개이므로 복수형 on the slopes가 맞다.

이번 주말에 기브스를 풀 거야.

situation:
다리에 기브스를 하고 있다.
이번 주말에 3개월 동안 하고
있던 기브스에서 드디어 벗어
난다.

STEP 1 표제문을 영어 문장으로 만들어 보세요.

이번 주말에 기브스를 풀 거야.

STEP 2 표제문을 영어로 잘 옮긴 것에 모두 체크하세요.

(1) **I am going to unfold my gips this weekend.**

(2) **I'm going to get rid of my cast this weekend.**

(3) **I'm going to take my cast out this weekend.**

(4) **I'm going to take my cast away this weekend.**

(5) **I'm going to take my cast off this weekend.**

(6) **I'm going to take off my cast this weekend.**

(7) **I'm going to get my cast out this weekend.**

(8) **I'm going to get my cast away this weekend.**

(9) **I'm going to get the cast off this weekend.**

(10) **I'm going to get off my cast this weekend.**

(11) **I'm going to get my cast taken off this weekend.**

(12) **I'm going to have the cast removed this weekend.**

가능한 문장 **(2) (5) (6) (9) (11) (12)**

어휘 들여다 보기

떼어내다 〈take + A(목적어) + off〉는 'A(목적어)를 (몸에서) 떼어내다'이다. 그래서 I took my shirt off.는 '셔츠를 벗었다.'가 되는 것이다. off my body 또는 off me인데 my body 또는 me는 자명한 것이라 생략되었다고 보면 이해하기 쉬울 것이다. 동사 take와 소사 off를 하나로 취급해서 I took off my shirt.라고 해도 된다. (네이티브는 my shirt가 off의 목적어가 아니라, 동사 took의 목적어라는 점은 다 알고 있을 것이다. 문법적으로 알고 있다는 말이 아니라 무의식적으로 머리 속에 코드화되어 있다는 말이다.)

〈get + A(목적어) + off〉 역시 'A(목적어)를 (몸에서) 떼어내다'이다. '기브스를 풀다' 역시 get the cast off다. '속에 있는 진심을 털어놨다.'는 I got it off my chest.다. 하지만 get off는 take off보다는 훨씬 다양한 뜻으로 쓰인다. '버스에서 내렸다.'는 I got off the bus.고 '보통 몇 시에 퇴근하세요?'는 What time do you get off of work?다. 〈자동사 get + 전치사 off +A(목적어)〉는 모양이 〈get + A(목적어) + off〉와 비슷하지만 문법 성분 측면에서나 의미상으로나 둘은 다르다.

(1) I am going to <u>unfold</u> my <u>gips</u> this weekend. ×

틀렸다. 우리가 흔히 쓰는 단어 '기브스'는 독일어 gips에서 유래한 말이다. 하지만 이 단어는 영어에서 전혀 통하지 않는다. cast가 정상적인 단어다. unfold 역시 '(접혀 있는 것을) 펼치다'란 뜻이므로 전혀 말이 안 된다.

(2) I'm going to <u>get rid of</u> my cast this weekend. ○

좋다. '풀다'란 뜻으로 remove / get rid of / take off / get off 모두 좋다. 다만, 이 표현들을 쓰면 자기가 직접 기브스를 푼다는 인상을 주기 때문에 (11) I'm going to get my cast taken off this weekend.처럼 말하는 편이 훨씬 더 좋다.

(3) I'm going to <u>take</u> my cast <u>out</u> this weekend. ×

틀렸다. take out은 '외식시켜 주다' 또는 '식당 내에서 먹지 않고 집 또는 다른 장소에서 먹기 위해 음식을 가지고 가다' 또는 '그런 음식(테이크 아웃 음식)'을 뜻한다.

(4) I'm going to <u>take</u> my cast <u>away</u> this weekend. ×

틀렸다. take away는 완전히 다른 의미다. Eric Clapton의 Holy Mother라는 노래에 다음과 같은 구절이 있다.

> Holy mother, hear my prayer, 성모님, 제 기도를 들어 주세요.
> Somehow I know you're still there. 아직도 거기 그대로 계시잖아요.
> Send me please some peace of mind; 제게 마음을 평화를 보내 주시고,
> <u>Take away</u> this pain. 이 고통을 없애 주세요.(이 고통에서 벗어나게 해 주세요.)

여기서 보듯이 take away는 '제거하다', '없애다'란 뜻이다. 하지만 '(my cast를) 제거하다', '없애다'란 뜻으로는 쓰지 않는다. take away this pain과 같이 '고통을 제거하다/없애다', take away one's breath처럼 '숨을 빼앗아가다', 즉 '남을 깜짝 놀라게 하다'란 뜻으로 쓴다. 또는 '웨이터에게 접시를 치워달라고 했다.'는 I told my waiter to take away my plate.다.

(5) I'm going to take my cast off this weekend. ○

(6) I'm going to take off my cast this weekend. ○
좋다. 〈take + A(목적어) + off〉 또는 〈take off + A(목적어)〉 둘 다 가능하다. 참고로 take off는 엄밀하게 말하면 자기 스스로 직접 기브스를 푼다는 뜻이기 때문에 100% 정확한 표현은 아니다. 반면 〈get + my cast + off〉는 제3자가 기브스를 풀어 준다는 뜻이기 때문에, I'm going to get my cast off this weekend.가 훨씬 표제문에 부합하는 문장이다.

(7) I'm going to get my cast out this weekend. ×
틀렸다. get something out은 '(바깥으로) 꺼내다'란 뜻이다. 예를 들어 Get your violin out and we'll start the lesson.(바이올린 꺼내라. 레슨 시작할 거야.)처럼 쓴다. get somebody out은 '다른 사람이 공간 바깥으로 나가는 것을 돕다 또는 나가도록 지시하다(help or make somebody leave a place)'란 뜻이다. 예를 들어, Get everyone out quickly!(빨리 모든 사람들을 바깥으로 내보내라!)처럼 쓴다.[29] 화가 나서 '저리 가!', '비켜!', '꺼져!' 역시 Get out!이라고 한다.[30]

(8) I'm going to get my cast away this weekend. ×
틀렸다. get away는 기본적으로 '탈출하다', '벗어나다', '도망치다'란 뜻이다. 여기에서 뜻이 파생되어 '휴가를 갖다', '휴가를 떠나다'란 뜻으로도 쓰인다.

(9) I'm going to get the cast off this weekend. ○
좋다. I'm going to get the cast off에서 동사 get으로 인해 다른 사람이 내 기브스를 제거해 준다는 뜻을 전달한다. 이는 표제문에 정확히 부합한다.

(10) I'm going to get off my cast this weekend. ×
틀렸다. 표제문 뜻에서 〈get + A(목적어) + off〉는 가능하지만, 〈get off + A(목적어)〉는 불가하다. 물론 표제문 뜻이 아닌 다른 뜻으로는 〈get off + A(목적어)〉가 얼마든지 잘 사용된다. 예를 들어, I got off the bus at the next stop.(다음 정거장에서 버스에서 내렸다.)처럼 쓸 수 있다. take off my cast 또는 take my cast off는 둘 다 좋다. 그런데 get my cast off는 좋지만 get off my cast는 틀렸다. 자동사구 get off 자체에 상당히 많은 뜻이 있어 헷갈리기 때문에 표제문 뜻으로는 〈get + A(목적어) + off〉 형식으로만 사용되기 때문이다.

(11) I'm going to get my cast taken off this weekend. ○

(12) I'm going to have the cast removed this weekend. ○
좋다. 내가 스스로 기브스를 풀지 않고 대신 의사가 풀어 주는 상황이므로 피동형 〈have / get + A(목적어) + 과거분사(p.p.)〉 형식이 바람직하다. have가 더 좋기는 하지만 get도 일반적으로 많이 쓰인다. 한편, 피동형이 바람직하고 실제 상황에 정확한 것은 맞지만 의사가 기브스를 풀어주는 것은 너무 당연하므로 능동문 I'm going to take the cast off this weekend. / I'm going to remove my cast this weekend. 역시 문제 없다.

난 그것을 내 다이어리에 적어 놨어.

situation:
회의 중에 부장님이 말한 것을 잊어먹지
않기 위해 업무용 수첩에 적어 놓았다.

STEP 1 표제문을 영어 문장으로 만들어 보세요.

I didn't want to forget what he said, so

부장님이 말한 것을 잊지 않기 위해 　　　　　　　난 그것을 내 다이어리에 적어 놨어.

STEP 2 표제문을 영어로 잘 옮긴 것에 모두 체크하세요.

(1) **I wrote it down on my diary.**

(2) **I wrote it down in my planner.**

(3) **I wrote it down in my journal.**

(4) **I wrote it in my planner.**

(5) **I wrote it in my organizer.**

(6) **I put it down in my planner.**

(7) **I put it in my planner.**

(8) **I took it down in my planner.**

(9) **I took a note of it in my planner.**

(10) **I made a note of it in my planner.**

가능한 문장 **(2) (3) (4) (5) (6) (7) (8) (9) (10)**

> **어휘 들여다 보기**
>
> **다이어리** 표제문에서 '다이어리'는 '업무수첩'을 말하는데, 이는 콩글리시다. diary는 '(사적인) 일기'를 말하는 것으로, 개인적인 기록을 뜻한다. 달력, 메모할 페이지 등이 들어 있는 '업무수첩'은 journal 또는 planner라고 한다. 벤자민 프랭클린의 습관을 기본으로 디자인되었다고 하는 Franklin Planner를 생각하면 이해가 빠를 것이다. journal은 아주 범위가 넓은 단어다. 업무수첩(planner), 일기(diary), 여행일지, 여행기(travel journal), 전문분야의 학술잡지(예를 들어, medical journal) 등이 모두 journal에 포함된다.

적어놓다 '적어놓다', '적어두다'는 write / write down 둘 다 좋다. take down / put down / take a note of / make a note of 역시 좋다. take down은 '(구조물을 해체하여) 치우다'란 뜻도 있고 '적다/기록하다'란 뜻도 있다. put down은 글자 그대로 '내려놓는다'는 말이다. 박스 들고 있는 사람에게 '그거 여기에 내려놓아.'라고 할 때 Put it down here.라고 하면 된다. 또한 put down은 '(장부, 노트에) 기록하다'란 뜻으로도 쓰인다. '잊어 먹지 말고 수첩에 꼭 기록해 놔.'는 Make sure to put it down in your planner.라고 한다. 사실 동사 put 자체만으로도 '기록하다'란 뜻으로 사용할 수가 있다. 예를 들어, Put your name here.(여기에 이름을 쓰세요.), The meeting's on the 12th. Put it in your planner.(회의는 12일이야. 수첩에 적어놔.) 처럼 쓸 수 있다.

(1) I wrote it down on my diary. ×

틀렸다. diary는 그날그날의 일, 개인적인 생각을 기록한 '일기'를 말한다. on my diary가 아니라 in my planner 또는 in my journal이라고 해야 맞다.

(2) I wrote it down in my planner. ○

(3) I wrote it down in my journal. ○

좋다. '다이어리에'는 on my planner라고 해야 될 것 같은 생각이 들겠지만, on my planner는 '수첩 표면 위에(on the front cover)'란 뜻이다. in my planner라고 해야 '수첩에 (적어 놨다)'란 뜻이 된다. 마찬가지로 in my journal이 맞다.

(4) I wrote it in my planner. ○

(5) I wrote it in my organizer. ○

좋다. wrote it down도 좋고 wrote it도 좋다. wrote it down에서 down은 생략 가능하다. 한편, (5)의 organizer는 planner를 말한다. organizer는 이밖에 '(조직의) 창시자, 발기인' 또는 '(서류를 분류, 보관하는 플라스틱이나 종이로 제작된) 서류철(file folder)'을 뜻하기도 한다.

(6) I put it down in my planner. ○

(7) I put it in my planner. ○

좋다. put it down과 put it 둘 다 좋다. jotted it down이라고 해도 같은 뜻이다.

(8)　I <u>took</u> it <u>down</u> in my planner. ○

좋다. take down에도 '적어놓다'란 뜻이 있다. 한편 take down은 '구조물을 해체하여 치우다', '바지 등을 끌어내리다' 등의 뜻도 있다.

(9)　I <u>took a note of</u> it in my planner. ○

(10)　I <u>made a note of</u> it in my planner. ○

좋다. take a note of / make a note of 모두 '적어 두다, 써 놓다'란 뜻으로 표제문에 부합하는 아주 훌륭한 표현이다.

소나무들 사이에 텐트를 쳤어.

situation:
수지에게 하는 말이다. 지난주에
강원도 평창에 있는 자연휴양림에
갔는데, 아름드리 소나무가 많은
숲에서 야영을 했다. 나는 이곳에
처음 갔고, 수지 역시 이곳에 대해
전혀 아는 바가 없다.

STEP 1 표제문을 영어 문장으로 만들어 보세요.

Last week my friends and I went on a hike to Pyongchang.
친구들하고 같이 지난주에 평창에 하이킹 갔었어.

소나무들 사이에 텐트를 쳤어.

STEP 2 표제문을 영어로 잘 옮긴 것에 모두 체크하세요.

(1) We made a tent among pine trees.

(2) We built a tent among pine trees.

(3) We pitched a tent among some pine trees.

(4) We camped out in the woods. There were a lot of large pines around.

(5) We camped out in the woods among the large pines.

(6) We made camp among the pine trees.

(7) We put up a tent in the forest among the tall pines.

(8) We put up a tent in the pine tree forest.

(9) We set up a tent among some pine trees.

(10) We placed our tent among some pine trees.

가능한 문장 **(2) (3) (4) (5) (6) (7) (8) (9) (10)**

어휘
들여다
보기

텐트를 치다 '텐트를 치다'는 build a tent / pitch a tent 또는 자동사 camp / camp out으로 나타낼 수 있다. 동사 camp는 '야영하다'란 뜻이므로 엄밀하게 말하면 '텐트 치다'는 아니지만, '야영'의 가장 전형적인 형태가 텐트를 치는 것이니까 '텐트 치다'란 뜻으로 사용하는 데 문제가 없다. 동사 camp = camp out이므로 표제문 맥락에 camp out을 써도 역시 아무런 문제가 없다. 이런 단어들도 물론 훌륭하지만 가급적 기본동사로 표현하는 습관을 갖는 것이 좋다. 기본동사로 구성된 구동사 put up과 set up이 '(텐트를) 치다'에 해당된다.

put은 '~을 어디에 두다' 또는 '~을 어떠한 상태에 처하게 하다'가 기본적인 의미다. 따라서 put up은 각종 형태의 것을 위로 올리는 것을 뜻한다. '손을 들다'는 put your hand up이고 Put your hand up if you have any questions.(질문이 있으면 손을 들어라.)처럼 사용된다. 표제문처럼 '세우다/짓다'란 뜻으로도 사용된다. 아울러 '(공고문 등을 남의 눈에 띄게) 내붙이다/게시하다'란 뜻으로도 쓰인다. 예를 들어 '나는 내 블로그에 글을 몇 개 올렸다.'는 I put up a few posts on my blog.다.

set 역시 '(특정한 장소, 위치에) 놓다' 또는 '어떤 일이 일어나게 하다'가 기본 뜻이다. set up은 '(텐트를) 치다/세우다/설치하다'란 뜻은 물론 '(기계, 장치를) 설치하다', '창업하다', '(회의) 일정을 잡다' 등의 뜻이 있다. 명사 setup은 컴퓨터 프로그램에서 그야말로 밥 먹듯이 사용된다. 컴퓨터에 운영체제나 응용프로그램을 사용할 수 있도록 설치하고 자기 선호에 맞게 설정(settings)을 하는 모든 과정을 setup이라고 한다.

(1) We <u>made</u> a tent among pine trees. ×

(2) We <u>built</u> a tent among pine trees. ○

(1)은 틀리고 (2)는 좋다. made a tent는 텐트를 직접 만들었다는 말이다. (2) build는 '짓다', '세우다', '건축하다/건조하다/건설하다'라는 뜻이다. 따라서 표제문에 들어맞는다.

(3) We <u>pitched</u> a tent among some pine trees. ○

좋다. pitch는 기본적으로 '던지다'란 뜻이 있으며, 야구의 던지는 사람, 즉 '투수'를 pitcher 라고 한다. pitch는 '(천막을) 치다'란 뜻도 가지고 있으며, '텐트를 치다'를 pitch a tent라고 한다.

'소나무들 사이에'는 among some pine trees도 좋고 무관사 among pine trees / 정관사 among the pine trees 역시 좋다. 〈among + pine trees〉 조합이 표제문에 맞기는 하지만 사람들을 피해(away from crowds) 숲 속 깊은 곳에(deeper into the woods) 텐트를 쳤다는 점을 직접적으로 나타내지는 않는다. 이것을 직접적으로 표현하고자 하는 경우 〈in the woods + among the pines〉 조합으로 표현하면 된다.

(4) We <u>camped out</u> in the woods. There were a lot of large pines around. ○

(5) We <u>camped out</u> in the woods among the large pines. ○

좋다. '야영하다'라는 뜻의 camp out을 써서 인적이 드문 숲 속에서 소나무들 사이에 텐트를 쳤다는 점을 전달할 수 있다. 다만 (4)는 We camped out in the woods.(숲에서 야영했다.) 와 There were a lot of large pines around.(주변에 큰 소나무가 많이 있었다.)로 나눈 것이 틀린 것은 아니지만 불필요하게 길다. 이것을 줄여 (5) in the woods among the large pines라고 하는 것이 더 좋다. 더 나아가 in the pine tree woods 또는 in some pine tree woods 라고 해도 역시 좋다.

(6) We <u>made camp</u> among the pine trees. o

좋다. '텐트를 쳤다'는 무부정관사 made camp도 좋고, 또는 부정관사 made a camp site 도 좋다.

(7) We put up a tent in the forest among the tall pines. o

(8) We put up a tent in the pine tree forest. o

좋다. '소나무들 사이에'는 (7) in the forest + among the tall pines도 좋고, (8) in the pine tree forest 역시 좋다. 물론 the pine tree forest라고 불릴 수 있으려면 소나무가 몇 그루 있어서는 안 되고 그 숲의 상당 부분을 차지해야 한다. 물론 표제문 맥락에서는 소나무가 많은 휴양림으로 캠핑을 간 것이므로 이렇게 말해도 아무런 문제가 없다.

'텐트를 치다'는 동사 put up을 써도 좋다. 그렇다면 〈put up + tent〉에서 tent 앞에 한정 사는 부정관사 a tent / 정관사 the tent / 소유격 our tent 중 뭐로 하는 것이 좋을까? 맥 락상 '우리가 가지고 간 텐트', '우리 소유의 텐트'를 쳤음이 명확하므로 the tent / our tent 가 좋을 것이다. 그렇다면 부정관사 a tent 역시 가능할까? 금방 생각할 때는 '아무 텐트'나 친 것은 아니므로 a tent는 곤란할 것으로 생각하는 독자가 많을 것이다. 하지만 부정관사 a tent 역시 아무 문제가 없다. 표제문 맥락에서는 the tent인지 our tent인지가 중요한 정 보가 아니다. 텐트에 불필요한 관심을 집중시킬 필요도 전혀 없는 상황이다. 누구한테 빌린 것인지 우리가 산 것인지 관계 없이 그저 '그날 우리가 가지고 간 그 텐트' 정도의 의미를 주 면 되는 것이다. 이 정도의 상황이라면 부정관사 a tent 역시 문제 없이 사용할 수 있다.

(9) We <u>set up</u> a tent among some pine trees. o

(10) We <u>placed</u> our tent among some pine trees. o

좋다. '텐트를 치다'는 set up a tent / place a tent 모두 좋다. 타동사 place는 '~을 어떤 장 소나 위치에 놓다/두다/설치하다/배치하다'라는 뜻이다.

텐트를 접었어.

situation: 산에서 캠핑을 하고 다음 날 아침 다른 장소로 이동하기 위해 텐트를 접었다.

(a) We fell down the tent.

(b) We fell off the tent.

(c) We folded the tent.

(d) We folded up the tent.

(e) We folded down our tent.

(f) We tore down our tent.

(g) We pulled down our tent.

(h) We broke down our tent.

(i) We took down the tent.

(j) We packed up the tent.

(k) We repacked the tent.

어휘 들여다 보기　**텐트를 접다** '(텐트를) 접다/걷다'는 fold / fold up / repack / pack up을 써서 말할 수 있으나, 가급적 기본 동사 및 기본동사가 포함된 구동사를 활용해서 표현해 보자. 이때는 take down / break down / tear down 을 활용하면 된다. 이 구동사들은 공히 '해체하다(disassemble)'란 뜻으로서 '텐트를 접다'에 사용 가능하다.

a tent / the tent / our tent　텐트를 칠 때와는 상황이 좀 다르다. 정관사, 소유격은 문제가 없으나 부정관사는 불가 하다. 조금만 생각해 보면 사실 쉽게 알 수 있다. 이미 텐트는 쳤는데 We took down a tent.가 가능하겠는가? 이렇게 쓰면, '아무 텐트나 눈에 보이는 텐트를 철거했다.'는 뜻이 되어 말이 안 되는 문장이 된다. 물론 텐트를 여러 개 친 경우, 그 중에서 한 텐트를 접었다는 뜻으로 We took down a tent.는 가능할 것이다. 그러나 표제문 맥락에는 텐트가 한 개 이므로 정관사 the tent 또는 소유격 our tent가 맞다.

(a)(b) 틀렸다. fall down은 '자빠지다', '넘어지다', fall off는 '(사다리, 계단, 나무 등에서) 떨어지다'란 뜻이다. 예를 들어, I fell down on the ice.(빙판에 넘어졌다.), The monkey fell off the branch.(원숭이가 나무에서 떨어졌다.)[31] 처럼 쓰는 어휘다.　**(c)(d)** 좋다. '접었다'는 folded 또는 folded up 둘 다 좋다.　**(e)** 틀렸다. fold down은 뭔가를 접는 행동 그 자체만을 묘사한다. 예를 들어, '(종이의) 이쪽 귀퉁이를 접어야 한다.'라고 할 때 You have to fold this corner down.이라고 한다.　**(f)** 좋다. tear down은 '해체하다', '파괴하다', '허물다', '분해하다'란 뜻이다. 즉, tear down = destroy다.　**(g)** 좋다. 참고로 pull down은 기본적으로 '바지를 내리다', '차양을 내리다'란 뜻 이다. 예를 들어, '나는 주사를 맞기 위해 바지를 내렸다.'는 I pulled down my pants to get a shot.이다.　**(h)** 좋다. break down은 '고장 나다', '분해되다'란 뜻도 있다. '자동차가 어제 고장 났다.'는 My car broke down yesterday.다. 명사 breakdown는 '고장', '결렬', '와해'란 뜻이며, '신경쇠약'을 nervous breakdown이라고 한다.　**(i)** 좋다. take down은 '(건물을) 부수다', '(공책에) 적다'라는 뜻으로 많이 쓰인다.　**(j)(k)** 좋다. repacked / packed up 모두 좋다.

설악산은 지금 단풍이 한창이야.

situation:
지금 단풍이 절정이다.

STEP 1 표제문을 영어 문장으로 만들어 보세요.

| | Why don't we check it out? |

설악산은 지금 단풍이 한창이야.　　　　　우리 한번 가 보자.

STEP 2 표제문을 영어로 잘 옮긴 것에 모두 체크하세요.

(1) **Autumn colors are at their peak in Seorak Mountain.**

(2) **Autumn colors are at their peak on Seorak Mountain at this time of the year.**

(3) **Seorak Mountain's autumn colors are at their peak now.**

(4) **Seorak Mountain is ablaze with autumn foliage.**

(5) **Now is the prime time to enjoy Seorak Mountain's beautiful autumn colors.**

(6) **Seorak Mountain has the most beautiful autumn colors nowadays.**

(7) **The leaves have gone red on Seorak Mountain and are at their peak now.**

(8) **The leaves have become red and orange on Seorak Mountain and are at their peak of brightness now.**

(9) **The leaves turned red on Seorak Mountain and are at their peak now.**

(10) **The leaves have turned color on Seorak Mountain and are at their peak of brightness now.**

가능한 문장 (2) (3) (4) (5) (6) (8) (9) (10)

STEP 3 문장을 확인하세요.

어휘 들여다 보기

단풍 '단풍'은 복수형 autumn leaves / autumn colors 또는 단수형 autumn foliage다. 또는 fall leaves / fall colors / fall foliage라고 해도 좋다. foliage는 '나뭇잎 전체'를 뜻하는 집합적 개념이므로 단수형으로 쓴다. autumn foliage는 '어느 지역의 단풍'처럼 총체적인 의미의 '단풍'을 말할 때 사용하는 것이 일반적이다. '설악산에 단풍이 한창이다'는 '나뭇잎들이 붉게, 노랗게, 오렌지 색으로 변했다'란 뜻이므로 the leaves를 주어로 해서 The leaves have turned red and orange, and are currently at their brightest.라고 해도 좋다. '단풍이 절정이다'는 The autumn leaves are at their peak now.다. '절정기', '한창때'이므로 prime time을 써서 Now is the prime time to enjoy the beautiful autumn leaves.도 좋다. '설악산이 아름다운 단풍을 가지고 있다'는 뜻이므로 have를 활용해 Seorak Mountain has the most beautiful autumn colors at this time of the year. 역시 좋다.

turn / get / become / go 푸른 나뭇잎들이 붉은 단풍으로 변화한 것, 즉 색깔의 변화는 기본동사 turn으로 표현한다. turn이 기본적으로 '방향 전환'의 뜻이다 보니 본질의 변화 없는 외형적 변화에 자주 사용된다. '붉은 단풍이 들었다.'는 The leaves have turned red and orange.라고 하면 된다. '아버지 머리가 허옇게 새고 있다.'는 My dad's hair is turning gray.[32]라고 한다. 변화를 나타내는 동사는 get / become / go 등이 있으나, 이들과 turn은 쓰이는 맥락이 다르다. get은 주로 감정 변화에 사용되어 I got angry.(화났다.), I got excited.(신났다.), I got bored.(지루해졌다.)처럼 사용된다. 또는 비교급과 함께 It's getting easier and easier.(점점 더 쉬워진다.)처럼 쓰는 것이 가능하다. become은 get과 비슷한데 다소 격식적인(formal) 단어다. 따라서 친구 간의 대화에 사용하기에는 다소 딱딱하다. 일반적으로 get과 become은 서로 호환 사용이 가능하지만 get은 즉각적인 변화(change right away), become은 점진적인 변화(change over time)를 뜻하기 때문에 사건의 발생/진행 속도를 표현해야 하는 경우에는 서로 대체 사용할 수 없다. go는 주로 go sour / go crazy / go mad / go bad 등 특정한 형용사와 함께 연어(collocation)를 이루어 사용된다.

설악산에 표제문을 '설악산에 단풍이 절정이다.'라고 전환하면 영어로 옮기기가 더 쉽다. 그렇다면 '설악산에'는 영어로 in Seorak Mountain이라고 해야 할까, 아니면 on Seorak Mountain이라고 해야 할까? 이때는 on Seorak Mountain이 맞다. in Seorak Mountain은 '설악산 땅 밑에' 또는 '동굴 안에(in a cave)'란 뜻이 되어 문맥에 맞지 않는다. '개별적인 한 개의 산'의 경우 단풍이 한창인 것을 표현하기 위해서는 산 표면에(on the surface of the mountain)를 뜻하는 on the mountain이 맞다. 그러나 '한 개의 산'이 아닌 '여러 산'을 뜻하는 경우 전치사 활용이 완전히 달라진다. 예를 들어 가을을 맞아 '산에 단풍이 한창이다.'에서 '산에'는 복수형 in the mountains가 맞다. on the mountains를 틀렸다고까지 말하기는 어렵지만 in the mountains를 압도적으로 많이 사용하기 때문에 on the mountains는 실질적으로 거의 쓰지 않는다고 보면 되겠다.

(1) Autumn colors are at their peak in Seorak Mountain. ×

(2) Autumn colors are at their peak on Seorak Mountain at this time
of the year. ○

(1)은 틀리고 (2)는 좋다. 전치사 in이 아니라 on이 맞다. '한창이다'는 at one's peak인데 주
어가 복수 Autumn colors이니 소유격 their를 썼다. 사계절 내내 단풍이 한창인 것이 아
니라 바로 지금 그렇다는 것을 말하는 것이므로 now / these days / nowadays / around
this time of the year / at this time of the year 등 시점을 명시해야 자연스러운 문장이
된다.

(3) Seorak Mountain's autumn colors are at their peak now. ○

좋다. '설악산의 단풍'을 autumn colors on Seorak Mountain이라고 해도 되지만
Seorak Mountain's autumn colors라고 해도 좋다.

(4) Seorak Mountain is ablaze with autumn foliage. ○

좋다. ablaze는 다소 시적인(poetic) 표현이다. ablaze는 '(건물이) 불길에 휩싸인'이란 뜻이
다. 여기서 발전하여 '(단풍이) 불타는 듯한' 또는 '(두 눈이) 분노로 이글거리는'이란 뜻으로도
사용된다. ablaze 대신 glowing도 좋다. 동사 glow는 '(단풍이) 불타고 있다' 정도의 뜻이다.
다만 주어에 주의해야 한다. Autumn colors are glowing이 아니라, Seorak Mountain
is glowing이다. '그 시골지역에는 가을 단풍이 불타고 있었다.'라고 말하고 싶으면 The
countryside was glowing with autumn colors.라고 해야 한다.

(5) Now is the prime time to enjoy Seorak Mountain's beautiful
autumn colors. ○

좋다. '한창이다'를 is the prime time이라고 표현했다.

(6) Seorak Mountain has the most beautiful autumn colors
nowadays. ○

좋다. '설악산은 지금 단풍이 한창이다'를 '설악산은 지금 가장 아름다운 단풍을 가지고 있
다'로 전환하면 have 동사를 사용하기가 수월할 것이다.

(7) The leaves have gone red on Seorak Mountain and are at their
peak now. ×

틀렸다. 〈have gone + red〉 조합은 아예 사용되지 않는다. have become red / have
turned red라고 해야 좋다.

(8) The leaves have become red and orange on Seorak Mountain
and are at their peak of brightness now. ○

좋다. have become red보다는 have become red and orange가 더 좋고, at their peak
보다는 at their peak of brightness가 더 좋다. brightness라고 하는 이유는 보통의 초록
색, 갈색 나뭇잎에서 단풍이 진행되면서 더욱 밝은 색조(shades)로 바뀌게 되고 가장 절정

일 때 제일 밝은 색을 가지게 되기 때문이다. at their peak of brightness는 이렇게 명도 (brightness) 관점에서 봤을 때 가장 명도가 높은 시점이라는 뜻이다.

(9) The leaves <u>turned red</u> on Seorak Mountain and are at their peak now. ○

좋다. 과거시제 turned와 현재완료시제 have turned 둘 다 좋다. 다만, 앞서 말했듯 turned red보다는 turned red and orange라고 하는 것이 더 좋다.

(10) The leaves have <u>turned color</u> on Seorak Mountain and are at their peak of brightness now. ○

좋다. 무부정관사에 단수형 color, 복수형 colors 둘 다 좋다. 단수형 color에 부정관사 a를 붙이지 않는 점에 주의하자. 특정한 한 개의 색깔을 말하는 것이 아니기 때문이다. color는 '(막연한 의미의) 천연색 색깔'을 뜻하는 불가산명사다.[33] 예를 들어, The photo will lose color over time.(시간이 흐름에 따라 그 사진은 색이 바랠 것이다.)처럼 쓸 수 있다. 한편, 동사 turn 대신에 change를 사용해도 된다.

영어 지식 ✳ **'가을'을 나타내는 autumn과 fall**

　사전에 '가을'을 나타내는 단어로 autumn은 영국식 영어, fall은 미국식 영어라고 나오지만, 실제로 북미에서는 둘 다 아무런 제약 없이 잘 사용된다. autumn과 fall은 개인의 선호에 따라 달라지는 것이지 영국식과 미국식 영어의 문제는 아니다.

　참고로, 최근에 미국에서는 autumn을 아이 이름으로 삼는 경우가 많다고 한다. 영어에서는 전통적으로 성경 인물들로 이름을 삼는 경우가 많으며, 한국처럼 글자를 조합하여 없는 이름을 만들어 낸다는 관념은 전혀 없다. 영어의 구조상 지금도 새 이름을 만들어 내지는 못한다. 하지만 아이에게 식상한 이름 대신 뭔가 세련된 이름을 붙이고 싶은 신세대 부모들의 욕구에 따라 기존에 이름으로 사용하지 않던 단어들을 대거 신생아 이름으로 채용하는 경우가 증가하였고, 그 중에 하나가 Autumn이라고 한다.

그 사람 살 좀 찐 거 같아.

situation:
그 사람은 비만까지는 아니지만 통통해 보인다. 전에는 호리호리 했었는데 아마 최근에 살이 좀 찐 모양이다.

STEP 1 표제문을 영어 문장으로 만들어 보세요.

그 사람 살 좀 찐 거 같아.

STEP 2 표제문을 영어로 잘 옮긴 것에 모두 체크하세요

(1) **He looks he became fat.**

(2) **He looks like he has gained weight.**

(3) **It looks like he got bigger.**

(4) **He seems like he gained weight.**

(5) **He seems he has gained weight.**

(6) **He seems to have gained weight.**

(7) **He appears to have gained weight.**

(8) **He appears he has gained weight.**

(9) **It appears that he has put on weight.**

(10) **It seems that he put on weight.**

(11) **It seems like he's heavier.**

(12) **Maybe he has gained weight.**

가능한 문장 **(2) (3) (4) (6) (7) (9) (10) (11) (12)**

> **어휘 들여다 보기** **look / seem / appear** 동사 look / seem / appear의 뜻은 비슷하다. 예를 들어, He looks happy. / He seems happy. / He appears happy. 모두 '그 사람은 행복해 보인다.'로 뜻이 비슷하다. 표제문 맥락에서도 이들 동사들은 모두 호환 사용이 가능하다. 다만 사용되는 형식에는 다소 차이가 있다. 표제문과 같이 절(clause)을 취하는 경우, 〈It looks like + 절〉 또는 〈He looks like + 절〉 형식으로 쓴다. look에는 반드시 like가 필요하다. 하지만 〈It seems (like) + 절〉에서는 like가 생략 가능하다. 반면 〈He seems like + 절〉 형식에서는 반드시 like가 필요하다. 이 경우 like를 생략하면 틀린다. 한편 〈appear + 절〉에서 보듯 appear는 like와 함께 쓰지 않는다.

(1) He looks he became fat. ×

틀렸다. 다른 사람이 살쪘다는 것을 묘사할 때 fat은 사용하지 말아야 한다. 대단히 무례한 말이기 때문이다. 문법적으로도 틀렸다. 동사 look은 〈look + 형용사〉, 〈look like + 명사〉 또는 〈look like + 절〉 형식으로 사용된다. 따라서 like를 추가하여 (2) He looks like he has gained weight.처럼 말해야 맞다.

(2) He looks like he has gained weight. ○

(3) It looks like he got bigger. ○

좋다. (2)는 주어 he를 두 번 사용했지만 전혀 문제가 없는 정상적인 문장이다. 〈He looks like + 절〉 또는 〈It looks like + 절〉 둘 다 좋다. (3)도 좋지만, He looks like he got bigger. 또는 He looks like he's bigger. 역시 좋다. 다만 look like에서 like는 생략할 수 없다.

(4) He seems like he gained weight. ○

(5) He seems he has gained weight. ×

(4)는 좋고 (5)는 틀렸다. (4) 〈He seems like + 절〉은 좋다. (5)는 like가 반드시 필요하므로 틀렸다. (4)에서 he가 두 번 반복되었지만 아무 문제 없는 정상적인 문장이다. 한편, 주어를 He 대신 It으로 삼은 (11) 〈It seems like + 절〉 역시 좋고, (10) 〈It seems that + 절〉도 좋다.

(6) He seems to have gained weight. ○

좋다. to have gained weight는 '완료 to부정사'다. 살이 찐 것은 과거에 발생한 것이므로 '완료 to부정사'를 써서 주절보다 한 시제 앞선 사건임을 나타내야 한다. 반면, 〈seem + to부정사〉는 현재 벌어지는 일을 나타내며, He seems to be really upset.(그 사람 엄청 화가 나 있는 것 같다.)처럼 쓸 수 있다. 다만 He seems to gain weight.는 불완전한 문장이다. gain weight는 '활동' 동사이므로, 현재시제는 일반적인 원칙이나 성향 등 일반적인 사실(general statement)을 나타내기 때문이다. He easily seems to gain weight.(그 사람은 쉽게 살이 찌는 체질이다.), He seems to gain weight when he's stressed out.(그 사람은 스트레스 받으면 살이 찌는 체질인 거 같다.) 같은 문장은 가능하다. 한편, 지금 현재 살이 찌고 있는 것 같다는 뜻을 나타내고자 하는 경우, 진행형 to부정사로 표현해 He seems to be gaining weight nowadays.라고 하면 좋다. He's getting heavier nowadays. 역시 좋으나 seem to가 없으므로 대단히 직설적인 문장이다.

(7) He <u>appears to</u> have gained weight. ○

(8) He appears he has gained weight. ×

(9) <u>It appears that</u> he has put on weight. ○

(7) (9)는 좋지만 (8)은 틀렸다. (7) 〈He appears + to부정사〉 또는 (9) 〈It appears (that) + 절〉 모두 좋다. (9)에서 that은 생략 가능하다. 하지만 (8) 〈He appears + 절〉은 사용되지 않는다. He를 It으로 바꾸면 좋은 문장이 된다.

(10) <u>It seems that</u> he put on weight. ○

(11) <u>It seems like</u> he's heavier. ○

좋다. (10) 〈It seems that + 절〉, (11) 〈It seems like + 절〉 모두 좋다. 여기서 that 또는 like는 생략 가능하다.

(12) <u>Maybe</u> he has gained weight. ○

좋다. Maybe / I think / I guess / I suspect 모두 좋다. 또는 He must have gained weight. 역시 좋다. 〈must have + 과거분사〉는 '~했음에 틀림없다'란 뜻으로, 과거사건에 대한 강한 추정을 나타내므로 표제문 맥락에 잘 맞는다.

A
멍청하게 버스를 잘못 탔어.

situation: 지금 잘못 탄 버스에 탑승한 상태다. 곧바로 내려야 하는 상황이다. 전화로 수지에게 하는 말이다.

I need to get off at the next stop.

멍청하게 버스를 잘못 탔어.

다음 정거장에서 내려야 돼.

(1) I mistakenly took a wrong bus. ☐

(2) I took the wrong bus by mistake. ☐

(3) I stupidly got on the wrong bus. ☐

(4) I rode on the wrong bus. I'm so stupid. ☐

(5) I'm riding the wrong bus. I'm so stupid. ☐

(6) I'm on the wrong bus. I'm an idiot. ☐

(7) I'm on the wrong bus, stupidly. ☐

표제문의 '탔다'는 '탑승했다(동작)', 아울러 그 결과 '현재 탑승상태다(상태)'란 뜻이다. 버스, 지하철, 기차, 택시 등 대중교통수단을 '탔다'는 take를 쓰면 된다. 따라서 I took the wrong bus.라고 하면 좋다. 아울러 catch / get on / ride 등을 사용할 수도 있다. catch / get on은 '탑승 동작'에 중점이 있으므로 I caught the wrong bus. / I got on the wrong bus.처럼 과거시제로 표현하고, ride는 '탑승 상태'를 뜻하므로 I'm riding on the bus.처럼 현재진행시제로 표현한다. 표제문 맥락에서는 be동사도 얼마든지 사용 가능하다. '탑승 동작의 결과, 지금 탑승 상태에 있음'을 뜻하므로 현재시제 I'm on the wrong bus.도 좋다.[34]

(1) (2) (1)은 틀리고 (2)는 좋다. 부정관사 a wrong bus가 틀렸다. 수지가 내가 타고 있는 버스가 몇 번인지 전혀 모른다고 해도 부정관사 a wrong bus라고 하면 매우 이상하다. 말하고 있는 나도 전혀 모르는 버스라는 의미가 되어 버린다. 수지가 모른다고 하더라도 나는 '지금 타고 있는 이 버스'를 특정해서 말하는 상황이므로 정관사 the를 써서 말한다. 표제문 맥락에서 I took the wrong bus는 I'm on the wrong bus와 같은 뜻이다. mistakenly / accidently도 좋고, by mistake / by accident 역시 좋다. **(3)** 좋다. got on은 '탑승 동작'에 중점을 둔 표현이다. 문자적 의미만 생각한다면 I got on the wrong bus는 '(과거에) 엉뚱한 버스에 탑승 동작을 수행했다'란 뜻만 가지고 있지만, 맥락상 '과거 어느 시점에 탑승해서 (지금까지 그 버스에 탑승 상태이다)'를 뜻하므로 표제문에 잘 맞는다. **(4) (5)** (4)는 틀리고 (5)는 좋다. 동사 ride는 '탑승 상태'를 뜻하므로 현재진행시제로 표현한다. 과거시제 I rode on the bus.는 '이미 탑승 상태가 끝났음', 즉 '버스에서 내렸거나, 여정을 끝내고 목적지에 와 있음'을 뜻한다. 전치사 on은 있어도 문제는 없으나, 삭제하는 것이 더 자연스럽다. **(6) (7)** 좋다. 지금 버스에 탑승한 상태에서 하는 말이다. 한국어 문장의 '행동' 중심의 과거시제 문장 '탔다'를 영어로는 '상태' 중심의 현재시제로 표현하고 있는 점에 주목하자.

(1) That offense scored all three goals by heading. ☐

(2) That attacker scored all of his three goals by heading in the ball. ☐

(3) That striker scored all three of his goals with headers. ☐

(4) That striker scored three heading goals. ☐

(5) That striker headed in each of his three goals. ☐

(6) That striker made three heading goals. ☐

(7) That striker got three heading goals. ☐

(8) That striker made all of his three goals by headers. ☐

(9) That striker got all three of his goals with headers. ☐

(10) That striker put all of his three goals in with headers. ☐

'헤딩'은 콩글리시다. 명사 header가 정확한 표현이다. '헤딩골' 또는 '헤딩패스' 등 축구 경기에서 머리를 써서 공을 치받는 행동을 모두 header라고 한다. '헤딩으로 골을 넣다'는 score by heading the ball 또는 동사 head in을 쓸 수도 있다. 한편, 기본동사 make / get / put을 사용해도 충분히 표현이 가능하다. make a goal은 '득점하다'이므로 He made all of his three goals by headers. 또는 He got all of his three goals with headers. 또는 He put all of his goals in with headers.도 좋다. 동사 put을 쓰는 경우 in이 있어야 한다. 한편 '세 골 모두'는 all of his three goals / all three of his goals / each of his three goals 모두 좋다. 전치사 of가 생략된 all his three goals는 구어체에서 괜찮기는 하지만 다소 어색하게 들린다. 수량이 들어갔을 때는 of가 반드시 필요하기 때문이다.[35]

(1) 틀렸다. heading은 콩글리시다. by heading은 완전히 틀렸다. 헤딩으로 한 골을 넣은 경우 단수형 by a header, 헤딩으로 여러 골을 넣은 경우 복수형 by headers다. all three goals 역시 틀렸다. all three goals는 그 팀이 넣은 골이 전체 세 골이라는 말이다. 표제문의 경우 전체 골은 네 골이고 이 공격수가 넣은 골은 그 중 세 골이므로 all of his three goals라고 해야 맞다. offense는 '공격수 전체(all of the offensive positions)'라는 뜻이다. 축구에서 '공격수'는 일반적으로 striker라고 하며, forward player / offensive player / attacker라고 해도 좋다. **(2)** 좋다. by headers 또는 by heading in the ball 모두 좋다. **(3)** 좋다. 복수형 headers가 좋다. 전치사 by headers / with headers 둘 다 좋다. **(4)** 틀렸다. heading goals라는 표현은 전혀 말이 안 된다. **(5)** 좋다. 〈head + A(목적어) + in〉도 좋고 〈head in + A(목적어)〉도 좋다. in은 into the goal 또는 into the net의 축약형이다. in은 생략 가능하다. **(6) (7) (8) (9)** (6) (7)은 틀리고 (8) (9)는 좋다. '세 골을 헤딩으로 넣다'는 made three heading goals / got three heading goals가 아니라 〈made/got + all of his three goals + by/with headers〉 형식으로 쓰인다. **(10)** 좋다. 〈put + all of his three goals + in〉도 좋고 〈put in + all of his three goals〉도 좋다. 예를 들어, He put in 5 goals in just 9 minutes.(그 선수는 불과 9분만에 다섯 골을 넣었다.)처럼 쓸 수 있다. put in에서 in은 생략할 수 없다. 한편, 전치사 by headers 또는 with headers 둘 다 좋다.

가능한 문장 **A** (2) (3) (5) (6) (7) **B** (2) (3) (5) (8) (9) (10)

구동사는
맥락과 문장 속에서
암기하라

구동사는
맥락과 문장 속에서
암기하라

구동사, 아무리 강조해도 지나치지 않다.

〈말하기 영작문 트레이닝〉에서도 구동사(phrasal verbs)의 중요성을 강조한 바 있다. 여기서 몇 개의 구동사를 살펴보겠지만 물리적으로 영어에 존재하는 5천여 개의 모든 구동사를 살펴볼 수는 없다. 이 장에서는 〈기본동사 + out/off/on/in 등 자주 쓰는 부사〉의 결합을 중심으로 살펴보되, 그 중에서도 일상적으로 자주 쓰는 구동사에 초점을 맞추기로 하겠다.

구동사는 각 기본동사의 본질적인 뜻과 소사(전치사, 부사)가 결합하여 독특한 뜻을 형성하는 것이므로, 각 구동사를 이루는 단어들의 특성을 바탕으로 해당 구동사가 어떤 의미인지 '감'을 느끼는 것이 중요하다. 구동사를 알게 되었다고 하더라도 이에 대응하는 한국어 표현은 변화무쌍하기 때문이다.

한국어로 '옷을 벗다'를 영어로 표현하려면 십중팔구 독자들은 take off가 생각날 것이다. 반대로 영어로 take off 하면 역시 '옷을 벗다'가 생각날 것이고, 좀 유식한 독자들은 '이륙하다'란 뜻도 아마 생각해 낼 것이다. 이런 식으로 암기하는 것이 잘못되었다는 말은 아니나, 암기식으로 학습하면 take off의 엄청나게 다양한 의미와 활용 가능성을 놓치게 된다. 그러므로 지금부터는, 최소한 구동사에 대해서만큼은 이런 공부 방식은 지양해야 한다.

'한눈 팔다가 사고를 냈다'는 I had an accident while I was <u>taking</u> my eyes <u>off</u> the road.라고 한다. '부상으로 인해 올 시즌 내내 출전을 한번도 못했다' 역시 His injury has <u>taken</u> him <u>off</u> the field throughout this season.이라고 한다. 이처럼 take ~ off는 '한눈을 팔다', '출전을 못하다'란 뜻도 가능한데, 이런 뜻을 다 외울 수는 없는 노릇이다. 대신 많은 예문을 통해 원리를 이해하면 낯선 상황에서도 take ~ off를 자유롭게 활용할 수 있게 된다.

〈work on + A(목적어: 프로젝트)〉는 'A(목적어: 프로젝트) 작업을 하다'란 뜻이다. 하지만 work on의 진정한 의미를 제대로 파악하지 못하면 제때 자유자재로 활용할 수 없다. '3개월째 그 프로젝트에 매달리고 있다. 그런데 추진이 잘 안 되고 있다.'는 I have been <u>working on</u> it for 3 months, but we are not making good progress.라고 할 수 있다. '매달리고 있다'는 뜻으로 work on을 쉽게 생각할 수 있는가? 사전에 work on은 '(어떤 문제를 해결/개선하기 위해) ~에 애쓰다/공들이다', '착수하다', '준비하다'로 나올 뿐 '매달리다'란 뜻은 나오지 않는다. 따라서 맥락과 문장에서 work on의 감을 익혀야 막상 필요한 순간에 잘 써먹을 수가 있게 된다.

take something away는 something을 take해서 away한다고 생각하면 쉽게 이해될 것이다. 그렇게 되면 예기치 못한 상황에서 짝사랑하는 사람을 만났을 때 '그 사람 때문에 숨이 멎는 것 같았어.'는 He <u>took</u> my breath <u>away</u>.라고 해도 자연스럽게 이해가 될 것이다. 여기서 멈추지 말고 He got my breath away.도 시도해 보자. 하지만 이 문장은 전혀 말이 안 되는 문장임을 알게 될 것이다. get away는 이런 뜻으로 사용하지 않는다. 왜 이렇게 말하지 않는지 생각해 보는 것도 구동사를 넘어 영어 단어의 쓰임새를 잘 이해하는 좋은 방법이다. 이렇게 해야 각 기본동사들의 쓰임새에 대한 감을 익힐 수 있기 때문이다.

형태가 비슷한 경우가 많기 때문에 한꺼번에 외우지 말고 상황이 닥쳤을 때 외우는 것이 가장 좋다. get away는 '달아나다, 탈출하다'란 뜻도 있지만 '휴가를 가다'란 뜻도 있다. 그래서 명사 getaway는 '휴가' 또는 '휴가지'라는 뜻으로 광범위하게 잘 사용된다. 그런데 get away에 with를 추가하면 뜻이 상당히 달라진다. 〈get away with + A(나쁜 짓)〉 형태로 'A(나쁜 짓)를 하고도 처벌받지 않고 빠져 나가다'란 뜻이 된다. 예를 들어 '이번에는 그냥 절대로 그냥 안 넘어갈 거야.'는 I can't let him get away with this.라고 한다. 이와 비슷한 〈get + A(별로 하기 싫은 과제나 과업) + over with〉도 있다. 'A(별로 하기 싫은 과제나 과업)를 후딱 해치우다/끝내다'란 뜻이다. 따라서, '그거 후딱 해치워 버리자.'는 Let's get it over with.라고 한다. 여기서 더 나아가 get over는 '(헤어진 애인을) 잊어 버리다 / (불행한 사건을) 극복하다'란 뜻도 있다. She can't get over her ex.는 '그 여자는 (아직까지도) 전 남친을 잊지 못하고 있다.'란 뜻이다. 이렇듯이 형태가 유사한 것들을 한꺼번에 외워 봐야 헷갈리기만 할 뿐, 나중에 전혀 기억나지도 않고 실제로 말을 해야 할 때 써 먹을 수도 없다. 시간을 두고 천천히 외워 나가기를 권한다.

구동사, 그때그때 외워라

구동사의 형태와 의미가 우리가 보기에는 일관성이 없는 경우도 많다. '(옷을) 입다'는 put on인데 '(옷을) 벗다'는 take off다. put off는 '연기하다(postpone / delay)'란 뜻도 있지만, 〈A(원인) + put + B(사람) + off〉 형식으로 'A(원인)가 B(사람)를 불쾌하게 하다'란 전혀 다른 뜻으로도 쓰인다. He's handsome, but his attitude puts people off.는 '그 사람은 잘생겼지만 매너 때문에 사람들이 그 사람을 싫어한다.'란 뜻이다. 한편 take on은 '(일 따위를) 떠맡다', '(사람을) 고용하다', '인기를 끌다' 등의 뜻으로 쓰인다. put on / put off / take on / take off를 가만히 생각해 보고 put과 take의 근본적인 의미를 생각하면 왜 이런 뜻을 갖는지 어느 정도 이해가 될 것이다.

그러나 왜 그런 뜻을 갖게 되었는지 거의 이해가 되지 않는 구동사도 많다. give up이 왜 '포기하다'인지 아무리 생각해도 알 수가 없다. make out이 왜 '이해하다'이고 '애무하다'인지 잘 이해가 안 된다. 이런 경우는 어쩔 수 없이 암기하는 수밖에 없다. breakfast를 '아침식사'라고 그냥 외우듯이 give in을 '양보하다'라고 외울 수밖에 없다는 말이다.

모든 구동사를 여기서 논할 수도 없고 의미가 한꺼번에 외워지지도 않는다. 그래 봐야 독자가 헷갈리기만 할 것이다. 영어를 잘 구사하기 위해 구동사는 반드시 넘어야 할 산이다. 이는 시간이 걸린다. 구체적인 문장을 통해 그때그때 이해하고 암기해 나가는 것이 중요하다. 일상 대화에서 사용하는 구동사들은 미드에 많이 나오므로, 미드를 보다가 잘 이해가 안 되는 것들을 그때그때 찾아보는 것도 괜찮은 방법이다.

한번 가 봐.

situation:
새로 생긴 중국 음식점이 그럴듯해 보인다. 중국 음식을 좋아하는 지호에게 한번 가 보라고 얘기한다. 나도 아직 가 보지는 않았다.

STEP 1 표제문을 영어 문장으로 만들어 보세요.

There's a new Chinese restaurant that just opened down the street.
길 아래쪽에 새로 중국집이 하나 생겼어.

한번 가 봐.

STEP 2 표제문을 영어로 잘 옮긴 것에 모두 체크하세요.

(1) **Go there one time.**

(2) **Why don't you go there?**

(3) **Why don't you go there sometime?**

(4) **I think you'll like it. Give it a go.**

(5) **You should try it out sometime.**

(6) **Why don't you try it when you get a chance?**

(7) **You should check it out later.**

(8) **You might want to check it out.**

(9) **You should go for it sometime.**

가능한 문장 **(3) (4) (5) (6) (7) (8)**

어휘
들여다
보기
check out 표제문 '한번 가 봐.'는 Why don't you go there sometime? 또는 Why don't you try it sometime?라고 하면 좋은 문장이다. 하지만 표제문 맥락을 들여다보면 식당에 그냥 가 보라는 말이 아니라 '가서 맛을 봐라'라는 말이다. 이런 상황에서 쓸 수 있는 구동사로는 check out이 아주 제격이다. check out은 '(시험 삼아) 한번 가 보다'란 뜻에 아주 적합한 구동사다. 따라서 Why don't you check it out later? 또는 You should check it out later.라고 하면 표제문에 정확히 부합한다. '벚꽃 축제가 아주 멋있으니 한번 가 봐.'라고 할 때 역시 The cherry blossom festival is awesome. You should check it out.이라고 하면 아주 훌륭한 문장이 된다.

check out은 이것 외에도 쓰임새가 아주 많은데, '참고하다'란 뜻으로 쓰이기도 한다. '다음 자료들도 참고하시기 바랍니다.'는 Check out these additional resources.이며, '이것 좀 봐 봐.' 역시 Check this out.이라고 하면 된다. 이처럼 한국어 문장의 '참고하다', '봐 보다'는 check out이 아주 훌륭한 표현이니 잘 기억하기 바란다.

(1) Go there one time. ×

틀렸다. 한국어 문장을 그대로 직역한 건데 전혀 말이 안 되는 문장이다. one time은 '(아무리 맛이 있어도 두 번은 안 되고 맛이 있건 없건) 딱 한번'이라는 뜻이다.

(2) Why don't you go there? ×

틀렸다. 바로 지금(right now, immediately) 가 보라는 뜻이다. 지호가 지금 점심 먹을 식당을 물색 중일 때 권유 및 제안(suggestion)하는 문장이다.

(3) Why don't you go there <u>sometime</u>? ○

좋다. sometime(언젠가)이 있으므로 나중에 한번 시간 되면 가 보라는 뜻이다. 참고로 한 단어인 sometime과 달리, 두 단어인 some time은 '얼마간의 시간', '약간의 시간', '얼마 동안'이라는 뜻이다. I need some time alone.(나 혼자만의 시간을 좀 갖고 싶어.)처럼 쓸 수 있다.

(4) I think you'll like it. Give it a go. ○

좋다. Give it a go.는 '한번 해 봐.'라는 뜻이며 Give it a try. / Give it a shot.이라고 해도 좋다. I think you'll like it.이 없으면 Give it a go.가 '지금 가 봐.'라는 뜻이 되어 표제문 맥락과 다른 뜻이 된다. 미래시제 you'll like it은 지금 현재 그 식당에 있는 것이 아니라 미래 어느 시점에 거기 가게 되면 맘에 들어할 것이라는 의미이기 때문이다. I think you'll like it.을 생략하면 sometime 등 다른 어구로 보충해 주어야 한다. 예를 들어, Give it a go sometime. / Give it a go when you have a chance.라고 해도 좋다.

(5) You should <u>try it out</u> sometime. ○

좋다. try it / try it out 둘 다 똑같이 좋으며, 둘 사이에 의미 차이도 거의 없다. 조동사 should는 문법책에 '의무'를 나타낸다고 나오지만 실제로는 제안 또는 가벼운 명령을 내릴 때 자주 사용된다. (5)는 '거기 한번 가 봐.' 정도의 의미다.

(6) Why don't you <u>try it</u> when you <u>get a chance</u>? ○

좋다. '기회가 될 때 한번 가 보지 그러냐?'라는 뜻이다. get 외에 have도 좋고, a chance 외에 an opportunity 역시 좋다.

(7) You should <u>check</u> it <u>out</u> later. ○

(8) You <u>might want to</u> check it out. ○

좋다. 앞서 말했듯 check out은 '(시험 삼아) 한번 가 보다'란 뜻이다. (8)의 might want to는 가벼운 명령으로서 제안 및 권장의 뜻을 나타낸다.

(9) You should <u>go for it</u> sometime. ✕

틀렸다. go for it은 '(어려운 일을) 사생결단의 자세로 부딪쳐 보다 / 덤비다'라는 뜻이다. (9)는 '너도 직접 중국집을 한번 해 봐.' 정도의 뜻이다. 참고로 명령형 Go for it!은 '힘내!', '파이팅!'이란 전혀 다른 뜻이다.

situation:
벼룩시장에서 마음에 드는 배낭을 발견
했다. 15달러짜리인데 5달러를 할인해
달라고 요청한다.

STEP 1 표제문을 영어 문장으로 만들어 보세요.

조금 깎아 주세요.

STEP 2 표제문을 영어로 잘 옮긴 것에 모두 체크하세요.

(1) **DC, please.**

(2) **Can I get some discount?**

(3) **Can I get a small discount?**

(4) **Can you come down a little?**

(5) **Can you take off a little?**

(6) **Can you take a little off?**

(7) **Can you take something off the price?**

(8) **Can you cut the price off a little?**

(9) **Can you cut a little off the price?**

(10) **Can you cut the price down a little?**

(11) **Can you go a little lower?**

(12) **Can you go down a little?**

가능한 문장 **(3) (4) (5) (6) (7) (9) (10) (11)**

어휘 들여다 보기 **값을 깎다** 판매자가 '(구매자에게) 값을 깎아 주다'는 give someone a discount / decrease the price / lower the price 등을 쓸 수 있다. 구매자의 입장에서 보면 '할인을 받다'이므로 get a discount 역시 좋다. 따라서 Can you give me a discount? 또는 Can I get a discount?라고 해도 좋다. come down을 써서 Can you come down a little? / Can you come down 5 dollars? 등도 좋다.

take off 세일 광고를 보면 up to 80% off(최고 80% 할인) 같은 문구를 자주 볼 수 있다. 여기서 off는 off the retail price(소매가에서 할인)의 준말이라고 보면 되겠다. '가격을 깎다'를 뜻하는 구동사에서는 off가 잘 사용된다. '5달러를 깎다'는 cut 5 dollars off / take 5 dollars off다. take off를 보면 따지고 말고 할 것 도 없이 자동으로 '(옷을) 벗다'라고만 생각하면 다른 무수한 맥락에서 이 구동사를 제대로 응용할 수가 없다. take off는 '이륙하다'란 뜻도 있다. take off를 마구잡이로 '(옷을) 벗다', '이륙하다'로만 외우지 말고 왜 그런 가를 생각하면 응용력이 길러진다. 어떤 사물로부터 분리되는 것에는 take off를 써 보는 습관을 갖자. 그러면 Can you take 5 dollars off? 또는 Can you take a little off? 등이 자연스럽게 이해될 것이다.

cut off cut off는 '(전기, 전화 등을 일부러) 끊다' 또는 '(전기, 전화 등이 스스로) 끊어지다'란 뜻이다. 여기에서 '가 격을 깎다'로 의미가 확장되었다. Can you cut 5 dollars off the price? 또는 Can you cut 5 dollars off?가 충분히 이해될 것이다. 참고로 cut down에도 '깎다'란 뜻이 있지만 cut off와는 다른 목적어를 사용 해야 한다. 즉, ⟨cut + the price + down⟩ 형식인데 비해 ⟨cut + 5 dollars + off⟩ 형식이다. 전자는 '가격 을 잘라내서(cut) 내리다(down)'이고, 후자는 '5달러를 가격으로부터(off the price) 잘라내다(cut)'이기 때문이다.

(1) DC, please. ×

틀렸다. 한국에서 많이 쓰는 용어인 DC는 콩글리시다. discount(할인)를 DC라고 줄여서 말하지 않는다. 오히려 DC는 direct current(직류)의 약자로 쓰인다.

(2) Can I get some discount? ×

틀렸다. some discount는 1%에서 99%까지 막연하기(not clear) 때문에 쓰기 곤란하다. 구 체적으로 얼마나 할인을 받고 싶은지 얘기해야 정상적인 문장이 된다.[36] 따라서 a small discount 또는 a 5 dollar discount로 바꿔야 말이 된다. 이때 discount는 가산명사이므 로 단수형 discount에는 부정관사 a가 필요하다.

(3) Can I get a small discount? ○

좋다. Can you give me a little discount? 역시 좋다.

(4) Can you come down a little? ○

좋다. 문장 뒤에 please를 붙이면 더 자연스럽고 부드러운 문장이 된다. 구체적인 할인액을 명시하는 경우 Can you come down 5 dollars? / Can you come down by 5 dollars? 라고 해도 좋다. 자동사 come down은 목적어를 취하지 않는다. 따라서 원칙적으로 전치 사를 넣어 by 5 dollars라고 해야 바람직하지만 흔히 by를 생략하고 5 dollars라고 한다.

⑸　Can you <u>take off</u> a little? ○

⑹　Can you <u>take</u> a little <u>off</u>? ○
좋다. '가격을 깎다'라고 할 때 take off를 쓸 수 있다. take 5 dollars off / take off 5
dollars / take a little off / take off a little / take something off 모두 좋다.

⑺　Can you <u>take something off</u> the price? ○
좋다. something은 대명사로서 '어느 정도', '다소', '조금', '얼마간', '얼마쯤'이란 뜻이다. 구
어체에서는 a little something이라고 하기도 한다. take something off는 좋으나 take
off something은 불가하다. '타동사적 구동사'의 경우 give up the money 또는 give the
money up에서 보듯 명사 목적어의 위치는 자유롭다. 하지만 대명사가 목적어인 경우 반
드시 동사와 소사 사이에 위치하여야 한다. 즉, give it up / give him up이라고 해야 하며
give up it / give up him은 안 된다. 마찬가지로 take something off는 좋지만 take off
something은 틀리다.

⑻　Can you <u>cut</u> the price off a little? ×
틀렸다. 〈타동사 cut + A(목적어) + off〉의 A(목적어)는 '제거를 당해서 없어져 버리는 대상/
사물/물건/분량'을 가리킨다. 따라서 A(목적어)는 the price일 수 없으며, a little이 되어야
한다. Can you cut the price off?는 '가격을 깎아 줄 수 있어요?'란 뜻은 절대로 될 수 없
고, 가장 근접하게 생각이 나는 것은 '가격표(the price tag)를 떼줄 수 있어요?' 정도의 뜻이
될 수 있겠다.

⑼　Can you <u>cut</u> a little <u>off</u> the price? ○
좋다. (정상/기존) 가격에서 떼내어(off the price) 약간(a little)을 잘라(cut) 줄 수 있느냐는 뜻
이다.

⑽　Can you <u>cut</u> the price <u>down</u> a little? ○
좋다. 〈cut + 깎을 분량 + off〉 형식이 맞는 반면, the price처럼 '깎을 대상'은 〈cut + 깎
을 대상 + down〉 형식을 취해야 한다. cut down은 cut down on smoking(담배를 줄이
다), cut down on sleep(잠을 줄이다), cut down on expenses(비용을 줄이다) 등처럼 '줄이
다', '절약하다'란 뜻으로도 자주 쓰인다. 예를 들어 '나는 음식 칼로리를 조심하느라 탄수화
물 섭취를 줄였다.'는 I was conscious of calories in my food and I cut down on my
carbohydrate intake.다.

⑾　Can you <u>go</u> a little <u>lower</u>? ○
좋다. 비교급 go lower는 좋다. go lower는 '지금 가격에서 낮추다'란 뜻이며, go a little
lower는 가격을 '약간 내리다', go much lower는 '많이 내리다'라는 뜻이다. 반면 go low
는 '(금액, 수치, 높이의 절대적인 수준이) 낮아지다'라는 뜻이다. 예를 들어, 음식 조리 중 '약한 불
로(가령, low - medium - high 중에서 low로) 내려 줘.'는 Can you go low on the heat?라고 하
며, 상대방에게 혈당 관리에 주의하라는 뜻으로 '음식을 제때 안 먹으면 혈당이 떨어질 수
있어.'는 You could go low on sugar if you don't eat regularly.라고 한다.

(12) Can you <u>go down</u> a little? ×

틀렸다. come down은 좋으나 go down이라고는 하지 않는다. go down은 '(위치상, 지리상으로) 아래로 내려가다'란 뜻이다. 예를 들어, 내가 4층에 있다가 3층으로 내려간 경우 I went down to the 3rd floor.라고 하며, 서울에 있다가 부산으로 내려간 경우 I went down to Busan.이라고 한다.

프로젝트 어떻게 되어 가고 있어?

situation:
내가 프로젝트를 맡고 있는데, 문제가
많아 진척이 잘 안 되고 있다.

STEP 1 표제문을 영어 문장으로 만들어 보세요.

박과장   How's the project going?
프로젝트 어떻게 되어 가고 있어?

나
추진이 잘 안 되고 있어.

STEP 2 표제문을 영어로 잘 옮긴 것에 모두 체크하세요.

(1) **It's not going good.**

(2) **It's not going well.**

(3) **It's not going along.**

(4) **It's not getting along.**

(5) **It's not coming along.**

(6) **It's not moving along.**

(7) **I'm having trouble keeping it on track.**

(8) **It's not proceeding very well.**

(9) **It's not making any progress.**

(10) **We're not making any progress.**

가능한 문장 **(2) (5) (6) (7) (8) (9) (10)**

> **추진이 잘 안 되고 있다** '추진이 잘 안 되고 있다'는 It's not going well. / It's not going anywhere. / It's going badly. / It's going poorly.라고 하면 된다.[37] 표제문은 맥락상 그 프로젝트가 '멈춰 있다'는 말이므로 It's stuck. / It's stopped. / It's stalled.라고 해도 좋다. 또는 딱 꼬집어 말하지 않고 아주 넓은 의미로 말하면 It's not good. / I don't have good news. 등으로 말할 수도 있겠다. 〈기본동사 + 명사〉 구성으로 make progress를 써서 표현도 가능하다. 즉, We haven't made any progress. 또는 We're not making good progress. 등도 가능하다. (이때 good progress에 부정관사를 붙이지 않는다.) 또는 구동사 come along 또는 move along을 활용해도 좋다.

(1)   It's not going <u>good</u>. ×

(2)   It's not going <u>well</u>. ○

(1)은 틀리고 (2)가 좋다. It's not going good.은 틀렸다. It's not going well.이 맞다. 다만 (1)은 문법적으로는 정확한 문장은 아니지만 보편적으로 많이 사용되고 있다. 따라서 구어체에서는 사용할 수도 있다. 되도록 표준적인 문장 (2)를 사용하는 것이 좋겠다.

(3)   It's not <u>going along</u>. ×

틀렸다. go along에도 '(일이) 진행되다/진척되다'란 뜻이 있지만, 여러 가지 다른 뜻이 많아 (3)만 가지고는 무슨 뜻인지 명확하지 않다. that well / as planned 등 부가적인 어구가 있어야 한다. 즉, It's not going along as planned. 또는 It's going along very badly. 또는 It's going along very poorly.는 좋다. 한편 go along은 문자 그대로 '~길을 따라가다'의 뜻이 강하기 때문에 사람 주어와 함께 사용되는 경우가 일반적이다. 예를 들어, go along은 사람을 주어로 하여 As we were going along the street(길을 가는 도중에)처럼 사용되는 것이 보통이다. 운전자에게 Go along the boulevard until you reach the first intersection and turn left.(도로를 쭉 가다가 첫 번째 교차로에서 좌회전하세요.)처럼 말할 수도 있을 것이다. 아울러 go along with 형태로 '~의 이야기나 의견에 동의하다(to agree with someone or agree to something)'란 뜻으로도 자주 쓰이므로 I will go along with you on that matter.(나는 그 문제에 대해 당신 의견에 동의한다.), I will go along with Sharon's decision, of course.(나는 당연히 Sharon의 결정에 동의한다.)처럼 쓸 수 있다. 이러다 보니 go along의 주어로 사람이 아닌 it을 쓰고 '일이 진척이 잘 안 되고 있다'는 의미로 사용되는 것이 썩 자연스럽게 느껴지지 않는다.

(4)   It's not <u>getting along</u>. ×

틀렸다. get along은 '사람들이 서로 잘 지내다'란 뜻이다. 예를 들어 '둘은 서로 잘 맞지가 않아 결국 헤어졌다.'는 They couldn't get along, so finally they split up.이다.

(5) It's not <u>coming along</u>. ○

좋다. It's not coming along well. / It's not coming along easily. 역시 좋다. '일이 (원하는 대로) 되어가다/진척되다'란 뜻의 구동사 come along / move along은 표제문 맥락에 잘 부합한다. 즉 It's not coming[moving] along. 또는 It's coming[moving] along very poorly. 또는 It's coming[moving] along very badly. 모두 아주 자연스러운 문장이다.

(6) It's not <u>moving along</u>. ○

좋다. come along과 move along 둘 다 비슷한 뜻을 갖는다. smoothly / as expected 등 부가 어구가 있으면 뜻이 더욱 명확해진다. It's moving along at a snail's pace. / It's crawling along at a snail's pace. 또는 We're getting nowhere. / It's at a standstill. 역시 좋다.

(7) I'm having trouble <u>keeping</u> it <u>on track</u>. ○

좋다. '내가 그 프로젝트를 일정대로 추진하는 데 문제가 있다'라는 관점에서 생각하면 keep을 사용하는 것도 방법이다. keep ~ on track은 '순조롭게 진행되다'란 뜻이다. on track 대신 on schedule이라고 해도 좋다.

(8) It's not <u>proceeding</u> very well. ○
(9) <u>It</u>'s not <u>making</u> any <u>progress</u>. ○
(10) <u>We</u>'re not <u>making</u> any <u>progress</u>. ○

좋다. (8)의 동사 proceed는 '진행되다'라는 뜻의 격식적인 단어다. 이것보다는 (9) (10)의 make progress가 더 일반적으로 많이 쓰는 표현이다. make progress의 주어로 we가 더 좋기는 하지만 it 역시 아무런 문제가 없다.

내가 어떻게 해야 당신 마음이 풀리지?

situation:
내가 결혼기념일을 깜빡해서 아내가 화가
나 있다. 늦게나마 선물을 사 줬는데도
여전히 화를 풀지 않고 있다. 답답한 마음에
아내에게 하는 말이다.

STEP 1 표제문을 영어 문장으로 만들어 보세요.

I was a complete idiot.

내가 정말 잘못했어.　　　　　　　내가 어떻게 해야 당신 마음이 풀리지?

STEP 2 표제문을 영어로 잘 옮긴 것에 모두 체크하세요.

(1) **What am I supposed to do to solve your anger?**

(2) **What can I do to relieve your anger?**

(3) **What can I do to make you feel better?**

(4) **How can I make you feel better?**

(5) **How can I ease up your anger?**

(6) **What am I supposed to do to ease your feeling?**

(7) **What am I supposed to do to ease your feelings?**

(8) **How can I make it up to you?**

(9) **What can I do to make it up to you?**

가능한 문장 **(3) (4) (8) (9)**

어휘 들여다 보기 **make up** 일반적으로 우리는 make up이라 하면 '화장을 하다'란 뜻으로 많이 알고 있다. 하지만 이 외에도 make up은 '화해하다', '보충하다', '구성하다', '지어내다', '꾸며내다'란 뜻으로도 자주 쓰인다. 우선 make up은 '(전체 중 일부분을) 구성한다'는 뜻으로 쓰인다. '이 위원회는 7명으로 구성된다.', 즉 '7명이 이 위원회를 구성한다.'는 Seven people make up the committee.다. '그건 사실이 아니고 내가 꾸며 냈어' 는 It was not a true story. I made it up.이라고 한다. make up class는 '보충강의', 즉 우리가 흔히 말 하는 '보강'이라는 뜻이다. 그리고 ⟨make it up to + A(사람)⟩는 '어떤 행동을 하여 A(사람)와 화해하다/사과하 다' 또는 '어떤 행동을 해서 A(사람)의 꽁한 마음을 풀게 하다'란 뜻이다. 따라서 How can I make it up to you?라 하면 '어떻게 하면 당신 마음이 풀리지?' 정도의 뜻이 된다.

(1) What am I supposed to do to <u>solve</u> your anger? ×

(2) What can I do to <u>relieve your anger</u>? ×

틀렸다. (1) solve는 아예 말이 안 되며, (2) relieve one's anger 역시 사용되지 않는 표현이다. 특히 anger(분노)라는 말을 굳이 사용하여 듣는 사람의 화를 오히려 부채질할 필요는 없을 것이다.

(3) <u>What can I do</u> to make you feel better? ○

(4) <u>How can I</u> make you feel better? ○

좋다. '마음이 풀리다'는 '기분이 나아지다'란 뜻이므로 make you feel better라고 하면 좋 다. What can I do / How can I 형식을 취하는 것은 What과 How의 성격이 다르기 때 문이다. What은 의문대명사로서 do의 목적어다. 반면 How는 의문부사이므로 목적어 역 할을 할 수 없다.

(5) How can I <u>ease up</u> your anger? ×

(6) What am I supposed to do to <u>ease</u> your <u>feeling</u>? ×

(7) What am I supposed to do to <u>ease</u> your <u>feelings</u>? ×

틀렸다. ease up에서 up을 빼고 ease라고만 하면 된다. anger는 앞에서 언급했듯이 불가 하고, (6)은 (7)처럼 복수형 feelings로 써야 맞다. (7)은 문법적으로나 의미상으로나 표제문에 부합하는 문장이기는 하지만 화가 나 있는 아내의 마음을 풀기에는 부족하다. ease는 '(고통 을) 덜어주다, 완화하다'란 뜻이고, ease your feelings는 내가 잘못해서 화가 난 경우뿐만 아니라 다른 원인에 의해 화가 난 경우에도 사용될 수 있기 때문에 책임 소재를 다소간 얼 버무리는 측면도 있다.

(8) How can I <u>make it up to</u> you? ○

(9) What can I do to <u>make it up to</u> you? ○

좋다. 앞에서 설명했듯, make it up to를 써서 표제문의 뜻을 전달할 수 있다. make it up to에는 다소간 미안해 하는 마음(a little bit of apology)이 들어 있다. 따라서 표제문의 의미를 아주 잘 전달한다.

월간 판매 실적 정리하고 있어.

situation:
야근하면서 이번 달 실적 집계
및 보고서 작성 중이다. 우리
회사는 중견 기업이고 여러
가지 제품을 판매하고 있다.
매달 실적은 전 월 25일부터
해당 월 24일까지 집계한다.
오늘은 28일이다.

STEP 1 표제문을 영어 문장으로 만들어 보세요.

박과장 **What are you doing?**
뭐 하고 있어?

나

월간 판매 실적 정리하고 있어.

STEP 2 표제문을 영어로 잘 옮긴 것에 모두 체크하세요.

(1) **I'm arranging monthly sales for this month.**

(2) **I'm filing the sales results for this month.**

(3) **I'm wrapping up the monthly sales.**

(4) **I'm wrapping up the monthly sales report.**

(5) **I'm gathering the monthly sales.**

(6) **I am preparing the sales report for this month.**

(7) **I'm putting together the monthly sales figures.**

(8) **I'm putting together the monthly sales report.**

(9) **I'm getting together a monthly sales report.**

(10) **I am sorting out the monthly sales.**

(11) **I'm working on the sales figures for this month.**

(12) **I'm working on a monthly sales report.**

가능한 문장 (2) (3) (4) (5) (6) (7) (8) (10) (11) (12)

어휘 들여다 보기 **정리하다** '정리하다'를 나타내는 동사는 arrange / file / compile / organize / gather 등 다양하다. 구동사로는 put together / sort out / work on을 쓸 수 있다. 다만 sort out / work on은 뜻이 아주 광범위하기 때문에 맥락이 분명하지 않으면 정확한 의미 전달이 되지 않는다. 반대로 생각하면 sort out / work on은 화자가 일부러 정확하게 뭘 하고 있는지 밝히는 것을 원하지 않을 때 사용할 수도 있겠다. 한국어로 하면 '판매 실적을 따져보고 있어' 정도에 가까운 의미다. 한편 I'm sorting out monthly sales.는 판매 실적 보고서를 작성하는 것뿐만 아니라 향후 판매를 더욱 촉진하기 위한 방안을 강구하고 있다는 뜻도 될 수 있다.

(1) **I'm arranging <u>monthly sales</u> for this month.** ×

   틀렸다. 정관사 the monthly sales라고 해야 일단 문법적으로 맞지만, 그래도 여전히 뜻이 달라 틀린 문장이 된다. (1)은 이미 판매된 제품이 아니라 이번 달에 판매할 제품들을 서류상으로 정리하고 있거나 판매 계획을 수립하고 있다는 뜻이다. arrange를 활용하여 표제문 뜻을 표현하기 위해서는 〈arrange + 결과물(여기서는 보고서)〉 형식이 좋다. I'm arranging the monthly sales report.는 표제문에 부합한다.

(2) **I'm <u>filing</u> the sales results for this month.** ○

   좋다. (2) 〈file + the sales results〉는 매출 영수증을 편철하는 작업을 하고 있다는 뜻일 수도 있고, 월간 판매 실적을 정리하고 있거나 이를 활용하여 월간 실적 보고서를 작성 중이라는 뜻일 수도 있다. 또는 〈file + 결과물〉인 I'm filing the monthly sales report.도 표제문에 부합한다. 즉, 동사 file은 '보고서 생성을 위한 자료' 또는 '그 자료를 활용해 만든 보고서'를 목적어로 삼을 수 있다. 참고로, 단수형 the sales result는 틀리고 반드시 복수형 the sales results라고 해야 말이 된다. 단수형 the sales result는 회사 전체의, 또는 부서 전체의 매출을 뜻한다. 즉, 정관사 the를 사용하기 위해서는 딱 한 개만 존재하는 총체적인 매출액을 뜻해야 한다. 이 총체적인 매출의 일부는 복수형 the sales results라고 한다. 아예 results를 생략하여 the sales for this month도 좋고 the monthly sales도 좋다. the sales revenue for October 역시 좋다.

(3) **I'm <u>wrapping up</u> the monthly sales.** ○

(4) **I'm <u>wrapping up</u> the monthly sales report.** ○

   좋다. (3) I'm wrapping up the monthly sales.에서 wrapping up = gathering이다. compiling / organizing 등으로도 대체 가능하다. (4) wrapping up은 보고서 작업이 거의 끝나 최종 단계임을 뜻한다.

(5) I'm <u>gathering</u> the monthly sales. ○

좋다. gather는 '(자료를) 모으다'란 뜻이다. 무관사 monthly sales보다는 정관사 the monthly sales가 좋다.

(6) I am <u>preparing</u> the sales report for this month. ○

좋다. prepare는 '(보고서를) 작성하다'란 뜻이다. 상황에 관계 없이 부정관사 a sales report 또는 정관사 the sales report 둘 다 좋다. 즉, 내가 취급하는 품목이 한 개냐 여러 개냐에 따라 부정관사 a sales report 또는 정관사 the sales report를 쓰고 안 쓰고가 결정되는 것은 아니다. 설사 내가 담당하고 있는 아이템이 딱 한 개라고 하더라도 4월 보고서, 5월 보고서, 6월 보고서 등 매월 작성하는 보고서 중의 하나라고 생각하면 부정관사 a sales report라고 할 수 있을 것이고, 내가 취급하는 그 품목에 대한 이번 달 보고서라고 생각하면 정관사 the sales report라고 할 것이다. 다시 말해 화자가 어떻게 생각하고 어떻게 인식하고 있느냐에 따라 어느 것을 사용할지가 결정되는 것이지, 내가 취급하는 종목의 개수에 따라 사용이 달라지는 것이 아니다.

(7) I'm <u>putting together</u> the monthly sales figures. ○
(8) I'm <u>putting together</u> the monthly sales report. ○

좋다. ⟨put together + 판매 실적⟩도 좋고, ⟨put together + 실적 보고서⟩도 좋다. put together는 '재료'와 '결과' 모두 목적어로 취할 수 있다.

(9) I'm <u>getting together</u> a monthly sales report. ✕

틀렸다. get together는 '모임을 위해 사람들을 모으다', '~와 만나다', '사람들이 뭉치다'란 뜻이다. 명사로서 get-together는 '비격식적인 모임/파티/회식/회합'이란 뜻이다. 이처럼 이 표현은 '사람'을 불러 모으는 뜻으로 자주 쓰이지만, '사물'을 불러 모으는 뜻으로는 사용되지 않는다.

(10) I am <u>sorting out</u> the monthly sales. ○

좋다. sort out은 '~을 정리하다'라는 뜻의 구동사다. 한편 무관사 monthly sales가 틀린 것은 아닌데, 정관사 the monthly sales가 더 좋다. 내가 다루는 판매 실적이니까 정관사 the를 붙여 일정한 범위를 주는 것이 자연스럽기 때문이다.

(11) I'm <u>working on</u> the sales figures for this month. ○

좋다. 다만 work on의 뜻은 무궁무진하다. 이 문장은 판매 실적을 가지고 다른 자료들하고 비교한다는 말일 수도 있고, 판매 실적을 가지고 미래 판매액을 전망한다는 말일 수도 있고, 판매 실적이 지역별로 어떤 특징을 보이는지 분석한다는 말일 수도 있다. 정관사 the를 생략해 무정관사 sales figures도 가능하지만, 정관사 the가 있는 것이 더 좋다.

(12) I'm <u>working on</u> a monthly sales report. ○

좋다. work on은 '~에 대해 작업하다/작성하다/처리하다'란 뜻이다. work on의 목적어로 '투입물(sales figures)'도 좋고 '산출물(sales report)'도 좋다. 한편 부정관사 a monthly sales report는 '여러 월간 보고서 중 한 개'란 뜻으로서 표제문 맥락에 부합한다. 물론 정관사 the monthly sales report 역시 '화자와 청자가 알고 있는 바로 그 보고서' 또는 '통상적으로 내가 월말에 작성하는 보고서' 등의 뜻이므로 표제문 맥락에 잘 부합한다. 표제문 맥락에서는 정관사 the sales report / 부정관사 a sales report 모두 문제가 없다.

할 말을 다 하니 속이 후련해.

situation:
부장님의 독선적이고 비민주적인
조직 운영에 불만이 많았다.
오늘 오후에 부장님에게 맺혔던
얘기를 다 했다. 그러고 나니 속이
후련하다.

STEP 1 표제문을 영어 문장으로 만들어 보세요.

I finally had time to level with my boss this afternoon.
마침내 오늘 오후 부장님한테 솔직한 내 생각을 얘기했어.

할 말을 다 하니 속이 후련해.

STEP 2 표제문을 영어로 잘 옮긴 것에 모두 체크하세요.

(1) **I feel really fresh because I said all I wanted to say.**

(2) **I feel really relieved because I said all I wanted to say.**

(3) **I said all I wanted to say, and now I feel much better.**

(4) **I feel much better after I expressed what was on my mind.**

(5) **I feel much better after I vented my feelings.**

(6) **I feel much better after I got it out in the open.**

(7) **I feel much better after I got it off my chest.**

(8) **I feel much better since I said everything in my mind.**

(9) **I feel much better since I said everything on my mind.**

가능한 문장 **(2) (3) (4) (5) (6) (7) (9)**

(어휘 들여다 보기) **get out / get off** '마음속에 담고 있던 생각을 다 털어놓다'는 I said all I wanted to say / I've expressed my feelings / I said everything on my mind이며, 구동사 get out 또는 get off 로도 표현 가능하다. get out은 '(차에서) 내리다', '(위험한 장소에서) 벗어나다', '구출하다'란 뜻도 있는데, ⟨get + A(목적어: 차마 말하기 주저했던 감정) + out⟩ 형식으로 '(말하기 어려웠던) 마음속의 앙금을 다 토해내다'란 뜻을 나타낸다. 목적어로는 보통 it을 사용한다. I got it out 또는 in the open을 추가하여 I got it out in the open처럼 말한다. 여기서 it은 '마음속의 응어리', '말하고 싶었지만 담고 있었던 불편한 감정' 정도의 뜻이다. 한편 get off의 뜻은 다양하다. '버스에서 내렸다'는 I got off the bus.다. '이거 놔. 아프단 말이야!'는 Get off me, that hurts!다. '내일 당신 일찍 퇴근할 수 있어요?'는 Could you get off early tomorrow?다. 한편 ⟨get + A(목적어: 앙금) + off one's chest⟩는 '마음속의 앙금을 다 토해내다'란 뜻이다. 목적어로는 보통 it 또는 that을 쓴다. 즉, I got it off my chest. 또는 I got that off my chest.는 '마음속 얘기를 했다.' 란 뜻이다.

(1)   I feel really fresh because I said all I wanted to say. ×

(2)   I feel really relieved because I said all I wanted to say. ○

(3)   I said all I wanted to say, and now I feel much better. ○

(1)은 틀리고 (2) (3)은 좋다. '속이 후련하다'는 feel fresh가 아니라 feel relieved이다. (2)의 because절도 좋지만 (3)처럼 등위접속사 and를 사용해도 문제 없다. 아울러 as / since / now that절로 시작하는 문장도 좋다. 즉, Now that I expressed my feelings, I feel much better.라고 해도 좋다.

(4)   I feel much better after I expressed what was on my mind. ○

좋다. what was on my mind 외에 how I felt / my feelings / my emotions / my thought 역시 좋다.

(5)   I feel much better after I vented my feelings. ○

좋다. 동사 vent는 '감정을 터뜨리다', '화풀이하다', '분노를 분출하다', '울분을 터뜨리다' 란 뜻이다. 친구가 다른 데서 억울한 일을 당하고 와서 나한테 화풀이할 때 He vented his anger on me.라고 하면 된다.

(6)   I feel much better after I got it out in the open. ○

(7)   I feel much better after I got it off my chest. ○

좋다. '할 말을 다하다'는 got it out in the open 또는 got it off my chest 둘 다 좋다. in the open은 '공공연하게', '널리 알려져', '낱낱이 밝혀져', '야외에서'라는 뜻이다.

(8)   I feel much better since I said everything in my mind. ×

(9)   I feel much better since I said everything on my mind. ○

(8)은 틀리고 (9)는 좋다. '내 마음속에'는 in my mind가 아니라 on my mind가 맞다.

짐 부쳐야 돼.

situation:
공항에서 친구와 통화를 끝내
면서 하는 말이다. 짐이 많아서
기내 휴대짐으로 다 가져 갈 수
는 없고 탑승수속 카운터에서
위탁수하물로 부쳐야 한다.

STEP 1 표제문을 영어 문장으로 만들어 보세요.

I have to go.

이제 가야 돼.　　　짐 부쳐야 돼.

STEP 2 표제문을 영어로 잘 옮긴 것에 모두 체크하세요.

(1) **I have to send my luggage checked.**

(2) **I have to send my luggage checked in.**

(3) **I have to check in my luggage.**

(4) **I have to check my luggage in.**

(5) **I have to check in my bags.**

(6) **I have to check my bags in.**

(7) **I have to get my bags checked in.**

(8) **I have to have my baggage checked.**

(9) **I have to have my baggage checked in.**

(10) **I have to get my baggage checked in.**

가능한 문장 **(3) (4) (5) (6) (7) (8) (9) (10)**

어휘 들여다 보기

짐을 부치다 항공사 카운터에서 좌석을 배정 받고 탑승권을 수령하는 과정을 check in이라고 한다. 호텔 프런트 데스크에서 방을 배정 받는 절차 역시 check in이다. 한편, check in은 '짐을 위탁수하물로 부치다'란 뜻으로도 쓰인다. ⟨check + A(목적어: 수하물) + in⟩ 또는 ⟨check in + A(목적어: 수하물)⟩ 형식으로 사용된다. 탑승수속을 하면서 '트렁크를 (위탁수하물로) 부쳤다.'는 I checked in my suitcase.[38]다. 한편, '가방'을 기준으로 보아 피동형 ⟨have/get + A(목적어) + B(과거분사)⟩도 가능하다. 즉, I had my bags checked in. 또는 I got my bags checked in.도 좋다. 사실 네이티브는 이런 식의 표현을 아주 많이 구사한다. 멀쩡한 능동문도 이런 식으로 피동문으로 표현하는 경우가 많다.

(1) I have to <u>send</u> my luggage checked. ×

(2) I have to <u>send</u> my luggage checked in. ×

틀렸다. send는 의미도 맞지 않고 문장 형식에도 맞지 않는다.

(3) I have to <u>check in</u> my luggage. ○

(4) I have to <u>check</u> my luggage <u>in</u>. ○

check in은 '짐을 수하물로 부치다'라는 뜻이다. ⟨check in + 물건⟩ 또는 ⟨check + 물건 + in⟩ 모두 가능하다. luggage와 baggage는 같은 뜻이나 세계 거의 모든 공항의 각종 표지판에서는 baggage가 표준처럼 쓰이고 있다. baggage / luggage / bags 모두 좋다.

(5) I have to check in <u>my bags</u>. ○

(6) I have to check <u>my bags</u> in. ○

좋다. 참고로 baggage / luggage는 '내가 가지고 있는 가방 전체'를 뜻하는 집합명사이므로 단수형으로만 사용된다. 반면 bag은 개개의 가방을 뜻하는 일반 가산명사이므로 한 개인 경우 단수형 my bag, 두 개 이상인 경우에는 복수형 my bags로 써야 한다.

(7) I have to <u>get</u> my bags <u>checked in</u>. ○

좋다. 피동구문 ⟨get + 목적어 + 과거분사⟩이다. 능동문 I have to check in my bags.라고 해도 아무런 문제가 없으나, 이런 상황에서 네이티브들은 (7)과 같은 피동구문을 즐겨 사용한다.

(8) I have to <u>have</u> my baggage <u>checked</u>. ○

(9) I have to <u>have</u> my baggage <u>checked in</u>. ○

(10) I have to <u>get</u> my baggage <u>checked in</u>. ○

좋다. get 대신 ⟨have + 목적어 + 과거분사⟩ 형식으로 표현해도 좋다. 다만 (8) checked는 보안검사(security check)만을 뜻하므로 in을 반드시 추가해야 한다고 주장하는 네이티브도 있다. 즉, (8)이 틀리고 (9) (10)이 맞는다는 의견도 있다. 하지만 대체로 checked만으로도 checked in의 뜻을 표현하는 데 무리가 없다고 하므로 (8)을 맞는 문장으로 보기로 한다. 다만 이런 반대 의견이 있으므로 가급적 (9) (10)을 사용하는 것이 좋겠다.

이건 핸드캐리할 겁니다.

situation: 공항의 체크인 카운터 직원이 007 가방을 가리키며 그것도 부칠 것인가 물어 봤을 때 내가 하는 말이다. 기내로 가져 갈 가방은 노트북 가방 한 개, 007 가방 한 개 해서 총 두 개다.

직원   Are you going to check that in?
그거 부치실 겁니까?

나   No, thanks.
아니요.   이건 핸드캐리할 겁니다.

(a)   I'll hand carry.

(b)   I'll carry it.

(c)   I'll carry it on.

(d)   I'll carry it on board.

(e)   It's carry-on bag.

(f)   It's a carry-on bag.

(g)   It's my carry-on bag.

(h)   It's a carry-on.

(i)   It's my carry-on.

(j)   It's part of my carry-on baggage.

(k)   It's part of my carry-on bags.

어휘 들여다 보기   **핸드캐리** '핸드캐리'는 콩글리시다. 동사 carry를 써서 I'll carry it.이라고 하면 충분하다. 또는 명사 carry-on 을 써도 좋다. '핸드캐리하는 짐'은 부정관사 a carry-on / a carry-on bag / 무부정관사 carry-on baggage 다. baggage가 집합명사로서 '짐 전체'를 가리키기 때문에 부정관사 a carry-on baggage는 틀린 표현이다.

(a)(b) (a)는 틀리고 (b)가 좋다. hand carry는 콩글리시다. 그저 동사 carry를 사용하면 된다.   **(c)(d)** (c)는 틀리고 (d)는 좋다. on board는 '승선 상태인', '기내에서', '탑재 상태인'이란 뜻이다.   **(e)(f)(g)** (e)는 틀리고 (f)(g)는 좋다. bag은 가산명사이므로 한 개인 경우 반드시 부정관사 a가 필요하다. 또는 소유격 my를 사용하여 my carry-on bag이라고 해도 좋다. 참고로 정관사 the carry-on bag은 전혀 맞지 않는다.   **(h)(i)** 좋다. carry-on bag에서 bag을 생략해도 아무런 문제가 없다.   **(j)(k)** 좋다. 물론 휴대할 짐이 두 개 이상 되어야 part of ~라고 할 수 있겠다. 표제문 맥락에서는 비행기에 갖고 들어갈 가방이 두 개이므로 이 문장들은 맥락에 부합한다. 무관사 part of 또는 부정관사 a part of 둘 다 좋다.

컴퓨터로 작업하고 있는데 갑자기 전기가 나갔어.

situation:
어제 사무실에서 데스크톱 컴퓨터로 작업
중이었는데, 전기가 나갔다가 곧바로 다시
들어 왔다. 사무실에서 사용하는 컴퓨터는
한 대다.

STEP 1 표제문을 영어 문장으로 만들어 보세요.

All of a sudden, [   ]

컴퓨터로 작업하고 있는데 갑자기 전기가 나갔어.

STEP 2 표제문을 영어로 잘 옮긴 것에 모두 체크하세요.

(1) **the supply of electricity stopped while I was working with the computer.**

(2) **the electricity stopped while I was working with the computer.**

(3) **the electricity went out while I was working on my computer.**

(4) **the electricity went off while I was working at my computer.**

(5) **the power turned off while I was working on the computer.**

(6) **the power turned out while I was working on the computer.**

(7) **the electricity cut off while I was working on the computer.**

(8) **the electricity cut out while I was working on the computer.**

(9) **there was a power outage while I was working on my computer.**

가능한 문장 **(2) (3) (4) (5) (7) (8) (9)**

어휘 들여다 보기 **전기** '전기'는 electricity 또는 power다. electricity / power가 단독으로 쓰일 때는 양자 사이에 선호 차이가 없다. 하지만 복합명사를 형성할 때는 power를 더 자주 사용한다. 예를 들어, '발전소'는 electricity station이라고는 거의 부르지 않고 주로 power plant / generating station이라고 한다. '정전' 또는 '단전'은 electricity outage라고도 하지만 power outage를 더 자주 쓴다. electricity cut은 아예 사용되지 않고 오로지 power cut이라고 한다.

전기가 나가다 '(전기가) 나가다'는 go out / go off 둘 다 좋다. '(전기가) 끊기다'도 되므로 cut off / cut out 을 써도 좋다. go out은 어딘가로부터 벗어나는 것을 말하며, 전기가 '나갔다'고 할 때도 go out을 사용한다. 사람이 go out 하면 '(집을) 나서다'란 뜻으로, 보통 애인과의 데이트, 친구들과의 어울림, 저녁 약속 등 재미있는 활동을 위해 외출하는 것을 뜻한다. go off는 '떨어져 나가다 / (폭탄, 감정이) 폭발하다'란 뜻인데, '(전기가) 나갔다'는 뜻으로도 사용 가능하다. 한편, cut off은 '(전기, 전화 등을) 끊다' 또는 '(전기, 전화 등이) 끊어지다'란 뜻으로 사용된다. 따라서 '태풍 때문에 전기가 끊어졌다.'는 The electricity was cut off due to the storm. 또는 The electricity cut off due to the storm. 모두 좋다. 아울러, cut off는 '의도적인 전기 공급 중단'을 뜻해서, '내일 새벽 1시부터 5시까지 정전될 예정이다.'는 The electricity will be cut off from 1 am to 5 am tomorrow.라고 하면 좋은 문장이 된다. 한편, cut out은 '정전되다'는 뜻으로 쓰인 경우 수동태로 쓰이지 않으며, 의도적인 단전에도 사용되지 않는다. 따라서 '전기회사가 전기를 끊었다.'라고 할 때 The power company cut out the electricity.라고는 하지 않으며, The power company cut off the electricity.라고 해야 말이 된다.

(1) the supply of electricity stopped while I was working with the computer. ×

(2) the electricity stopped while I was working with the computer. ○
(1)은 틀리고 (2)는 좋다. '전기공급이 중단되었다'를 직역하여 (1) the supply of electricity stopped로 말한 것인데, 말이 안 되는 건 아니지만 일반적인 대화 상황에서 아무도 이렇게 격식적인 문장을 사용하지 않기 때문에 틀렸다. supply를 뺀 (2) the electricity stopped는 좋은 문장이다.

(3) the electricity went out while I was working on my computer. ○

(4) the electricity went off while I was working at my computer. ○
좋다. '(전기가) 나가다'란 뜻의 go off / go out은 거의 같은 뜻이다. 정전이 된 시간이 얼마 정도인지는 go off / go out 둘 다 암시하는 바가 전혀 없다. 즉, 상황과 맥락에 따라 결정되며, 정전 시간은 길 수도 있고 짧을 수도 있다. 한편 working 뒤에는 전치사 on / at 둘 다 좋다.

(5) the power turned off while I was working on the computer. ○

(6) the power turned out while I was working on the computer. ×
(5)는 좋지만 (6)은 틀렸다. The power turned off는 '전기가 나갔다 / 전기가 꺼졌다'란 뜻이다. 전기가 왜 나갔는지는 중요하지 않으며, 전기가 나갔다는 사실만을 전달한다. 구동

사 turn off는 '(전기/전등불이) 나가다/꺼지다'란 뜻이다. turn off는 자동사, 타동사로 모두 사용된다. 즉, The power turned off. / The lights turned off. / They turned off the power. / They turned off the lights. 모두 아무런 문제가 없다. 반면 **(6)** turn out은 '(불이) 꺼지다'란 뜻이다. 따라서 The lights turned out. 또는 He turned the lights out.처럼 써야 좋은 문장이다.

(7) the electricity <u>cut off</u> while I was working on the computer. ○

좋다. cut off는 '(전기가) 끊어지다'란 뜻이다. 참고로 cut off는 '전화가 끊어지다'란 뜻으로도 자주 사용된다. '뉴욕 지사와 통화 중에 전화가 끊어졌다'는 I was cut off while I was on the phone with the NY office.라고 하면 정확히 그 의미를 전달할 수 있다.

(8) the electricity <u>cut out</u> while I was working on the computer. ○

좋다. cut out은 '도려내다'가 근본적인 뜻이다. '무엇을 잘라 ~을 만들다', '~을 빼다/삭제하다', '(전기가) 나가다'란 뜻으로도 사용된다. cut out이 '도려내다'임을 기억하면, '나는 이런 일이 체질에 안 맞는다.'를 I'm not cut out for this kind of work.라고 하는 것을 어렵지 않게 이해할 수 있을 것이다.

(9) there was <u>a power outage</u> while I was working on my computer. ○

좋다. power outage는 '정전(power cut)'을 말한다. 참고로 power stoppage는 '(의도적인) 정전/단전'을 뜻하며, 지나치게 격식적이므로 표제문 맥락에는 부합하지 않는다. 마찬가지로, blackout 역시 도시 전체의 '정전 사태'를 뜻하므로 표제문 맥락에는 맞지 않는다.

A
그 사람 완전히 제 맘대로야.

situation: 그 남자는 다른 사람 말에 귀를 기울이지 않고 자기 고집대로 한다.

I've had enough of him. 　　　　　　　　　　　　　　　
그 사람 더 이상 못 봐 주겠어. 　　　그 사람 완전히 제 맘대로야.

(1) He does his job the way he wants to. ☐

(2) He insists everything the way he wants to do. ☐

(3) He insists on doing everything the way he wants to do it. ☐

(4) He always insists on his own way. ☐

(5) He always gets his own way. ☐

(6) He always has to have his own way. ☐

(7) He always has to have it his own way. ☐

(8) He always has to have things his own way. ☐

(9) He never listens to what others say. ☐

(10) He's too stubborn. ☐

'완전히 제 맘대로다'는 '다른 사람 얘기를 안 듣는다', (자기 입장에서) 꼼짝도 안 한다'란 뜻이므로 He never listens. / He never wants to change his mind. / He never wants to budge.다. 한편으로 생각하면 '고집이 세다'란 뜻이므로 형용사 stubborn / obstinate 등을 활용해도 좋다. 한편 '완전히 제 맘대로다'는 '자기 하고 싶은 대로만 한다', '자기 방식대로만 하려고 한다', '자기 생각한 대로만 하려고 한다'이므로 have everything one's own way 또는 insist on one's own way 같은 표현을 활용해도 좋다.

(1) 틀렸다. '그 사람은 의례를 따르지 않는다.(He doesn't follow protocol.)'란 뜻이다. 자기 방식으로(his own way) 일을 처리하거나 손쉬운 지름길(shortcut)을 알고 있다는 말이다. 자기 방식을 고집하는 것은 전혀 잘못이 아니므로 이 문장은 그다지 부정적인 뜻이 아니다. **(2) (3)** (2)는 틀리고 (3)은 좋다. (2)에서 insists 다음에 전치사 on doing이 추가되어야 한다. 아울러, do 뒤에 목적어 없는 he wants to do는 틀리다. he wants / he wants to / he wants to do it이 맞다. do를 쓰게 되면 반드시 목적어가 필요하다. **(4)** 좋다. (3)의 doing everything the way he wants to do it은 간단히 말해 his own way다. **(5)** 좋다. 협상을 잘해서 자기가 원하는 것은 항상 얻는다는 뜻도 있고, 완고하고 고집불통(stubborn)이라는 뜻도 있다. **(6) (7) (8)** 좋다. have to가 불필요한 고집을 암시하기 때문에 표제문에 정확히 부합한다. 목적어 it 또는 things 둘 다 좋다. 생략도 가능하다. **(9)** 좋다. 시켜도 잘 안 하고, 하고 싶으면 하고 하기 싫으면 안 하는 것을 뜻한다. '말을 지지리도 안 듣는다'란 뜻이다. He never wants to change his mind. / He never wants to budge. 역시 좋다. **(10)** 좋다. stubborn / obstinate 둘 다 좋다. '완고한, 고집이 센'이란 뜻의 형용사다.

situation: 지난 몇 개월간 프로젝트 성공을 위해 노력을 했지만 원하는 결과가 나오지 않는다. 아무래도 전략을 새롭게 짜서 다시 시작해야 할 것 같다.

I've tried everything for several months with no success.

지난 몇 달 동안 할 수 있는 모든 것을 시도해 봤는데 도저히 안 돼요.

처음부터 다시 시작해서 완전히 새로운 각도에서 전략을 짜야겠어요.

(1) It's the time to produce the totally new strategy from the scratch. ☐

(2) It's the time to plan a totally new strategy from scratch. ☐

(3) It's time to go back to the beginning and make a totally new strategy. ☐

(4) I'll make up a totally new strategy and start all over again. ☐

(5) I'll have to think of a totally new strategy and go back to square one. ☐

(6) I'll work on a completely new strategy from the very start. ☐

(7) I'll make out a new strategy from scratch. ☐

(8) I'll lay out a new strategy from scratch. ☐

(9) I'll do it all over again and end up with a different strategy from a new perspective. ☐

(10) I'll do it all over again and come up with a different strategy from a new perspective. ☐

'(전략을) 짜다'는 plan / make / develop / design / organize 등이 가능하다. 즉, I'll plan a totally new strategy.라고 하면 된다. 이를 구동사로 표현하면 think of / work on / make up / make out / lay out / come up with 등이 가능하다. 즉, I'll come up with a different strategy.라고 할 수 있다.
(1) 틀렸다. '(계획, 전략을) 짜내다'는 produce라고 하지 않는다. 또한 정관사 the totally new strategy가 아니라 부정관사 a totally new strategy며, 정관사 from the scratch가 아니라 무관사 from scratch다. 정관사 the time도 좋지만 무관사 time이 더 좋고 자연스럽다. **(2) (3)** 좋다. plan / make / make up / create / develop / design / think of 모두 좋다. **(4)** 좋다. make up에는 '(계획을) 수립하다'란 뜻이 있다. 한편 and는 동시다발적으로 일어남을 뜻한다. 따라서 앞 절과 뒷 절의 순서를 바꿔 I'll start all over again and make up a totally new strategy. 역시 좋은 문장이다. **(5)** 좋다. ⟨think of + A(아이디어)⟩는 'A(아이디어)를 생각해 내다'란 뜻이며, square one은 '출발점, 시작'이란 뜻이다. **(6) (7) (8)** 좋다. work on / make out / lay out 모두 좋다. **(9) (10)** (9)는 틀리고 (10)은 맞다. end up with는 '처음에는 다른 것을 시도했는데 어떻게 하다 보니 이렇게 되었다'란 뜻이다. 당초 원하던 결과가 아니라는 말이다. come up with가 맞다. ⟨come up with + A(아이디어)⟩는 'A(아이디어)를 생각해 내다'란 뜻이다.

situation: 몇 년째 같은 집에 살고 있다. 집주인은 계약 갱신 때마다 몇 년 연속 세를 올리고 있다. 이번에도 인상하겠다고 했다. 재계약을 해서 여기에 계속 살지, 아니면 다른 데로 이사를 갈지 아직 결정하지 못했다. 집주인은 여자다.

(1)　The landlady said she wants to raise our rent again. ☐

(2)　The landlady wants to raise our rent again. ☐

(3)　The landlord is increasing the rent again. ☐

(4)　The landlord is asking again for a rent raise. ☐

(5)　The landlord is asking for a raise in our rent again. ☐

(6)　The landlord is putting up the rent again. ☐

(7)　The landlord is getting our rent up again. ☐

(8)　The landlord is taking our rent up again. ☐

(9)　The landlord is coming up the rent again. ☐

(10)　The landlord is bringing up the rent again. ☐

(11)　The landlord is pushing up our rent again. ☐

'(세를) 올리다'는 raise 또는 increase를 쓰면 된다. 그렇다면 up을 포함하는 구동사 중에 '(세를) 올리다'란 뜻을 갖는 구동사가 있을까? put up / get up / take up / make up / come up / bring up / turn up / give up 등 모두 '(세를) 올리다'와는 전혀 관련이 없다. 다만 push up은 '(세를) 올리다'란 뜻으로 사용할 수 있다. 표제문 맥락에는 맞지 않더라도 up이 들어간 이들 구동사가 어떤 뜻으로 쓰이는지 연구해 보자.

(1) 좋다. 과거시제 wanted도 좋고 현재시제 wants도 좋다. 종속절 문장은 주절 시제에 맞추어 과거시제로 바꾸는 것이 정석이다. 하지만 여전히 미해결 중이므로 현재시제 wants 역시 아무런 문제가 없다. 한편, 정관사 the rent 또는 소유격 our rent 둘 다 좋다.　**(2)** 좋다. 한국어 문장의 '~다네'를 굳이 영어로 옮기지 않아도 문제가 없다. The landlady said she wants가 아니라 The landlady wants라고 하면 깔끔하고 명쾌한 문장이 된다.　**(3)** 좋다. '집주인'은 landlord다. 집주인이 여자라면 landlady라고 해도 된다.　**(4) (5)** (4)는 틀리고 (5)는 좋다. '임대료 인상'을 rent raise로 직역한 것인데 사용하지 않는 표현이다. raise in the rent 또는 raise in our rent처럼 전치사 in을 사용하여 표현한다.　**(6)** 틀렸다. put up은 '(깃발을) 올리다', '(건물, 텐트를) 세우다/짓다', '(공고문을) 내붙이다/게시하다'가 기본적인 뜻이다. 예를 들어, The landlord put up the apartment on a bulletin board / on the internet / in the newspaper.[39](집주인이 아파트를 벼룩시장/인터넷/신문에 올렸다.)처럼 쓴다.　**(7)** 틀렸다. get up은 '기상하다'란 뜻이다.　**(8)** 틀렸다. take up은 표제문 맥락에 사용되지 않는다. '(골프, 요가 등 취미를 배우기) 시작하다', '(제의, 제안을) 받아들이다'란 뜻으로 쓰인다.　**(9)** 틀렸다. come up은 '(무슨 일이) 생기다'란 뜻이다. 예를 들어, Something's come up and I need your help.(일이 약간 생겨 네 도움이 필요해.)처럼 쓴다.　**(10)** 틀렸다. bring up은 '(이야기를) 꺼내다', '(아이를) 키우다'란 뜻이다.　**(11)** 좋다. push up은 '밀어 올리다'란 뜻이다. 참고로 명사 push-up은 '엎드려 팔굽혀펴기'다. '오늘 아침에 팔굽혀펴기를 20번 했다.'는 I did 20 push-ups in the morning.이며, 참고로 '윗몸일으키기'는 sit-up이라고 한다.

가능한 문장　**A** (3) (4) (5) (6) (7) (8) (9) (10)　**B** (2) (3) (4) (5) (6) (7) (8) (10)　**C** (1) (2) (3) (5) (11)

1 둘 다 맞지만 go가 come보다 더 자연스럽다. 그런데 맥락이 달라지면 come이 더 자연스러울 수도 있다. 예를 들어, 친구한테 내가 다니는 헬스장에 '같이 갈래?'라고 말하는 경우 Want to come with me? / Want to go with me? 둘 다 좋으나, come이 더 자연스럽다. 상대방과 함께, 내 집이나 내 회사 등 나와 관련이 있는 곳으로 가는 경우 동사 come이 자연스럽고, 홍대 클럽에 놀러 가는 것처럼 나와 연관성이 없는 장소에 가는 경우에는 go가 더 자연스럽다.

2 〈1〉 Unfortunately I couldn't go.는 〈2〉 Unfortunately I wasn't there.와 같은 뜻이기는 하지만, 굳이 따지자면 다소 의미 차이가 있다. 즉, 〈1〉은 뭔가 물리적으로 갈 수 없도록 만든 요인이 생겨 물리적으로 갈 수가 없었다(something kept me from actually going there)는 느낌을 전달한다. 예를 들어, 날씨가 안 좋거나 도로에 통행제한이 생겼거나 해서 물리적으로 갈 수 있는 여건이 되지 않았다는 말이다. 반면 〈2〉는 다른 선약이 있어 가지 않았다는 말이다. 따라서 네이티브는 〈2〉를 선호한다.

3 물론 한국어로도 '드디어 가을이네!', '벌써 가을이야!'처럼 '~이다'로 표현할 수 있다. 하지만 '내 딸은 의사이고 싶어 한다.'라고는 하지 않고, '내 딸은 의사가 되고 싶어 한다.'라고 한다. 반면 '내 딸의 꿈은 의사다.'라고 하지, '내 딸의 꿈은 의사가 되는 것이다.'라고는 잘 하지 않는다. 하지만 영어로는 Her dream is a doctor.라고 하지 않고 반드시 Her dream is to be a doctor.라고 해야 한다. 이렇듯이 be와 '~이다'는 유사한 면도 있고 전혀 다른 측면도 있으니 '~이다'를 be로 직역하려고만 해서는 안 된다.

4 한국어로는 '귀싸대기'지만 영어로는 on the face라고 해도 아무 문제가 없다. 사실 on the face가 가장 자연스러운 표현이다. on the cheek라고 해도 되겠지만 이 표현은 지나치게 구체적이므로 on the face가 더 자연스럽다. in the face 라고 해도 된다.

5 형용사를 써서 This shirt is available in two colors.도 좋다.

6 또한 다음과 같은 여러 문장들이 가능할 것이다. 모두 네이티브들이 잘 쓰는 문장이지만 '가지고 있다'는 뜻으로 have / have got / got을 사용할 때 have 또는 have got은 좋으나, got은 너무 캐주얼하기 때문에 가급적 피하는 것이 좋다.

(1) We bought coffee and filled the tank with gasoline. Let's leave now.
(2) We ordered coffee and refueled the car. Let's get going.
(3) We have coffee and a full tank of gas. Let's leave now.
(4) We've got coffee and a full tank of gas. Let's hit the road.
(5) We got coffee and a full tank of gas. Let's hit the road.
(6) We got coffee and put gas in the car. Let's hit the road.

(1)과 (2)는 좋은 문장이다. (3)처럼 have를 활용해도 아주 훌륭한 문장이 된다. (4) have got은 '가지고 있다'란 뜻의 have와 같은 뜻으로 사용된다. 구어체에서 I have 대신에 I've got을 아주 많이 사용한다. 여기서 더 축약해서 have를 빼고 (5) got만 사용하는 경우도 있다. 그러나 문법학자들은 이런 의미로 got을 사용하는 것을 정상적인 용법으로 생각하지 않으므로 가급적 사용하지 않는 것이 바람직하다. 그러나 '가지고 있다(have)'의 의미로 We got ~이 워낙 실생활에서 많이 사용되므로 구어체에서는 솔직히 큰 문제는 없다. 하지만 비네이티브는 가급적 표준 영어를 구사하는 것이 바람직할 것이다. (6)의 got은 정상적인 문장이다. 이때는 got이 get의 과거형으로 사용되었기 때문이다. 이때 got은 bought와 같은 뜻이다. 그렇다면 got이 get의 과거형으로 사용이 된 것인지, 아니면 have got의 축약형으로 사용이 된 것인지는 어떻게 알 수 있을까? 이때는 (6)의 동사 put을 통해 알 수가 있다. we put gas in the car가 과거시제이므로 we got coffee 역시 과거시제가 되어야 한다. 즉, (5)의 got과 (6)의 got은 전혀 의미와 성격이 다르다. (5)의 got = have고 (6)의 got = bought다. 따라서 교양 있는 사람은 가급적 (5)를 피하고 (6)처럼 말할 것이다. 이처럼 모양은 같아도 문장에서의 성격은 전혀 다를 수가 있다.

7 I got an MRI for my neck problem. 역시 좋다. 사실 여기 있는 모든 예문들의 had는 got으로 대체 가능하다. 즉, I got surgery on my neck.(목 수술을 했다.), She got plastic surgery on her nose.(그 여자는 코 성형수술을 했다.), She got a nose job.(코 성형수술을 했다. = 코를 좀 고쳤다.) 역시 자연스러운 문장이다.

8 '~ 성형수술'을 구어체 영어에서는 ~ job이라고 표현을 많이 한다. '코 성형수술'은 nose job, '유방확대수술'은 boob job 이다. 참고로 '복부지방제거수술'은 tummy tuck이다. 한편, surgery에는 부정관사를 붙이지 않으므로 무관사 plastic surgery다. had 대신 got을 써도 된다. She got a tummy tuck after having her twins.(쌍둥이를 낳고 지방흡입을 했다.), It looks like she got a boob job.(그 여자는 유방확대수술 한 것 같아.)처럼 쓴다.

9 달리 말하면, '태풍 때문에 8명이 목숨을 잃었다.'이므로 There were 8 casualties due to the typhoon.이다.

10 get a breath test라고 하지는 않는다. get a breath test는 나중에 제3의 장소(경찰서, 병원 등)에서 음주측정을 한다는 얘기로 들리기 때문이다. 참고로, '피검사를 하다'에는 get a blood test / take a blood test / have a blood test 모두 좋다.

11 Finally he recovered fully last month.라고 해도 된다.

12 과목명은 소문자로 표현한다. 다만 언어과목은 대문자를 쓴다. 개별 강좌명으로 쓰인 경우에는 대문자로 표현한다.

13 get 대신 have를 써서 I'm going to have an MRI next Monday. 역시 좋다.

14 get 대신 have 역시 좋다. 즉, The best way to prevent the flu is to have a flu shot.도 좋다.

15 네이티브 사이의 실제 대화에서는 이런 문장은 지나치게 추상적이라 잘 쓰이지 않는다. 즉, a watch from Calvin Klein 또는 a Rolex 등처럼 구체적으로 말한다. 따라서 I got my wife a Rolex for her birthday.가 현실적으로 사용할 만한 문장이다. I got my wife a luxury watch for her birthday.는 방송 등에서처럼 직접 브랜드를 거명하면 안 되는 경우에 쓸 만한 문장이다. 한편, 〈get + 간접목적어 + 직접목적어〉는 〈get + 직접목적어 + for + 간접목적어〉 형식으로 전환되어 사용할 수도 있다. 따라서 I got a Rolex for my wife for her birthday. 역시 자연스러운 문장이 된다. (이 문장에서 for가 두 번 반복되었지만, 전혀 문제 없다.)

16 영화 『악마는 프라다를 입는다(The Devil Wears Prada)』에서 Miranda(메릴 스트립 분)는 비서 Andie(앤 헤서웨이 분)에게 불가능한 임무를 준다. 마이애미 출장 중 허리케인으로 비행편이 취소되었는데 무슨 일이 있어도 오늘 집에 가야 하니 방법을 찾으라고 난리를 친다. 그러면서 My flight has been cancelled. It's some absurd weather problem. I need to get home tonight. The twins have a recital tomorrow morning at school.(비행기가 말도 안 되는 날씨를 이유로 취소되었어. 내일 우리 쌍둥이 딸들이 학교에서 공연이 있으니까 오늘 중에는 꼭 집에 가야 돼.)라고 한다. 이때 Miranda는 I need to go home tonight이 아니라 I need to get home tonight라고 말했다. 한국어 '가다'에는 '출발' 측면, '도착' 측면의 뜻이 혼재되어 있다. 영어는 이를 go(= leave)와 get(= arrive)으로 분리한다. 따라서 '집을 향해 출발하는 것'이 중요한 것이 아니라 '집에 도착하는 것'이 중요하기 때문에 get home이라고 한 것이다. 저자의 튜터 April도 get을 써서 I need to get home이라고 해야 한다고 했다. I need to go home은 '나는 보통 집에 잘 들어가지 않는데 (무슨 일이 생겨) 이번에는 꼭 집에 가야 한다'란 뜻이라고 했다. 반면, 또 다른 튜터 George는 go도 아무런 문제 없이 사용할 수 있다고 했다. go가 출발을 의미하는 단어이기는 하나 맥락상 도착을 전제로 하므로 문제 없이 사용된다는 말이다. April은 계속 get home을 고수했는데, 그 이유로 바로 뒤에 있는 tonight 때문이라고 했다. I need to go home tonight.는 '(평소에는 무슨 일이 있어 집에 잘 안 들어갔지만) 오늘은 꼭 집으로 가야 하겠다.'는 뜻이라고 했다. 따라서 표제문 맥락에는 I need to get home tonight.(오늘 안에 꼭 도착해야 해.)가 맞는다고 했다. 하지만, 만약 Miranda가 말한 문장이 전치사 by tonight라고 되어 있다면 I need to go home by tonight. 역시 Miranda의 대사로서 좋다고 했다. 이때도 I need to get home by tonight.가 정확한, 선호하는 문장이지만 by tonight로 인해 도착해야 한다는 점을 알 수가 있으니 I need to go home by tonight.도 용납할 수 있겠다는 말이라고 했다.

17 Go out and find something else to do.(나가서 할 일 좀 찾아 봐.)처럼 사용할 수는 있겠다. 또는 Go out of here.는 방향을 가르쳐 줄 때 사용할 수 있겠다. 이들 문장들에서 공통적으로 나타나듯이 go out은 이 장소에서 이탈하라는 의미다. 화가 나서 '나가!'라고 말하는 맥락에서는 Go out!을 사용할 수 없다.

18 앞서 말한 대로 〈get + 간접목적어 + 직접목적어〉 또는 〈get + 직접목적어 + for + 간접목적어〉처럼 4형식으로 I got him a job at a large company.라고 하면 '그 사람을 대기업에 취업시켰다.'는 뜻이 된다. 이때 get은 '(일자리를) 구해 주다'란 뜻이다.

19 go가 아무 문제 없다고 하는 사람도 있다. 즉, You have to go[come] with me. 둘 다 좋다고 하는 사람도 있다. 하지만 이런 사람들도 go보다는 come을 더 선호한다고는 말한다.

20 Things went bad. / Things went poorly. 역시 좋다. 물론 이 두 문장을 동시에 다 좋다고 하는 네이티브는 거의 없다. 개인별 선호에 따라 전자가 좋다고 하는 사람은 후자가 틀렸다고 하고, 후자가 좋다는 하는 사람은 전자가 틀렸다고 한다. bad는 주로 젊은 세대가, poorly는 주로 중년 이상 세대가 선호한다. (중년 이상 세대는 bad / badly와 poorly의 용법을 구분해서 사용하기 때문에 '좋다, 안 좋다', '도덕적으로 옳다, 그르다' 할 때의 '안 좋다', '나쁘다'란 뜻으로 bad / badly를 사용한다. 반면 젊은 세대는 이 모든 경우에 bad / badly를 사용하고, poorly 자체를 잘 사용하지 않는다.)

21 I heard you had an interview with LG Electronics today. How did it go?(오늘 LG전자와 면접을 했다고 들었는데, 어떻게 됐어?)라고 해도 된다. 또는 How was your job interview?도 좋다.

22 such company는 한 사람일 수도 있고 여러 사람일 수도 있다. 한 사람인 경우 a person like him 또는 that kind of a guy라고 해도 좋고, 여러 사람인 경우 those kinds of people이라고 해도 좋다.

23 there is 구문은 미지의 뭔가를 소개/도입하는 문장 형식이므로 부정관사 an aroma of ~가 맞다. 그러나 다른 대부분의 일반적인 맥락에서는 정관사 the aroma of ~가 맞다. 예를 들어, I love the aroma of freshly brewed coffee.가 좋다. aroma가 freshly brewed coffee에 의해 특정이 되므로 일반적으로 정관사 the aroma라고 하는 것이 맞다.

24 약을 복용하는 것은 환자가 스스로 하는 행동인 데 비해, 주사를 맞는 것은 병원에서 의사 또는 간호사가 수행하는 의료 서비스를 수동적인 입장에서 받는 것이므로 성격이 많이 다름을 알 수 있다. 스스로 수행하는 것에는 take를 사용하고 서비스를 받는 것에는 get을 사용하는 것을 이해하기는 어렵지 않을 것이다.

25 2015년 12월, 전 구간을 4차선으로 확장하면서 광주대구고속도로로 이름을 바꾸었다. 따라서 더 이상 '88올림픽고속도로'는 사용되지 않으므로 헷갈릴 여지는 거의 없다.

26 동사 use를 사용하는 경우에는 to work 대신 to get to work가 자연스럽다. to get to work 외에 to go to work / to commute to work 역시 좋다.

27 심지어 I'll get back with my bag.은 '내 늙은 마누라와 다시 재결합할 것이다.'란 뜻이 될 수도 있다 get back은 '(헤어졌다가) 재결합하다'란 뜻으로 주로 쓰이고 bag에는 '할망구'라는 뜻이 있기 때문이다. 영어에 다음과 같은 우스갯소리가 있는데, 이와 비슷한 맥락에서 이해하면 왜 우스갯소리가 되는지 알 수 있을 것이다.

Pass the honey, Honey! / Pass the sugar, Sugar! / Pass the tea, bag!

28 여기서 '둘 다 문제 없다'는 말의 의미는 네이티브가 이거나 저거나 아무 거나 괜찮다고 말한다는 것은 아니다. 어떤 네이티브는 무조건 this weekend는 틀리고 오로지 last weekend가 맞는다고 하고, 어떤 네이티브는 last weekend라고는 절대로 하지 않고, 오직 this weekend만 맞는다고 했다. 개인별 선호가 극명하게 엇갈리는 사례다. 따라서 비네이티브인 우리 입장에서는 역설적으로 어떤 것을 사용해도 문제가 없다는 말이다.

29 Get your violin out and we'll start the lesson.에서 Get your violin out 대신에 Pull your violin out / Take your violin out이라고 해도 좋다. 마찬가지로, Get everyone out quickly. 대신 Pull everyone out quickly! / Take everyone out quickly! 역시 좋다. 물론 take out / pull out은 다른 뜻으로도 자주 사용된다. take someone out은 '(식당, 극장, 클럽 등으로) ~를 데리고 나가 대접하다', '~를 외출을 시켜 주다'란 뜻으로 자주 쓰이고, 여기서 더 나아가 '~와 데이트하다'란 뜻으로도 자주 사용된다. 예를 들어, Can I take you out tonight?(오늘밤 나랑 데이트할래?)처럼 쓴다. 한편, pull out은 '철군(撤軍)하다'란 뜻으로도 자주 쓰인다. Donald Trump said he will consider pulling U.S. troops out of South Korea.는 '도널드 트럼프는 주한미군 철수를 검토할 것이라고 말했다.'란 뜻이다.

30 이런 맥락에서 Go out!이라고는 절대로 하지 않는다. 집에만 붙어 있는 친구한테 '(제발) 좀 나가서 놀아라.'라고 한다고 할 때 Go out and have fun!이라고 할 수는 있겠다. 화가 나서 나가라는 것과 좋은 목적으로 나가라는 문장에 쓰는 동사가 다르다. get은 단순한 물리적인 장소 이동이 아니라 어려움이나 감정이 개입되어 행해지는 장소 이동에 자주 사용된다.

31 fall off 뒤에는 the branch처럼 뭔가 위에 올라가 있을 만한 대상이 나온다. 네이티브의 관점에서 tree는 올라가 있을 대상이 아니다. 따라서 The monkey fell off the tree.라고는 하지 않는다. tree를 쓰는 경우 The monkey fell out of the tree.라고 한다. tree는 on / off의 대상이 아니라 in / out of의 대상이기 때문이다. 즉, in the tree / out of the tree라고 하지 on the tree / off the tree라고 표현하지 않는다.
대신 '나뭇가지'는 on / off의 대상이 된다. 즉 on the branch(나뭇가지 위에) 또는 off the branch(나뭇가지에서 떨어져) 형태로 쓰인다. 따라서 '원숭이가 나무에서 떨어졌다.'는 The monkey fell out of the tree. 또는 The monkey fell off the branch.다.

32 My dad's hair is turning white. 또는 My dad's hair is becoming gray[white]. 역시 좋다.

33 동사 turn 뒤에 무조건 불가산명사가 온다는 말은 아니다. 다음과 같은 사례를 보자.

(1) 무부정관사 He turned traitor.
(2) 부정관사 He turned a traitor.

(1)은 '그 사람은 반역자가 되었다(He became a traitor.)'라는 뜻이다. 반면, (2)는 '그 사람이 반역자를 변화시켰다.'라는 뜻이다. 어떻게 변화시켰는지가 나오지 않으므로 불완전한 문장이다. (2)에서 he와 a traitor는 다른 사람이다. (1)처럼 부정관사를 사용하지 않는 것은, 그 사람 자체는 같은 사람인데 성향/성격/성질이 바뀌어 다른 사람이 되었음을 나타내기 때문이다. 문법적으로 보면, (1)의 traitor는 주격보어고, (2)의 a traitor는 목적어다.

34 참고로, 〈말하기 영작문 트레이닝〉에서 다룬 바 있지만 I took the wrong bus.는 과거(오늘 아침, 어제, 작년 등)를 회상하며 '버스를 잘못 탔었다.'란 뜻도 가지고 있다. 지금 버스에 탑승 상태가 아니라 이미 종료된 사건을 말할 때도 I took the wrong bus.가 가능하다는 말이다. I caught the wrong bus. / I got on the wrong bus. / I rode on the wrong bus. 역시 같은 뜻으로 사용할 수 있다. 예를 들어, I took the wrong bus yesterday and I was late.(어제 버스를 잘못 타서 지각했다.) 같은 문장이 가능하다. 하지만 I was on the wrong bus.는 '탑승 상태였다'란 뜻이니까 이들 문장들과는 쓰이는 맥락이 다르다. 예를 들어, I was on the wrong bus when you called me yesterday.(어제 네가 나한테 전화 했을 때 엉뚱한 버스를 타고 가고 있었다.)처럼 사용된다.

35 즉, All my socks are dirty.(내 양말이 모두 더럽다.)는 전치사 of가 없어도 맞는 문장이지만, '내 양말 세 켤레가 전부 더럽다.'라고 할 때 All my three socks are dirty.는 어색하다. All of my three socks / All three of my socks가 제대로 된 자연스러운 표현이다.

36 some discount에서 some은 분량을 뜻하며 '약간(a little)'보다는 많은 분량을 뜻한다. 또는 some discount는 여러 가지의 discount 정책이 있는 경우 그 중에서 어느 것을 골라 그에 따른 discount를 해 달라는 뜻이 될 수도 있다. 그렇다면 Can I get some discount?의 some discount가 Can you give me some water?에서의 some water와 다른 점은 무엇일까? 왜 some discount는 '분량' 개념이 되고, some water는 '불특정한 그 어떤 것'을 뜻하는 것일까? 이는 water와 discount의 성격이 다른 데서 기인한다. 즉, some water에서 water는 '분량의 전체'를 뜻하는 데 비해 some discount에서 discount는 '전체, 즉, 소비자 가격(the price)의 일부분(part of the price)'을 뜻한다. 따라서 이런 점 때문에 some water는 '물 조금'이라는 분량이 아니라 '불특정하고 불명확한 물'을 뜻하는 반면, some discount는 '상당한 할인'이라는 분량을 뜻하게 되었다.

37 It's going badly. / It's going poorly.의 badly / poorly에 대해서는 네이티브 사이에 의견이 다양하다. badly가 맞고 poorly가 틀렸다고 하는 사람도 있고 그 반대도 있다. badly와 poorly 둘 다 좋다는 사람도 있다. 이는 역으로 생각하면 둘 다 큰 문제가 없다는 말이기도 하다. 아울러, badly / poorly 공히 '형편 없게/만족스럽지 못하게(in a poor or improper or unsatisfactory manner)'란 뜻이 있으므로 어느 것을 사용해도 문제가 없다고 본다.

38 (바퀴 달린) 여행용 가방'을 '트렁크' 또는 '캐리어'라고 부르는데 이는 모두 콩글리시다. suitcase가 맞는 영어다. trunk는 '(삼각팬티 모양이 아닌) 반바지 모양의 수영복' 또는 '승용차의 트렁크'를 말한다. '사각팬티'를 한국어에서 '트렁크'라고 부르기도 하는데 이 역시 콩글리시며 boxer shorts 또는 boxers라고 해야 한다. carrier는 '운반하는 사람/수단/매개체'를 뜻하며, (병원균) 보균자', '항공모함', '(종이나 비닐로 된) 쇼핑백', '항공사', '운송회사' 등을 뜻하기도 한다.

39 '신문에'는 전치사 on the newspaper가 아니라 in the newspaper가 맞다. on the book / in the book 구별이 그대로 on the newspaper / in the newspaper에 적용된다. 즉, on the newspaper는 '표지 위에(on the front cover)'란 뜻이다. 물론, 복수의 신문에 아파트 전월세 광고를 올렸다면 복수형 in the newspapers라고 한다. 한편, The landlord put up the apartment in the newspaper.보다는 for rent를 추가하여 The landlord put up the apartment for rent in the newspapers.라고 하면 더 자연스러운 문장이 된다.

형용사 · 부사로 맛깔스럽게 표현하자

법 칙
13
—
법 칙
15

어떻게 하면 한국어 문장을 영어다운 문장으로 잘 전환할 수 있을까요? 한국어의 부사 와 영어의 형용사 에 해결의 열쇠가 있는 경우가 많습니다. 이미 여러 번 강조한 대로 한국어는 〈부사 + 동사〉 중심, 영어는 〈형용사 + 명사〉 중심입니다. 이 점을 이해하고 잘 활용하면 독자의 영어 실력이 한 단계 도약할 수 있다고 자신하게 말할 수 있습니다. 〈부사 + 동사〉와 〈형용사 + 명사〉를 자유자재로 전환할 수 있도록 노력해 보세요.

안타깝게도 일상생활에서 자주 써서 우리가 아주 잘 알고 있다고 생각하는 형용사와 부사들의 진면목을 제대로 파악하지 못하고 있는 것이 현실입니다. 이 파트에서는 영어를 사용하는 한 매일 맞닥뜨리게 되는 기본적인 형용사(good, bad, poor 등)와 부사(too, ever, little, a little 등)의 정확한 의미와 용법에 대해 살펴보겠습니다.

형용사로
간단명료한 문장을
만들어라

070 (정신 차리고) 고2 때부터 공부를 열심히 하기 시작했어.

071 그 영화는 유튜브 무비에서 유료로 볼 수 있어.

072 우리 아들 이가 별로 안 좋아.

073 그 집 잘 못해.

074 주인공이 연기를 진짜 못했어.

법칙 13 형용사로 간단명료한 문장을 만들어라

한국어 동사, 구, 절을 영어 형용사로 깔끔하게 표현할 수 있다

〈말하기 영작문 트레이닝〉에서 '한국어 동사'를 '영어 형용사'로 대신해 보라고 권장한 적이 있다. 동사뿐만 아니라 한국어 문장의 절(clause)이나 구(phrase)를 영어 문장에서 형용사로 쉽게 옮길 수 있는 경우가 적지 않다. 한국어의 직역투 문장을 피하면서도 문장을 간결하게 하고 의사를 효과적으로 전달하는 중요한 비법 중 하나이다.

아무 생각 없이 봤을 때는 전혀 관련이 없어 보이지만 관심을 갖고 보면 충분히 형용사로 표현할 수 있는 경우가 많다. 예를 들어 serious는 '심각한'이란 뜻이다. You look really serious. Any problems?(심각해 보이는데. 무슨 문제 있어?)처럼 단어 의미에 충실하게 사용할 수도 있겠지만, 이렇게 '심각한'이란 문자적 의미로만 국한해서 사용하기에는 너무 아깝다. 한마디로 말해, 단어 활용의 효율이 떨어진다.

serious를 다른 맥락에서 한번 활용해 보자. '고2 때부터 (정신 차리고) 공부를 열심히 하기 시작했다.'를 자동적으로 study hard라고만 하지 말고 형용사 serious를 활용해서 표현해 보자. 도대체 공부를 열심히 하는 것과 serious가 무슨 관계가 있단 말인가? 잘 생각해 보자. 이리저리 시도해 보면 '고2가 되어서야 공부에 대해 심각해졌다.' 또는 '고2가 될 때까지는 공부에 대해 심각하지 않았다.'가 생각날 것이다. 이제 serious를 활용하여 충분히 문장을 만들 수 있을 것이다.

다른 예로서, ppt 발표자료를 만들어야 하는 상황인데 너무 바빠서 시간이 없는 경우 '있는 거 가지고 대충 되는대로 만들려고.'라고 말한다고 하자. 이때도 serious를 활용해서 I don't think I can be too serious about preparing the slides.처럼 표현할 수 있다. 이처럼 '공부를 열심히 하다'도 형용사 serious로 표현이 가능하고, '대충 되는대로 만들다' 역시 serious를 부정문으로 사용해서 충분히 표현할 수 있다.

동사보다 형용사로 표현하는 것이 더 좋다는 말을 하는 것은 아니다. 한국어 동사/구/절을 직역해서 판에 박은 듯이 영어 동사로 전환하려고 생각하지 말고 창의적으로 다른 대안을 찾는 과정에서 영어식의 자연스러운 문장을 발견할 수 있고, 이를 통해 영어 실력이 늘 수 있다는 점을 지적하고자 하는 것이다. 사고를 유연하게 함으로써 알고 있는 단어를 묵히지 말고 적재적소에 사용해서 효율을 높여 보자.

한국어 부사를 영어 형용사로 표현하라

한국어 문장의 부사(부사어 포함)는 영어 문장에서 부사로 옮기지 않는 경우가 더 많다. 왜냐하면 한국어가 〈부사 + 동사〉 중심의 언어인 반면 영어는 〈형용사 + 명사〉 중심의 언어이기 때문이다. 영어에서는 한국어에서 부사를 사용하는 빈도만큼 부사를 그렇게 자주 사용하지는 않는다. 이 점은 〈말하기 영작문 트레이닝〉에서도 여러 번 강조한 바 있다.

일상생활에서 숱하게 사용하는 한국어 부사 '잘'도 영어로는 형용사로 옮기는 것이 편할 때가 많다. '내일 아침 면접 준비 잘 했어?'는 부사를 써서 Did you prepare well for the interview tomorrow morning?이라고 해도 되지만 형용사를 써서 Are you ready for the interview tomorrow morning? 역시 좋다. '그 사람은 수영을 잘한다.'는 He swims very well.이라고 해도 좋지만 He's a good swimmer.라고 하는 것이 더 영어식 표현이다.[3] '잘 자라!'는 Sleep well! 도 좋지만, Have a good night's sleep!도 좋다.

다른 예도 들어 보자. 장시간 운전이 예상되는 상황에서 '출발하기 전에 재빨리 토막잠을 자둬야겠어.'는 Just let me take a quick nap before we go. '그 여자는 화장을 적게 한다.'는 She puts on little make-up.[4] '그 여자는 화장을 약하게 한다.'는 She puts on light make-up. '그 여자는 화장을 심하게 한다.', 즉 '화장을 떡칠한다.'는 She puts on heavy make-up.이다.

이렇게 가급적 한국어 부사를 영어 형용사로, 한국어 〈부사 + 동사〉를 영어 〈형용사 + 명사〉로 전환하는 노력을 하다 보면 보다 영어다운 영어를 구사할 수 있게 될 것이다.[5]

더구나, 한국어 〈부사 + 동사〉 구성을 직역해서 영어 〈동사 + 부사〉로 표현하면 이상한 문장이 되는 일도 비일비재하다. '그 사람 돈 잘 번다.'는 He makes money very well.이라고 하지 않는다.[6] He makes good money. 또는 He makes a lot of money.라고 해야 맞다. '그 여자가 살을 많이 뺐다.'는 부사를 써서 She lost weight so much. / She lost weight a lot.이라고 하지 않고, 반드시 형용사를 써서 She lost so much weight. / She lost a lot of weight.이라고 해야 한다. She lost weight a lot.은 '그 여자는 여러 번 체중을 줄였다(즉, 여러 번 살을 빼려는 시도를 했는데 요요현상 등으로 인해 모두 실패했다.)'에 가까운 뜻이다.[7] 마찬가지로 목이 타서 '물을 많이 마셨다.'는 부사를 쓴 I drank water a lot.이 아니라, 형용사를 써서 I drank a lot of water.라고 해야 한다. I drank water a lot. 역시 '물을 자주 마셨다'에 가까운 뜻이다. a lot은 '수량이 많은'이란 뜻도 되지만 '횟수가 자주'라는 뜻도 가능하기 때문에 문형이 달라지면 어떤 뜻이 부각되면서 다른 뜻은 차단되어 버린다. 그러다 보면 이상한 뜻이 되는 경우가 생기게 된다.

영문법상 이유로 인해 한국에서는 부사를 쓰지만 영어에서는 형용사를 쓰는 경우도 있으니 주의해야 한다. 예를 들어, 형용사를 보어로 취하는 감각동사[8]가 대표적인 경우다. 주로 look, seem, feel, sound, smell 등과 같은 동사들의 '보어'로 쓰이는 형용사들이다. '건강하게 보인다.'는 You look healthy.고, 옷의 촉감 등과 관련해서 '그거 좋게 느껴진다.', 즉 '그거 느낌 좋은데.'는 It feels great.다. 이들 문장들을 문법적으로 보면 〈주어(S) + 동사(V) + 보어(C)〉, 즉 2형식(SVC) 문장이다.

우리가 알고 있는 형용사, 정말 잘 알고 있는가?

영어를 잘하기 위해서는 good / bad / poor 등 아주 일상적으로 자주 쓰는 형용사들의 정확한
의미를 숙지해서 잘 활용해야 한다. 그러나 이렇게 일반적으로 잘 안다고 생각하는 형용사가 그
리 간단하지 않은 경우가 많다. 사실 우리가 해당 형용사의 기본적인 뜻을 오해하고 있다고 보
는 것이 맞겠다. 예를 들어, good을 '착한', '좋은'(예를 들어, He's a good guy.) 정도의 뜻으로만 생각
하면 She's a good student.가 왜 '걔는 우등생이다'라는 뜻인지 이해하기 어렵다. 이 문장에는
'착한 학생이다'란 뜻은 전혀 들어 있지 않다. 같은 논리로 She's a poor student.는 '걔는 공부를
못하는 학생이다'가 된다. 여기서 poor에 '가난한'이란 뜻은 전혀 들어 있지 않다고 봐도 무방하
다. good의 기본적인 뜻은 '방법이나 기술에 능숙한(그래서 좋은 성과를 거두는)'이고[9], poor는 그 반
대 뜻이 된다. 그래서 She's good at math.는 '걔는 수학을 잘한다.'이고, She's poor at math. /
She's bad at math.는 '걔는 수학을 못한다.'란 뜻이 된다.[10]

이런 good / poor / bad 뜻의 연장선상에서, He's a good drinker.는 '술을 많이 마신다, 술
을 잘 마신다'란 뜻이 된다. He's good at drinking. 역시 좋다.[11] 반대로 '술을 못 한다'는 He's a
poor drinker.다. 경제가 어려워서 '신용불량자가 계속 늘고 있다.'는 The number of people
with poor credit is on the rise.다. '신용불량자'를 people with poor credit으로 표현했다.
poor credit 대신 bad credit이라고 해도 된다.

물건/사람/상황/건강 등이 '좋은'은 in good shape, '안 좋은'은 in poor shape / in bad shape
다. 이 중에서 in poor shape / in bad shape는 여러 다양한 상황에서 사용될 수 있다. '살이 쪄
서 몸매가 별로 안 좋다(overweight)', '너무 아파 병원에 입원하여 상태가 안 좋다', '애인하고 헤어
져서(broke up) 기분이 말이 아니다', '아들이 단 것을 좋아해서 이가 안 좋다', '신발이 다 닳아서
거의 버릴 정도다' 등의 상황에서 쓸 수 있는 표현이다. 이처럼 in good shape과 in poor shape
/ in bad shape은 약방의 감초처럼 '좋음 / 안 좋음'을 말하고자 하는 어떤 상황에서도 무난하게
잘 들어간다.

good과 poor / bad만 잘 활용해도 '잘한다', '못한다', '좋다', '안 좋다'를 상당 부분 커버할 수 있
으니 반드시 숙지하기 바란다.

서술형용사의 연결유형

형용사가 She's really beautiful.에서처럼 아주 간단하게 사용되는 경우도 있지만, I'm able to
speak Vietnamese.(나 베트남어 할 줄 안다.), He became certain that he lost his girlfriend.(그
사람은 여자친구 마음이 자기한테서 떠났음을 확실히 알게 되었다.)에서처럼 〈형용사 + 후속어구〉 형태로 나
오는 경우도 많다. 이들 문장에서는 서술형용사 able과 certain이 각각 〈be + able + to부정사〉,
〈became + certain + that절〉 형식으로 쓰이고 있다. 사건(to speak Vietnamese / that he lost his
girlfriend)과 서술형용사가 의미상 긴밀하게 연결되어 그 사건의 가능성, 확신, 감정, 판단 등의
의미가 부가됨을 확인할 수 있다. 이런 유형에는 아래와 같이 몇 가지 형태가 있는데, 모든 서술

형용사가 이런 연결유형으로 사용되는 것은 아니다. 부가적인 의미를 갖는 일부 서술형용사들만 이런 형태를 취한다. 아울러, 각 형용사들이 이들 연결유형의 아무 것이나 다 취할 수 있는 것은 아니고, 이 가운데에서 제한적으로 몇 가지 유형을 취하는 것이 일반적이다.

(1) 형용사 + to부정사

Nice to meet you. 만나 뵙게 되어 반갑습니다.[11]
You are free to go. 가셔도 됩니다.
The theory was easy to understand. 이 이론은 이해하기 쉬웠다.
It's impossible to go back to the past. 과거로 시간여행을 하는 것은 불가능하다.
I was stupid to buy it in a hurry. 바보같이 그 옷을 충동구매했다.

형용사와 to부정사의 결합은 아주 흔한 연결유형이다. difficult, easy, good, hard, nice, willing 등이 이런 연결유형을 취한다. 이 유형은 〈가주어 it ~ 진주어 to부정사〉 구문의 변형인 경우도 있다. 예를 들어, It was easy to understand the theory.에서 목적어 the theory를 문장의 주어로 삼아 The theory was easy to understand.라고 해도 자연스러운 문장이 된다. 다만, 경우에 따라서는 '의미상의 주어'를 문장의 주어로 삼는 경우도 있다. 예를 들어, '무례하게도 걔들이 그 여성(의 신체적 특징)을 화제로 삼아 웃음거리로 삼았다.'는 It was rude of them to make jokes about her.[14]라고 한다. to부정사의 의미상의 주어(of them)를 문장의 주어로 삼아 They were rude to make jokes about her.라고 해도 된다. 어떤 상황에서 to부정사의 목적어가 문장의 주어가 되고, 어떤 상황에서 to부정사의 의미상의 주어가 문장의 주어가 되는지는 일반적으로 말할 수 없다. 다만, 독자가 실제로 말하다 보면 금방 무엇을 주어로 삼아야 하는지 알 수 있을 것이다. 앞에 나온 예문에서도 She is rude to make jokes about.은 말이 안 된다는 것을 금방 느낄 것이다.

(2) 형용사 + V-ing

Nice meeting you. 만나 뵙게 되어 반가웠습니다.
He was busy doing his homework. 애가 숙제하느라 바쁘다.
I was stupid buying it in a hurry. 바보 같이 그 옷을 충동구매했다.

형용사 busy, crazy, foolish, awful, bad, good, guilty, terrible 등이 이런 유형을 취한다. (2)가 (5)와 다른 점은 (2)는 전치사 없이 V-ing를 사용한다는 점이다. (5)에는 전치사 뒤에 명사(대명사)는 물론 V-ing도 쓴다. 구어체 영어에서는 〈형용사 + to부정사〉 (예를 들어, 〈가주어 it + 형용사 + 진주어 to부정사〉 구문) 구성에 〈형용사 + V-ing〉 구성을 사용하는 경우도 늘고 있다. 예를 들면, '가상현실 체험은 정말 환상적이다.'라는 뜻으로 It's amazing to try out virtual reality. 대신에 It's amazing trying out virtual reality.라고 해도 큰 문제가 없다. 물론 이런 용법이 모든 사람들에 의해 받아들여지는 것은 아니다. 〈가주어 it, 진주어 V-ing〉 형식이 괜찮다고 하는 사람들도 모든 상황에서 이런 형식의 문장이 가능하다고 말하지는 않는다. 예를 들어, to부정사를 쓴 It was easy to understand the theory.는 누구나 인정하는 정상적인 문장인 반면, V-ing(동명사)를 쓴 It was easy understanding the theory.는 괜찮다고 하는 사람도 있고 어색해서 틀렸다고 하는 사람도 있다.[12]

(3) 형용사 + that절

I was glad that he returned home. 애가 집으로 돌아와서 기뻤다.
I'm sure that he won't come. 걔 분명히 안 올 거야.
He is angry that I took the risk of losing the job.
우리 아빠는 내가 직장에서 잘릴 수 있는 위험한 행동을 했다고 (지금) 화가 나 있어.

〈형용사 + that절〉에서 that은 생략하는 경우가 많다. 즉, I was glad that he returned home.은 I was glad he returned home.이라고 해도 좋다. (3) 〈형용사 + that절〉은 (1) (2)와 호환되는 경우가 적지 않다. 즉, (1) to부정사가 절로 전환되어 (3)이 되는 경우도 있고, (2) V-ing가 절로 전환되어 (3)이 되는 경우도 있다.[13] 다만, 모양은 (3)과 유사하지만 전혀 관련이 없는 경우도 있다. She's so beautiful that the guys are trying to impress her.(그 여자 예뻐. 그래서 남자들이 그 여자한테 잘 보이려고 난리야.)는 〈beautiful + that절〉 조합이 아니라 〈so + 형용사 + that절〉 형식으로서 so와 that절이 하나의 구문(構文, construction)을 이루고 있는 것이다. 형용사 beautiful과 that절이 우연히 앞뒤로 놓여 있는 것일 뿐 구문으로서의 관련성은 없다.

(4) 형용사 + wh절

I'm not sure why he left so early. 걔가 왜 그리 빨리 가버렸는지 모르겠다.
I'm not certain why he wants to go there. 걔가 왜 거기 가고 싶어하는지 잘 모르겠다.
It's not clear why he did it. 걔가 왜 그렇게 했는지 확실하지 않다.

문장 형태 측면에서 보면 (3)과 (4)는 〈형용사 + 절〉 형태로서 같은 유형이다. 화자가 표현하고자 하는 뜻에 따라 (3) 또는 (4) 형식을 취하면 된다. 예를 들어, It's amazing that you are not drunk after having five beers.(맥주를 다섯 잔이나 마시고도 안 취하다니 정말 대단하다.) 또는 It's amazing what we can find with that little scrap of information.(그런 단편적인 정보로 이렇게 많은 정보를 찾아 낼 수 있다니 정말 놀랍다.) 또는 It's amazing how technology is used to prevent crime.(범죄를 예방하기 위해 이렇게 기술이 활용되다니 정말 놀라운 일이다.)처럼 쓸 수 있다.

(5) 형용사 + 전치사구

He was two shots short of the main round. 두 타 부족으로 본선 진출이 좌절되었다.

He is good at cooking. 그 남자는 요리 잘한다.

He is angry with me. / He is angry at me. 걔 나한테 화가 났어.

형용사가 특정한 전치사와만 어울려 특정한 뜻을 나타내는 문장 형태다. 예를 들어, He is good at cooking.에서 good과 전치사 at이 만나 '~을 잘하는'이라는 뜻을 갖게 된다. 이런 뜻으로 good은 다른 전치사와 어울리지 않는다. '그 골프선수가 두 타가 부족해서 본선 진출을 하지 못했다.'는 He was two shots short of the main round.라고 한다. short에 왜 전치사 of를 써야 하는지 논리적으로 설명하기는 어려울 것이다. (5)는 대부분 암기의 영역이다. 한편, 전치사 대신 to부정사, that절 등으로 전환이 가능한 경우도 있다. He was two shots short of advancing to the main round.의 경우, He was two shots short to advance to the main round. 역시 좋다. He is angry with me. 역시 모양을 조금 바꿔 He is angry that I took the risk of losing the job.(아빠는 내가 직장에서 잘릴 수 있는 위험한 행동한 것에 대해 화가 나 있다.)처럼 바꿔도 된다.

(정신 차리고) 고2 때부터 공부를 열심히 하기 시작했어.

situation:

공부를 설렁설렁하다가 대학 입시가 다가오면서 위기 의식을 느끼고 고2 부터 공부에 매진하기 시작했다. 2년 동안 죽을 둥 살 둥 공부를 해서 기적 적으로 연세대에 간신히 입학했다. 지금 나는 30대이다.

STEP 1 표제문을 영어 문장으로 만들어 보세요.

(정신 차리고) 고2 때부터 공부를 열심히 하기 시작했어.

I barely managed to get accepted into Yonsei University.
연세대에 간신히 입학할 수 있었지.

STEP 2 표제문을 영어로 잘 옮긴 것에 모두 체크하세요.

(1) **I started to study hard since the 2nd grade in the high school.**

(2) **I started to study hard since the 2nd year of high school.**

(3) **I only started to study hard since the 2nd year of high school.**

(4) **I only started studying hard in the 11th grade.**

(5) **I really began studying hard since I was a junior in high school.**

(6) **I only studied hard starting my junior year of high school.**

(7) **I really began concentrating on my studies when I was a junior in high school.**

(8) **I didn't really study hard until the 11th grade.**

(9) **I only began being serious about my grades in the 11th grade.**

(10) **I wasn't really serious about my studies until the 11th grade.**

가능한 문장 **(3) (4) (5) (6) (7) (8) (9) (10)**

공부를 열심히 하다 표제문의 '공부를 열심히 하다'를 보면 study hard가 딱 떠오를 것이다. 이 표현이 틀렸다는 말은 전혀 아니다. 하지만 study hard 대신 형용사로 표현할 수 있는 방법은 없을까? 발상을 전환하여 '학업에 진지하게/심각하게 되었다'라는 뜻으로 형용사 serious를 활용하면 된다. 따라서 I began to be serious about my studies in the 11th grade.라는 문장이 가능하다. 거꾸로 '고2가 되도록 대충대충 공부했다'로 생각해서 I wasn't very serious about my studies until the 11th grade. 처럼 말해도 아주 훌륭한 영어 문장이 된다.[14]

고등학교 2학년 '고등학교 2학년'은 영어로 뭐라고 할까? 북미의 교육체계는 주마다 다르나, 보통 5-3-4학년 체계로, 고등학교가 4년 과정인 경우가 많다. '학년'은 영어로 grade라고 하고, 한국의 '고등학교 2학년'은 학년 기준으로 보면 11학년에 해당하므로 the 11th grade라고 하면 이해하는 데 문제가 없다. 그러나 grade는 대체로 초등학생, 중학생까지만 사용하는 것이 일반적이다. 고등학생은 나름 성인으로 대우하기 때문에 '학년'으로 부르기보다는 freshman(한국의 중3), sophomore(고1), junior(고2), senior(고3)로 부르는 것이 일반적이다. 따라서 '고등학교 2학년'은 a junior라고 해도 좋다. 다만 '대학교 2학년'도 a junior라고 하므로, 이것과 헷갈릴 가능성이 있는 경우에는 a junior in high school이라고 하면 더욱 명확하다.

(1)　I started to study hard since <u>the 2nd grade</u> in the high school. ×

틀렸다. the 2nd grade는 '초등학교 2학년'을 뜻한다. '고등학교 2학년 때부터'는 since the 2nd year of high school이라고 한다. 이때 high school 앞에 정관사 the나 소유격 my를 붙이지 않는 점에 주의하자.

(2)　I started to study hard since the 2nd year of high school. ×

틀렸다. 문법상 정상적으로 성립하는 문장이나 표제문의 절박함이 들어 있지 않다. 즉, '고2와 고3, 2년 동안 충분히 공부해서 무사히 연세대에 합격했다.'(I started to study hard since the 2nd year of high school, and therefore I managed to get accepted into Yonsei University.)라는 뜻이다.

(3)　I <u>only</u> started to study hard since the 2nd year of high school. ○

좋다. 표제문 맥락은 '2년간 공부해서 연세대 가는 것은 불가능한 일인데, 내가 거의 기적에 가까운 일을 했다'는 뜻이다. 남들은 초등학교 때부터 명문대 진학을 준비하는데 나는 고작 고등학교 2학년 때부터 시작했으니 엄청나게 늦었다는 뜻을 전달해야 한다. 그 역할을 only가 하고 있다.

(4)　I only <u>started studying</u> hard in the 11th grade. ○

좋다. '~하기 시작했다'는 〈started + to부정사〉, 〈started + V-ing〉 둘 다 쓸 수 있다. 한편, 전치사 since도 좋고 in도 좋다. 동사 started가 있어서 고2부터 계속 중단하지 않고 끝까지 공부했음을 알 수 있기 때문이다. started를 사용하지 않는 경우, in을 쓰면 2학년 때만 공부를 열심히 했다는 뜻이 되므로 반드시 since를 사용해야 한다. 즉, I only studied hard since the 11th grade.라고 해야 맞다.

(5) I really <u>began</u> <u>studying</u> hard <u>since</u> I was a junior in high school. ○

좋다. '~하기 시작했다'는 〈began + to부정사〉와 〈began + V-ing〉 둘 다 좋다. 동사 begin보다는 (4)의 start가 더 일상적으로 자주 사용된다. 한편, really는 only와 비슷하지만 초점이 약간 다르다. 고2 이전에 공부에 손을 놨는지 안 놨는지보다는, 고2부터 정말 심하게 열심히 공부했음에 중점이 있다. 고2 이전에도 열심히 해왔지만 입시경쟁이 치열하므로 고2부터 정말 열심히 한 경우에도 (5)라고 말할 수 있다. 아무튼 표제문 맥락에 (5)를 사용하는 데 별 무리 없겠다. since 대신 when을 써도 좋다.

(6) I <u>only</u> studied hard starting my junior year of high school. ○

좋다. only의 위치를 옮겨 I studied hard starting only my junior year of high school. 이라고 해도 좋다. 아마도 독자는 이 문장이 (6)보다 더 자연스럽게 들릴 것이다. 그러나 네이티브에게는 이 문장과 (6) 둘 다 자연스러운 문장이다. '고등학교 2학년부터'는 전치사 from을 추가하여 starting from my junior year of high school 역시 좋다. 또는 전치사 since my junior year of high school / since the second year of high school도 좋다.

(7) I really began <u>concentrating on</u> my studies when I was a junior in high school. ○

좋다. concentrate on(~에 집중하다) 대신 commit myself to(~에 전념하다) / spend a considerable amount of time on(~에 막대한 시간을 들이다)을 활용해도 좋다. 이때 뒤에 나오는 명사는 복수형 studies를 써야 하며, 누구의 공부인지가 명확해야 하므로 앞에 소유격 my가 필요하다. 동명사 studying도 좋은데, 동명사를 쓰는 경우에는 의미상의 주어 my는 자명하므로 생략하고 concentrating on studying이라고 하면 된다.

(8) I <u>didn't</u> really study hard <u>until</u> the 11th grade. ○

좋다. 〈not A(사건) until B(시간)〉는 'B(시간)가 되어야 A(사건)가 발생한다'라는 뜻이다. 이때 B(시간)는 A(사건)의 시작 시점을 뜻한다. 따라서 고2 때 공부를 시작했다는 뜻을 전달할 수 있다.

(9) I only began being <u>serious</u> about my <u>grades</u> in the 11th grade. ○

좋다. '공부를 열심히 하다'를 '성적에 진지하게/심각하게 되었다'로 전환해 형용사 serious로 표현했다. 한편, grades 대신에 '학업'이란 뜻으로 studies / academics를 써도 좋다.

(10) I wasn't really serious about my studies until the 11th grade. ○

좋다. 이때는 문장 의미가 이미 충분히 부정적이기 때문에 부사 only가 전혀 필요하지 않다.

situation:
영화 『디 인터뷰(The Interview)』는 극장에서 개봉하지 않았다. 대신 컴퓨터나 스마트폰을 통해 유튜브 무비에서 유료로 시청할 수 있다고 지호에게 알려준다.

STEP 1 표제문을 영어 문장으로 만들어 보세요.

지호 **Where can I watch *The Interview*?**
『디 인터뷰(The Interview)』 어디서 볼 수 있어?

나
그 영화는 유튜브 무비에서 유료로 볼 수 있어.

STEP 2 표제문을 영어로 잘 옮긴 것에 모두 체크하세요.

(1) **You can look at it with money in the Youtube Movie.**

(2) **You can watch it on YouTube Movies after paying a fee.**

(3) **You can see it on YouTube Movies for a fee.**

(4) **You can rent it on YouTube Movies.**

(5) **You can loan it on YouTube Movies.**

(6) **It is available for viewing on YouTube Movies for a small fee.**

(7) **It is available for seeing on YouTube Movies for a fee.**

(8) **It's available for rent on YouTube Movies.**

(9) **It's available for rental on YouTube Movies.**

(10) **It's available to rent on YouTube Movies.**

가능한 문장 **(2) (3) (4) (6) (8) (9) (10)**

> **어휘**
> **들여다**
> **보기**
>
> **유료로 보다** '유료로 보다'는 watch ~ for a small fee로 말할 수 있지만, 형용사 available을 활용해도 충분히 표현 가능하다. available과 '임차하다, 빌리다'를 뜻하는 동사 rent를 쓰면 된다. 〈형용사 + to부정사〉로 표현한 It's available to rent on Youtube movies. 또는 〈형용사 + 전치사구〉로 표현한 It's available for rental on Youtube movies. 둘 다 좋다. 그렇지만 〈형용사 + V-ing〉로 표현한 It's available renting on Youtube movies.는 불가하다. 이때는 전치사 for를 추가하여 It's available for renting on Youtube movies.라고 하면 좋다. available은 to부정사 또는 전치사 for가 필요하기 때문이다. 즉, 〈be + available + to부정사〉 또는 〈be + available + for + 명사/V-ing〉 형식으로 사용된다.

(1) You can <u>look at</u> it with money <u>in</u> the Youtube Movie. ×

틀렸다. '영화를 보다'라고 할 때 look at은 전혀 사용하지 않는다. watch / view / see를 사용한다. 한편 '유튜브 무비로'라고 할 때 in the Youtube Movie가 아니라 on YouTube Movies가 맞다. '인터넷으로'라고 할 때 in the internet이 아니라 on the internet이라고 하는 것과 같은 이치다. 또한 YouTube Movies는 고유명사이므로 정관사를 붙이지 않는다. with money는 '돈을 들고서(holding money)'라는 의미이므로 틀렸다. '유료로'는 after a paying a fee / for a (small) fee가 맞다. 여기서 fee는 가산명사이므로 무관사 fee 또는 some fee는 허용되지 않는다. 부정관사 a fee라고 해야 말이 된다.

(2) You can <u>watch</u> it on YouTube Movies after paying a fee. ○

(3) You can <u>see</u> it on YouTube Movies <u>for a fee</u>. ○

좋다. 다만 see는 보통 극장에서 영화를 볼 때 사용된다. 표제문 맥락에서는 컴퓨터나 스마트폰을 통해 동영상을 보는 것이므로, see보다는 watch / view를 쓰는 것이 더 좋다.[15] 한편 '유료로'란 뜻으로 for a fee도 나쁘지 않지만 for a small fee가 더 자연스럽다. fee는 a fee for a gym membership(헬스장 회비), an insurance fee(보험료)처럼 영화 관람료보다 큰 금액을 뜻하는 경향이 있다. 따라서 small을 추가하여 for a small fee라고 하는 것이 더 좋겠다.

(4) You can <u>rent</u> it on YouTube Movies. ○

(5) You can <u>loan</u> it on YouTube Movies. ×

(4)는 맞고 (5)는 틀렸다. loan은 많은 사람들이 '빌리다(borrow)'란 뜻으로 잘못 알고 있는 단어다. rent는 가게에서 요금을 내고 빌리는 것을 뜻한다. 반면 loan은 내가 친구한테, 또는 도서관이 이용자에게 수수료, 이용료 등 요금 부과 없이 대출/대여/임대하는 것, 즉 '빌려주다(lend)'란 뜻이다. 따라서 You can rent a DVD from the shop.(그 가게에서 DVD 빌릴 수 있다.)이라고 하거나, The library will loan you a DVD.(도서관에 가면 DVD 대출 가능하다.)[16]처럼 쓸 수 있다. 물론 동사 loan은 은행 등 금융기관이 대출을 시행하는 것에 사용되기도 한다.

(6)   It is available for <u>viewing</u> on YouTube Movies for a small fee. ○

(7)   It is available for <u>seeing</u> on YouTube Movies for a fee. ×

(6)은 좋지만 (7)은 틀렸다. 동사 view / see / watch는 모두 '영화를 보다'라는 맥락에 사용 가능하지만, 〈It is available for + V-ing〉 형식으로는 (7) seeing을 사용하지 않는다.[17]

(8)   It's available <u>for rent</u> on YouTube Movies. ○

(9)   It's available <u>for rental</u> on YouTube Movies. ○

(10) It's available <u>to rent</u> on YouTube Movies. ○

좋다. for rent / for rental은 같은 뜻이다. 참고로, '임대/대여'와 관련하여, rent는 주로 동사로, rental은 주로 명사 또는 형용사로 사용된다. '자동차 렌트'는 car rent가 아니라 car rental이 맞다. '렌터카 회사'는 car rent company가 아니라 rent-a-car company / car rental company / rental agency다. '비디오 대여' 역시 video rent가 아니라 video rental이 맞다. '우리집은 (우리 소유 집이 아니라) 세 들어 사는 거야.'는 My house is a rent.가 아니라 My house is a rental.이다. 물론 rent는 명사로 쓰이기도 한다. 이때 명사 rent는 주로 '(집이나 방의) 임대료'를 뜻한다. 예를 들어, '집주인이 집세를 올렸다.'는 The landlord raised the rent.다.

우리 아들 이가 별로 안 좋아.

situation:
내 아들이 단 것을 좋아하고
치아 관리를 잘못해서 충치가
생긴 상태다. 뻐드렁니, 덧니
등은 없기 때문에 이 모양이
가지런하지 않은 상태는
아니다.

STEP 1 표제문을 영어 문장으로 만들어 보세요.

친구 **Your son really likes sweets.**
너희 아들은 정말 단 거 좋아하는 거 같아.

나 **I'm worried about him.**
걱정이야.　　　　　　　　　　우리 아들 이가 별로 안 좋아.

STEP 2 표제문을 영어로 잘 옮긴 것에 모두 체크하세요.

(1) **His teeth are not good.**

(2) **His teeth are bad.**

(3) **His teeth are not in good shape.**

(4) **His teeth are in bad condition.**

(5) **He has bad teeth.**

(6) **He has poor dental hygiene.**

(7) **His dental hygiene could be a lot better.**

(8) **He doesn't brush regularly.**

(9) **He doesn't take good care of his teeth.**

(10) **He has a few cavities.**

(11) He has to see his dentist very often.

가능한 문장 (3) (4) (6) (7) (8) (9) (10) (11)

STEP 3 문장을 확인하세요.

(어휘 들여다 보기) **이가 안 좋다** 표제문의 '이가 안 좋다'는 '충치 등이 있어 이 상태가 안 좋다' 또는 '구강 위생 상태가 안 좋다'라는 뜻이다. '이가 안 좋다'를 직역한 His teeth are not good.은 지나치게 넓은 뜻이라서 무엇을 말하고자 하는지 알 수가 없다. 형용사 good에는 다양한 뜻이 있기 때문에 이 문장은 다음과 같은 다양한 의미를 가질 수 있다. 〈1〉 '이가 삐뚤삐뚤하다(crooked)' 〈2〉 '이가 누렇다(yellow)' 〈3〉 '이가 유전적으로 약하다(weak)' 〈4〉 '윗니와 아랫니가 잘 안 맞아 제대로 씹지를 못한다(He doesn't chew very well.)' 〈5〉 '이 관리를 잘못해서 치아 위생 상태가 안 좋다(bad dental hygiene)' 〈6〉 '잇몸이 아주 약해서(weak gums) 이가 시리고 아프다' 〈7〉 '충치 등 치과질환이 있다' 같은 뜻을 가질 수 있다. 마찬가지로, His teeth are bad. 역시 위와 같은 너무나 다양한 치아 문제를 뜻할 수 있기 때문에 표제문 맥락에 사용하기에는 의미가 지나치게 모호하다.[18] 그렇다고 해서 표제문 맥락에 good / bad를 사용하지 못한다는 말은 아니다. 의미가 보다 구체화되도록 shape / condition 등과 결합시키면 된다. 즉, not in good shape / in bad shape도 좋고, not in good condition / in bad condition도 좋다. 또는 표제문의 핵심 의미를 직접 전달하는 문장을 시도해 보자. '치아 위생상태가 나쁘다'라는 의미로 He has poor dental hygiene. '치아 질환으로 고생하고 있다'라는 뜻으로 He's suffering from some dental diseases. '충치가 있다'라는 뜻으로 He has a few cavities.라는 문장이 가능할 것이다.

(1) His teeth are not good. ×

(2) His teeth are bad. ×

틀렸다. 지나치게 애매모호한 표현이다. 화자가 도대체 무슨 말을 하려고 하는지 이 문장만 가지고는 알 수가 없다. 충치(cavity)가 있으면 He has cavities.라고 직접적으로 말하면 되지, 이렇게 추상적이고 모호하게 얘기하지는 않는다.

(3) His teeth are <u>not in good shape</u>. ○

(4) His teeth are <u>in bad condition</u>. ○

좋다. in bad shape / in poor shape / not in good shape 모두 좋다. (4)처럼 shape 대신 condition을 써서 표현해도 좋다.

(5) He has bad teeth. ×

틀렸다. (1) (2)와 마찬가지로 애매모호한 문장이다.

(6) He has poor dental <u>hygiene</u>. ○

(7) His dental <u>hygiene</u> could be a lot better. ○

좋다. hygiene은 '위생상태'를 뜻하므로, (6)과 (7)은 둘 다 치아 관리를 잘못한다는 뜻이다. 예를 들어, '이를 잘 안 닦는다.(He doesn't brush his teeth.)'는 뜻이다. 다만 (6)은 치과의사가 말할 정도의 다소 전문적이고 직설적인 문장이다. 표제문의 경우 자기 아이에 대해 하는 말이니까 그럭저럭 괜찮지만, 만약 가족이 아닌 다른 사람이 이런 문장을 사용했다면 상당히 무례하게 여겨질 수도 있다. (7)은 표제문 맥락처럼 엄마가 자기 아이에 대해 말할 때는 물론, 다른 사람에 대해 말할 때도 충분히 사용할 수 있는 중립적인 문장이다.

(8) He doesn't brush regularly. ○

(9) He doesn't take good <u>care</u> of his teeth. ○

좋다. 표제문 뜻을 직접적으로 전달하는 것도 좋지만 이렇게 아들의 행태를 지적함으로써 간접적으로 표제문 뜻을 전달하는 것도 방법이다. (8)은 '규칙적으로 이를 닦지 않는다', (9)는 '치아 관리를 잘 하지 않는다'란 뜻이다. 참고로, (8)의 care는 불가산명사이므로 무부정관사 good care라고 한다.

(10) He has a few <u>cavities</u>. ○

좋다. '충치'란 뜻의 단어 cavity를 활용했다. 또는 He has developed cavities.라고 해도 매우 좋다. 치아 위생 상태가 좋지 않았기 때문에(because of the bad dental hygiene) 장기간에 걸쳐 충치가 생겨나게 되었다는 뜻이다. develop는 이렇게 장기적으로 어떤 병이나 증상이 악화되어 가는 것을 표현하는 데 아주 적합한 단어다.

(11) He has to see <u>his dentist</u> very often. ○

좋다. '치과에 자주 가야 한다'를 통해 '이 관리를 제대로 못해 이가 안 좋다'는 뜻을 간접적으로 나타낸다. 상대방이 그 치과의사가 누구인지 전혀 모른다고 하더라도 소유격 his dentist 또는 정관사 the dentist라고 쓰는 것이 좋다. 일반적으로 서양에서는 치과의사를 가정 주치의처럼 정해 놓고 다니는 것이 관행이다. 따라서 소유격이나 정관사로 특정해 주는 것이 자연스럽다. 부정관사 a dentist를 틀렸다고까지 말하지는 않겠지만, 상당히 어색하게 들린다는 점을 기억하기 바란다.

 ## 수지는 2, 3년째 치아 교정 중이야.

situation: 수지는 뻐드렁니를 교정하기 위해 교정기를 착용하고 있다.

(a) She has been correcting her teeth since a couple of years ago.

(b) She has been straightening teeth for a couple of years.

(c) She started to have her teeth straightened a couple of years ago.

(d) She put on braces a couple of years ago.

(e) She had braces put on a couple of years ago.

(f) She has been wearing braces for a couple of years.

(g) She has had her braces on for the past couple of years.

 치아 교정 '치아를 교정하다'는 '교정기를 착용하고 있다'는 뜻이므로 wear braces라고 한다. 따라서 She has been wearing braces for a couple of years.라고 하면 좋다. put on을 써서 She put on braces a couple of years ago.라고 하면 '2년 전에 치아교정을 시작했고 이미 교정이 끝났다'는 뜻이 된다. 아울러, 교정기를 치과의사가 아니라 자기 스스로 착용했다는 뜻이 되므로 틀린 문장이다.

(a) 틀렸다. '교정하다'를 직역해서 correct로 시도한 것인데, 전혀 말이 안 된다.　**(b) (c)** (b)는 틀리고 (c)는 좋다. (b)는 치과의사로서 치아 교정을 한 지 2년 되었다는 뜻이다. 따라서 피동구문 ⟨have + her teeth + straightened⟩ 형식을 취하고, 2년 전부터 시작되었다는 뜻을 전달하기 위해 동사 start를 사용해야 지금도 치아교정이 끝나지 않고 진행 중이라는 뜻을 전달할 수 있다.[19]　**(d)(e)** (d)는 틀리고 (e)는 좋다. 교정기 착용은 자기 스스로 하는 것이 아니라 의사가 장착해 주는 것이니까 피동구문 ⟨had + A(목적어) + B(과거분사)⟩를 사용해야 한다.　**(f)** 좋다. 동사 wear는 '착용하고 있는 상태'를 뜻한다. 반면, put on은 '착용하는 1회의 행동'을 뜻한다. **(g)** 좋다. 여기서 on은 on her teeth를 뜻한다고 생각하면 되겠다. 물론, 절대로 on her teeth라고는 말하지 않는다.

그 집 잘 못해.

situation:
수지가 내게 그 미용실이 머리를 잘하는지 물어 봐서 썩 잘 하는 집은 아니라고 답하려고 한다. 형편 없이 못한다는 말이 아니라 훌륭하지는 않다는 의미다. 그 미용실에는 미용사가 여러 명 있다.

STEP 1 표제문을 영어 문장으로 만들어 보세요.

수지 **What do you think of the place?**
그 미용실 어때?

나 ___________________________ So don't go there.
그 집 잘 못해.   거기 가지 마.

STEP 2 표제문을 영어로 잘 옮긴 것에 모두 체크하세요.

(1) **They are not doing very well.**

(2) **They don't cut hair very well.**

(3) **They are not good at haircuts.**

(4) **They are not very good at giving haircuts.**

(5) **They don't give good haircuts.**

(6) **They won't give you a good haircut.**

(7) **They gave me a bad haircut, so I don't recommend them.**

(8) **They don't do a great job.**

(9) **They don't do such good work.**

(10) **They are not so great.**

(11) They are not good hair dressers.

(12) It kind of sucks!

가능한 문장 (2) (4) (5) (6) (7) (8) (9) (10) (11) (12)

STEP 3 문장을 확인하세요.

good '그 집 잘 못한다.'는 They don't cut hair very well.이라고 하면 되지만, 부사 well 대신 형용사 good으로 표현하면 더욱 자연스럽고 다양한 문장이 가능하다. good haircuts처럼 〈형용사 + 명사〉를 활용하면 I don't think they give good haircuts. 같은 자연스러운 문장이 쉽게 나온다. 또는 They don't do a good job. / They don't do good work.처럼 부정관사 a good job / 무부정관사 good work를 활용하는 것도 방법이다.

bad / poor 일반적인 평가를 표현하는 문장에서는 bad / poor를 잘 사용하지 않는다. 너무 심한 혹평이기 때문이다. 예를 들어, They give bad haircuts. / They'll give you a bad haircut.은 '거기 최악이다.(They are horrible[terrible].)' 정도의 매우 부정적인 뜻을 나타낸다. 이렇게까지 말할 정도면 그 미용실에서 머리를 했었는데 크게 실패했던 적이 있고, 지금도 상당히 화가 나 있는 상태임을 암시한다. 대신 They won't give you a good haircut.처럼 not ~ a good haircut 형식으로 우회적으로 표현하는 것이 보통이다. 다만 개인적인 경험을 표현하는 경우라면 bad / poor가 아무런 문제가 없다. 예를 들어, 과거시제 They gave me a bad haircut. 또는 I got a bad haircut from there.는 문제 없는 정상적인 문장이다.

(1) They are not doing very well. ×
틀렸다. 머리를 잘 못 자른다는 뜻이 아니다. '영업을 잘 못한다 / 비즈니스를 잘 못한다 / 돈벌이가 신통치 않다'는 말이다.

(2) They don't cut hair very well. ○
좋다. 다만 지나치게 사실적인 문장(factual statement)이라서 썩 좋은 문장이라고 할 수는 없다. 그렇다고 해서 틀린 문장도 당연히 아니다. '그 집 잘 못한다'는 '그 집 미용사들이 머리를 잘 못 자른다'는 말이므로 복수형 인칭대명사 they를 주어로 사용했다. 한편 hair는 집합명사다. 따라서 단수형으로 사용하며 '머리카락 전체'를 뜻한다. 가산명사로 사용될 때 단수형 a hair는 '머리 한 올(a strand of hair)', 복수형 hairs는 '모발 여러 가닥'이란 뜻이다.

(3) They are not good at haircuts. ×

(4) They are not very good at giving haircuts. ○
(3)은 틀리고 (4)는 좋다. be good at과 haircuts 사이에는 반드시 giving이 필요하다.[20] 참고로 haircut은 가산명사인데, 맥락상 단수형 a haircut은 틀리고 복수형 haircuts가 맞다. not good보다는 not very good이 더 자연스럽다.

(5) They don't give <u>good haircuts</u>. ○

(6) They <u>won't</u> give you <u>a good haircut</u>. ○

좋다. 보통 현재시제는 견해, 평가, 사실 등 일반적인 진술(general statement)에 사용된다.[21] 일반적인 진술에는 복수형 good haircuts가 잘 부합한다. 따라서 (5) They don't give good haircuts.는 표제문에 잘 부합한다. 그런데 (6)처럼 사람을 지칭하는 인칭대명사 you를 사용하는 경우 그 의미가 아주 구체화, 특수화, 개별화되기 때문에 더 이상 현재시제를 사용하기도 곤란하고, 복수형 haircuts를 사용하는 게 어색하게 느껴지게 된다. 따라서 (6)처럼 미래시제에 단수형을 쓴 They won't give you a good haircut.이 좋은 문장이 된다. 이처럼 문장을 어떻게 구성하는가에 따라 시제, 단복수가 미묘하게 달라지는 점에 주목하기 바란다.

(7) They gave me <u>a bad haircut</u>, so I don't recommend them. ○

좋다. 개인적인 경험을 말하는 문장에서 a bad haircut은 아무런 문제가 없다. 이 문장은 '내 개인적인 경험으로는 거기가 안 좋았는데, 너한테는 맞을 수도 있을지 모르겠어. 아무튼 판단은 네가 하는 거니까.' 정도의 뜻이다. 앞서 말한 대로 일반적인 평가를 나타내는 문장(예: They'll give you a bad haircut.)에 a bad haircut은 지나치게 심한 표현이 되므로 표제문 맥락에 맞지 않다.

(8) They don't do <u>a great job</u>. ○

(9) They don't do such <u>good work</u>. ○

좋다. 부정관사 a great job / 무부정관사 good work다. 마찬가지로 such a great job / such good work다. job이 가산명사, work가 불가산명사이기 때문이다.

(10) They are not so great. ○

아주 좋은 문장이다. 이렇게 부드럽게 말하는 것이 일반적이다. 또는 They are really not the best. / It's not my favorite. / It's only okay. / I'm not such a big fan. / I don't really like it.도 좋다.

(11) They are not good hair dressers. ○

좋다. 이 문장은 미용사들이 기술이 떨어진다는 말이지 마음씨가 나쁘다는 말은 전혀 아니다. He's a good student.가 '그 학생은 공부 잘한다.'는 뜻만 가질 뿐 착한 학생이냐 아니냐는 전혀 관련이 없는 것과 같은 이치다. They are poor hair dressers. / They are bad hair dressers.는 지나치게 심한(too harsh) 문장이므로 가급적 (11)처럼 말하는 것이 좋다.

(12) It <u>kind of</u> <u>sucks</u>! ○

좋다. 구어체에서 '엉망이다', '형편없다'를 나타낼 때 sucks란 표현을 자주 쓴다. They suck! 또는 It sucks!라고 해도 문제는 없으나, 지나치게 강하고 직설적인 표현이므로 kind of를 삽입하여 어조를 누그러뜨리는 것이 일반적이다.

주인공이 연기를 진짜 못했어.

situation:
영화 『론 레인저(The Lone Ranger)』를
봤는데 주인공 Johnny Depp의 연기가
형편 없었다. 수지가 영화가 어땠는지
나한테 물었다.

STEP 1 표제문을 영어 문장으로 만들어 보세요.

수지 **How did you like it?**
영화 어땠어?

나

주인공이 연기를 진짜 못했어.

STEP 2 표제문을 영어로 잘 옮긴 것에 모두 체크하세요.

(1) **The lead actor didn't perform very well.**

(2) **The lead actor performed very badly.**

(3) **The lead actor gave a bad performance.**

(4) **The lead's acting wasn't really good.**

(5) **The lead wasn't really good.**

(6) **There was a poor performance by the lead actor.**

(7) **Did you see the lead actor's performance? His acting was terrible.**

(8) **Did you see Johnny Depp's performance? It was terrible.**

(9) **Did you see Johnny Depp's performance? He was so bad in the role.**

가능한 문장 **(1) (2) (3) (4) (5) (7) (8) (9)**

> **어휘 들여다보기** **연기를 못하다** '(연기를) 진짜 못했다'는 부사 not ~ very well을 써도 좋고 poorly / badly를 써서 표현해도 좋다. 따라서 The lead actor performed very badly.라고 해도 좋다. 이때 형용사를 사용하면 훨씬 더 다양한 표현이 가능하다. poor / bad / terrible / awful / horrible 등 화자의 판단에 따라 다양한 형용사를 활용할 수 있다. 아울러 훨씬 다양한 문장 형태도 가능하다. 예를 들어, 〈기본동사 + 형용사 + 명사〉 구성으로 The lead actor gave a bad performance. 역시 좋은 문장이다.

(1) The lead actor <u>didn't</u> perform <u>very well</u>. ○

(2) The lead actor performed <u>very badly</u>. ○

좋다. '못했다'는 (1) not ~ very well 또는 (2) very badly로 표현하면 좋다. (1)은 동사 perform 대신 act을 써서 The lead actor didn't act very well. 역시 좋다. 그러나 The lead actor acted very badly.는 actor와 acted가 연달아 반복되어 어감도 이상하고 〈acted + very badly〉로 인해 '도덕적/윤리적으로 나쁜 행동을 했다'라는 뜻으로 해석될 수가 있으므로 썩 좋지는 않은 문장이다.

(3) The lead actor gave <u>a bad performance</u>. ○

좋다. a bad performance 대신 a poor performance / a weak performance라고 해도 좋다. 반대로 연기를 잘한 경우 a great performance / a wonderful performance / a strong performance라고 한다.

(4) The lead's <u>acting</u> wasn't really good. ○

좋다. acting은 불가산명사로서 '(전체로서의 총체적인 의미의) 연기'를 뜻한다. 가산명사 performance 역시 '연기'를 뜻하는데, 의미는 유사하지만 용법이 다르다. acting은 His acting was very bad.처럼 사용은 하지만, He gave very bad acting.이라고는 하지 않는다. acting은 good / bad / poor 등 형용사의 수식을 잘 받지 않는다. 반면 performance의 경우 His performance was so bad. / He gave a very bad performance. 모두 제약 없이 자유자재로 사용된다.

(5) <u>The lead</u> wasn't really good. ○

좋다. (4) The lead's acting은 사실 중언부언이다. '주연배우(the lead)'라는 단어 안에 벌써 연기(acting)가 함축되어 있기 때문이다. 따라서 acting은 빼버리고 the lead actor 또는 the lead라고 하거나, 그 주연배우가 언급된 적이 있거나 그 주연배우가 누군지 화자와 청자가 알고 있는 경우 인칭대명사 he / she라고만 해도 훌륭한 문장이 된다.

(6) There was a poor performance by the lead actor. ✕

틀렸다. 이 문장은 다중적인 의미를 갖고 있다. 뜻은 표제문과 비슷한데, 오로지 신문 기사 제목(a title in a newspaper article) 또는 비평(a review)에서 볼 수 있을 만한 문장이다. 또는 '전반적으로 연기가 대체로 좋았지만 딱 한 개의 실수가 있었다.(Overall he was pretty good.

Only one part of the movie was badly acted, and the rest of the movie was fine.)'는 뜻도 가능하다
표제문의 의도와는 반대로 오히려 (6)이 칭찬에 가까운 뜻도 될 수가 있다는 말이다. 따라서
(6)은 의미가 모호하기 때문에 틀린 문장이다.

(7)   Did you see the lead actor's performance? <u>His acting</u> was
      terrible. ○
(8)   Did you see Johnny Depp's performance? <u>It</u> was terrible. ○
(9)   Did you see Johnny Depp's performance? <u>He</u> was so bad
      in the role. ○

좋다. 주어로 His acting 대신에 대명사 It도 좋고 인칭대명사 He도 좋다. 이 중에서 인칭
대명사 He가 가장 일반적이고 자연스럽다. (9)에서 He는 His acting을 뜻한다. poor를 활
용하여 He was so poor in the role. 역시 좋은 문장이다. 물론 이때 poor는 '(실력, 성과, 품
질이) 떨어지는/형편없는'이란 뜻이지 '가난한'이라는 뜻은 아니다.

A
수지가 살을 엄청나게 뺐어.

situation: 수지가 1년 이상 패스트푸드를 끊더니 살이 아주 많이 빠졌다.

She stopped eating fast food for more than a year.

수지가 패스트푸드를 1년 넘게 끊었어.　　　　　　　　수지가 살을 엄청나게 뺐어.

(1)　She lost weight a lot.　☐

(2)　She lost a lot of weight.　☐

(3)　She lost weight so much.　☐

(4)　She lost so much weight.　☐

(5)　She lost a significant amount of weight.　☐

(6)　She lost a good amount of weight.　☐

'살을 엄청나게 뺐다'는 영어로 lost weight a lot처럼 부사로 전환하면 안 된다. 이때 a lot은 '많이'가 아니라 '자주'에 가까운 뜻이 된다. 형용사류 a lot of를 활용하여 She lost a lot of weight.라고 하면 좋다. 형용사 much 역시 '많은'이란 뜻이기는 하지만 She lost much weight.라고는 하지 않는다. '많은'이란 뜻의 much는 단독으로 긍정 평서문에 사용되지 않기 때문이다. 다만 so much weight / too much weight처럼 so / too 등과 함께 나오거나, as much as처럼 비교 표현인 경우 긍정 평서문에도 사용되기는 한다.[22]

(1) (2) (1)은 틀리고 (2)는 좋다. (1)은 '엄청나게', '많이'를 a lot으로 시도해 본 것인데 틀린 문장이다. 이 문장은 '살이 쪘다 빠졌다 자주 그런다'는 뜻에 가깝다. (2) a lot of weight라고 해야 표제문 뜻이 된다. (3) (4) (3)은 틀리고 (4)는 좋다. (3) 부사 so much는 단독으로는 전혀 말이 안 되고, (4)처럼 형용사 so much weight라고 해야 한다. 참고로, (3) 다음에 that절이 이어지면 정상적인 문장이 된다. 물론 이때는 표제문과는 전혀 다른 뜻이다. 예를 들어, She lost weight so much that she developed a food allergy.(체중 감량을 너무 심하게 해서 음식에 알레르기가 생겼다.)처럼 〈so ~ that절〉 구문으로는 사용이 가능하다. (5) (6) 좋다. a significant amount of weight도 좋고 a good amount of weight도 좋다. 물론 구체적으로 몇 킬로그램을 가리키는지는 화자의 인식에 따라 전적으로 달라진다.

B
너 우울해 보여.

situation: 지호가 어두운 표정을 하고 약속 장소에 나타났다.

What happened?

너 우울해 보여.　　　　　　　　무슨 일 있어?

(1)　You appear down.　　　　　　　　　　　　　　☐

(2)　You look depressed.　　　　　　　　　　　　☐

(3)　You seem gloomy.　　　　　　　　　　　　　☐

(4)　You don't look very well.　　　　　　　　　☐

(5)　You don't look very good.　　　　　　　　☐

(6)　Why long face?　　　　　　　　　　　　　☐

(7)　Why the long face?　　　　　　　　　　　☐

(8)　It looks like life has you down.　　　　　☐

(9)　It seems that life got you down.　　　　☐

---

(1) 좋다. 정상적인 문장이나 지나치게 격식적이다. 〈appear + 형용사〉 / 〈appear to be + 형용사〉는 문법적으로는 맞기는 한데 지나치게 격식적(too formal)이기 때문에 표제문 맥락에 다소 어색하다. 참고로 appear는 You appear to be nervous.(너 긴장한 것 같은데.), All systems appear to be normal.(모든 시스템이 정상 작동되고 있는 것으로 보입니다.), You do not appear to be logged in.(로그인하지 않은 것으로 나타납니다.)처럼 쓸 수 있다.　**(2)** 좋다. 〈주어(S) + 동사(V) + 보어(C)〉의 전형적인 2형식 문장이다. 표제문은 지호의 표정을 통해 감정을 추정하는 것이므로 동사 look을 써서 You look depressed.[23]라고 하면 좋은 문장이 된다. 한국어 문장에 영향을 받아 You look depressedly.로 말하고 싶은 마음도 들 수 있으나, look이 '~처럼 보이다'의 뜻으로 쓰일 때는 2형식을 취하기 때문에 보어로 반드시 형용사를 사용해야 한다. (부사처럼 보이는 depressedly는 아예 없는 단어다.) 물론 look이 '살펴보다'의 뜻으로 사용될 때는 일반적인 여느 동사처럼 부사를 취한다. 예를 들어, '그 남자는 차를 세심하게 살펴봤다'는 He looked careful at the car.가 아니라 He looked carefully at the car.라고 해야 한다. look 대신 '~처럼 보이다'의 뜻으로 연결동사 seem을 써서 You seem depressed.라고 해도 좋다. '우울한'이란 뜻으로 down / depressed / gloomy / blue 모두 좋다.　**(3)** 좋다. look과 seem은 '~처럼 보인다'라는 뜻으로 거의 비슷하기는 한데, look은 주로 외부에 보이는 모습으로 판단한다는 느낌이고, seem은 전반적인 요소들을 종합적으로 고려(overall impression about him)하여 판단한 결과라는 뜻이 강하다.　**(4) (5)** 좋다. **(4)**는 '건강하지 않게 보인다', 즉 '어디 아파 보인다(You look sick.)'가 기본적인 뜻이고 부차적으로 '우울해 보인다', '기분이 안 좋게 보인다'란 뜻이 있다. 여기서 well은 형용사이며 '건강한', '건강이 좋은', '아프지 않은'의 뜻을 갖는다. 그러나 **(5)**는 '외모가 별로다(You look ugly.)'가 우선적인 뜻이고 '아파 보인다'는 부수적인 뜻이다. 표제문 맥락에서 오해의 소지가 있기 때문에 가급적 사용을 피하는 것이 좋겠다. 예를 들어, 상대방이 기분이 안 좋은 상태에서 You don't look very good. What happened?이라고 들으면 '너 (화장/옷차림/머리 모양/생김새가) 하나도 안 예쁘다. 무슨 일 있어?' 정도로 생각할 수 있기 때문에 자칫 상대방의 분노를 살 위험이 있다.　**(6) (7)** **(6)**은 틀리고 **(7)**은 좋다. long face는 '우울한 표정'이란 뜻인데, 정관사를 붙여 the long face가 맞다.　**(8) (9)** 좋다. life has you down 또는 life got you down[24]은 '(이런 저런 삶의 괴로운 일들로 인해) 고달프다 / 우울하다 / 슬프다 / 괴롭다(you are in a bad mood / you are depressed / you are gloomy / you are not happy)'라는 뜻이다. It seems like + 현재진행시제 life is getting you down.도 좋다. 이것은 딱 오늘 하루보다는 며칠간 우거지상을 하고 다녔다는 맥락에서 더 잘 맞는다. 한편, 〈It looks + like절〉 / 〈It seems + like절〉 / 〈It seems + that절〉 모두 좋지만, 〈It looks + that절〉은 자연스럽지가 않아 틀렸다. 참고로 여기에서 like는 전치사가 아니라 '~대로, ~처럼', '마치 ~인 것처럼'을 뜻하는 접속사다. 접속사 like는 Like I said, you're always welcome to stay.(내가 전에 말한 대로 필요하면 얼마든지 여기 와 있어도 괜찮아.)처럼 쓴다. Like I said 대신 As I said라고 해도 된다.

(1) I didn't sleep long enough last night. ☐

(2) I didn't sleep well enough last night. ☐

(3) I slept badly last night. ☐

(4) I slept poorly last night. ☐

(5) I had a poor sleep last night. ☐

(6) I had a poor night's sleep last night. ☐

(7) I didn't have a good sleep last night. ☐

(8) I didn't have a good night's sleep last night. ☐

(9) I tossed and turned all night. ☐

(10) I kept waking up in a cold sweat. ☐

(11) My cough kept me awake all night. ☐

한국어 부사 '잘'은 일상생활에서 숱하게 자주 사용된다. I didn't sleep well last night.는 물론 아주 훌륭한 문장이다. '잘'을 well로 전환한 것인데, '잘 못 잤다'는 말이니까 badly / poorly를 사용해서 I slept badly [poorly] last night. 역시 좋다. 영어는 형용사 중심의 언어이므로 이를 적극 활용하여 I didn't have a good night's sleep last night.라고 해도 좋다. 이를 줄여 I didn't have a good sleep last night. 역시 좋다. 참고로, 늦게까지 작업을 하다가 간밤에 수면 시간이 세 시간밖에 안 되어서 수면시간(the amount of sleep)이 너무 짧았다는 뜻을 전하고 싶은 경우, '잠을 거의 못 잤다.'는 I didn't sleep very much last night. / I didn't sleep long enough last night. / I slept only a little last night. / I only slept for a short time last night.라고 할 수 있다. **(1) (2)** (1)은 틀리고 (2)는 좋다. (1)은 '수면의 양이 부족했다'는 뜻이다. 표제문 맥락에는 (2)가 맞다. (2)는 '수면의 질이 좋지 않았다'는 말이다. **(3) (4)** 좋다. badly / poorly 둘 다 좋다. **(5) (6) (7) (8)** (5)는 틀리고 나머지는 좋다. '밤에 잘 자는 것'은 정식으로는 a good night's sleep라고 한다. 마찬가지로 '밤에 제대로 못 잔 것'은 a poor night's sleep다. 구어체에서 a good sleep는 통용되지만, a poor sleep는 구어체에서도 어색하다. 이들 표현에 눈살을 찌푸리는 네이티브들이 많으므로 가급적 a good night's sleep / a poor night's sleep라고 말하는 것이 바람직하다. 한편, a good night's rest 역시 좋은 표현이며, a good rest 역시 좋다. a good sleep가 다소 부자연스러운 표현인 데 비해 a good rest는 매우 자연스러운 표현이다. **(9)** 좋다. toss and turn은 '잠을 설치다', '잠을 못 이루며 뒤척거리다'라는 뜻이다. **(10) (11)** 좋다. ⟨keep + V-ing⟩는 '계속 V-ing하다'라는 뜻이며, ⟨keep + A(목적어) + B(목적보어)⟩는 'A(목적어)를 계속 B(목적보어) 상태로 두다'라는 뜻이다. 동사 wake up은 '(잠에서) 깨다', 형용사 awake는 '깨어 있는'이란 뜻이다. 한편 **(10)**의 a cold sweat는 '식은땀'을 뜻한다.

가능한 문장 **A** (2) (4) (5) (6) **B** (1) (2) (3) (4) (5) (7) (8) (9) **C** (2) (3) (4) (6) (7) (8) (9) (10) (11)

형용사를 알아야
섬세한 표현이
가능하다

형용사를 알아야 섬세한 표현이 가능하다

중급 이상이 되면 섬세한 표현을 하고 싶은 욕구가 커진다

자신의 감정이나 기분을 영어로 표현하기는 쉽지 않다. 감정을 잘 표현하지 않는 한국인의 습성 때문이라고 볼 수도 있고, 우리가 배운 영어가 상당 부분 실생활보다는 학교에서 배운 것이기 때문에 감정이나 기분에 관한 표현을 배울 기회가 많지 않아서 그럴 수도 있다.

'애가 성격이 뚱하다', '집착이 심하다', '성격이 상냥하다', '불평을 입에 달고 산다', '정말 잘 삐진다.', '애교가 철철 넘친다', '물러 터진 놈이다', '마음이 약하다', '무대뽀에 막무가내다', '황소 고집에 독불장군이다.', '속이 아주 좁다', '정에 약하다', '의지가 약하다' 등을 영어로 얘기하려다 보면 이런 형용사를 잘 모른다는 점을 금방 느끼게 된다. 따라서 감정이나 느낌을 자연스럽게 표현하기 위해서는 이런 형용사들을 가급적 많이 익히는 것이 좋다.

다만 문화 및 의식 구조의 차이로 한국사람이 느끼는 감정과 서양사람들이 느끼는 감정에 차이가 나기 때문에 우리가 느끼는 감정을 100% 전달하기는 어렵다는 점은 알아야 한다. 예를 들어, '따님이 결혼하게 되어 서운하시겠네요.'라고 말한다고 하자. '서운하다'가 영어로 뭘까? 과연 한국인이 느끼는 서운하다는 감정을 100% 영어로 전달할 수 있을까? It must be hard for you that she's getting married. / I'm sure it's not easy for you. 정도로 표현하면 될 듯한데, 그렇다고 하더라도 서양사람들이 hard하다고 느끼는 것과 한국 사람이 '서운하다'고 할 때 느끼는 감정은 다를 것이 자명하다. 심지어 어떤 경우에는 한국 사람들이 느끼는 감정을 서양 사람들은 전혀 느끼지 않거나 오히려 서로 정반대로 느끼는 경우도 있다. 이런 경우에는 문장을 만들어 의사 전달을 하는 것은 불필요하다고 생각한다. 혼란만 가중시키고 오해가 생겨 인간관계가 악화될 가능성이 크기 때문이다.

아무튼 중급 이상 영어를 구사하고자 하는 경우 어느 정도의 감정 표현을 구사하는 데 어려움이 없을 정도의 단어를 알아야 한다.

여동생 차를 몰고 가다가 실수로 여동생 차를 긁었을 때 나중에 여동생이 이 사실을 알면 '난리를 칠 텐데'라고 말하고 싶을 때 mad / upset / angry로만 말하면 표현이 너무 빈약하다. She'll be so furious / go completely crazy / become really pissed off 등 다양한 표현을 할 수 있다면 보다 섬세한 감정 표현이 가능할 것이다.

'그 영화 재미있다.(It's great.)'를 알면 '그 영화 재미없다.(It's bad.)'를 알고 싶어진다. 양 극단의 표현을 알고 나면 그 중간에 있는 '그 영화 별로다.', '그 영화 썩 재미있지는 않아.' 등을 잘 몰라 답답함을 느끼게 된다. 왜냐하면 우리의 생각이 양 극단에 이르는 경우는 많지 않기 때문이다. 우리의 생각은 많은 경우 '아주 좋고'와 '아주 나쁘고' 사이에 있는 경우가 대부분이기 때문에 이런 류의 표현을 잘 알고 있어야 자신의 감정을 과대, 과소가 아닌 있는 그대로 표현할 수 있다.

동사에서 생겨난 감정을 표현하는 형용사: 과거분사형 vs 현재분사형

영어에는 bored / boring / surprised / surprising / annoyed / annoying / excited / exciting / amazed / amazing 등 동사에서 파생된 분사 형태의 감정 형용사들이 많다. 과거분사형(V-ed)과 현재분사형(V-ing)을 언제 어떻게 사용할 것인지와 관련하여, 사람 주어는 He's excited.처럼 과거분사형, 사물 주어는 It's exciting.처럼 현재분사형을 사용한다고 어느 문법책에서 본 기억이 있다. 그러나 이 설명은 문제의 본질에 접근하지 못한 반쪽짜리 설명에 불과하다. 왜냐하면 〈사람 주어 + 현재분사형 형용사〉, 예를 들어, He's exciting.(그 사람은 활력이 넘친다.)도 얼마든지 가능하기 때문이다.

사실 이들 형용사의 모체가 된 동사의 정확한 뜻만 파악하면 이는 전혀 외울 필요가 없는 너무나도 간단한 문제다. 예를 들어, 타동사 excite는 '~을 흥분하게 하다'란 뜻이다. 따라서 현재분사 exciting은 '흥분하게 하는 / 흥분시키는 / 활력을 주는'이란 뜻이 되고, 과거분사 excited는 '흥분한'이란 뜻이 되는 것이다. 마찬가지로 타동사 bore는 '~을 지겹게 하다'란 뜻이므로 현재분사 boring은 '지겹게 하는', 과거분사 bored는 '지겨워하는'의 뜻이 된다. 따라서 He's boring.은 '그 사람은 (남을) 지겹게 하는 사람이다.' 즉, '그 사람은 따분한 사람이다.'라는 뜻이며, He's bored.는 '그 사람은 (자신이) 심심하다.'란 뜻이 된다.

영어에서 감정을 표현하는 동사들은 모두 다 이런 식이다. 즉, 〈A(사람/사물) + 감정동사 + B(사람)〉 형식으로 'A(사람/사물)가 B(사람)를 흥분하게/지루하게/놀라게/우울하게/화나게 하다'라는 뜻이 된다. 동사 본연의 의미로 쓰이는 경우는 현재분사형(V-ing), 동사의 수동적 의미로 쓰이는 경우는 과거분사형(V-ed)을 사용하면 된다.

형용사가 생각 안 나면 동사로 행동을 묘사하라

저자의 경험으로는 형용사가 생각이 안 나거든 일단 동사로 표현하려고 시도해 보는 것이 좋다. 형용사 단어는 생각이 안 나더라도 행동을 열거하거나 묘사함으로써 자신이 말하고자 하는 바를 어느 정도 전달할 수 있다. 예를 들어, 신입사원 면접을 받고 나서 친구한테 '면접관이 깐깐했다'를 말하고 싶은데 '깐깐했다'가 영어로 잘 생각이 안 나거든 빨리 생각을 돌려 '면접관이 엄청나게 많은 질문을 해댔다', '답변하기 까다로운 질문을 해댔다', '질문들이 다 어려웠다' 등을 뜻하는 영어 문장을 생각해 보자. He asked me a lot of difficult questions.라고 하면 '깐깐했다'를 100% 전달하지는 못해도 80~90% 자신의 생각을 전달하는 데는 어려움이 없을 것이다. 이 문장 뒤에 He was such a jackass.라고 하면 '깐깐했다'는 형용사를 쓰지 않더라도 독자의 생각을 100% 충분히 전달할 수 있을 것이다.

친구가 나를 막 놀려댈 때 '너 참 얄밉다.' 역시 '얄밉다'가 잘 생각이 안 나거든 '놀리는 거 그만 좀 둘래?', '그만 좀 놀려댈래?', '그만 좀 놔둘래?', '안 도와줄 거면 가 줄래?', '나 가지고 장난 치지 말아 줄래?', '그만 좀 괴롭힐래?' 등으로 표현하면 얼마든지 자기 생각을 표현할 수가 있을 것이다. 그러면 '얄미운'이란 뜻의 형용사 mean / inconsiderate를 모르더라도 Stop making a joke about me! / Stop making fun of me. 같은 표현이 가능할 것이다.

그러나 여기서 끝나면 실력이 늘지 않는다. 모르는 단어는 시간이 지난다고 저절로 알아지는 것이 아니므로, 반드시 나중에 사전에서 내가 표현하고자 했던 단어를 찾아 봐야 한다. 경험을 통해 알게 된 단어는 쉽게 잊어 먹지 않는다. '얄밉다', '깐깐하다'를 그 상황과 결부하여 암기하면 훨씬 더 잘 기억할 수 있을 것이다.

situation:
여동생 차를 주차하다가 실수로 자동차
옆면을 약간 긁어 페인트칠이 벗겨졌다.
이 차를 뽑은 지 한 달 되었고 여동생은
이 차를 애지중지한다.

STEP 1 표제문을 영어 문장으로 만들어 보세요.

내가 자기 차를 긁었다는 것을 알면 여동생이 발광을 할 텐데.

STEP 2 표제문을 영어로 잘 옮긴 것에 모두 체크하세요.

(1) **She'll be really mad at me if she gets to know I scraped her car.**

(2) **She'll be really mad at me if she finds out I scraped her car.**

(3) **She would be really mad at me if she found out I scraped her car.**

(4) **She would be really mad at me if she were to find out I scraped her car.**

(5) **She'll be really upset with me when she learns I scraped her car.**

(6) **She'll yell at me when she finds out I've scratched her car.**

(7) **She'll go nuts when she finds out I've scratched her car.**

(8) **She'll lose her temper when she finds out I've scratched her car.**

(9) **She'll freak out when she finds out I've scratched her car.**

(10) **She'll be absolutely furious with me when she finds out I've scratched her car.**

가능한 문장 **(2) (3) (4) (5) (6) (7) (8) (9) (10)**

어휘 들여다 보기

발광하다 '분을 못이겨 성질을 내고 발광하다'를 영어로 뭐라고 하면 될까? really upset / mad / angry는 좀 약하다. 속 시원하게 표제문의 뜻을 전달하기가 어렵다. go crazy / lose her temper / go on a rampage / freak out 등을 사용할 수도 있겠지만, 형용사로 really mad / really upset / really angry / so pissed-off 등도 가능하다. 표제문 맥락에서 가장 적합한 단어는 furious다.

차를 긁다 '긁다'는 scrape 또는 scratch를 쓸 수 있다. scrape는 좀 심각하게 긁히고 파인 것을 말하고, scratch는 페인트칠만 긁히고 파이지는 않는 정도로 비교적 경미하게 긁힌 것을 말한다.

(1) She'll be really mad at me if she <u>gets to know</u> I scraped her car. ×

틀렸다. '알면'은 '알게 되면'이므로 get to know라고 한 것인데 이것은 쓰는 맥락이 달라 표제문에 사용할 수 없다. get to know는 '(모르는 사람을 누구 소개 또는 어떤 계기로) 알게 되다'란 의미다. 예를 들어, '그 여자를 어떻게 알게 된 거야?'는 How did you get to know her?다. 표제문 맥락에는 if she finds out 또는 when she knows가 바람직하다.

(2) She'll be really mad at me if she <u>finds</u> out I scraped her car. ○

(3) She <u>would</u> be really mad at me if she <u>found</u> out I scraped her car. ○

(4) She <u>would</u> be really mad at me if she <u>were to</u> find out I scraped her car. ○

좋다. (2)는 단순 조건문, (3)은 가정법 과거 문장, (4)는 가정법 미래 문장이다. 표제문은 일반적인 조건문으로도 표현이 가능하고 가정법으로도 표현이 가능하다. 일반적인 조건문이라 함은, 접속사 if를 사용하여 일반적인 의미의 '~하면 …할 것이다'라는 뜻을 표현하는 것이다. 내가 자기 차를 긁은 것을 여동생이 모르고 있는 상황이므로 가정법 과거나 가정법 미래를 활용해도 된다. 가정법 과거시제는 '현재 사실의 반대'를 다루는 문법 형식이다. (3)의 if절에 동사 과거형을 쓰고, 결과절에 〈would + 동사원형〉을 쓰고 있음을 알 수 있다. 가정법 미래는 if절에 〈were + to부정사〉를 쓴다. 이때 인칭에 관계 없이 were를 쓰므로 (4) if she were to find out은 아무런 문제가 없다.

(5) She'll <u>be really upset</u> with me when she <u>learns</u> I scraped her car. ○

좋다. 다만 맥락상 be really upset보다 훨씬 화가 났음을 표현하는 be so pissed-off가 더 좋다. 한편 여기서 learn은 '배우다'란 뜻이 아니라 '알게 되다(find out)', '인식하게 되다(realize)'란 뜻이다.

(6) She'll <u>yell at me</u> when she finds out I've scratched her car. ○

좋다. yell at me / scream at me / shout at me 모두 좋다. 이들 동사 뒤에는 전치사 at이 반드시 필요하니 주의하자.

(7) She'll <u>go nuts</u> when she finds out I've scratched her car. ○

좋다. go nuts 또는 go crazy 모두 좋다. 더 심하게 말하면 go insane도 가능하다. 여기서 go는 불완전자동사로서 2형식(SVC) 문장을 구성한다.

(8) She'll <u>lose her temper</u> when she finds out I've scratched her car. ○

좋다. lose one's temper는 '화가 나서 이성을 잃다'란 뜻이다. lose her temper / blow her top / go into a rage / go into a fit of rage / cry and go mad / go mad / flip out / be furious 모두 좋다.

(9) She'll <u>freak out</u> when she finds out I've scratched her car. ○

좋다. freak out은 '심하게 겁을 먹어서 흥분해서 날뛰다'란 뜻이다. 놀란 것에 중점이 맞춰진 상황이면, '소스라치다, 질겁하다, 기겁하다'란 뜻이고, 놀라서 흥분한 것에 중점이 맞춰졌다면, '난리 치다, 날뛰다, 흥분하다'란 뜻이 된다.

(10) She'll be absolutely <u>furious</u> with me when she finds out I've scratched her car. ○

좋다. furious는 '몹시 화가 나서 길길이 날뛰다' 정도의 뜻이다. 표제문에 정확히 들어맞는 문장이다.

교수님이 내게 질문했을 때 난 아주 긴장했어.

situation:
수업 시간에 교수님이 질문하자 갑자기 긴장해서 질문에 제대로 답변하지 못했다. 지호는 수업이 어떻게 진행되는지 잘 알고 있다.

STEP 1 표제문을 영어 문장으로 만들어 보세요.

지호 **What happened in class?**
수업 중에 뭔 일 있었어?

나

교수님이 내게 질문했을 때 난 아주 긴장했어.
I could have answered it better.
대답 더 잘할 수 있었는데.

STEP 2 표제문을 영어로 잘 옮긴 것에 모두 체크하세요.

(1) **I was worried when the professor asked me a question.**

(2) **I became worried when the professor asked me a question.**

(3) **I was tensed when the professor asked me a question.**

(4) **I became very tense as soon as the professor asked me a question.**

(5) **I was suddenly really tense as soon as the professor asked me a question.**

(6) **I tensed up a lot as soon as the professor asked me a question.**

(7) **I was worried that the professor asked me a question.**

(8) **I was tense that the professor asked me a question.**

(9) **I was tense about the professor asking me a question.**

(10) **I had butterflies in my stomach when the professor asked me a question.**

가능한 문장 (2) (4) (5) (6) (9) (10)

STEP 3 문장을 확인하세요.

> **어휘 들여다 보기**
>
> **긴장했다** worried / concerned는 '걱정되는', nervous / anxious / tense는 '불안한', '긴장한', '두려운'이란 뜻이다. 표제문 맥락에는 시험, 퀴즈, 질문 자체에 대한 걱정보다는 내게 물어볼지도 모른다고 하는 긴장감을 뜻하므로 후자 nervous / anxious / tense가 더 맞기는 하지만, 대화 상황에서 양자를 엄밀히 구분하기는 어려우므로 worried 역시 별 문제가 없다. 다만 concerned는 worried보다 훨씬 낮은 수준의 불안이므로 불안 강도가 너무 낮아 표제문 맥락에 맞지 않다.
>
> 표제문 맥락은 교수님이 예기치 않게 질문을 하는 바람에 '순간적으로 긴장 상태에 들어 갔다'는 것이므로 상태를 뜻하는 be동사와 worried / nervous / anxious / tense 조합은 맞지 않다. 예를 들어, I was tense는 교수님이 질문할 때 이미 긴장을 하고 있었다는 말이다. 질문이 나올 것을 예상하고 긴장하고 있었다는 뜻일 수도 있고 아니면 전적으로 다른 개인적인 일로 인해 스트레스를 받고 있는 상태이었다는 뜻일 수도 있다. I started feeling tense 또는 I got tense / I became tense처럼 변화를 나타내는 어구와 함께 사용하면 된다.
>
> 그렇다고 해서 표제문 맥락에 be동사를 절대로 사용할 수 없다는 말은 아니다. 변화를 나타내는 부사 suddenly를 추가하여 Suddenly I was tense라고 하거나, ⟨be + nervous + because절⟩은 가능하다. I was nervous because the professor asked me a question.은 구문의 의미상 '교수님이 질문을 한 것이 원인이 되어 내가 긴장상태에 들어갔다'는 뜻이 된다. 구문 자체에 변화가 포함되어 있으므로 이 구문에서 be동사를 쓰는 것은 아무런 문제가 없다.

(1) I was worried when the professor asked me a question. ×

(2) I became worried when the professor asked me a question. ○

(1)은 틀리고 (2)가 맞다. (1)은 수업 준비가 잘 안 되어서(I was not ready for the class) 교수님이 물어보기 전부터 이미 긴장상태에 있었다는 뜻이다. I became worried / I got worried / I started feeling worried / I was suddenly worried로 고치면 표제문에 잘 부합한다.

(3) I was tensed when the professor asked me a question. ×

(4) I <u>became very tense</u> as soon as the professor asked me a question. ○

(5) I <u>was suddenly really tense</u> as soon as the professor asked me a question. ○

법칙 14 359

(6) I <u>tensed up</u> a lot as soon as the professor asked me a question. ○

(3)은 틀리고 나머지는 좋다. 자동사 tense는 〈A(사람주어) + tense up〉 형식으로 쓰여 'A(사람주어)가 (갑자기) 긴장했다'라는 뜻을 나타낸다. 따라서 (6)처럼 I tensed up a lot이 맞는 문장이다. 또는 형용사 tense는 '긴장한'이란 뜻이므로 (4) I became very tense 또는 (5) I was suddenly really tense도 좋다. 한편, 접속사 when / as soon as 모두 좋다.

(7) I <u>was worried that</u> the professor asked me a question. ✕

틀렸다. 〈I was worried + that절〉은 미래에 발생할지도 모르는 사건에 대해 걱정했다는 뜻으로 쓰이므로 표제문 맥락에 맞지 않다. 예를 들어 I was worried that the professor would ask me a question.은 '교수님이 물어볼까 봐 긴장했다'는 뜻이 된다. that을 because로 고쳐 I was worried because the professor asked me a question.은 표제문 맥락에 맞는 문장이다. 참고로, 이 문장은 be동사를 사용하고 있지만 표제문 맥락을 표현하는 데 아무런 문제가 없다. 이는 〈be worried + because절〉 구문의 속성으로부터 because절 이하의 요인에 의해 '감정 상태의 변화가 있음'이 포함되어 있기 때문이다. 물론 I was worried 대신에 I became worried / I got worried로 고쳐도 좋다.

(8) I <u>was tense that</u> the professor asked me a question. ✕

틀렸다. 〈I was tense + that절〉 구성은 사용되지 않는다.

(9) I was tense about the professor asking me a question. ○

좋다. 이 문장에서는 두 가지 의미가 있다. 〈1〉 '갑자기 긴장했다'(I was suddenly tense)라는 의미와 〈2〉 '교수님이 물어볼지 몰라 긴장하고 있었다'(I was tense about the idea that the professor could ask you a question.)라는 의미다. 〈2〉의 경우, 교수님이 실제로 내게 물어보지 않았을 가능성도 있다. 그렇게 되면 오로지 내 상상 속에서 혹시 물어볼지 몰라 긴장했다는 의미가 된다. (9)는 〈1〉 〈2〉 중 그 어떤 뜻으로도 사용할 수 있다. 다만 표제문 맥락의 경우 I could have answered it better.라고 하는 후속 문장이 있기 때문에 〈2〉의 뜻으로 좁혀진다. 따라서 (9)는 표제문 맥락에 충분히 사용 가능하다.

(10) I <u>had butterflies in my stomach</u> when the professor asked me a question. ○

좋다. have butterflies in my stomach라는 표현은 '긴장되다'란 뜻이다. 소개팅(blind date) 또는 취직 인터뷰 등을 앞두고 느끼는 긴장감 등을 말할 때도 쓸 수 있고, 표제문과 같은 갑작스러운 사태에 긴장감이 갑자기 증가하는 경우에 대해서도 사용할 수 있다.

situation:
면접관이 꼬치꼬치 캐물은 것, 대답하기
어려운 질문을 계속 한 것에 대해 다소
부정적인 시각에서 말한다.

STEP 1 표제문을 영어 문장으로 만들어 보세요.

친구 **How did your interview go?**
면접 잘 봤어?

나

면접관이 깐깐했어.

STEP 2 표제문을 영어로 잘 옮긴 것에 모두 체크하세요.

(1) **The interviewer was too picky.**

(2) **The interviewer was strict.**

(3) **The questions were tough. I had hard time answering the questions.**

(4) **The questions were really difficult to answer.**

(5) **The interviewer did too much.**

(6) **The questions were tough. The interviewer was such a jackass.**

(7) **The interviewer was a total tight ass.**

(8) **The interviewer asked tough questions.**

(9) **The interviewer bombarded me with tough questions.**

가능한 문장 **(2) (3) (4) (6) (7) (8) (9)**

> **어휘 들여다 보기**   **깐깐하다** '(사람이) 깐깐한'이라는 뜻의 형용사로는 strict / uptight 등이 있다. 다만, strict는 '깐깐한' 외에 다른 뜻을 전달할 수도 있다. 예를 들어, 인터뷰와 관련된 규칙들(핸드폰 끄기, 똑바로 앉아 있기 등)을 지나치게 잘 따른다는 뜻도 될 수가 있다. strict(엄격한)의 주체가 될 수 있는 사람들은 선생님, 부모님처럼 나보다 위에 있는 사람들, 나를 좌우하는 권한을 갖고 있는 사람들(authoritarian figures)이다. uptight 역시 '깐깐한' 외에 '긴장한, 초조해 하는(nervous)', '(경제적으로) 쪼들리는'이라는 뜻도 있으니 맥락이 중요하다.
>
> 이런 단어가 생각나지 않으면, '질문이 어려웠다' 정도로 돌려 생각해도 좋다. 따라서 The questions were hard[tough / difficult].라고 해도 좋다. 또는 '면접관이 까다로운 질문을 해댔다'라는 뜻으로 The interviewer asked tough questions.라고 말한 다음, He was a total tight ass. / He was a real ball-buster.를 추가하면 표제문의 뜻을 정확하게 표현할 수 있다. 참고로, ball-buster는 '(불알이 으스러질 정도로) 괴로운 일 또는 달성하기 어려운 일' 또는 '그런 일을 시키는 놈'이라는 뜻이며, 비격식 구어에서 많이 사용된다.[25]

(1)   The interviewer was too picky. ×

틀렸다. picky도 '까다로운'이란 뜻이지만, 옷이나 식성이 까다롭다는 뜻이기 때문에 면접관의 성격이 까다롭다는 뜻을 표현하지 못한다. 표제문은 면접관이 어려운 질문을 꼬치꼬치 캐물은 것을 말하는 것이지 면접관의 성격에 대해 말하는 것은 아니므로 picky는 맥락에 맞지 않는다.

(2)   The interviewer was strict. ○

좋다. interview는 '(취업 등을 위한) 면접', '(언론과의) 회견'을 뜻한다. 물론 '취업 면접'임을 분명히 전달하고자 하는 경우에는 job interview라고 한다. '면접관'은 interviewer며, '깐깐한'을 형용사 strict로 나타냈다.

(3)   The questions were tough. I had hard time answering the questions. ○

(4)   The questions were really difficult to answer. ○

좋다. tough / hard / difficult / not ~ easy 모두 좋다. (4)는 원래 〈가주어 it, 진주어 to부정사〉 구문이다. 즉, It was really difficult to answer the questions. 역시 좋다. to부정사구의 목적어 the questions를 문장의 주어로 삼을 수 있으므로 The questions were really difficult to answer.가 된 것이다.

(5)   The interviewer did too much. ×

틀렸다. '면접관이 너무 심하게 했다.'를 직역해 본 것인데 전혀 말이 안 된다.

(6)   The questions were tough. The interviewer was such a jackass. ○

좋다. such a jackass는 단독으로는 '깐깐했다'라는 뜻이 아니라 온갖 부정적인 뜻은 다 가지고 있다고 봐도 되겠다. The questions were tough.가 앞에 있기 때문에 The interviewer was such a jackass.를 표제문 뜻으로 사용할 수가 있게 된 것이다. jackass

는 사전에 흔히 '멍청한 자식'으로 번역되어 있다. 하지만 이렇게만 생각하면 jackass의 의미를 제대로 알 수가 없다. jackass는 거만하고(arrogant) 자기가 최고라고 자만하는 '시건방진 놈', '쥐뿔도 자기 주제도 모르는 놈'이 더 정확한 표현이다. 예를 들면, 2009년에 오바마 대통령이 CNBC와 인터뷰 직전에 비보도(off the record)를 전제로 유명한 래퍼 Kanye West(카녜 웨스트)를 He's a jackass.라고 비난한 것이 바깥으로 누출되어 곤욕을 치른 적이 있다. Kanye West는 같은 달 13일 MTV 비디오뮤직어워드에서 Taylor Swift(테일러 스위프트)가 수상 소감(acceptance speech)을 말하려고 하는 순간 마이크를 빼앗아 '이 상은 Beyoncé(비욘세)가 받아야 했다'며 돌발 발언을 해 빈축을 산 적이 있었다. Kanye West는 결코 멍청하지는 않다. 아주 똑똑하고 예술가로서의 영감 역시 넘치는 사람이다. 다만 인간성이 더럽고 거만한 사람이다. 이런 사람을 jackass라고 한다.

(7) The interviewer was a total <u>tight ass</u>. ○

좋다. a total tight ass는 strict하다는 말이다. 따라서 (7) 단독으로 사용해도 표제문 맥락에 정확히 부합한다. tight ass는 표제문 맥락처럼 '규정에 엄격한 사람', '융통성이 없는 사람', '고지식한 사람'이라는 뜻도 있고 '구두쇠/자린고비/짠돌이(a penny pincher; a Scrooge)'라는 뜻도 있다. 다들 술 마시며 춤추고 놀고 있는데 혼자서 꿔다 놓은 보릿자루마냥 앉아 있는 친구에게 Don't be such a tight ass.라고 하면 '분위기 깨지 마.', '너무 심각하게 그러지 좀 마.', '적당히 좀 해라!', '재밌게 좀 살자!' 정도의 뜻이 된다.

(8) The interviewer asked tough questions. ○

(9) The interviewer <u>bombarded</u> me with tough questions. ○

좋다. (9)의 bombard[bɑmbɑ́ːrd]는 '포격하다, 폭격하다'란 뜻에서 발원하여 '(~에게 질문·탄원 등을) 퍼붓다'라는 뜻으로 의미가 확장되었다. 〈bombard + A(사람) + with + B(질문)〉 형식으로 사용된다.

너무 너무 괴로워.

situation:
2년 동안 사귀다가 여자친구한테
차였다. 아직도 여자친구를 정말
사랑하고 있는데 갑작스러운 이별
통보에 심적으로 매우 괴롭다.
나는 20대 초반이다.

STEP 1 표제문을 영어 문장으로 만들어 보세요.

She dumped me after dating two years. I still really love her.

수지가 2년이나 사귀다가 날 차 버렸어.　　　　　　　아직도 수지를 정말 사랑하는데.

너무 너무 괴로워.

STEP 2 표제문을 영어로 잘 옮긴 것에 모두 체크하세요.

(1) **I feel pain.**

(2) **I'm in so much pain.**

(3) **I feel painful.**

(4) **It's so painful.**

(5) **It hurts so badly.**

(6) **I'm so distressed.**

(7) **I'm devastated.**

(8) **I'm so heartbroken.**

(9) **I feel like I'm ripped in two.**

(10) **I feel torn up inside.**

(11) My heart is torn apart.

(12) I'm overwhelmed with heartache.

가능한 문장 (2) (4) (5) (6) (7) (8) (9) (10) (11) (12)

STEP 3 문장을 확인하세요.

> **어휘 들여다 보기** **괴롭다** '괴롭다'는 여러 맥락에서 사용된다. 〈1〉호감이 가는 이성에게 용기를 내서 데이트 신청을 했는데 거절당해 '괴롭다', 〈2〉 사랑하는 애인한테 버림받아 '마음이 아프다', 〈3〉 아내와 우리 엄마가 사사건건 대립한다. 내가 중간에 끼어서 이러지도 저러지도 못하고 '괴롭다', 〈4〉 주식 투자를 했다가 돈을 많이 날려 '괴롭다' 등 다양한 맥락에서 사용될 수 있다.
>
> 여기서 〈1〉보다는 〈2〉가 훨씬 강한 감정으로, 여기서 '괴롭다'는 상당히 강한 고통스러운 감정이다. 위에 나오 상황 모두에 '괴롭다'를 사용할 수 있지만, 감정의 내용과 강도는 각각 다르다. 각 상황의 '괴롭다'를 영어로 distressed / depressed 등으로 두루두루 표현할 수도 있겠고, 각 상황에 맞는 단어를 사용하여 표현할 수도 있겠다. 〈1〉 painful, 〈2〉 heartbroken, 〈3〉 torn apart / torn between the two, 〈4〉 bitter / upset / miserable 등이 가능하겠다. 당연히 이는 절대적인 구분은 아니고 다른 맥락에서 사용되는 경우도 적지 않다. 예를 들어, 표제문 맥락 〈2〉에 형용사 painful도 충분히 사용할 수 있다. 다만 It's painful.은 너무 약하니까 It's so painful. 또는 It's incredibly painful.이 좋다. 형용사 painful은 '고통을 주는', '아픔을 주는'이란 뜻이므로 painful의 주어는 '그 경험', 즉 It이 되어야 한다. 따라서 I'm painful.은 완전히 틀렸다. 반면, heartbroken은 '상심한', '괴로운'이란 뜻이므로 heartbroken의 주어는 '사람', 즉 I가 되어야 한다. 따라서 I'm heartbroken.이 맞다.[26]

(1)　I feel pain. ×

틀렸다. '괴롭다.'를 I feel pain.이라고 하기 쉽지만 이 표현은 신체적 고통(physical pain)만을 나타낼 때 쓸 수 있으며, 반드시 신체부위와 함께 사용해야 한다. 즉, I feel pain in my chest.(가슴에 통증이 있다.), I feel pain in my knee.(무릎이 아프다.), I feel pain in every joint.(온몸 뼈마디가 쑤신다.)처럼 쓴다.

(2)　I'm in so much pain. ○

좋다. be in pain은 '(통증으로) 아파하다'라는 뜻인데, 심리적이거나 감정적인 고통에도 사용할 수 있다. 다만 I'm in pain.은 너무 약한 감정이기 때문에 I'm in so much pain. 또는 I'm in a lot of pain.이라고 해야 좋다.

(3)　I feel painful. ×

(4)　It's so painful. ○

(3)은 틀리고 (4)는 좋다. painful은 사람을 주어로 삼지 않으므로 I'm painful.이 아니라 It's painful.이라고 해야 맞다. painful은 '(상처/신체부위가) 아픈', '(수술/병 따위가) 아픔을 수반하는', '(기억/경험/뉴스 따위가) 불쾌한, 싫은, 가슴 아픈, 지겨운'이라는 뜻이다. painful의 주어로

는 therapy(치료) / disease(병) / injury(상처) 또는 신체부위인 ankle(발목) / back(등, 허리) 등이 가능하다.

(5) It <u>hurts</u> so badly. ○

좋다. 표제문의 '괴롭다', '마음이 아프다'는 It hurts so badly. 또는 It really hurts. 둘 다 좋다. 물론 여기서 대명사 it은 여자친구한테 차인 것을 뜻한다. 한편, It hurts!는 신체적 통증에 대해서도 사용할 수 있는 말이다. 상대방이 내 손을 붙잡고 놓지 않아 손목이 아픈 경우, Get off me! It hurts.(이거 놔! 아프단 말야.)라고 할 수 있다.

(6) I'm so <u>distressed</u>. ○

(7) I'm <u>devastated</u>. ○

(8) I'm so <u>heartbroken</u>. ○

좋다. (6)의 distressed는 '슬픈/괴로운/비통한'이라는 뜻이다. (7)의 동사 devastate는 '황폐하게 만들다', '쑥대밭을 만들다', '폐허로 만들다'라는 뜻이며, 형용사 devastated는 '폐허가 된', '비탄에 잠긴', '(실연의) 충격에 헤어나질 못하고 있는'이란 뜻이 된다. (8)의 heartbroken은 '상심한', '슬픔에 잠긴'이란 뜻으로, 특히 남녀가 헤어져 느끼는 상심을 나타내는 경우가 많다.

(9) I feel like I'm <u>ripped in two</u>. ○

(10) I feel <u>torn up inside</u>. ○

(11) My heart is <u>torn apart</u>. ○

좋다. ripped in two = torn apart = torn up inside = heartbroken이다. torn은 tear의 과거분사형인데, 〈tear + A(목적어) + apart〉는 'A(목적어)를 쪼개다, 찢다, 해체하다'라는 뜻이다. 예를 들어, '내전으로 나라가 분열되고 있다.'는 The civil war is tearing the country apart.라고 한다. 사람들이 어느 편으로 나뉘어(People have chosen sides) 갈등하고 있는 현상을 뜻한다. 〈tear + A(사람) + apart〉는 'A(사람)의 가슴을 찢어지게/미어지게 하다'라는 뜻을 갖는다.

(12) I'm <u>overwhelmed with</u> <u>heartache</u>. ○

좋다. be overwhelmed with는 '~로 넘치다, 압도당하다'라는 뜻이고, heartache는 심장이 아플 정도로 '큰 고통'을 뜻한다. 아울러, I have unbearable heartache. / I feel overwhelming heartache.도 좋다.

situation:
오늘 아침부터 저녁까지 하루 종일 데스크톱 컴퓨터로 작업을 했다. 오래 작업하고 나니 목이 뻐근하고 눈알이 튀어 나올 것처럼 아프다.

STEP 1 표제문을 영어 문장으로 만들어 보세요.

After many hours on the computer,

컴퓨터를 오래 했더니   목이 뻐근하고 눈알이 튀어나올 것처럼 아파.

STEP 2 표제문을 영어로 잘 옮긴 것에 모두 체크하세요.

(1) **my neck is hard and my eyes are bugging out of my head.**

(2) **my neck is stiff and I feel like my eyes are popping out.**

(3) **my neck is stiff and my eyes feel really painful.**

(4) **my neck is really tense and my eyes are really tired.**

(5) **my neck is sore and my eyes are puffy.**

(6) **my neck is tight and my eyes are dry and bloodshot.**

(7) **I have a stiff neck and sore eyes.**

(8) **I have a neckache and sore eyes.**

(9) **my neck hurts and my eyes are dry and bloodshot.**

가능한 문장 **(2) (3) (4) (5) (6) (7) (9)**

목이 뻐근하다 하루 종일 컴퓨터 화면을 보며 작업한 결과 '목이 뻐근하다.'는 형용사 stiff를 써서 My neck is stiff. 또는 I have a stiff neck.이라고 하면 좋다. 또는 tight / tense / sore 등을 활용해도 좋다. 영어사전을 아무리 뒤져 봐도 tight에 '뻐근한'이라는 뜻을 찾기는 어려울 것이다. 그러나 갑자기 무리를 했거나 운동을 격하게 한 경우, 또는 잠을 잘 못 잔 경우 '근육이 뻐근하다 / 뻑뻑하다 / 뭉쳤다 / 알이 배겼다'라는 뜻으로 My muscles are tight.이라고 말한다. 한편 '목이 뻣뻣하다', '뻐근하다'는 '목 근육이 뭉쳤다'라고도 할 수 있다. 영어로는 bunched up이라고 하는 표현이 비슷한 느낌을 표현한다. 즉 My neck is bunched up. / My neck muscles are bunched up.이라고 한다.

눈이 아프다 '눈알이 튀어 나올 듯이 아프다'에 가까운 영어 직역은 I feel like my eyes are popping out.이다. my eyes pop out은 문자 그대로 '눈이 튀어 나올 듯이 아프다' 정도의 의미도 있지만, '매우 놀랐다'는 비유적인 의미로 더 자주 쓰인다. My eyes are bugging out of my head.라는 표현도 있는데, 이는 '어떤 사건/사물에 매우 흥미를 느껴 눈이 휘둥그래지다'라는 뜻이다. 물론 표제문 맥락에는 전혀 맞지 않는다. 한편 '피곤해서 눈알이 튀어 나올 듯이 아프다'는 '눈이 엄청 긴장되어 있다'는 뜻이니까 My eyes are strained. 또는 I feel some eye strain.이라고 해도 좋다. '눈이 아프다'에 중점을 두면 My eyes are sore[tired / red]. 또는 My eyes are dry and bloodshot.이라고 말하면 된다.

(1)　　my neck is <u>hard</u> and <u>my eyes are bugging out of my head.</u> ×

(2)　　my neck is <u>stiff</u> and I feel like <u>my eyes are popping out.</u> ○
(1)은 틀리고 (2)는 좋다. my neck is hard는 맞지 않은 조합이다. ⟨my neck is + stiff / tight / sore / tense⟩는 좋다. 한편, my eyes are bugging out of my head는 놀랐거나 흥미로운 것을 보고 '눈이 휘둥그래졌다'라는 뜻이다. 표제문 맥락에는 my eyes are popping out이 좋다.

(3)　　my neck is stiff and my eyes <u>feel</u> really <u>painful.</u> ○
좋다. 목(neck)이 아픈 상황, 눈(eyes)이 충혈되고 아픈 상황에 painful을 사용할 수 있으나, 동사 선택에 제약이 있다. 형용사 painful은 '고통을 주는', '아픔을 주는'이란 뜻이므로 ⟨be동사 + painful⟩의 주어는 '아픔을 주는 그 경험/상처'가 되어야 한다. 내 눈이 고통을 주는 것은 아니므로 My eyes are painful.은 틀린 문장이다. 그러나 ⟨My eyes + feel + painful⟩ 형식은 가능하다. feel을 실제로 느끼는 주체는 '나'다. My eyes feel painful.은 '내가 통증을 느끼는데 그 위치는 두 눈이다' 정도의 뜻이라고 생각하면 된다. 반면 My neck is painful.은 가능하다. 아울러 '허리가 아프다.', '무릎이 아프다'라고 할 때 My back is painful. / My knee is painful. 역시 가능하다. 물론 is 대신 feels로 교체한 My back feels painful. / My knee feels painful.은 더욱 자연스러운 문장이 된다. 모두 신체부위 (body part)인데 어떤 부위는 ⟨be + painful⟩의 주어가 될 수 있고 어떤 것은 될 수 없는지 논리적으로 얘기하기는 어렵다. 언어 습관이 이렇다고 말할 수밖에 없다.

(4) my neck is really <u>tense</u> and my eyes are really <u>tired</u>. ○

(5) my neck is <u>sore</u> and my eyes are <u>puffy</u>. ○

(6) my neck is <u>tight</u> and my eyes are <u>dry and bloodshot</u>. ○

좋다. '목이 뻐근한'은 형용사 tense / sore / tight를 활용할 수 있다. **(5)** puffy는 '(울어서, 수면부족으로 눈이) 부어 있는'이란 뜻이다. **(6)** dry는 '(습기가 없어) 뻑뻑한', bloodshot은 '눈이 충혈된'이라는 뜻이므로 표제문 맥락에 어느 정도 부합한다.

(7) I have a <u>stiff neck</u> and <u>sore eyes</u>. ○

(8) I have a <u>neckache</u> and <u>sore eyes</u>. ×

(7)은 맞고 **(8)**은 틀렸다. neckache는 없는 단어다. **(7)** a stiff neck은 괜찮다. 한편 I have a sore neck.(목이 뻐근하다.) / I have sore eyes.(눈이 충혈되고 빨갛게 되었다.)에서 sore는 '피곤한(tired)'이란 뜻이지만, I have a sore throat.(목(후두)이 아프다. / 인후염에 걸렸다.)에서 sore는 염증(inflammation)으로 인해 '삼키기가 힘들다.(Swallowing is difficult.)'는 뜻이다.

(9) my neck <u>hurts</u> and my eyes are dry and bloodshot. ○

좋다. my neck hurts는 '(후두가 아닌, 외부에 보이는) 목이 아프다'는 말이다. '(후두가 부어올라) 목이 아프다'는 I have a sore throat.라고 한다. a sore throat는 '인후염'을 말한다. 반면 a sore neck은 '목이 뻣뻣하다'는 뜻이다. 전자는 염증, 후자는 신체적이고 물리적인 통증을 뜻한다.

A
그 여자는 남자친구에게 집착이 너무 심해.

situation: 그 여자는 항상 남자친구 행방이 궁금해서 전전긍긍한다. 남자친구가 연락이 안 되면 화를 잘 낸다.

(1) She is sticking to her boyfriend. ☐

(2) She is too obsessive of her boyfriend. ☐

(3) She is really clingy with her boyfriend. ☐

(4) She is overly jealous. ☐

(5) She's annoyed that her boyfriend forgets to check up on her regularly. ☐

(6) She panicks when her boyfriend is out of reach. ☐

'집착이 심한'은 형용사 obsessive / obsessed[27] / clingy / overly jealous로 표현할 수 있다. 좀 강한 단어이기는 하지만 형용사 paranoid도 있다. '편집증이 있는, 피해망상이 있는', '지나치게 병적으로 의심이 많은'이라는 뜻이다. She is paranoid when her boyfriend is out of reach.라고 하면 표제문의 뜻이 된다. ⟨be hung up on + A(사람)⟩ 역시 'A(사람)에게 집착하다'라는 뜻이므로 She's hung up on her boyfriend.도 좋다.[28] 한편, 표제문 뜻을 전달할 만한 행동을 묘사하는 것도 방법이다. '집착이 심하다'를 '문자 보냈는데 즉시 답신하지 않으면 마구 성질을 낸다.'로 전환해 She's annoyed when her boyfriend doesn't respond to her messages immediately.라고 해도 좋고, '남자친구가 다른 여자하고 얘기하는 것을 아주 싫어한다.'라고 전환해 She doesn't like it at all when her boyfriend talks to other girls.라고 말할 수도 있다.

(1) 틀렸다. stick to는 '(어려움을 참고) ~을 계속하다', '(자기 주장을 바꾸지 않고) 고수하다'라는 뜻이다. 참고로, 전치사 to를 with로 고친 She's sticking with her boyfriend.는 '그 여자는 남자친구에 아주 헌신적이다.'라는 전혀 다른 뜻이 된다. (2) 틀렸다. 전치사 of 대신 about을 써서 She's too obsessive about her boyfriend.라고 하면 좋다. 또는 She's obsessed with her boyfriend. / She obsesses over her boyfriend. 역시 좋다. obsess [əbsés]는 타동사, 자동사로 쓰인다. 타동사로서 ⟨A(사람/생각) + obsess + B(사람)⟩ 형식으로 사용되어 'A(사람/생각)이 B(사람)의 생각을 사로잡다'라는 뜻이고, 자동사로서 ⟨A(사람) + obsess + over + B(사람/생각)⟩ 형식으로 'A(사람)이 B(사람/생각)에 집착하다'라는 뜻이다. 전자는 타동사 obsess가 수동태로 쓰인 것이고, 후자는 자동사 obsess를 사용한 문장이다. (3) 좋다. with her boyfriend를 생략하는 것을 더 선호하는 사람도 있다. 즉, She's really clingy.만으로도 네이티브는 예외 없이 남녀관계 문제라고 이해하기 때문이다. (4) 좋다. jealous를 '질투하는', '부러워하는', '시기하는'이란 뜻으로만 생각하면 이 문장이 이해가 잘 안될 수가 있다. 그러나 이 문장은 표제문 맥락에 전적으로 잘 맞는 문장이다. 네이티브는 (4)를 듣자마자 자동으로 She doesn't like it at all when her boyfriend talks to other girls.라고 이해한다. (5) 좋다. ⟨check up on + A(사람)⟩은 'A(사람)의 안부를 묻다 / A(사람)가 잘 있는지 살펴보다'라는 뜻이다. 쉽게 말해 (5)는 '남자친구가 안 챙겨 주면 신경질을 낸다'는 뜻이다. (6) 좋다. 명사 panic은 '(갑작스러운) 극심한 공포/공황상태', 동사 panic은 '겁에 질려 어쩔 줄 모르다 / 공황상태에 빠지다'라는 뜻이다. 동사원형은 panic이나, 분사 등으로 사용될 때는 반드시 뒤에 k를 추가해서 쓴다. 즉, 현재분사는 panicking, 과거 및 과거분사는 panicked, 3인칭단수형 panicks처럼 k가 추가된다.

It's really frustrating to see him act like that.

걔는 애가 물러 터졌어.

하는 거 보고 있으면 답답해.

(1)　He is whimsical. ☐

(2)　He's not strong-willed. ☐

(3)　He's used to being bossed around. ☐

(4)　He's too wishy-washy. ☐

(5)　He's too submissive. ☐

(6)　He is a pushover. ☐

(7)　He just can't speak up for himself. ☐

(8)　He readily follows what others tell him to do. ☐

(9)　He never fights for his ideas. ☐

(10)　He's easily taken advantage of. ☐

'(성격이) 물러 터진'은 '지나치게 고분고분한', '지나치게 순종적인', '자기 주장을 못하는'이란 뜻이다. 따라서 형용사 too submissive / wishy-washy / weak-willed 등으로 표현할 수 있다. 다만 flexible(유연한)이나 obedient(말을 잘 듣는)는 적절하지 않다.

(1) 틀렸다. whimsical은 '물러 터진'이 아니라 '종잡을 수 없는(unpredictable)', '즉흥적인(spontaneous)'이란 뜻이다. **(2)** 틀렸다. He's not strong-willed.에는 '의지력이 약하다 / 추진력이 없다'라는 뜻도 있고 '물러 터졌다'란 뜻도 있다. 이 문장과 뒤에 이어지는 문장만 듣고서는 이 두 의미 중 어느 것을 뜻하는지 알 수 없기 때문에 썩 좋은 문장이라고 할 수 없다. **(3)** 좋다. 동사 boss around는 '~을 쥐고 흔들다', '이래라 저래라 시키다'란 뜻이다. 예를 들어, '나한테 이래라 저래라 하지 마라.'는 Don't boss me around. / '그 여자는 남편을 쥐고 흔든다.'는 She bosses her husband around.다. 한편, ⟨be used to + V-ing⟩는 '~에 익숙하다', '~에 이골이 났다', '~이 늘상 있는 일이다'라는 의미다. 이때 used의 발음은 [juːst]다. 참고로, used[juːzd]는 형용사로는 '중고의', '사용된'이란 뜻이며, 또는 동사 used의 과거 및 과거분사로 사용된다. **(4)(5)(6)** 좋다. **(4)** wishy-washy는 '(사람, 태도 등이) 우유부단한'이란 뜻이다. '(스스로 자기 생각이 자주 바뀐다는 의미로) 우유부단한'이란 뜻도 가능하고, '(다른 사람 말에 쉽게 현혹되어 생각이 자주 바뀐다는 의미로) 물러 터진', '남들이 시키는 대로만 하는'이라는 뜻도 가능하다. **(5)** submissive는 '순종적인'이란 뜻이고, **(6)** pushover는 '잘 속는 사람', '만만한 상대', '호구'를 뜻한다. **(7)** 좋다. speak up은 '큰소리로 말하다', '강력하게 변호하다', '똑똑히 잘라 말하다'라는 뜻이다. **(8)** 좋다. '자기 생각이 없다'는 뜻이다. easily / readily 둘 다 좋다. **(9)(10)** 좋다. fight for는 '~을 위해 싸우다'란 뜻으로, **(9)**는 '자기 생각을 지키기 위해 싸우지 않는다'는 의미이다. **(10)**의 take advantage of는 '~을 이용하다'인데 좋은 의미로 사용되기도 하지만, '악용하다', '이용해 먹다'라는 좋지 않은 의미로 사용되기도 한다.

situation: 그 사람은 어려움에 처한 사람을 그냥 지나가지 못하고 기꺼이 도움을 베푼다.

He just can't ignore people who are in need of help.

그 사람은 인정이 많아.

도움이 필요한 사람을 보면 그냥 지나치지 못해.

(1) He is full of heart. ☐

(2) He has a warm heart. ☐

(3) He's full of kindness. ☐

(4) He has a lot of sympathy for people in need. ☐

(5) He takes pity on people in need. ☐

(6) He is compassionate. ☐

(7) He's kind-hearted. ☐

(8) He can't overlook people in trouble. ☐

(9) He finds it easy to put himself in other people's shoes. ☐

(10) He's a good Samaritan. ☐

'인정'은 sympathy / empathy / compassion이므로 '인정이 많다'는 He has a lot of sympathy[empathy / compassion] for people in need.[29]라고 하면 좋다. '인정이 많은'을 뜻하는 형용사 sympathetic / empathetic / compassionate / kind-hearted / caring 등을 활용해도 좋다. pity도 불쌍한 마음, 측은한 마음을 뜻하는 것은 맞지만 대상이 되는 사람들이 '구제불능이다 / 희망이 없다'는 부정적인 뜻이 내포되어 있다. 따라서 He has a lot of pities for people in need.는 다소간 부정적인 뜻으로 해석될 여지도 있으므로 He takes pity on people in need.처럼 〈take + pity〉 형식으로 사용하면 표제문에 잘 부합한다.

(1) (2) (3) 좋다. '인정'을 heart / a warm heart / kindness로 표현할 수 있다. 다만 이들 표현들은 다소 상투적인 표현(cliche)임을 기억하기 바란다. **(4)** 좋다. 명사 sympathy를 써서 He has a lot of sympathy for people in need. 또는 동사 sympathize를 써서 He sympathizes with people. 또는 형용사 sympathetic을 써서 He's sympathetic with[towards] people. 모두 좋다. 명사, 동사, 형용사로 바뀌면서 전치사도 달라지는 점에 주의하자. **(5)** 좋다. take pity는 100% 긍정적인 의미만 있는데, 명사 He has a lot of pity. 또는 동사 He pities people.에는 '도저히 가망이 없는 사람들이야.', '도저히 안되는 사람들이야.' 등과 같은 부정적인 어감을 전달할 가능성도 있으니 주의해야 한다. 다만 표제문 맥락에는 후속 문장 He just can't ignore people who are in need of help.로 인해 긍정적인 맥락임이 분명하므로 이들 문장들 또한 문제 없이 사용할 수 있다.

(6) (7) 좋다. He's compassionate.는 He cares about people.과 같은 뜻이다. sympathetic / empathetic / soft-hearted / kind-hearted / warm-hearted / caring 역시 좋다. **(8)** 좋다. 형용사가 생각이 나지 않거든 행동을 그대로 묘사하는 것도 방법이다. overlook 대신에 ignore / pass by 역시 좋다. 모양은 overlook과 비슷하지만 look over는 '(책을) 대충 훑어보다'란 뜻이라서 틀렸다. **(9)** 좋다. 여기서 find는 '발견하다'가 아니라 '~라고 생각하다'란 뜻이며 이런 뜻으로는 5형식(SVOC)으로 자주 사용된다. 즉, 〈find + A(목적어) + B(목적보어)〉 형식으로 'A(목적어)가 B(목적보어)하다고 생각하다'란 뜻인데 '생

각하다'를 없애 버리고 'A(목적어)가 B(목적보어)다'라고 옮기는 것이 더 자연스럽다. 목적어 it은 to put himself in other people's shoes가 너무 길기 때문에 뒤로 돌리고 그 자리에 아무런 뜻이 없이 5형식을 유지하기 위해 사용된 '가목적어'다. 즉, (9)는 '그 사람은 다른 사람 입장/처지/관점에 스스로를 놓아 보는 것이 쉽다.', 즉, '다른 사람의 처지를 잘 이해한다', 다시 말하면 '인정이 많다'는 뜻이 된다. (10) 좋다. 아무도 도와주지 않는 부상자를 도와준 사마리아인 얘기가 성경에 있다. 제사장과 레위인은 모른 체하고 지나가 버렸지만, 사마리아인(Samaritan)은 강도 당한 사람을 보살펴 주었다. 이 이야기에서 유래되어 곤경에 처한 사람에게 위로와 도움을 주는 사람을 '선한 사마리아인'이라고 표현하는데, 영어로는 a good Samaritan[səmǽrətn]이라고 한다.

<table>
<tr><td>D
걔는 통통한 편이야</td><td>situation: 그 여자애는 표준체중에서 5kg 정도 더 나간다. 중립적 또는 긍정적 표현을 하고 싶다. 다만 특별히 운동을 열심히 했거나 특별히 체형이 좋거나 하지는 않다.</td></tr>
</table>

That's why I like her. I hate skinny girls.

걔는 통통한 편이야.　　　　　　그게 내가 걔를 좋아하는 이유지. 난 마른 애들은 싫거든.

(1) She's a little overweight. ☐

(2) She's plump. ☐

(3) She is a little heavy set. ☐

(4) She has a little bit of meat on her. ☐

(5) She's well-built. ☐

(6) She has an average build. ☐

(7) She is average set. ☐

(8) She's average sized. ☐

(9) She's not really big, not really small, just average. ☐

중립적인 의미의 '통통하다'를 말하고자 하는 경우, 사전에는 '포동포동한', '통통한' 뜻으로 plump / chubby / bonny 등이 나오지만, 여성에게 이 단어를 사용하면 매우 부정적인 뜻이 된다.[30] plump / chubby는 아주 통통하고 더 이상 몸매에 신경 쓰지 않는 할머니가 연상되는 단어이며, bonny는 아주 오래된 단어로 거의 사용되지 않는다. 중립적인 의미의 '통통하다'는 a little heavy set으로 표현하면 좋다. 형용사 heavy set은 '뚱뚱한(fat / overweight)'의 완곡어구이다. 여기에 a little을 덧붙여 She's a little heavy set.이라고 하면 표제문 뜻을 잘 표현할 수 있다. 참고로, 여자가 날씬하다는 뜻을 갖는 형용사는 skinny / slender / slim / thin이며, underweight는 지나치게 말랐다는 뜻으로 부정적인 어감을 전달한다. 남자가 날씬한 경우 He is lean.이라고 하며, 군살이 없고 단단해 보이는 것은 He is fit. / He is in good shape. / He is well-built.라고 할 수 있다. 한편 He is wiry.는 '철사 같다'는 뜻이므로 약간 부정적인 어감이 있다. 남녀를 불문하고 키가 크고 마른(tall and thin) 것을 중립적으로 표현할 때는 lanky(호리호리하다)라는 단어를 쓸 수 있다.

(1) 틀렸다. overweight는 '뚱뚱한'이다. 아무리 a little overweight라고 해도 overweight가 너무나도 부정적인 의미가 강하므로 매우 부정적인 문장이 된다.   **(2)** 틀렸다. fat / overweight는 말할 것도 없고 plump / stocky / chubby 모두 부정적인 어감을 주는 단어들이다. 특히 plump는 아주 부정적이며 여성에게 사용하기에 너무 harsh하다. stocky는 tomboy(사내 같은 계집아이) 스타일의 여자를 뜻한다. chubby 역시 부정적인 어감이다.   **(3)** 좋다. heavy set은 형용사이므로 부정관사는 필요 없다. She is a little heavy set.도 좋고 비교급 She is a little heavier set.도 좋다. 몸매는 민감한(touchy) 주제이므로 비교급으로 표현하면 다소 부드러운 표현이 된다.   **(4)** 좋다. She has a little bit of meat on her.는 표제문 맥락에 부합하기는 한데, 유머러스한 표현이고 다소간 성적인 뉘앙스가 있다.   **(5)** 틀렸다. well-built는 She's curvaceous.(S라인 몸매다.) / She's in good shape.(몸매가 좋다) / She's athletic.(운동으로 다져져 건강미가 넘친다.)란 뜻이기 때문에 표제문과 전혀 다른 뜻이 된다. 특히 남자에게 쓰면 well built는 '체격이 좋다', '어깨가 딱 벌어졌다', '건장하다'라는 뜻이 된다.   **(6) (7)** 좋다. 명사 build는 '(사람의) 체구'이므로 an average build는 '보통 체구'를 뜻한다. average set은 '보통 체구인'을 뜻하는 형용사다. average set은 사전에 수록되어 있지 않다. heavy set에서 파생되었으나 아직 정식 단어로 인정받지 못하는 상태인 것 같다.   **(8)** 좋다. average sized / medium sized / regular sized 모두 좋다.   **(9)** 좋다. just average라고만 하면 도대체 무엇의 '평균'인지를 전혀 알 수가 없기 때문에 표제문 뜻을 전혀 전달하지 못한다. She's not really big, not really small을 추가하면 just average가 '체구'의 '평균'임을 나타내게 된다. 물론 독자의 선호에 따라 얼마든지 다양하게 표현할 수 있다. She's not overweight, not exactly slim either. She's average. / She's not slim, but not heavy either. She's just average. / She isn't super skinny either, but definitely not heavy. She's average. / She's not skinny-skinny, but she's not fat and fabulous either. She's just average. 같은 문장도 가능하다.

가능한 문장   **A** (3) (4) (5) (6)   **B** (3) (4) (5) (6) (7) (8) (9) (10)   **C** (1) (2) (3) (4) (5) (6) (7) (8) (9) (10)   **D** (3) (4) (6) (7) (8) (9)

문장은
부사로
완성된다

080 그 선수는 부상으로 시즌 내내 출전하지 못했어.

081 이거 세일 때 싸게 샀어.

082 나도 그렇게 생각해.

083 (속이 안 좋아서) 점심을 거의 안 먹었어.

084 내가 다른 약속이 있을지도 모른다는 생각은 안 들었지?

법 칙
15

문장은
부사로
완성된다

누구나 아는 쉬운 부사, 정말로 쉬울까?

어젯밤 회식 때 '나 술 많이 마셨어.'라고 할 때 I drank much. 또는 I drank very much.라고 하면 될까? 안타깝게도 '많이'를 뜻하는 부사 much / very much는 긍정 평서문에는 사용하지 않는다. 이때는 I drank a lot.이라고 해야 맞는 문장이 된다. Thank you very much.를 예로 들며 당장 저자가 틀렸다고 반박하는 독자들도 있을 것이다. 그래서 위에서 '무조건' much / very much가 아니라 '많이'를 뜻하는 부사 much / very much라고 한 것이다. 독자들을 혼란스럽게 해서 미안하기는 하지만 too much / so much는 긍정 평서문에 아무런 제약 없이 사용된다. 즉, I drank so much. / I drank too much. 모두 아주 자연스러운 문장들이다. 물론 부정문 I didn't drink much. / 의문문 Did you drink very much last night?에서는 얼마든지 much / very much가 가능하다.

그렇다면, '그 회사는 월급을 많이 준다.'는 They company gives salaries a lot.이라고 하면 될까? 이때 '많이 준다'는 pay well이라고 한다. 즉, The company pays well.이 딱 맞는 표현이다. 또는 아예 형용사를 써서 The company pays competitive salaries to its employees. 또는 The average salary is much higher than other companies.라고 한다.

상대방이 말한 것에 맞장구 치는 차원에서 '나도 그렇게 생각해.'라는 뜻으로 I think so.라는 표현을 많이들 쓴다. 사실은 I think so, too.라고 해야 맞는다. 저자도 수없이 저질렀던 실수다. I think so.는 Is the final next Friday?(기말고사 다음 주 금요일이야?)처럼 직접적으로 질문을 받은 경우, 100% 확실하게 알지 못하는 상황에서 대답할 때 사용된다. 우리가 생각하기에는 반드시 too를 사용해야 할 것 같은 상황에서 실제로 too를 반드시 사용할 필요가 없는 경우도 매우 많다. 예를 들어, 동료가 두르고 있는 명품 실크 스카프가 마음에 들어 '나도 똑같은 것으로 하나 사야지.'라고 할 때, I'm going to buy the same.이라고만 해도 여전히 자연스러운 문장이다. I'm going to buy the same, too.라고 해도 되지만 too가 반드시 필요한 것은 아니다. too가 있으면 오히려 더 길기만 하고 중복적(redundant)이기 때문에 생략하는 것이 더 낫다고 하는 네이티브도 있다.

이렇듯이 누구나 알고 있어 쉽다고 하는 부사들도 알고 보면 전혀 쉽지가 않다. too / either / so / hardly / barely 등의 부사들은 그 사용되는 빈도에 비해 한국인 영어 학습자의 이해가 상당히 부족하다. 지면 관계상 이 장에서 다 다루지는 못 하지만 독자들은 다음과 같은 부사들의 쓰임에 특히 유의할 필요가 있다.

really / very / too / so
still / yet
even
ever / only / just
either / neither / too
hardly / barely / rarely / scarcely / seldom
little / a little
few / a few
either / both[31]

문장 속에서 부사는 중요하다

부사[32]가 문장의 필수성분이 아니라는 이유로 부사를 대수롭지 않게 생각하는 사람들이 많다. 형식적 측면에서 문장의 뼈대를 형성할 때까지는 부사가 문장의 필수성분이 아닌 것은 맞다. 그러나 독자가 일단 문장의 뼈대를 형성할 능력을 갖게 되면, 그 다음에 실질적인 정보는 일반적으로 부사류로 전달할 수 있다. 부사류는 시간, 장소, 양태, 빈도, 정도, 관점 등을 표현하므로, 화자가 전달하고자 하는 내용정보들은 부사류로 표현되는 경우가 적지 않다.

예를 들어, 안전운전을 위해 '고속도로에서 보통 2차선으로 다닌다.'라고 할 때 '고속도로에서', '보통', '2차선으로'가 '부사류'다. 이처럼 부사(부사류)는 실질적으로 의사전달의 가장 중요한 부분이다. 부사류는 문법이나 이론보다는 아주 실용적이고 실질적인 영역이다. 즉, 표현을 찾고 익히고 암기하는 과정을 지속적으로 반복하여야 한다는 말이다. 편도 2차선 도로에서는 '2차선'을 outside lane이라고 하고, 편도 6차선 도로에서는 '2차선'을 the lane next to the inside lane 이라고 한다는 사실을 학습한 적이 없다면 위 문장을 (한국 고속도로는 편도 2차선 이상인 경우가 일반적이므로) I usually drive in the lane next to the inside lane.이라고 말하는 것은 불가능하다. 참고로, '2차선'은 two lanes from the left 또는 five lanes from the right라고 할 수도 있다. 따라서, '그 사고는 2차선에서 발생했다.'는 The accident happened two lanes from the left. / The accident happened five lanes from the right.다. 물론 The accident happened in the lane next to the inside lane. 역시 좋다.

부사만큼 복잡하고 다양한 문장성분은 없다고 봐도 무방하다. 시간, 장소, 양태, 빈도, 정도 관련 표현은 이런 책 몇 권을 쓴다고 해도 다 다룰 수가 없다. 그때그때 궁금한 표현이 생기는 대로 찾아보고 연구해서 자기 것으로 만들어 나가는 것이 가장 효과적이고 빠른 방법이다.

영어 부사는 한국어 동사처럼 사용되는 경우가 많다

영어 문장에서 〈be동사 + 부사〉 또는 〈be동사 + 부사구〉 형식이 자주 쓰인다. 쇼핑 하러 모처럼 시내에 나와 있는 상황에서 '나 지금 시내에 나왔어.'는 I've come downtown.이라고 해도 되지만 I'm downtown now.[33] 역시 훌륭한 표현이다. 이때 downtown은 '시내에'라는 뜻을 갖는 부사다. 다른 예로, 선택할 수 있는 방안이 원래 여섯 가지였는데 이래저래 세 가지가 없어 진 상황에서 '그렇다면 이제 제가 선택 가능한 방안은 세 가지로 줄었군요.'는 (We've started with 6 options, and eliminated half.) Now it's <u>down</u> to three options.다.[34] 축구 시즌의 3/4 지난 시점 인데 부상으로 '그 선수는 시즌 내내 출전하지 못했다'는 He has been <u>off the field</u> all season. 또는 He hasn't been <u>in the field</u> all season.이다. 이처럼 한국어 문장의 동사 '줄었군요', '출전 하지 못했다'를 무리하게 영어 동사로만 전환하려고 하지 말고 부사 또는 부사구를 활용하는 방 법을 연구해 보자.

부사 away / home을 활용한 다른 예를 살펴보기로 하자. '집 떠난 지 하루밖에 안 됐는데 마치 며칠 집에 안 들어간 것처럼 느껴져.'는 I've been <u>away</u> only for one night and it feels like I <u>haven't</u> been home in a few days.다. '이리저리 다니느라 오랫동안 부모님과 떨어져 지냈다.' 는 I've been <u>everywhere</u> and spent a long time away from my parents.다. '놀러가서 재밌 는 시간 보냈지만 그래도 집으로 돌아오니 역시 좋네.'는 We enjoyed our time <u>away</u> but it is always good to be back home!이다. '집 떠난 지', '떨어져', '놀러 가서' 등을 모두 부사 away로 간단히 표현하고 있음을 확인할 수 있다.

문법적 형태로 본다면 부사구는 〈전치사 + 명사〉 형식을 취하는 '전명구'인 경우가 많다. '전명 구'가 문장에서 어떤 역할을 하는지는 전치사 파트에서 자세히 살펴보겠지만, '전명구'는 네이티 브가 매일 밥 먹듯이 사용하는 생생한 표현의 보고이므로 가급적 많이 암기해서 많이 활용할 수 있기를 바란다. 예를 들어, down to earth라는 전명구가 있다. come down to earth 형태로 문 자적으로는 '(하늘에서) 지구, 땅으로 내려오다'라는 뜻이다. 예를 들어, An angel came down to earth.(천사가 하늘에서 내려왔다.)처럼 쓸 수 있지만, '현실에 직면하다'라는 비유적인 뜻으로 더 자 주 쓰인다. 아들이 미래에 대한 근거 없는 망상만 하고 있어 '(꿈에서 깨어나) 냉정한 현실을 좀 깨 달을 수 있게 이것저것 말해 줬다.'는 I tried to bring him down to earth.처럼 말한다. down to earth는 구어에서 형용사로도 빈번하게 사용된다. 형용사 down to earth는 의미가 약간 바 뀌어 좋은 맥락에서만 사용된다. '현실적인', '실제적인', '진실된', '겸손한', '실질을 중시하는', '실 사구시의'라는 뜻으로 자주 사용된다. She is fun and down to earth.는 '그 여자는 재밌고 솔 직한/격의 없는/실용적인/현명한/현실적인/가식 없는/겸손한 사람이라는 말이다. practical, realistic, humble 등도 좋지만 down to earth가 훨씬 더 짝짝 달라 붙는 생생한 구어적인 표현 이다.

부사는 수식하는 말 앞에 위치하는 것이 일반적이다

부사는 수식하는 말 앞에 위치하는 것이 보통이다. 물론 개별 부사들의 특성에 따라 어느 정도 사용되는 위치가 정해져 있기도 하다. usually 등 문장부사는 문두에 위치하거나 주어 다음에 위 치할 수 있다. too, as well은 문미에, also는 문장 중간에 위치하는 것이 일반적이다. 통상의 위 치를 바꾸면 틀렸다고까지는 하지 않겠지만 어색하게 느껴지는 경우가 아무래도 많다.

only 역시 수식하는 말 앞에 써 주면 무리가 없다. 그러나, 네이티브는 아주 자연스럽게 생각하는 부사의 위치가 우리에게는 선뜻 받아들이기 어려운 경우도 있으니 주의를 요한다. 그 사람이 음식을 너무 빨리 먹어 '그 사람이 음식 다 먹었을 때 나는 반밖에 안 먹었다.'는 By the time he finished his plate, I had only half eaten mine.이라 하는데, 이때는 only의 위치가 큰 문제 없이 납득이 된다. 〈말하기 영작문 트레이닝〉에서 '이 핸드폰 나온 지 일주일도 안 됐어요.'를 다룬 적이 있는데, 이 표현은 It's been on the market for only a few days. 역시 크게 문제 없다. 하지만 It's only been on the market for a few days.는 선뜻 자연스럽게 받아들이기 어려울 것이다. 이 문장은 아주 정상적인 문장이고 오히려 이 문장을 더 선호한다고 하는 네이티브들이 많으니 이런 식으로 말하고 문장을 구성하는 노력을 기울여 주기를 바란다. 마찬가지로 '우리는 여행 갔다가 어제서야 돌아왔다.'를 We only got back from our trip yesterday.라고 자연스럽게 말이 나올 수 있도록 연습하기 바란다. 한국식 관념을 버리고 only를 동사 주변에 위치시키는 데 주저하지 말자.

still의 경우도 긍정문에서는 위치에 크게 제약 없이 사용된다. '수지가 아직도 나한테 화가 나 있다.'는 She still is angry with me. 또는 She's still angry with me. 모두 좋다. 7월 말에 여행을 떠나 8월 둘째 주에 돌아올 것이기 때문에 '8월 첫째 주에는 계속 여행 중일 거야.'는 아래에 있는 세 문장 모두 자연스럽다.

We still will be on our trip during the first week of August.
We'll still be on our trip during the first week of August.
We'll be still on our trip during the first week of August.

다만, 부정문의 경우 still의 의미 때문에 위치에 제약이 생긴다. still은 계속 진행되고 있음을 표현하는 것인데, 부정문에서는 도대체 무엇을 계속 진행하는지가 헷갈릴 수 있기 때문이다. 예를 들어, '그 사람 아직 도착하지 않았다.'는 He hasn't still arrived.라고 하면 틀린다. He still hasn't arrived.라고 해야 한다. still을 부정표현 앞에 위치시키는 것이 좋다. 다만, '아무리 생각해 봐도 여전히 기억이 안 난다.'의 경우 I still can't remember it no matter how many hours I have tried to.가 맞기는 한데 I can't still remember it ~도 문제 없다고 하는 네이티브도 있다. '그 사람은 여전히 담배를 끊지 못하고 있다.' 역시 He still hasn't stopped smoking.이 맞기는 한데 He hasn't still stopped smoking. 역시 문제 없다는 의견도 있다. 그러나 부정문에서 still은 청자를 헷갈리게 할 소지가 있으므로 still을 부정표현 앞에 위치시키거나 He hasn't stopped smoking yet.처럼 아예 still을 배제한 다른 표현을 생각해 보는 것도 방법이다.

그 선수는 부상으로 시즌 내내 출전하지 못했어.

situation:
축구선수가 부상으로 이번 시즌에
한번도 출전하지 못했다. 지금은
시즌 3/4 정도가 지난 시점이다.

STEP 1 표제문을 영어 문장으로 만들어 보세요.

그 선수는 부상으로 시즌 내내 출전하지 못했어.

STEP 2 표제문을 영어로 잘 옮긴 것에 모두 체크하세요.

(1) **He couldn't enter games all the season due to a wound.**

(2) **He couldn't participate in the games all season due to an injury.**

(3) **He couldn't play all season so far due to an injury.**

(4) **He hasn't played in any games all season due to an injury.**

(5) **His injury has kept him on the sideline for three quarters of this season so far.**

(6) **His injury has kept him on the bench for three quarters so far.**

(7) **His injury has kept him off the field for three quarters of the season.**

(8) **He's been off the field all season due to an injury.**

(9) **He's been out of commission all season due to an injury.**

(10) He's never been in the field throughout the season due to an injury.

(11) He's never been on the field so far this season due to an injury.

가능한 문장 **(2) (3) (4) (5) (6) (7) (8) (9) (11)**

(어휘 들여다 보기) **출전하지 못하다** '(축구선수가 경기에) 출전하다'는 participate in the games / take part in the games / play football이다. 그러나 부사구 off the field / in the field / on the sidelines / on the bench / out of commission 등을 활용하면 훨씬 더 생생한 표현을 할 수 있다. he를 주어로 하여 He's been off the field라고 하거나, his injury를 주어로 하여 His injury kept him off the field 라고 해도 된다.

(1) He couldn't <u>enter</u> games all the season due to a <u>wound</u>. ×

(2) He couldn't <u>participate in</u> the games all season due to an <u>injury</u>. ○

(3) He couldn't <u>play</u> all season so far due to an <u>injury</u>. ○

(4) He hasn't <u>played</u> in any games all season due to an <u>injury</u>. ○

(1)은 틀리고 (2) (3) (4)는 좋다. (1)의 enter는 '(물리적인) 공간에 들어가다', '(학교에) 입학하다', '(정계에) 진출하다'라는 뜻이므로 표제문 맥락에 맞지 않는다. '출전하다'는 participate in / take part in / play다. 아울러 (1)의 wound는 '(칼, 총 등 흉기에 의한) 상처'를 뜻하므로 여기서는 injury(부상)가 맞다.

(5) His injury has <u>kept</u> him <u>on the sideline</u> for three quarters of this season so far. ○

(6) His injury has <u>kept</u> him <u>on the bench</u> for three quarters so far. ○

(7) His injury has <u>kept</u> him <u>off the field</u> for three quarters of the season. ○

좋다. on the sideline / on the bench / off the field는 '(부상 등으로) 출전하지 못한 상태에 있는'이란 뜻이다. his injury를 주어로 삼은 무생물 주어 문장이며, SVOA(주어 + 동사 + 목적어 + 부사구) 형식의 문장이다. 동사 keep은 무생물을 주어로하여 SVOA 형식으로 잘 사용되므로, 익숙하게 될 때까지 많이 읽고 각 문장을 통째로 암기하기 바란다.

(8) He's been <u>off the field</u> all season due to an injury. ○

(9) He's been <u>out of commission</u> all season due to an injury. ○

좋다. 인칭대명사 he를 주어로 삼은 문장으로, SVA(주어 + 동사 + 부사구) 형식의 문장이다. 여기서 부사구는 SVC(주어 + 동사 + 보어)의 '주격보어'와 유사한 기능을 수행하고 있다. (9)의 out of commission은 다소 생소한 표현이지만 네이티브가 다양한 의미로 빈번하게 사용하는 표현이니 꼭 외웠다가 잘 활용하기 바란다. commission은 '위원회', '수수료', '(위임된) 임무' 등을 뜻하며, out of commission은 '임무에서 배제된'이란 기본적인 뜻을 갖고 있다. 파생적인 뜻으로 '근무를 하지 않다', '(기계가) 고장 나서 못 쓰게 되어 있다', '운행을 중단해서 이용할 수 없다', '작동 불능이다', '해고하다' 등 다양한 의미로 사용된다. 술 마신 다음날 숙취(hangover)가 심한 경우, 유머러스하게 I'm out of commission.이라고 하면 '도저히 숙취가 심해 지금 정상 작동이 안 된다.', 즉 '몸 상태가 좋지 않다.(I'm not feeling good.)'는 뜻이 된다.

(10) He's never been <u>in the field</u> throughout the season due to an injury. ×

(11) He's never been <u>on the field</u> so far this season due to an injury. ○

(10)은 틀리고 (11)은 좋다. '축구장'은 soccer field, '야구장'은 baseball field이며, off the field의 반대말은 on the field다. 그렇다면 in the field는 아예 쓰지 않는가? '축구장에', '야구장에'라는 뜻으로는 in the field를 사용하지 않지만, '들판에서', '들에서'라는 뜻으로는 in the field를 사용한다. 예를 들어, '그 여자는 들판에 혼자 남겨졌다.'는 She was left all alone in the field.다. 또는 어떤 학문, 비즈니스, 계통 등의 '분야에서'란 뜻으로 in the field가 광범위하게 사용된다. 예를 들어 '그 분야/방면에 관한 문헌은 매우 적다.'는 There is very little literature in the field.며, '한국은 반도체 부문에서 세계 최고 수준이다.'는 Korea is the world leader in the field of semi-conductors.다. 물론 이런 맥락에서는 절대로 on the field라고 하지 않는다.

이거 세일 때 싸게 샀어.

situation:
지금 내가 유명 브랜드의 예쁜 드레스를 입고
있는데, 얼마 전 백화점 세일할 때 아주 싸게
산 것으로 옷감 재질도 좋다. 이 드레스를 샀던
백화점 세일에 대해서는 전에 직장동료에게
언급한 적이 없다.

STEP 1 표제문을 영어 문장으로 만들어 보세요.

직장동료 **That's really beautiful. It must have been expensive.**
그거 정말 이쁘다.　　　　　　　비싸겠는데.

나　　**Not really.**
별로 안 비싸.　　이거 세일 때 싸게 샀어.

STEP 2 표제문을 영어로 잘 옮긴 것에 모두 체크하세요.

(1) **I got it cheaply on sale.**

(2) **I bought this inexpensively on sale.**

(3) **It wasn't that expensive. I bought it at a huge discount.**

(4) **I got this for a cheap price. It was on sale.**

(5) **I got it for a good price. It was on sale.**

(6) **It was cheap. It was on sale.**

(7) **I bought it on sale.**

(8) **This dress was on sale, so I bought it.**

(9) **I got it at a bargain. It was on sale.**

(10) **This was a bargain.**

(11) **I got a good deal. It was on sale.**

가능한 문장 **(3) (4) (5) (6) (7) (8) (9) (10) (11)**

cheaply 세일에서 싸게 산 옷을 자랑하려고 I bought it cheaply.라고 했는데 네이티브가 잘 이해하지 못했다. 나중에 뭐가 잘못 됐나 보니 cheaply에 문제가 있었다.[35] cheaply는 '(값이) 싸게'란 뜻이기는 하지만 품질이 조잡하다는 점을 암시한다. 즉 '싸구려'라는 뜻이다. 그러다 보니 품질이 좋은 옷을 저렴한 가격에 구입했다는 의미로 cheaply라고 하지 않는 것이다. 물론, 품질과 전혀 관련이 없는 상황에서는 cheaply를 충분히 사용할 수 있다. 예를 들어, He buys fruit and vegetables as cheaply as he can, and then sells them at a markup.(그 사람은 과일과 채소를 가능한 한 싸게 구입해서 약간의 이익을 붙여 다른 사람들에게 판다.)처럼 쓸 수 있다. 이 경우에도 cheaply를 피해 He buys fruit and vegetables at the lowest cost and then sells them at a higher price.처럼 말하는 것을 더 선호하는 사람들도 있다.

싸게 샀다 '싸게'는 for a cheap price / for a lower price로도 표현 가능하다. '싸게 샀다'는 This dress was on sale. / I bought it at a bargain. / It wasn't expensive. / I got a deal. 같은 표현이 가능하다. cheaply 대신 수많은 다른 대체 가능한 표현이 있으므로 적극적으로 다른 문장을 생각해 보는 연습을 하자.

(1)　I got it <u>cheaply</u> on sale. ×

틀렸다. cheaply가 아니라 at a lower price / at a good price 등을 쓰는 것이 좋다. 참고로, 지금 내가 '세일에서 싸게 산 그 드레스'를 입고 있는 경우 대명사 it이라고 해야 할까, 아니면 지시사 this라고 해야 할까? 한국어 사용자들이야 거의 this를 택할 것이다. this 물론 맞다. 하지만 it이라고 해도 아무런 문제가 없다. it을 '그것'이라고만 생각하는 고정관념에서 벗어나야 한다. '이것'을 it이라고 해도 자연스러운 경우가 아주 많다.

(2)　I bought this <u>inexpensively</u> on sale. ×

(3)　It wasn't that <u>expensive</u>. I bought it at a huge discount. ○

(2)는 틀리고 (3)은 좋다. inexpensively는 틀린 단어는 아니지만 대화에서는 잘 사용되지 않는다. 대신 형용사 It wasn't expensive.가 좋다.

(4)　I got this <u>for a cheap price</u>. It was on sale. ○

(5)　I got it <u>for a good price</u>. It was on sale. ○

좋다. for a cheap price는 엄밀하게 따지면 틀린 표현이다. for a low price라고 해야 하지만 일상 대화에서 아무 문제 없이 잘 통용되는 표현이다. 구어체에서는 for cheap도 좋다. 즉, 대화에서는 I got this for cheap.라고 해도 좋다. (5)의 for a good price 역시 좋은 표현이다.

(6)　It was <u>cheap</u>. It was on sale. ○

좋다. 형용사 cheap는 '값이 싼', '가격이 낮은'이란 뜻만 있는데, 부사 cheaply는 '값이 싸고 품질이 조잡하여'라는 뜻이다. 한편, on sale은 '(상품이) 판매/발매 중이다(available to be bought)' 또는 '할인 판매 중이다', 즉, '세일 중이다'라는 뜻이다. 물론 여기서는 후자의 뜻으로 쓰였다.

(7) I bought it <u>on sale</u>. ○

(8) This dress was <u>on sale</u>, so I bought it. ○

좋다. 한국어 문장에 포함되어 있는 '싸게'를 굳이 영어로 옮기면 아주 이상한 문장이 된다. on sale에 '싸게'라는 의미가 다 포함되어 있다. 따라서 '싸게'를 영어 문장에 옮길 필요가 없다.

(9) I got it <u>at a bargain</u>. It was on sale. ○

(10) This was <u>a bargain</u>. ○

좋다. bargain은 '싸게 산 물건'을 뜻하며, 가산명사이므로 반드시 부정관사 a가 필요하다. 한편 '염가로', '싸게'는 at a bargain / for a bargain이다.

(11) I got <u>a good deal</u>. It was on sale. ○

좋다. I got a good deal.을 직역하면 '좋은 거래를 했다'인데, 의역하면 '물건을 싸게 샀다'는 뜻이다. 뒤에 It was on sale.은 있어도 되고 생략해도 된다. a good deal은 부사로서는 '아주 많이(very much; to a great extent; a lot)', 명사로서는 '아주 많은 양(a large amount)'이라는 뜻으로도 쓰인다. a good deal of는 형용사로서 a lot of와 같은 뜻이다.

나도 그렇게 생각해.

situation:
Dan은 행동이나 말하는 것이 상당히
기발하다. 같이 있으면 심심할 겨를이
없다. 지호가 Dan이 재밌는 사람이라
고 해서 나도 거기에 동의한다.

STEP 1 표제문을 영어 문장으로 만들어 보세요.

지호 **I think Dan is really funny.**
댄 정말 웃겨.

나 [   ] **He's a real comedian.**
나도 그렇게 생각해.   거의 개그맨이야.

STEP 2 표제문을 영어로 잘 옮긴 것에 모두 체크하세요.

(1) **I think so.**

(2) **I think so, too.**

(3) **I think so, as well.**

(4) **I also think so.**

(5) **I think the same.**

(6) **I think the same, too.**

(7) **I was just thinking the same.**

(8) **So do I.**

(9) **So I do.**

(10) **Me, too.**

(11) **Right.**

(12) **Yeah, you are right.**

(13) **I think you are right.**

(14) **Absolutely.**

가능한 문장 (2) (3) (4) (5) (6) (7) (8) (10) (11) (12) (13) (14)

STEP 3 문장을 확인하세요.

(어휘 들여다 보기) **I think so. / I think so, too.** 많은 독자들이 표제문 맥락에 '나도 그렇게 생각해.'의 뜻으로 I think so.라고 말할 것이다. 하지만 I think so.는 틀렸다. 이 뒤에 부사 too가 반드시 필요하므로, I think so, too.라고 해야 정확한 문장이 된다. 그렇다면 too 없는 I think so.는 언제 사용할 수 있는 말일까? I think so.는 상대방의 질문에 대한 답변으로 사용된다. 예를 들어, **Is the final next Friday?**(기말고사가 다음주 금요일이야?)라고 물어 본 경우 '응, 그런 거 같아.'라는 뜻으로 I think so.라고 하면 된다. 물론 이때는 I think so, too.라고 하면 전혀 말이 안 된다.

그렇다면 상대방의 얘기에 동의하는 맥락에 too 없는 I think so.는 절대로 불가한가? I think so, too.라고 하는 것이 원칙이지만, 상황에 따라 I think so.가 가능한 경우가 있다. 옳고 그름의 문제가 없는 화자의 생각/판단/의견/인식을 표현하는 경우, 즉 표제문과 같이 Dan이 재미있는 사람인지 아닌지에 대해서는 맞고 틀리고가 있을 수 없으니, 이때는 반드시 I think so, too.라고 해야 한다. 그러나 미래의 예측, 객관적인 견해를 표명하는 경우에는 I think so.라고 해도 괜찮다. 예를 들어, **I guess he's going to be the next president.**(내 생각에는 그 사람이 대통령에 당선될 거야.)는 미래 사건에 대해 예측이다. 이에 대해 '나도 그렇게 생각해.'라고 할 때는 I think so.라고 해도 된다. 물론 I think so, too.가 보다 분명하게 의미를 전달하는 것은 당연하다. 따라서 상대방의 말에 동의하고자 하는 경우 안전하게 I think so, too.라고 하는 것이 좋겠다.

(1)   I think so. ×
(2)   I think so, too. ○
(3)   I think so, as well. ○
(4)   I also think so. ○

(1)은 틀리고 (2) (3) (4)는 좋다. 상대방이 한 얘기에 동의하는 의미로 '저도 그렇게 생각해요.'라고 말할 때는 I think so, too / I think so, as well. / I also think so.라고 해야 한다.

(5)   I think the same. ○
(6)   I think the same, too. ○
(7)   I was just thinking the same. ○

(5) (6)도 그럭저럭 좋지만 (7)이 훨씬 더 좋다. 즉, 현재시제보다는 과거진행시제가 더 좋다. 사실 이것은 네이티브들만 느끼는 미묘한 차이점이라 저자도 왜 과거진행시제가 더 좋다는 것인지 완벽하게 이해를 하지는 못했지만, 저자의 추측으로는 과거진행시제를 써야 '나

도 전부터 쭉 그렇게 생각을 해 왔다'는 의미가 되어 표제문 뜻에 더 자연스럽게 맞기 때문일 것이다. 참고로 현재진행시제 I'm thinking the same.은 '지금부터 그렇게 생각하기 시작한다.(I'm starting to think the same.)'는 뜻이므로 표제문 맥락에 맞지 않는다.

(8) So do I. ○

(9) So I do. ×

(8)은 좋으나 (9)는 틀렸다. So do I.에서 do는 think다. 앞에서 지호가 I think Dan is really funny.라고 했으므로 I think에 대해 동의한다는 의미로 So do I.라고 해야 말이 된다. 따라서 지호가 I think 없이 Dan is really funny.라고만 했다면 So do I.라고 절대로 할 수 없다. 그것은 Me, too. 역시 마찬가지다. So do I. / Me, too. 같은 대답은 지호가 I guess / I think로 문장을 시작할 때만 가능하다. 한편, So I do.는 자기가 하는 행동을 강조하기 위해 사용한다. 예를 들어, 친구가 Why are you drinking so much tea?(왜 그리 차를 많이 마셔?)라고 물었을 때 My doctor said I need to drink tea for my health. So I do.(의사가 건강을 위해 차를 많이 마시라고 했어. 그래서 (시킨 대로) 많이 마시는 거야.)처럼 답할 수 있다.

(10) Me, too. ○

좋다. So do I. / Me, too.는 긍정문에 동의할 때 사용한다. 부정문에 동의하는 경우 Neither do I. / Me, neither.라고 말한다. 예를 들어, I don't think he's coming.(걔 안 올 거 같아.)란 상대방의 말에 동의하고자 하는 경우, 즉, '내 생각에도 걔 안 올 거 같아.'는 Neither do I. / Me, neither.라고 한다.

(11) Right. ○

(12) Yeah, you are right. ○

(13) I think you are right. ○

좋다. Right. / Yeah, you are right. / I think you are right.는 상대방의 의견에 동의하는 아주 쉬운 문장들이다. 막상 실제 대화 상황에서 쓰려면 잘 안 나온다. 표제문 전체 대화를 계속 반복해서 읽고 암기하여 반사적으로 나올 수 있도록 연습해야 실전에서 쉽게 써 먹을 수 있다.

(14) Absolutely. ○

좋다. Absolutely. / Exactly. 둘 다 좋다. 다소 진부한 문장이지만 You can say that again.도 가능하다.

난 그렇게 생각 안 해.

situation: 나와 지호는 친구 사이이다. 지호가 그 선수가 올림픽에서 금메달을 딸 것이라고 하는데 나는 그렇게 생각하지 않는다.

지호 **She has the upper hand in the Olympic Games and I guess she's going to win the gold medal.**

그 선수는 올림픽 유력 주자야. 그 선수가 금메달 딸 거야.

나   **She's going to lose in the final round.**

난 그렇게 생각 안 해.   결승전에서 질 거라고 봐.

- **(a)** I don't think so.
- **(b)** I don't think so, either.
- **(c)** I don't think so, too.
- **(d)** I don't think she will.
- **(e)** I have a different opinion.
- **(f)** I'm afraid I can't agree with you.
- **(g)** I think a bit differently.
- **(h)** I don't see it that way.
- **(i)** My opinion is a bit different.
- **(j)** That's ridiculous.

'난 그렇게 생각 안 해.'는 I don't think so.이기는 한데, 이는 지나치게 직설적인 표현이다. 표제문 맥락의 경우 친구 사이니까 I don't think so.라고 할 수 있겠지만, 개인적인 관계가 아닌 경우 상당히 무례하게 들릴 수 있다. 다른 사람들하고 토론하는 가운데 다른 사람의 감정을 해치지 않으면서 '제 생각은 좀 다릅니다.'라고 할 때는 (e)~(j)로 말하면 된다.

(a)(b)(c) (a)는 좋지만 (b)(c)는 틀렸다. **(b)** I don't think so, either.는 상대방이 말한 부정문에 동의하는 문장이다. 예를 들어, 지호가 다른 친구가 안 올 것 같다는 뜻으로 I don't think he's coming.이라고 한 것에 대해 '나도 그렇게 생각해. (즉, 나도 그 친구가 오지 않을 것으로 생각해.)'라고 말하고자 할 때 I don't think so, either.라고 할 수 있다. **(c)**는 부정문에는 too를 사용하지 않으므로 아예 틀린 문장이다. **(d)** 좋다. I don't think she will.은 I bet she won't.와 같은 뜻이다. I bet은 '확신하건대'란 뜻이다. **(e)(f)(g)(h)(i)** 좋다. 또한 I have a slightly different perspective than you. / I'm afraid I'm not with you. / I'm of the opposite opinion. 등도 좋다. **(j)** 좋다. 그밖에 Don't give me that crap. / Cut the crap. / Bullshit! 등도 좋다. 다만 감정을 상하게 하는 말이니 화가 났을 때만 사용하는 것이 좋다.

situation:
속이 안 좋아서 의도적으로 평소 먹던 것보다 아주 적게 시켰다. 먹고 속이 더 안 좋아질까 봐 걱정됐기 때문이다. 주문한 음식은 다 먹었다.

STEP 1 표제문을 영어 문장으로 만들어 보세요.

I have an upset stomach, so [   ]

속이 안 좋아서   점심을 거의 안 먹었어.

I was worried it could get worse after eating.

먹고 속이 더 안 좋아질까 봐 걱정됐어.

STEP 2 표제문을 영어로 잘 옮긴 것에 모두 체크하세요.

(1) **I didn't eat lunch very little.**

(2) **I had lunch very little.**

(3) **I had little at lunch today.**

(4) **I had very little for lunch today.**

(5) **I had a little at lunch today.**

(6) **I had only a little at lunch today.**

(7) **I had too little at lunch today.**

(8) **I didn't have much at lunch today.**

(9) **I rarely ate at lunch today.**

(10) **I barely had anything at lunch today.**

(11) **I hardly had a bite at lunch today.**

가능한 문장 (3) (4) (6) (8) (10) (11)

어휘 들여다 보기 **little / a little** little과 a little은 물리적인 수량의 다과, 대소를 말하는 것이 아니라 화자(話者)의 인식을 반영한다. 같은 양이라고 하더라도 수량이 충분한지 부족한지는 보는 관점에 따라 달라질 것이다. 예를 들어, 컵에 물이 반쯤 들어 있는 경우, '물이 반이나 남아 있네.'라고 할 수도 있고, '물이 반밖에 안 남았네.'라고 할 수 있을 것이다. 전자는 My glass is still half full.이고, 후자는 My glass is only half full.이라고 할 것이다. 물리적인 대소, 다과에 관계 없이 원하는 것보다 부족한 경우 little, 충분하지는 않지만 그럭저럭 니드를 어느 정도 충족하는 경우 a little을 사용한다.

표제문 맥락에는 속이 안 좋아서 먹고 싶은 양보다 적게 먹었다는 것을 표현해야 하므로 무부정관사 little을 사용한다. 즉, I had little at lunch today.가 맞다. 배고파서 좀 먹고 싶었는데 나중에 안 좋을까 봐 평소 먹는 것보다 훨씬 적게 먹었음에 중점을 두는 문장이다. 반면, 부정관사 I had a little at lunch today.는 어느 정도 먹었음을 강조하는 문장이라, 앞에 나오는 I have an upset stomach과 의미가 충돌된다.

물론 a little 모두 배가 부를 정도로 충분히 많이 먹었다는 뜻은 전혀 아니다. 예를 들어, '속이 안 좋았지만, 오후에 회의가 있어 기운을 좀 차리려고 점심을 조금/약간/대충 먹었다.'에 a little을 사용한다. 즉, I have an upset stomach, but I had a little at lunch today because I wanted to fuel up before a meeting this afternoon.이라고 한다. 한편, I had a little at lunch today.에 only를 추가하여 I had only a little at lunch today.는 표제문 맥락에 정확히 부합한다. only a little은 very little과 같은 뜻이기 때문이다.

ate / had '먹었다'의 의미로 ate / had 어느 것이나 사용 가능하다. 다만 ate는 목적어가 반드시 필요하지는 않지만 had는 목적어가 반드시 필요하다. little은 '양적으로 적다'는 의미를 가지며, 문장에서 형용사, 부사, 대명사 등 다양하게 사용된다. 여기서도 little이 형용사, 부사, 대명사로 자유자재로 사용된다. 따라서 little / very little / so little / too little을 목적어로 쓰는 데 하등의 문제가 없다.

(1) I didn't eat lunch very little. ×

(2) I had lunch very little. ×

틀렸다. '거의 안 먹었다'는 '아주 조금 먹었다'는 뜻이니까 very little이 들어간 긍정문으로 표현하면 될 것 같아, (2)를 시도해 보았다. 하지만 절대로 I had lunch very little.이라고 하지 않는다. (1) (2)는 둘 다 올바른 문장이 아니다. (3) I had very little at lunch today.라고 하면 완벽한 문장이 된다. 이 문장에서 very little은 동사 had의 목적어다.[36]

(3) I had little at lunch today. ○

(4) I had very little for lunch today. ○

(5)   I had <u>a little</u> at lunch today. ×

(6)   I had <u>only a little</u> at lunch today. ○

(5)는 틀렸고 나머지는 좋다. (5) a little은 (6) only a little이라고 해야 표제문 맥락에 맞다.
(5) I had a little at lunch today.는 I ate anyway, even though I had an upset stomach.
(속이 안 좋기는 했지만 (너무 힘이 없어서 힘 내려고) 조금 먹었다.)라는 뜻이 되어 표제문 맥락과 상충
하게 된다.

(7)   I had <u>too little</u> at lunch today. ×

틀렸다. '더 많이 먹었어야 했는데 너무 조금 먹어서 배고파 미치겠다'라는 뜻이다.

(8)   I <u>didn't have much</u> at lunch today. ○

좋다. 한국어 문장 '거의 안 먹었다'는 '많이 먹지 않았다'라는 뜻이므로 (8)처럼 표현하면 좋
다. 다만 이 문장은 표제문의 '거의 먹지 않았다'가 아닌 '많이 먹지 않았다'라는 뜻이므로
다소 의미 차이가 있다.

(9)   I <u>rarely</u> ate at lunch today. ×

(10)   I <u>barely</u> had anything at lunch today. ○

(11)   I <u>hardly</u> had a bite at lunch today. ○

(9)는 틀리고 (10) (11)은 좋다. rarely는 빈도가 적다는 뜻이다. 따라서 I rarely had lunch.는
과거에 습관적으로 점심을 안 먹었다는 말이다. 표제문 맥락에는 barely 또는 hardly를 써
야 맞다. a bite는 '한입'이란 뜻이므로 have a bite는 '간단히 먹다', '간식을 먹다'라는 뜻이
다. 여기서는 앞에 hardly가 있으므로 hardly had a bite는 '한입도 제대로 먹지 못했다'는
뜻이 된다.

내가 다른 약속이 있을지도 모른다는 생각은 안 들었지?

situation:
남자친구가 Jim과 함께 만날 약속 시간과 장소를 나한테 얘기도 하지 않고 마음대로 정해 버렸다. 전에도 나와 상의도 안 하고 약속을 잡아서 내가 화가 난 적이 있었다.

STEP 1 표제문을 영어 문장으로 만들어 보세요.

남자친구 I told Jim we would meet him in Starbucks at six o'clock tonight.
오늘 저녁 6시에 스타벅스에서 만날 수 있다고 짐한테 얘기했어.

나

내가 다른 약속이 있을지도 모른다는 생각은 안 들었지?

STEP 2 표제문을 영어로 잘 옮긴 것에 모두 체크하세요.

(1) **Didn't you think I might have another promise?**

(2) **Did you think that I could have another appointment?**

(3) **Didn't you ever think that I could have other plans?**

(4) **By any chance, did you think that I could have other plans?**

(5) **Did you ever consider that I might have other plans?**

(6) **Didn't you ever consider that I might have other plans?**

(7) **Didn't it ever come to mind that I might have other plans?**

(8) **Does it ever occur to you that I could have other plans?**

(9) **You didn't even ask me. What if I had other plans?**

(10) **You never take into account what I want to do.**

가능한 문장 **(3) (4) (5) (6) (7) (8) (9) (10)**

부사 ever 이미 답을 알면서도 의문문을 사용하는 경우가 있는데 이런 의문문을 수사의문문 (rhetorical questions)이라고 한다. 표제문 맥락 역시 내가 화가 난 상태에서 의문문 형식을 빌어 상대방을 비난하는 것이며 상대방의 대답을 기대하는 것은 아니다. 일반의문문에 감정을 실어 넣어 수사의문문처럼 사용할 수도 있겠으나, 일반적으로 what, when 등의 의문사를 포함하여 의문문을 만들거나, ever / by any chance / in the world 등과 같은 강의어(强意語, intensifier)를 삽입하여 의문문을 만드는 경우가 많다. 예를 들어, What have you done for me?(네가 나한테 해 준 게 뭐 있어?)처럼 쓴다. 긍정의문문 단독으로는 표제문의 화자의 감정 상태를 표현하기에 부족하다. 부사 ever / by any chance / for once를 추가하면 '단 한번이라도 (생각한 적이 있느냐?)' 의미를 충분히 잘 전달할 수가 있다. 즉, Did you ever think that I could have other plans?는 표제문 맥락에 잘 부합한다. 부정문 Didn't you ever think that I could have other plans?가 더 좋은 문장이다. 현재시제 부정의문문 Don't you ever think that I could have other plans?는 '넌 도대체 내가 약속이 있을 수 있다는 생각은 통 안 하지?' 정도의 뜻이다. 오늘 이 사건뿐만 아니라 전에도 이런 유사한 일이 발생해서 화가 난 적이 있다는 뜻이 이 문장에 내포되어 있다. 부사 ever가 빠지면 다들 일반의문문이 되어 버리기 때문에 표제문의 성난 감정이 충분히 전달되지 않는다.

(1) Didn't you think I might have another <u>promise</u>? ×

(2) Did you think that I could have another <u>appointment</u>? ×

(3) Didn't you <u>ever</u> think that I could have other <u>plans</u>? ○

(1) (2)는 틀리고 (3)은 좋다. promise는 뭘 해주겠다는 '약속'을 말하고, appointment는 '비즈니스 미팅, 병원 예약' 등을 뜻한다. 표제문의 '약속'은 '일정'을 뜻하므로 복수형 plans를 쓰는 것이 맞다. 또한 (3) 〈부정의문문 + ever〉 조합은 상대방을 힐난하는 뜻을 전달할 수 있다.

(4) <u>By any chance</u>, did you think that I could have other plans? ○

좋다. by any chance는 '단 한번이라도' 또는 '혹시라도'란 뜻이다. by any chance가 포함되어 있으므로, 긍정의문문 did you / 부정의문문 didn't you 둘 다 좋다.

(5) <u>Did</u> you <u>ever consider</u> that I might have other plans? ○

(6) <u>Didn't</u> you <u>ever consider</u> that I might have other plans? ○

좋다. think보다는 think about이 좀 더 깊이 생각하는 것을 뜻하며, think about보다는 consider가 좀 더 심각하게 오랫동안 생각하는 것을 뜻한다. 따라서 consider는 ever가 있느냐 없느냐에 따라 그 의미가 크게 달라지지 않는다. 이미 consider가 '심사숙고하다'라는 뜻이므로 ever가 있든지 없든지 '너 내가 약속이 있을지에 대해 깊이 오랫동안 심사숙고해 봤어?'란 뜻이 되므로 상대방이 consider하지 않았음을 비난하기에 충분하다. 물론 ever가 있는 것이 나의 화난 감정을 보다 세게 전달하는 것은 당연하다.

(7) Didn't it ever <u>come to mind</u> that I might have other plans? ○

(8) Does it ever <u>occur to</u> you that I could have other plans? ○

좋다. '생각 나다'는 come to mind / ⟨occur to + A(사람)⟩ / ⟨strike + A(사람)⟩ 모두 좋다. 즉, Did it ever strike you that I might have other plans?라고 해도 좋다.

(9) You didn't even ask me. <u>What if</u> I had other plans? ○

좋다. 표제문 '내가 다른 약속이 있을지도 모른다는 생각은 안 들었지?'를 순간적으로 '내 일정이 어떤지는 아예 물어 보지도 않았어. 만약 다른 일정이 있었다면 도대체 어떻게 했을 텐데?'로 전환해 보면 (9)가 가능하다. what if는 '~ 한다면 어떻게 되죠?'라는 뜻이다. 예를 들어, '제가 동의하지 않으면 어떻게 되죠?'는 What if I don't agree? 또는 What if I say no?라고 한다.

(10) You never <u>take into account</u> what I want to do. ○

좋다. take into account는 '~을 고려하다'란 뜻이다. You never consult me. / You never ask me what I want to do. / You never pay attention to my feelings. / You never consider my feelings. 역시 좋다.

영어 지식 ✱ 부사 ever의 다양한 의미

부사 ever는 아주 다양한 뜻으로, 경우에 따라서는 전적으로 상반되는 뜻으로 쓰인다. 뿐만 아니라 네이티브가 아니면 잘 표현하기 어려운 관용적인 문장에도 자주 사용된다. ever는 의문문, 부정문에서 '단 한번이라도 / 도대체 / 결단코'란 의미로 쓰인다. 즉, 강한 의심이나 강한 부정을 나타낸다. 반대로 긍정문에서는 '언제나 / 항상 / 줄곧 / 늘'이란 뜻으로 자주 나온다. 예를 들어, 영화 『어바웃 타임(About time)』에서 주인공이 여동생에게 자기가 시간여행을 할 수 있다는 사실을 그 누구에게도 절대로 알리지 말라고 강조하면서, You promise you won't ever, ever, ever, ever, ever, ever, ever, ever, ever, ever, ever tell?이라고 말한다. 한편, 영국의 정치가 윈스턴 처칠(Winston Churchill)은 '절대로 포기하지 마라.'라는 의미로 Never, ever ever ever ever give up.이라고 말했다. 두 문장에서 ever는 '절대로 (말하지 않는다 / 포기하지 않는다)'란 뜻이다. 한편, 동화(fairy tale)의 상투적인 마지막 문장은 '두 사람은 결혼해서 쭈욱 행복하게 살았답니다.'인데, 영어로는 They got married and lived happily ever after.라고 한다. 여기서 ever는 '계속, 쭉'이란 뜻이다.

A

사람들이 그 여자에 대해 안 좋게 말을 했어.

situation: 그 여자가 특별히 잘못된 일을 저지른 적은 없지만, 사람들이 그 여자에 대해 나쁘게 말을 했다.

(1) They said badly about her. ☐

(2) They spoke ill of her. ☐

(3) They spoke badly about her. ☐

(4) They spoke poorly about her. ☐

(5) They blackmailed her. ☐

(6) They were bad-mouthing her. ☐

(7) They gossiped about her. ☐

(8) They said mean things about her behind her back. ☐

(9) They told each other mean things about her behind her back. ☐

부사 badly[37]는 '나쁘게/불쾌하게(in an unkind, unpleasant, or unacceptable way)'라는 뜻이다. '걔들이 정말 제멋대로 행동을 해서 많이 속상했다.'는 They have both behaved so badly that I'm really hurt.라고 한다. 물론 badly는 다른 뜻으로도 광범위하게 사용된다. badly는 솜씨가 떨어지거나 일이 성공적으로 잘 진행되지 않음을 나타내기도 한다. '그 미용사는 머리를 잘 못 자른다.'는 He cuts hair very badly. / '일이 계속 안 좋아지고 있다.'는 Things have been going badly. / '난 시험을 잘 못 쳤다.'는 I did badly on the exam.이다. 한편, badly는 '매우/몹시/많이/심하게'라는 뜻으로도 자주 쓰인다. (이때는 poorly로 바꿔 쓸 수 없다). 예를 들어, '수지가 몹시 그립다.'는 I miss her badly.다.

(1) 틀렸다. say는 목적어가 반드시 필요하다. 따라서 They said bad things about her.라고 하면 좋다. 참고로 They said bad comments about her.가 틀린 것은 아니지만, comments에는 say보다는 make가 더 잘 어울린다. 따라서 They made bad comments about her.라고 하는 것이 훨씬 더 자연스럽다. **(2) (3) (4)** (2)는 틀리고 (3) (4)는 좋다. '나쁘게 말하다 / 안 좋게 말하다 / 험담하다 / (뒤에서 남을) 욕하다 / 헐뜯다'를 speak ill of others라고 한다. 물론 여기서 ill은 '아프게, 병들어'라는 뜻이 아니라 '나쁘게, 불쾌하게'라는 뜻이다. 문제는 speak ill of가 이제는 잘 사용하지 않는 구식(old-fashioned) 표현이라는 점이다. 부사 ill 대신에 poorly나 badly로 고치면 좋은 표현이 된다. 전치사 about / of 역시 둘 다 좋다. 동사 spoke 대신에 talked라고 해도 역시 좋다. **(5) (6) (7)** (5)는 틀리고 (6) (7)은 좋다. (5)의 blackmail은 '협박하다', '협박해서 돈을 뜯어내다', '공갈하여 돈을 빼앗다'라는 뜻으로 표제문과 맞지 않다. '험담하다'에는 bad-mouth / slander / gossip about 등의 표현이 좋다. (6)의 bad-mouth는 '헐뜯다', '중상하다', '나쁘게 말하다', '안 좋게 말하다'라는 뜻이다. **(8) (9)** 좋다. say / tell은 타동사이므로 반드시 목적어가 필요하다. 〈say + 목적어〉 / 〈tell + A(사람) + B(목적어)〉 형식으로 주로 사용한다. 즉, tell은 수여동사이므로 보통 간접목적어(IO)를 밝혀 주어야 자연스럽다.

situation: 사무실에서 동료 사이에 하는 말이다. 동료의 실크 스카프를 만지면서 촉감이 마음에 들어 자기도 똑같은 것으로 하나 사겠다고 하는 말이다.

This feels really smooth. I love Chanel.

이거 촉감이 정말 부드러운데.   나 샤넬 좋아해.   나도 같은 거로 하나 사야지.

(1)   I'm going to buy the same thing, too.   ☐

(2)   I'm going to buy the same.   ☐

(3)   I want to buy the exact same scarf.   ☐

(4)   I'm going to buy this one.   ☐

(5)   I'm going to buy this one, too.   ☐

(6)   I'm going to buy it.   ☐

(7)   I'm going to buy it, too.   ☐

(8)   I'm going to buy one.   ☐

(9)   I'm going to buy one, too.   ☐

(10)   I'm going to buy one like this.   ☐

(11)   I'm going to buy one like this, too.   ☐

'나도 같은 거로 하나 사야지.'에서 조사 '~도'를 빼거나 다른 조사로 바꾸면 매우 어색하다. 표제문 맥락에서 '나도' 또는 '나 역시'라고 하지 않으면 말이 안 되기 때문에 영어로도 too / as well / also를 반드시 써야 할 것 같은 막연한 충동을 느끼게 된다. 하지만 네이티브들에 의하면 표제문 맥락에서 too / as well / also를 붙여도 되지만 생략해도 아무런 문제가 없다고 한다. 오히려 사용하지 않는 것이 깔끔해서 더 자연스럽다고 하는 사람도 있다. 이미 the same에 too의 의미가 포함되어 있기 때문에 굳이 이런 부사가 필요하지 않다는 말이다. 한국어 문장에 '~도', '역시'가 있다고 해서 무조건 too 등으로 전환하려고 하지 말고 맥락이나 상황을 고려하여 사용 여부를 결정하는 것이 바람직하다.

(1) (2) (3) 좋다. same에 이미 too의 뜻이 들어 있으므로 too는 생략 가능하다. the same thing은 '똑같은 일', '똑같은 것', '똑같은 말' 등 다양한 뜻을 전달한다. the same / the same one / the exact same scarf라고 해도 된다. **(4) (5) (6) (7)** (4) (6)은 틀리고 (5) (7)이 좋다. 이때는 부사 too가 반드시 필요하다. 왜냐하면, this one 은 '내가 지금 손에 들고 있는 바로 이것(this particular one)'을 뜻하고 대명사 it 역시 마찬가지로 바로 이 스카프를 뜻하기 때문이다. 부사 too가 들어감으로써 this one / it이 내가 들고 있는 바로 이것이 아니라 이것과 똑같은 다른 것(another identical copy)을 뜻한다는 점이 명확해지기 때문이다. **(8) (9) (10) (11)** 좋다. one의 뜻이 this particular one의 뜻이 아니므로 부사 too가 없어도 문제 없다. one like this 역시 '바로 그 스카프'가 아닌 '동일한 디자인의 다른 제품'을 뜻하므로 too가 있느냐 없느냐에 따라 뜻이 별로 달라지지 않는다. one like this / one of those / one of these 모두 사용 가능하다.

가능한 문장   **A** (3)(4)(6)(7)(8)(9)   **B** (1)(2)(3)(5)(7)(8)(9)(10)(11)

1 한국어의 '부사'는 무엇을 말하고 영어의 '부사(adverb)'는 무엇을 말하는가? '영어는 정말 너무 어렵다.'에서 '정말', '너무'가 부사임은 쉽게 알 수 있다. It's really difficult for Koreans to speak English fluently.에서 really, fluently가 부사라는 것 역시 쉽게 알 수 있다. 그렇다면, '이거 세일 때 싸게 샀다.'에서 '싸게'는 부사인가? 이때는 사실 부사가 아니라 형용사다. 형용사 '싸다'의 어근 '싸'에 부사형 어미 '게'가 결합되어 문장에서 부사절로 사용되고 있다. 이 책은 한국어 문법서가 아니므로 Part 5에서 '(한국어의) 부사'라 함은 엄격하게 품사로서의 '부사'뿐만 아니라 부사구, 부사절을 포함하는 '부사류'를 총체적으로 지칭하는 개념으로 이해하도록 하자. 즉, 5장에서 '부사'라 함은 한국어 문법에 익숙하지 않은 일반인들이 '부사잖아!'라고 인식할 수 있는 어구를 말한다고 생각해 주기 바란다. 이런 의미에서 '싸게'를 학습의 편의상 부사라고 간주하고 논의를 진행하겠다.

사실 영어도 마찬가지로 엄격히 부사(adverb)만을 분석 대상으로 하게 되면 실익이 별로 없다. 문장에서 부사로서 기능하는 구, 즉 부사구(adverbial phrase)까지 살펴봐야 그 특성을 제대로 이해하게 된다. 예를 들어, in the morning, at work, under pressure 같은 전치사구(prepositional phrase)와 this morning, the other day, last week 같은 명사구(noun phrase) 등이 부사구에 포함된다. 이렇게 해야 한국어와 영어를 의미 있게 비교할 수 있게 된다. 이는 저자의 일방적인 주장이 아니다. 문용 교수의 '고급 영문법 연구'에서도 '부사' 장(章)에는 부사뿐만 아니라 부사구까지 포함하여 이를 모두 아우르는 시각에서 다루고 있으며, 이들을 총칭하여 '부사류(adverbials)'라고 칭하고 있다. 저자도 이러한 입장을 따르기로 하며, Part 5에서 '부사'는 '부사류(adverbials)'를 뜻하는 것으로 이해하기 바란다.

2 〈말하기 영작문 트레이닝〉에서도 설명한 바 있지만 한국어의 형용사와 영어의 형용사(adjective)는 전혀 성격이 다르다. 한국어의 형용사는 활용을 하기 때문에 사실 동사에 가깝다. 예를 들어, '아름답다'의 경우 '아름답고 / 아름다우니 / 아름다운 / 아름답게 / 아름다웠다 / 아름답겠다'처럼 근본적으로 동사와 다를 바가 없다. 한국어 문법에서 동사와 형용사를 묶어 '용언'이라고 하는 것도 이런 이유 때문이다.

반면, 영어에서 형용사 beautiful은 전혀 활용(conjugation)을 하지 않는다. 문장에서는 be / get / become 등 동사와 함께 사용되어 2형식(SVC) 문장에서 주격보어가 되거나(예: She is really beautiful.) 5형식(SVOC) 문장에서 목적보어로서 사용되는데(예: She made my eyes beautiful.) 이를 형용사의 서술적 용법이라 한다. 한편, 명사를 수식하기도 하는데(예: She has a beautiful mind.) 이를 한정적 용법이라고 한다.

모양의 변화가 전혀 없는 영어 형용사(adjective)의 이런 특성은 문법적인 측면에서 보면 명사의 특성에 가깝다. 즉, 문법적인 측면에서 She is a student.와 She is really beautiful.은 문장 형식상 똑같이 2형식(SVC)을 취하고 있다. 문법적으로 a student / really beautiful은 주격 보어다. 명사와 마찬가지로 영어 형용사는 활용을 하지 않는다. 즉, 형태의 변화가 없다. 아울러, 영어 형용사는 명사를 수식하는 경우가 압도적으로 많다. 많은 전문가들이 한국어를 〈부사 + 용언〉 중심의 언어라고 하고, 영어를 〈형용사 + 명사〉 중심의 언어라고 하는 이유가 여기에 있다.

3 영어 단어 swimmer는 '전문적인 수영선수'를 말하는 것이 아니다. 어느 누구라도 수영을 하는 경우 swimmer라고 불릴 수 있다. 물론, 어느 정도 수영을 해야 '잘한다'라고 할 수 있을지는 오로지 화자의 주관적 판단에 따라 결정되겠지만, He's a good swimmer.는 박태환 같은 국가 대표 선수뿐만 아니라 일반인으로서 수영을 좀 하는 누구에게라도 쓸 수 있는 문장이다.

4 이 문장은 중의적이다. 일차적인 뜻은 '화장을 약하게 한다.(She doesn't wear much make-up.)'는 뜻이다. 부수적인 뜻으로 '화장을 자주 하지 않는다.(She doesn't wear make-up often.)'는 뜻도 있다. 참고로, She puts on light make-up.은 오로지 '화장을 약하게 한다'는 뜻만 나타낸다.

5 물론 한국어 문장의 〈부사 + 동사〉 결합을 영어에서 '단일 동사' 또는 '구동사'로 표현하는 경우도 적지 않다. 퇴근 시간에 동료가 술 한잔 하자고 하는데 처갓집 식구들이 오기 때문에 '집에 빨리 가야 돼.'라고 말하려고 한다. 이때 I have to hurry home.이라고 한다. '빨리 가다'를 hurry로 표현하고 있음을 알 수 있다. 당장 나가야 되는데 시간이 없어 '급하게 대충 아무거나 걸쳤다.'는 She threw on whatever was available.이라고 한다. '급하게 대충 걸치다'를 구동사 throw on으로 표현했다. 이는 〈말하기 영작문 트레이닝〉에서 충분히 설명한 바 있으므로 참고 바란다.

6 He makes money very well.은 '위조지폐(counterfeit money / fake money / phony money)를 정교하게 잘 만든다'라는 뜻이다.

7 물론 그런 뜻에 가깝다는 말이지 그런 뜻을 표현하는 정상적인 문장이라는 말은 아니다. She lost weight a lot.은 제대로 된 문장이 아니다. '체중감량 시도를 여러 번 했다.'는 뜻으로는 She has tried to lose weight frequently.라고 한다.

8 한국의 영문법 책에는 '감각동사', '지각동사'가 2형식 〈주어 + 동사 + 보어〉 문장을 구성한다고 설명한다. '보어'는 명사 또는 형용사가 되며, 부사는 사용할 수 없다. 그런데 '감각동사', '지각동사'는 학습자의 이해와 편의를 위한 개념이고 정식적으로는 '연결동사(linking verb)'라고 하는 것이 바람직하다. 연결동사는 일반적인 동사와 달리 행동을 묘사하는 것이 아니라 주어와 서술부분을 연결해 주는 동사를 말한다. 여기에는 지각동사, 감각동사뿐만 아니라 다양한 동사들이 포함된다. 예를 들어, 우리가 흔하게 쓰는 be동사가 대표적인 연결동사다. 감각을 표현하는 taste, smell, sound, look, feel, 변화를 나타내는 become, get, grow, go, come, turn, 상태를 나타내는 remain, stay, keep, lie, stand, 이밖에 seem, appear 등이 있다. 이들 연결동사 뒤에 오는 형용사는 주어를 서술해 주는 것이지 동사를 꾸며 주는 게 아니기 때문에 부사가 올 수 없다. 예를 들어, She is pretty.가 정상적인 문장임에는 의심의 여지가 없다. 동사를 바꿔 She looks pretty.라고 해도 She is pretty.에서 근본적인 의미 변화는 없음을 알 수 있다. She is pretty.에서 화자의 약간의 유보적인 의견이 look에 추가되었을 뿐이다. 실크를 만지면서 It feels smooth.(실크 참 부드럽다.)라고 말할 때도 It is smooth.와 의미상 본질적인 차이는 없다. It is smooth.에 feel이 추가되어 화자가 감각을 느끼고 있음을 나타낸다.

참고로, 연결동사가 일반동사로 쓰이는 일도 있고, 그 반대의 사례도 얼마든지 있다. 예를 들어, She looks happy.에서 look은 연결동사지만, She looks at it carefully.에서 look은 일반동사다. He goes to school.에서 go는 일반동사지만, It went bad.(썩었다), He went bankrupt.(파산했다), He went crazy(지랄발광을 했다) 등에서 go는 연결동사다.

9 이런 면에서 몇 년 전에 유행했던 '굿 다운로더 캠페인'은 그야말로 콩글리시 중에 정말 엄청난 콩글리시다. I'm a good downloader.를 '영화, 드라마 동영상을 불법 다운로드하지 않는 준법적인/착한/성실한 다운로더'라는 의미를 의도했겠지만, 실제 의미는 '나는 다운로드하는 방법을 너무나 잘 알고 있다.'라는 뜻이다. 극단적으로 말하면 '아무리 보안으로 이중삼중 막아 놔도 나는 다 뚫고 다운로드할 수 있다.'라는 뜻이 된다. 의도된 의미와 실제 의미가 얼마나 다른지 알겠는가? I'm a good downloader.는 터무니없는 문장이다. I'm a responsible downloader. 또는 I'm an honest downloader.라고 해야 '당당하고, 매너 있게 굿 다운로더가 되어 주세요!'라는 캠페인 취지에 부합하게 된다.

10 bad에는 〈1〉 '(도덕적, 윤리적으로) 나쁘다', 〈2〉 '(상황이) 심하다/안 좋다', 〈3〉 '(기분, 마음, 건강이) 좋지 않다', 〈4〉 '(성적, 실력이) 모자란다/떨어진다'라는 뜻이 있다. 한편 poor에는 〈5〉 '가난하다', 〈6〉 '불쌍하다', 〈7〉 '(성적, 실력이) 모자란다/떨어진다'라는 뜻이 있다.

저자는 〈4〉 '(성적, 실력이) 모자란다/떨어진다'를 표현하는 데 bad를 사용할 것인지, poor를 사용할 것인지에 대해 어느 정도 세대차이가 있음을 발견했다. 저자가 발견한 것은 〈4〉에 40대 이상은 poor를 선택하고, 그 이하는 bad를 사용한다는 점이다. 〈4〉에 40대 이상은 오로지 poor만 맞고 bad는 원칙적으로 맞지 않다고 했고, 40대 이하는 오로지 bad만 맞고 poor는 사용하지 않겠다고 했다. poor는 우쭐대고/가식적이며(pretentious), 지나치게 격식적(formal), 구식(old-fashioned)이기 때문에 아주 격식적이고 심각한 상황이 아니면 절대로 사용하지 않겠다고 했다. 예를 들어, '걔는 수학을 못한다.'에 대해 40대 이상은 He's poor at math.만 맞다고 하고 He's bad at math.는 틀렸다고 한다. 반면, 40대 이하는 이와는 정반대의 이야기를 한다.

그렇다면, 네이티브가 아닌 우리는 어떻게 해야 할 것인가? 간단하다. 두 가지 모두 사용하면 된다. 독자들은 이런 차이점을 이해하되 poor / bad를 각자 기호에 따라 알아서 사용하기 바란다. (노파심으로 한 마디 덧붙이면, 여기서 말하는 것은 오로지 〈4〉 뜻에 대한 것이다. 나머지 뜻은 각자 고유한 뜻이므로 bad / poor에 맞게 사용해야 한다. 아울러, 〈4〉에 대해 bad를 선택할 것인지, poor를 선택할 것인지는 세대 차이뿐만 아니라 출신지역, 계층, 학력, 개인적 선호에 따라 분명히 차이가 있겠지만, 이들에 대해서는 저자는 파악하지 못했다. 아울러 굳이 알 필요도 없다고 생각한다.)

결론적으로, 특별한 언급이 없는 한 이 책에서 bad / poor 및 badly / poorly는 서로 대체 가능한 것으로 간주해도 된다. 대체가 곤란한 경우에는 대체가 곤란하다고 분명하게 밝혀 두었다. 이때는 〈4〉 뜻으로 사용하지 않아 대체가 곤란한 경우가 대부분이다. bad / poor, badly / poorly 각자 고유한 뜻으로 사용되면 대체가 곤란한 것은 어찌 보면 당연한 것이다.

11 Nice to meet you.는 처음 만났을 때, Nice meeting you.는 처음 만나 얘기한 후 헤어지면서 하는 말이다. to부정사는 아직 일어나지 않은 일, 막 일어난 일에 사용되는 것이 일반적이다. 반면, 동명사는 이미 발생한 사건에 사용되는 것이 일반적이다. 물론 항상 그렇다는 것은 아니고 기본적인 의미에 이런 차이점이 존재한다는 말이다.

12 과거시제 It was easy understanding the theory.(그 이론을 쉽게 이해했다.)가 좋다고 하는 네이티브도 시제가 달라지면 견해가 달라지기도 한다. 이들은 현재시제 It is easy understanding the theory.(그 이론은 이해하기 쉽다.)는 틀렸다고 할 정도는 아니지만 약간 어색하다고 한다. 이것은 to부정사와 V-ing(동명사)의 본질적인 차이에서 비롯되는 문제이다. to부정사는 아직 발생하지 않은 미래 사건에 주로 쓰이고, V-ing(동명사)는 기왕에 발생했거나 현재 일어나고 있는 사건에 주로 쓰인다. 따라서 과거시제 It was easy understanding the theory.는 기왕에 발생한 사건이므로(즉, 동명사의 근본적인 특성에 잘 어울리므로) 현재시제 It is easy understanding the theory.보다 더 자연스럽게 들리게 된다.

이렇듯이 어떤 문장이 맞는지, 틀리는지는 획일적으로 결정되는 것이 아니고 여러 가지 변수들이 서로 영향을 주고 받으면서 결정된다. 이렇기 때문에 사람들마다 어떤 문장이 자연스럽고, 어떤 문장이 어색한지에 대해 견해가 다른 경우우가 적지 않다.

13 (3)과 (5) 역시 호환이 되는 경우도 있고 되지 않는 경우도 있다. 예를 들어, He is angry that I took the risk of losing the job.을 He is angry with my taking the risk of losing the job.이라고 하지 않는다. 마찬가지로, He is angry that I was late for the meeting. 역시 He is angry at my being late for the meeting.이라고 하지는 않는다. 대신 이 두 문장에서 that 대신 because를 쓰면 자연스러운 문장이 된다.

14 〈not A(활동) until B(시각)〉는 'B(시각)에야 비로소 A(활동)했다' 또는 'A(활동)를 하기 위해서는 B(시각)까지 기다려야 한다'라는 뜻이다. 이와 유사한 패턴으로 〈not A(활동) for B(시간)〉는 'B(시간)가 지나야 비로소 A(활동)를 한다', 'A(활동)하기 위해서는 적어도 B(시간)가 지나야 한다'라는 뜻이다. 예를 들어, 결과가 궁금해서 마구 조바심을 내니까 상대방이 하는 말인, It's 9:00 in the morning. They're not going to call for a few hours.(지금 아침 9시야. 그 사람들이 전화하려면 두세 시간은 지나야 할 거야.)는 They are going to call at least after a few hours.와 같은 뜻이다.

15 see는 원래 영화관에서 영화를 볼 때 사용하는 경향이 있기 때문이다. 하지만 요새는 이에 한정하지 않고 TV로 드라마, 쇼 등을 보는 데도 광범위하게 사용된다. 최근 see의 영역이 광범위하게 확장되었고 갈수록 확장되는 과정이라고 할 수 있겠으나, 아직도 전통적인 용법(see 사용을 영화관에서 영화 보는 것에 한정하는 것)을 고수하는 사람이 있음을 기억하기 바란다.

16 you를 주어로 삼는 경우 동사 borrow를 써서 You can borrow a DVD from the library.라고 할 수 있다. 또는 '(도서관에서 책, 비디오를) 대출하다'를 뜻하는 check out을 써서 You can check out a DVD from the library.라고 하면 된다. The library will loan you a DVD.에서 loan 대신 lend로 대체 가능하다. 즉, The library will lend you a DVD. 역시 좋다. loan과 lend은 뜻이 같다.

17 즉, It's available for <u>seeing</u> on YouTube Movies for a fee.는 틀린 문장이다. 그러나 흥미롭게도 You can <u>see</u> it on YouTube Movies for a fee.는 문제가 없다. 안타깝게도 왜 언제는 안 되고 언제는 문제가 없는지 명쾌한 이유를 설명하기가 곤란하다. (저자가 100% 확실하게 이유를 설명할 수는 없지만, see가 본질적으로 지각동사라는 점과 관련이 된다고 본다. 즉, see는 나의 적극적인 노력이 수반되는 행동이 아니라 내가 노력하지도 않았는데 '내 시야에 들어 왔다'는 것이 본질적인 뜻이다. 의식적인 행동은 look at / watch / view / stare at 등을 사용한다. 물론 '영화를 보다'는 뜻으로 see a movie를 사용하기는 하지만, 여전히 앞서 말한 본질적인 의미에 영향을 받기 때문에, You can see it 정도까지는 사용할 수 있으나, 문장 형식상 행위자의 적극적, 주동적 행동/노력을 전제하고 있는 It's available for seeing은 사용하기 어렵다는 말이다. 물론 이는 저자의 추론일 뿐이다.)

이처럼 구문, 문장 구성, 맥락에 따라 동사가 달라지는 사례는 비일비재하다. 예를 들어, What are you doing?에 대해 영화관에서 '지금 영화 보고 있다.'라고 대답하는 경우, I'm watching a movie.라고 한다. 그렇다면 I'm seeing a movie.는 어떤가? 이 문장이 아무 문제가 없다고 하는 사람도 있지만, 도저히 사용할 수 없다고 하는 사람들도 있다. 즉, 지금 영화를 보고 있는 상황에 I'm seeing a movie.를 사용할 수 없다고 주장하는 사람들은 I'm seeing a movie.는 I'm seeing a movie tonight.(오늘 저녁 때 영화를 볼 예정이다.)처럼 미래사건에만 사용되며 바로 지금 이 순간에 일어나고 있는 일에는 사용되지 않는다고 주장한다. 다른 예이기는 하지만 '사귀다'란 뜻의 see의 경우, 현재진행시제 I'm seeing a girl.이 가능하지만, 이 경우 '바로 지금 (그녀를 만나) 데이트하고 있다.'는 말이 아니라 '여친을 사귀는 중에 있다.'라는 뜻이 된다.

다만 '지금 영화 보고 있다'는 뜻으로 I'm seeing a movie.가 아무런 문제가 없다고 주장하는 사람들도 과거시제 문장 '나 영화 보고 있었어.'라고 말하고자 할 때 see를 포함하는 문장에 대해서는 틀렸다고 하는 경우가 일반적이다. 예를 들어, I'm sorry I didn't take the call. I <u>was seeing</u> a movie.라고 하지 않고, I <u>was watching</u> a movie.라고만 할 것이라고 했다.

18 '유전적으로 이가 약하다'라는 뜻으로는 He has weak teeth. / His teeth are genetically weak.라고 한다. '걔는 치열이 고르지 않다.'는 His teeth are crooked. / His teeth are not straight. / He has misaligned teeth.다. '뻐드렁니가 두 개 있다.'는 앞니가 앞쪽으로 삐죽 튀어 나온 것을 말하며 He has two buckteeth.라고 하며, '덧니가 두 개 있다.'는 He has two snaggleteeth.다.

19 started to 없이 She had her teeth straightened a couple of years ago.라고 하면 이미 치아교정이 끝났음을 뜻한다. 특히, a couple of years ago 또한 의미가 모호하다. 2년 전에 교정을 끝냈다는 것인지, 2년 전에 시작해서 지금도 계속되고 있다는 것인지, 2년 전에 시작해서 1년 전에 끝냈다는 것인지 전혀 알 수가 없다.

20 한국식 관념으로는 이 점이 잘 이해가 안 될 수도 있다. 아무튼 이 문장이 이상하다고 하는 점에 대해서는 네이티브들이 확고한 입장이다. 저자는 She's good at math.(걔는 수학 잘한다.)를 들이밀면서 왜 They are not good at haircuts.는 안 된다는 것인지 계속 의문을 제기했다. 튜터들은 giving을 삽입하는 것이 자연스럽다는 말밖에는 다른 설명이 없었다. 저자의 추론은 다음과 같다. '술 잘한다.'를 She's good at alcohol.이라고 하지 않는다. 왜냐하면 She's good at alcohol.은 '술을 잘 담근다' / '술에 대한 지식이 많다' / '술의 의학적 효과를 잘 안다' 등 다양한 의미가 될 수 있다. 따라서, 술의 여러 측면 중에서 어떤 것을 잘 하는지 전달하기 위해서는 drinking을 사용해야 한다. She's good at drinking.이라고 해야 비로소 '술의 여러 측면 중에서 마시는 측면을 잘 한다'라고 이해를 할 수 있게 된다. 마찬가지로, '이발/헤어 스타일(haircut)' 역시 여러 가지 측면이 있다. haircut은 '이발'이라는 뜻도 있고, '이발을 하고 만든 헤어 스타일'이라는 뜻도 있다. 따라서 They are not good at haircuts.는 최신 헤어 스타일을 잘 모른다는 뜻도 될 수가 있고, 손님 두상에 맞는 스타일을 잘 못 찾는다는 뜻도 될 수가 있다. 그 중에서 '그 집은 이발을 잘 못 한다.'는 뜻을 전달하기 위해서는 동사 giving을 삽입해 줘야 한다.

저자는 이 추론이 어느 정도 타당성이 있다고 생각한다. 다만, She's good at math. / She's good at English. / He's not very good at sports.는 동사 없이 어떻게 가능한지에 대해서는 설명하기가 어려운 문제가 있다.

21 〈말하기 영작문 트레이닝〉에서도 충분히 언급했지만 다시 한번 강조하고자 한다. 현재시제는 '현재시제'라고 하는 말 때문에 혼란을 일으키지만 많은 경우 '바로 지금 현재'와는 아무런 관련이 없다. 현재시제가 물론 바로 지금 일어나는 일을 묘사하는 경우도 있지만 일반적인 원리, 법칙, 경험, 변하지 않는 사실을 뜻하는 경우도 많다. 현재시제 문장의 성격을 결정 짓는 것은 사실 동사의 속성이다. 동작동사(action verb)의 경우 일반적인 사실을 진술하고, 상태동사(static verb)의 경우 바로 지금 일어나고 있는 사건을 나타낸다. They don't give good haircuts.에서 give는 동작동사다. I feel a lot better.는 바로 지금 내가 느끼고 있는 감정을 묘사한다. feel이 상태동사기 때문이다. (물론 feel은 동작동사로 사용되기도 한다.)

22 반면, '살이 별로 안 빠졌다.'에는 much를 써도 아무런 문제가 없다. 즉, She hasn't lost much weight.는 좋다. much는 부정문, 의문문에서는 제약 없이 사용된다. a lot of 역시 아무런 제약 없이 사용된다. 따라서 부정문 She hasn't lost a lot of weight.는 좋다. 참고로 '살을 거의 못 뺐다.', '살이 거의 안 빠졌다.'는 She lost very little weight. / She lost only a little weight. / She hardly lost any weight.다.

23 참고로, depressing은 '남을 우울하게 만드는', depressed는 '우울한/울상인' 뜻이다. 이는 동사 depress의 뜻에서 기원하는 것이니 특별히 외울 필요가 전혀 없다. 동사 depress는 〈A(원인제공자) + depress + B(영향 받는 사람)〉 형식으로 'A(원인제공자)가 B(영향 받는 사람)을 우울하게 만들다' 뜻이다. 따라서 현재분사 depressing은 '우울하게 만드는', 과거 분사(또는 형용사) depressed는 '우울한' 뜻을 갖게 된다.

24 have you down / get you down 모두 같은 뜻이다. 다만 have는 상태동사이므로 현재시제로 현재의 감정상태를 표현하는 반면, get은 활동동사이므로 과거시제로 현재의 감정상태를 표현한다.(물론 상황에 따라서는 현재진행시제로 표현하기도 하지만, 표제문 맥락의 경우 과거시제를 사용해야 상황에 맞는다는 말이다.) 현재시제는 일반적인 사실, 자꾸 되풀이되는 사건 등을 표현할 뿐 '바로 지금 현재 내가 느끼는' 감정상태를 표현하지 못한다. 따라서 표제문 맥락의 경우 현재시제 gets you down은 틀리고 과거시제 got you down이 맞다. 현재시제 It looks like life gets you down.은 '(그 동안 네 기분이 우울할 때가 자주 있는 것을 보니) 너한테 우울한 일이 자주 생기는 모양이다.'라는 뜻이다. 반면, 과거시제 It looks like life got you down.은 '너 지금 (여러 가지 복잡한 걱정거리들 때문에) 우울한 모양이다.' 즉, You look depressed.와 같은 뜻이다.

25 ball이 불알(testicles)을 뜻하기도 하므로 ball-buster는 거의 남자들 사이에만 사용된다고 보면 되겠다. April 역시 He was a real ball-buster.는 남자들 사이의 대화임을 드러내는 문장이라고 했다.

26 한편, painful / heartbroken을 주식 투자를 했다가 돈을 날린 〈4〉에 사용하기는 좀 곤란하다. 단순히 돈을 잃은 것 이상의 다른 뉘앙스가 추가되기 때문이다. 〈4〉에 It's so painful. 또는 I'm heartbroken.이라고 하면 단순히 돈을 잃어서 슬픈 것이 아니라 그 밖의 어떤 다른 간절한 이유가 있기 때문에 슬프다는 뜻이 된다. 예를 들어, 그 돈으로 거동이 불편한 어머니를 위해 뭔가 해드리고 싶었는데, 또는 그 돈으로 동생 대학 등록금을 대주고 싶었는데 등과 같은 어떤 다른 이유가 있어야 비로소 말이 된다. 일반적인 인격을 가지고 있는 보통의 사람이라면(즉, 돈에 집착하는 수전노가 아니라면) 단순히 돈을 잃은 것에 대해 It's so painful. / I'm heartbroken.을 사용하는 일은 거의 없다.

27 동사 obsess는 〈A(마력이 있는 사람/사물) + obsess + B(영향 받는 사람)〉 형식으로 사용되어 'A가 B의 마음을 사로 잡다', 'A가 B로 하여금 자신에게 집착하게 만들다'란 뜻으로 쓰인다. 따라서, 수동태 〈B + be obsessed with + A〉 형식도 좋다. (전치사 with에 주의하라.) 예를 들어, '그녀의 머릿속은 온통 그 남자 생각뿐이다.'는 She's completely obsessed with him.이다. obsessed는 동사 obsess의 과거분사이기도 하고, '집착이 심한', '사로 잡힌', '중독된'을 뜻 하는 형용사로 사용되기도 한다.

28 한편 be hung up on은 '(잊지 못하고) 미련이 남아 있다'라는 뜻도 들어 있다. 예를 들어, I think he's still hung up on me.는 '아직도 걔가 나한테 미련이 남아 있는 거 같아.'라는 뜻이다.

29 sympathy와 empathy는 의미에 약간 차이가 있다. 예를 들어, 난민(refugee people)에 대해 불쌍하게 생각하는 마음 이 sympathy이고, 불쌍하게 생각해서 구호성금을 보내는(donating money) 등 어떤 행동으로 연결되는 경우 empathy 라고 한다. 마찬가지로, sympathetic은 feeling sorry for them이고, empathetic는 put your feelings into action이다. 표제문 맥락에는 sympathetic / empathetic 둘 다 좋다.

30 다만, plump cheeks(오동통한 뺨, 통통한 볼) / plump lips(매력 있는 도톰한 입술)처럼 신체 부위를 나타내는 경우 긍정 적인 의미가 된다.

31 either / both는 대체 사용이 가능한 경우도 있고 불가능한 경우도 있다. '둘 다 좋아요.', '어느 쪽도 좋아요.'는 Either is okay. / Both of them are okay. / Two of them are okay. / The two of them are okay.다. 다만 마지막 두 문장은 선택 가능한 대안이 오로지 두 개인 상황에서 '둘 다 좋아요.'라는 뜻도 가능하지만, '여러 개 중에서(예를 들어 10개 중에 서) 2개만 좋아요.'라는 뜻도 될 수가 있다.

32 다시 말하지만 품사로서의 부사뿐만 아니라 문장에서 부사 기능을 수행하는 '부사류'를 의미한다.

33 I'm downtown now.는 대체로 상황 제약 없이 아무 때나 '나 시내에 나와 있어.'라는 의미로 사용할 수 있는 데 비해, I've come downtown.은 상대방이 내가 지금 다른 데 있다고 알고 있는 경우 '나 거기 안 있고 시내로 나왔어.'라는 맥락 에 주로 사용된다. 예를 들어, Are you still at the library?(너 아직 도서관이야?)라는 질문에 대해, 도서관이 아닌 예상 밖의 장소에 있다는 의미로 I've come downtown.이라고 할 수 있겠다. 따라서, What are you doing?에 대한 답변으 로 I'm downtown now.는 좋으나, I've come downtown.은 다소 어색하다.

34 여기서 it은 the number of the options left다. Now it's down to 3 options. 대신에 Now we are down to 3 options. / Now we've come down to 3 options. / Now it has come down to 3 options. / Now we only have three options left. / There're only three options available now. 등도 가능하다. 아예 문장을 달리하여 We've started with 6 options, and whittled them down to 3.라고 해도 된다. whittle은 원래 '(작은 칼 등으로) 깎아 내다' 란 뜻에서 출발하여 '(숫자를) 줄이다', (비용을) 삭감하다'라는 뜻으로 사용된다. whittle down to가 숙어처럼 사용되니 잘 알아두자.

35 사실 '나 이거 싸게 샀어.'라는 한국어 문장에서 '부사'는 없다. '싸게'는 '부사'가 아니라 '부사어'다. '싸게'는 품사 기준으로 볼 때 형용사 '싸다'에 부사형 어미 '게'가 결합하여 문장에서 부사어가 된다. 즉, 〈형용사 + 부사형 어미〉가 결합된 '부사어' 이다. 이 장에서 '부사'는 '부사어'를 포함하고 있다. 영어 문장에서도 역시 '부사'뿐만 아니라 '부사구(adverbial clause)'를 포함해서 논한다고 보면 되겠다. 예를 들어, all of a sudden의 구성 성분에는 '부사'가 없지만 all of a sudden 자체가 suddenly를 뜻하는 '부사구'다. 이 책에서는 엄격하게 '부사'에 한정하지 않고 문장 내에서 부사의 역할을 수행하는 '부사 어'를 포함해서 논의를 진행하도록 하겠다.

36 이것은 흡사 '물을 많이 마셨다.'를 I drank <u>a lot of</u> water.라고 하지 I drank water <u>a lot</u>.이라고는 하지 않는 것과 같다.

37 부사 badly / poorly는 서로 대체 사용이 가능하다. 표제문 맥락에서도 badly / poorly 서로 호환 사용이 가능하다. 호 환이 안 되는 경우는 badly가 '몹시/매우', '심하게', '도덕적/윤리적으로 나쁘게', '무례하게' 등 badly 본연의 의미로 사용 된 경우다. 따라서 They have both behaved so poorly that I'm really hurt. / He cuts hair very poorly. / Things have been going poorly. / I did poorly on the exam. 모두 좋다. 그러나, I miss her badly. 대신 I miss her poorly.는 불가하다.

형용사 bad / poor는 조금 더 복잡한 문제가 있다. 일반적으로 bad / poor가 '실적/성능이 기대치보다 못하다'는 뜻으로 는 잘 호환된다. 그러나, '사람들이 그 여자에 대해 안 좋게 말을 했다.'의 bad는 '에티켓/예의상 바람직하지 않은 뒷담화를 하는 것'을 나타내며, 이는 bad의 본질적인 뜻이고 poor에는 없는 뜻이다. 따라서 표제문 맥락에서는 형용사 bad를 poor 로 대체 사용하기 곤란하다. 즉, They said <u>bad</u> things about her. / They made <u>bad</u> comments about her.는 아무 런 문제가 없으나, They said <u>poor</u> things about her. / They made <u>poor</u> comments about her.는 맥락에 잘 맞지가 않다.

bad things와 poor things의 뜻이 다르고, bad comments와 poor comments의 뜻이 다르다. poor things는 You poor things! 형식으로 '(병들어 죽어 가는 몇 마리 강아지를 보며) 이런 불쌍한 것들!'이란 뜻으로 쓰이고, poor comments는 '뒷담화'가 아니라 '무례한 언급(rude comments)' 또는 '정확하지 않은 발언(inaccurate comments)' 등의 뜻이기 때문에 표제문 맥락에 의미가 맞지가 않는다.

bad things와 poor things의 뜻이 다르고, bad comments와 poor comments의 뜻이 다르다. poor things는 You poor things! 형식으로 '(병들어 죽어 가는 몇 마리 강아지를 보며) 이런 불쌍한 것들!'이란 뜻으로 쓰이고, poor comments는 '뒷담화'가 아니라 '무례한 언급(rude comments)' 또는 '정확하지 않은 발언(inaccurate comments)' 등의 뜻이기 때문에 표제문 맥락에 의미가 맞지가 않는다.

영어의 전치사는 140여 개 남짓입니다. 물론 이 중에서도 자주 사용되는 것은 50개 정도에 불과합니다. 이런 소수의 전치사들은 문장을 완성하며 온갖 복잡 미묘한 뜻을 전달합니다. 영어 학습자가 전치사의 전모를 파악하는 건 한계가 있지만, 나름대로 규칙도 있기 때문에 논리적으로 전치사를 이해하는 것 또한 전혀 불가능한 일은 아닙니다.

전치사는 고유의 의미에 근거하여 다른 어구와 결합하는 경우도 있지만, 그 전치사를 꼭 그 자리에 사용해야 할 필연적인 이유가 없는 상황인데도 기능어로서 동사, 명사, 형용사, 부사 등과 결합하여 이디엄을 형성하기도 합니다. 그러다 보니 전치사의 용법은 논리적 설명을 통해 쉽게 이해되는 것도 있지만, 이해하기 어려운 것도 있습니다.

이 파트에서는 우리가 일상생활에서 자주 사용하는 전치사를 중심으로 이들의 의미를 탐구하고자 합니다. 아울러, 실생활에서 많이 사용되는 용례 또한 주의 깊게 살펴볼 것입니다. 이 파트를 공부하고 나면 실제 대화에서 훨씬 자신 있게 전치사를 고를 수 있게 될 것입니다.

전치사의
'감'을
익혀라

085 (제임스 처음 봤을 때) 별로 인상이 안 좋더라.

086 수학시험에서 86점 맞았어.

087 (화장실은) 지하 1층에 있습니다.

088 (그 식당) 내 네비에 안 나와.

089 핸드폰으로 전화 주세요.

트레이닝
085
―
트레이닝
089

법 칙
16   전치사의
'감'을
익혀라

전치사를 유연한 시각으로 바라보자

영어의 전치사(preposition)는 한국어의 '조사'와 유사하게 사용될 때가 많다.[2] 전치사에는 각각 기본적인 뜻이 있는데, 그런 기본적인 뜻에 맞기만 하다면 문장에서 전치사들이 융통성 있게 호환되어 쓸 수 있는 있는 경우도 적지 않다. 예를 들어, '그 선수는 이번 대회의 유력한 우승후보다.'를 아래와 같이 말한다고 할 때 어떤 전치사를 사용하면 될까?

(1) He is a top contender of this championship.
(2) He is a top contender in this championship.
(3) He is a top contender at this championship.
(4) He is a top contender for this championship.

정답은 무엇일까? 위에 나온 문장 모두 정답으로, 선호도나 자연스러움의 정도 차이는 있겠지만 이들 전치사들은 모두 위 문장에 문제 없이 사용 가능하다. '이번 대회의'이므로 소유적인 관념에 입각해서 (1) of, '이번 대회 안에서'라고 하는 시공간적 한계를 뜻하는 (2) in, '이번 대회에서'라고 하는 행사/계기를 뜻하는 (3) at, '이번 대회를 위하여'라고 하는 목적을 뜻하는 (4) for 등을 생각해 볼 수 있겠다. 숙어, 구동사, 연어(collocation) 등으로 인해 특정한 전치사를 사용해야 하는 경우를 제외하고, 각 문장에서 어느 하나의 정답만을 찾을 것이 아니라, 이런저런 전치사들을 시도하면서 각 전치사의 진정한 의미들을 파악해나가는 연습이 필요하다.

예를 하나 더 들어 보자. 옆에 있는 직장동료에게 '교육이 수요일이지?'라고 묻는다고 하자.

(5) The training session is scheduled on Wednesday, right?
(6) The training session is scheduled for Wednesday, right?

〈on + 요일〉이니까 (5) on Wednesday만 맞고 (6) for Wednesday는 틀렸다고 생각하는 사람이 많을 것이다. 그러나 (6)의 전치사 for는 schedule for가 연어(collocation)로 쓰이는 사례로, be scheduled for는 '(일정이) ~날로 잡혀 있다'를 뜻하는 어구이므로 (6)은 맞는 문장이 된다.

그렇다면 이 질문에 대해 상대방이 '실은 목요일이야.'라고 답할 때는 뭐라고 할까?

(7) No, it's actually for Thursday.
(8) No, it's actually on Thursday.

이때는 (7)은 틀리고 (8)이 맞는 표현이다. (7)을 No, it's actually scheduled for Thursday.라고 하면 좋은 문장이지만, scheduled를 생략하면 전치사 on을 써서 (8) No, it's actually on Thursday.라고 해야 한다. 전치사 for의 존립 근거는 〈be + scheduled + for〉 형식에 있기 때문에 scheduled가 없으면 for를 사용할 수 없기 때문이다. scheduled가 생략되면, 일반적인 전치사의 용법, 즉, 〈on + 요일〉을 따라 on Thursday만 가능하다. 전치사는 그 자체의 뜻에 의해 어느 전치사를 사용할지가 결정되기도 하지만, 다른 동사, 형용사, 명사, 문법형식의 일부로서 결정되기도 함을 알 수 있다.

실제 대화에서는 전치사가 조금 틀려도 상대방이 이해하는 데는 큰 지장이 없다. 우리의 목표는 의사전달이므로 어떤 전치사를 쓸 것인지 지나치게 고민하지 말고 생각나는 대로 그냥 말해 버리자. 문장 형식, 사용 동사에 따라 어떤 전치사를 사용할 것인지 달라지게 되는데, 이러한 변화를 비네이티브가 학습을 통해 마스터한다는 것은 사실 쉽지 않다. (이점은 Part 6에서 다룰 관사도 마찬가지이다.) 전치사에 너무 스트레스 받지 말고 일단 대화에서는 생각나는 대로 써 보되, 이상하다고 느끼는 것이 있으면 메모했다가 시간이 될 때 맞는 전치사가 뭔지 찾아보자. 그러면 궁금한 점도 해소되면서 기억에도 오래 남을 것이다. 서두르지 말고 매일매일 한걸음씩 전진하는 것에 목표를 두는 것이 좋겠다.

전치사의 뜻은 맥락과 문장을 통해 파악하라

전치사 한 개가 갖는 뜻은 보통 30개 이상이다. 이것을 통째로 한꺼번에 외우는 것은 불가능하다. 이는 전치사의 뜻이 많아서라기보다는 맥락에 따라 그 의미(본질적인 의미는 그대로이지만 한국어로 나타나는 의미)가 조금씩 달라지기 때문에, 반드시 다른 전치사(구)와 비교해야만 그 의미를 분명하게 파악할 수 있기 때문이다. 예를 들어 in 10 years는 무슨 뜻인가? 문장과 맥락에 따라 한국어 문장에서는 다양한 어구로 표현된다.

(1) I haven't been here in 10 years.
(2) He hasn't worked in 10 years because he contracted hepatitis.
(3) He's going to retire in 10 years.

(1)은 '10년 만에 여기에 왔다.'란 뜻으로, '지난 10년 동안 여기에 오지를 않았다'는 말이다. 이 맥락에서 in 10 years = for 10 years = for the past 10 years이다. (2)는 '간염에 걸려서 지난 10년 동안 / 10년째 일을 못하고 있다.'라는 뜻이다. 즉, '지난 10년 동안 일을 하지 못하고 있었고 지금도 여전히 일을 하지 않고 있다.'라는 뜻이다. 이때도 in 10 years = for 10 years = for the past 10 years다. 마지막으로 (3)은 '10년 후에 은퇴할 것이다.'라는 뜻이다. 이 맥락에서 in 10 years = in 10 years' time = 10 years from now = after 10 years다.

위 문장들을 살펴보면 in 10 years는 '10년 만에', '10년째', '10년 후에' 같은 다양한 의미로 쓰이고 있다. 한국어 기준으로 보면 모두 다 다른 뜻으로 보인다. 하지만 영어의 시각에서 보면 in

10 years가 뜻하는 것은 딱 하나다. '과거 10년이든 앞으로 10년이든, 그 10년 동안 해당 사건이 발생하지 않다가 비로소 10년이 경과하는 시점에 사건이 발생한다'는 뜻이다. 즉, (1)은 10년 동안 여기 오는 사건이 발생하지 않았다는 뜻이고, (2)는 10년 동안 직업에 종사하는 사건이 발생하지 않았다는 뜻이고, (3)은 앞으로 10년 동안 퇴직하는 사건은 발생하지 않을 것이라는 뜻으로, 이것이 바로 in 10 years의 본질적인 뜻이라고 할 수 있다. 따라서 He has worked here in 10 years.는 전혀 말이 안 되는 비문(非文)이다. in 10 years는 해당 사건이 발생하지 않은 경우 사용되므로 이 문장에는 사용 불가하다. 대신 He has worked here for 10 years.는 정상적인 문장이 된다. for 10 years는 해당 사건이 발생했건 안 했건 관계 없이 '10년 동안'이라는 '기간'만을 나타낸다.

전치사를 공부한다는 것은 이렇듯이 우리말로는 잘 파악이 안 되지만 그 기저에 숨겨 있는 고유의 뜻을 탐구하는 작업이다.

원리를 이해하면 쉽게 가닥이 잡힌다

이디엄, 구동사의 일부로서 오로지 특정한 어느 전치사만 사용되는 경우도 있다. (이런 경우 다른 전치사로 대체하기 곤란하다.) 또한 같은 단어라고 하더라도 함께 사용되는 전치사에 따라 뜻이 완전히 달라지는 경우도 많다. 예를 들어, on the way는 '어디로 가는 중에'란 뜻이며, on the way to work(출근길에), on the way home(귀가 중에)처럼 사용된다. 반면 in the way는 '방해가 되어'란 뜻이고, by the way는 '그런데'라는 뜻으로 대화 주제를 바꾸거나 새로운 주제를 도입하기 위해 사용된다. 이렇듯 전치사와 어떤 단어가 결합하여 완전히 다른 의미로 사용되는 경우가 많으므로, 이런 용례를 익히고 암기하는 습관을 갖는 것이 중요하다.

모든 표현들을 다 외우기는 어려우므로, 전치사의 기본적인 뜻을 파악하는 데서 출발할 수밖에 없다. 예를 들어, 위에서 예로 든 on the way의 경우에도 on은 기본적으로 '어딘가에 붙어 일이 진행되는' 이미지를 생각하면 된다. 그러면 on the way가 '이동 중에'라는 뜻이라는 것을 쉽게 유추할 수 있을 것이다. in the way 역시 '길 가운데' 있으니 방해가 된다는 뜻임을 쉽게 알 수 있다. 다만 by the way처럼 아무리 생각해도 유추하기 어려운 경우도 물론 있다. 이런 것은 당연히 암기해야만 하며, 이해를 위해 에너지를 쏟을 필요는 없다.

'그 파일을 인터넷에서 찾아 너한테 메일로 보냈다.'는 I found it on the internet and emailed it to you.다. 독자들 중에는 '인터넷에서'를 in the internet이라고 해야 하지 않나 생각하는 사람도 있을 것이다. 하지만 네이티브는 절대로 이렇게 말하지 않는다. 유학 가는 친구에게 '페이스북으로 연락하자.'를 Let's keep in touch on Facebook.이라고 한다. '~으로'이니까 전치사 with라고 생각하고 with Facebook(페이스북이라는 도구를 활용하여)이라고 하기 쉽지만 가만히 다시 생각해 보면 on Facebook(페이스북상에서)이 맞는다는 점을 알 것이다.

지하철에서 방송 안내를 잘 들어 보면 '(이번 역에서 내리실 분은) 오른쪽으로 내리시기 바랍니다.'라고 나온다. 이것을 영어로 You may exit to the right.이라고 할까? 실제로는 You may exit on the right. 또는 The doors are on your right.이라고 한다. 하지만 흥미롭게도 '그 가게는 스타벅스 우측 20미터에 위치하고 있다.'는 전치사 to를 써서 It's 20m to the right of Starbucks.라고 한다. 영어에서는 '방향', '어느 쪽'은 전치사 on 또는 to로 표현하는데, 대상물이 붙어 있거나 인접한 경우에는 전치사 on을 사용하고, 어느 정도 떨어져 있는 경우에는 전치사 to를 사용한다. 한편, 교통수단의 크기가 더 커지는 경우에는 전치사 on을 사용한다. 예를 들어, '지하철에서 깜빡 잠들어서 내릴 역을 지나쳤다.'는 I nodded off on the subway and missed my stop.이며, '버스에서 깜빡 잠이 들어서 내릴 정류장을 지나쳤어.'는 I nodded off on the bus and missed my stop.이다. 참고로, '택시에서 깜빡 잠들었다.'는 I nodded off in the taxi.다. 이때는 on the taxi라고 하지 않는다.

이상에서 전치사 on이 사용되는 예문을 살펴봤다. on에 어떤 일관된 흐름이 느껴지지 않는가? 처음에는 각각의 용법들이 낯설게 느껴지고 어색할 수도 있겠지만 자꾸 전치사의 용법을 의식하며 공부하다 보면 전치사 나름대로의 일관된 뜻이 느껴질 것이다. 그러다 보면 보다 자연스러운 영어를 말할 수 있게 될 것이다.

그렇지만 선입견은 금물이다. 우리의 관념과는 전혀 다르게 전치사가 사용되는 경우도 적지 않다. 예를 들어, '학생들이 어제 운동장에서 축구를 했다.'는 They played soccer in the schoolyard yesterday.라고 한다. '운동장에서'를 on the schoolyard라고 할 것 같지만 네이티브는 in the schoolyard라고 한다. 네이티브의 관념에서는 '학교 운동장 경계 안에서' 운동하는 것이지 '학교 운동장 위에서' 운동하는 것은 아니기 때문이다.

전치사가 우리의 예상을 빗나가는 경우는, 전치사의 용법 때문일 수도 있고 동사, 형용사, 명사와 특정 전치사의 습관적인 결합 선호 때문일 수도 있다. 이것을 연어(collocation)라고 하는데, 이런 연어가 영어에는 수만 가지가 있다. 네이티브가 아닌 영어 학습자라면 더욱 부지런히 암기하고 이를 통해 전치사의 '감'을 익히는 것이 영어 공부의 정도(正道)이자 왕도(王道)다.

(제임스 처음 봤을 때)
별로 인상이 안 좋더라.

situation:
제임스를 처음 만났을 때, 말투나
다른 사람을 대하는 태도 등에 별로
호감을 느끼지 못했다.

STEP 1 표제문을 영어 문장으로 만들어 보세요.

When I first met James,
제임스 처음 봤을 때 　　　　　　　　　별로 인상이 안 좋더라.

STEP 2 표제문을 영어로 잘 옮긴 것에 모두 체크하세요.

(1) **his impression was not so good.**

(2) **my impression of him was not so great.**

(3) **I got a poor impression of him.**

(4) **I didn't receive a good impression from him.**

(5) **he didn't give me a good impression.**

(6) **he didn't give a good impression to me.**

(7) **he didn't make a favorable impression on me.**

(8) **he left a bad impression.**

(9) **I didn't get a good feeling of him.**

(10) **I didn't get a good feeling about him.**

(11) **I didn't get a good vibe from him.**

가능한 문장 **(2) (3) (4) (5) (6) (7) (8) (10) (11)**

어휘 들여다 보기

~에 대한 인상 '(어떤 사람/도시/사건에 대한) 인상'은 my impression of someone[something]이란 표현을 사용한다. 따라서 표제문은 my impression of him was not so good.이라고 하면 좋다. 또는 '~한 인상을 받았다'라는 뜻으로 〈I got + a bad impression + 전치사 of him〉을 써도 좋다. 그러나, give / make / leave / have 등 동사를 달리하면 다른 전치사를 써야 한다. 동사 give의 경우 〈give + IO(간접목적어) + DO(직접목적어)〉 형태로 he gave me a bad impression 좋다. 그러나, 〈give + DO(직접목적어) + to + IO(간접목적어)〉 형태, 즉, he gave a bad impression to me는 썩 자연스럽지가 않다. 동사 make/leave의 경우 전치사 on을 사용하여 〈he made[left] + a bad impression + on me〉라고 하면 좋다. 한편 have는 전치사 about과 어울리며, impression과 비슷한 의미로 feeling / vibe도 쓸 수 있다.

(1) <u>his impression</u> was not so good. ×

(2) <u>my impression of him</u> was not so great. ○

(1)은 틀리고 (2)는 좋다. his impression은 '그 사람이 가졌던 (무언가 다른 것에 대한) 인상'을 말한다. '나의 그 사람에 대한 인상'은 my impression of him이라고 해야 한다. 또는 my impression about him / my impression from him / my impression I received from him이라고 해도 좋다.

(3) I <u>got</u> a poor impression <u>of</u> him. ○

(4) I didn't <u>receive</u> a good impression <u>from</u> him. ○

좋다. 어떤 인상을 '받다'라고 할 때 동사 get과 receive를 활용할 수 있다. (3)에서 '나쁜 인상'은 poor impression / bad impression 둘 다 좋으며, poor는 다소 격식적인 느낌을 준다. 한편, 동사 got / received가 포함된 문장에서 '~에 대한 인상'이라고 할 때 impression of him / impression from him 둘 다 쓸 수 있다.

(5) he didn't <u>give me</u> a good impression. ○

(6) he didn't <u>give</u> a good impression <u>to me</u>. ○

(5)는 아주 자연스러운데 (6)은 다소 어색하다. give는 수여동사이므로 〈give + IO(간접목적어) + DO(직접목적어)〉 또는 〈give + DO(직접목적어) + to + IO(간접목적어)〉 형식이 모두 가능하지만, 표제문 맥락에는 〈give + me + a good impression〉이 잘 어울린다. (6)에서 차라리 to me를 제거해서 he didn't give a good impression이라고 하면 아주 자연스러운 문장이 된다.

(7) he didn't <u>make</u> a favorable impression <u>on</u> me. ○

(8) he <u>left</u> a bad impression. ○

좋다. '좋지 않은 인상을 주다/남기다'라는 뜻으로 〈make / leave + a bad impression + on me〉도 좋다. 이때는 전치사 of나 from은 안 되고 오로지 on만 사용할 수 있다. 혹은 (8)처럼 on me는 생략할 수도 있다.

(9)   I didn't get a good feeling <u>of</u> him. ×

(10) I didn't get a good feeling <u>about</u> him. ○

(11) I didn't get a good vibe <u>from</u> him. ○

(9)만 틀리고 나머지는 좋다. (9) ⟨good feeling + of⟩는 틀리고 (10) ⟨good feeling + about⟩은 좋다. feeling of him은 문자 그대로의 의미로, '그 사람을 만졌을 때 느껴지는 촉각'을 뜻한다. 단수형 a good feeling은 '좋은 감정', '호감', '선의'라는 뜻이며 전치사 about과 주로 함께 사용된다.[3] (11) ⟨good vibe + from⟩도 좋다. vibe는 '분위기(atmosphere)' 또는 '느낌'이란 뜻이다. atmosphere가 오로지 '장소의 분위기'를 뜻하는 단어인데 비해, vibe는 장소뿐만 아니라 사람에게서 느껴지는 '독특한 느낌', '자신만의 색깔'이란 뜻으로 두루두루 사용된다. 예를 들어, '걔는 독특한 분위기가 있어.'는 He's got that unique vibe.라고 한다. 참고로, (10)과 (11)은 표제문 맥락처럼 제임스의 말투나 태도에 대해 좋은 인상을 받지 못했음을 나타내기도 하지만, 조폭 같은 외모를 하고 있어서 인상이 안 좋았다는 의미로도 충분히 사용 가능하다.

수학시험에서 86점 맞았어.

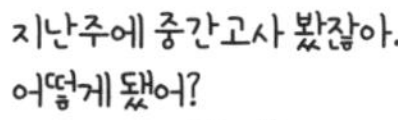

situation:
중간고사를 봤는데 수학을 제외한 나머지
과목 성적이 썩 잘 나오지는 않았다. 수학은
86점, 영어는 75점 받았다.

STEP 1 표제문을 영어 문장으로 만들어 보세요.

친구 **You had mid-terms last week. How did they go?**
지난주에 중간고사 봤잖아.　　　　　　어떻게 됐어?

나 **Not very good.**
별로야.

but I didn't do well in other subjects.
수학시험에서 86점 맞았어.　　　　　　근데 다른 과목은 별로야.

STEP2 표제문을 영어로 잘 옮긴 것에 모두 체크하세요.

(1) **I took 86 in the math test**

(2) **I got an 86 from the math test**

(3) **I got an 86 on the math test**

(4) **I got an 86 in math**

(5) **I got an 86 on math**

(6) **Math was 86**

(7) **My math score was 86**

(8) **My math was 86**

가능한 문장 **(3) (4) (7) (8)**

어휘 들여다 보기

수학시험에서 '수학시험에서'는 in the math test / from the math test / at the math test / on the math test 중 어떤 전치사가 맞을까? 직관적인 느낌으로 '수학시험에서'는 in the math test가 맞을 것 같지만 실제로는 on the math test가 맞다.[4] in the math test에서 전치사 in은 '장소' 개념으로서 in의 일반적인 뜻과 동일하다. 즉, '수학시험 쳤던 그 장소에서(where I took the math exam)'라는 뜻이다.[5] 예를 들어, '걔를 수학시험장에서 만났다.'는 I saw him in the math test.며, 맥락상 이때 전치사 in은 at으로 교체가 가능하므로 I saw him at the math test.로 표현할 수도 있겠다. 한편 〈in + 과목명〉은 '그 과목에서'라는 뜻이므로 표제문 맥락에서는 in math도 쓸 수 있다. 즉, I got 86 in the math test.는 틀리지만 I got 86 in math.라고 하면 좋다.

(1) I took 86 in the math test ×

틀렸다. 동사 took도 틀리고 전치사 in을 쓴 in the math test도 틀렸다. 독자 중에는 in the math test를 '수학시험 보는 중에' 정도를 뜻하지 않을까 생각하는 사람도 있을 수 있겠다. 하지만 그런 뜻으로는 during the math test / in the middle of the math test라고 하지, in the math test라고 하지는 않는다. 예를 들어, '수학시험 보는 중에 갑자기 아팠다.'는 Suddenly I got sick during the math test. 또는 Suddenly I got sick in the middle of the math test.라고 한다.

(2) I got an 86 from the math test ×

틀렸다. from the math test는 '수학시험장에서 (나가다)'란 뜻이다.[6] 따라서 I left early from the math test.(난 수학시험장에서 일찍 나갔다.)처럼 쓸 수 있는 표현이다. 전치사 from을 써서 표제문 뜻을 나타내고 싶다면, I got 86 from the math professor 또는 I got 86 from the math instructor라고 하면 된다. 그래야 '수학 교수/선생님에게 86점을 받았다'란 뜻이 되어 표제문의 의미와 부합하게 된다.

(3) I got an 86 on the math test ○

좋다. '수학시험에서'라고 할 때는 전치사 on을 쓴다. 참고로, 점수를 밝히지 않고 '수학시험을 잘 쳤다.'라고 할 때는 I got a good grade on the math test. / I did well on the math test.라고 말하면 된다.

(4) I got an 86 in math ○

(5) I got an 86 on math ×

(4)는 맞고 (5)는 틀렸다. '수학에서'는 in math라고 하지, on math라고 하지 않는다.

(6) Math was 86 ×

(7) My math score was 86 ○

(8) My math was 86 ○

(6)은 틀렸고 (7)(8)은 좋다. math에는 반드시 소유격 my가 필요하다. my math score가 가장 정식적인 표현이겠으나, 맥락이 분명한 경우 구어체에서는 score를 생략해도 별 문제 없다. '수학시험에서 86점 맞았다.'를 '내 수학성적은 86점이었다.'라고 전환하면 (7)(8)을 생각해 내기 쉬울 것이다.

점수와 성적은 영어로 어떻게 말할까?
숫자로 된 점수(예: 85, 75)나 문자로 된 성적(예: A, B, C, D)이 단독으로 쓰이는 경우 부정관사를 붙일까, 안 붙일까?
먼저, 숫자로 된 점수에는 부정관사를 붙여도 되고 안 붙여도 된다. 따라서 '시험에서 86점을 맞았다.'는 I got 86 on the test. / I got an 86 on the test. 둘 다 좋다. 그러나 문자로 된 성적의 경우, 반드시 부정관사를 붙여서 나타내야 한다. 예를 들어, She got an A on the exam.(걔는 시험에서 A를 받았다.) / She got a B in math.(걔는 수학에서 B를 받았다.)처럼 써야 한다.
정확히 몇 점이 아닌 '80점대', '90점대'라고 할 때는 〈in the + 숫자의 복수형〉을 써서 in the 80s, in the 90s처럼 표현한다. 예를 들어, Last year, my grades were in the 70s. Now I'm scoring in the 80s.(작년에는 70점대 수준이었는데 지금은 80점대다.)처럼 쓸 수 있다. grades는 숫자로 된 성적(scores)과 A, B, C 등의 알파벳으로 된 성적(letter grades)에 모두 사용할 수 있다. 반면, scores는 오로지 숫자로 된 성적에만 사용한다. 따라서 '70점대다.'라고 할 때는 My grades were in the 70s.도 좋고, My scores were in the 70s.도 좋다.

(화장실은)
지하 1층에 있습니다.

situation:
지금 지상 2층에 있는 사무실에 있다.
2층 화장실에 문제가 생겨 지하 1층
화장실밖에 없는 상황이라, 손님에게
화장실이 지하 1층에 있다고 말해
준다. 이 건물은 지하 3층까지 있다.

STEP 1 표제문을 영어 문장으로 만들어 보세요.

(화장실은) 지하 1층에 있습니다.

STEP 2 표제문을 영어로 잘 옮긴 것에 모두 체크하세요.

(1) **It's on the first floor underground.**

(2) **It's on the first underground level.**

(3) **It's on the first basement.**

(4) **It's on the first basement level.**

(5) **It's on the first basement floor.**

(6) **It's in the basement, B1.**

(7) **It's in B1.**

(8) **It's on B1.**

(9) **It's two floors down.**

(10) **It's two levels down the stairs.**

(11) It's two flights down.

(12) It's two flights down the stairs.

가능한 문장 **(2) (4) (5) (6) (7) (9) (10) (11) (12)**

STEP 3 문장을 확인하세요.

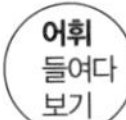

지하 1층에 '(지상) 2층에'는 전치사 on을 써서 on the 2nd floor라고 한다. 하지만 지하층을 표현할 때는 전치사 on 대신 in을 사용한다. '(건물의) 지하공간'은 basement다. '(화장실이) 지하에 있다.'라고 할 때는 It's on the basement.는 틀리고 It's in the basement.가 맞다. 아마도 네이티브에게 3차원의 지하공간이라는 점이 부각되어 전치사 in을 사용하지 않는가 추측해 본다.

콕 집어 '지하 1층에 있다.'는 It's in the basement, B1.이라고 해도 되겠지만, 보통 간단히 줄여 It's in B1.이라고 한다. 지하층을 underground level 또는 basement level이라고 하는데, 이 경우에는 전치사 on을 사용한다. 즉, It's on the first underground level. / It's on the first basement level.이라고 한다. 한편, 지금 지상 2층에 있는 상황이니까 '화장실은 2개층을 내려가면 있다'라고 해서 two floors down the stairs라고 해도 좋다. floor 대신에 level 또는 flight를 사용해도 좋다. the stairs는 자명한 것이니까 생략하여, It's two floors[levels/flights] down.(화장실은 두 층 내려가면 있어요.)이 일상 대화에서 쓰는 가장 일반적인 문장이다.

(1) It's on the first floor underground. ×
틀렸다. '지하 1층에'를 on the first floor underground로 옮긴 것인데 전혀 말이 안 되는 문장이다. underground는 '지상'과 대비되는 '지하공간'이라는 뜻이지, '(건물의) 지하층'을 뜻하는 말이 아니다.

(2) It's on the first underground level. ○
좋다. underground는 형용사, 부사, 명사로 사용된다. 예를 들어, underground shopping mall(지하 쇼핑몰), Most restaurants and facilities were underground at the ski resort.(그 스키장은 식당과 시설 대부분이 지하에 있었다.)[7]처럼 활용할 수 있다.

(3) It's on the first basement. ×

(4) It's on the first basement level. ○

(5) It's on the first basement floor. ○
(3) on the first basement는 틀렸다. 반드시 뒤에 '(건물의) 층'을 의미하는 level이나 floor를 추가해야 한다. 따라서 (4) on the first basement level 또는 (5) on the first basement floor라고 하면 좋다.

(6)　It's <u>in</u> the basement, B1. ○

(7)　It's <u>in</u> B1. ○

(8)　It's <u>on</u> B1. ×

(6) 좋다. (7) in B1은 좋으나 (8) on B1은 틀렸다. 건물의 '지하공간', '지하층'을 basement라고 하는 것은 맞지만 전치사는 on이 아니라 in을 사용한다. 즉, 전치사 in the basement라고 한다. B1에서 B는 basement에서 온 말이므로 in B1이라고 해야 한다. 참고로, 전치사 on B1도 좋다는 의견도 있으나, in B1이 좋다는 의견이 다수이므로 in B1이라고 하는 것이 무난하겠다.

(9)　It's two floors down. ○

(10)　It's two levels down the stairs. ○

(11)　It's two flights down. ○

(12)　It's two flights down the stairs. ○

모두 좋다. It's two floors[levels / flights] down. 모두 쓸 수 있다. down은 down the stairs의 준말이다. flight는 '비행', '항공편'이란 뜻도 있지만 '(집합적 개념으로서) 층과 층 사이의 계단 전체'라는 뜻도 갖고 있다. '계단 한 개'를 뜻하는 a stair와는 구분되는 단어다. 주로 a flight of stairs 형태로 사용되며, 이는 '한 층 분량의 계단'을 뜻한다. 예를 들어, We walked up a flight of stairs.(계단 한 층을 올라갔다.), She fell down a flight of stairs.(계단에서 아래층으로 굴러 떨어졌다.), I couldn't even walk up a flight of stairs.(난 계단조차 올라갈 수도 없었다.)[8]처럼 사용한다. a flight가 '한 층 분의 계단'을 뜻하므로 two flights는 '두 층 분의 계단'을 뜻한다. 따라서 (12)의 two flights down the stairs는 '두 층 분만큼(two flights) 내려간다(down the stairs)'라는 뜻이다.

이 건물은 지하 3층까지 있어요.

situation: 이 건물은 지상 5층, 지하 3층짜리 건물이다.

(a)　The building has three stairs underground.

(b)　The building has three flights underground.

(c)　The building has three stories underground.

(d)　The building has three levels underground.

(e)　The building has three floors below ground.

(f)　There is a three level basement in the building.

(g)　There are three basement levels in the building.

(h)　There are three underground floors in the building.

(i)　There are three underground levels in the building.

level '지하 몇 층에'는 basement의 약자를 활용하여 in B1, in B2, in B3처럼 말한다고 했다. 그렇다면 건물에 지하층이 총 몇 층 있는지는 어떻게 말하면 좋을까? 지상층에는 floor를 사용하지만 지하층에는 level을 사용하는 것이 보통이다. 따라서 '지하 3층'은 three levels underground / three levels below ground라고 하면 된다. '지하층'을 뜻하는 basement levels를 활용해서 three basement levels라고 할 수도 있다. '지하 1층', '지하 2층', '지하 3층'을 각각 한 개의 지하층으로 보아 복수형 three basement levels라고 한 것이다. 또한, 우리의 직관에는 다소 맞지 않지만 지하공간 전체를 한 개로 보아 단수형 a three level basement라고 표현하기도 한다. 즉, a three level basement는 지하 공간을 한 개(a basement)로 보되 3개층(three level)으로 구성되어 있음을 나타낸다.

(a)(b)(c) 틀렸다. (a) stairs는 '계단 한 개', '계단 두 개' 할 때의 '계단'을 뜻한다. 따라서 three stairs는 '계단 세 개'를 뜻한다. (b) three flights는 '종류가 다른 세 가지 계단(3 different staircases)'이 있다는 뜻으로서 맥락에 전혀 맞지 않다. (c) story는 오로지 '지상층'만을 나타내는 단어다. (d)(e) 좋다. floor / level은 특별한 언급이 없는 한 지상층을 가리킨다. 따라서 지하의 '층'을 나타내기 위해서는 '지하'임을 명시해야 한다. underground 또는 below ground를 뒤에 붙이면 된다. 한편, floor에는 '지상층'이란 뜻이 아주 강하기 때문에 '지하층'에는 level을 쓰는 것이 더 좋다. (f) 좋다. basement는 '(건물의) 지하공간 전체'를 뜻하므로 '지하공간'에 세 개층이 있음을 말하고자 하는 경우 단수형 a three-level basement라고 한다. 영어에서 숫자를 형용사적으로 사용하면 단수형을 쓰므로 복수형 three levels가 아니라 단수형 three level이 맞다. 마찬가지로, '일곱 살 먹은 남자아이'는 a seven-year old boy, '10년간의 결혼생활'은 a 10-year marriage라고 한다. (g) 좋다. '지하층'은 basement level이라고도 하므로 (해당 건물의 전체 지하층의 개수를 뜻하는) 지하 3층'은 three basement levels라고 하면 좋다. (h)(i) 좋다. '층이 세 개', '세 개층'이란 뜻으로 three underground floors[levels]를 쓰면 좋다. three levels below ground / three levels underground 역시 좋다. 한편, '그 슈퍼는 지하 3층에 있다.'고 할 때는 It's on the third underground floor[level].이라고 하면 좋다. 물론 It's on the third basement floor[level].이라고 해도 역시 좋다.

(그 식당)
내 네비에 안 나와.

situation:
친구가 식당 이름을 전화로 알려줬는데
검색해도 내 자동차 네비게이션에는 그
이름이 안 나온다.

STEP 1 표제문을 영어 문장으로 만들어 보세요.

그 식당 내 네비에 안 나와.

STEP 2 표제문을 영어로 잘 옮긴 것에 모두 체크하세요.

(1) **I don't find it in my navi.**

(2) **I can't find it in my navigation system.**

(3) **I can't find it on my GPS.**

(4) **I can't find it in my GPS.**

(5) **There's no place like that in my GPS.**

(6) **There's no place called that in my GPS.**

(7) **There's no place like that on my GPS.**

(8) **There is no place by that name on my GPS.**

(9) **There is no place with that name on my GPS.**

(10) **There is no place under that name on my GPS.**

(11) **There is no place below that name on my GPS.**

가능한 문장 **(2) (3) (4) (5) (6) (7) (8) (9) (10)**

네비(네비게이션) 자동차에 달린 '네비'의 정식 명칭은 '차량 자동 항법장치'이며 영어로는 automotive navigation system이라고 한다. 줄여서 navigation system 또는 navigation unit이라고 한다. 영어에서는 system을 생략하지도 않고 navigation을 줄여 navi라고 말하지도 않는다. navigation system은 인공위성을 통해 사용자의 위치를 파악하는 GPS(global positioning system) 신호를 사용하므로, 실제로 네이티브들은 '네비'를 보통 GPS라고 부른다.

네비게이션에 '네비에'를 in my GPS라고 할까, 아니면 on my GPS라고 할까? 네이티브는 네비 화면을 먼저 생각을 하고 그 화면 위에 장소가 표시되는 것을 상상하기 때문에 전치사 on을 선호한다. 즉, on my navigation system 또는 on my GPS가 좋다. 다만, 네비는 눈에 보이는 LCD 화면이 전부가 아니고, 그 밑에 지도 데이터가 담겨 있는 IC칩과 응용 프로그램으로 구성되는 전자 장치이므로 in my navigation system 또는 in my GPS라고 해도 큰 문제는 없다. 이렇듯이 〈in + A(사물)〉는 'A(사물)'에 파묻혀 있다'는 뜻을 갖고, 〈on + A(사물)〉는 'A(사물) 표면에 있다'는 뜻이 기본이다. 그래서 의자에 앉아 있다고 할 때도 의자의 종류에 따라 〈in/on + the chair〉의 전치사 선택이 달라진다. 팔걸이(arm rest)가 있는 보통의 사무용 의자는 in the chair가 맞고, 패스트푸드점에서 볼 수 있는 높이가 높고 팔걸이가 없는 의자(stool)는 on the chair가 맞다. 즉, He sat in the chair.는 그 사람이 의자 깊숙이 앉아 파묻혀 있는 상황임을 암시한다. 같은 이유로, '소파에 앉았다.'는 He sat on the sofa. / '벤치에 앉았다.'는 He sat on the bench.라고 한다. 전치사 in을 써서 He sat in the sofa. / He sat in the bench.라고는 절대로 하지 않는다.

(1) I don't find it in my <u>navi</u>. ✕

(2) I can't find it in my <u>navigation system</u>. ○

(1)은 틀렸고 (2)는 좋다. '네비'는 콩글리시다. 영어에서 navi / navigation은 쓰지 않는 말이다. 반드시 navigation system이라고 해야 한다.

(3) I can't find it <u>on my GPS</u>. ○

(4) I can't find it <u>in my GPS</u>. ○

좋다. 일반적으로 '네비'는 GPS라고 한다. '네비에'는 전치사 in my GPS도 좋고 on my GPS도 좋다. GPS는 데이터가 담겨 있는 IC칩, 메모리칩이 생각 나고, 그러다 보니 전치사 in과 on 둘 다 좋다고 생각이 든다. 둘 중에서는 그래도 전치사 on이 더 자연스럽다.

(5) There's no place <u>like that</u> in my GPS. ○

(6) There's no place <u>called that</u> in my GPS. ○

(7) There's no place <u>like that</u> on my GPS. ○

좋다. '네비에 안 나온다'는 '네비에 그런 장소가 없다'라는 뜻이니까 There's no place로 표현할 수 있다. no place 뒤에는 like that / called that 둘 다 좋다.

(8)   There is no place <u>by</u> that name on my GPS. ○

(9)   There is no place <u>with</u> that name on my GPS. ○

(10) There is no place <u>under</u> that name on my GPS. ○

(11) There is no place <u>below</u> that name on my GPS. ×

(11)만 틀렸고 나머지는 좋다. that name 앞에 전치사 by / with / under 모두 좋다. (8) by that name이 낯설게 느껴질 수도 있으나 실생활에서 상당히 자주 사용되는 표현이다. '내가 아는 사람 중에 그런 이름을 가지고 있는 사람은 없다.'는 I don't know anybody by that name.이다. 북미에서는 실제 이름과 달리 별명으로 불리거나 자신이 지정한 다른 이름으로 불리는 경우가 적지 않은데, 이런 경우 '날 Bob이라고 불러줘.'라고 할 때 Call me Bob.이라고 해도 되지만 I go by Bob.이라고 해도 된다. with는 '~을 가진', '~이 달린', '~이 붙은', '~이 있는' 등과 같은 '소유'의 의미가 들어 있다. 따라서 (9) no place with that name은 '그런 이름을 가지고 있는 장소', '그럼 이름이 있는 장소', '그런 이름이 붙어 있는 장소' 정도의 뜻이라고 이해하면 되겠다. (10)의 under에도 '~라는 이름으로'라는 뜻이 있기 때문에 no place under that name도 좋다. 반면, (11)의 below는 '(물리적 위치상) ~보다 아래에'라는 뜻이라 표제문 맥락에 맞지 않다. 예를 들어, '아래 주소로 연락주세요.', '(이 책자의) 하단의 주소로 연락주세요.'라고 할 때 Contact the address below.라고 한다.

situation:
나는 사무실에 잘 안 있으니 용건이 있으면
핸드폰으로 연락해 달라고 부탁한다.

STEP 1 표제문을 영어 문장으로 만들어 보세요.

핸드폰으로 전화 주세요.

STEP 2 표제문을 영어로 잘 옮긴 것에 모두 체크하세요.

(1) **Please call to my hand phone.**

(2) **Please call me to my cell phone.**

(3) **Please call me at my cell phone.**

(4) **Please call me at my cell number.**

(5) **Please call me on my cell.**

(6) **Please call my cell.**

(7) **Please make a call at my cell phone.**

(8) **Please make a call to my cell phone.**

(9) **Please give me a call to my cell phone.**

(10) **Please give me a call on my cell phone.**

가능한 문장 **(4) (5) (6) (8) (10)**

STEP 3 문장을 확인하세요.

어휘 들여다 보기 **call** '(사무실에 잘 없으니까) 핸드폰으로 전화 주세요.'라고 말할 때 Please call to my cell.이라고는 하지 않는다. call은 타동사이므로 전치사를 필요로 하지 않기 때문이다. 예를 들어, '그 호텔에 전화했다.'는 I called the hotel.이고, '피자 포장해 가실 분은 238-1566으로 전화 주세요.'는 For pizza takeout, please call 238-1566.이다. 따라서 '핸드폰으로 전화 주세요.' 역시 Please call my cell.이라고 말하면 충분하다. 동사 call은 〈call + A(사람) + 전치사 + B(전화 할 곳)〉 형식으로도 자주 쓰인다.[9] 예를 들어, '사무실로 전화해 주세요.'는 Please call me at my office. / '집으로 전화 주세요.'는 Please call me at home.이다. 그러나 '핸드폰으로 전화 주세요.'라고 할 때는 전치사 at을 사용하지 않고 on을 사용한다. 즉, Please call me on my cell phone.이라고 한다. '그 사람 통화 중이다.'를 He's on the phone.이라고 하는 것을 떠올리면 왜 전치사 on을 사용하는지 이해가 쉬울 것이다. 굳이 전치사 at을 사용하고자 하는 경우에는 Please call me at my cell number.라고 하면 된다. '핸드폰으로'는 on my cell phone이라고 해야 하지만, '핸드폰 번호로'는 충분히 장소적 개념이 되기 때문에 at my cell number가 가능하다.

(1) Please call <u>to</u> my <u>hand phone</u>. ×

틀렸다. 전치사 to도 틀렸지만 hand phone은 콩글리시다. 북미에서 '핸드폰'은 cellular phone인데, 공식적으로 맞는 말이지만 실생활에서는 아무도 이렇게 말하지 않고 예외 없이 cell phone이라고 하거나, 심지어 cell이라고만 말한다. 참고로 영국에서는 '핸드폰'을 mobile phone이라고 한다. 이때 '핸드폰'을 smart phone이라고 하지는 않으니 주의하자. smart phone은 '핸드폰'의 한 종류에 불과하므로 '핸드폰으로 전화 주세요.'라고 할 때 smart phone이라고 하지 않는다. 우리의 언어 습관은 한순간에 바뀌는 것도 아니고, 기계나 도구가 설사 과학기술의 발전으로 더 이상 사용되지 않는 경우에도 언어에는 흔적처럼 남아 있는 경우가 많기 때문에(dial tone(발신음); off the hook(전화를 안 받으려고 수화기를 내려 놓은); ring a bell(기억나다) 등) 앞으로도 한동안 cell phone이 사용되리라 생각한다.

(2) Please call me <u>to</u> my cell phone. ×

(3) Please call me <u>at</u> my cell <u>phone</u>. ×

(4) Please call me <u>at</u> my cell <u>number</u>. ○

(5) Please call me <u>on</u> my cell. ○

(2)와 (3)은 틀렸고 (4)와 (5)는 좋다. call me 뒤에 전치사 to는 아예 말이 안 되고, at은 유선전화가 설치된 고정장소인 경우 가능하다. 예를 들어, my office / my house / my dentist 같은 단어 앞에 at을 쓸 수 있다. 핸드폰의 경우 '핸드폰 번호'는 고정적인 장소 개념으로 보아 (4)처럼 call me + at my cell number는 가능하다. cell phone / cell인 경우 전치사 on my cell phone / on my cell이 맞다.

(6) Please call my cell. ○

좋다. 타동사 call의 목적어로 my cell / my cell phone / my cell number 모두 좋다.

(7) Please make a call at my cell phone. ×

(8) Please make a call to my cell phone. ○

(7)은 틀리고 (8)은 좋다. make a call은 '방문하다(visit)' 또는 '전화하다(call, phone)'라는 뜻이 있다. 예를 들어, Make a call at my office.는 '내 사무실로 와서 거기서 (어디 다른 데로) 전화해라(come to my office and make a call there)' 또는 '내 사무실에 방문해라/들러라(stop by my office)'라는 뜻이 된다. '내 사무실로 전화해라.'는 Make a call to my office.라고 한다.

(9) Please give me a call <u>to</u> my cell phone. ×

(10) Please give me a call <u>on</u> my cell phone. ○

(9)는 틀리고 (10)은 좋다. give me a call + 전치사 to my cell phone은 불가하다. on my cell phone은 좋다.

A
(아파트) 몇 층이야?

situation: 지호네 집에 놀러간 내가 아파트 건물 앞에 도착해서 지호에게 아파트 몇 층에 사는지 전화로 물어본다.

I'm almost there.
거의 다 왔어.　　　　　몇 층이야?

(1) What floor is your apartment? ☐
(2) What floor is your apartment on? ☐
(3) Which floor is it? ☐
(4) Which floor is it on? ☐
(5) What floor do you live? ☐
(6) What floor do you live on? ☐
(7) Which floor are you on? ☐

'(아파트) 몇 층이야?', '몇 층 살아?'는 Which floor is it? / Which floor do you live?가 아니라 Which floor is it on? / Which floor do you live on?이라고 하는 것이 정석이다. 구어체에서는 on을 빼먹어도 말이 통하기는 하지만, 자연스러운 영어라고 할 수 없다. 네이티브가 아니라면 가급적 문법적으로 맞는 문장을 말하는 것이 좋다.

(1) (2) (1)은 틀리고 (2)는 좋다. on이 없어도 뜻은 통하지만 권장하지는 않는다. (1)은 내가 한 층 전체(the whole floor)를 쓰고 있는 경우, 즉 펜트하우스인 경우는 가능하겠다. 마찬가지로 슈퍼마켓이 3층에 있는 경우 전치사 It's on the third floor.라고 하지만, 3층 전체를 다 사용하는 경우에는 무전치사 It's the third floor.라고 해도 된다. **(3) (4)** 좋다. 물론 (3)보다는 on을 쓴 (4)가 훨씬 더 좋은 문장이다. 하지만 your apartment 대신 it을 사용한 경우, 친구 사이처럼 casual한 관계인 경우에는 전치사 on을 생략해도 그럭저럭 사용할 수 있는 문장이 된다. **(5) (6)** (5)는 틀리고 (6)은 좋다. on을 반드시 써 줘야 제대로 된 문장이다. 한편, what보다는 which가 조금 더 듣기 좋다. **(7)** 좋다. '몇 층이야?'의 주어로 사람 you를 사용해 '네가 몇 층에 있냐?'로 물어볼 수 있다. 한국어 문장의 주어가 뭐가 되든 나, 너, 그, 그녀 등 사람이 관련된 경우에는 가급적 사람 주어를 시도하는 습관을 갖자.

B

**(내가 엘리베이터에 있어서)
핸드폰 신호가
안 잡혔었나 봐**

situation: 지호를 만났더니 자기 전화를 받지 않았다고 언짢아했다. 엘리베이터에 탑승하고 있어서 전화 연결이 제대로 안 된 모양이다.

지호 How come you didn't answer my call?
왜 내 전화 안 받았어?

나 Oh, you called! ______________ because I was in the elevator.
전화했었구나!   내가 엘리베이터에 있어서 핸드폰 신호가 안 잡혔나 봐.

(1) I didn't have any signals at my cell phone ☐

(2) I didn't have signal on my cell phone ☐

(3) I must not have gotten signal on my cell phone ☐

(4) My cell phone wasn't getting signal ☐

(5) I didn't have a reception on my cell phone ☐

(6) I didn't have reception on my cell phone ☐

(7) My cell phone was out of service ☐

'핸드폰 신호'는 signal 또는 reception이다. 핸드폰 신호는 '핸드폰 화면 위에' 나타나므로 전치사 on my cell phone이 좋다. 따라서 I didn't receive signal[reception] on my cell phone.이다. on my cell phone은 또한 '통화 중', '통화를 목적으로'라는 뜻으로도 사용된다. '핸드폰으로 전화 주세요.'는 Call me on my cell phone.이고 '그 사람 통화 중입니다.'는 He's on the phone.이다.

(1) (2) (1)은 틀리고 (2)는 좋다. 명사 signal은 무부정관사 signal / 부정관사 a signal 둘 다 좋다. 그러나 표제문 맥락에 복수형 signals는 불가하다. '(신호가) 잡히다'는 동사 have / receive / get을 사용한다. receive는 다소간 격식적(on the formal side)이므로 have / get이 더 좋다. **(3)** 좋다. '핸드폰 신호가 안 잡혔나 봐.'는 I guess I didn't get signal on my cell phone. / I must not have gotten signal on my cell phone. 둘 다 좋다. 약간 부드럽고(a little softer) 덜 단정적이기 때문에 선호되는 표현이다. 그러나 단정적으로 말한 I didn't get signal on my cell phone. 역시 전혀 어색하지 않고 자연스러운 문장이다. 한국어는 '핸드폰 신호가 안 잡혔다.'라고 하면 지나치게 단정적이라 어색하고 '핸드폰 신호가 안 잡혔나 봐.'라고 해야 어색하지가 않는데 영어는 이런 식의 표현(I guess / I must not 완료시제)을 포함하지 않더라도 아무런 문제가 없다. **(4)** 좋다. 전화가 온 바로 그 시점에 신호를 받지 못하고 있었다는 뜻이므로 과거진행시제 My cell phone wasn't getting 역시 좋다. **(5) (6)** (5)는 틀리고 (6)은 좋다. reception은 불가산명사라서 부정관사와 함께 사용하지 않는다. I must not have had reception on my cell phone도 좋고 There was no reception on my cell phone도 좋다. **(7)** 틀렸다. out of service는 '고장 났다', '작동되지 않는다', '운행이 중단되었다/종료되었다', '퇴직했다', '(배가) 퇴역했다', '(자동차가) 폐차되었다', '(전화번호가) 사용되지 않는 번호이다' 등 다양한 뜻을 가지고 있다. 따라서 My cell phone was out of service.는 '내 휴대폰이 고장 났었다.' 또는 '불통이었다(전화를 걸 수도 받을 수도 없었다)'는 뜻이므로 표제문 맥락에는 맞지 않다.

situation: 휴가 때 아시아나 항공을 타고 베트남에 다녀왔다. 수지가 어느 항공사의 비행기를 타고 여행을 다녀왔는지 물어봤다.

수지 **What airline did you use?**
어느 항공을 탔어?

나
아시아나 탔어.

(1) I got on Asiana. ☐

(2) I boarded Asiana. ☐

(3) I took Asiana. ☐

(4) I used Asiana. ☐

(5) I flew Asiana. ☐

(6) I flew with Asiana. ☐

(7) I flew on Asiana. ☐

(8) I travelled Asiana. ☐

(9) I travelled with Asiana. ☐

(10) I travelled on Asiana. ☐

'아시아나 탔어.'는 동사 take나 use를 써서 간단하게 I took Asiana. / I used Asiana.라고 하면 된다. 동사 fly를 쓰는 경우, 타동사 형태로 flew Asiana도 좋고, 자동사 형태로 flew with Asiana / flew on Asiana도 좋다. 비행기에서 내릴 때쯤 안내방송을 들어 보면 Thank you for flying Korean Air. 또는 Thank you for flying with us.라고 하는 것을 알 수 있다.

(1) (2) 틀렸다. get on / board는 '(버스, 비행기, 배에) 타다'라는 뜻이기는 하지만, 특히 '탑승하는 행동'에 초점을 맞춘 표현이다. 예를 들어, People were waiting to get on the train.(사람들이 기차에 탑승하기 위해 기다리고 있었다.), The passengers are about to board the plane.(승객들이 곧 비행기에 탑승한다.)처럼 쓸 수 있는 어휘다. **(3) (4)** 좋다. 〈took / used + Asiana〉 둘 다 좋다. 동사 take는 '교통수단을 이용해서 목적지로 가다'라는 뜻이 있다. **(5) (6) (7)** 좋다. 타동사 fly는 '항공사를 이용해서 목적지로 이동하다'라는 뜻이다. 〈자동사 fly + with[on] + 항공사〉 역시 같은 뜻이다. 특정 항공사를 거명하지 않고 '비행기 타고 목적지로 이동한다'고 할 때는 자동사 I'm flying to Hong Kong tomorrow.(비행기를 타고 내일 홍콩으로 간다.)처럼 말한다. **(8) (9) (10) (8)**은 틀리고 **(9)**와 **(10)**은 좋다. travel은 주로 자동사로 사용되며, '먼 곳으로 장거리 여행을 하다'라는 뜻이다. 휴가로 가는 여행뿐 아니라 출장을 위한 여행도 포괄하는 단어다. 반면, 한국어 '여행하다'는 '해외 여행을 하다(travel abroad)', '아프리카를 여행 중이다.(He's travelling in Africa.)', '유럽을 두루두루 여행했다.(He has travelled all over Europe.)'처럼 타동사로 사용되는 점에 주목하자. 〈travel + with[on] + 항공사〉 형식으로 '항공사를 이용하여 여행하다'라는 뜻이 된다.

가능한 문장 **A** (2)(3)(4)(6)(7) **B** (2)(3)(4)(6) **C** (3)(4)(5)(6)(7)(9)(10)

헷갈리는
전치사에
주목하라

'(장소)에' in / at

'장소'를 나타내는 전치사 in과 at에 대해 많은 문법책에서 in은 큰 장소(a larger place), at은 작은 장소(a smaller place)에 사용된다고 설명하고 있다. 다시 말해, '지난주에 뉴욕에 있었다.'는 I was in New York last week.이고, '스타벅스에서 3시에 만나자.'는 See you at Starbucks at 3.라는 것이다. 하지만 이것은 50퍼센트만 맞는 주장이다. 이렇게만 생각하면 화장실에서 볼 일 보고 있을 때, '화장실에 있어.'를 I'm at the restroom.이라고 하지 않고 I'm in the restroom.이라고 하는 이유를 설명할 수 없다.

아무리 작은 장소라고 하더라도 '공간'의 개념이 들어가면, 즉, 3차원 공간 안에 있음을 표현하는 경우에는 전치사 in을 쓴다. 따라서 '방에 있어.'는 I'm in my room.이라고 하며, I'm at my room.[10]은 쓸 수 없다. 한편, 위에서 예로 든 See you at Starbucks at 3.는 See you in Starbucks at 3.라고 해도 아무 문제가 없다. 커피숍(스타벅스)이 작은 장소인 것은 맞지만, 3차원 공간 안에서 만나는 것이므로 전치사 in을 써서 in Starbucks라고 써도 되는 것이다.

한편, at은 단순히 장소적인 개념을 나타내는 것만은 아니다. 〈at + 장소〉에는 '어떤 활동을 영위하는 장소/회사/기관에 소재하고 있는'의 뜻이 들어 있다. 예를 들어, 큰 생수병을 사려고 슈퍼에 갔는데 마침 다 팔리고 없었다고 하자. 이런 상황에서 '길 모퉁이 가게에 큰 것이 없었다.'는 They didn't have a big bottle at the shop on the corner.라고 한다. 반면에, in the shop이라고 하면 물리적 위치 측면에서 '그 가게 안에' 없었다는 뜻이다.[11] 다시 말해, 근처 창고에는 있었는지 모르겠지만 어쨌든 그 가게 안에는 없었다는 말이 된다. 이 맥락에서는 생수의 물리적 위치를 따지는 것이 아니므로 in the shop은 전혀 맞지가 않다. 다른 예를 들면, '아내가 처갓집에 가 있다.'는 She's at her parents' place.라고 한다. in her parents' place가 처갓집이라고 하는 물리적인 장소에 있다는 말인 데 비해, at her parents' place는 처갓집에 머물면서 근처 백화점, 식당, 영화관, 찜질방 등에 왔다 갔다 하며 놀고 있다는 뜻이 된다. 따라서 in her parents' house는 이 맥락에 사용하기 곤란하다. 예를 하나 더 들면, 『문라잇(Moonlight)』이 2017년 아카데미 시상식에서 최우수 작품상을 받았다.'는 In 2017 *Moonlight* won best picture at the Academy Awards.[12]라고 한다. in the Academy Awards는 '그 시상식 현장에 있었다'는 뜻이라 맞지 않으며, The actor was in the Academy awards.(그 배우는 시상식에 참석했었다.)처럼 쓸 수 있다.

그렇다면 in the hospital / at the hospital은 뜻에 어떤 차이가 있을까? in the hospital은 '입원상태다'란 뜻이고 at the hospital은 '(입원하지 않고) 외래치료하다', '(의사/간호사/직원으로서 그 병원에서) 일하다', '(통계, 실적 등 측면에서) 그 병원과 관련되어 있다' 같은 다양한 의미를 갖고 있다. 예를 들어, He rejected the advice of the specialist <u>at</u> the hospital and resorted to natural remedies.(그 사람은 그 병원 전문의의 처방을 거부하고 자연요법에 의존하였다.)처럼 쓸 수 있다.[13]

함께 쓰이는 동사의 특성에 따라 in / at이 결정되기도 한다. 약속 장소인 스타벅스에 도착했는데 친구가 안 보인 경우 I arrived <u>at</u> Starbucks. Where are you?라고 해야 하지, I arrived <u>in</u> Starbucks.라고 하면 매우 어색하다. arrive라는 동사의 특성상 〈in + 넓은 장소〉, 〈at + 좁은 장소〉 원칙을 잘 지키기 때문이다. 반면, '스타벅스에서 보자'는 See you <u>at</u> Starbucks.도 좋고 See you <u>in</u> Starbucks.도 좋다. 마찬가지로 '스타벅스에 있다'는 I'm <u>at</u> Starbucks.도 좋고 I'm <u>in</u> Starbucks.도 좋다. 전치사 선택은 전치사 자체의 의미뿐만 아니라 다른 품사(특히, 동사)와 맥락 및 상황에 의해 영향을 받는 경우가 적지 않다.

in 또는 at을 분명히 구별해서 사용하는 경우도 있지만, 오히려 많은 상황에서 in과 at이 모두 쓰이는 일이 많다. '극장에서, 영화관에서'라고 할 때는 <u>in</u> a theater / <u>at</u> a theater 둘 다 자주 쓴다. '그 행사는 부산 시내의 한 극장에서 열렸다.'는 The ceremony was held <u>in</u>[<u>at</u>] a theater in central Busan.이다.[14] 마찬가지로 '그 여자는 토요일 서울 아산병원에서 사망했다.'는 She died <u>in</u>[<u>at</u>] Asan Medical Center on Saturday.라고 한다.

장소를 말하는 것처럼 느껴지지만 영어로는 in이나 at을 사용하지 않는 경우도 많다. 한국어 문장에서는 '~에', '~에서'이기 때문에 in이나 at을 써야 할 것 같은데 실제로는 그렇지 않을 때가 많은 것이다. 가령, '빈속에 커피를 너무 많이 마시면 속이 쓰리다.'에서 '빈속에'를 영어로 어떻게 표현하면 될까? in an empty stomach가 생각날 지도 모르지만, 이 표현은 '빈속 안에서'[15] 라는 뜻이라 틀렸다. 한국어 문장의 '빈속에'를 자세히 생각해 보면, '빈속 안에'가 아니라 '빈속인 상태에서'라는 뜻인 것을 알 수 있다. 상태의 지속에는 전치사 on을 사용하므로, 이때는 on an empty stomach가 제대로 된 표현이다. 따라서 I have an upset stomach when I drink too much coffee <u>on</u> an empty stomach.라고 하면 된다. 마찬가지로, '그 사람을 TV에서 봤다.'는 I saw him <u>on</u> TV.이며, '그거 라디오에서 들었어.'는 I heard it <u>on</u> the radio.라고 한다.

'나한테', '나에게' to me / for me

실제 대화에서 '나한테', '나에게', '내가 해보니까' 정도의 뜻으로 to me / for me를 쓸 일이 많다. 문제는 to me를 써야 할지 for me를 써야 할지 가늠이 안 되는 경우가 무척 많다는 점이다.

to me는 기본적으로 '물건/아이디어 등 뭔가가 나에게 전달이 된다'는 느낌이 있다. 즉 내가 전달되는 것의 수령자(recipient)임을 뜻한다. 반면, for me는 내 개인에게 미치는 유불리 관점에게 '내게 유리한(for my benefit)'이란 뜻을 갖고 있다. 여기서 to me / for me 공히 궁극적으로 내게 뭔가 전달된다는 뜻은 가지고 있기는 하지만, for me는 to me보다 그 강도가 훨씬 약하고 간접적이다.

또한 to me는 어떤 현상이나 사건에 대한 '일반적인 의견/판단', 즉 '내 생각에는(in my opinion) / 내가 이해하는 바로는(to my understanding)'라는 뜻도 포함되어 있다. 어떤 현상이나 사건에 내 자신이 개입되지 않고(즉, 외부적인 관찰자 시각에서) 일반적인 평가를 하는 것이다. 반면, for me는

'내 실력이나 능력에 비추어', '내가 실제로 해보니까', '내가 겪어 보니까(personally)'의 뜻을 가지고 있다. to me가 일반적인 사람들에게 미치는 영향이나 보편적인 사람들의 인식과 관련된 것인데 반해, for me는 내게 실제로 미치는 영향에 기반하여 갖는 생각을 말한다. 따라서 추론의 정도 측면에서는 for me가 경험에 기반한 것이기 때문에 to me보다는 훨씬 강하다.

이렇게 설명하면 잘 이해가 안 되니 구체적인 예를 들어 보자. 영어를 오랫동안 공부했지만 '내게 영어는 정말 어렵다.'를 말하고자 할 때, 아래 문장 중 뭐가 맞을까?

(1) English is really difficult <u>to me</u>.
(2) English is really difficult <u>for me</u>.
(3) English <u>seems</u> really difficult <u>to me</u>.
(4) <u>To me</u>, English is really difficult.

영어는 '내가 직접 겪어 보니까', '내가 직접 해 보니까' 정말 어려운 것이므로 **(2)** for me가 맞다. **(1)** to me는 '(내가 어려워하느냐 쉽게 생각하느냐와는 관계 없이) 영어 특성상 일반적으로(in general)', '내가 생각하기에는(in my opinion)'라는 뜻이므로 내가 이 맥락에서 진정으로 전달하고자 하는 뜻은 아니다. 그렇지만 '내가 생각하기에는(to me)'은 '내가 겪어 보니까(for me)'에 바탕을 둔 것이므로, 즉, '내가 영어를 공부해 보니까 영어가 전반적으로 어려운 언어구나.'라고 인식하게 되었을 것이므로, 표제문 맥락에 to me를 전혀 사용하지 못하는 것은 아니다. 다만, 문제는 be동사를 쓰고 있는 English is really difficult 부분은 너무 확신에 찬 분명한(too definite) 표현이라서 '내가 생각하기에는'을 뜻하는 to me와 잘 맞지가 않으므로 (3)처럼 동사를 seem으로 바꾸거나 (4)처럼 to me를 문장 앞으로 꺼내면 그럭저럭 사용할 수 있는 문장이 된다.[16] 물론, 여전히 **(2)** for me가 맥락에 가장 자연스러운 문장이다.

다른 예로, 지호가 여자친구와 1인당 8만원짜리 표를 사서 지젤(발레 공연)을 봤다(I paid 160,000 won for two tickets for Giselle.)고 했다. 너무 비싸 나는 감당하기 어려운 금액이라는 뜻으로 '그거 나한테는 아주 큰 돈이다.'라고 할 때 다음 중 뭐가 맞는가?

(5) That's a lot of money <u>to me</u>.
(6) That's a lot of money <u>for me</u>.

내 능력으로는 감당이 안 된다는 뜻을 전달하는 데는 for me가 적절하다. a lot of money + to me를 들으면 to me의 '돈을 받는 수령자(recipient)'로서의 의미가 확 부각이 된다. 네이티브의 머릿속에서 My father gave a lot of money to me. 같은 문장이 무의식 중에 생각이 난다는 말이다. 독자 중에는 to me에는 '내 생각에는'라는 뜻도 있으니, 왜 안 되는지 반문하는 사람도 있을 것이다. 그 대답은 a lot of money + to me는 '돈을 받는 수령자(recipient)'의 의미가 너무 강렬하기 때문이라고 말할 수 있겠다. 아울러, That's a lot of money + to me가 틀리는 또 다른 이유는 동사에 있다. to me는 추정을 뜻하므로, 사실관계를 단정적으로 진술하는 be동사와는 잘 어울리지 않는다. 즉, That's + a lot of money + <u>to me</u>는 의미상 잘 어울릴 수가 없다. 이런 점들 때문에 '추정'의 뜻을 갖는 동사 seem을 활용하여 That <u>seems like</u> a lot of money to me.는 자연스러운 문장이 된다. 또는 to me를 문장 맨 앞으로 내세우면, to me가 문장 맨 처음에 위치함으로써 in my opinion의 뜻이 명확하게 발현되기 때문에, <u>To me</u>, that's a lot of money. = <u>I think</u> that's a lot of money.이므로 좋은 문장이 된다.

물론 현실에서는 to me / for me 중 어느 하나보다는 to me / for me가 혼용되는 경우가 대부분이다. 다만 이들 간의 뉘앙스 차이는 분명히 존재하며, 이런 차이를 도저히 용인할 수 없는 수준이 되었을 때 어느 하나가 맞고 다른 하나는 틀렸다고 하게 되는 것이다. 물론 그 '용인할 수 없는 수준'이 어느 정도인지는 네이티브마다 다를 수밖에 없다. 예를 들어, 앞에서 예로 제시한 **English is really difficult to me.**의 경우, 저자의 튜터 대부분은 이상한 문장이라고 했지만 일부 튜터들은 문제 없다고도 했다. 따라서 일도양단 식으로 어느 것은 맞고 어느 것은 틀렸다고 일률적으로 말할 수 없는 경우가 많다는 사실을 감안하기 바란다.

'(시작 시점)부터', '(시작)한 지' from / since / for

시간을 뜻하는 '~부터'는 기간을 뜻하는 경우가 많다. 이 경우 from / since가 아니라 for를 사용해야 한다. 예를 들어, '우리는 3년 전부터 사귀기 시작했다.'는 We have been together <u>for</u> three years.라고 하는 것이 맞다. since three years ago라고 하는 사람은 거의 없다. 친구가 책을 선물했는데 마침 읽고 싶었던 책이었을 때 '그거 오래 전부터 읽고 싶어했던 책이야.'는 I've wanted to read it <u>for</u> a long time.이라고 한다. '오래 전부터'에 from a long time ago 또는 since a long time ago를 쓰고 싶은 유혹을 느끼겠지만 이런 표현은 영어에서 사용되지 않는다. 특히 '~ 이래'를 뜻하는 since의 뜻은 한국어 사용자의 직관과 다르니 주의해야 한다. since는 since 2001처럼 〈since + 특정 시점〉 또는 since they were together처럼 〈since + 사건〉 형식으로 쓴다. 예를 들어 보자.

> **They have been together <u>since</u> 2001.** 걔네들은 2001년부터 사귀고 있다.
> **We've lived here <u>since</u> 1994.** 우리는 1994년부터 여기 살고 있다.
> **She's been off work since Tuesday.** 그 여자는 화요일부터 휴가 중이다.

이때는 since 다음에 나오는 '특정 시점'이 포함된다. 즉, since 2001은 '2001년 어느 시점'에 사귀기 시작했다는 말이고, since 1994 역시 '1994년 어느 시점'에 이사를 왔다는 말이고, since Tuesday는 '화요일부터(starting Tuesday)' 휴가 중이라는 말이다. 이때 since의 뜻은 우리가 알고 있는 바와 일치한다.

하지만, 〈since + 사건〉의 경우는 조금 복잡하다. **It has been 3 years since they were together.**라고 하면 '그 사람들은 사귄 지 3년 되었다.'라고 생각하는 독자들이 많을 것이다. 하지만 실은 '그 사람들은 헤어진 지 3년 되었다.'라는 정반대의 뜻을 갖는 문장이다. 일반적으로 〈since + 사건〉의 경우 '사건이 종료된 지'란 뜻을 갖는다. 이 문장과 관련해 독자들이 가장 미심쩍어하며 저자의 블로그에 가장 자주 질문한 것이 바로 '(시작)한 지'라는 뜻의 since다. since they were together는 '사귀고 있는 사건 이후'라는 뜻이고, 그래서 우리말로는 '헤어진 지'가 된다. 다만, 맥락에 따라, 문장 형식에 따라, since 다음 사건이 포함되는 경우도 있으니 맥락을 잘 살피는 것이 좋다.

She broke up with her boyfriend, whom she had gone out with since she was a college student. 그 여자는 대학 시절부터 사귀던 남자친구와 헤어졌다.

위 문장의 경우, since she was a college student는 '대학시절부터(at some point during college years)'라는 뜻이지, '대학교를 졸업하고서'라는 뜻은 아니다.

'(종료 시점)까지' until / by

'~까지'라고 할 때 until을 써야 하는지, by를 써야 하는지 헷갈리는 경우가 많다. 쉽게 말해 by는 특정 시점까지 사건이 1회 발생하는 경우, until은 특정 시점까지 (중단 없이) 계속 유효한 경우에 각각 사용된다. 예를 들어, '부장님이 보고서 다음주까지 내도 된다고 했다.'는 He said I can turn it in by next week.[17]이다. until next week는 '다음 주까지 계속 보고서를 내고 있어야 한다', 즉, '다음 주까지 보고서를 내는 행동을 되풀이해야 한다'는 뜻이 되어 전혀 말이 안 된다. '그 사람은 여기에 다음 주까지 있을 것이다.'는 He's going to be here <u>until</u> next week.라고 한다.

〈until + A(시간)〉은 A(시간)까지만 유효하고 그 이후에는 종료한다는 뜻이다. 예를 들어, I studied English until 12:30.은 '12시 30분까지만 공부를 했고 그 다음에는 종료했다'라는 뜻이다. 우리가 알고 있는 until과 실제 until의 의미가 다를 때가 있으니 주의해야 한다. 예를 들어, '나는 초등학교 때부터 대학교 다닐 때까지 영어를 공부했다.'를 I studied English from elementary school <u>until</u> university.라고 하면 안 된다. 일반적으로 이 문장은 '대학교 들어가는 순간 영어를 놨다.(I stopped studying English as soon as I entered university.)'는 뜻으로 이해된다. 한국어 '언제까지'가 '언제'를 포함하는 데 비해, 〈until + A(언제)〉는 A(언제)가 포함되지 않는 경우가 많다. 즉, until은 A(언제)의 초입/개시되는 순간까지만 유효하고 그 이후에는 종료된다는 뜻으로 자주 쓰인다. 따라서 이 경우에는 until university가 아니라 until the end of university라고 해야 정확한 표현이 된다.

부정문에서는 until이 또 다른 뜻을 갖는다. He didn't come back <u>until</u> Tuesday.를 글자 그대로 보면 '화요일까지 돌아오지 않았다.', 즉, '수요일에 돌아왔다.'라는 뜻처럼 보인다. 하지만 실제로는 '화요일에 돌아왔다.'란 의미다. 왜 그럴까? 〈not A(사건) until B(시간)〉는 'B(시간)가 되어야 A(사건)가 발생한다'라는 뜻이다. 이때 until의 의미는 before와 같다.[18] 다른 예를 들면, '다음 주에나 가게 될 것 같다.'는 I'm not able to visit you <u>until</u> next week.다. 이처럼 until의 실제 의미는 우리가 직관적으로 생각하는 의미와는 상당히 다르니 유의해야 한다.

'(집단/무리) 중에서' among / out of / from

among / out of / from은 '(집단/무리) 중에서'라는 뜻이며, 맥락에 따라 서로 호환이 되는 경우도 있고 되지 않는 경우도 있다. among은 기본적으로 '한 집단의 사람/사물들 내부에서'라는 의미를 가지며, 소속 사람/사물들끼리의 관계, 선택, 분할 등을 뜻한다. 예를 들어 I set up the tent among the trees.(숲속에 텐트를 쳤다.), He divided his fortune among his four children.(그 사람은 4명의 자식들에게 재산을 나눠 주었다.)처럼 쓸 수 있다.

반면, out of와 from은 '집단/무리 중에서 (떼어내서 분리시키다)'라는 뜻으로 사용된다. 다만 out of는 해당 집단/무리와 떼어내서 분리시키기는 하지만 '해당 집단/무리와 명확히 구별을 주기 위해서'라는 목적의식이 강한 데 비해, from은 이런 목적의식 없이 기계적으로 '떼어내서(away from) 분리하는(to another location)' 쪽에 중점이 있다.

구체적인 예를 통해 살펴보자. 엄마가 아이스크림을 딱 한 개만 사 준다고 해서 '아이스크림 10가지 중에서 딱 한 개를 골라야 했다.'는 뭐라고 할까?

(1) I had to choose only one among ten ice cream cones.
(2) I had to choose only one out of ten ice cream cones.
(3) I had to choose only one from ten ice cream cones.

이때는 위에 나온 세 문장 모두 좋다. (1) among은 대체로 선택 가능한 대안이 10여 개 이상인 경우에 사용된다. (2) (3) 역시 아이스크림 10개에서 한 개를 골라 도드라지게 하는 것이므로 맞는 문장이다.

다른 예도 하나 더 들어 보자. '내 친구들 중에서 그 친구를 가장 좋아한다.'를 아래와 같이 표현할 때 어떻게 말하는 것이 맞을까?

(4) I like him best among all my friends.
(5) I like him best out of all my friends.
(6) I like him best from all my friends.

(4)는 내 친구들 그룹 내부의 관계에 대해 말하는 것이니 among이 잘 맞는다. (5) 역시 그 친구를 다른 여타의 내 친구들과 분리시켜 도드라지게 하는 것이니 잘 맞는다. 그러나 (6)은 from all my friends가 그 친구를 다른 친구들과 '분리'한다는 뜻이 되기 때문에 I like him best와 의미상 어울리지가 않는다. 그렇다면 (4)와 (5)는 어떤 차이점이 있을까? (4)는 among all my friends에 중점이 있다. 즉, '내 친구 집단', '내 동료 집단', '내 교회신도 집단', '내 마라톤동호회 집단' 등 여러 집단이 마음속에 떠오르고 있는 상황에서 '내 친구 집단에서는 그 사람을 가장 좋아한다. (그리고 내 직장동료 집단에서는 어떤 다른 사람을 좋아하고, 또 다른 집단에서는 또 어떤 다른 사람을 좋아한다.)'는 뜻이 함축되어 있다. (5)에는 이러한 함의(implication)가 없다. 물론 지금 맥락에서는 among / out of 간에 별 다른 의미 차이가 없다.

'자세히 설명'의 of

이번에는 문법책에서 흔히 '동격의 of', '소유의 of'라고 다루는 것에 대해 살펴보자. 이것을 '자세히 설명의 of'라고 고쳐 보자. 이렇게 하면 이해하기가 더 쉬울 뿐만 아니라 '동격의 of', '소유의 of'가 제대로 설명하지 못하는 of의 더 많은 사례들을 잘 설명할 수 있을 것이라 생각한다.

'내 친구'를 a friend of mine이라고 하는 데서 알 수 있듯이 〈A of B〉는 A와 B가 어떤 식으로든 '소유' 관계가 있음을 나타낸다. '대한민국 외교부장관'은 the Minister of Foreign Affairs of the Republic of Korea이고, '미국 국무장관'은 the Secretary of State of the United States of America다. 몇 단어 안 되는데도 전치사 of로 도배를 하고 있다. '한국땅의 공화국'이니까 the Republic of Korea고, '외교부서의 장관'이니까 the Minister of Foreign Affairs고, '대한민국의 외교부장관'이니까 the Minister of Foreign Affairs of the Republic of Korea가 되는 것이다. 이렇듯 of는 본질적으로 '소유', '소속' 관계를 표현하는 전치사다.[19]

다만, 이렇게 설명하면 I'm thinking of divorcing my husband of 8 years.(남편하고 8년 살았는데 아무래도 이혼해야 할 것 같아.), Winter's almost gone. What's the point of learning how to ski?(겨울도 다 갔는데, 스키는 배워서 뭐한담?) 같은 문장에서 전치사 of가 무슨 용법인지 설명하기 어렵다. 저자가 주장하는 대로 '자세히 설명의 of' 개념을 적용해 보자. my husband of 8 years는 my husband인데, 좀 더 자세히 말하면 '이 남편하고 8년을 함께 살았다.'는 말이다. 마찬가지로, the point of learning how to ski는 the point(소용, 이유)인데, 좀 더 자세히 말하면, '스키 타는 법을 배우는 것'이라는 말이다.

of를 포함하는 대소/수량을 표현하는 경우 '자세히 설명의 of' 개념을 적용하면 무난하게 형식을 이해할 수 있을 것이다. 예를 들어, a lot of Koreans 같은 경우도 a lot인데, 좀 더 자세히 말하면 Koreans(한국인들)이다. 11 years of marriage는 11 years인데, 좀 더 자세히 말하면, marriage(결혼기간)다. 또는 a marriage of 11 years도 가능하다. a marriage(한 개의 결혼기간)인데, 구체적으로 말하면 11 years(11년 동안) 지속된 것이다.[20]

보통 〈숫자 + of + 명사〉처럼 숫자 파트가 먼저 나오는 것이 일반적이다. 예를 들어, a lot of Koreans처럼 숫자/수량 표시(a lot of)는 명사(Koreans) 앞에 위치한다. a couple of hours(두 시간), half of Koreans(한국인 절반), millions of copies(수백만 부), 11 years of marriage(11년간의 결혼생활), 5,000 square feet of office space(5천 제곱피트의 사무공간), 60% of Koreans(한국인의 60% / 60%의 한국인들), 3 sets of sit-ups(윗몸 일으키기 3세트), 21 days of annual leave(21일의 연가) 등 다양한 예를 찾아볼 수 있다.

불가산명사의 수량 표현에도 전치사 of를 사용한다. 예를 들어, a considerable amount of time / a huge amount of data 등이다. 이런 경우 수량 표시 부분은 항상 단수형 형태로만 사용된다. 예를 들어, The server is designed to store a huge amount of data.(그 서버는 막대한 양의 데이터를 저장할 수 있도록 설계가 되어져 있다.)에서도 단수형을 쓰는 것을 볼 수 있다.

위와는 반대로 〈명사 + of + 숫자〉 형태로 사용하는 경우도 많다. '평균수명 100세'는 부정관사 a life expectancy of 100 years다. 100 years of life expectancy라고 하지 않는다. '8년을 같이

산 남편'은 a husband of 8 years지, 8 years of a husband가 아니다.[21] at the age of 20(20세에), engine displacement of 2000cc (2000cc 엔진 배기량), at a speed of 10km/h(시속 10km 속도로), a group of 6 or more(여섯 명 이상으로 구성된 집단), a party of 12(12인 그룹), a batting average of over three hundred(3할대의 타율), an annual leave of 21 days(총 21일의 연가일수) 등도 같은 예에 속한다. 주로 나이/용량/속도/타율 등 의미상 수량을 뜻하는 명사가 이런 형식을 취한다.

위에서 예로 든 What's the point of learning how to ski? 같은 형식의 문장도 많다. 조카가 음악을 들으면서 짓는 표정이 귀여워서 이것을 찍어서 친구에게 보낸다고 할 때 '내 조카가 노래 듣고 있을 때 찍은 동영상을 보내 줄게.'는 I'll send you a video of her listening to the music.이다. 여기서도 of는 '자세히 설명의 of'이므로, 어떤 동영상인데, 좀 더 자세히 말하면(좀 더 구체적으로 말하면), '조카가 음악을 듣고 있는 것에 관련된 동영상이다'라고 이해를 할 수 있겠다.

전치사 of를 설명한 김에, 어떤 경우에 〈명사 + of + V-ing(동명사)〉 / 〈명사 + to부정사〉를 각각 사용하는지 간단히 살펴보자. '(스마트폰 같은) 기계들이 우리의 사고력을 망치고 있다.'는 These machines are destroying our ability to think.라고 한다. our ability of thinking이 아니다. 마찬가지로 '적응력이 경쟁력이다.'는 The ability to adapt is the ability to compete.다. 반면 '(시장 상황에 따라) 투자금의 일부 또는 전부를 잃을 수도 있습니다.'는 There is a risk of losing part or all of the money invested.라고 한다. a risk to lose는 아니다. 한편, '(남에게 맡기지 않고) 우리가 직접 그 일을 처리하는 방안에 대해서도 검토하고 있다.'는 We are considering the possibility of doing the job on our own.이 맞다는 의견이 압도적이지만, the possibility to do 역시 가능하다는 소수의견도 있다. 의지, 욕구, 결심 등이 내포된 명사의 경우 to부정사를 취하고(예: desire, resolution, willingness, proposal, decision, agreement), 단순한 가능성, 희망, 생각 등은 〈of + V-ing(동명사)〉를 취하는 것이 보통이다.(예: idea, hope, possibility, risk) 한편, 두 가지 모두 취할 수 있는 plan, chance, aim, freedom 등도 있는데 일률적으로 얘기할 수가 없으니 그때그때 외우는 것이 좋다.

식당에 방금 도착했어.

situation:
지호와 작은 식당에서 만나기로 약속을 했다. 나는 약속 장소에 막 도착했다. 식당 안에 들어가 보니 지호는 아직 도착하지 않았다. 지호와 통화하며 하는 말이다.

STEP 1 표제문을 영어 문장으로 만들어 보세요.

	Are you on the way?
식당에 방금 도착했어.	오는 길이야?

STEP 2 표제문을 영어로 잘 옮긴 것에 모두 체크하세요

(1) **I came to the restaurant.**

(2) **I already came to the restaurant.**

(3) **I just arrived to the restaurant.**

(4) **I just arrived in the restaurant.**

(5) **I just arrived at the restaurant.**

(6) **I just got to the restaurant.**

(7) **I'm in the restaurant. I arrived just now.**

(8) **I'm at the restaurant. I arrived just now.**

가능한 문장 **(2) (5) (6) (7) (8)**

어휘
들여다
보기

in the restaurant / at the restaurant 어떤 전치사를 쓰느냐는 전치사의 특성은 물론 어떤 동사와 함께 쓰느냐에 상당 부분 좌우된다. 그렇다면 '식당에'라고 할 때는 in the restaurant / at the restaurant 중 어느 것이 맞을까? be동사와 함께 쓰는 경우는 I'm in the restaurant. / I'm at the restaurant. 둘 다 좋다. in을 쓰면 3차원 물리적 공간으로서의 '식당 내부'에 있다는 말이고, at을 쓰면 식당 내부는 물론 식당에 딸린 주차장 등 영업 장소로서의 '식당의 영역 내에' 있다는 말이다. 표제문은 식당 내부에 있는 상황이므로 둘 다 좋다. 그러나 주차장에 있는 경우라면 at만 쓸 수 있다. 한편, 동사 arrive의 경우 ⟨arrive + in + 큰 장소⟩ / ⟨arrive + at + 작은 장소⟩ 규칙이 나름 잘 지켜진다. 따라서 식당처럼 작은 공간인 경우 ⟨arrive + in the restaurant⟩라고 하지 않고, 오로지 ⟨arrive + at the restaurant⟩만 가능하다.

(1) I <u>came</u> to the restaurant. ×

(2) I <u>already came</u> to the restaurant. ○

(1)은 틀리고 (2)는 좋다. 동사 come은 '봐, 내가 이렇게 왔어. 안 온 거 아니지? 분명히 내가 이렇게 왔어.'에서 보듯이 '왔음'을 강조하는 뜻이 들어 있다. (2) 역시 '원래 내가 식당으로 오기로 되어 있지 않은데 예정에 없이 식당에 오게 되었다'는 뜻이 되어 표제문 맥락에 맞지 않는다. 이 문장에 **already**를 추가하면 '사전에 계획된 대로'가 추가됨으로써 (2)에 '갑자기/난데없이/예정에 없이'라는 가능성이 없어지면 표제문에 부합하는 문장이 된다.

(3) I just arrived <u>to</u> the restaurant. ×

(4) I just arrived <u>in</u> the restaurant. ×

(5) I just arrived <u>at</u> the restaurant. ○

(3) (4)는 틀리고 (5)는 좋다. ⟨arrive + to the restaurant⟩는 불가하다. 식당처럼 작은 공간인 경우 ⟨arrive + in the restaurant⟩는 불가하며, 오로지 ⟨arrive + at the restaurant⟩만 가능하다.

(6) I just <u>got to</u> the restaurant. ○

좋다. get to는 '도착하다'란 뜻이다. 전치사 in, at이 아니라 to를 쓴다는 점에 주의하자. get to는 '물리적으로 어떤 장소에 도착하다'라는 것을 의미할 뿐만 아니라 비유적으로 '어디까지 이르다'라는 뜻으로도 광범위하게 사용된다. 어떤 문제에 직면했을 때 정치인들이 밥 먹듯이 쓰는 말 중에 '이 문제의 진상을 철저히 규명해야 한다.'는 말이 있다. 사전을 찾아보면 '사건의 진상을 규명하다'는 investigate and reveal the truth of the case 또는 inquire into the actual state of things라고 나오지만 간단히 We have to get to the bottom of the issue.라고 하면 충분하다.[22] 한편, get in은 '(자동차에) 타다'란 뜻으로, Hurry up, get in the car.(서둘러, 어서 차에 타.)처럼 쓸 수 있으며, get at은 '(서류 등에) 접근하다'란 뜻으로, The files are locked up and I can't get at them.(서류가 잠겨 있어 접근할 수가 없다.)처럼 쓸 수 있는 표현이다.

(7) I'm <u>in</u> the restaurant. I arrived just now. ○

(8) I'm <u>at</u> the restaurant. I arrived just now. ○

좋다. be동사와 함께 쓸 때는 in과 at 둘 다 가능하다. 참고로, just now에는 '방금'이란 뜻만 있지 않고, '바로 지금(at this moment)'이라는 뜻도 있다. 물론 이런 뜻일 때는 현재시제 또는 현재진행시제와 함께 사용된다. 예를 들어, '지금 그 제품은 재고가 없습니다.'는 We don't have that item in stock just now.라고 한다. 이 경우 just now는 '방금'과는 전혀 다른 별개의 뜻을 갖는다. 즉, 이 문장은 '일시적으로 지금 재고가 없지만 곧 물건이 들어올 것이다.(Temporarily we don't have it. We'll get it again pretty soon.)' 정도의 뜻이다. '그 제품이 방금 전에 팔렸다'는 뜻은 전혀 들어 있지 않다.

걔가 그동안 나한테 잘해 줬어.

STEP 1 표제문을 영어 문장으로 만들어 보세요.

I appreciate Michael's kindness.

마이클한테 정말 고맙게 생각해.　　　　　걔가 그동안 나한테 잘해 줬어.

STEP 2 표제문을 영어로 잘 옮긴 것에 모두 체크하세요.

(1) **He was good to me for the time being.**

(2) **He's been good to me in the meantime.**

(3) **He's always been good to me.**

(4) **He's been good to me.**

(5) **He's been good for me.**

(6) **His care has been good for me.**

(7) **His thoughtfulness has been good for me.**

(8) **He's done something good to me.**

(9) **He's done something good for me.**

(10) **He's done good things to me.**

(11) **He's done good things for me.**

가능한 문장 **(3) (4) (6) (7) (11)**

나한테 '걔가 그동안 나한테 잘해 줬다.'는 He's been good to me.라고 하면 좋다. Michael의 호의가 내게 전달되었다는 측면에서 to me가 바람직하다는 것을 어렵지 않게 추측할 수 있을 것이다. for me는 '내게 유익했다'는 뜻이므로 이 맥락에는 맞지 않다. 물론 그 사람의 조언이나 모범 등이 나의 개인적 성장에 도움이 되었다는 맥락에서는 사용이 가능하다. 상대방에 좋은 일이 생겨 '잘됐네.'라고 할 때도 Good for you!라고 하지, Good to you!라고는 절대로 하지 않는다.

그렇다면 표제문 맥락에 good + for me는 전혀 불가능할까? 사실, 문장 형식만 바꾸면 얼마든지 가능하다. 'Michael이 나한테 잘해 줬다.'는 'Michael의 사려 깊은 배려들이 내게 유익했다/도움이 많이 됐다'라는 뜻이다. 따라서 Michael's thoughtfulness has been good for me.라고 해도 좋다. '그 사람이 배려해 준 덕분에 내가 도움을 많이 받았다.'는 말이다. 아울러, be동사 대신 do를 사용하면, ⟨do + good things + for me⟩ 조합이 가능하다. 이때는 전치사 to를 사용하지 않고 반드시 for를 사용한다. 즉, He's done good things for me.도 좋다.[23]

(1) He was good to me for the time being. ×

(2) He's been good to me in the meantime. ×

틀렸다. 과거시제로 쓴 **(1)** He was good to me는 더 이상 내게 잘해 주지 않는다는 뜻이므로 표제문 맥락에 맞지 않다. **(2)**처럼 현재완료시제로 써야 한다. 아울러 '그동안'을 영어로 옮긴 for the time being / in the meantime은 전혀 맥락에 맞지 않다. 사전을 찾아보면 '그동안'은 for the time being / in the meantime이라고 나와 있다. 그러나 표제문의 '그동안'은 '과거시점부터 지금까지를 뜻하는 그동안'인데 비해 for the time being은 '(지금부터 미래까지의) 당분간', '잠시', '임시로', '잠정적으로' 정도의 뜻이다. 마찬가지로 in the meantime도 '(과거부터 지금까지의) 그동안'이 아니라, 현재와 미래에 걸친 두 개의 별도의 기간(two different time periods) 사이에 있는 '그 중간에'란 뜻이다. 따라서 **(1)** for the time being과 **(2)** in the meantime은 모두 표제문 맥락에 부합하지 않는다.

(3) He's always been good to me. ○

좋다. 표제문의 '(과거부터 지금까지의) 그동안'은 현재완료시제로 충분히 전달되므로 별도의 다른 어구로 옮길 필요가 없다. 굳이 뭔가 표현하고 싶다면, 표제문의 '그동안'은 '지난 3개월 여기 머문 기간 내내/줄곧/중단 없이'란 뜻이므로 always / the whole time I was here / all the while I was here라고 덧붙이면 된다.

(4) He's been good to me. ○

(5) He's been good for me. ×

(4)는 좋지만 **(5)**는 틀렸다. 앞에서도 설명했듯 for me는 맥락상 맞지 않다. 참고로, '잘해 줬다'는 '친절하게 대했다', '상냥하게 대했다'는 뜻이니까 good 대신 nice라고 해도 된다.

(6) His <u>care</u> has been good for me. ○

(7) His <u>thoughtfulness</u> has been good for me. ○

좋다. care / thoughtfulness 대신에 help / consideration을 써도 좋다. 물론 여기서 care / thoughtfulness / help / consideration은 '사려 깊음', '배려', '도움'이라는 뜻의 추상명사로 쓰인 것이 아니라 '(집합적인 의미의) 사려 깊은 행동 / 배려하는 행동 / 도움이 되는 행동'을 뜻한다.

(8) He's <u>done</u> something good <u>to</u> me. ×

(9) He's <u>done</u> something good <u>for</u> me. ×

둘 다 틀렸다. 동사 do는 목적어의 성격에 따라 전치사를 달리한다. '부탁'이나 '좋은 것'인 경우 전치사 for를 쓴다. '해로운 것', '원치 않는 것'인 경우 to를 쓴다. 따라서 표제문 맥락에는 (9) for가 맞다. 다만 (9)는 Michael이 나한테 잘해 준 것이 '딱 한 번'이라는 말이다. 이는 표제문 맥락에 맞지 않으므로 결론적으로 (9) 역시 틀린 문장이다.

(10) He's done good <u>things</u> to me. ×

(11) He's done <u>good things</u> for me. ○

(10)은 틀리고 (11)은 좋다. 복수형 good things는 '요모조모 이것저것 여러 가지 잘해 준 것'을 뜻하므로 표제문 맥락에 잘 부합한다. good things 대신 a lot을 넣어 He's done a lot for me.라고 해도 역시 좋은 문장이다.

그거 나한테는 꽤 큰 돈이야.

situation:
지호가 여자친구와 1인당 8만원짜리 표를 사서 발레 공연 『지젤(Giselle)』을 봤다고 한다. 나는 감당하기 어려운 금액이다.

STEP 1 표제문을 영어 문장으로 만들어 보세요.

지호 **I paid 160,000 won for two tickets for *Giselle*.**
『지젤』 보는데 표 두 장이 16만원씩이나 했어.

나 ____ **I don't think I can afford that.**
그거 나한테는 꽤 큰 돈이야. 난 도저히 그 돈 내고는 못 볼 거 같아.

STEP 2 표제문을 영어로 잘 옮긴 것에 모두 체크하세요.

(1) **It's a big money to me.**

(2) **That's a large amount of money for me.**

(3) **That's a lot of money to me.**

(4) **That's a lot of money for me.**

(5) **To me, that's a lot of money.**

(6) **For me, that's a lot of money.**

(7) **That seems like a lot of money to me.**

(8) **That seems like a lot of money for me.**

(9) **I think that's a lot of money.**

(10) That's too expensive to me.

(11) That's too expensive for me.

가능한 문장 (2) (4) (5) (6) (7) (8) (9) (11)

어휘 들여다 보기 **to me / for me** 전치사에는 다양한 의미가 중첩적으로 들어 있다. 문장의 의미, 사용되는 동사, 명사 등 다른 어구, 문장 내에서의 위치 등 다양한 요인에 의해 전치사의 중첩된 수십 가지의 의미 중에서 한 개 또는 여러 개의 의미가 발현된다.

a lot of money + to me를 들으면 to me의 '돈을 받는 수령자(recipient)'로서의 의미가 확 부각된다. 반면 a lot of money + for me의 경우, for me 역시 '받을 사람, 수취인'이라는 뜻이 분명히 있다. 예를 들어, a present for you(너를 위한 선물), good news for you(네게 좋은 소식)도 마찬가지다. 그러나 for me는 to me만큼 직접적으로 수취인을 뜻하지는 않고 간접적으로, 결과적으로 최종적인 수령자가 됨을 나타낼 뿐이다. for me의 직접적인 의미는 '나의 이익을 증진하기 위하여(for my benefit)', '나의 경제적인 이익과 관련하여' 정도의 의미를 갖는다고 보면 될 것이다.

a lot of money + to me가 틀리는 또 다른 이유는 동사에 있다. to me는 '내 생각에는(in my opinion)', '나의 인식하에서는(in my perception)', '내가 이해하는 바로는(to my understanding)'라는 뜻이므로 사실관계를 단정적으로 진술하는 be동사와는 잘 어울리지 않는다. 즉, That's + a lot of money + to me는 의미상 잘 어울릴 수가 없다. 뒤에서 설명하겠지만, 이런 점 때문에 추정의 의미를 갖는 seem을 써야 자연스러운 문장이 된다. 마찬가지로, That's too much to me. / That's too expensive to me.도 자연스럽지 않은 문장이라 틀렸다. be동사를 추정을 나타내는 동사 seem으로 교체하면 좋은 문장이 된다. 즉, That seems too much to me. / That seems too expensive to me.는 좋다.

이런 점들 때문에 to me를 문장 맨 앞으로 내세우면 맞는 문장이 된다. 즉, That's a lot of money to me.는 불가하지만 To me, that's a lot of money.는 좋은 문장이다. to me가 문장 맨 처음에 위치함으로써 in my opinion의 뜻이 명확하게 드러나기 때문이다. to me는 It seems to me that's a lot of money.에서 It seems가 생략된 것이라고 생각하면 이해가 빠를 것이다.[24]

(1) <u>It</u>'s a big money to me. ×

(2) <u>That</u>'s a large amount of money <u>for</u> me. ○

(1)은 틀리고 (2)는 좋다. 지호가 막 언급한 것을 가리킬 때는 대명사 it보다는 지시사 that이 더 자연스럽다. 또한 '큰 돈'을 a big money라고 하지 않는다. a large amount of money 또는 a good deal of money라고 한다. 이때 전치사 to는 불가하며 반드시 for라고 해야 한다.

(3) That's a lot of money <u>to</u> me. ×

(4) That's a lot of money <u>for</u> me. ○

(5) <u>To</u> me, that's a lot of money. ○

(6) <u>For</u> me, that's a lot of money. ○

(7) That <u>seems like</u> a lot of money <u>to</u> me. ○

(8) That <u>seems like</u> a lot of money <u>for</u> me. ○

(3)만 틀리고 나머지는 모두 좋다. 앞서 설명한 대로 That's a lot of money + to me는 틀리고 for me가 좋다. to me / for me를 문장 앞으로 빼내 (5) To me, that's a lot of money. 도 좋고 (6) For me, that's a lot of money.도 좋다. be 동사 대신 seem like으로 대체하여 That seems like a lot of money to me.도 좋고 for me도 좋다. 참고로, seem like에서 like는 생략 가능하다.

(9) <u>I think</u> that's a lot of money. ○

좋다. I think는 '내 생각에는(in my opinion)'이란 뜻이므로 표제문 맥락에 잘 맞는다. a lot of는 A lot of people were on the street.(거리에 사람이 많았다.), He's a lot of fun.(그 사람 재 있는 사람이다.), The party was a lot of fun.(그 파티 정말 재밌었다.)에서 보듯 가산명사와 불가 산명사에 두루 쓰인다.

(10) That's too expensive <u>to</u> me. ×

(11) That's too expensive <u>for</u> me. ○

(10)은 틀리고 (11)은 좋다. (10)의 경우, to me는 '내 생각에는(in my opinion)'이란 뜻이다. 내가 그것을 사겠다, 안 사겠다는 결정을 한 것은 아니고, 단지 가격의 적정성을 평가하자면 '내 판단/인식으로는 그건 더 쌀 수가 있는데 충분히 싸지가 않다'는 뜻이다. (10)에서 to me 를 문장 앞으로 이동하여 To me, that's too expensive.라고 하거나, be 동사를 seem으로 교체하여 That seems too expensive to me.라고 바꾸면 좋다. 한편, (11)은 '내가 돈이 충 분하지가 않아 그것을 살 수가 없다', 즉 '돈이 부족하다'는 말이다. 〈for + 명사/대명사〉는 문법적으로 〈to부정사의 의미상의 주어〉 역할을 수행하므로 for me 다음에 to부정사가 생략되어 있다고 생각하면 이해하기가 쉬울 것이다. 예를 들어, That's too expensive for me to buy[watch].에서 to buy나 to watch가 생략되어 있다고 보면 for me의 의미가 잘 이해될 것이다.

고등학교 때까지 부산에서 살았어.

situation:
지호에게 하는 말이다. 고등학교 때까지 부산에서 살다가 대학을 가면서 서울로 오게 되었다. 나는 고등학교 졸업 후 재수 하지 않고 곧바로 대학에 진학했다.

STEP 1 표제문을 영어 문장으로 만들어 보세요.

고등학교 때까지 부산에서 살았어.

STEP 2 표제문을 영어로 잘 옮긴 것에 모두 체크하세요.

(1) **I lived in Busan by high school.**

(2) **I lived in Busan by the time I graduated from high school.**

(3) **I lived in Busan until high school.**

(4) **I lived in Busan until I graduated from high school.**

(5) **I lived in Busan until college.**

(6) **I lived in Busan until I started college.**

(7) **I lived in Busan until the start of college.**

(8) **I lived in Busan through high school.**

(9) **I lived in Busan throughout high school.**

(10) **As soon as I graduated from high school in Busan, I went to college in Seoul.**

(11) **I left Busan when I entered college in Seoul.**

가능한 문장 **(4) (5) (6) (7) (8) (9) (10) (11)**

어휘
들여다
보기

고등학교 때까지 '고등학교 때까지'와 until high school은 같은 뜻이 아니다. until high school 은 〈1〉 '고등학교에 진학하면서 부산을 떠났다.(즉, 중학교 과정 마칠 때까지만 부산에 살고(until the end of middle school), 고등학교 진학하자마자 다른 데로 이사했다.)', 〈2〉 '고등학교 다니는 중 어느 정도까지 부산에 살다가(sometime in high school) 다른 데로 이사를 했다.(예를 들어, 2학년 중간에 다른 데로 이사를 갔다.)', 〈3〉 '고등학교 끝날 때까지 부산에 살았다.(until the end of high school)'라는 세 가지 뜻을 가질 수 있 다. 한국어 '고등학교 때까지'는 당연히 〈3〉의 뜻을 갖는다. 그러나 영어 until high school은 대부분의 네이 티브에게 〈1〉의 뜻으로 이해된다. 많이 양보해 〈2〉 정도까지는 가능하겠지만, 〈3〉을 뜻한다고 생각하는 사람은 거의 없다. 즉, 대부분의 네이티브에게 until high school은 '고등학교를 졸업할 때까지'가 아니라 '고등학교 에 입학할 시점까지'란 뜻이 되며, '고등학교에 진학을 하면서 부산을 떠났다'는 뜻이 된다.

(1)   I lived in Busan by high school. ×

(2)   I lived in Busan by the time I graduated from high school. ×

둘 다 틀렸다. (1)은 전혀 말이 안 되는 문장이다. (2)도 말이 안 되지만 굳이 문장 뜻을 살펴 보자면 '고등학교를 졸업하고, 또는 고등학교를 졸업할 때쯤 부산으로 이사왔다(moved to Busan)'는 뜻을 나타낸다.

(3)   I lived in Busan until high school. ×

(4)   I lived in Busan until I graduated from high school. ○

(3)은 틀리고 (4)는 좋다. until high school은 일반적으로 until the start of high school 을 뜻한다. 표제문 뜻에 맞게 고치면 '고등학교를 졸업할 때까지'라는 뜻으로 (4) until I graduated from high school이 좋다.

(5)   I lived in Busan until college. ○

(6)   I lived in Busan until I started college. ○

(7)   I lived in Busan until the start of college. ○

좋다. 부산에서 고등학교 졸업하고 곧바로(즉, 재수를 안 하고) 서울에 있는 대학교에 진학했 다는 전제하에 '고등학교 때까지'는 until high school이 아니라 until college다. until I started college / until the start of college도 좋다.

(8)   I lived in Busan through high school. ○

(9)   I lived in Busan throughout high school. ○

좋다. 〈through[throughout] + high school〉은 '고등학교 과정을 마칠 때까지'라는 뜻이 므로 표제문에 부합한다.

(10) As soon as I graduated from high school in Busan, I went to college in Seoul. ○

(11) I left Busan <u>when I entered college in Seoul.</u> ○

좋다. 표제문은 '고등학교 졸업하자마자 서울에 있는 대학에 진학했다.' 또는 '서울에 있는 대학에 들어가면서 부산을 떠나게 되었다.'라고 해도 된다. 이에 상응하는 영어 문장이 (10)과 (11)이다. (11) when I entered college in Seoul 대신에 when I was admitted to college in Seoul / when I started college in Seoul도 가능하다.

3년 전부터 수지를 사귀고 있어.

situation:
수지를 2014년 5월부터 사귀기
시작했다. 지금은 2017년 7월
이다.

STEP 1 표제문을 영어 문장으로 만들어 보세요.

친구　**Who's Sooji?**
수지가 누구야?

나　**She's my girlfriend.**
내 여자친구야.　　　　　　　3년 전부터 수지를 사귀고 있어.

STEP 2 표제문을 영어로 잘 옮긴 것에 모두 체크하세요.

(1) **I have seen her from three years ago.**

(2) **I have seen her three years before.**

(3) **I have seen her since three years ago.**

(4) **I have been seeing her for three years.**

(5) **I've been dating her for 3 years.**

(6) **I've been dating her since May, 2014.**

(7) **We started dating three years ago.**

(8) **Three years have passed since I saw her.**

(9) **Three years have passed since we've been together.**

(10) **Three years have passed since I started seeing her.**

(11) It's been three years since I saw her.

(12) It's been three years since I started seeing her.

가능한 문장 (4) (5) (6) (7) (10) (12)

STEP 3 문장을 확인하세요.

어휘 들여다 보기   **3년 전부터** '3년 전부터'를 since three years ago라고 하기 쉽다. 그러나 네이티브에게 이렇게 말하면 모두들 고개를 갸우뚱한다. since 다음에는 특정한 날짜/년/월/시각(specific date / year / month / time) 또는 날짜를 특정할 만한 사건이 와야 하기 때문이다. 따라서 '나는 3년 전부터 수지를 사귀고 있다.'는 I've been dating her since May, 2014.처럼 말해야 한다. 또는 '3년 전부터'는 의미상 '3년 동안'을 뜻하므로 전치사 for three years를 써도 좋다.

(1)   I have seen her from three years ago. ×

(2)   I have seen her three years before. ×

(3)   I have seen her since three years ago. ×

(4)   I have been seeing her <u>for three years</u>. ○

(5)   I've been dating her <u>for 3 years</u>. ○

(6)   I've been dating her <u>since May, 2014</u>. ○

(1)(2)(3)은 틀리고 (4)(5)(6)은 좋다. '3년 전부터'는 '3년 동안'이란 뜻이므로 for three years라고 하면 된다. 한편, 지금도 만나고 있음을 강조하기 위해 (4)(5)(6)처럼 현재완료진행시제를 써서 I have been seeing[dating] her라고 하면 좋다. (6)처럼 〈since + 구체적인 시기/시점〉으로 말해도 좋다. since May, 2014 대신 since the beginning of May, 2014이라고 해도 좋다.

(7)   We started <u>dating</u> three years ago. ○

좋다. 〈start + to부정사〉와 〈start + 동명사〉 둘 다 쓸 수 있지만, to부정사보다는 동명사가 좀 더 좋은 표현이다. 〈start + to부정사〉는 미래에 발생할 사건에 주로 사용되기 때문이다.

(8)   Three years have passed since I saw her. ×

(9)   Three years have passed since we've been together. ×

(10)   Three years have passed <u>since</u> I started seeing her. ○

(8) (9)는 틀리고 (10)은 좋다. (8)과 (9)는 표제문과는 정반대의 뜻으로, '헤어진 지 3년 되었다.'라는 의미가 된다. 이는 전치사 since의 특성에서 기인하는 것인데, 〈since + 사건〉은 '사건이 종료된 이후로'라는 뜻이기 때문이다. 따라서 (8)과 (9)도 '수지와 사귀는 것이 종료된 이후로 3년이 흘렀다'는 의미가 된다. (10)과 같이 시작점임을 분명히 해 주면 이런 혼란은 없어진다.

(11) It's been three years <u>since I saw her.</u> ×

(12) It's been three years <u>since I started seeing her.</u> ○

(11)은 틀리고 (12)는 좋다. (11) since I saw her는 '헤어진 지(since I broke up)'라는 뜻이므로 표제문 맥락과 정반대의 뜻이 된다. (12) since I started seeing her라고 하면 표제문에 정확히 부합하는 문장이 된다. 여기서 It's는 It has의 준말이다. '3년이 되었다'를 현재완료시제로 표현한 것으로, be동사를 활용해 It has been 3 years로 표현한 점에 주의하자.

11명 중에서 8명이 찬성했어.

situation:
송년회를 12월 22일에 하자는 안에 대해 부서의 총 직원 25명 중 과장급 이상 직원 11명을 대상으로 우선 설문조사를 했다. 전원이 응답했고 이 중에서 8명이 찬성했다. 박과장은 같은 부서에 근무하며 설문조사 진행 상황을 알고 있다.

STEP 1 표제문을 영어 문장으로 만들어 보세요.

박과장 What were the results from the survey for the year ending party?
송년회 날짜 투표 결과 나왔어?

나

11명 중에서 8명이 찬성했어.

STEP 2 표제문을 영어로 잘 옮긴 것에 모두 체크하세요.

(1) **In eleven people, eight were okay with that.**

(2) **From eleven people, eight were okay with that.**

(3) **Among eleven, eight were okay with that.**

(4) **Out of eleven, eight were okay with that.**

(5) **Among the eleven, eight were okay with that.**

(6) **Out of the eleven, eight were okay with that.**

(7) **Eight were okay with that among eleven.**

(8) **Eight were okay with that out of eleven.**

(9) **Among eleven people, eight supported it.**

(10) **Out of eleven people, eight supported it.**

가능한 문장 **(3) (4) (5) (6) (7) (8) (9) (10)**

11명 중에서 '11명 중에서'는 무엇이라고 할까? from eleven people은 11명 중에서 8명을 '골라 내는' 것이기 때문에 맥락에 맞지 않다. 여기서는 out of eleven people / among eleven people이라고 해야 좋다. out of eleven people은 '11명이 견고한 하나의 집단'이 되어 설문조사가 11명을 대상으로 행해졌다는 의미가 분명하지만, among eleven people은 '아마도 설문조사는 20명, 30명 등 더 큰 규모로 행해졌는데 어떤 이유로 또는 어떤 필요에 의해 임시로 11명만 따로 구분을 했다'는 느낌을 준다. 표제문 맥락의 경우, out of eleven people / among eleven people 둘 다 좋다. 박과장은 이미 설문조사가 11명 대상으로 행해지고 있음을 다 알고 있기 때문에 among eleven people이 가지고 있는 애매모호함이 전혀 문제가 되지 않는다.

반면, 설문조사 결과를 퇴근해서 아내에게 말하는 경우에는 사정이 좀 다르다.(우리 부서 송년회 일정을 잡기 위해 설문조사를 하고 있음을 아내가 알고 있다고 가정하자.) 이때는 among eleven people은 틀리고 out of eleven people은 좋다. 왜냐하면 아내는 설문조사를 누구를 대상으로 어떤 식으로 하는지 구체적으로 알 지는 못 하므로 among eleven people이라고 듣는 순간 아내는 설문조사 대상은 11명보다 많은데 그 중에서 지금까지 11명이 답신을 했는데(I've collected eleven responses so far.) 그 중에서 8명이 12월 22일 개최안에 찬성했다는 뜻으로 이해할 가능성이 아주 높기 때문이다. 즉, 아내는 '이 설문조사가 아직 끝나지 않았다(It's not finished yet)'고 생각할 것이기 때문에 among eleven people은 내가 전달하고자 하는 의미를 정확히 전달하지 못한다는 말이다. 다만 여기에 정관사 the를 추가하면, 즉 among the eleven people이라고 하면 전체 설문조사 대상이 11명임이 분명하게 되기 때문에 표제문 맥락에 맞는 좋은 표현이 된다.

(1) <u>In</u> eleven people, eight were okay with that. ×

(2) <u>From</u> eleven people, eight were okay with that. ×

틀렸다. (1) In eleven people은 '사람 11명의 몸속에서(inside their bodies)'라는 뜻이다. 예를 들어, The bacteria were found in eleven people.(박테리아가 사람 11명의 몸속에서 발견되었다.)처럼 쓸 수 있는 말이다. 아울러 (2) From eleven people은 11명 중에서 누군가를 골라 내거나, 11명이 뭔가를 제공하거나 제출하는 경우 사용되므로 표제문 맥락에 맞지 않다. 전자의 예로는 I had to select only one from eleven people.(11명 중에서 딱 한 명만 골라야 했다.)이 가능하겠고, 후자의 예로는 I received bacteria samples from eleven people.(11명으로부터 박테리아 샘플을 받았다.)처럼 쓸 수 있다.

(3) <u>Among eleven</u>, eight were okay with that. ○

(4) <u>Out of eleven</u>, eight were okay with that. ○

(5) <u>Among the eleven</u>, eight were okay with that. ○

(6) <u>Out of the eleven</u>, eight were okay with that. ○

좋다. 박과장이 모든 돌아가는 사정을 다 알고 있으므로 among / out of 둘 다 문제 없이 쓸 수 있다. 아울러 정관사 the는 생략 가능하며, eleven 뒤의 people도 생략 가능하다. 아울러, 한국어는 '11명', '8명'처럼 반드시 '명'을 말해 줘야 하는 데 반해, 영어는 맥락이 분명한 경우에는 숫자만 말해도 '명'이란 뜻을 전달하는데 무리가 전혀 없다. 따라서 eleven people / eight people 대신 eleven / eight라고만 해도 전혀 문제가 없다.

(7) Eight were okay with that <u>among eleven</u>. ○

(8) Eight were okay with that <u>out of eleven</u>. ○

좋다. (3) (4)에서 전치사구를 뒤로 뺀 형태의 문장이다.

(9) Among eleven people, eight <u>supported</u> it. ○

(10) Out of eleven people, eight <u>supported</u> it. ○

좋다. '찬성했다'는 were okay with / agreed with라고 해도 좋다. supported도 좋은데 약간 격식적인 표현이다. 대명사 it / 지시사 that 둘 다 좋으나, 지시사 that을 약간 더 선호한다. 상대방이 막 언급한 것을 that으로 받는 것이 일반적이기 때문이다. (it과 that의 차이점에 관한 자세한 사항은 대명사 파트의 216~217페이지를 참고하라.) 물론 여기서 it / that은 '그 계획(the plan)' 또는 '송년회 개최일(the date of the party)'을 뜻한다.

두 사람은 지난 달에 결혼 10년 만에 이혼했어.

situation:
그 부부는 결혼한 지 10년 만에
성격 차이로 갈라섰다.

STEP 1 표제문을 영어 문장으로 만들어 보세요.

두 사람은 지난 달에 결혼 10년 만에 이혼했어.

STEP 2 표제문을 영어로 잘 옮긴 것에 모두 체크하세요.

(1) **They divorced in last month since they were married for 10 years.**

(2) **They divorced last month after they married 10 years ago.**

(3) **They divorced last month after they were married for 10 years.**

(4) **They divorced last month after being married for 10 years.**

(5) **They divorced last month after a 10-year marriage.**

(6) **They divorced last month after marriage of 10 years.**

(7) **They divorced last month after a marriage of 10 years.**

(8) **They divorced last month after 10 years of marriage.**

(9) **They divorced last month after 10 years of a marriage.**

(10) **They broke up last month after being in a relationship for 10 years.**

(11) **Their marriage lasted for 10 years before they divorced last month.**

가능한 문장 **(3) (4) (5) (7) (8) (10) (11)**

> **어휘 들여다 보기** **결혼 10년 만에** '결혼 10년 만에'는 '10년 동안 결혼생활을 유지한 후에'이므로 after they were married for 10 years 또는 after being married for 10 years라고 하면 좋다. 간단히 after 10 years of marriage라고 해도 좋다. 10 years of marriage는 '10년(10 years)인데, 그 기간의 성격은 혼인상태(marriage)'라는 말이다. 이것보다는 덜 쓰지만, after a marriage of 10 years도 가능하다. a marriage of 10 years는 '혼인기간(a marriage)인데, 그 기간을 알아보니 10년(10 years)'이라는 말이다.[25] 숫자는 형용사적으로 사용할 수도 있으므로 after a 10-year marriage 역시 좋다.

(1) They divorced <u>in</u> last month <u>since</u> they were married for 10 years. ×

틀렸다. (1)은 10년 동안 결혼상태에 있었기 때문에 지난달에 이혼했다는 이상한 뜻이 된다.[26] since를 after로 바꿔야 한다. 아울러, in last month에서 in을 삭제하여 last month라고 해야 한다.

(2) They divorced last month after they married 10 years ago. ×

(3) They divorced last month <u>after they were married for 10 years</u>. ○

(4) They divorced last month <u>after being married for 10 years</u>. ○

(2)는 틀리고 (3)(4)는 좋다. (2)의 they married 10 years ago는 '10년전에 결혼했다'는 사실만을 말할 뿐 그동안 혼인관계가 이어졌는지, 이혼을 했는지, 별거를 했는지에 대해서는 전혀 전달하는 정보가 없다. 즉, '10년 동안 혼인관계를 유지했다'는 표제문 맥락에 전혀 맞지 않는다. 따라서 지난 10년간 혼인상태에 있었음을 표현하는 (3)(4)가 좋다. after절을 전명구로 전환하면 (4) after being married for 10 years가 된다.

(5) They <u>divorced</u> last month after <u>a 10-year marriage</u>. ○

좋다. '이혼했다'는 divorced 대신 broke up / split up / ended their relationship을 써도 된다. 또는 their marriage를 주어로 삼아 Their marriage came to an end라고 해도 좋다. 한편 a 10-year marriage는 숫자를 형용사적으로 사용한 것이다. 숫자가 형용사적으로 사용되면 다음에 오는 명사는 단수형으로 써야 하니 주의하자.

(6) They divorced last month after <u>marriage of 10 years</u>. ×

(7) They divorced last month after <u>a marriage of 10 years</u>. ○

(8) They divorced last month after <u>10 years of marriage</u>. ○

(9) They divorced last month after <u>10 years of a marriage</u>. ×

(6)(9)는 틀리고 (7)(8)은 좋다. 부정관사 a marriage of 10 years / 무부정관사 10 years of marriage라고 해야 한다. (7) a marriage of 10 years에서 a marriage는 '한 개의 결혼기간'이라는 뜻으로 가산명사로 쓰인 것이고, (8) 10 years of marriage에서 marriage는 '결혼상태'라는 뜻으로 불가산명사로 쓰인 것이다.

(10) They broke up last month <u>after being in a relationship for 10 years.</u> ○

좋다. after being in a relationship for 10 years 대신 after a relationship of 10 years / after 10 years in a relationship 역시 좋다.

(11) Their marriage lasted for 10 years <u>before</u> they divorced last month. ○

좋다. '결혼 10년 만에 이혼했다'는 '이혼하기 전에 10년 동안 결혼이 지속되었다'고 생각해 볼 수도 있다. 따라서 before를 사용하면 된다. 영어로는 이런 발상을 어렵지 않게 찾아 볼 수 있다. It wasn't long before she fell asleep.(얼마 지나지 않아 걔가 잠들었다.), I had not waited long before he came.(오래 기다리지 않아 그 사람이 왔다.), The phone rang three times before he picked up.(전화가 세 번 울린 후 그 사람이 전화를 받았다.)에서처럼 before를 사용해서 영어식으로 좋은 문장을 만들 수 있다.

이번 달부터 월급이 올랐어.

situation:
나는 월급을 받는 사무직으로, 사장님이 월급을 올려준 사실을 수지에게 알리고 있다. 수지에게 내 월급이 오른다는 소식을 전에 말한 적이 없고, 월급 인상 소식은 일종의 뉴스다. 이번 달 인상된 월급을 이미 받았으며, 월급날은 25일이고 오늘은 27일이다.

STEP 1 표제문을 영어 문장으로 만들어 보세요.

	Dinner is on me today.
이번 달부터 월급이 올랐어.	오늘 저녁은 내가 쏠게.

STEP 2 표제문을 영어로 잘 옮긴 것에 모두 체크하세요.

(1) **My salary rose from this month.**

(2) **My salary rose from this month on.**

(3) **My salary rose since this month.**

(4) **My salary rose at this month.**

(5) **My salary rose starting this month.**

(6) **My salary rose this month.**

(7) **My salary went up starting this month.**

(8) **My salary went up this month.**

(9) **I got a pay raise this month.**

(10) **I got a pay raise starting this month.**

가능한 문장 **(1) (2) (5) (6) (7) (8) (9) (10)**

이번 달부터 '이번 달부터'라고 하면 from this month를 생각하는 사람이 많을 것이다. from에는 '(일시)부터 (이후로 계속 쪽)'이란 뜻이 있으므로 표제문 맥락에 사용할 수 있겠지만, 네이티브에게 from this month는 다양한 다른 의미가 떠오르기 때문에 썩 좋은 표현이라 할 수는 없다. from에는 '(원인/출처)에서 기인하여'라는 뜻도 있다.[27] 따라서 from this month는 '이번 달부터 (앞으로도 쭉 계속)'도 뜻할 수 있지만 '이번 달 판매액으로부터'라는 뜻으로 인식될 수도 있다. 예를 들어, 영업직인 경우 본인 판매대금의 일정 비율을 '판매수당(커미션)' 명목으로 받는 것이 일반적이므로 My salary rose from this month.는 '(원인/출처)에서 기인하여'라는 뜻이 부각되어 '이번 달 판매실적이 좋아 인센티브 금액이 증가하여 (이번 달만) 내 급여가 늘었다.(다음 달은 당연히 실적에 따라 늘 수도, 줄 수도 있을 것이다.)'는 뜻이 될 수도 있다. 표제문 맥락에서 나는 고정월급 근로자이기 때문에 이런 오해는 별로 생기지 않겠지만, 그럼에도 불구하고 from this month는 썩 좋은 표현이 아니다. 다만, 여기에 on을 추가하면 '계속'의 의미가 추가되기 때문에 from this month on은 from this month보다 조금 나은 표현이 된다.

한편으로는, '이번 달부터'를 since this month라고 생각할 수도 있겠지만, 이것은 어색해서 아예 틀렸다. 〈since + 과거시점〉이 일반적이기 때문이다. 따라서 My salary rose + since last month / since last year / since January 등 과거시점을 나타내는 어구와 함께 사용하는 것이 일반적이다. since this month는 듣기 아주 이상한 어구가 되어 버리므로 맞지 않다.

표제문 맥락에 가장 자연스러운 것은 starting this month다. 즉 My salary rose starting this month.가 가장 좋다. 아니면 아예 starting을 생략하여 this month라고만 해도 된다. 나는 영업직이 아닌 사무실 근로자라서 이번 달에 급여가 오르면 그 효과가 앞으로도 지속되므로 굳이 starting이나 from을 사용할 이유가 없기 때문이다.

(1)   My salary rose <u>from</u> this month. ○

(2)   My salary rose <u>from</u> this month <u>on</u>. ○

     좋다. 앞서 설명한 대로 from this month보다는 from this month on이 더 좋다.

(3)   My salary rose <u>since</u> this month. ✕

(4)   My salary rose <u>at</u> this month. ✕

     틀렸다. '이번 달부터'라고 할 때 since this month / at this month는 아예 말이 안 된다.

(5)   My salary rose <u>starting</u> this month. ○

(6)   My salary rose <u>this month</u>. ○

     좋다. '이번 달부터'는 starting this month / 무전치사 this month 둘 다 좋다. 시간, 거리, 수량, 양태를 나타내는 일부 명사는 전치사 없이 그대로 부사로 사용한다. this morning(오늘 아침), this evening(오늘 저녁), this month(이번 달) 역시 이런 이유로 전치사 없이 사용할 수 있다. 다만 September처럼 특정한 월에 일어난 일을 표현하는 경우 반드시 전치사가 필요하다. 즉 '9월에 월급이 올랐다'고 할 때는 My salary rose from September. 또는 My salary rose in September.라고 해야 한다.

(7) My salary <u>went up</u> starting this month. ○

(8) My salary <u>went up</u> this month. ○

좋다. go up은 '오르다'란 뜻이며, I hate going up the stairs.(계단 올라가는 것이 싫다.), Gasoline prices will go up soon.(기름값이 곧 오를 것이다.), New office buildings are going up everywhere.(새로운 사무실 건물들이 온갖 곳에 다 들어서고 있다.)처럼 다양한 맥락에서 사용할 수 있는 표현이다.

(9) I <u>got a pay raise</u> this month. ○

(10) I <u>got a pay raise</u> starting this month. ○

좋다. get a pay raise는 '월급이 오르다'란 뜻이다. I got a pay raise에서 pay를 빼고 I got a raise라고만 해도 좋다. 또는 주어를 바꿔서 My boss gave me a raise라고 해도 좋다.

A

『배트맨 대 슈퍼맨』이
롯데시네마에서
상영되고 있어.

situation: 극장에서 영화 『배트맨 대 슈퍼맨(Batman v Superman)』이 상영되고 있음을 말하려고 한다.

(1) *Batman v Superman* is performing at Lotte Cinema. ☐

(2) *Batman v Superman* are showing in Lotte Cinema. ☐

(3) *Batman v Superman* is showing in Lotte Cinema. ☐

(4) *Batman v Superman* is showing at Lotte Cinema. ☐

(5) *Batman v Superman* is being shown at Lotte Cinema. ☐

(6) *Batman v Superman* is playing at Lotte Cinema. ☐

(7) *Batman v Superman* is being played at Lotte Cinema. ☐

'그 영화를 영화관에서 봤다.'에서 '영화관에서'는 in the theater / at the theater 모두 좋다.[28] 그러나 '롯데시네마에서'처럼 극장명이 나오는 경우에는 at Lotte Cinema라고 해야 한다. at Lotte Cinema는 'Lotte Cinema라고 하는 영화관으로서의 장소에서'를 뜻한다고 보면 된다. 반면 in Lotte Cinema는 지나치게 '공간'으로서의 뜻이 강하게 드러나기 때문에 많은 네이티브들이 불편한 느낌을 갖는다. Lotte Cinema라고 하는 영업장소에서 영화를 보는 것에 초점을 맞춰야 하는데, Lotte Cinema의 극장 건물 내부라는 의미가 부각되기 때문이다. in Lotte Cinema에 대해서는 맞다는 사람, 틀렸다는 사람, 문제 없다는 사람 등 네이티브의 의견이 각양각색이다. 따라서 가급적 전치사 at Lotte Cinema를 사용하는 것이 좋겠다.

(1) 틀렸다. perform은 뮤지컬, 연극, 오페라 등 무대공연(stage show)에 사용할 수 있는 단어다. 영화에는 show / play를 사용한다.　**(2)** 틀렸다. 영화 제목인 *Batman v Superman*은 '한 개'이므로 단수다. 아울러, 전치사 in Lotte Cinema가 틀린 것은 아니지만 at Lotte Cinema가 더 적절하다. 전치사 in은 물리적 장소 개념이 강하기 때문이다.　**(3) (4) (5)** 좋다. '배트맨 대 슈퍼맨'에서 '대(對)'는 영어로 versus다. 줄여서 vs 또는 v라고 한다. 마침표(.)를 붙여 vs. 또는 v.라고 해도 된다. 참고로, '배트맨 대 슈퍼맨'의 공식 제목은 *Batman v Superman: Dawn of Justice*이다. v는 특히 법원의 사건명에 많이 쓰며, v와 vs 모두 versus라고 읽는다.　**(6) (7)** 좋다. '(영화가) 상영되고 있다'는 능동태 진행시제로 is showing / is playing이라고 해도 되고, 또는 수동태 진행시제로 is being shown / is being played라고 해도 좋다.

<table>
<tr><td>

B
오전 10시부터 영업합니다.

</td><td>

situation: 백화점 직원이 전화 문의에 대답하는 상황이다. 지금은 영업 시작 전이며, 오늘 10시에 백화점 문을 열 것이다. (평소에도 10시부터 여는지 아니면 오늘만 10시부터 여는지는 알 수 없다.)

</td></tr>
</table>

(1)   We'll operate from 10 am. ☐

(2)   We'll start our business from 10 am. ☐

(3)   Our business will open at 10 am. ☐

(4)   Our business will open from 10 am. ☐

(5)   We'll open since 10 am. ☐

(6)   We'll open at 10 am. ☐

(7)   We'll be open from 10 am. ☐

(8)   We'll be open at 10 am. ☐

(9)   Our business hours are 10 am to 8 pm. ☐

(10)   We are open from 10 am till 8 pm. ☐

since는 '과거부터 현재까지'의 기간 개념이다. 〈since + 과거 날짜/시각〉 형식으로 사용되므로 since 10 am은 맞지 않다.[29] '10시부터 영업합니다.'는 We'll open from 10 am.이 좋다. 동사 open은 '개점하다', '문을 열다'라고 하는 '동작'을 뜻한다. 동작은 한순간에 발생하는 것이므로 open from 10 am도 좋지만 open at 10 am 역시 잘 맞는 표현이다.

(1) 틀렸다. operate는 공장(factory), 교통수단(transportation)의 가동 및 영업시간에 사용되는 단어다. (2) 틀렸다. 백화점 영업시간 시작에 start는 이상하다. 영업을 시작한다는 말이 아니라 백화점을 개소(the very first moment of our business)한다는 뜻이다. (3) (4) 좋다. 백화점 영업에 our business를 사용하는 것은 썩 자연스러운 표현은 아니나 그럭저럭 쓸 만은 하다. '영업 시작한다'는 동사 open을 쓰면 족하며, at 10 / from 10 둘 다 좋다. (5) (6) (5)는 틀리고 (6)은 좋다. 전치사 since는 '과거부터 지금까지 쭉'이란 뜻이므로, 의미상 동사 open / start와 함께 사용될 수 없다.[30] We'll open + at[from] 10 am.이 좋다. 한편, (6)의 open은 동사고, (7) (8)의 open은 형용사다. (7) (8) 좋다. 두 문장 사이에는 약간의 미세한 차이가 있다. (7)의 from 10 am은 10시에 영업 시작한다는 말이고, (8)의 at 10 am은 '10시에는 영업 중일 겁니다.'란 뜻이다. 즉, 고객이 I would like to drop by on my way to work around 10 am.(출근하는 길에 오전 10시쯤 방문하고 싶은데요.)이라고 하는 경우, '(영업개시시간은 8시일 수도 있고, 9시 일수도 있지만) 어쨌든 10시에는 영업 중이니 걱정 마시고 방문하세요.'라는 뜻으로 (8) 사용이 가능하다. (9) (10) 좋다. 시간을 나타내는 from은 이렇게 to 또는 till과 함께 쓰는 것이 정석이다. 이때 from은 생략 가능하므로 (9)처럼 10 am to 8 pm도 좋다.

situation: 아들이 퀴즈 11문제 중에서 8문제를 맞춘 사실을 아내가 남편에게 전달한다. 남편은 아들이 퀴즈를 봤다는 사실도 몰랐고, 퀴즈 문제가 몇 개인지도 몰랐다.

나 **He took a quiz the other day.**
애가 오늘 퀴즈를 봤어.　　　　　　　11문제 중에서 8개 맞췄어.

남편 **Oh, really? The new tutor is worth it, then.**
그래?　　　　새로 과외선생님 구하길 잘 했네.

(1) He answered 8 questions in 11 questions correctly.　☐

(2) He answered 8 questions between 11 questions correctly.　☐

(3) He answered 8 questions from 11 questions correctly.　☐

(4) He answered 8 among 11 questions correctly.　☐

(5) He answered 8 among the 11 questions correctly.　☐

(6) He answered 8 out of 11 questions correctly.　☐

(7) Among 11 questions he got 8 correctly.　☐

(8) Among the 11 questions he got 8 correct.　☐

'11문제 중에서'는 among 11 questions와 out of 11 questions 중 뭐가 맞는가? out of 11 questions는 '전체 11문제 중에서'라는 뜻이며 표제문 맥락에 잘 부합한다. among 11 questions는 전체 시험문제(예를 들어, 50문제) 중에서 임의로 11문제를 골랐고(예를 들어, 미적분, 확률, 기하학 등 분류에 따라) 이들 11 문제 중에서 8문제를 맞췄다는 뜻이다. 전체 문제수가 11개라는 것을 알지 못한 상태에서 among 11 questions라고 들으면 '무슨 이유인지 모르나 전체 문제에서 11문제만 따로 분리하여 이 11문제에 대해서만 말하려고 하는구나.'라는 생각이 들게 되므로 표제문 맥락에 맞지 않게 된다. 다만 여기에 정관사 the를 추가해 among the 11 questions라고 하면 전체 문항수가 11개임이 분명하게 되기 때문에 표제문 맥락에 맞는 좋은 표현이 된다.
(1) (2) (3) 틀렸다. **(1)** in 11 questions는 '11문제 내부에'란 뜻이다. 예를 들어 There were serious errors in 11 questions.(11문제에 심각한 오류가 있었다.)처럼 쓸 수 있다. **(2)** between 11 questions는 문제지상에 뭔가 사건이 발생했다는 말이다. 예를 들어 There was a smudge between 11 questions.(11문제 사이에 얼룩이 있었다.)처럼 쓴다. **(3)** from 11 questions는 '11문제 중에서 (고르다)'는 뜻이다. Candidates should attempt to answer 8 from 11 questions.(응시자들은 11문제 중에서 8개에 답을 해야 한다.)처럼 쓸 수 있다.　**(4) (5) (6) (4)**는 틀리고 **(5) (6)**은 좋다. 남편은 아들이 시험을 쳤는지 안 쳤는지조차 모르는 상황이므로 문제가 11개인지 100개인지 전혀 사전 정보가 없는 상황이다. 이런 상황에서 무정관사 among 11 questions라고 하면, 문제가 11문제보다 많음을 암시하기 때문에 맥락에 맞지 않아 틀렸다. 정관사 among the 11 questions는 문제수가 정확히 11 문항임을 분명히 하기 때문에 표제문 맥락에 맞다. 정관사가 이렇게 큰 차이를 만드니 주의하자. out of는 정관사 유무에 관계 없이 표제문 맥락에 잘 맞는다.　**(7) (8) (7)**은 틀리고 **(8)**은 좋다. '(시험문제를) 맞췄다'는 '맞게 답변을 했다'란 뜻이므로 got 8 correct / answered 8 correctly라고 하면 좋다.[31]

'전명구'로
동사를
대신하라

'전명구'로 동사를 대신하라

〈전치사 + 명사〉로 깔끔하게 표현한다

섬에 고립된 사람들이 경쟁을 통해 퇴출되고 최종적으로 한 명의 우승자를 가리는 『서바이버(Survivor)』라는 미국의 리얼리티 프로그램(reality show)을 재미있게 본 적이 있다. 매회마다 경쟁에서 진 팀에서는 팀원 중 한 명을 투표를 통해 퇴출시키곤 했다. 이 리얼리티 프로그램으로 인해 '투표를 통해 (동료/회원/친구/경쟁자를) 퇴출시키다'를 뜻하는 vote someone off the island라는 새로운 표현이 유행하게 되었다. '(섬에서) 퇴출시키다'를 여러 방법으로 표현할 수 있겠지만, 전명구 off the island를 써서 간단하고 명료하게 표현했다.

한국어 동사를 영어에서는 전명구로 전환하는 이 원칙은 〈말하기 영작문 트레이닝〉에서도 언급한 바 있는데, 언어 체계가 달라 한국어 사용자가 이것을 생각해 내기란 쉽지 않다. 한국어는 동사, 부사 중심의 언어인 데 비해 영어는 형용사, 명사 중심의 언어라는 점은 여러 번 설명한 바 있다. 이런 형용사, 명사에 '서술성'을 부여하는 것이 바로 전치사다. 전명구는 〈전치사 + (형용사) + 명사〉로 구성되며, 간편하면서도 쉬운 영어식 표현을 가능하게 해 준다.

가령, '영화 끝나고 우리 한잔할 때 우리 쪽에 합류해.'는 Join us when we have drinks after we watch the movie.라고 해도 되지만, 불필요하게 장황한 문장이다. when we have drinks를 for some drinks로 줄이고, after we watch the movie를 after the movie로 줄이면 Join us for some drinks after the movie.처럼 간단하게 표현할 수 있다. '병으로 시름시름 앓다가 죽었다.' 역시 He died after a lingering illness.로 표현 가능하다.[32] '맥주 두 병 마시고 뻗었다.'에서 '맥주 두 병 마시고'는 after two bottles of beer라고 하면 된다. '그건 고생할 가치가 있는 일이다.'는 It's worth the trouble. '(일/설명/강의/작업 등 당신이 하고 있던 일이) 끝났습니까?'는 Are you through? '내 말 이해돼?'는 Are you with me? '그 사람은 널 별로 사랑하지 않아.'는 He's not into you.라고 한다.

한국어 문장을 보고 영어 전명구를 생각해 내기는 솔직히 쉽지 않다. 그만큼 훈련도 많이 필요하며, 영어 전치사에 대한 깊은 이해는 물론 숙어와 구동사 등에 대한 지식도 많이 필요하다. 그래야 '너 스카이프 가입했어?'를 Are you on skype?라고 쉽게 말할 수 있게 된다. 저자는 한국어 문장을 보면 직역하지 않고 항상 이런 식으로 전명구를 활용하는 쉬운 표현을 먼저 생각해 본다. 습관적으로 이런 훈련을 되풀이하면 영어 실력이 일취월장한다고 확실히 말할 수 있다.

진행 중임을 나타내는 on

'장학금을 받으면서 학교에 다녔다.'에서 '장학금을 받으면서'를 while receiving a scholarship 같이 동사를 써서 표현 가능하지만 전명구로도 얼마든지 표현할 수 있다. 그렇다면 어떤 전치사를 사용해야 할 것인가? 이때는 on a scholarship이 맞다. on a scholarship은 '장학금을 받는 중'이라는 뜻이 된다. 따라서 I am currently on a scholarship.은 '난 현재 장학금을 받고 있다.'라는 뜻이다. 전치사 on은 '표면에 달라 붙어 있음'이 기본적인 뜻이고 여기서 발전해서 〈on + A(객체)〉 형식으로 'A(객체)가 진행 중 / 활동 중 / 수행 중'이란 뜻을 갖는다. on a trip은 '여행 중', on vacation은 '휴가 중', on a diet는 '다이어트 중', on a date는 '데이트 중'이란 뜻이다.
'그 사람은 지금 두 번째 소설을 쓰고 있다.'는 He is on his second novel. '연상 연하 커플이 증가하고 있다.'는 Men married to older women are on the rise. '지금 TV에서 뭐해?'는 what's on TV? '이번 녹음에서는 그 사람은 보컬을 맡고 있다.'는 In this recording he is on vocals. '그 사람은 보석금 내고 풀려 났다.'는 He was released on bail. '네가 대출하려던 책은 이미 누가 빌려 갔다.'는 The book you wanted is out on loan. '내 일은 하루 종일 컴퓨터에 매달려 있어야 하는 일이다.'는 My job requires me to be on the computer all day. '내 친구들은 대부분 페이스북을 한다.'는 Most of my friends are on Facebook.이다. 이들 문장에서 보듯, 한국어 문장에서는 뭔가 계속하고 있는 상황을 동사로 표현했지만 영어로는 〈on + 명사〉로 쉽게 표현하고 있음을 알 수 있다.

전치사 in / out of

'그 사람은 건강하다.'는 뭐라고 할까? He's on good shape.일까, He's in good shape.일까? 이때는 전치사 in을 쓰는 것이 맞다.
전치사 in은 '행위자가 어떤 상태 속에 들어가 있음'을 뜻하는 상황에 자주 쓰인다. 영화 제목으로도 쓰였던 '검은 옷을 입은 사람들'은 men in black, '청바지를 입은 남자'는 a man in blue jeans다. 또, '눈물을 흘리며'는 in tears, '사랑하고 있다'는 in love, '혼란스러워'는 in confusion, '곤란을 겪다'는 in trouble, '마음에 두다'는 in mind처럼 감정 표현에도 in이 자주 쓰인다. '그 사람은 어렸을 때부터 휠체어를 타고 있다.'에서 '휠체어를 타고 있다'를 be in a wheelchair라고 간단하게 표현해 He has been in a wheelchair since he was a child.라고 한다. 'Tom이 눈을 맞으며 걷고 있다.'는 Tom's walking in the snowfall.이다. 추상적인 개념에도 in이 많이 사용된다. '(그 노선은 폐지되지 않고) 아직도 운영 중이다.'는 The route is still in operation. '그 사람은 혈당을 관리해야 한다.'는 He needs to keep his blood sugar in check. '내 결정을 곧 실행에 옮기겠다.'는 I'll put my decision in action soon. '벌려 놓은 일들을 좀 정리해야겠다.'는 I need to get things in order.다.

in의 반대는 out of로 많이 표현한다. in shape(몸이 건강한)의 반대는 out of shape(건강이 안 좋은, 모양이 망가진, 몸매가 망가진, 술에 잔뜩 취한)이며, in action(활동 중)의 반대는 out of action(부상으로 활동을 못하는, 손상으로 작동이 안되는)[33], in order(질서 잡힌)의 반대는 out of order(정리가 안됨, 고장 난)이다. 마찬가지로 in sight(시야에 보이는)의 반대는 out of sight(시야에 안 보이는), in mind(마음 속에 있는)의 반대는 out of mind(마음에서 없어진)이다. 그래서 '눈에서 멀어지면 마음에서도 멀어진다.'는 Out of sight, out of mind.라고 한다. 한편, '그 사람 실직 상태다.'는 He's out of a job. 또는 He's out of work.다. '핸드폰 배터리가 다 닳았다.'는 My phone's out of battery. '내 차는 기름이 다 떨어졌다.'는 My car's out of gas.다.[34]

〈out of + A(대상)〉는 'A(대상) 바깥으로 (꺼내다/위치하다)'라는 뜻이다. '실업문제가 걷잡을 수 없게 되어 가고 있다.'는 Unemployment is getting out of control. 또는 Unemployment is getting out of hand. '방금 카센터에서 차를 갖고 나왔는데, 또 이상이 있네요.'는 I just got my car out of the garage. My car is acting up again. '저 친구는 세상물정을 몰라서 큰일이다.'는 He is completely out of touch with reality. '머릿속에서 잊히지가 않아요.'는 I can't get it out of my mind. '나는 이 일에 연루되고 싶지 않습니다.'는 I'll keep out of this matter. 또는 Keep me out of it.[35] '당분간 술집 출입을 삼가는 것이 좋겠다.'는 You should stay out of bars for the time being.이다. 집에 애들이 방문을 해서 '물건을 안 보이는데 두었다.'는 I placed things out of sight. '그 파티는 내가 있을 자리가 아닌 것 같은 위화감이 느껴졌다.(꿔다 놓은 보릿자루 같은 느낌을 받았다.)'는 I felt out of place at the party.다. 이처럼 〈out of + 대상〉 형식은 생각보다 훨씬 자주 사용되니 잘 기억했다가 활용하면 깔끔하고 자연스러운 영어문장을 만들 수 있을 것이다.

situation:
아내가 집에 와서 내가 없으니까, 전화해서 어디 갔냐고 물었다. 나는 이탈리아 소시지를 사러 차를 몰고 5분 전에 이태원에 도착했다.

STEP 1 표제문을 영어 문장으로 만들어 보세요.

아내 **Where did you go?**
어디 간 거야?

나   **I'll be back in an hour.**
나 이태원에 왔어.   한 시간 뒤에 들어갈게.

STEP 2 표제문을 영어로 잘 옮긴 것에 모두 체크하세요.

(1) **I came to Itaewon.**

(2) **I went to Itaewon.**

(3) **I arrived at Itaewon.**

(4) **I just arrived at Itaewon.**

(5) **I arrived in Itaewon.**

(6) **I just arrived in Itaewon.**

(7) **I'm at Itaewon.**

(8) **I'm in Itaewon.**

가능한 문장 **(1) (2) (6) (8)**

어휘
들여다
보기 **이태원에 왔다** '이태원에 왔어.'는 동사 come / go를 활용해서 I came to Itaewon. / I went to Itaewon.이라고 해도 된다. 다만 영어는 현재 상태에 주목하여 일반동사를 사용하기보다는 ⟨be 동사 + 전명구⟩ 형식으로 표현하는 것을 좋아한다. 그렇다면 여기서 '이태원에'는 at Itaewon일까, in Itaewon일까? ⟨in + 큰 장소⟩, ⟨at + 작은 장소⟩라고만 알고 있다면, 이태원은 큰 장소라서 in을 써야 할 것인지, 아니면 작은 장소라서 at을 써야 할 것인지 난감해할 수도 있을 것이다. 그러나 지역과 행정구역은 크든 작든 관계 없이 오로지 전치사 in으로만 표현한다. 이 경우 ⟨at + 지역 이름⟩은 그 지역의 지하철역, 철도역, 공항 등을 뜻한다. 가령, in Itaewon은 '이태원(지역)에', at Itaewon은 '이태원역에'라는 뜻이 된다. 표제문은 내가 자동차를 몰고 이태원 지하철역이 아닌, 이태원 지역에 온 상황이므로 in Itaewon이라고 해야 한다.

(1)   I came to Itaewon. ○

(2)   I went to Itaewon. ○

좋다. 표제문 맥락은 내가 이태원에 갈 예정이라는 것을 아내가 전혀 몰랐던 상황이므로 동사 come이나 go를 쓰면 잘 들어맞는다. 따라서 I came to Itaewon. / I went to Itaewon. 모두 좋다. 특히 come은 뜻밖에 이태원에 와 있다는 뜻을 강하게 갖고 있으므로, 갑자기 이태원에 와 있다는 사실을 알려줄 때는 go보다는 come을 쓰는 것이 훨씬 자연스럽다. 이 맥락에서는 I came to Itaewon to buy some Italian sausages.(이탈리아 소시지 사러 이태원에 왔다.)라고 말해도 아주 자연스러운 문장이 된다.

(3)   I arrived at Itaewon. ×

(4)   I just arrived at Itaewon. ×

(5)   I arrived in Itaewon. ×

(6)   I just arrived in Itaewon. ○

(3) (4) (5)는 틀리고 (6)은 좋다. 내가 이태원에 간다는 사실을 아내가 알고 있었던 경우에만 동사 arrive를 쓸 수 있다. 따라서 원칙적으로 표제문 맥락에 arrive는 잘 맞지 않으나, 부사 just가 쓰임으로써 (6)은 맞는 문장이 되었다. 왜냐하면 just가 들어감으로써 '방금' 도착했다는 의미가 강조됨에 따라 동사가 무엇이냐가 별로 중요하지 않게 되기 때문이다. 또한 at Itaewon은 '이태원역에', in Itaewon은 '이태원 지역에'라는 뜻이므로 표제문 맥락에 (4)는 맞지 않다.

(7)   I'm at Itaewon. ×

(8)   I'm in Itaewon. ○

(7)은 틀리고 (8)은 좋다. 앞서 설명했듯, (7) at Iteawon은 '이태원역에'라는 뜻이라 틀렸다. 한편 한국어는 '이태원에 왔어'처럼 과거의 동작/행동을 묘사해서 그 결과가 지금도 유지되고 있다는 식으로 표현하는 데 비해, 영어는 '이태원에 있어'처럼 동작의 결과 현재 어떠한 상태인지 밝히는 것을 선호한다.

저기 청바지 입은 남자 좀 봐.

situation:
양복 입은 남자와 청바지 입은 남자가 함께 걷고 있다. 청바지 입은 남자를 가리키며 친구에게 그 남자를 한번 보라고 말한다.

STEP 1 표제문을 영어 문장으로 만들어 보세요.

He's handsome, isn't he?

저기 청바지 입은 남자 좀 봐.　　　　잘 생겼지?

STEP 2 표제문을 영어로 잘 옮긴 것에 모두 체크하세요.

(1) **See the man on his blue jean.**

(2) **Look at the man putting on blue jeans.**

(3) **Look at the man wearing blue jeans.**

(4) **Look at the man with his blue jeans.**

(5) **Look at the man with blue jeans.**

(6) **Take a look at the man in the blue jeans.**

(7) **Check out the man in blue jeans.**

(8) **Look at the man with blue jeans on.**

(9) **Look at the man with the blue jeans on.**

가능한 문장 **(3) (5) (6) (7) (8) (9)**

청바지를 입은 남자 옷의 착용 상태는 전치사 in 또는 with로 표현할 수 있다. 따라서 '청바지를 입고 있는 저 사람', '청바지 복장을 한 저 사람'은 the man in blue jeans 또는 the man with blue jeans라고 말할 수 있다. 다만 with blue jeans라고 하면 '청바지를 들고 있는'이란 뜻도 가능하기 때문에, 입고 있음을 나타내는 보조 어구가 있으면 더욱 정확한 표현이 된다. 따라서 with blue jeans on이라고 하면 좋다. with blue jeans on him에서 him은 당연한 것이니까 생략했다고 생각하면 이해하기 쉬울 것이다.

(1) See the man on his blue jean. ×

틀렸다. 동사 see도 틀렸고 전치사 on도 틀렸다. 동사 see는 '시야에 들어오다'란 뜻이고, 적극적으로 보는 것은 look at이라고 한다.

(2) Look at the man <u>putting on</u> blue jeans. ×

(3) Look at the man <u>wearing</u> blue jeans. ○

(2)는 틀리고 (3)은 좋다. put on도 '(옷을) 입다'란 뜻이지만, 입고 있는 동작을 하고 있음을 나타내는 어휘다. wear는 '옷을 입은 상태'를 나타내므로 표제문 맥락에 적절하다.

(4) Look at the man with <u>his</u> blue jeans. ×

(5) Look at the man <u>with</u> blue jeans. ○

(4)는 틀리고 (5)는 좋다. 소유격 his를 쓰면 매우 부정적인 어감을 나타낸다. (4) with his blue jeans는 도저히 수용하기 어려운 기괴한 스타일의 청바지를 입고 있음을 뜻한다. 굳이 그 사람의 청바지를 가리키고 싶다면, 소유격 his blue jeans 대신 지시사 those blue jeans라고 하면 된다. 소유격 his blue jeans는 지나치게 색깔이 요란하거나 거의 걸레처럼 찢어진 청바지 등 차마 눈 뜨고 보기 어렵다는 매우 부정적인 뉘앙스를 담고 있기 때문에 표제문 맥락에 전혀 맞지 않는다.

(6) Take a look at the man <u>in</u> the blue jeans. ○

(7) Check out the man <u>in</u> blue jeans. ○

좋다. '보다'는 take a look at으로도 표현 가능하며, 뭔가를 보라고 할 때 check out도 많이 사용된다. 전치사 in은 옷을 입고 있을 때나 신발 등을 신고 있다는 것을 나타낼 때 자주 사용된다. 한편, 무정관사 blue jeans / 정관사 the blue jeans 둘 다 맞다.

(8) Look at the man with blue jeans <u>on</u>. ○

(9) Look at the man with the blue jeans <u>on</u>. ○

좋다. 여기서 on은 전치사가 아니라 부사다. 문장에서의 기능에 따라 전치사/부사로 구분될 뿐이지 그 속성이 바뀐 것은 아니므로 뜻은 그대로 유지된다. He didn't have glasses on.(걔는 안경을 안 쓰고 있었다.)도 마찬가지다. 한편 Look at the man with blue jeans on. 같은 형식을 문법적으로 'with 부대상황'이라고 한다. 이때 with는 '~하면서, ~인 상태로, ~때문에'라는 뜻을 갖는다. 〈with + A(목적어) + B(현재분사/과거분사/형용사/전치사구)〉 형태로 사용된다. A와 B가 능동의 관계일 때는 B에 현재분사를 쓰며, 수동의 관계일 때는 B에 과거분사를 사용한다. 또는 B에 형용사나 전치사구가 올 수도 있다. 예를 들어, '정말 달라졌구나! 너 머리를 그렇게 하니까 진짜 멋져.'를 What a difference! You have a new hairstyle. You look great!라고 해도 좋지만, 'with 부대상황'을 활용하여 What a difference! You look great with your hair styled like that.이라고 하면 좋다. your hair 입장에서는 과거분사 styled가 맞으므로 with + your hair + styled like that이라고 했다.

그 배우는 『오피스(The Office)』 라고 하는 미드에 나왔어.

situation:
미국 코미디언 B. J. Novak(비제이 노박)의 사진을 보고 내가 하는 말이다. 『오피스(The Office)』는 가상의 제지회사 직원들의 일상을 그리고 있는 시트콤이다. B. J. Novak은 여기서 Ryan Howard 역을 연기했는데, 주인공은 아니었지만 비중 있는 역할로 거의 매 편마다 출연했다.

STEP 1 표제문을 영어 문장으로 만들어 보세요.

그 배우는 『오피스(The Office)』라고 하는 미드에 나왔어.

STEP 2 표제문을 영어로 잘 옮긴 것에 모두 체크하세요.

(1) **The talent came at *The Office*, TV series.**

(2) **He appeared in the TV series *The Office*.**

(3) **He appeared on the TV series *The Office*.**

(4) **He appeared in the drama *The Office*.**

(5) **He was in the comedy *The Office*.**

(6) **He was on the sitcom *The Office*.**

(7) **He was the guy who starred in the show *The Office*.**

(8) **He was a guy who appeared on the show *The Office*.**

(9) **He is an actor from the TV series *The Office*.**

가능한 문장 **(2) (3) (5) (6) (8) (9)**

어휘 들여다 보기 **미드(미국 드라마)** 미국에서 여러 시즌에 걸쳐 방영되는 드라마나 코미디 등을 통칭하여 한국에서는 '미국 드라마'를 줄여 '미드'라고 부르고는 한다. 하지만 영어의 drama는 상당히 협소한 개념이다. drama는 남녀간의 사랑을 다룬 연속극(soap opera)을 뜻한다. 한국의 '일일 드라마', '수목 드라마', '주말 드라마' 등이 soap opera에 해당된다. 『오피스(The Office)』의 경우도 drama라고 생각하기 쉬우나, 네이티브는 절대 그렇게 말하지 않는다. 『오피스(The Office)』는 본질적으로 시청자를 웃기는 데 목적이 있으므로 comedy나 sitcom으로 분류된다. 10시즌에 걸쳐 방영이 되었으므로 TV series라고 할 수도 있다. 아울러, TV에서 볼 수 있는 대부분의 프로그램은 show에 해당되므로, 『오피스(The Office)』를 show라고 해도 전혀 문제가 없다.

나오다, 출연하다 '~에 출연하다'는 동사 appear 또는 star를 써서 간단하게 나타낼 수 있다. 따라서 He starred in the TV series *The Office*.도 좋다. 또는 〈be 동사 + 전명구〉 형식으로 He was in the show *The Office*.라고 해도 좋다. '그 사람은 『오피스(The Office)』에 출연한 배우다'로 전환해서 He's an actor who appeared on the TV series *The Office*.라고 해도 좋다. 여기서 who appeared를 생략하여 He's an actor on the TV series *The Office*. 역시 좋다. 또는 전치사 from을 써서 He's an actor from the show *The Office*.라고 해도 된다. 전치사 from은 '출처/기원'의 뜻이 있으므로 from the show *The Office*에서 전치사 from의 역할을 이해하는 데 어려움은 없을 것이다.

(1) The <u>talent</u> came at *The office*, TV series. ×

틀렸다. TV 드라마에 나오는 배우를 한국에서는 '탤런트'라고 하지만 이 단어는 콩글리시다. 영어로는 영화에 나오든지 TV show에 나오든지 관계 없이 actor라고 한다. 한편, 드라마나 TV 시리즈에 출연한 것을 말할 때 전치사 at을 사용하지 않는다. 표제문 맥락에 동사 come을 쓸 일도 없다. 다만 다른 맥락에서는 가능할 수도 있겠다. 예를 들어 B. J. Novak이 『오피스(The Office)』를 끝내고 새 드라마를 시작했다고 하자. 이 배우가 새 드라마에 나온 것을 보고, '그 배우 『오피스(The Office)』에서 넘어 왔어.'라고 말하고자 하는 극히 제한적인 상황에서 He came from the TV series *The Office*.라고 할 수는 있을 것이다.

(2) He <u>appeared in</u> the TV series *The office*. ○

(3) He <u>appeared on</u> the TV series *The office*. ○

좋다. appear 대신 star를 써도 좋다. 다만, appear는 대체로 작은 역할(a small role)을 연기했다는 뜻이고 star는 주인공이나 비중 있는 역할을 연기했다는 뜻으로 차이가 있다. 표제문 맥락에는 appear / star 모두 별 문제 없이 사용할 수 있다. 아울러, 동사 feature는 다소 문어체 던어이기는 하지만 〈A(영화) + feature + B(배우)〉 형식으로 'B(배우)가 A(영화)에 출연했다'라는 뜻으로 쓰인다. 예를 들어 '그 사람은 다수의 할리우드 영화에 출연했다.'는 A number of Hollywood movies featured him. 또는 He was featured in a number of Hollywood movies.라고 말할 수 있다.

⑷ He appeared in the <u>drama</u> *The office.* ×

틀렸다. drama는 남녀간의 로맨스를 주요 소재로 하는 정통 드라마를 말한다.『오피스
(The Office)』는 comedy이지 drama가 아니다. 하지만 우리나라의『개그콘서트』나 미국의
코미디 쇼인『새터데이 나이트 라이브(Saturday Night Live)』처럼 몇 개의 코너로 이루어진
comedy와는 성격이 다르다. '코너'는 영어로 sketch 또는 skit라고 하는데, 이렇게 코너가
있는 comedy는 sketch comedy라고 한다.

⑸ He was <u>in the comedy</u> *The office.* ○

⑹ He was <u>on the sitcom</u> *The office.* ○

좋다.『오피스(The Office)』는 comedy나 sitcom이라고 할 수 있으며, 전치사 in / on 둘 다
좋다. 다만 ⑸와 ⑹은 배우가『오피스(The Office)』에서 어느 정도의 비중인지는 전혀 시사하
는 바가 없다. 즉, 주인공이나 비중 있는 역할뿐만 아니라 엑스트라(an extra) 또는 아주 작은
역할(a smaller role)로 출연한 경우 등, 단 1초라도 출연을 하기만 했다면 사용 가능한 문장
이다.

⑺ He was <u>the</u> guy who starred in the show *The office.* ×

⑻ He was <u>a</u> guy <u>who appeared</u> on the show *The office.* ○

⑺은 틀리고 ⑻은 좋다. 부정관사 ⑻ a guy는 조연(supporting actor; secondary actor)인 경우,
정관사 ⑺ the guy는 주연(the lead actor; the lead character)일 경우 쓸 수 있는 표현이다. 표제
문에서 B. J. Novak은 주인공은 아니므로 a guy라고 해야 한다. a guy 대신 an actor라고
해도 좋다. 한편, 관계대명사절은 〈관계대명사 + 동사〉를 생략하는 경우가 적지 않은데 이
문장에서도 who starred와 who appeared를 생략하고 He was a guy in[on] the show
*The Office.*라고 해도 자연스러운 문장이다.

⑼ He is an actor <u>from</u> the TV series *The office.* ○

좋다. 전치사 from에는 '출처/기원'의 뜻이 있다. 한편, be동사의 시제와 관련하여, 이 TV
시리즈가 종영되기는 했으나 B. J. Novak이『오피스(The Office)』에 출연한 사실은 현재시
점에도 사실이므로 현재시제를 써도 좋다. 물론 과거시제를 써도 문제없다.

situation:
나는 남자다. 미용실에 가서 뒷머리를 가리키며 2cm 정도 커트해 달라고 한다.

STEP 1 표제문을 영어 문장으로 만들어 보세요.

뒷머리를 2센치 정도 잘라 주세요.

STEP 2 표제문을 영어로 잘 옮긴 것에 모두 체크하세요.

(1) **Please cut the back hair about 2cm.**

(2) **Please cut the back 2cm.**

(3) **Please cut the back by 2cm.**

(4) **Please cut about 2cm off the back.**

(5) **Please take about 2cm off of the back.**

(6) **I want to have about 2cm cut off the back.**

(7) **I want a couple of centimeters off the back.**

(8) **I'd like about 2cm off the back.**

(9) **I want a trim.** (미용사: **How much?**) **About 2cm.**

(10) **Please give me a trim in the back.** (미용사: **How much?**) **About 2cm.**

가능한 문장 **(3) (4) (5) (6) (7) (8) (9) (10)**

어휘 들여다 보기 **뒷머리** '(머리카락의 뒷부분을 뜻하는) 뒷머리'는 the back hair라고 하지 않는다. the back of my hair 또는 the hair in the back이 맞는 표현이다. 또는 간단하게 줄여서 the back이라고만 해도 된다. '(두개골의 뒷부분을 뜻하는, 즉, 머리통의 일부) 뒷머리'는 the back of my head인데, 문장에 따라서는 머리카락의 뒷부분(the back of my hair / the hair in the back)이란 뜻으로도 사용 가능하다.

2센치 '센치'는 콩글리시다. '센치'는 '센티미터(cm)'를 의미하며, 영어로 2cm는 two centimeters라고 읽는다. 미국에서는 '미터법'을 사용하지 않고 '야드법'을 사용하므로 cm 대신 inch를 사용한다. 1 inch = 2.54cm 이므로 표제문을 미국인에게 말하는 경우라면 Please take about an inch off the back. / I want about an inch off the back. 정도로 말하면 된다.

뒷머리를 2cm 자르다 '뒷머리를 약간 자르다'는 타동사 cut / take 등으로 표현 가능하다. 목적어로 '뒷머리 (the back)' 또는 '2cm'를 다음과 같이 생각해 볼 수 있겠다.

〈1〉 '뒷머리를 자르는데(cut the back), 2cm만큼(by 2cm)' ⇒ Please cut the back by 2cm.

〈2〉 '2cm 자르는데(cut 2cm), 뒷머리에서(off the back)' ⇒ Please cut 2cm off the back.

〈1〉의 '~만큼'은 전치사 by로 표현하고, 〈2〉의 '~에서 떼내다'는 전치사 off를 사용한다. 백화점 세일 광고에서 '20% 할인'을 뜻하는 20% off라는 표현을 본 적이 있을 것이다. 이는 원래 20% off the retail price를 줄인 말이다. 따라서 A% off the retail price는 '정상가에서 A%만큼 잘라낸다', 즉, 'A%만큼 할인한다'라는 뜻이 된다.

한편, off에는 어차피 '떼내다'라는 뜻이 들어 있으므로 동사 cut을 사용하지 않고도 얼마든지 표현이 가능하다. 예를 들어, I want / I'd like ~ off the back 조합으로도 충분히 '뒷머리를 ~만큼 자르다'는 뜻을 표현할 수 있다. 즉, I want about 2cm off the back. / I'd like about 2cm off the back. 둘 다 자연스러운 문장이다.

(1)　Please cut <u>the back hair</u> about 2cm. ×

(2)　Please cut the back 2cm. ×

(3)　Please cut the back <u>by</u> 2cm. ○
(1) (2)는 틀리고 (3)은 좋다. the back hair는 전혀 쓰지 않는 말인데다 아무런 뜻도 없다. 굳이 해석하자면 '등에 나 있는 털(hair on your back)'이란 뜻이다. '뒷머리'는 the back이라고 해야 한다. 한편, (3) 〈cut + the back + by + 2cm〉는 좋은데, 전치사 by가 제거된 (2) 〈cut + the back + 2cm〉는 틀렸다. (2)는 머리길이가 2cm가 되도록 잘라달라는 의미로, 최종적으로 잘라진 결과물(the final result)이 2cm가 되도록 해달라는 의미다. 따라서 (3)처럼 전치사 by가 있어야만 '자르는 분량'의 뜻을 전달할 수 있다.

(4)　Please cut about 2cm off the back. ○

(5)　Please take about 2cm off of the back. ○
좋다. 의미상 동사 cut은 the back 또는 2cm를 목적어로 삼을 수 있으나, take는 2cm만 목적어로 삼을 수 있다. 〈cut + the back + by 2cm〉도 좋고 〈cut/take + 2cm + off the back〉도 좋다. 목적어로 뭐를 선택하느냐에 따라 사용되는 전치사가 달라짐을 알 수 있다. off the back / off of the back 둘 다 좋다. 참고로, 말하는 사람이 머리카락이 긴 경우에는 이 문장을 쓰기 어렵다. Please take about 2cm off the ends.(끝에서 2cm 잘라 주세요.)라고
말해야 한다.

(6) I want to <u>have</u> about <u>2cm cut</u> off the back. ○

(7) I want a couple of centimeters off the back. ○

(8) I'd like about 2cm <u>off</u> the back. ○

좋다. (6)은 have 피동구문 ⟨have + about 2cm + cut⟩을 활용한 것이다. (6) I want to
have about 2cm cut off the back.에서 to have / cut은 생략해도 무방하므로 I want
about 2cm off the back.도 좋다. 이렇게 되면 ⟨have 피동구문⟩아니라 ⟨I want 피동구
문⟩이라 부를 수 있을 것이다. I want 대신 I'd like를 써도 훌륭한 문장이 된다. 2cm와
a couple of centimeters 둘 다 같은 뜻이다.

(9) I want a <u>trim</u>. (미용사: How much?) About 2cm. ○

(10) Please give me a trim in the back. (미용사: How much?) About 2cm. ○

좋다. 실제 대화는 (9) (10)처럼 이뤄지는 경우가 많을 것이다. 뒷머리를 가리키며 말을 한다
고 가정하면 (9) I want a trim.이라고만 해도 아무런 문제가 없다. 명사 a trim은 머리를 '짧
게 자르는 것'이 아니라 머리를 단정하게 보이게 '약간 자르는 것(cutting hair a little bit)'을 뜻
한다. 미용사가 How much?라고 물어보면 비로소 About 2cm라고 말하는 것이 일반적
인 상황일 것이다.

영어 지식 *   **이런저런 헤어스타일 관련 단어**

앞에서 '뒷머리'를 the back이라고 했다. 마찬가지로 '윗머리'는 the top, '옆머리'는 the sides
라고 한다. 이때 옆머리는 오른쪽이나 왼쪽만 나타낼 때는 단수형 the side라고 쓰지만 양쪽을 나타낼
때는 복수형 the sides를 써야 한다. '(머리카락의 앞부분을 뜻하는) 앞머리'는 bangs 또는 fringe라고 한다.
사전을 찾아보면 forelock이라는 단어도 있지만, 엄청 구식(very old-fashioned) 단어이므로 사용하지 않
는 것이 좋다.

한편, '단발머리'는 bob, '땋은 머리'는 braids, '말총머리'는 ponytail이라고 한다. 흔히 '업스타일'이라고
부르는 '위로 말아 올려 묶은 머리'는 updo라고 하는데, 결혼식과 같은 격식 있는 자리에서 주로 하는 머
리 스타일이다.

A

보통 나는 커피에 우유를 조금 타서 마셔.

situation: 나는 커피에 우유를 타서 부드러운 커피로 마신다.

(1) I usually drink coffee after putting milk little in it.　□

(2) I usually drink coffee after putting a little milk in it.　□

(3) Usually I drink coffee after putting some milk into it.　□

(4) I usually have coffee with a little milk.　□

(5) I usually put a little milk into my coffee.　□

(6) Usually I'd like having coffee with some milk.　□

(7) Usually I'd like coffee with some milk.　□

(8) Usually I'd like my coffee with some milk.　□

(1) 틀렸다. 한국어는 '우유를 조금 타서'처럼 부사 '조금'을 써서 말하지만, 영어로는 putting a little milk처럼 〈동사 + 형용사 + 명사〉로 표현한다. **(1)**처럼 〈동사 + 목적어 + 부사〉인 〈putting + milk + little〉은 아예 사용되지 않는다. 수량 표현에 있어 이런 일이 많으니 주의해야 한다. 예를 들어, 갈증이 나서 '물을 많이 마셨다'는 I drank water a lot.이 아니라 I drank a lot of water.라고 해야 한다. I drank water a lot.은 '양이 많다'가 아니라 '빈도가 많다', 즉, '자주 마셨다'는 뜻이다.[36]　**(2) (3)** 좋다. '우유를 조금 타서'를 after putting a little milk in it이라고 표현했다. a little milk 대신 some milk라고 해도 좋고, in it 대신에 into it이라고 해도 좋다. **(4) (5)** 좋다. '우유를 조금 타서'는 동사 put을 활용하여 after putting some milk in[into] it이라고 해도 되고, 전명구 with a little milk 역시 좋다. 또는 아예 '마신다'를 나타내지 않고 I usually put a little milk into my coffee.라고만 해도 된다.　**(6) (7) (8)** 좋다. 보통의 습관을 말하고 있으므로 '~을 좋아한다'고만 해도 된다. 따라서 I like 또는 Usually I'd like도 좋다. **(6)** Usually I'd like + having coffee + with some milk도 좋고, **(7) (8)**의 Usually I'd like + (my) coffee + with some milk도 좋다. 여기서 소유격 my는 생략 가능하다.

situation: 컴퓨터를 부팅할 때마다 윈도우 초기화면 위에 에러 메시지가 팝업창으로 뜬다. 운영체제는 MS Windows 10이다.

지호 **What's wrong with your computer?**
컴퓨터에 무슨 문제 있어?

나

컴퓨터 부팅할 때마다 에러 메시지가 나와.

(1) Whenever I boot up my computer, an error message comes up. ☐

(2) When I start Windows, an error message comes up. ☐

(3) When Windows starts, an error message comes up. ☐

(4) While Windows starts up, an error message pops up. ☐

(5) During booting, an error message pops up. ☐

(6) During boot-up, an error message pops up. ☐

(7) At boot-up, an error message pops up. ☐

(8) On boot-up, an error message pops up. ☐

'부팅'은 콩글리시다. 동사 boot은 '(발로) 세게 차다'란 뜻이고, 명사 boots는 '부츠, 장화'란 뜻이다. '컴퓨터를 부팅하다'는 boot up이라고 한다. '컴퓨터를 켜다', '컴퓨터를 시작하다'도 같은 뜻이므로 turn on / start를 써도 좋다. '컴퓨터 켤 때마다'는 Whenever I boot up my computer 또는 When I start Windows 모두 좋다. start는 자동사로도 잘 사용되므로 Whenever my computer starts 또는 When Windows starts도 좋다. 한편, 이를 전치사 during을 사용하여 during the boot-up / during Windows startup처럼 전명구로 간단히 표현할 수도 있다.

(1) 좋다. '컴퓨터를 부팅하다'는 boot up이라고 한다. come up 대신 pop up / appear도 좋다. **(2) (3)** 좋다. 원래 문자적인 의미로 come up은 '올라오다(다른 사람이 화자 쪽으로 다가오는 상황)'이다. 예를 들어 Come up to the second floor.는 '(화자가 2층에 있는 상황에서 상대방에게) 2층으로 올라오세요.'란 의미다. 비유적인 의미로 come up은 문제나 아이디어가 생기고/떠오르고/나타나는 상황에 자주 사용된다. 예를 들어, '문제가 생겼다.'는 Something's come up. '나는 몇 가지 방안을 생각해 냈다.'는 I came up with several ideas to resolve the issue.다. **(4)** 틀렸다. 접속사 while을 쓰게 되면 〈while절의 사건〉과 〈주절의 사건〉은 각각 2개의 별개 사건이다. 즉, (4)는 '윈도 부팅을 하는 사건'과 '에러 메시지가 뜨는 사건'이 서로 다른 별개의 컴퓨터에서 생기는 별개의 사건이라는 말이다. 표제문 맥락의 경우 에러메시지가 생기는 것은 부팅과정에서 생기는 부수적인 사건이기 때문에 while이 전혀 맞지 않는다. **(5) (6)** (5)는 틀리고 (6)은 좋다. 전치사 during은 오로지 명사와 함께 사용하며, 동명사(V-ing)와는 함께 사용하지 않는다. boot-up 대신에 Windows startup / the startup of Windows 역시 좋다. **(7) (8)** 틀렸다. at boot-up은 말이 안 되지만 at Windows startup 또는 at the startup of Windows는 쓸 만하다. 그러나 전치사 on은 의미상 아예 표제문 맥락에 사용할 수 없다. on은 상태의 계속을 나타내기 때문에 컴퓨터가 꺼진 상태에서 컴퓨터에 전원을 넣고, 컴퓨터를 사용할 수 있는 상태로 운영체제가 기동이 끝날 때까지의 변화 과정을 표현하는 데 적절하지 않기 때문이다.

(1)   He went to the college while receiving a scholarship.   ☐

(2)   He went to college while receiving a scholarship.   ☐

(3)   He attended college on a scholarship.   ☐

(4)   He went to college on a scholarship.   ☐

(5)   He was in college on scholarship.   ☐

(6)   He was in college on a scholarship.   ☐

'장학금을 받으면서'는 while receiving a scholarship 같이 접속사와 동사를 써서도 표현이 가능하다. 하지만 전명구로도 얼마든지 표현할 수 있다. 그렇다면 어떤 전치사를 사용해야 할까? for / in / at / on 등의 전치사가 생각나겠지만 오로지 on scholarship이라고 한다. 전치사 on은 '표면에 달라 붙어 있음'이 기본적이 뜻이고 여기서 발전해서 〈on + A(활동/객체)〉 형식으로 'A(활동/객체)를 진행 중/수행 중'이란 뜻을 갖는다. 예를 들어 on a trip은 '여행 중', on vacation은 '휴가 중'이란 뜻이다. 따라서 on scholarship은 '장학금을 받는 중'이라는 뜻이 된다.

(1) (2) (1)은 틀리고 (2)는 좋다. '대학에 다니다'는 무관사 go to college다. college가 '대학교육'이란 뜻으로 쓰인 경우 무관사로 사용된다. 정관사 the college / 부정관사 a college는 틀렸다. 반면, 무관사 on scholarship / 부정관사 on a scholarship은 둘 다 좋다. 정관사 on the scholarship은 사전에 어느 장학금인지 서로 지식을 공유하고 있는 경우에는 맞지만, 표제문 맥락에는 맞지 않다. **(3) (4)** 좋다. attend college / go to college / graduate from college 모두 좋다. 4년제 대학을 포함해서 '대학에 진학하다'를 go to college라고 한다. 이것은 일종의 숙어인데, 이런 숙어에서 사용되는 경우를 제외하고는 college는 '2년제 전문대학(community college; trade school)'을 가리키는 것이 일반적이다. 미국에는 재수라는 것이 없으며 그 해에 원하는 대학에 입학하지 못하는 경우 community college에 등록해서 학교를 다니다가 그 다음 해에 원하는 대학으로 편입하는 것이 일반적이다. 사실 community college는 수업료는 낮지만 양질의 교육과정을 운영하고 있기 때문에 교육비를 절감할 수 있고, 다니면서 좋은 성적을 거두어서 원하는 대학에 진학(편입)하기 위해 community college에 진학하는 경우도 적지 않다.[37] **(5) (6)** 좋다. (2) (3) (4)가 대체로 졸업했음을 시사하는 데 비해, **(5) (6)** He was in college는 졸업했는지 못했는지 전혀 시사하는 바가 없다. 그러나 맥락에 의해 졸업 여부는 이미 결정되어 있을 것이므로 대화에서 **(5) (6)**은 별 문제 없이 사용 가능하다.

가능한 문장   **A** (2)(3)(4)(5)(6)(7)(8)   **B** (1)(2)(3)(6)   **C** (2)(3)(4)(5)(6)

**이해가 안 되는
전치사는
통으로
암기하라**

이해가 안 되는 전치사는 통으로 암기하라

동사, 명사, 형용사에 호흡이 맞는 전치사가 따로 있는 경우가 많다

학교에서 He grabbed her by the arm.(그 사람은 그녀의 팔을 잡았다.), He took him by the collar. (그 사람이 다른 사람의 멱살의 잡았다.) 같은 문장에 전치사 by를 써야 한다고 배웠을 때 왜 꼭 by여야 하는지, 왜 at / in / of / with 같은 다른 전치사는 안 되는지 궁금하게 생각한 적이 있다. 그뿐만 아니라 전치사를 포함하고 있는 수많은 숙어들, 가령 take care of, comply with, learn by heart, interested in, dependent on, independent of, sure of, sorry about, sorry for 등에 왜 하필이면 꼭 그 전치사를 사용해야 하는지 궁금하게 여기고는 했다. 대체로 왜 그런지 특별한 이유를 찾기는 힘들다. 그냥 그렇게 외워 쓰는 수밖에 없다. 전치사의 근원적인 의미에 입각해서 최대한 논리적으로 이해하려고 노력하는 것도 중요하지만 도저히 답이 나오지 않으면 암기하는 수밖에 없다.

특히 기본동사와 전치사[38]가 결합하여 생겨난 구동사(phrasal verb)는 도저히 그 뜻을 추측할 수가 없는 것이 많다. 이런 것들은 새로운 단어라고 생각하고 암기할 수밖에 없다. 예를 들어, get on with는 '하던 일을 계속하다'라는 뜻이다. '잡담 그만하고 어서 일해라.'는 Stop talking and get on with it. / '서둘러 하자!', '빨리 끝내자!'는 Let's get on with it!이다. get / on / with만 가지고는 get on with의 정확한 의미를 파악할 수 없다.

그렇다면 get away with는 get on with와 모양이 비슷한데, 뜻도 비슷할까? 사실 이 두 표현은 전혀 다른 뜻을 갖는다. 〈get away with + A(나쁜 행동/범죄/책임)〉 형식으로 사용되며 A(도덕적/법적/윤리적으로 나쁜 행동이나 범죄)를 처벌 받지 않고 용케 요리조리 피하면서 미꾸라지처럼 잘도 빠져 나간다'는 뜻이다. 예를 들어 He often cheats on exams but usually gets away with it.(걔는 컨닝을 자주 하는데 용케 안 걸린다.)처럼 쓸 수 있다. 여기에서 발전하여 get away with murder라는 관용구도 자주 쓰는데, '아주 큰 잘못을 하고도 처벌받지 않고 용케 빠져 나가다'라는 뜻이다.

구동사는 외우는 것이 상책이나, 암기를 하면서 나름대로 유형화하려는 노력을 하는 것이 중요하다. 보다 적은 노력을 들여 많은 표현을 암기할 수 있을 뿐만 아니라 해당 전치사의 근원적인 의미에 접근할 수 있는 좋은 방법이기 때문이다.[39]

다음과 같이 유형화해서 접근하면 전치사 in, on, for, to 등이 주로 어떠한 단어들과 어떠한 의미와 맥락 속에서 사용되는지 감을 잡을 수 있다.

advances in medicine 의학의 진보
change in policy 정책의 변화
interest in medicine 의학에 대한 관심

investment in stock 주식 투자

rise[increase] in sales 매출 증가

fall[decrease / reduction / drop / decline] in sales 매출 감소

confidence in his ability 능력에 대한 자신감/신뢰

sharp fall in his popularity 지지도 하락

difference in meaning 의미상 차이

massive cut in the number of their employees 인력 대폭 감원

tax on imported goods 수입품에 대한 세금

impact[effect / influence] on environment 환경에 대한 영향

emphasis on safety 안전을 강조

demand for a pay raise 임금 인상 요구

reason for the failure 실패 이유

cure for cancer 암 치료/해결

respect for his father 아버지에 대한 존경

regret for the decision 결정에 대한 후회

access to the facility 시설에 대한 접근

attention to details 자세한 사항에 대한 관심/주의

contribution to your community 지역사회에 대한 공헌

donation to charity 자선단체에 대한 기부

poor connection with the battery 배터리 연결 불량

one-on-one lessons with a pro 프로한테 받는 1 대 1 레슨

survey with 80 breast cancer patients 유방암 환자를 대상으로 실시한 설문조사

이렇게 외우다 보면 나름대로의 '감'이 생기기 때문에 조금씩 전치사 사용이 수월해진다. 뭐라고 말로 표현할 수는 없으나 나름대로 어느 정도의 규칙이 머리에 자리 잡게 되므로, 잘 모르는 단어가 나올 때 제대로 말할 확률이 높아진다.

사용되는 전치사가 우리의 직관과 어긋날 때는 어려움이 크다. 이때는 통째로 암기하는 것이 최선이다. 물론 이런 경우에도 많이 하다 보면 나름대로의 길이 보이므로 너무 실망할 필요는 없다. 아래 예를 보면서 어떤 전치사를 쓰는지 살펴보자.

the ambassador to the United Nations UN 대사

Who are you getting married to? 누구하고 결혼한다고?

He is popular with the girls. 여자들에게 인기가 좋다.

Korea is rich in human resources. 한국은 인적자원이 풍부하다.

Good luck <u>with</u> your interview. 오늘 (취직) 인터뷰 잘하시기 바랄게요.

It's a sequel <u>to</u> *Avatar*. 그 영화는 아바타의 속편입니다.

Congratulations <u>on</u> your wedding. 결혼 축하드립니다.

the government's attempts <u>at</u> economic stabilization 경제안정을 도모하려는 정부의 노력

I had a slight mishap <u>with</u> the car. 자동차에 작은 문제가 있었다.

Can I get a raise <u>in</u> my salary? 월급 좀 올려 주세요.

This theory has not yet found acceptance <u>with</u> most scholars.
이 학설은 아직 많은 학자들이 받아들이지 않고 있다.

Please change them <u>for</u> a medium. (반바지를) 중간 사이즈로 바꿔 주세요.

He <u>warned</u> us <u>of</u> strong reprimands against sexual harassment.
사장님이 성희롱에 대해 강력한 조치를 취하겠다고 했다.

She takes an active role <u>in</u> school life. 우리 딸은 적극적으로 학교생활을 하고 있다.

The parents were active <u>in</u> campaigning <u>against</u> cuts <u>to</u> the education budget.
부모들은 교육 예산 삭감 반대 운동에 적극적으로 참여하였다.

That line is no longer <u>in</u> operation. 그 노선은 없어졌어요.

He has been convicted <u>of</u> theft. 그 사람은 절도 전과가 있다.

I can't <u>put up with</u> her rudeness. 그 여자의 무례함을 참을 수가 없다.

He <u>came up with</u> a brilliant idea to solve the problem.
그 사람은 문제 해결을 위해 대단히 훌륭한 아이디어를 생각해 냈다.

He tried really hard, but <u>ended up with</u> a poor grade.
노력은 열심히 했는데 (시험 결과) 성적은 별로 안 좋았다.

A guy was slapped <u>in</u> the face by his girlfriend because he glanced <u>at</u> another woman. 다른 여자를 봤다고 남자가 여자친구한테 뺨을 맞았다.

He needs to keep his blood sugar <u>in</u> check. 그 사람은 혈당을 관리해야 한다.

The rule is no longer <u>in</u> force. 그 규칙은 더 이상 효력이 없다.

There are employee rules <u>in</u> place at the company. 이 회사에는 취업규칙이 마련되어 있다.

I'm not <u>looking forward to</u> my job interview. I just want to <u>get it over with</u>!
입사 인터뷰를 생각하면 즐겁지가 않다. 대충 빨리 끝내고 싶다!

I can't <u>get through to</u> him. (전화해도 안 받고) 도저히 그 사람한테 연락이 안 되네요.

이런 변화무쌍한 전치사 용법을 언제 마스터할 수 있을까 실망할 필요는 없다. 비네이티브가 전치사와 관사를 완벽하게 구사하는 것은 어차피 불가능하기 때문이다. 그러니 전치사 용법을 마스터하려고 조바심 낼 필요 없이 그저 꾸준히, 조금씩 실력을 늘리는 것을 목표로 하면 된다. 이를 위해서는 영자신문을 가까이할 것을 권장한다. 시간이 없으면 1면 제목만 휙휙 훑어 봐도 된다. 한번이라도 이렇게 해 보면 각 제목마다 얼마나 많은 전치사가 사용되고 있는지 놀라게 될 것이다. 왜 이런 전치사가 여기에 사용되었을까 곰곰이 생각하다 보면 각 전치사에 대해 보다 심도 있게 이해할 수 있을 것이다. 더불어 영어 실력도 한 단계 도약할 것이라 확신한다.

내일 아침 면접 준비 잘 했어?

situation:
내일 오전에 지호가 취업 면접을 보기로
되어 있는데 준비를 잘 했는지 궁금하다.

STEP 1 표제문을 영어 문장으로 만들어 보세요.

내일 아침 면접 준비 잘 했어?

STEP 2 표제문을 영어로 잘 옮긴 것에 모두 체크하세요.

(1) **Did you prepare the interview well in tomorrow morning?**

(2) **Did you prepare for the interview well on tomorrow morning?**

(3) **Did you prepare for the interview well for tomorrow morning?**

(4) **Did you prepare well for the interview on tomorrow morning?**

(5) **Did you prepare well for the interview for tomorrow morning?**

(6) **Did you prepare well for the interview tomorrow morning?**

(7) **Did you prepare well for the tomorrow morning's interview?**

(8) **Did you prepare well for tomorrow morning's interview?**

(9) **Did you prepare for tomorrow morning's interview?**

(10) **Are you ready for the interview for tomorrow morning?**

(11) **Are you ready for tomorrow morning's interview?**

가능한 문장 **(3) (5) (6) (8) (9) (10) (11)**

어휘 들여다 보기 **내일 아침에** '내일 아침에'는 in tomorrow morning인가, on tomorrow morning인가? in the morning(아침에)을 생각하면 〈in + 시간〉이니 전치사 in이 맞을 것 같고, on Thursday(목요일에)를 생각하면 〈on + 날/요일〉이니 전치사 on이 맞을 것 같으나 사실은 둘 다 틀렸다. 이때는 전치사 없이 tomorrow morning이라고 해야 한다. 현재와 긴밀한 연관성이 있는 시간이나 요일을 나타내는 명사 앞에 this, that, next, last, every, tomorrow 등이 붙으면 전치사를 사용하지 않는다.[40]

내일 아침 면접 '내일 아침 면접'은 뭐라고 할까? 앞서 말한 대로 tomorrow morning은 전치사를 수반하지 않으므로 the interview in[on] tomorrow morning이라고 하지 않고, 무전치사 the interview tomorrow morning이라고 하면 된다. 또는 전치사 for를 쓴 the interview for tomorrow morning 역시 자연스러운 표현이다. 시간을 나타내는 for는 〈for + 기간〉 형태로 사용되는 것이 일반적이지만, 이미 정해진 날짜/시각을 나타낼 때에는 〈for + 날짜/요일〉 역시 자주 사용된다. 예를 들어 scheduled for Monday, planned for May 12th[41], arranged for next week 같은 어구도 마찬가지다. 따라서 the interview scheduled[planned/arranged] for tomorrow morning에서 scheduled, planned, arranged가 생략되었다고 생각하면 the interview for tomorrow morning이 이해하기 쉬울 것이다. 또는 소유격 's를 활용하여 tomorrow morning's interview라고 해도 훌륭하다.

(1) Did you prepare the interview well <u>in</u> tomorrow morning? ×

(2) Did you prepare for the interview well <u>on</u> tomorrow morning? ×

(3) Did you <u>prepare for</u> the interview well <u>for</u> tomorrow morning? ○

(1) (2)는 틀리고 (3)은 좋다. '내일 아침에'는 in[on] tomorrow morning이 아니라 for tomorrow morning이 맞다. 동사 prepare(준비하다)는 〈prepare + 제작물〉 / 〈prepare for + 사건/위험〉 형식으로 주로 사용된다. 내일 면접은 '제작'하는 것이 아니라 '대비'해야 하는 것이므로 prepare for라고 해야 한다.

(4) Did you prepare well for the interview <u>on tomorrow morning</u>? ×

(5) Did you prepare well for the interview <u>for tomorrow morning</u>? ○

(6) Did you prepare well for the interview <u>tomorrow morning</u>? ○

(4)는 틀리고 (5) (6)은 좋다. '내일 아침 면접'은 the interview for tomorrow morning 또는 the interview tomorrow morning이 좋다.

(7) Did you prepare well for <u>the</u> tomorrow morning's interview? ×

(8) Did you prepare <u>well</u> for <u>tomorrow morning's interview</u>? ○

(9) Did you prepare for <u>tomorrow morning's interview</u>? ○

(7)은 틀리고 (8) (9)는 좋다. (7) 정관사 the tomorrow morning's interview는 틀렸다. for the interview for tomorrow morning도 쓸 만은 한데 전치사 for가 중복되는 것을 방지하기 위해 소유격으로, for tomorrow morning's interview라고 하면 더 좋다. 한편, (8)은 한국어 '잘'을 well로 전환한 것인데, (9)처럼 well을 삭제해도 아무런 문제가 없다.

(10) Are you <u>ready for</u> the interview for tomorrow morning? ○

(11) Are you <u>ready for</u> tomorrow morning's interview? ○

좋다. '준비 잘 했어?'를 '준비되어 있어?'라고 생각하면 Are you ready for ~?를 떠올릴 수 있을 것이다. 또는 Are you set for ~?라고 해도 좋다. 한편, ready는 〈be ready + to부정사〉 / 〈be ready + for + 명사/대명사〉 형식으로 사용할 수 있다. 따라서 Are you ready to ace your job interview?라고 말해도 좋다. 동사 ace는 구어체에서 '~을 완벽하게 수행하다', '잘 해내다'라는 뜻으로 자주 사용된다.

대장암 4기 진단을 받았어.

situation:
몇 년 전에 대장암 진단을 받았지만
수술, 항암치료, 꾸준한 식이요법으로
병을 완치했다.

STEP 1 표제문을 영어 문장으로 만들어 보세요.

, but I survived.

대장암 4기 진단을 받았어.　　　　　　　　　　　하지만 이겨 냈지.

STEP 2 표제문을 영어로 잘 옮긴 것에 모두 체크하세요.

(1)　**I was diagnosed of intestine cancer of 4th period**

(2)　**I was diagnosed with stage 4 intestinal cancer**

(3)　**I was diagnosed with colon cancer in stage 4**

(4)　**I was diagnosed with colon cancer at stage 4**

(5)　**I was diagnosed with a stage 4 bowel cancer**

(6)　**I was diagnosed with stage 4 bowel cancer**

(7)　**They told me I had stage 4 colon cancer**

가능한 문장 **(2) (4) (6) (7)**

 **~으로 진단을 받다** 'A(질병)로 진단을 받다'는 ⟨be diagnosed with + A(질병)⟩라고 한다. 오로지 전치사 with만 가능하며, of / at / in / for 등 다른 전치사는 쓸 수 없다.

대장암 '대장암'은 colon cancer라는 용어를 가장 일반적으로 사용한다. colorectal cancer는 의학용어로서 일반인은 모른다. bowel cancer는 복부에서 생기는 암을 총괄적으로 지칭하는 단어라서 대장암을 지칭할 때도 쓸 수 있으며, intestinal cancer도 사용된다. 한편 '대장암 4기'라고 할 때, '4기'는 stage 4라고 한다. '대장암 4기'는 stage 4 bowel cancer라고 해도 좋고 전치사 at을 사용하여 colon cancer at stage 4라고 해도 좋다. 또는 stage 4를 형용사화하여 stage 4 colon cancer 역시 좋다.

(1) I was diagnosed <u>of</u> intestine cancer of 4th period ×

(2) I was diagnosed <u>with</u> stage 4 intestinal cancer ○

(1)은 틀리고 (2)는 좋다. diagnosed of가 아니라 diagnosed with라고 해야 하며, intestine cancer는 intestinal cancer of 4th period는 stage 4로 고쳐야 한다. 참고로, cancer는 불가산명사이며 부정관사, 정관사 어느 것도 붙이지 않는다. 반면, 같은 질병이라도 headache는 가산명사다. 따라서 I have a headache.(두통이 있어요. / 머리가 아파요.)처럼 부정관사 a가 필요하다.

(3) I was diagnosed with colon cancer <u>in</u> stage 4 ×

(4) I was diagnosed with colon cancer <u>at</u> stage 4 ○

(3)은 틀리고 (4)는 좋다. '대장암 4기'는 (4)처럼 colon cancer at stage 4라고 한다. 또는 at stage 4를 형용사화해서 stage 4 colon cancer라고 해도 된다. 전치사 at은 '(공간적인 개념이 아닌 '점'처럼 작은) 위치/지점'의 뜻으로 자주 쓰인다. 예를 들어 Water freezes <u>at</u> zero degrees Centigrade.(물은 섭씨 0도에서 언다.), The plans are <u>at</u> an early stage.(그 계획은 초기 단계에 있다.), <u>at</u> the present stage(현 단계에서는), <u>at</u> the last stage(최종 단계에서는) 등이 가능하다.[42] 이 중에서는 전치사 in을 쓸 수 있는 경우도 있는데, 주로 '점'처럼 가늘디 가는 '짧은 시점'이 아니라 다소간 '기간' 느낌이 드는 경우가 이에 해당된다. 예를 들어, at stage 4 / at zero degrees에서는 at 대신 in을 쓸 수 없지만, at an early stage / at the present stage / at the last stage에서는 전치사 in이 가능하다.

(5) I was diagnosed with <u>a</u> stage 4 <u>bowel cancer</u> ×

(6) I was diagnosed with stage 4 <u>bowel cancer</u> ○

(5)는 틀리고 (6)은 좋다. bowel cancer는 불가산명사이므로 부정관사 a를 쓴 (5)는 틀렸다. bowel은 대장(large intestine), 소장(small intestine)을 통틀어 '창자', '내장 전체'를 가리킨다. 만성 설사와 변비를 보이는 과민성대장증후군을 IBS라고 하는데, 이는 irritable bowel syndrome의 약자이다.

(7) <u>They</u> told me I had stage 4 colon cancer ○

좋다. '진단을 받았다'를 be diagnosed with라고만 생각하지 말고 '의사들이 내게 ~라고 알려줬다'라고 바꿔서 생각해 보자. 그러면 주어를 의사들(They)로 내세운 (7)을 떠올릴 수 있을 것이다.

영어지식 ✱   **영어는 구체적인 것부터 나온다**

한국어는 '대장암 + 4기'에서 보듯이 큰 개념이 먼저 나오고 세부정보는 나중에 나온다. 그런데 영어는 'stage 4 + bowel cancer'에서 보듯이 구체적인 것(stage 4)이 먼저 나오고 개념적인 것, 큰 것(bowel cancer)은 뒤에 나오는 것이 일반적이다. 이처럼 한국식으로는 일단 무엇을 말하는지 그 대상을 규정하고 그 다음에 그 중 어떤 것을 말하는 것인지 세부적인 것을 찾아가는 순서로 표현하는 경우가 많다. 영어는 일반적으로 이와 반대 순서다.

주소 체계를 봐도 한국식은 도 → 시군구 → 상세주소 형식을 취하지만, 서구식은 반대로 상세주소를 먼저 쓴다. 숫자 표현법에도 이런 차이가 반영되어 있다. '사람 다섯 명'은 five people이라고 하고 '책 다섯 권'은 five books라고 한다. 앞에서 배웠던 '이 건물은 지하 3층까지 있다.'의 (지하층이 3개가 있다는 의미의) 지하 3층'도 3 basement levels라고 한다. 골프채 중 '아이언 7번'을 영어식으로는 7 iron이라고 한다. 다만 최근에는 영어식 표현의 영향을 받아 한국어에서도 '7번 아이언'이라고 부르는 경우도 많아지고 있으나, 이것은 전통적인 한국어식 표현 방법은 아니다.

너와 나는 닮은 점이 많아.

situation:
나와 수지는 성격과 성향, 행동이 비슷하다.
외모가 비슷하다는 말은 아니다.

STEP 1 표제문을 영어 문장으로 만들어 보세요.

너와 나는 닮은 점이 많아.

STEP 2 표제문을 영어로 잘 옮긴 것에 모두 체크하세요.

(1) **You are similar with me.**

(2) **You are similar like me.**

(3) **You're similar to me.**

(4) **You're similar for me.**

(5) **To me, you're similar.**

(6) **For me, you're similar.**

(7) **We look alike.**

(8) **We seem alike.**

(9) **We seem to be alike.**

(10) **We have similar personalities.**

(11) **We have a lot in common.**

가능한 문장 **(3) (8) (9) (10) (11)**

어휘 들여다 보기 **〜와 닮았다** A와 B를 비교할 때 'A와 B가 유사하다'는 〈A + be similar to + B〉이다. similar는 전치사 to하고만 결합한다.[43] 따라서 '너는 나하고 비슷하다.'는 You're similar to me.다. 여기서 전치사 to는 왜 썼으며 어떤 의미일까? 여기서 전치사 to는 '비교대상'이다. 예를 들어, She prefers math to Science.(걔는 과학보다는 수학을 더 좋아한다.), He is superior to me in every way.(걔는 모든 면에서 나보다 낫다.), Second to none.(둘째라면 서러워한다.) 같은 문장에서의 전치사 to와 그 의미가 유사하다. 그러나, 비교를 나타내는 다른 전치사 as / than / by / like 등과는 왜 함께 쓰지 않느냐라고 하면, 즉 '왜 하필이면 to냐?'라고 하면 할 말이 없다. 따라서 우리는 '아! to에도 비교의 뜻이 있구나.' 정도로 생각은 하되, be similar to 라는 숙어 자체는 암기하는 것이 좋겠다.

(1)　You are similar <u>with</u> me. ×

(2)　You are similar <u>like</u> me. ×

(3)　You're similar <u>to</u> me. ○

(4)　You're similar <u>for</u> me. ×

(1) (2) (4)는 틀리고 (3)이 좋다. '너 나하고 (성격이) 비슷한 것 같아.'는 (3) You're similar to me.다. 전치사 to를 써야 하며, with, like, for 등의 다른 전치사는 맞지 않다. 특히 (2)의 You are similar like me.에서 similar와 like는 의미가 중복된다. similar를 빼고 You are like me.라고 하면 표제문에 부합하는 의미가 된다.

(5)　<u>To me</u>, you're similar. ×

(6)　<u>For me</u>, you're similar. ×

틀렸다. (3)의 be similar to는 숙어다. (5)처럼 to me를 문장 앞으로 보내면 전혀 말이 안 된다. (6) for me는 더 말할 것도 없이 틀린 표현이다.

(7)　We look alike. ×

(8)　We seem alike. ○

(9)　We seem to be alike. ○

(7)은 틀리고 (8) (9)는 좋다. (7) We look alike.는 '생김새', '외모(appearance)'가 비슷하다는 뜻이라 표제문 맥락에 맞지 않는다. We seem (to be) alike.는 좋으며, 동사 seem의 뜻 때문에 성격(personality), 행동(behavior)이 비슷함을 뜻한다.

(10)　We have similar <u>personalities</u>. ○

좋다. 네 성격과 내 성격, 두 개니까 복수형으로 personalities를 썼다. characters / characteristics / character traits 역시 좋다.

(11)　We have a lot <u>in common</u>. ○

좋다. in common은 '공동으로'라는 뜻이다. 이 문장은 성격이나 관심이 비슷하다는 말이다.

프로에게서 일대일로 골프 레슨을 받았어.

situation:
골프를 시작할 때 프로에게서 일대일로
3개월 동안 꾸준히 레슨을 받았다.

STEP 1 표제문을 영어 문장으로 만들어 보세요.

프로에게서 일대일로 골프 레슨을 받았어.

STEP 2 표제문을 영어로 잘 옮긴 것에 모두 체크하세요.

(1) **I took a one to one golf lesson by a pro.**

(2) **I got man-to-man golf lessons from a pro.**

(3) **I got one-by-one golf lessons from a pro.**

(4) **I got golf lessons one-on-one with a pro.**

(5) **I took one-on-one lessons with a pro.**

(6) **I took personal lessons from a pro.**

(7) **I took private lessons from a pro.**

(8) **I took golf lessons with a pro individually.**

(9) **I took golf lessons from a pro on one-on-one basis.**

(10) **I took golf lessons from a pro on a one-on-one basis.**

가능한 문장 **(5) (7) (10)**

(어휘 들여다 보기) **일대일** 프로 한 사람이 학생 한 사람을 상대로 일대일 골프 레슨을 할 때, '일대일'을 어떻게 표현할 것인가? 운동 경기에서는 '1 대 1'을 one to one이라고 하므로, '일대일' 골프 레슨 역시 one to one으로 표현하면 된다고 생각하는 사람도 있을 것이다. 한국어에서는 두 가지 상황에 공히 '대(對)'를 사용하기 때문에 헷갈리기 쉬우나, 영어에서는 상황에 따라 달리 표현한다. one-to-one은 스포츠 게임의 점수, 수학의 '일대일 함수(one-to-one function)'처럼 사용되는 맥락이 전혀 다르다. 프로에게 '일대일' 레슨을 받는 경우에는 전치사 on을 사용하여 one-on-one이라고 한다. 따라서 I had one-on-one lessons.라고 하면 좋다. '일대일'은 '개인적인', '개별적인'이란 뜻이므로 private를 써서 표현해도 좋다. private를 '사적(私的)인', '비밀스러운(secret)'이라고만 생각하지 말고 '개별적인'이라고 생각하면, 표제문을 I had private lessons.라고 해도 어색한 느낌이 들지 않을 것이다. 한편 고객과의 심층상담, 직원과의 업무성과평가 등을 위한 '일대일 상담', '일대일 면담', '개별면담'을 뜻하는 one-on-one meeting 역시 자주 사용되는 표현이다. My boss called me for a one-on-one meeting.(부장님이 개별 면담 하자고 나를 불렀다.), I had one-on-one meetings with the VP of HR, the VP of procurement, the VP of real estate, etc.(나는 인사부장, 구매부장, 부동산부장 등하고 일대일 미팅을 했다.)[44]처럼 사용된다.

프로에게서 '프로에게서 (레슨을 받았다)'는 lessons[sessions] from a pro는 좋으나, by a pro는 안 된다. 사실 lessons[sessions] with a pro가 더 자연스럽다. 한국식 관념에는 with a pro가 낯설지만 네이티브가 가장 자연스럽게 생각하는 표현이니 잘 외워 활용하기 바란다.

(1) I took <u>a one to one</u> golf lesson by a pro. ×

(2) I got <u>man-to-man</u> golf lessons from a pro. ×

(3) I got <u>one-by-one</u> golf lessons from a pro. ×

틀렸다. lesson은 가산명사다. 따라서 '1회 수업'은 a lesson이지만 '여러 회 수업'은 lessons라고 한다. 표제문의 '레슨'은 여러 차례의 수업을 말하므로 lessons라 해야 한다. lessons는 sessions라고 해도 된다. 한편 man-to-man은 '남자 대 남자로', '(대화 따위가) 솔직한, 흉금을 털어놓는'이란 뜻이므로 맥락에 맞지 않다. a man-to-man talk는 '솔직한 대담', 'a man-to-man defense는 '(축구·농구에서) 맨투맨 방어'를 뜻한다.

(4) I got golf lessons <u>one-on-one</u> with a pro. ×

(5) I took <u>one-on-one</u> lessons with a pro. ○

(4)는 틀리고 (5)는 좋다. 한국어 '일대일로'를 one-on-one으로 옮기는 것은 좋은데 표제문 맥락에서는 (4)처럼 부사로 사용하지는 않는다. (5)처럼 형용사로 사용한다. 물론 맥락, 문장 형태에 따라서는 부사로 사용되기도 한다. 예를 들어 '가끔씩 프로가 날 불러 일대일로 가르쳐 줬다.'라고 말할 때 Often, the pro called me and taught me directly, one-on-one.[45]이라고 한다. 한편 '(수업을) 받다'는 동사 get / take / have 모두 좋다.

(6) I took <u>personal</u> lessons from a pro. ×

(7) I took <u>private</u> lessons from a pro. ○

(6)은 틀리고 (7)은 좋다. personal은 '개인에게 전속적으로/배타적으로 귀속되는'이란 뜻에

가깝다. personal은 개인적, 정서적 유대를 가질 정도의 상황에는 사용될 수 있겠으나 골프 레슨에는 사용하기 곤란하다. 예를 들어, Here are 8 personal lessons I learned from my trip.(여기에 내가 여행에서 배운 개인적인 8가지 교훈이 있다.)에서 personal lessons는 내가 여행하면서 내 개인적으로(같은 경험을 공유하지 않기 때문에 다른 누구도 전혀 알 수 없는 / 다른 사람이 내가 아니기 때문에 같은 경험을 공유하여도 다른 사람이 전혀 생각하지 못하는) 어떤 교훈을 받았다는 뜻이다. 마찬가지로, one-on-one makeup consultation의 경우도 '고객에게 특화된, 오로지 그 고객에게만 적용되는 전문적인 화장방법 자문(피부 상태, 나이, 얼굴형 등이 모두 다 다르기 때문에 똑같은 처방이란 있을 수 없다.)'이기 때문에 personal consultation이라고 할 수가 있겠다. 그러나 골프 레슨의 경우 그 정도까지 개인에 특화된 지도(指導)가 아니기 때문에 personal lessons라고 할 수는 없다.

(8) I took golf lessons with a pro <u>individually</u>. ×

틀렸다. '일대일로'를 individually로 바꿔본 것인데, 이는 틀린 표현이다. individually는 연속적으로 레슨을 받았다는 것이 아니라 '원포인트 레슨'처럼 띄엄띄엄 그때그때 필요에 따라 레슨을 받았다는 뜻이 강하기 때문이다.

(9) I took golf lessons from a pro on <u>one-on-one basis</u>. ×

(10) I took golf lessons from a pro on <u>a one-on-one basis</u>. ○

(9)는 틀리고 (10)은 좋다. on a daily basis(일일 단위로), on a weekly basis(일주일 단위로), on a regular basis(정기적으로), on a permanent basis(상시적으로), on a part-time basis(시간제로), on a temporary basis(일시적으로)에서 보듯 basis에는 부정관사 a를 붙여야 한다. 영어를 공부하다 보면 이런 형태의 어구를 가끔씩 접하게 된다. on a large scale(대규모로), in such a fashion(그런 식으로), in a timely manner(시의적절하게), in a modern way(현대적으로), to a certain extent(어느 정도), at a rapid speed(빠른 속도로) 같은 표현에도 부정관사 a가 붙는 것을 확인할 수 있다. 이런 표현들은 문장을 격식적(on the formal side), 업무적(business-like), 전문적(professional)으로 들리게 하니 잘 활용하면 좋다.

영어지식✱ 몇 대 몇

'몇 대 몇'을 나타내는 표현은 상황에 따라 다르게 표현한다. '판매 수익금을 6 대 4로 나눌 텐데, 내가 6을 갖는다.'는 We'll split the proceeds of the sale 60/40, the larger portion for me.다. 이때 '60/40'는 sixty forty라고 읽는다. 60 to 40라고 하지 않는다. 스포츠 경기의 점수가 연상되기 때문이다. '우리가 이길 가능성은 50 대 50이다.' 역시 We have a fifty-fifty chance of winning. 또는 The chance of us winning is fitty fifty.라고 한다. '우리는 집안일을 50 대 50으로 분담하기로 했어요.'도 마찬가지로 We agreed we'd share the housekeeping fifty-fifty.다.

A

그 여자는 아직까지
부모님 도움을 받아
생활하고 있어.

situation: 그 여자는 대학 졸업 후 아직까지 직장을 구하지 못해 부모님께 생활비를 의존하고 있다.

She hasn't been able to get a job for several years after graduation.

그 여자는 대학 졸업하고 아직 몇 년 씩이나 직장을 못 구했어.

그 여자는 아직까지 부모님 도움을 받아 생활하고 있어.

(1) She depends on her parents for her living until now. ☐

(2) She still depends on her parents for her expenses. ☐

(3) She's still dependent on her parents. ☐

(4) She's still dependent on her parents for her expenses. ☐

(5) She's still making a living with her parents. ☐

(6) She's still living from her parents. ☐

(7) She's still living on her parents. ☐

(8) She's still living off her parents. ☐

(9) She's still sponging off her parents. ☐

(10) She's still mooching off her parents. ☐

'도움을 받아 생활하다'는 '(생계를) 의지하다'라는 의미이므로 depend on / be dependent on 등을 쓰면 된다. 〈live off + her parents〉 역시 쓸 수 있다. 여기서 off her parents는 off money of her parents에서 money of가 생략되었다고 생각하면 잘 이해될 것이다. sponge off / mooch off도 쓸 수 있지만 이 표현은 아주 부정적이고 직설적인 표현이므로 사용에 주의해야 한다. 한국어로 하면 '얹혀 살다', '빌붙다', '빈대 붙다' 정도의 뜻이다. '부모님 도움을 받아 생활한다'와 '부모님한테 얹혀 산다'는 한국어에서도 느낌이 완전히 다르므로 주의해야 한다.

(1) (2) (1)은 틀리고 (2)는 좋다. '생활을 위해', '생계를 위해', '생활비를 구하기 위해'는 for her living이 아니라 for her expenses다. 아울러, '아직까지'는 until now가 아니라 still이다. until now는 '바로 직전까지 그렇고 이제는 더 이상 그렇지 않다'는 뜻이기 때문에 표제문 맥락에 맞지 않다. (1)의 living은 '(직업을 통해 꾸려 나가는) 생계/생활/삶'을 뜻한다. living이 '생활'이기는 하지만 직업이 전제되어 있는 생활이다. She depends on her parents for her living.은 '부모님 회사에 근무하면서(She works for her parents' company) 거기서 임금을 받아 생계를 꾸려 나간다.'는 말이다. living은 실제로 본인이 일을 해서 돈을 번다는 관점의 '생활', '생활비'를 뜻한다. 예를 들어, 재벌 부모 회사에 취직해서 일을 하며 돈을 번다는 뜻이 된다. **(3) (4)** 좋다. 〈be dependent on + A(사람)〉는 'A(사람)에게 의지하다/빌붙어 살다'라는 뜻이다. for her expenses가 들어가면 더 뜻이 명확해진다.

(5) 틀렸다. make a living은 '(직업을 갖고 돈을 벌어) 생계를 유지하다'란 뜻이고, with her parents는 '부모와 같이 일을 해서'라는 뜻이다. 표제문 맥락에 이 여성은 직업이 없으므로 make a living은 맞지 않다. **(6) (7) (8) (9) (10)** (6) (7)은 틀리고 나머지는 좋다. 〈live off / sponge off / mooch off + A(사람)〉는 'A(사람)'에 빌붙어 살다/빈대 붙어 살다/얹혀 살다'라는 뜻이다. 전치사 from이나 on이 아니라 off를 쓰니 주의하자.

<table>
<tr><td>**B**
**그 사람은 심장마비로
사망했어요.**</td><td>situation: 그 남자는 당뇨, 고혈압에 시달리다 얼마 전에 심근경색으로 사망했다.</td></tr>
</table>

(1)   He died for a heart attack. ☐

(2)   He died with heart attack. ☐

(3)   He died of a heart attack. ☐

(4)   He died of myocardial infarction. ☐

(5)   He died because of a heart attack. ☐

(6)   He died from a heart attack. ☐

(7)   He died of cardiac arrest. ☐

(8)   He died of heart failure. ☐

'~로 사망하다'라고 할 때 일반적으로 원인/이유를 나타내는 for나 수단/방법/원인을 나타내는 by가 쓰일 것 같지만 die for / die by는 전혀 말이 안 된다. '(원인)으로 사망하다'는 die of / die from이라고 한다. die of가 일반적이지만 die from도 틀리지 않다. 다만 둘 사이에는 약간의 차이가 있다. die of는 질병(직접적인 원인)으로 사망한 것을 가리키는 반면, die from은 질병(직접적인 원인)뿐만 아니라 사고(간접적인 원인)로 사망했다는 뜻으로 두루 사용된다. die of보다 die from의 범위가 좀 더 넓다고 보면 된다. 예를 들어, '그 사람은 흡연으로 인해 사망했다'라고 할 때 He died from smoking.은 가능하지만, He died of smoking.은 이상하다. die of는 병명이나 증상과 같은 직접적인 원인이 수반되는 것이 일반적이다. '그 사람은 폐암으로 사망했다'는 He died of lung cancer. / He died from lung cancer. 둘 다 좋다. 마찬가지로 '그 사람은 자동차 사고로 사망했다'는 He died from a car accident.는 가능하지만 He died of a car accident.라고는 하지 않는다. 다만 He died because of a car accident.는 가능하다.

(1) (2) (3) (1) (2)는 틀리고 (3)은 좋다. (1) for는 교환(exchange)을 뜻하기 때문에 '심장마비를 얻기 위해 죽었다.(He died and got a heart attack.)'라는 이상한 뜻이 되어 버린다. (2) with는 died together란 뜻이라 역시 말이 안 된다. '~로 사망했다'는 (3) died of가 맞다. **(4)** 틀렸다. 사전에 '심근경색'이란 뜻으로 나오는 myocardial infarction(MI)은 의사들이나 사용할 만한 의학전문용어다. 일상 생활에서는 전혀 사용하지 않는 어휘다. **(5) (6)** 좋다. died + because of / died + from 모두 좋다. **(7) (8)** 좋다. 심장마비'는 heart attack / heart failure / cardiac arrest라고 한다. 다만, heart attack은 가산명사로서 부정관사 a가 필요한 반면, heart failure / cardiac arrest는 가산명사, 불가산명사로 다 쓰이기 때문에 부정관사 a가 선택사항이다.

가능한 문장   **A** (2) (3) (4) (8) (9) (10)   **B** (3) (5) (6) (7) (8)

1 전치사를 어떻게 정의하느냐에 따라 차이가 있지만, 위키피디아 분류에 따르면 한 단어 전치사(예: in / on / at / with / for)가 90개, 두 단어 전치사(예: according to / due to / apart from / because of)가 36개, 세 단어 전치사(예: as far as / as soon as / as well as)가 4개다. 이런 전치사가 총 140개다. 이 밖에 명사와 결합된 전치사구, 오래된 구식 표현 등이 있다.

이 파트를 시작하기에 앞서 독자들에게 알려주고 싶은 점이 한 가지 있다. 저자가 각 문장에 대해 '맞다', '틀리다'라고 어쩔 수 없이 결정했지만 오로지 이런 관점에서만 접근하면 이 파트에서 말하고자 하는 점을 온전히 흡수할 수 없다. 네이티브마다 편차가 있기 때문에 어떤 전치사가 100% 틀렸다고 말하기는 정말 어려운 일이다. 그럼에도 불구하고 어떤 전치사는 맞고 어떤 전치사는 틀렸다고 결정한 것은 독자에게 어느 정도 가이드라인을 주어야 하는 영어 학습서의 특성상 할 수 없이 취한 방책이다. 독자들은 특정 전치사가 맞냐, 틀리냐에 집중하기보다는 왜 그런 결론에 이르게 되었는지를 이해하려고 노력하는 자세가 필요하다. 즉, '결론'보다는 '과정'에 대한 이해에 주력하는 것이 전치사에 대한 이해를 높이는 방법이다. 이 책에서는 저자가 이해하는 범위 내에서 최대한 논리적이고, 합리적이며, 일관성 있게 설명하기 위해 최선의 노력을 기울였다.

전치사나 관사 때문에 독자가 말하는 바를 잘 전달하지 못하는 경우는 거의 없다고 생각한다. 그러나 동시에, 고급 영어를 구사하기 위해서는 전치사나 관사를 잘 이해하지 못하고는 수준 높은 영역에 도달할 수 없다. 그만큼 전치사, 관사는 마스터하기 어려운 영역이다. 독자는 서두르지 말고 천천히 전치사와 관사의 이해를 높이는 노력을 매일매일 조금씩 해 나가기 바란다. 그러다 보면 어느 순간에 전에는 분명하지 않았던 부분이 조금씩 이해되면서 영어에 대한 이해가 훨씬 깊어졌음을 느끼게 될 것이다. 따라서 전치사와 관사에 대해 너무 스트레스 받지 말고 시간을 갖고 천천히 그 과정을 즐겨 보도록 하자.

2 조사에는 주격, 목적격, 서술격, 관형격, 부사격 조사 등이 있다. 이중 부사격 조사는 정도, 방법, 시간, 장소, 수단 등을 나타내는데, 구체적으로 살펴보면 '에/에게, 에서/서, 보다, 로, 로서, 로써, 와/과, 으로, 라/라고' 등이 부사격 조사에 해당한다. 이런 부사격 조사들과 영어의 전치사들은 문장에서 어느 정도 유사한 역할을 수행한다. 물론 영어의 전명구가 한국어의 동사, 형용사 등의 서술어 역할을 수행하는 경우(예: He's really into her. 그 남자는 그 여자를 아주 좋아한다. / 그 여자에게 푹 빠졌다.)처럼, 영어의 전치사가 한국어의 조사와 전혀 관련 없이 사용되는 사례는 셀 수 없이 많다. 독자의 이해를 돕기 위해 한국어의 '조사'와 영어의 '전치사'를 단순 비교한 것이니 오해가 없기를 바란다.

3 not ~ a good feeling은 상당히 부정적인 의미로 사용되는 경향이 있다. 예를 들어, I don't have a good feeling about this.(뭔가 안 좋은 일이 생길 거 같아. 왠지 불길해.)처럼 사용된다. 그러다 보니 I didn't get a good feeling about him. 역시 he was weird; creepy; something was very off about him의 뜻을 강하게 가지고 있으므로 사용시 주의해야 한다. 반면, I didn't get a good vibe from him.은 my impression of him was not so great와 대체로 유사한(즉, 뜻이 not ~ a good feeling만큼 세지 않은) 뜻이라고 보면 되겠다.

4 영국식 영어에서는 전치사 in the test가 표준이다. 이 책에서는 북미식 영어를 기준으로 하므로 in the test를 틀린 것으로 분류했다. 독자들은 in the test가 영국식 영어에서는 멀쩡하게 잘 사용되는 표현임을 잊지 말기 바란다.

5 북미를 비롯한 대부분의 서양의 중고등학교는 학생들이 각 과목마다 교실을 옮겨 다니며 수업을 수강하는 것이 일반적이다. 즉, 이미 지정된 수학교실에 학생들이 와서 수업을 진행하는 방식이다. 표제문 맥락에서 수학과목의 중간고사 시험장이 학생들이 수업을 진행하던 수학교실인 경우, in the math test[exam]은 in the math classroom을 가리키게 된다.

6 한국어 조사 '~에서'는 〈1〉 물리적 공간을 뜻하는 '~에서', 〈2〉 출처/근원을 뜻하는 '~에서'를 포함한다. 〈1〉은 in the math test 또는 at the math test이고, 〈2〉는 from the math test다. 예를 들어, '수학시험장에서 그 사람을 봤다.'는 I saw him in[at] the math test. '(몸이 아프고 힘들어서) 수학시험장에서 빨리 나갔다.'는 I left early from the math test.다. 한국어 조사가 갖는 이런 중첩적인 의미 때문에, 한국어로 사고하는 한국인 영어 학습자가 영어 전치사의 의미를 정확히 잡아내기가 더욱 힘들다.

7 Most restaurants and facilities were underground at the ski resort.에서 underground는 부사다. 이 문장은 SVA, 즉, 〈주어(S) + 동사(V) + 부사류(A)〉 형식 문장이다. 기존의 5형식 체계에는 없는 문장 형식이지만, 광범위하게 사용되는 문장 형식이다. 예를 들어, The game is over.(경기가 끝났다.), The TV is on.(TV가 켜져 있다.) 같은 형식의 문장이다.

8 여기 나온 문장들에서 a flight of stairs 대신 the stairs라고만 해도 된다. 즉, We walked up the stairs. / She fell down the stairs. / I couldn't even walk up the stairs. 모두 좋은 문장이다.

9 이런 형식은 동사 email에서도 아주 흔하게 사용된다. 예를 들어, 'xxx@xxx.com으로 메일을 보내 주십시오.'는 Please email me at xxx@xxx.com.이다.

10 전치사 at my room은 '내 방 앞에(in front of my room)'라는 뜻이다. 통화를 하면서 내 호텔 방 앞에 도착해서 '내 방 앞에 도착했으니 잠깐 끊을게. 있다가 내가 다시 전화할게'라고 할 때 Hang on, I'm at my room. I'll call you back later.라고 한다.

11 They didn't have a big bottle in the shop.은 '큰 병은 그 가게 내부에 없었다.'는 말이니까, 이 문장을 듣는 사람은 '큰 병들은 가게 바깥에(outside the shop) 있었다.'라고 생각할 것이다.

12 '최우수 작품상'을 best picture라고 한 것은 구어체 표현이다. 정식 표현은 the award for best picture 또는 the best picture award이다. 아카데미상을 통칭 Oscar라고도 하니 the Oscar for best picture 또는 the best picture Oscar 라고도 한다.

13 이 문장에 전치사 in the hospital을 썼다고 100% 틀렸다고 말할 수는 없겠지만, in the hospital은 '그 병원 건물 안에서', '그 병원에 입원해서' 등 다양한 뜻을 가지고 있기에 화자가 무엇을 말하는지 그 의미가 불분명하다. 따라서 너무 의미가 많아 모호하기 때문에 틀린 문장이다.

14 행정구역의 경우, 크든 작든 오로지 전치사 in만 맞다. 따라서 전치사 in central Busan이 맞다. 마찬가지로, '그 사람은 토요일 서울 풍납동에 있는 아산병원에서 사망했다.'는 She died in Asan Medical Center in Poongnap-dong in Seoul on Saturday.다. 전치사 in이 세 번 반복되었지만 모두 합당한 이유가 있어 그렇게 쓴 것이니 아무런 문제가 없다.

15 전치사 in an empty stomach는 화자 또는 주어가 비어 있는 위 안으로 들어가 있는 상태를 뜻한다. 성경에 요나가 큰 물고기의 배 속에 3일 밤낮을 머무른 장면이 나오는데 이것을 영어로는 the LORD appointed a great fish to swallow Jonah, and Jonah was in the stomach of the fish three days and three nights.라고 되어 있다. 즉, in the stomach는 요나가 큰 물고기 속에 들어 있었음을 나타낸다.

16 (1) English is really difficult to me.는 틀리고, (4) To me, English is really difficult.는 맞는 문장이 되는 이유는 무엇인가? (4)처럼 to me를 문장 앞으로 이동시키면 '내 생각에는(in my opinion)'이라고 선언을 하고 문장을 시작하기 때문에, English is really difficult라고 해도 아주 훌륭한 것은 아니지만 그럭저럭 쓸 만한 문장이 된다. (3)은 seem이 들어감으로써 화자가 상당히 조심스럽게 다른 사람들 눈치를 보며 의견을 제시한다는 느낌이 들어간다. (3)의 느낌을 말하자면, '제가 영어 공부를 한 지가 얼마 안 돼서 그런지는 모르겠지만 / 제가 영어를 많이 안 해서 그런지 모르겠지만 / 아마 제가 언어적 재능이 없어서 (다른 사람들보다) 더 심하게 느끼는지는 모르겠지만 영어는 참 어려운 언어 같은 것 같아요.' 라는 뜻이다.

17 이 문장에서 by next week는 네이티브에게 월요일부터 금요일까지 중 구체적으로 어느 요일을 뜻할까? 저자의 튜터들에 따르면 by next week는 불분명한 표현이라 별로 선호하는 표현은 아니나, 대체로 by Monday를 뜻한다고 한다. '금요일까지'라고 하면 by the end of next week라고 보통 말할 것이기 때문에, 이런 표시가 없이 단지 by next week라고만 하면 가장 보수적으로 해석을 해서 by Monday라고 생각이 든다는 것이다. 물론 이 대화가 일어난 시점이 월요일인지, 목요일인지 등 부가적인 맥락도 by next week의 의미에 영향을 미친다.

18 그렇다면, 〈1〉 He didn't come back until Tuesday.와 〈2〉 He didn't come back before Tuesday.는 같은 뜻인가? 두 문장의 의미는 대동소이하지만 중점이 다르다. He를 부장님이라고 간주하고, 부장님이 지방 출장을 가서 언제 돌아왔는지에 대해 부하 직원들끼리 나누는 대화라고 가정하자. 〈1〉은 '부장님이 화요일에 사무실에 출근했다.(He definitely was in the office on Tuesday.)'를 강조하는 데 비해, 〈2〉는 '부장님이 월요일에는 사무실에 있지 않았다.(He definitely wasn't in the office on Monday.)'를 강조하는 문장이다. 즉, '(화요일에 출근했는지 안 했는지는 내가 확실히 모르지만) 최소한 월요일까지는 사무실에 출근하지 않았다.'라는 의미다. 〈2〉를 듣는 상대방은 '그래서 부장님이 화요일에 출근했다는 거야, 안 했다는 거야?'라고 의문을 가질 것이므로, 화요일에 출근했다는 점을 말하고자 하는 경우에는 〈1〉이라고 말하는 것이 바람직하다. 물론 보통의 일반적인 대화 상황에서는 이렇게까지 분명하게 미주알고주알 따지지는 않으므로 둘 다 좋다.

19 당연한 말이지만 모든 소유 관계를 전치사 of로 표현하는 것은 아니다. '그 사람은 서울에 있는 대학의 교수이다.'라고 할 때, He's a professor of a university in Seoul.에서 a professor of a university는 틀렸다고 할 정도는 아니지만 매우 어색하고 낯설기 때문에 사용하지 않는 것이 바람직하다. 제주도에서 관광하고 있는 상황에서 '(난 지금) 제주도의 어느 마을에 와 있어.'는 I'm in a village on Jeju Island.다. I'm in a village of Jeju Island.라고 하지 않는다.

사람 아닌 개체의 소유격은 전치사 of를 사용한다고 배웠지만 이런 경우에도 광범위하게 's 형태의 소유격이 많이 사용되고 있다. 예를 들어, '토토가'는 MBC '무한도전'의 한 코너다.는 'Saturday, Saturday is for Singers' is a segment of MBC's 'Infinite Challenge.'라고 한다. a segment of 'Infinite Challenge' of MBC라고 하지는 않는다. 차라리 on MBC라고는 해도 된다. 전치사 on의 의미와 용법상 이 문장에 〈on + 방송사〉가 아주 잘 들어 맞기 때문이다.

20 '자세히 설명의 of'라고 하는 개념을 만들어서 설명하는 이유는 간단하다. '동격의 of', '소유의 of'로는 설명하기가 곤란한 상황이 너무 많기 때문이다. 이런 상황에서 '자세히 설명의 of'가 이런 사례들을 잘 설명해 줄 수 있기 때문이다.

예를 들어 설명해 보겠다. 〈1〉 11 years of marriage와 〈2〉 a marriage of 11 years는 비슷하기는 하지만 본질적으로 관점이 서로 다르다. 〈1〉은 11 years에 초점을 맞춘 것이다. 11 years인데 '내가 영어를 공부했던 11년', '내가 서울에 살았던 11년', '내가 유학 갔던 11년', '내가 여자친구를 사귀었던 11년'이 아니라 '나의 결혼 생활 11년'이라는 말이다. 내 결혼기간이 11년이었는지, 20년이었는지, 30년이었는지 알 수는 없으나 어쨌든 '결혼기간의 11년'이라는 뜻이다. 이때는 무부정관사 marriage인 점에 주의하라. 반면, 〈2〉는 a marriage에 초점이 있다. 부정관사 a marriage인 점에 주목하라. 이때는 '하나의 완결된 결혼기간'을 말한다. 즉, a marriage of 11 years는 '하나의 완결된 결혼기간'을 말하는데, 더 자세히 말하면, 11년 동안 지속되었다는 말이다. 즉, 이 결혼생활은 11년 지속되다가 어떤 이유로(예를 들어, 이혼을 했든지, 배우자가 사망을 했든지) 결혼관계가 종료되었다는 말이 된다. 실제 문장에서는 〈1〉, 〈2〉의 차이점이 명확하게 나타나기도 하고 명확하게 잘 드러나지 않기도 한다. 그러나 두 표현 간에 이런 근원적인 차이점이 있는 것은 분명하다. 기존의 '동격의 of', '소유의 of'로는 이 차이를 제대로 설명할 수 없으나 '자세히 설명의 of'로는 잘 설명할 수가 있다. 이런 점 때문에 저자가 '자세히 설명의 of'란 개념을 새롭게 도입한 것이다.

21 8 years of a husband는 전혀 안 쓰이고 말이 안 되지만 조금만 고치면 좋은 표현이 될 수 있다. 아내 입장에서 '8년을 같이 산 남편하고 이혼할 생각이야.'를 말할 때, I'm thinking of divorcing my husband of 8 years.는 좋다. 약간 다르게 생각하면, '8년 동안 아내 노릇을 했는데 (이제 지겨워) 남편하고 이혼할 생각이다.'라고 해도 같은 뜻을 표현할 것이다. 따라서 I'm thinking of divorcing my husband after 8 years of being his wife.도 좋다. 8 years of a husband는 전혀 사용되지 않지만, 아내 입장에서 8 years of being his wife로 바꾸면 자연스러운 표현이 된다. 남편 입장이라면 8 years of being her husband라고 할 수 있을 것이다.

22 따라서 '이 문제의 진상을 철저히 규명해야 한다.'는 We have to investigate the issue and reveal the true nature of the case. / We have to inquire into the actual state of things.도 정상적인 문장이다. 문제는 실제 대화에서 이렇게 복잡하게 말하지 않는다는 데 있다. 실제 대화에서는 We have to get to the bottom of the issue.처럼 간결하면서도 쉬운 문장을 선호한다. 이런 문장은 네이티브에게는 쉬운 문장이지만 우리 같은 영어 학습자에게는 좀처럼 잘 생각나지 않는 어려운 문장이다.

23 문법책에는 do는 수여동사로서, 〈1〉 〈do + 간접목적어 + 직접목적어〉 또는 〈2〉 〈do + 직접목적어 + for + 간접목적어〉 형식이라고 나온다. 예를 들어, Would you do me a favor? / Would you do a favor for me?는 자연스러운 문장이다. 하지만 항상 이렇게 두 형식으로 자유롭게 사용되는 것은 아니다. 간단히 말해 〈2〉는 자유롭게 쓰지만 〈1〉은 상당히 제한적으로 쓴다. 극단적으로 간단히 말하면 〈1〉은 거의 관용어구에만 사용된다고 보면 되겠다. 표제문 맥락에 있어서도, He's done good things for me.는 자연스럽지만 He's done me good things.라고 하진 않는다. 마찬가지로, He's done a lot for me.는 자연스럽지만 He's done me a lot.이라고 하지는 않는다.

그렇다면, 〈2〉 〈do + 직접목적어 + for + 간접목적어〉 형식에서 전치사 for는 예외 없이 절대적으로 지켜야 하는가? 문법책 어디에도 다른 전치사를 쓴다는 얘기가 없으니까 대부분의 독자들은 〈do + 직접목적어 + for + 간접목적어〉 형식을 아무런 의심 없이 받아들일 것이다. 하지만 위 규칙은 50%만 맞는 규칙이다. 〈do + 직접목적어 + for + 간접목적어〉 형식에서 전치사 for는 나에게 이로운 것, 유리한 것에 사용되고, 나에게 좋지 않은 일에 대해서는 〈do + 직접목적어 + to + 간접목적어〉 형식을 취한다. 예를 들어, '너는 왜 맨날 나를 놀래키니?'에 대해 '너도 항상 나한테 그러잖아.'를 You always do the same to me.라고 한다. 내게 도움이 안 되는 것이므로 전치사 to를 사용했다. 물론 도움이 되는 것에 대해서는 전치사 for를 사용한다. 예를 들어, '왜 저한테 이렇게 잘해주시는 거죠?'에 대해 '예수님도 저한테 이렇게 똑같이 해주셨기 때문입니다.'라고 할 때 Jesus Christ did the same for me.라고 한다. 두 문장 모두 do the same을 포함하고 있으나, 유불리에 따라 to me / for me라고 하고 있음을 참고하기 바란다.

24 〈It seems that절〉 구문은 '~인 것처럼 보인다'는 뜻으로 불확실한 추측을 나타낸다. 여기에 to me가 추가되어 〈It seems to me that절〉 형태가 되었다고 보면 된다. that절에서 접속사 that은 생략 가능하다. 예를 들어, '그 사람 좋은 사람인 것 같다.'는 It seems to me (that) he's a good guy. / '수지가 아픈 것 같다.'는 It seems to me (that) she is sick.이다.

25 독자들 중에는 〈1〉 after 10 years of marriage에는 marriage에 부정관사 a가 없고, 〈2〉 after a marriage of 10 years에는 marriage에 부정관사 a가 사용되고 있음을 의아하게 생각하는 사람들도 있을 것이다. 왜 그럴까? 저자의 추론은 이렇다.

marriage를 사전에서 찾아보면, marriage가 '한 개의 결혼'을 뜻하는 경우도 있고, '결혼 상태', '혼인 상태'를 뜻하는 경우도 있음을 알 수 있다. 전자의 경우 가산명사이고, 후자의 경우 불가산명사다.

〈1〉의 경우 주안점이 10 years에 있다. of marriage는 10 years의 내용이 무엇인지를 추가적으로 설명해주는 보조적인 정보에 불과하다. 따라서 이 맥락에서는 그 기간이 '결혼 상태', '혼인 상태'임을 알려주는 marriage가 필요하고, 이는 불가산명사다. 따라서 부정관사 a가 없는 after 10 years of marriage가 맞다. 반면 〈2〉의 경우, a marriage of 10 years는 '한 개의 결혼(a marriage)이 있는데, 내용적으로 살펴보니 10년 동안 지속되었더라'라는 뜻이다. 이 경우 가산명사로서의 marriage가 필요하고 그래서 부정관사 a와 함께 쓰이게 된 것이다.

따라서 이 둘을 자세히 따지면 상당한 차이점이 있다. 즉 〈1〉은 '결혼 기간 중 10년'을 말한다. 그들의 결혼 기간은 최소 10년 이상 지속되었다는 말이다. 〈2〉는 '그들의 10년 간의 결혼생활'을 말한다. 그들의 결혼은 10년 만에 끝났다는 뜻이다. 표제문 맥락에서는 둘 다 문제 없이 사용 가능하다.

26 since에는 크게 두 가지 뜻이 있다. 기간을 나타내는 '~이래로', 이유/원인을 나타내는 '~때문에'라는 뜻이다. 맥락에 따라 어느 의미로 쓰이는지 알 수가 있겠지만 각각 주로 쓰이는 조합이 있다. '~이래로'란 뜻은 〈since + A(과거 특정 시점)〉 또는 〈since + B(과거 특정 시점의 사건)〉의 경우 발현된다. 즉, 'A(과거 특정 시점) 이래로', 'A(과거 특정 시점의 사건) 이후로 쭉' 정도의 뜻을 갖는다. I had been watching the show every week since it started, but I missed the last episode.(그 드라마 시작부터 계속 봤는데 마지막 편을 놓쳤다.)처럼 사용된다.

한편 '~때문에'란 뜻은 특정 시점과 관련이 없는 일반적인 진술인 경우가 많다. I didn't know that she had been married, since she seldom talked about herself.(그녀가 자신에 대해 얘기하는 경우가 드물어 전에 결혼한 적이 있었음을 나는 몰랐다.)처럼 사용된다. (1)의 경우에도 since they were married for 10 years는 과거 특정 시점의 사건이 아니라 '지난 10년간의 결혼생활'이라는 '기간'을 뜻한다. 의미상 '~이래로'란 뜻이 발현될 가능성이 낮다. '때문에'라는 뜻이 발현되는 것이 일반적이다.

27 아울러 from에는 '원인', '결과'를 나타내는 '~계기로 알게 된'이란 뜻이 들어 있다. 이것을 활용하면 아주 간단하면서도 생생한 문장이 가능하다. 예를 들어, 같은 직장 다니는 동료라면 She is one of my colleagues.라고 하겠지만, 아주 친해져서 친구가 되었다면 She is my friend from work.라고 한다. '직장에서 알게 된 동료이자 친구'라는 뜻이 되겠다. 마찬가지로 '고등학교 후배예요.'는 He's a friend of mine from high school.이며, '교회 아는 사람이에요.'는 I know him from church.다.

28 '영화관'은 movie theater라고 해야 하겠지만, 맥락에 의해 '영화관'인지, '극장'인지 분명하게 드러나므로 movie를 생략해도 된다. 참고로 '영화관으로 영화 보러 간다.'를 go to the movies라고 하는 데서 알 수 있듯이 the movies는 '영화들'을 뜻하기도 하지만 '영화관'을 뜻하기도 한다. '영화관에서'는 at the movies라고 해도 좋다. 그러나 in the movies는 아예 전혀 다른 뜻이 된다. in the movies는 '그 영화들이 상영될 때 전개되는 스토리나 영상 안에서'라는 뜻이다. in the movies에서 the movies는 '복수(複數)의 영화'를 가리키며, at the movies에서 the movies는 '영화관'을 뜻한다.

29 〈since + A(특정 과거 시점)〉 형태로 쓰여 'A(특정 과거 시점)부터 시작해서 지금까지 계속'이란 뜻을 갖는다. 따라서 의미상 주로 현재완료시제 형태로 사용된다. 예를 들어, 고객이 I thought you were closed today.(오늘 영업 안 할 거라고 생각했는데요.)라고 할 때 백화점 직원이 No, we have been open since 9 am today.(아닙니다. 오늘 9시부터 영업 중입니다.)라고 대답할 수 있다. 의미상 We opened since 9 am.은 틀렸다. 동사 open은 1회성 동작이므로 기간을 나타내는 since 9 am과 어울리지 않기 때문이다. 그래서 '열려 있는 상태'를 나타내는 형용사 open이 사용된 것이다.

30 형용사 open은 과거로부터 현재까지의 영업 상태를 표현할 때 사용 가능하다. 즉 We have been open since 8 am. / We were open since 8 am.은 가능한 문장이다. 물론 이 문장들은 표제문 맥락과는 전혀 관련이 없다.

31 〈he + answered + 8 + 형용사 correct〉가 아니고 〈he + answered + 8 + 부사 correctly〉가 맞다. 그러나, 〈he + got + 8 + 형용사 correct〉이 맞고 〈he + got + 8 + 부사 correctly〉는 틀리다. 이는 동사의 특성에 기인하는 것이다. 문법적인 관점에서, 〈동사 answer + 목적어 8〉은 이미 완결된 형식이다.(he answered 8 뒤에 correctly / incorrectly 냐에 따라 의미는 현격하게 달라지지만 '문법적 관점에서' correctly / incorrectly는 문장의 필수 요소가 아니다.) 그에 비해 〈동사 get + 목적어 8〉은 완결된 형식이 아니다. get은 〈get + 목적어 + 목적보어〉 형식으로 자주 쓰이는데, 목적어와 목적보어는 '주어-서술어' 관계에 있게 된다. 이런 관점에서 보면 〈he + got + 8 + 형용사 correct〉이 맞고 〈he + got + 8 + 부사 correctly〉는 틀리는 점을 이해할 수가 있을 것이다. '8문제가 맞다.'를 8 are correct.라고 하지 8 are correctly.라고 하지는 않기 때문이다.

32 lingering은 '노환으로 시름시름 앓다가'란 뜻이다. 나이가 많아 기력이 약해져 얼마간 앓다가 사망했다는 뜻이다. 반면, prolonged의 경우 암이나 심장질환 등 아주 심각한 질병에 걸려 '장기간 투병생활을 하다가' 사망했다는 뜻이다.

33 in action은 '전투 중(in combat)'이라는 뜻이다. '전투 중 사망'은 killed in action이며 간단히 KIA라고 한다. 최근에는 '활동 중', '작동 중', 실행 중'이라는 뜻으로 자주 사용된다. 한편 out of action은 '(어떤) 활동을 못하다', '고장 중', '선수가 경기에 참여하지 못하다'라는 뜻이다. out of action에 '업무를 수행하지 않다', '휴가 간다'란 뜻은 들어 있지 않으나, 농담조로 I'm out of action this week.라고 하면 '이번 주에 일 안 합니다.(I'm off this week.)', '이번 주 휴가입니다.'의 뜻을 표현할 수 있다.

34 다만, 이들 어구의 경우 out of와 반대되는 의미로 in은 사용되지 않는다. 즉, in a job / in work / in battery / in gas는 사용되지 않는다. 관용 표현에 out of / in이 짝이 되어 사용되는 경우도 많으나, 전혀 그렇지 않은 경우도 많으니 주의하자.

35 I'll keep out of this matter.는 과거부터 지금까지 이 일에 연루된 적이 없음(I haven't been involved with this matter)을 뜻한다. 반면, Keep me out of it.은 이 문장 자체만으로는 관여가 되었는지 안 되었는지 분명하지가 않다. 즉, 두 상황에 모두 사용 가능하다. '그동안 관여했는데 이제는 더 이상 관여하지 않고 싶다. 이제 날 빼 달라.'라는 뜻으로는 I wash my hands of this matter.. Count me out! 이라고 하면 된다. 한국어도 '손을 떼다', '발을 빼다'처럼 신체 부위를 활용하여 관용어구로 활용하고 있듯이 영어도 비슷한 구성을 하고 있음을 알 수 있다.

36 다만, I drank water a lot. 단독으로는 다소 불완전한 문장이므로 다른 부가적인 어구와 함께 쓰여야 자연스럽다. 예를 들어, 마라톤을 하는데 더위가 너무 강렬한 경우 '더위/열기 때문에 물을 자주 마셨다.'는 I drank water a lot because of the heat.라고 할 수 있겠다. 물론 이 문장은 '물을 많이 마셨다.'는 말이 아니라 '물을 자주 마셨다.'는 말이다. 수분을 자주 보충하기 위해 물을 한 두 모금 마시고 버린 경우(즉, 물을 한꺼번에 벌컥벌컥 들이키지 않은 경우) 사용할 수 있는 문장이다. 다만 이에 대해서는 다소 이견이 있다. April은 I drank water a lot.을 짧은 기간/시간에 대해 사용할 수 없다고 했다. 여행 기간(over the trip), 여름 내내(over the summer) 등과 같이 보다 긴 기간(for an extended period of time)이 되어야 비로소 〈1〉을 사용할 수 있겠다고 했다.

37 편입 및 편입생에 대한 편견이 있는 한국과는 달리 북미에는 이런 편견이 거의 없다고 봐도 무방하다. 대학졸업자가 어느 대학을 졸업했는지는 의미가 있으나(하버드를 졸업했는지 별로 안 유명한 주립대를 졸업했는지는 당연히 차이가 크다), 그 졸업자가 그 대학에서 몇 년을 공부했는지 편입을 했는지 등은 거의 아무런 중요성이 없다. 대학의 학사관리를 신뢰하기 때문에 그 대학의 졸업장을 받은 이상 그 대학이 정한 모든 과정들을 이수하고 학사관리의 요소들을 모두 충족했으며, 따라서 졸업생의 '품질' 또한 보증된다고 보기 때문이다.

38 전치사뿐만 아니라 부사를 포함하는 '소사(particle)'를 말한다. 구동사(phrasal verb)는 아래와 같이 네 가지로 나눌 수 있다.

(1) 자동사적 구동사(Intransitive phrasal verb) : turn up / move out of 등
(2) 전치사 수반동사(Prepositional verb) : look at / call on / wait for 등
(3) 타동사적 구동사(Transitive phrasal verb) : make out / turn on 등
(4) 구 전치사 수반동사(Phrasal prepositional verb) : look forward to / put up with / stay away from 등

동사와 결합되어 사용되고 있는 about, across, along, around, aside, away, back, by, down, in, off, on, over, through, under, up 등의 소사(particle, '불변화사'라고 하기도 한다)에 따라 의미가 전혀 달라진다. 이들이 구동사에서 전치사로 사용되는지, 부사로 사용되는지는 잘 생각해 보면 충분히 이해할 수 있다. 이런 특성에 따라 구동사가 분리가능 구동사(separable phrasal verb)인지, 분리불가능 구동사(non-separable phrasal verb)인지가 결정된다. 즉, 소사가 부사인 경우 분리가능 구동사이고, 소사가 전치사인 경우 분리불가능 구동사가 된다.

39 위에서 예로 든 get on / get away 역시 이런 각도에서 접근하면 어느 정도 이해가 된다. get on은 get along과 같은 뜻이다. 예를 들어, He's getting on very well at school.(걔는 학교생활을 아주 잘 하고 있다.)처럼 쓸 수 있다. 한편, get away는 '빠져 나가다'다. 예를 들어, I won't be able to get away from the office before 7.(7시 전에는 사무실에 빠져 나가기 힘들어.)처럼 쓸 수 있다.

40 전치사를 생략할 수 있는 경우는 현재와 관련이 있는 표현에 한정된다. 예를 들어, '어젯밤에'는 last night가 맞지만, '여행의 마지막 밤에'는 during the last night of our trip이다. 다시 말해, '어젯밤에'는 '오늘이 기준이 되어 그 전날 밤에'라는 뜻이므로 현재와 관련이 있다. 이런 경우 무전치사, 무관사 last night가 품사 전환되어 '부사'가 된다. 일상생활에서 빈번하게 사용되기 때문에 이것저것 붙이기가 거추장스럽기 때문이었을 것이라고 저자는 생각한다. 반면, 올해 여행인지, 10년 전 여행인지 맥락에 따라 달라지겠지만 어쨌든 그 여행의 마지막 밤은 현재와 전혀 관련이 없다. 이런 경우 일반적인 문법에 따른다. 즉, 전치사도 넣고 관사도 넣어야 한다. 따라서 '여행의 마지막 밤에 쇼핑하려고 시내로 갔다'는 We went downtown for shopping during the last night of our trip.이라고 해야 한다.

41 날짜 표기 방식은 〈1〉 May 12 〈2〉 May 12th 〈3〉 May the 12th 등이 있으며, 〈1〉이 가장 casual하고, 〈2〉가 가장 일반적이며, 〈3〉은 상당히 formal하다.

42 예를 들어, The Galaxy S8 is at the last stage of production.은 '갤럭시 S8은 곧(일주일 이내에) 출시된다'는 뜻이다. 반면, The Galaxy S8 is in the last stage of production.은 '갤럭시 S8은 막바지 단계에 있으므로 얼마 안 있어(한 달 이내에) 출시된다'는 말이다. 다른 예를 들면, They cancelled the plan at the last stage.는 '(그 계획을 실행하기 위한) 계약서에 사인하기 직전에 취소했다.'는 뜻이고, They cancelled the plan in the last stage.는 '계획 작성하다가 확정하는 단계에서 취소했다.'는 뜻이다.

43 한국어의 '~와'에서 유추하여 similar with라고 생각하기 쉽지만, similar with는 분명히 표준적인 용법은 아니다. 문제는 최근 그 빈도가 급격하게 증가하고 있다는 점이다. 솔직히 저자의 튜터들 모두 similar with가 좋다고 했다. 그러나 그 반론도 만만치 않을 뿐만 아니라 여전히 글로 쓸 때는 similar with가 눈살을 찌푸리게 하는 표현이 된다. 네이티브가 무조건 괜찮다고 해서 좋다고 할 수는 없는 노릇이고, 이 표현이 문법 전문가들 사이에서 허용될 수 있는 범위 내에 있는지 역시 고려해야 하기에, similar with는 일단 틀린 것으로 하겠다.

44 물론 이런 맥락에서 one-on-one은 private로 바꿔 쓸 수 없다. private의 '비밀스러운'이란 뜻이 확 부각되기 때문이다. 즉, My boss called me for a private meeting.과 I had private meetings with the VP of HR, the VP of procurement, the VP of real estate, etc.는 완전히 다른 의미가 된다. 이 문장에서 private는 '남몰래 하는'이란 뜻일 뿐 '일대일'이란 뜻으로 한정할 수 없다. '일대일'일 수도 있고 몇 명이 모여 private meeting을 할 수도 있으므로 전혀 바꿔 쓸 수 없다. 참고로, VP는 vice president의 준말인데, 업종마다 차이는 있겠지만, 대체로 우리나라의 '부장'급에 해당한다고 보면 되겠다. '부사장'급이라고 잘못 생각하면 절대로 안 된다.

45 또는 Often, the pro called me and gave me one-on-one lessons. 역시 좋다. 이 경우에도 역시 gave me lessons one-on-one 형식으로는 사용하지 않는다. 보다 자연스러운 형태, 즉, 〈형용사 + 명사〉 형식이 있는 상황에서, 부사처럼 사용할 일이 없다는 말이다.

네이티브 식으로 생각하면 관사 정복 문제 없다

관사는 부정관사(a/an)와 정관사(the) 달랑 둘뿐이지만, 명사가 쓰인 거의 모든 문장에는 관사가 들어 갑니다. 이렇게 광범위하게 관사가 사용된다는 것은, 역으로 말하면 관사의 용법에 똑 부러지는 규칙을 기대하기가 어렵다는 뜻이기도 합니다.

차차 살펴보겠지만 관사는 대상에 대한 화자와 청자의 인식과 관련이 깊습니다. 아울러, 더불어 사용되는 명사의 특성, 문장의 구성/형식/형태 및 의미, 보편적인 지식/상식 등이 관사에 영향을 미칩니다. 즉, 같은 뜻을 전달하는 경우에도 문장을 어떻게 구성하느냐에 따라 얼마든지 부정관사, 정관사, 무관사 등으로 표현됩니다.

한국어에는 관사가 없기 때문에 이를 제대로 이해하기란 쉽지 않습니다. 다만 다행히도, 겉보기에는 불규칙하게 보이지만 원리에 따라 곰곰이 생각을 해 보면 대부분 이해가 가능합니다.

이 책에서는 기존 영문법 책에서 설명한 관사의 용법을 반복하지 않습니다. 대신 실제 예문과 맥락을 통해 저자가 발견한 실용적인 원리를 제시해 보겠습니다. 이것을 체화하면 영어 실력 향상에 큰 도움이 되리라 확신합니다.

관사,
원리를 이해하면
술술 풀린다

법 칙
20

관사,
원리를 이해하면
술술 풀린다

관사 사용 원리를 파악하자

많은 문법책의 '관사'편을 살펴보면 현실과 동떨어진 고루한 설명이 대부분이다. 우리가 일상생활에서 신문 New York Times 앞에 정관사가 붙는지 안 붙는지 궁금한 경우가 몇 번이나 있겠는가? 이것보다는 '지금 TV에서 뭐하지?'라고 할 때 관사 없이 What's on TV now?인지, 정관사 What's on the TV now?인지, 혹은 '그거 인터넷에서 찾아 봐.'라고 할 때 관사 없이 Look it up on internet.인지, 정관사 Look it up on the internet.인지, 혹은 버스를 잘못 탔을 때 부정관사 I took a wrong bus.인지, 정관사 I took the wrong bus.인지가 더 신경 쓰일 것이다. Part 6은 바로 이런 실질적인 궁금증을 해소하기 위한 것이다.

관사는 '명사'에 붙는 것을 전제로 하고 있으므로, 관사 사용은 명사의 특성과도 뗄 수 없는 관계다. 관사는 명사나 문장 형식에 따라 종속적으로 결정되며, 스스로 주도적으로 어떤 의미를 생성한다고 보기는 어렵다. 따라서 이 책에서는 가산명사, 불가산명사, 보통명사, 집합명사, 추상명사, 물질명사, 고유명사라고 하는 전통적인 분류체계를 바탕으로 관사 사용법을 살펴보겠다. 이 Part에서 관사 사용 규칙을 다 얘기할 수도 없고 얘기하는 것도 마땅하지 않다. 일단 '규칙'이라고 부르는 것을 잠시 내려놓고, 네이티브가 어떤 '원리'에 입각하여 관사를 사용하는지, 또는 사용하지 않는지부터 알아보자.

관사 사용은 명사의 특성과 긴밀하게 연결되어 있다

'가산명사의 불특정한 한 개'를 표시할 때는 an apple처럼 부정관사 a / an을 사용한다. 그렇다면 어떤 단어가 도대체 '가산명사(countable noun)'인가? 아울러 '가산명사'는 무조건 부정관사를 사용해야 하는가?

pen과 pencil은 하늘이 두 쪽 나도 가산명사처럼 보이지만 실제 문장으로 들어가면 꼭 그렇지만은 않다. '이거 펜으로 썼다.'는 I wrote it with a pen. / I wrote it in pen. 둘 다 좋다. 마찬가지로, '그 사람은 연필로 노트를 했다.'는 He took notes with a pencil. / He took notes in pencil. 둘 다 좋다. 문법적으로 보면, pen에는 가산명사로서 (1) '펜 한 개'라는 뜻도 있지만, 불가산명사로서 (2) '펜 속에 들어 있는 잉크'라는 뜻도 들어 있기 때문이다. (1)과 (2)는 잠복해 있다가 적절한 환경이 되면 각각의 뜻이 표면으로 부상하게 되는데, 전치사 with는 〈with + 도구〉 형식을 취하기 때문에 (1)의 뜻이 부각되어 가산명사 a pen이 쓰인 것이고, 전치사 in은 〈in + 재료 물질〉 형식을 취하기 때문에 (2)의 뜻이 부각되어 제로관사 pen이 쓰인 것이라고 이해하면 된다. 이런 점 때문에 in pen = in ink가 통용되는 것이다. 따라서 with a pen과 in pen은 똑같이 자연스러운 표현이다. with a pencil / in pencil 역시 마찬가지다. in pencil에서 pencil은 '연필 속에 들어 있는 흑연'을 생각하면 된다. 이처럼 똑같은 상황에서 같은 뜻을 전달하는 경우에도 전치사를 무엇을 썼느냐에 따라 가산명사로 쓰이기도 하고 불가산명사로 쓰이기도 한다. 즉 관사를 결정하는 데는 명사만 영향을 미치는 것이 아니라, 하나의 의미 단위를 이루는 데 기여하는 다른 품사(여기서는 전치사 with, in), 문장의 형태, 화자(話者)의 인식, 청자(聽者)의 인지 가능성 등 다양한 요소가 영향을 미친다. 따라서 관사 문제는 고차방정식이라 정답을 구하기가 쉽지 않다.

대부분의 명사는 가산명사, 불가산명사로 모두 쓰인다고 보면 된다. 영원한 가산명사도 없고 영원한 불가산명사도 없다.[3] 오로지 의미에 따라 가산명사의 뜻으로 쓰인 경우 부정관사를 붙이고, 불가산명사의 뜻으로 쓰인 경우 부정관사를 붙이지 않는다고 보면 된다. 따라서 우리가 암기해야 할 것은 어떤 단어가 가산명사인지 불가산명사인지를 외우는 것이 아니라, 그 단어가 가진 다양한 뜻을 파악하고 언제 가산명사로 쓰이는지, 언제 불가산명사로 쓰이는지를 암기하는 일이다. 당연히 이런 일은 하루 아침에 이뤄지지 않으므로, 우리가 일상적으로 접하는 단어부터 차근차근 파악해 가면 된다.[4]

이번에는 정관사 the에 대해 살펴보자. 정관사 the를 쓰느냐, 마느냐는 부정관사 a / an에 적용되는 기준과는 전혀 다르다. 다시 말해, 가산명사냐, 불가산명사냐는 문제가 아니다. 아울러 보통명사, 집합명사, 추상명사, 물질명사, 고유명사 등을 불문하고, '화자/청자가 공동으로 인지하고 있는 대상' 또는 '부류 중 딱 한 개/사람'에 대해 정관사 the를 붙인다. 많은 사람들이 잘못 알고 있어 거듭 말하지만, 부정관사 a / an을 붙이느냐 안 붙이느냐 하는 문제와 정관사 the를 붙이느냐 안 붙이냐 하는 문제는 완전히 별개다. 정관사 the는 상황만 적절하게 맞으면 가산명사, 불가산명사, 보통명사, 집합명사, 추상명사, 물질명사, 고유명사 등 모든 명사에 다 붙일 수 있다. 반면, 부정관사 a / an은 이 중에서 오로지 '가산/불가산'과 관련된 문제다.

많은 회사들이 '올해의 직원' 상을 수여하는데, 이것을 the employee of the year라고 한다. the employee는 '딱 한 명'이라는 말이고 the year는 '화자/청자가 인지하고 있는 연도', 즉, '금년'을 뜻한다. 따라서 He was chosen as the employee of the year.는 '그 사람이 딱 한 명 뽑는 올해의 직원으로 뽑혔다'는 의미가 된다. 다른 예로서 '(지금 내리고 있는) 폭설이 곧 멈출 것이다.'는 The heavy snowfall will stop soon.이라고 한다. 정관사를 쓴 the snowfall은 맥락상 '지금 내리고 있는 눈(this snowfall)'을 뜻한다. 반면, Heavy snowfall will stop soon.에서 관사 없이 쓴 heavy snowfall은 '아주 일반적인 의미의 폭설', '전반적인 폭설', '폭설이라는 것'을 뜻하게 되어, 이 두 문장은 뜻이 완전히 달라져 버린다. 이 문장은 '(지구온난화의 영향으로) 폭설이라는 것이 아예 사라질 것이다' 정도의 뜻이 된다.

영어를 사용하다 보면 아예 관사 없이 쓰는 제로관사(zero article)[5]도 많이 접할 수 있다. 추상명사, 물질명사, 고유명사는 제로관사가 기본이다. Education in Korea is one of the most complicated issues.(한국에서 교육은 대단히 복잡한 문제 중의 하나다.)라는 문장을 보면, 정관사를 붙여 The education in Korea라고 하지 않는다는 것을 알 수 있다. apples처럼 가산명사의 복수형도 특정한 것을 지칭하는 경우가 아니면 제로관사다.

그런데 관사를 붙여야 할 것 같은데 실제로는 관사를 붙이지 않는 경우도 적지 않다. I had

lunch with a friend of mine yesterday.(어제 친구하고 점심 먹었다.) 또는 I'm thinking of going to graduate school.(대학원에 갈까 생각 중이야.) 같은 사례를 들며 많은 영문법 책에서는 식사, 학교 진학은 제로관사라고 설명하고 있지만, 책 보러 도서관에 가는 경우 I'm going to the library.(나 도서관에 갈 거야.)에는 왜 정관사를 붙여야 하는지 제대로 설명하지 못하고 있다. 문법책에는 또한 '우주'를 뜻하는 the universe에도 정관사 the를 붙여야 한다고 설명한다. 이런 규칙을 '우주'를 뜻하는 space에도 적용하면 정관사를 붙여야 할 것 같은데, 절대로 the space라고는 하지 않는다.[6] 예를 들어, '우주에는 수십억 개의 별이 있다.'는 There are billions of stars in space. '지구를 우주에서 보면 정말 아름답다.'는 Earth looks really beautiful from space.라고 한다. 제로관사는 문법적으로 어느 정도 설명이 가능한 경우도 있고, 숙어이기 때문에 암기하는 수밖에 없는 경우도 있다. hand in hand(손에 손을 잡고), on foot(걸어서), by bus(버스로), take into consideration(~을 고려하다) 등이 이런 숙어에 속한다.

지금부터는 부정관사, 정관사를 어떤 경우에 사용하는지 구체적으로 알아보기로 하자. 명사의 대부분은 가산명사다. 가산명사는 부정관사와 정관사를 동시에 고려하여야 하는 문제가 있으므로 상당히 복잡하다. 따라서 관사의 기본적인 특성과 용법을 법칙 20과 21에서 자세히 살펴보고, 가산명사는 법칙 22, 고유명사, 추상명사, 집합명사, 물질명사에 대해서는 법칙 23에서 구체적으로 살펴보기로 하겠다.

가산명사[7] : 불특정한 것에는 부정관사, 특정할 수 있는 것에는 정관사

가산명사의 관사 용법

관사	구체적으로 무엇을 가리키는지 알고 있는가?		예문
	화자	청자	
(1) 정관사	예	예	Can I use the car? 차 좀 쓸 수 있을까?
(2) 부정관사	예	아니요	I saw a funny-looking dog today. 오늘 웃기게 생긴 개를 봤어.
(3) 부정관사	아니요	예	I heard that you once wrote a book about ecology. 네가 예전에 생태학 관련 책을 썼다고 들었어.
(4) 부정관사	아니요	아니요	I need to buy a new belt. 새 벨트를 사야겠어.

* adapted from Brown, R., **A First Language**. Cambridge, MA: Harvard University Press, 1973.

보통, 집합, 추상, 물질, 고유명사 등 명사 분류를 불문하고 의미상 독자적인 하나의 단위로서 구체적이고 실제적인 뜻으로 사용되는 경우, 최소한 그 순간에는 '가산명사'가 된다. 예를 들어, Ford는 자동차 브랜드로서 고유명사지만, a Ford는 '포드가 생산한 자동차 한 대'를 뜻하며 그 순간만큼은 고유명사이자 가산명사가 된다. 이런 부정관사의 불특정한 한 개에 대해서는 부정관사 a / an을 사용한다. 앞서 말한 대로 정관사 the를 붙이기 위해서는, 가산명사이든 불가산명사이든 간에 대상을 특정할 수 있어야 한다. '특정할 수 있다'는 말의 의미는 대화 당사자가(즉, 화자뿐만 아니라 청자까지) 대상을 인지하고 있어야 한다는 말이다. 이 점을 종합하여 만든 것이 앞에 나온 표다.

앞 도표의 (1)은 가산명사에 정관사 the를 사용할 수 있는 상황이다. 화자뿐만 아니라 청자도 대상을 특정할 수 있는 상황에서만 정관사 the 사용이 가능하다. 화자는 잘 알고 있는데 상대방이 잘 모르거나, 화자는 모르고 상대방은 잘 알거나, 화자/청자 모두 모를 때는 정관사 the를 사용할 수 없다. 즉, (2)(3)(4)에서는 부정관사 a / an을 사용해야 한다.

일견 보기에는 쉽다. 그러나 구체적으로 들어가면 생각보다 복잡해진다. 특히, 상황 (1)과 (2)의 경계상황과 관련해서 생각해야 할 점이 많다. 즉, 화자는 잘 알고 있는데 청자가 아는지 모르는지 명확하지 않은 경우, 부정관사 a / an을 사용해야 할지 정관사 the를 사용해야 할지 애매한 경우가 빈번하다. 예를 들어, 장 보러 '(내가 보통 다니는, 우리 집 근처에 있는) 마트에 간다.'는 정관사 I'm going to the supermarket.라고 한다. 내가 어느 마트로 가는지 상대방이 전혀 모른다고 해도 부정관사 I'm going to a supermarket.라고 하는 법은 없다. 화자가 일상적으로 자주 다니는 곳은 청자가 정보가 없더라도 정관사 the를 사용하는 것이 일반적이다. (법칙 21에서 정관사의 '두히키' 용법으로 다시 다룬다.)

한편, 화자/청자 모두 낯선 장소에 와 있다고 하자. 제3자에 대해 언급하며 '그 사람 지금 화장실 갔습니다.'라고 말할 때 부정관사 He is in a restroom.이라고 해야 할까, 아니면 정관사 He is in the restroom.이라고 해야 할까? a restroom이라고 생각하기 쉽겠지만, 맥락상 근처에 있는 화장실을 뜻하므로 정관사 the를 사용하는 것이 맞다. 청자가 반드시 명확하게 인식해야 할 필요는 없고 맥락상 청자가 화자와 같은 맥락을 공유하고 있다고 판단이 되면 정관사 the를 붙이는 것이다.

이런 관점으로 접근하면, 일견 무질서하게 보이는 것도 곧잘 설명이 된다. 예를 들어, 수지가 내게 전화를 했는데 내가 전화를 안 받아서 수지가 열 받았다. 나중에 내가 왜 전화를 못 받았는지 수지에게 상황을 설명한다고 할 때, '네가 전화했을 때 샤워 중이었다.'라고 하는 경우 I was taking a shower when you called me.라고 할 수도 있을 것이다. 또는 I was in the shower when you called me.도 좋다. 명사 shower에는 '샤워하는 행위'라는 뜻과 '샤워실'이라는 뜻이 있는데, a shower는 전자의 의미로, the shower는 후자의 의미로 쓰인 것이다. a shower는 '1건의 샤워 행위'를 뜻하고 이 점을 수지가 알 수가 없었으므로 부정관사 a가 맞다. 반면 the shower는 '샤워실'을 뜻하는데 맥락상 '내 집의 샤워실'을 뜻하므로, 수지가 내 집에 온 적이 있건 없건 샤워실이 없는 집은 없으므로 shower에 정관사 the를 사용하기에 충분하다.[8]

관사 없이 쓰는 제로관사 사례들

왜 in the morning에는 정관사를 붙이는데, at night에는 아무 관사도 붙이지 않는지 궁금했던 적이 있다.[9] 제로관사는 직접 눈에 보이지 않기 때문에 관심을 갖지 않는 경우가 많다. 하지만 실제 대화에서는 관사를 넣어야 하는데 빼먹는 것만큼이나 넣지 말아야 하는데 넣는 것 역시 똑같이 문제가 된다. 따라서 제로관사를 무시하고 부정관사, 정관사만 공부하면 관사에 대해 온전히 이해하기 어렵다.

제로관사는 부정관사, 정관사와 경쟁 관계인데, 앞서도 얘기했지만, 결국 명사의 특성, 문장의 형식 등으로 귀결되어, 관사 선택은 이런 특성을 반영하여 수동적으로 결정된다. 앞서 논한 것, 앞으로 논할 것과 다소 중복될 수 있으나 여기서는 제로관사의 관점에서 간략히 살펴보자.

제로관사는 I like cheese.처럼 가장 기본적으로 특정하지 않은 불가산명사에 사용한다. 근데 문제는 뭐가 가산명사고 뭐가 불가산명사인지 헷갈릴 때가 많다는 점이다. '아침에 토스트 먹었다.'는 I ate toast for breakfast.인데 비해, '점심 때 국수를 먹었다.'는 I ate noodles for lunch. 다.[10] 생각하기에 따라서는 toast가 가산명사고, noodle이 불가산명사처럼 느껴질 수도 있지만 실제로는 정반대로, toast가 불가산명사고 noodle이 가산명사다. 제로관사와 부정관사가 경합하는 사례다.

불가산명사임이 명백한 경우에도 정관사를 붙여야 하느냐, 말아야 하느냐 하는 문제가 있다. '시간은 돈이다.'는 Time is money.이며, The time is the money.는 틀린 문장이다. 특정한 시간, 특정한 돈이 아니기 때문에 제로관사 time, money가 맞다. 그렇다면, '이제 자야 할 시간이다.' 는 뭐라고 할까? It's the time to go to bed.인가, It's time to go to bed.인가? 물론 후자가 정답이다. It's time for bed.(자야 할 시간이다.), It's time for lunch.(점심 먹을 시간이다.), It's time to go home.(집에 갈 시간이다.), Isn't it time for lunch?(점심 먹을 시간 되지 않았어?)처럼 제로관사다. 하지만 네이티브가 아닌 우리로서는 제로관사 time인지, 정관사 the time인지 확신을 갖고 말하기가 쉽지 않다.

제로관사는 I like apples.처럼 특정하지 않은 가산명사의 복수형에도 사용된다. 이때는 특정한 사과들(the apples)이 아니라 일반적인 의미의 사과들(apples in general)을 가리키며 이런 경우 제로관사를 사용한다. 538페이지의 법칙 21에서도 자세히 다루겠지만, 이것을 관사의 '총칭적 (generic reference) 용법'이라고 한다. 다만 이런 경우에도, 제로관사 문제는 아니지만, 가산명사인지 불가산명사인지(즉, 복수형이 가능한지, 불가능한지) 문제는 여전히 남는다. 예를 들어, '걔는 야채는 좋아하는데 과일은 안 좋아한다.'는 She likes vegetables but doesn't like fruit.다. vegetable 은 가산명사고 fruit는 일반적으로 불가산명사다.[11]

앞서 예로 들었지만, 많은 문법책에서 She went to school. / She goes to church. 등을 예로 들며 어떤 객체가 그 목적으로 사용되면 제로관사로 쓰인다고 설명한다. 관사를 생략하는 것이 법칙인 것처럼 설명하지만, 사실 이런 현상은 school, church, college, prison 등에만 나타나는 아주 예외적인 현상이라는 점을 기억하기 바란다. I'm going to the library[bookstore]. I'm going to a restaurant[department store].에서 보듯이 대부분 명사는 관사의 일반적인 원칙에 따라 사용된다.

축약어(acronyms or initialisms)에 관사 쓰기

Wi-Fi, MP3, DVD, AIDS, SARS, MRI, NATO, UN, USA, PIN 등 우리는 축약어 홍수 시대에 살고 있다고 해도 과언이 아니다. 그런데 과연 축약어에는 어떤 관사를 써야 할지 난감할 때가 많다.

이때는 축약어가 한 개의 단어로 굳어졌는지 아니면 축약어로서 인지되고 있는지, 고유명사인지 일반명사인지, 축약하기 전에 관사가 포함되어 있었는지 없었는지가 주요 판단 기준이 된다. 한 개의 단어로 굳어졌는지 아니면 축약어로서 인지되는지는, NATO[네이토위처럼 축약어 자체가 한 개의 단어로 발음이 되는지 아니면 USA[유 에스 에이]처럼 알파벳 단위로 발음되는지를 기준으로 삼으면 된다.

일반명사의 경우는 대체로 축약어의 성격에 따라 가산명사인지 불가산명사인지가 결정된다. 예를 들어, LASIK(라식수술)은 surgery이므로 불가산명사고, MRI(자기공명영상법)는 scan이므로 가산명사다. (예: I got LASIK. / I got an MRI.). DVD / CD는 disk이므로 가산명사고, I got a DVD for my sister for Christmas.(내 여동생한테 크리스마스 때 DVD를 사줬다.)처럼 부정관사를 쓴다. 심각한 질병은 불가산명사이므로 AIDS / SARS 역시 불가산명사고, You cannot get AIDS from kissing.(키스로는 에이즈에 감염되지 않는다.)처럼 쓸 수 있다.

또 하나 예를 들면, WiFi(또는 Wi-Fi)는 불가산명사다.[12] Is free WiFi really free?(공짜 와이파이는 진짜 공짜일까?)에서 보듯 부정관사 a free WiFi라고 하지 않는다. 반면, MP3는 files를 뜻하므로 가산명사다. 따라서 I downloaded an MP3 from the website.(사이트에서 MP3를 다운 받았다.)처럼 부정관사를 붙이거나, I have hundreds of MP3s on my phone.(휴대폰에 MP3 수백 개를 가지고 있다.)처럼 복수 형태로 쓸 수 있다.

고유명사는 대체로 단어로 발음되는 경우는 제로관사다. NATO, UNICEF, OPEC, NASA 같은 단어들이 대표적인 예다. 반면, 알파벳을 하나 하나 분리해서 발음하는 경우는 정관사 the를 사용한다. the USA, the EU, the UN, the FBI, the CIA, the WTO 등이 대표적인 예이나 예외도 있다. 대학 이름 UCLA, MIT에는 정관사 the를 붙이지 않는다.[13] 마찬가지로 방송사도 정관사를 붙이지 않는다. CNN, NBC, ABC, KBS, MBC에는 정관사를 붙이지 않으므로, Her lawyers told KBS that she was unjustly accused.(변호사는 그 여성이 억울하게 비난을 받고 있다고 KBS에 말했다.)처럼 쓴다. 그러나 예외적으로 영국의 방송 BBC는 the BBC라고 관사를 붙인다.[14]

당연한 얘기지만 축약어를 형용사로 사용하는 경우, 즉, 〈축약어 + 명사〉 형식으로 사용되는 경우, 전적으로 명사의 특성에 따라 관사 사용이 결정된다. 예를 들어, '에이즈 환자'는 맥락에 따라 an AIDS patient / the AIDS patient / AIDS patients 등으로 쓴다. '와이파이 네트워크'도 a WiFi network / the WiFi network / WiFi networks 등이 가능하다. 예를 들어, Don't access your account on an open WiFi network.(공개 와이파이를 통해 이메일 계정에 접속하지 마라.)에서 보듯 WiFi 같은 축약어는 형용사이므로 관사 선택에 영향을 미치지 않는다.

우리는 스파게티 두 개와 샐러드 하나를 주문했어.

situation:
이탈리안 레스토랑에 친구와
함께 가서 각자 스파게티를
한 개씩 시키고, 샐러드는 같이
먹는 메뉴로 하나 시켰다.

STEP 1 표제문을 영어 문장으로 만들어 보세요.

우리는 스파게티 두 개와 샐러드 하나를 주문했어.

STEP 2 표제문을 영어로 잘 옮긴 것에 모두 체크하세요.

(1) **We ordered two spaghettis and a plate of salad.**

(2) **We ordered two bowls of spaghetti and a bowl of salad.**

(3) **We ordered two plates of spaghetti and a bowl of salad.**

(4) **We ordered two dishes of spaghetti and a salad.**

(5) **We ordered three dishes - two plates of spaghetti and a salad.**

(6) **We ordered two plates of spaghetti and a salad.**

(7) **We ordered two orders of spaghetti and a salad.**

(8) **We got two orders of spaghetti and a salad.**

가능한 문장 **(3) (5) (6) (7) (8)**

어휘
들여다
보기

spaghetti / salad spaghetti는 불가산명사다. '스파게티 두 개'는 two plates of spaghetti / two orders of spaghetti라고 한다. salad는 맥락에 따라 가산명사/불가산명사로 두루 쓰인다. 식당에서 샐러드를 주문하는 경우, 일반적으로 메뉴판에 크기와 종류가 정해져 있다.(즉, 고객이 샐러드 크기를 마음대로 변경하지 못한다.) 이렇게 규격화된 경우에는 한 개, 두 개를 셀 수 있으므로 가산명사로 쓰인다. 예를 들어, 식당에서 I'd like a salad for lunch. What salads do you have?(점심으로 샐러드 먹으려고 하는데, 뭐 있어요?)처럼 물어볼 수 있다. 그러나 일반 가정집에서 샐러드를 먹을 경우나, 식당이라고 하더라도 샐러드가 다른 음식의 곁다리로 나오는 경우, 독립된 메뉴가 아니므로 불가산명사로 쓴다. 이때는 Do you want some more salad?(샐러드 조금 더 먹을래?), I think I'll serve steak, with baked potato and salad.(구운 감자와 샐러드를 곁들인 스테이크를 대접해야겠어.), We ordered two steaks with salad.(샐러드를 곁들인 스테이크 두 개를 시켰다.)처럼 활용할 수 있다.

(1) We ordered two spaghettis and a plate of salad. ×

(2) We ordered two bowls of spaghetti and a bowl of salad. ×

(3) We ordered two <u>plates of spaghetti</u> and <u>a bowl of salad</u>. ○

(1) (2)는 틀리고 (3)은 좋다. spaghetti는 불가산명사이므로 spaghettis는 틀렸다. '스파게티 두 개/두 접시'는 two plates of spaghetti다. 숫자를 명시하지 않는 경우에는 some spaghetti라고 하면 된다. 한편, '샐러드 한 접시'는 a bowl of salad라고 한다. plate는 '납작하고 둥근 접시', bowl은 '사발', '공기', '우묵한 그릇'을 뜻한다. 미국의 프로 미식축구 NFL 결승전을 일컫는 슈퍼볼(Super bowl)이라는 말 역시 미식축구 경기장의 모양이 큰 그릇 모양을 닮았다는 데서 유래한 것이다.

(4) We ordered two <u>dishes</u> of spaghetti and a salad. ×

(5) We ordered three dishes - two <u>plates</u> of spaghetti and a salad. ○

(4)는 틀리고 (5)는 좋다. dish와 plate는 비슷하기는 하지만 용법에 있어서는 차이가 있다. '스파게티 두 개', '스파게티 두 접시'는 two dishes of spaghetti라고 하지 않고 two plates of spaghetti라고 한다. '음식/요리'라는 뜻의 dish는 음식 전반을 뜻하므로, 표제문 맥락에서는 음식 총 세 개(three dishes)가 two plates of spaghetti와 a salad로 구성되어 있다고 보면 된다.

(6) We ordered two plates of spaghetti and a salad. ○

(7) We ordered two <u>orders</u> of spaghetti and a salad. ○

(8) We got two orders of spaghetti and a salad. ○

좋다. order는 '주문하다'란 뜻도 있지만 명사로는 '주문한 음식'을 뜻한다. an order of ~ 형식으로 '1인분의 ~'라는 뜻을 나타낸다. 따라서 two orders of spaghetti는 '스파게티 2인분', 즉 '스파게티 두 접시'를 뜻한다. 이 맥락에서 order = portion = serving이다. 예를 들어, '고기 2인분을 먹었다.'는 I had two orders of meat. / I had two portions of meat. / I had two servings of meat. 모두 좋다. 한편, 집에서 '양념치킨 두 마리를 시켜 먹었다.'는 I got two orders of spicy chicken.이라고 하는데, 요새는 보통 통닭 부위별로 조리되어 박스에 담겨 배달이 되므로 I got two boxes of spicy chicken.으로 표현할 수도 있다.

situation:
지난주 수요일에 사무실 인근에 있는 헬스장 중 한 곳에 등록했다. 그 헬스장은 지난 몇 년 동안 영업을 하고 있는데, 내가 직접 다니는 것은 이번이 처음이다. 월요일에 지호한테 하는 말이다. 지호는 내가 정확히 어느 헬스장에 다니는지는 알지 못한다.

STEP 1 표제문을 영어 문장으로 만들어 보세요.

| | so I can go to the beach this summer.

올 여름 해변에 가려고 지난주부터 헬스장에서 운동 시작했어.

STEP 2 표제문을 영어로 잘 옮긴 것에 모두 체크하세요.

(1) **I started to exercise in a health club from the last week**

(2) **I started to exercise at the health club since last week**

(3) **I started working out at a gym last week**

(4) **I started working out at the gym last week**

(5) **I signed up with a gym last week**

(6) **I signed up at the fitness center last week**

(7) **I registered with the gym last week**

(8) **I registered at the gym last week**

(9) **I registered in the gym last week**

(10) **It's been several days since I started working out at a gym**

(11) **I have been working out at the gym for several days**

가능한 문장 **(2) (3) (4) (5) (6) (7) (8) (10) (11)**

어휘 들여다 보기 **헬스장** '헬스장'은 gym / fitness center / health club이라고 한다. 이 중에서 gym이 가장 일반적으로 많이 쓰는 단어다. 한국에서는 흔히 fitness center에서 center를 생략하고 '피트니스'라고만 하는 경우가 많은데 이는 콩글리시다. fitness는 '신체 단련, (신체) 건강'만을 뜻하는 단어다.

a gym / the gym '헬스장'은 부정관사 a gym인가 아니면 정관사 the gym인가? 원칙적으로, 내가 다니는 헬스장에 대한 정보가 지호에게 없는 경우 부정관사 a gym이 맞고, 지호가 이 헬스장이 어딘지 아는 경우 정관사 the gym이라고 하는 것이 맞다. 그러나 지호가 나의 친한 친구이므로 설사 이 헬스장에 대해 아는 바가 없더라도, 내 사무실 또는 내 집 주변 어딘가에 있는 헬스장이라고 추론하기 쉽기 때문에 정관사 the gym이라고 해도 문제가 없다. (나아가, the gym이 더 좋다고 하는 의견도 있다.) 물론, 파티에서 새로 만난 사람처럼 나에 대해 잘 알지 못하는 사람과 대화를 하는 경우에는 부정관사 a gym을 쓰는 것이 더 좋을 것이다.

a gym과 the gym 중 어느 것을 선택할 것인지는, 화자와 청자의 친소 관계뿐만 아니라, 문장 형태에 따라서도 결정된다. 먼저, '헬스장 등록'에 중점이 있는 문장이라면 a gym이냐, the gym이냐에 선호 차이가 크지 않다. 즉, '지난주에 헬스장에 등록했다'라는 뜻으로 I registered with a gym last week. 또는 I registered with the gym last week. 둘 다 좋다. 하지만 '헬스장에서 운동한 지 며칠 됐다'처럼 기간에 중점이 있는 문장에서는 a gym은 다소 어색하게 느껴지고 the gym이 자연스럽게 들린다. 운동을 며칠 했으니까 화자에게 있어서는 이미 익숙한 헬스장이 되어 the gym이라고 하는 것이 자연스럽기 때문이다. 따라서 이때는 I have been working out at a gym for several days.라고 하면 다소 이상하다. 내가 운동하는 헬스장이 어딘지 나 자신도 모른다는 느낌이 들기 때문이다. 이때는 정관사를 써서 I have been working out at the gym for several days.라고 하면 훨씬 자연스러운 문장이 된다.

(1) I started to exercise in a health club from <u>the last week</u> ×

틀렸다. 정관사 the last week가 아니라 무정관사 last week가 맞다. last week는 '지난주 전체'가 아니라 '지난주 일주일 중 특정 시점에'라는 뜻이다. I saw him last week.(그 사람을 지난주에 만났다.), He married last week.(그 사람은 지난주에 결혼했다.)처럼 과거의 특정 시점을 나타낼 때 쓴다. 반면에 정관사 the last week는 '지난 7일간', '어떤 일의 마지막 주'를 뜻하는 표현이다. A number of actions were taken over the last week.(지난 7일 동안 여러 조치가 취해졌다.), This is the last week I'm working for the company. (이 회사에 다니는 마지막 주다.), I have been here since the last week of July.(7월 마지막 주부터 여기에 머무르고 있다.)처럼 활용 가능하다. 따라서 표제문 맥락에 the last week는 맞지 않는다.

(2) I started to exercise at the health club <u>since last week</u> ○

좋다. '지난주부터'는 since last week도 좋고, from last week / starting last week / starting from last week 모두 좋다. 또한 맥락상 '지난주부터' = '지난주에'이므로 from / since를 생략하고 관사 없이 last week라고만 해도 충분하다.

(3) I started working out <u>at a gym</u> last week ○

(4) I started working out <u>at the gym</u> last week ○

좋다. '~을 시작하다'라고 할 때 (2)처럼 〈start + to부정사〉도 좋고, (3) (4)처럼 〈start + 동명사〉도 좋다. 또 work out도 exercise와 마찬가지로 '운동하다'라는 뜻의 표현이다. 한편, '헬스장에서'는 전치사 in a gym / at a gym 둘 다 좋다. in a gym은 물리적인 장소로서의 '헬스장 내부에서'라는 뜻이고 at a gym은 '운동을 하는 시설로서의 헬스장에서'라는 뜻이다. 물론, 앞서 설명한 바와 같이 지호가 대충 헬스장에 대해 안다고 보고 정관사 in the gym / at the gym이라고 해도 좋다.

(5) I <u>signed up with</u> a gym last week ○

(6) I <u>signed up at</u> the fitness center last week ○

좋다. sign up은 '등록하다', '가입하다', '신청하다'를 뜻하는 구동사로 대화에서 자주 사용된다. 〈sign up for + 수강과목〉, 〈sign up with[at] + 기관/조직/회사〉 형식으로 쓸 수 있다. 예를 들어, '다음 학기 수강 신청했어?'는 Did you sign up for your classes for next semester?라고 한다.

(7) I <u>registered with</u> the gym last week ○

(8) I <u>registered at</u> the gym last week ○

(9) I <u>registered in</u> the gym last week ×

(7) (8)은 좋고 (9)는 틀렸다. register = sign up이다. sign up과 마찬가지로 〈register for + 수강과목〉, 〈register with[at] + 기관/조직/회사〉 형식으로 쓰인다. (9)처럼 register in 형식으로는 쓰이지 않는다. 참고로, register는 타동사로 '~을 등록시키다'라는 뜻도 있다. '자동차를 2017년 등록했다.'는 I registered my car in 2017. '제품을 등록하면 업데이트와 특별 할인정보를 알려 준다.'는 You can register your product for updates and special offers.라고 한다.

(10) It's been <u>several</u> days since I started working out <u>at a gym</u> ○

(11) I have been working out <u>at the gym</u> for <u>several</u> days ○

좋다. '지난주부터 운동 시작했다'는 바꿔 말하면 '운동 시작한 지 며칠 되었다'란 뜻이므로 (10) It's[It has] been several days처럼 표현해도 좋다. 또는 '며칠 동안 운동을 해 왔다'란 뜻이므로 (11) I have been working out ~ for several days라고 해도 역시 좋다. 다만 앞에서 언급한 대로 (10) 부정관사 a gym은 어색하니 정관사 the gym으로 바꾸면 훨씬 더 좋은 문장이 된다.

STEP 1 표제문을 영어 문장으로 만들어 보세요.

지호 **How's your new car?**
새 차 사니 어때?

나 **I love it, but**
새 차는 좋기는 한데 보험료가 너무 비싸.

STEP 2 표제문을 영어로 잘 옮긴 것에 모두 체크하세요.

(1) **an insurance is too expensive.**

(2) **insurance is too expensive.**

(3) **the insurance is too expensive.**

(4) **I paid expensive insurance for it.**

(5) **I paid a high insurance premium for it.**

(6) **I have to pay huge insurance premiums every year.**

(7) **I paid a fortune for insurance.**

(8) **I paid a fortune for an insurance.**

(9) **I paid a fortune for the insurance.**

(10) **I paid a fortune for an insurance fee.**

(11) **I paid a fortune for insurance fees.**

(12) I paid a fortune for the insurance fees.

(13) it cost me a fortune to insure.

가능한 문장 (2) (3) (5) (7) (9) (11) (12) (13)

STEP 3 문장을 확인하세요.

어휘 들여다 보기 · **보험료** insurance는 '보험'을 뜻하며 불가산명사다. 여기에서 뜻이 확장되어 '보험료'라는 뜻으로도 자주 쓰인다. insurance는 '보험료'를 뜻하기는 하지만 '한 개의 보험료', '1건의 보험료'를 뜻하지는 않으며, 불가산명사이므로 부정관사 an insurance라고 하지 않는다. 반면, insurance fee / insurance premium 역시 '보험료'이지만, 가산명사로 '한 개의 보험료', '1건의 보험료'를 뜻한다. 불특정한 1건의 보험료를 뜻하는 경우 반드시 부정관사 an insurance fee / an insurance premium이라고 한다.

(1) <u>an insurance</u> is too expensive. ×

(2) <u>insurance</u> is too expensive. ○

(3) <u>the insurance</u> is too expensive. ○
> (1)은 틀리고 (2) (3)은 좋다. (1) insurance는 불가산명사이므로 부정관사를 붙일 수 없다. (3) 정관사 the insurance가 좋다. (2) 제로관사 insurance는 '일반적인 의미의 보험'을 뜻하므로 (2)는 '요새 보험이 비싸서 가입 못하겠어.' 정도의 의미가 되기는 하지만, 맥락상 이번에 새로 구입한 자동차의 보험을 뜻한다고 추정할 수 있기 때문에 간신히 맞는 문장이 된다. 하지만 (2)는 부주의하고 무성의한 문장이므로 가급적 사용하지 않는 것이 좋다. (3) 정관사 the insurance 외에도 소유격 my insurance라고 해도 좋다.

(4) I paid <u>expensive</u> insurance for it. ×
> 틀렸다. insurance는 원래 추상명사로서 '보험'이란 뜻인데, 여기서는 의미가 확장되어 '보험료'라는 뜻으로 쓰이고 있는 상황이라 결합할 수 있는 형용사에 제약이 있다. '높은/비싼 보험료'는 high insurance / too much insurance는 가능하지만 expensive insurance / a lot of insurance / huge insurance는 불가하다. 반면 (5) insurance premium / insurance fee는 형용사 활용에 아무런 제약이 없다.

(5) I paid <u>a high insurance premium</u> for it. ○
> 좋다. 앞에서도 설명했듯 insurance premium은 '보험료'라는 뜻으로 가산명사이므로 앞에 a를 붙였다. 따라서 여기서는 high 대신 expensive / a lot of / huge를 써도 좋다. 형식을 조금 바꾼 it cost me a fortune for the insurance premium 역시 좋은 문장이다.

(6) I have to pay huge <u>insurance premiums</u> every year. ×
> 틀렸다. 복수형 insurance premiums는 다양한 뜻이 가능하다. 〈1〉 '매년 보험료를 여러 번 납부한다'는 뜻, 〈2〉 '차 한대에 보험료가 여러 개 있다'는 뜻, 〈3〉 '소유한 차가 여러 대 있어 보험료도 여러 개다'라는 뜻도 가능하다. 한국에서는 보험료를 1년 단위로 한꺼번에

법칙 20 525

납부하는 것이 일반적이므로, 복수형 insurance premiums는 한국 상황에서는 이상해서 쓸 수 없다. 물론 북미에서는 자동차 보험료를 월 단위로 납부하므로 (6)을 문제 없이 쓸 수 있다. (⟨2⟩는 상식적으로 말이 안 되고 ⟨3⟩은 맥락을 통해 파악할 수 있으므로 무시한다.) (6)을 단수형으로 바꿔 I have to pay a huge insurance premium every year.라고 고치면 한국 상황에 잘 들어맞는 좋은 문장이 된다.

(7) I paid a fortune for insurance. ○

(8) I paid a fortune for an insurance. ×

(9) I paid a fortune for the insurance. ○

(10) I paid a fortune for an insurance fee. ×

(11) I paid a fortune for insurance fees. ○

(12) I paid a fortune for the insurance fees. ○

(8) (10)은 틀리고 나머지는 좋다. (8) insurance는 불가산명사이므로 부정관사 an을 붙이면 비문(非文)이다. (10) an insurance fee는 문법적으로는 문제가 없으나, 무슨 보험료인지 불분명하기 때문에 표제문 맥락에서는 사용하기 곤란하다. 한편 '거금'이라는 뜻의 fortune은 가산명사이므로 a fortune이라고 써야 한다.

(13) it cost me a fortune to insure. ○

좋다. '보험료가 너무 비싸다'는 '보험에 가입하는 데 너무 돈이 많이 든다'로 생각할 수 있다. ⟨가주어 it, 진주어 to부정사⟩ 형식을 활용한 문장으로, insure는 '~를 보험에 가입시키다, 보험에 들다'라는 뜻의 동사다. (13) 외에도 it cost me a fortune to be insured / it cost me a fortune to get it insured 모두 좋다. 참고로 이 문장에서 cost는 과거시제다. cost는 현재형, 과거형, 완료형이 모두 형태가 같다.

영어 지식 ✳ 한국과 북미의 자동차 보험료 지불 방식

자동차 구입 시 우리나라와 북미 모두 차 값을 월별로 나눠 할부로(by installments) 지불하는 방식이 일반적이다. 그러나 자동차 보험의 경우는 조금 사정이 다르다. 한국에서는 일시불(pay in full; pay with a single payment) 또는 2~3회 분납이 일반적이고, 자동차 보험료를 월별로 납부하는 경우는 많지 않다. 그러나 북미에서는 보험료 또한 자동차 할부금처럼 월 단위로 분납하는 것이 보편적이다. 이런 관행이 단·복수, 시제 등 영어 문장 구성에도 당연히 영향을 미친다.

예를 들어, 한국의 상황에서 '보험료가 너무 비싸.'는 현재시제 The insurance premium is way too high. / 과거시제 The insurance premium was way too high. 둘 다 좋다. 그러나 미국의 상황에서는 보험료를 매월 계속 납부하고 있는 상황이므로 현재시제는 좋으나 과거시제는 다소 어색하다.

아울러, 한국은 일시불로 내는 것이 일반적이므로 단수형 the insurance premium은 좋으나 복수형 the insurance premiums는 어색하다. 반면 북미는 매달 납부하는 것이 일반적이므로, 매달 한 번씩 납부한다는 관점에서는 단수형 the insurance premium, 여러 달 기간 기준에서 복수의 보험료를 납부한다는 관점에서는 복수형 the insurance premiums 둘 다 좋다.

책을 정가보다 최고 40%까지 싸게 살 수 있어.

situation:
서점이 지금 세일 중이라, 소매 가격의 최대 40퍼센트까지 싸게 살 수 있다.

STEP 1 표제문을 영어 문장으로 만들어 보세요.

They are on sale now.

그 서점 세일 중이야.　　　　　　　책을 정가보다 최고 40%까지 싸게 살 수 있어.

STEP 2 표제문을 영어로 잘 옮긴 것에 모두 체크하세요.

(1) **You can buy books cheaply maximum 40% off the retail prices.**

(2) **You can buy books at a bargain up to 40% off.**

(3) **You can buy books at a discount up to 40% off the retail price.**

(4) **You can buy books at up to a 40% discount off retail price.**

(5) **You can buy a book at up to 40% off the retail price.**

(6) **You can buy a book up to 40% off.**

(7) **You can save up to 40%.**

(8) **You can get a discount, up to 40% off.**

(9) **You can get a 40% discount for selected items.**

가능한 문장 **(2) (3) (4) (5) (6) (7) (8) (9)**

정가보다 '정가(定價)'는 '소비자가격'이므로 retail price라고 하면 된다. 그렇다면, '정가에서 할인하여'는 off retail price / off a retail price / off the retail price / off retail prices 중에 뭐가 맞을까? 소비자가격 전체를 한 개의 총합적인 관념으로 보아 정관사에 단수형 off the retail price 또는 제로관사에 단수형 off retail price라고 한다. 특정한 책의 소비자가격이 아니라 '총칭적, 일반적 의미의 소비자가격'을 뜻하며 추상명사화되었다고 보면 된다. 부정관사 off a retail price 또는 복수형 off retail prices라고는 절대로 하지 않는다. 예를 들어, '여러 차들이 할인판매 중이다.'는 A lot of cars are marked down off their retail price.라고 한다. 복수형 off their retail prices라고 절대로 하지 않는다.

40% 많은 사람들이 40%를 '40프로'라고 읽지만 영어로는 forty pro가 아니라 forty percent라고 읽어야 맞다. '프로'는 네덜란드어 또는 포르투갈어에서 비롯되었다고들 하는데 네이티브에게 pro는 professional(전문적인)의 준말이지 percent가 아니다. percent는 명사이며 단수와 복수가 같은 모양이다. 따라서 1%를 one percent, 40%를 forty percent라고 한다. 참고로 '프로티지'도 영어에는 없는 말이다. percent와 비슷한 형태의 percentage는 '백분율, 퍼센트로 나타낸 비율'을 뜻한다.

싸게 표제문에서 '싸게'는 '할인 받아', '저렴한 가격으로'란 뜻이므로 at a bargain / at a lower price / at a discount라고 하면 된다. bargain, price, discount는 모두 가산명사이므로 부정관사와 함께 쓰인다. bargain은 '(정상가보다) 싸게 산 물건', '특가품'이란 뜻으로 That car was a real bargain at that price.(그 가격에 그 차라면 정말 잘 산 거다.)처럼 쓰인다. at a bargain = at a bargain price다. at a discount는 '할인 받아'라는 뜻인데, '40퍼센트 할인된 가격으로'는 at a 40% discount며, '최고 40% 할인된 가격으로'는 at a discount up to 40% off (the retail price) 또는 at up to a 40% discount라고 한다.

(1) You can buy books cheaply maximum 40% off the retail prices. ×

틀렸다. '최고 40%까지 싸게', '최대 40% 할인'을 max 40% off라고 표현한 광고들이 많은데 전부 콩글리시다. 영어다운 표현은 up to 40% off다. 원래 up to 40% off the retail price인데, 여기서 the retail price가 생략된 것이라고 이해하면 된다. '최고 40%까지'는 일부 상품에만 40% 할인을 해 준다는 뜻이니까, 40% off for selected goods[items]라고 해도 좋다.

(2) You can buy books at a bargain up to 40% off. ○

좋다. '(40%까지) 싸게'는 '(40%까지) 할인해서'란 뜻이므로 at a bargain / at a lower price / at a discount라고 표현할 수 있다.

(3) You can buy books at a discount up to 40% off the retail price. ○

(4) You can buy books at up to a 40% discount off retail price. ○

(5) You can buy a book at up to 40% off the retail price. ○

(6) You can buy a book up to 40% off. ○

좋다. 부정관사 a book / 복수형 books 모두 좋다. 둘 다 '일반적인 책'을 뜻한다. 다만 (5) (6)처럼 a book이라고 하면 책을 할인가격으로 딱 한 권만 살 수 있다는 뜻으로 해석될 여지가 있으므로 복수형 books를 쓰는 것이 더 좋다. '정가'는 앞에서 설명했듯이 the retail price / retail price 둘 다 좋다. **(4)** at up to a 40% discount off (the) retail price에서 discount와 the retail price를 생략하면 전치사 at도 생략 가능하다. 따라서 **(6)**처럼 up to 40% off라고만 해도 좋다.

(7)　You can save <u>up to 40%</u>. ○

좋다. 여기서 up to 40%는 동사 save의 목적어다. 40%는 40% of your spending that you were supposed to pay without the discount라는 뜻이라고 생각하면 된다. 즉, **(7)**은 '할인이 없었더라면 지출해야 했던 돈의 40%를 아낄 수 있다'는 말이다.

(8)　You can <u>get a discount</u>, up to 40% off. ○

(9)　You can <u>get a 40% discount</u> for selected items. ○

좋다. '할인을 받다'란 뜻의 get a discount를 활용한 문장이다. 또는 You can buy books at a 40% discount for selected items. / You can buy selected items at a 40% discount. / There's a 40% discount for selected books.라고 해도 좋다.

A

**그 사람은 부산에 있는
한 대학교의 교수야.**

situation: 그 교수는 4년제 대학교의 교수로, 방송 출연도 많이 하고 신문에 기고도 많이 하는 유명한 사람이다. 이 사람을 잘 모르는 지호에게 하는 말이다.

　　　　　　　　　　　　　She's a popular commentator on TV shows.
그 사람은 부산에 있는 한 대학교의 교수야.　TV에 논객으로 자주 나와.

(1)　She's the professor of the university at Busan.　☐

(2)　She's a professor of university at Busan.　☐

(3)　She's a professor of a university in Busan.　☐

(4)　She's a professor in university in Busan.　☐

(5)　She's a professor in a university in Busan.　☐

(6)　She's a college professor in Busan.　☐

(7)　She's an university professor in Busan.　☐

(8)　She's a university professor in Busan.　☐

나는 그 교수를 잘 알고 있지만 지호는 전혀 모르기 때문에, 부정관사 She's a professor라고 해야 한다. 또, 여러 대학교 중 한 개를 말하므로 부정관사 a university다. A of B 형식을 취하는 경우 B 앞에 정관사 the를 붙이는 것이 보통이지만, 무조건 정관사 the를 붙이는 것은 아니다. 그 대학에서 가르치는 수많은 교수 중 하나를 말하는 것이니 부정관사 a professor of a university가 맞다.

(1) 틀렸다.　**(1)**은 부산에 대학이 딱 한 개 있고 거기 교수도 딱 한 명 있는데 그 대학의 바로 그 교수라는 말이다. 한편, 지역과 행정구역도 크든 작든 〈in + 지명〉이기 때문에 at Busan은 틀리고 in Busan이 맞다.　**(2) (3)** (2)는 틀리고 (3)은 좋다. university에 관사를 붙이지 않는 경우는 학생 신분으로 '대학에 다녔다(he went to university)' 같은 문장이다. 건물/기관/조직으로서의 대학은 당연히 부정관사 a university다. '대학교의 교수'니까 a professor of a university처럼 전치사 of가 먼저 생각날 가능성이 높은데, 사실 of 보다는 in이나 at이 더 자연스럽다.　**(4) (5)** (4)는 틀리고 (5)는 맞다. 제로관사 in university는 재학 중(She's attending university)이라는 뜻이라서 틀렸다.　**(6)** 좋다. 미국에서는 college / university 간에 차이를 두지 않으므로 a college professor / a university professor 둘 다 좋다. 그러나 미국이 아닌 다른 나라에서는 쓰기 힘든 문장이다. 캐나다만 하더라도 college는 '2년제 대학'을 가리키는 것이 일반적이다. 영국에서의 college는 '종합대학의 단과대학'을 뜻하기도 하고 '2년제 대학'을 뜻하기도 하고, 심지어는 '(사립) 초중등학교'를 뜻하기도 한다.　**(7) (8)** (7)은 틀리고 (8)은 좋다. 발음이 자음으로 시작하는 단어 앞에는 부정관사 a, 발음이 모음으로 시작하는 단어 앞에는 부정관사 an을 붙인다. 따라서 스펠링은 자음이지만 발음은 모음인 경우, 예를 들어, SAT[에스에이티], X-ray[엑스레이], MRI[엠알아이] 같은 단어들도 모두 부정관사 an을 붙여야 한다. 한편, university[juːnɪvə́ːrsəti]는 반모음으로 시작하는데, 이것은 모음으로 보지 않는다. 따라서 a university가 맞다.

보험료가 이 통장에서 매월 자동이체 되도록 해 주세요.

situation: 은행에 가서 통장을 보여 주며 직원에게 하는 말이다.

(1) Can you arrange an automatic transfer from this account for this insurance premium? ☐

(2) Can you arrange the payment withdrawn every month from this account? ☐

(3) Can you arrange the payment to be withdrawn every month from this account? ☐

(4) Please have this monthly payment automatically withdrawn from this account. ☐

(5) Please make sure the payment is paid automatically from my bank account every month. ☐

(6) Can you set it up so that this payment is taken out of this account every month? ☐

(7) Can I set up direct debit? ☐

(8) Can I set up a direct debit from my account? ☐

(9) Can you set up the automatic withdrawal from my account for this bill? ☐

(10) How can I pay this bill by automatic withdrawal? ☐

(11) Can you set up a scheduled payment for this bill? ☐

'자동이체'는 automatic withdrawal / direct debit이며, 둘 다 가산명사다. '1건의 자동이체 건'을 설정한다는 관점에서 부정관사 an automatic withdrawal / a direct debit은 좋으며 정관사 the automatic withdrawal / the direct debit은 틀렸다. 이렇게 쓰면 '화자와 청자가 알고 있는 특정 1건의 자동이체' 또는 '(총칭하는 의미의) 자동이체 제도'를 나타내게 되는데, 두 의미 모두 표제문 맥락에는 부합하지 않는다. 한편 〈전치사 by + automatic withdrawal / direct debit〉 형식에서는 automatic withdrawal / direct debit이 추상명사화되었으므로 무부정관사로 쓰인다.

(1) 틀렸다. automatic transfer라는 말은 꽤 그럴 듯해 보이지만 영어에는 없는 말이다. **(2) (3)** (2)는 틀리고 (3)은 좋다. '~되도록 해주다'는 arrange (for) / set up을 활용하면 좋다. 〈arrange + 목적어 + to부정사〉 형식이 맞으므로 (3)이 좋다. 매달 내는 '보험료'는 the insurance premium이라고 하는데, 정황상 the (monthly) payment 또는 the bill이라고 해도 된다. 심지어 the money라고 해도 지금 상황에서는 큰 문제가 없다. '보험료'가 중요한 것이 아니라 자동이체 문제가 핵심이기 때문이다. **(4) (5)** 좋다. (4)의 have 피동구문 〈have + the monthly payment + withdrawn〉도 좋고, (5)의 〈make sure + that절〉도 좋다. **(6)** 좋다. 〈take + A(목적어) + out of + B(대상)〉는 'B(대상)로부터 A(목적어)를 꺼내다/공제하다/덜어내다'라는 뜻이다. 예를 들어, 물건을 받

자마자 '물건들을 택배 상자에서 꺼냈다.'는 I took them out of the box.라고 한다. 따라서 this payment is taken out of this account는 '이 보험료가 이 통장에서 인출되다'라는 뜻이 된다. 대명사 set it up 역시 좋다. 내용상 자동이체 설정임을 충분히 알 수 있기 때문이다. **(7) (8) (9) (7) (9)**는 틀리고 **(8)**은 좋다. 제로관사 direct debit / 정관사 the automatic withdrawal은 틀리고, 부정관사 a direct debit / an automatic withdrawal 은 좋다. 주어로 I나 you를 내세워서 Can I ~? 또는 Can you ~? 둘 다 좋다. 자동이체를 내 구좌에 설정하는 것이므로 Can I ~도 좋고, 은행직원이 수행한다는 점에서 볼 때는 Can you ~ 역시 좋다. 따라서, Can you set up a direct debit from my account? 또는 Can I set up an automatic withdrawal ~? 둘 다 좋다. **(10)** 좋다. by automatic withdrawal = by direct debit이다. automatic withdrawal / direct debit이 추상명사 화되어 부정관사를 생략하는 것이 일반적이다. **(11)** 좋다. '자동이체'는 '예정된 지불', '미리 승인된 지불'이란 뜻이므로 a scheduled payment / a pre-authorized payment / a pre-authorized debit이라고 표현할 수 있다.

가능한 문장 A (3) (5) (6) (8) B (3) (4) (5) (6) (8) (10) (11)

관사의 다양한 의미와 용법을 파악하라

법칙
21

관사의 다양한 의미와 용법을 파악하라

정관사는 대상의 경계를 분명히 정한다

앞서 정관사 the는 '특정한 그것', '화자(話者)와 청자(聽者)가 알고 있는 그것'에 사용된다고 했다. 따라서 ⟨1⟩어떤 명사에 수식어가 부가되어 있거나 서수사처럼 그 어구를 특정할 수 있는 형태를 취하는 경우 당연히 정관사 the가 따라오게 된다. 거꾸로 ⟨2⟩ 형태가 없거나 경계가 모호한 사물에 대해서는 정관사 the를 부가함으로써 대상이 분명하게 도드라지는 효과가 발생한다.

먼저 ⟨1⟩에 대해 살펴보자. 명사가 수식어구(한정어구)의 수식을 받을 때 일반적으로 정관사 the를 사용한다. 대상이 구체적으로 특정되기 때문이다. the Republic of Korea에 정관사 the를 붙이고, the United States of America에 정관사 the를 붙이고, University of로 시작하는 대학에 정관사 the를 붙이는 이유다.(예: the University of California, Los Angeles = UCLA) 또한 '나는 갓 볶은 커피향을 정말 좋아한다.'는 I love the aroma of freshly roasted coffee. '지난 여름에 우리와 캠핑 같이 갔던 여자애 생각나지?'는 Do you remember the girl who went camping with us last summer? '내가 받은 고등학교 교육은 정말 형편 없었다.'는 The education that I received in high school really sucked.라고 한다. 이때는 특정한 교육을 지칭하므로 정관사 the를 반드시 붙여야 한다.

그러나 수식을 받는다고 해서 무조건 정관사 the를 사용하는 것은 아니다. 앞서 말한 대로 '특정할 수 있을 정도로 충분히 명확한가?'에 비추어 '구체성'이 있어야 한다. 예를 들어, '그 여자는 화초 가꾸기에 관한 책을 읽고 있다.'는 She is reading a book about plants and flowers.라고 한다. 화초 가꾸기에 관한 책은 수백 권이 있을 것이므로, 그 중 어느 책을 의미하는지가 충분히 명확하지 않기 때문에 부정관사 a book이라고 한 것이다. '특정할 수 있느냐, 없느냐' 관점에서 보면 충분히 이해될 것이다.

영문법 책의 설명들을 다 다룰 상황은 아니지만 피상적인 설명 몇 가지만 지적하고자 한다. 많은 문법책에서 세상에 하나밖에 없는 일반명사에는 정관사 the를 붙인다고 하면서 the earth, the sky, the moon, the sun, the universe 등을 예로 든다. 그러면서 Mercury(수성), Venus(금성), Mars(화성), Jupiter(목성), Saturn(토성)은 예외라고 한다. 이렇게 무조건 외우기보다는 관사의 일반원리에 따라 이해하면 더 효과적으로 이해가 가능하다. earth, sky, moon, sun, universe는 각각 원래 '땅', '하늘 공간', '(행성의) 위성', '(주위에 위성을 가진) 항성/별', '삼라만상'이라는 뜻으로 쓰이고 있던 것을 정관사 the를 추가하여 '지구', '(지구의) 하늘', '(지구의 위성) 달', '(태양계의 별) 태양', '(우리가 포함된) 우주'로 의미를 확장한 것이다. 즉, 우리가 속한 세계에서 우리 주위에서 우리와 관련을 맺고 있는 대상을 지칭하는 것이니까 정관사 the를 사용하여 표현한 것이다. (보통명사에 정관사를 붙여 고유명사처럼 사용하는 것이라고 생각하면 이해하기 쉽다.) 반면 Mercury, Venus, Mars, Jupiter,

Saturn은 오로지 태양계에만 존재하는 고유한 행성의 이름을 말한다. 세상에 유일한 것이니 이것들은 고유명사가 되는 것이다. 독자들 중에는 '그래서 무슨 차이가 있는데? 엎치나 메치나 외우기만 하면 될 것 아닌가?'라고 반문하는 사람들도 있을 수 있다. 하지만 무조건 암기만 하면 응용력이 떨어지기 때문에 단어를 실제 필요할 때 잘 활용하지 못하는 문제가 생긴다.[15]

또한 서수(ordinal), 최상급에는 정관사 the를 사용한다고 규칙처럼 얘기하는 문법서들도 많다.[16] '나는 운전면허시험에 처음 응시해서 합격했다.'를 I passed my driving test on the first go.라고 하는 것을 보면 일견 맞는 것 같다. 그러나 ESL을 뜻하는 English as a second language에 부정관사를 사용하는 것은 어떻게 설명할 것인가? (바닐라 아이스크림이 맛있어서) 한 개 더 먹었다.'는 I helped myself to a second helping of vanilla ice cream.인데, 여기에도 부정관사가 쓰였다. '3차 세계대전은 막아야 한다.'는 We must try to prevent a third world war.다. 서수, 최상급이라서 정관사를 붙이는 것이 아니라 서수, 최상급이 대상을 특정하는 경우가 많기 때문에 '일반적으로' 정관사 the를 붙일 수 있는 상황이 되는 것이다. 제2외국어의 후보는 수십 가지가 될 것인데, 그 중 한 개를 말하기 때문에 부정관사 a second language라고 한 것이다. 당초 바닐라 아이스크림을 추가로 먹을 생각은 없었는데, 맛있어서 한 개 더 먹게 되었을 때 '예상하지 못한 한 개 더'의 의미로 부정관사 a second helping이라고 한 것이다. 3차 세계대전은 아직 발생하지 않았기 때문에 현재시점에서 특정할 수 없다. 그래서 부정관사 a third world war라고 한 것이다.[17] 앞에 나온 예시 모두 확정되지 않은 막연한 것을 뜻하기 때문에 부정관사 a를 쓴 것이다.

서수가 들어가기는 하지만 하나의 단어로 굳어진 것에도 정관사 the를 붙이지 않는다. '그 사람이 그 대회에서 1등을 했다.'는 He won first prize in the competition.이다. 여기에 정관사 the를 절대로 붙이지 않는다. '1등'은 이미 first prize로 굳어진 말이다. 정관사 the first prize은 상장/메달 수여 순서상 맨 처음 수여하는 상을 받았다는 의미밖에 들어 있지 않다. 마찬가지로 '포볼로 1루에 출루했다.'는 He went to first on balls.다. 야구에서 '1루'를 first 또는 first base라고 하는데, 이 앞에도 정관사 the를 사용하지 않는다. '처음에는 수지를 별로 좋아하지 않았다.'는 I didn't like her much at first.다. '첫눈에 수지한테 사랑에 빠졌다.'는 I fell in love with her at first sight.다. at first / at first sight는 숙어라고 생각하면 되겠다.

이제 형태가 없거나 경계가 모호한 사물에 정관사 the를 붙이는 〈2〉의 사례를 살펴보자. 문법책에서 정관사를 써야 한다고 열거하는 사례들을 꼼꼼히 살펴보면 대부분 이런 원리 하에 움직이고 있음을 알 수 있다. 예를 들어, the Han River(한강),[18] the Nile(나일강)처럼 강 이름에는 정관사를 붙인다고 하면서 외우라고 하는데, '강'은 경계가 불분명하므로 '강'을 하나의 분명한 개체로 전환하기 위해 정관사를 붙여 the Han River라고 하게 된 것이라고 이해하면 된다. 그래서 강, 바다, 운하, 대양, 군도(群島) 등 '물'과 관련된 단어들에는 대부분 정관사 the를 붙이게 된다.

〈2〉와 직접 관련되는 얘기는 아니지만 공적인 제도에 대해서는 정관사를 붙이는 경향이 강하다. 규격화, 개념화, 추상화 경향을 갖는 정관사 the의 특성과 잘 맞아 떨어지기 때문이다. 대중교통에 정관사 the를 붙인다는 주장도 이런 측면에서 이해할 수 있다. I took the bus to come here.(버스 타고 왔어.)처럼 버스 앞에도 정관사를 붙인다. 개별 버스를 기준으로 생각하면(즉, 미시적 시각에서 보면) 왜 정관사를 써야 하는지 이해가 안 되지만 the bus가 the bus route의 준말이라고 간주하면 정관사 the bus를 사용하는 것을 충분히 이해할 수 있을 것이다.[19] 이 점은 '택시 타고 왔어.'라고 할 때 부정관사 I took a taxi to come here.라고 하는 것을 봐도 분명히 알 수 있다.

저자가 관사 사용과 관련하여 오랫동안 궁금했던 문장이 있다. 누군가 내게 전화를 잘못 걸었을 때 정관사 You have the wrong number.(전화 잘못 걸었습니다.)라고 한다. 아울러, You've got the wrong bus.((기사가 승객에게) 버스 잘못 탔습니다.), You bought the wrong book.(너 책 잘못 샀어.), I dialed the wrong number.(내가 전화 잘못 걸었어.), The letter was delivered to the wrong address.(편지가 잘못 배달되었다.) 등 수많은 예문도 마찬가지로 정관사 the를 쓴다. 왜 틀린 전화는 수백만 개가 될 텐데 정관사 the wrong number를 쓸까? 틀린 버스는 여러 개일 텐데 왜 정관사 the wrong bus일까? 뒤에서 설명하겠지만 정관사는 거시적 시각에서 집합적으로 분류를 하는 특성이 있다. '이 편'과 '저 편', '긴 것'과 '아닌 것'을 명확하게 구분한다. 이것 역시 거시적 시각에서 보면, 〈맞는 집단〉과 〈틀린 집단〉으로 나뉠 것이다. 따라서 I dialed the correct number.에 반대되는 개념으로 I dialed the wrong number.가 되는 것이다. 수백만 개의 개별적인 틀린 전화가 있더라도 어쨌든 the wrong number 카테고리 밑에 들어가게 되는 것이다.

'거시기'를 나타내는 정관사의 '두히키' 용법(definite article as a doohickey)

중고등학교를 다니면서 I met him on the street the other day.에서 왜 street에 정관사 the가 쓰이는지 궁금하게 생각했던 기억이 있다. 청자가 그 거리(street)가 어느 거리인지 알지도 못 하는데 왜 부정관사 on a street라고 하지 않는가? I met him at a party the other day.처럼, 다른 사례에서는 관사의 일반적인 용법에 따라 a가 사용되는데, 왜 거리(street)에 대해서만은 반드시 정관사 the street라고 해야 하는가?

앞에서 정관사 the는 '특정한 그것', '화자─청자가 알고 있는 그것'에 사용된다고 했다. 다만 알고 있는 정도가 명시적으로 지목해서 아는 정도가 아니라 묵시적으로 안다고 판단되는 경우에도 정관사 the를 사용한다. 원래 sun은 '항성'인데 '우리가 매일 보는 바로 그 항성', 즉 '태양'은 누구나 알고 있으므로 the sun이라고 한다. 마찬가지로 earth는 '땅'인데 '우리가 발을 딛고 있는 이 땅', 즉 '지구'는 누구나 알고 있으므로 the earth라고 한다. 마찬가지로 나와 친구가 같은 방에 있다가 친구가 방을 나가 '문 좀 닫아줘.'라고 할 때 Close the door, please.라고 할 것이다. 같은 방에 있었기 때문에 the door가 무엇을 말하는지 잘 알기 때문이다.

이런 논거를 더 완화시켜 보자. 일반적으로 사람의 행동 반경은 그다지 넓지 않다. 우리는 매일 직장이나 학교에 다니고, 우리가 가는 거리를 지나고, 우리가 가는 식당에 가고, 우리가 하는 활동을 한다. 따라서 우리 주변에 있는 것들에 대해 대체로 정관사 the를 붙인다고 해도 문제가 될 건 없을 것이다. 예를 들어, 친구한테 전화가 왔을 때 상대방이 내가 어느 마트에 다니는지, 어느 미용실에 다니는지 전혀 정보가 없는 경우에도 '나 마트에 있어.'라는 의미로 I'm in the supermarket. / '나 미용실에 있어.'는 I'm at the hair salon.이라고 한다. 나도 굳이 거기가 어디라고 말할 것도 없고, 듣는 상대방도 굳이 거기가 어디라고 물어볼 일도 없다. 저자는 이것을

정관사의 '두히키(doohickey: 거시기, 뭐시기)' 용법이라고 정의하겠다.[20]

이런 관점에서 보면 I met him on the street the other day.가 비로소 이해된다. 이 문장은 '내가 살고 있는 도시의 어느 거리(street)에서 그 사람을 만났는데, 그 거리가 이 도시 안에 있는 것은 맞는데, 어디서 만났는지는 별로 중요하지도 않고, 또는 그 거리가 정확히 어딘지 잘 기억이 안 나며, 말하자면 '거시기' 거리(street)에서 만났는데, 아무튼 그 사람을 우연히 거기서 만난 것이 정말 대단한 우연이었어' 정도의 의미가 된다는 말이다.

이런 두히키 관점에서 보면, 지호가 내게 전화를 해서 오늘밤 놀러 가자고 할 때 '나 바닷가에 와 있어. (그래서 같이 못 가.)'를 정관사 I went to the beach.라고 해야 하는 이유가 비로소 풀린다. '대충 우리 사는 곳에서 가까운, 보통 우리가 자주 다니는 그 '거시기' 해변 있잖아. 거기에 가 있단 말이야.' 정도의 뜻이 된다. 그렇다면 한국과 같이 3면이 바다로 둘러싸여 있고 바닷가는 보통 연중행사로 여름에 가는 것으로 인식되고 있는 상황, 우리가 자주 가는 바닷가가 따로 정해져 있지 않은 상황에서도 정관사 the beach라고 해야 하는가? 그렇다. 역시 I went to the beach.라고 해야 한다.

이밖에도 '두히키' 정관사 사례는 얼마든지 찾아볼 수 있다. 예를 들어, '(내가 주로 거래하는) 은행에 가야 한다.'는 I need to go to the bank.다. 내가 거래하는 은행이 어딘지 청자가 알지 못하는 경우에도 정관사 the bank다. 반면, I need to go to a bank.는 '돈 찾으려고 하는데, 어느 은행이든 가리지 않고 아무 은행이나 가겠다.'라는 뜻이 된다. Let's go to the movies.(영화 보러 가자) 역시 우리가 다니는 영화관은 대체로 정해져 있으니 정관사 the movies가 좋다. She doesn't like to go to the doctor or the dentist.(걔는 병원이나 치과 가기 싫어한다.) 모두 '두히키' 정관사 규칙이 적용된다.

'두히키' 정관사는 청자가 내가 가려고 하는 그 장소가 어딘지 어느 정도 인식하고 있을 것이라는 암묵적인 가정에 바탕을 두는 것이므로 대화 상대방과의 친밀도도 '두히키' 정관사 선택에 영향을 미친다. 즉, 청자와 친할수록 '두히키' 정관사를 택할 가능성이 더 높아진다는 말이다. '주말에 뭐 할거냐?'에 대한 답변으로 I'm going to the park with my friends now that cherry blossom season is in full swing.(벚꽃이 한창 피고 있을 때니까 친구들하고 공원에 가려고 해.)이라고 해도 되고, 부정관사 a park를 써도 된다. 청자가 가족, 남친, 여친인 경우 the park를 택하는 것이 자연스럽고, 그다지 가깝지 않은 직장 동료인 경우 a park를 택하는 것이 더 자연스러울 것이다. 미국에 출장 중인 남친과 전화 통화 중 What time do you have to be at the airport?(공항에 몇 시까지 가야 돼?)라고 하는 경우 역시 '두히키' 정관사다. 남친이 이용하게 되는 공항에 대해 정보가 전혀 없더라도, 그 공항에 대해 사전에 얘기한 바가 전혀 없더라도, '남친이 이용하는 항공편이 출발하는 그 공항'이라는 뜻으로 정관사 the airport라고 한다. 이 경우 부정관사 an airport라고는 절대로 하지 않는다.

관사의 총칭적 용법: '사과를 좋아한다'

'사과를 하나 먹었다.'는 부정관사 I ate an apple. '사과를 세 개 먹었다.'는 무한정사에 복수형 I ate three apples. '점심으로 싸온 사과(한 개)를 먹었다.'는 정관사 I ate the apple that I brought for lunch. '점심으로 싸온 사과(여러 개)를 먹었다.'는 정관사 I ate the apples that I brought for lunch.다. 아울러 '치즈를 먹었다.'는 I ate cheese. '어제 산 치즈를 먹었다.'는 I ate the cheese I bought yesterday.다. 일상 생활에서 우리가 말하는 문장들은 이렇게 개체(individuals)와 관련되는데, 관사의 일반 원칙에 따라 가산명사인 경우 부정관사 / 정관사 / 복수형으로 표현하고, 불가산명사인 경우 제로관사 / 정관사로 표현한다.

한편, '난 사과를 좋아한다.', '난 치즈를 좋아한다.'처럼 일반적인 언급(general statement)을 하는 경우도 많다. 이런 경우에는 어떤 관사를 사용할까?

우선 일반적인 영문법 책에 나오는 설명을 살펴보자.

(1) A dog is a faithful animal.

(2) The dog is a faithful animal.

(3) Dogs are faithful animals.

많은 문법책에서 관사의 '총칭적(generic reference) 용법'이라고 하면서 위 문장을 예로 들고 있다. (1) a dog = (2) the dog = (3) dogs는 모두 같은 뜻이라고 설명하는데, 이 주장이 틀린 것은 아니지만 이런 사례는 극히 예외적인 관사 용법이라는 데 문제가 있다.[21] 관사의 총칭적 용법은 맥락과 문장의 의미에 의해 결정되는 것이지 그 자체로서 무조건적으로 총칭적 용법으로 사용되는 것은 아니다. 예를 들어 A dog is mine.에서 a dog는 '불특정한 개 한 마리'를 뜻하며 '총칭적 개 전체'를 뜻하지 않으며, 정상적인 문장으로 성립하지도 않는다. The dog is mine.에서 the dog는 '특정한 개 한 마리'를 뜻하며 '총칭적 개 전체'를 뜻하지 않는다. Dogs are mine. 역시 dogs는 '불특정한 개 여러 마리'를 뜻하며 '총칭적 개 전체'를 뜻하지 않는다. 물론 문장으로도 전혀 성립하지 않는다. a dog / the dog / dogs는 각자 고유한 기본적인 뜻이 있으며, (1)(2)(3)의 총칭적 용법은 부차적 의미에 불과하다.

위에서 예를 든 문장, '나는 사과를 좋아한다.'(과일에 대한 일반적인 선호를 표현하는 문장이다. 다른 과일과 비교하거나 다른 과일을 염두에 두고 있지 않다.)를 통해 더 자세히 살펴보자.

(4) I like an apple.

(5) I like the apple.

(6) I like apples.

(4)는 불완전 문장이라서 전혀 성립하지 않는다. I like는 '선호'를 표현하는 어구인데, an apple은 '일정하게 정해지지 않은, 불특정한 사과 한 개'라는 뜻이 강하기 때문에 그 자체로는 문장으로 성립할 수가 없다. '한 개(an apple)'를 '선호(like)'할 수는 없기 때문이다.[22] (4) 뒤에 후속 어구를 추

가하면 얼마든지 좋은 문장이 될 수 있다. 예를 들어, I like an apple more than a banana, but not as much as grapes.(나는 바나나보다 사과를 좋아하는데 포도보다는 덜 좋아한다.)[23]처럼 표현하면 좋은 문장이 된다. 여기서 한 개의 사과(an apple)로 '사과 전체'를 나타내고 한 개의 바나나(a banana)로 '바나나 전체'를 나타낸다. 또는 I like an apple when it's fresh.(신선한 사과를 좋아한다.) 역시 완결된 문장으로 성립한다.

(5)는 '나는 그 사과(that particular apple)를 좋아한다.'는 뜻이다. 문법적으로는 성립하는 문장이나 실생활에서는 도저히 이것을 쓸 수 있는 상황이 없다. '특정한 사과 한 개'를 '일반적으로 선호'할 수는 없는 것이다. (5)는 사과 품종을 가리키는 의미로 사용할 수는 있겠다. 북미인들이 좋아하는 사과 품종은 Granny Smith, McIntosh[24]인데 Granny Smith를 가리키며 I like the apple because it's sour.라고 할 수 있을 것이다. 여기서 the apple은 '그 품종(this type of apple)', 즉 Granny Smith를 말한다.

(6)은 '나는 사과를 좋아한다.'에 가장 적절한 문장이다. 여기서 apples는 오로지 '일반적인, 총칭적인 의미의 사과'를 뜻한다. 어떤 특정한 개별적인 '사과들'을 나타내고자 하는 경우 정관사 the를 붙여 I like the apples.라고 해야 한다. 물론 이때 the apples는 어떤 이유로 인해 화자-청자가 공히 알고 있는 '그 특정한 사과들'을 뜻한다. 예를 들어, I like the apples you bought for me.(나한테 사다 준 그 사과 좋다.)처럼 말할 수 있다.

그렇다면, '나는 치즈를 좋아한다.'는 어떻게 표현해야 할까? cheese는 apple과 달리 불가산명사다.

(7) I like a cheese.
(8) I like the cheese.
(9) I like cheeses.
(10) I like cheese.

당연한 얘기지만 (7) 부정관사 a cheese / (9) 복수형 cheeses는 비문(非文)이다. (8) 정관사 the cheese는 문맥이나 상황에 의해 화자와 청자가 공히 알고 있는 '바로 그 치즈'를 뜻한다. (8)은 문장으로는 성립하지만 '나는 치즈를 좋아한다.'는 뜻으로 사용할 수는 없다. 그런 뜻으로는 (10) 무관사 cheese가 맞다. 즉, '(오늘 아침에) 난 치즈를 먹었다.'를 I ate cheese.라고 하고 '난 치즈를 좋아한다.'를 I like cheese.라고 하는 데서 보듯이 불가산명사는 개별적인 의미이든, 총칭적인 의미이든 〈제로관사 + 단수형〉 형태로 사용된다. 따라서 불가산명사는 별로 문제가 안 되고, 주로 가산명사가 문제가 된다.[25]

가산명사의 경우, '일정한 조건'이 되면 〈부정관사 + 단수형〉, 〈정관사 + 단수형〉, 〈제로관사 + 복수형〉이 모두 총칭적(generic reference) 용법으로 사용될 수 있다. 문제는 바로 '일정한 조건'이 무엇이냐 하는 점이다. 이들은 각자 고유한 뜻이 있고 대화 맥락과 문장 의미가 부여하는 부수적인 의미(관사의 '총칭적 용법' 또한 부수적인 의미 중 하나이다.)가 있는데 실제 문장에서는 이런 뜻이 뒤죽박죽이 되어 네이티브가 아니면 언제 고유한 의미로 쓰이고 언제 부수적인 의미로 쓰이는지 알 수가 없게 된다.

〈부정관사 + 단수형〉인 a dog / an apple은 '한 개'에 무게중심이 강하게 실려 있다. 즉, 〈부정관사 + 단수형〉의 고유한 의미는 '(미시적 시각에서 바라보는) 개별성'이다. 그런데 문장 상황에 따라서는 '하나를 보면 열을 안다.'는 말에서 보듯이 이 한 개를 통해 총칭적의 의미의 '개 전체', '사과 전체'를 나타낼 수도 있을 것이다. 하지만 〈부정관사 + 단수형〉의 근본적인 출발점은 '1개체'임을 잊지 말자.

〈정관사 + 단수형〉인 the dog / the apple은 '우리가 알고 있는 그것'을 말한다. 이것은 양면이 있다. '특정한 한 개체(a particular individual)'를 가리킬 수도 있고, 종류 관점에서 보면 '(집합적 의미의) 종류 전체(of that kind)'를 가리킬 수도 있다. 즉, 〈정관사 + 단수형〉은 '(거시적 시각에서 바라보는) 집합성'을 중요한 특성으로 포함하고 있다. 이 점은 수많은 사례를 통해 확인할 수 있다. 앞서 설명한 대로 '한강'을 the Han River라고 해서 경계를 설정해 '한강'이라고 하는 개념을 도출한다. 〈the + 형용사〉로 표현하여 '부자'를 the rich라고 하고, '집 없는 사람들'을 the homeless라고 한다. 〈the + 단수명사〉로 표현하여 '중산층'을 the middle class라고 한다. 이런 예시에서 보듯 정관사 the를 통해 집합적 개념을 이끌어내고 있음을 알 수 있다.

〈제로관사 + 복수형〉인 dogs / apples는 '복수의 개체'를 뜻하며, 복수의 개체들로부터 발전하여 '종족 전체'를 뜻하기는 매우 쉬울 것이다. 따라서 〈제로관사 + 복수형〉이 총칭적 용법으로는 가장 흔히 사용된다.

상황을 상상하며 관사를 바꿔 보자

같은 뜻을 전달하더라도 문장 형식을 달리하면 거기에 맞는 관사도 얼마든지 달라질 수 있다. 관사는 문장 형식의 종속변수이며 문장의 부속품에 불과하기 때문이다. 경우에 따라서는 관사가 있든 없든 의미 차이가 없는 경우도 있다. 관사를 달리하면 어떻게 상황이 달라질 것인지 습관적으로 생각하는 것이 관사 이해의 지름길이다.

'윗집에서 피아노를 가끔씩 친다.'는 문장은 다음 중 어떻게 표현하는 것이 맞을까?

(1) Neighbor upstairs plays the piano every now and then.
(2) A neighbor upstairs plays the piano every now and then.
(3) The neighbor upstairs plays the piano every now and then.
(4) My neighbor upstairs plays the piano every now and then.
(5) Neighbors upstairs play the piano every now and then.
(6) The neighbors upstairs play the piano every now and then.
(7) My neighbors upstairs play the piano every now and then.

neighbor는 가산명사이므로 단수형인 경우 한정사 없이 사용될 수는 없다. (1)을 제외한 문장들은 모두 쓸 수 있는 문장이다. 윗집에 대해 정확히 파악하기는 어려우므로 윗 문장들은 오로지 화자의 인식에 따른 결과물이다. 윗집에 몇 명이 사는지, 그 중에서 몇 명이 피아노를 치는지에 대한 화자의 추정에 따라 문장이 달라진다는 말이다. (2)(3)(4)의 경우 윗집에 대체로 한 사람이 살고 있고, 그 한 사람이 피아노를 친다고 생각한다. (5)(6)(7)의 경우 윗집에 여러 사람이 살고 있고 그 중에서 몇 명이 피아노를 치는지는 알 수가 없는 상태다. (다만, (2)(3)(4)도 반드시 윗집 식구가 한 명일 필요는 없고 윗집에 몇 명이 사는데 그 중 '한 명'이 피아노를 치는 상황일 수도 있다.) (2) A neighbor와 (5) Neighbors는 윗집 사람들을 만난 적도 없고 인사한 적도 없는 경우가 일반적이겠고, (3)(4)(6)(7) 의 정관사 The neighbor(s), 소유격 My neighbor(s)는 인사를 나눈 정도는 될 것이다.[26]

물론 뉘앙스는 조금씩 다르기는 하지만 윗 문장들은 (1)만 제외하면 모두 '윗집 somebody가 피아노를 가끔씩 친다.'를 전달하는 문장들이다. 이렇게 여러 문장들을 시도해 보면 관사, 단수형, 복수형의 의미를 이해하는 데 도움이 될 것이다.

방값에 인터넷 요금이 포함되어 있는 거 맞죠?

situation:
호텔 방값에 인터넷 요금이 포함되어 있다고 알고 있다. 그런데 입실해서 인터넷을 켰더니 내가 원하는 사이트에는 안 들어가지고 요금 제를 고르라는 화면이 자꾸 나온다. 프런트에 전화해서 직원에게 문의하고 있다.

STEP 1 표제문을 영어 문장으로 만들어 보세요.

방값에 인터넷 요금이 포함되어 있는 거 맞죠?

STEP 2 표제문을 영어로 잘 옮긴 것에 모두 체크하세요.

(1) **Is the internet price included in the room price, right?**

(2) **Is internet included in the price of my room?**

(3) **Internet is included in the room rate, isn't it?**

(4) **Internet is included in my room rate, isn't it?**

(5) **Internet is included in my room charge, isn't it?**

(6) **My room rate covers internet service too. Right?**

(7) **The internet is free for me. Right?**

(8) **You are not going to charge me extra money for internet, right?**

(9) **I'm not going to be charged extra money for internet, right?**

가능한 문장 **(2) (3) (4) (6) (7) (8) (9)**

542

> **어휘 들여다 보기**
>
> **internet** '인터넷'은 정관사 the internet인가, 제로관사 internet인가? internet은 〈1〉 기술적인 인프라, 네트워크망으로서의 internet과 〈2〉 '인터넷 서비스', '인터넷 접속/접근'으로서의 internet으로 구분된다. 〈1〉의 경우 정관사 the internet이 맞다. 예를 들어 '그거 인터넷에서 찾아봐.'라고 할 때는 정관사 the를 붙여 Look it up on the internet.이라고 해야 한다. 〈2〉의 경우 내가 사용하고 있는(또는 내가 사용했던) 인터넷인 경우 정관사 the를 붙이지만, 기타 일반적인 의미의 인터넷인 경우 정관사 the를 붙이지 않는다. 예를 들어, 관사 없이 쓴 Internet is unstable.은 지금 내가 사용하고 있는 인터넷 서비스에 대해 말하는 것이 아니라, 일반적인 차원에서 '인터넷은 잘 끊어진다(Internet is not reliable.)'라는 뜻이다. 만약, '지금 내가 사용 중인 인터넷이 불안정하다. / 지금 내가 사용 중인 인터넷이 자꾸 끊어진다.'라고 말하고자 하는 경우에는 정관사가 필요하다. 즉, The internet is unstable.이라고 해야 한다. 이때 the internet은 '지금 현재 내가 사용하고 있는 그 인터넷 연결'을 말한다. 물론 소유격 My internet is unstable. 역시 좋다. 한편, '집에 인터넷이 없다.'는 I don't have internet at home. 또는 I don't have the internet at home. 둘 다 좋다. 맥락상 인터넷 서비스 또는 네트워크망으로서의 인터넷 모두 가능하기 때문이다.
>
> 표제문 맥락의 경우 일반적인 의미의 인터넷 접속 서비스라고 생각해도 되고 내가 쓰는 인터넷이라고 생각할 수도 있으므로 정관사를 붙여도 되고 안 붙여도 된다.

(1) Is the internet price included in the room price, right? ×

(2) Is internet included in the price of my room? ○

(1)은 틀리고 (2)는 좋다. 표제문의 '인터넷 요금'은 '인터넷 서비스'를 뜻하므로 정관사 없이 그냥 internet이라고만 하면 된다. '방값'은 (1) room price가 아니고 (2) the price of my room이라고 하면 좋다. 물론 소유격 my room rate 또는 정관사 the room rate라고 해도 좋다.

(3) Internet is included in the room rate, isn't it? ○

(4) Internet is included in my room rate, isn't it? ○

(5) Internet is included in my room charge, isn't it? ×

(3) (4)는 좋으나, (5)는 틀렸다. '방값'은 (3) (4)처럼 room rate라고 하면 된다. 한국어 문장에는 '방값'이라고만 되어 있지, 누구 방값이라는 얘기는 없다. '내 방값'이란 것을 문맥으로 이해하기 때문이다. 하지만, 영어로 전환하는 순간 누구의 방값에 대해 이야기하는지 분명히 밝혀 주어야 한다. 그 방법이 소유격 my room rate나 정관사 the room rate를 사용하는 것이다. (5) room charge는 '방값'이 아니라 '방값에 호텔 숙박 중 이용한 각종 호텔 서비스를 내 방으로 달아 놓은 전체 금액'을 뜻한다. (5)는 '인터넷 요금이 내 방으로 청구되는 거지요?', 즉, '별도로 내지 않고 내가 나중에 체크아웃할 때 한꺼번에 계산해도 되는 거지요?' 정도의 뜻이 되기 때문에 표제문 맥락에 부합하지 않는다.

(6) My room rate <u>covers</u> internet service too. Right? ○

좋다. 동사 cover는 '덮다'에서 의미가 확장되어 '포함시키다', '다루다', '취재하다'라는 뜻으로도 쓰인다. $200 should cover your expenses.(200달러면 경비로 충분할 거야.), The sales team covered the western part of the region.(그 영업팀은 그 지역의 서쪽 영역을 담당했다.)처럼 쓸 수 있는 어휘다.

(7) <u>The internet</u> is free for me. Right? ○

좋다. 표제문을 돌려 생각해 보면 '인터넷이 방값에 포함되어 있다'는 '인터넷이 공짜다'와 같은 말이다. The internet 대신 무한정사 unlimited internet access(무제한 인터넷 접속) 또는 unlimited internet usage(무제한 인터넷 이용)라고 하면 더욱 분명하게 의미가 전달될 것이다. 두 표현에는 정관사 the, 부정관사 an 둘 다 붙이지 말아야 한다. 예를 들어, 표제문은 I'm eligible for unlimited internet access[usage], right?라고 해도 된다.

(8) You are not going to charge me extra <u>money</u> for <u>internet</u>, right? ○

(9) I'm not going to be charged extra <u>money</u> for <u>internet</u>, right? ○

좋다. 동사 charge는 〈charge + A + B〉 형식으로, 'A에게 B를 청구하다'란 뜻으로 자주 쓰인다. 한편, extra money에서 money는 생략 가능하다.

situation:
서해안에 있는 숙소에 도착해서 체크인 하고 있는 중이다. 지호가 홍대에 놀러 가자고 전화를 했는데, 해수욕장에 놀러 왔기 때문에 못 간다고 말한다. 나도 이 쪽에는 처음 와 보며, 지호는 물론 내가 어디 와 있는지 전혀 알지 못한다.

STEP 1 표제문을 영어 문장으로 만들어 보세요.

지호 I'm going to Hongdae tonight. Want to hang out?
오늘 밤에 홍대 갈 건데.　　　　　　　같이 갈래?

나 I'm afraid I can't.
곤란해.　　　　　나 바닷가에 왔어.

STEP 2 표제문을 영어로 잘 옮긴 것에 모두 체크하세요.

(1) **I came to a beach.**

(2) **I came to a beach on the west coast.**

(3) **I came to the beach.**

(4) **I went to a beach.**

(5) **I went to the beach.**

(6) **I went to the beach on the west coast.**

(7) **I'm at a beach.**

(8) **I'm at the beach.**

가능한 문장 **(2) (3) (5) (8)**

어휘 들여다 보기 **a beach / the beach** '바닷가에 왔어.'는 부정관사 I'm at a beach.인가, 정관사 I'm at the beach.인가? 지호한테 내가 바닷가에 간다는 말을 한 적이 없기 때문에 지호는 내가 지금 어느 해변에 와 있는지 전혀 알지 못 한다. 나 역시 이 해변에는 처음 왔다. 인터넷 검색을 했는데 호젓하고 한적해서 여기로 오게 된 것이다. 지호는 이 장소에 대해 전혀 알지 못하고 나 역시 이 장소에 대해 그다지 잘 알지는 못하는 상황이다. 이런 상황에서는 부정관사 at a beach라고 하지 않고 반드시 정관사 at the beach라고 해야 한다. 이 해변이 낯설기는 하지만 최소한 내가 지금 어디 있는지는 분명하게 인식하고 있기 때문이다. 아울러 the beach에는 '특정한 바닷가/해수욕장'이라는 뜻도 포함되어 있으나, 동시에 '(끊이지 않고 무한히 이어지는) 육지와 물이 접하는 경계'를 뜻하기도 한다. 이런 의미의 the beach는 육지와 물이 접하는 한 끊어지지 않는, 해안을 따라 이어지는 '해안선'이라고 생각하면 된다. 이런 관념 때문에 지호는 물론 나도 처음 와서 잘 모르는 바닷가라고 하더라도 정관사를 써서 I went to the beach.라고 해야 한다.

a beach라고 하면 나도 전혀 내가 어디 있는지 모르는 상황, 즉 길을 잃은 상황이다. 길을 잃어 해변에 있기는 한데, 지금 내가 정확히 어디에 있는지를 모르겠다(I'm lost and don't know where I am.)고 할 때 I'm at a beach now.라고 한다. 그런데 부정관사 a beach에 부가어구를 추가하면 표제문 맥락에 충분히 사용이 가능하다. 예를 들어 지금 '서해안에' 있으므로 a beach + on the west coast, 또는 '충청도에' 있으므로 a beach + in Chungcheong Province라고 해도 좋다. 부정관사 a beach라고 말하는 순간 마음 속에 해안선에서 어느 한 구간을 가위로 잘라 내어 '개별적인 하나의 바닷가(예를 들어, 꽃지 해수욕장)'가 마음 속에 들어온 것이므로, 구체적으로 거기가 꽃지 해수욕장이라고 말하지는 않더라도, 대충 어딘지를 구분할 수 있는 부가적인 어구가 필요하다. 따라서 I'm at a beach on the west coast. / I'm at a beach in Chungcheong Province.는 표제문 맥락에 잘 부합한다.

다만, 일반적인 습관이나 미래 계획에는 부정관사 a beach가 제약 없이 사용된다.[27] I like going to a beach when I feel stressed.(스트레스 받으면 바닷가에 한번씩 간다.), We're going to Thailand this weekend and we'll go to a beach.(이번 주말에 태국에 가서 바닷가에 갈 거야.)는 좋다. 물론 이때는 부정관사 a beach 대신 정관사 the beach라고 해도 훌륭한 문장이 된다.

(1) I came to a beach. ×

(2) I came to a beach on the west coast. ○

(3) I came to the beach. ○

(1)은 틀리고 (2) (3)은 좋다. beach뿐만 아니라 '해변, 해안'이라는 뜻을 갖는 seaside / seashore / coast 모두 정관사 the를 쓴다. 부정관사 a beach는 앞서 설명했듯 on the west coast / in Chungcheong province 같은 부가 어구가 있어야 자연스러운 표현이 된다.

(4) I went to a beach. ×

(5) I went to the beach. ○

(6) I went to the beach on the west coast. ×

(4) a beach는 틀리고 (5) the beach는 좋다. 그러나 (6) 정관사 the beach + on the west coast의 경우, '나와 지호가 알고 있는 서해안의 특정 바닷가'란 뜻이 부각되므로 표제문과

는 뜻이 달라진다. 참고로 I went to the beach.는 맥락에 따라 '갔다 왔다'는 뜻이 될 수도
있다. 월요일날 박과장에게 주말에 '래프팅하러 강원도에 있는 강에 갔다 왔다.'라고 할 때
I went to a river in Gangwondo for white water rafting.이라고 할 수 있다. 내가 지금
이 자리에서 당신하고 얘기하고 있으니, 갔다가 지금 거기에 안 있고 서울로 다시 온 것은
확실하므로 I went and came이라고 하지 않는다.

(7)   I'm at a beach. ×

(8)   I'm at the beach. ○

(7)은 틀리고 (8)이 좋다. 내가 어느 바닷가에 있는지 지호가 알지 못하는 경우에도 반드시 정
관사 the beach라고 해야 한다. 물론 부가 어구를 더해 I'm at a beach on the west coast.
라고 하면 좋은 문장이 된다.

강원도에 갔다가 폭설이 내려 도로에 갇힌 적이 있어.

situation:
몇 년 전에 자동차를 운전해서 강원도에 놀러
갔다가 눈보라에 갇혀 차를 고속도로에 두고
대피했던 적이 있다. 박과장에게 하는 말이다.

STEP 1 표제문을 영어 문장으로 만들어 보세요.

A few years ago

몇 년 전 　　　　　　　강원도에 갔다가 폭설이 내려 도로에 갇힌 적이 있어.

I had to abandon my car.
차를 버리고 안전한 곳으로 이동할 수밖에 없었어.

STEP 2 표제문을 영어로 잘 옮긴 것에 모두 체크하세요.

(1) **I was trapped on a road in Gangwondo because snow fell heavily.**

(2) **I was stuck on a road in Gangwondo because snow fell heavily.**

(3) **I was stuck on a road in Gangwondo because the snow fell heavily.**

(4) **I was stuck on the road in Gangwondo because it snowed heavily.**

(5) **I had to stop on the road in Gangwondo because of a heavy snow.**

(6) **I had to stop on the road in Gangwondo because of heavy snowfall.**

(7) **I was caught on the road in the snowstorm in Gangwondo.**

(8) **I was caught on the road in the blizzard in Gangwondo.**

(9) **I was stuck on the road in a snowstorm in Gangwondo.**

(10) **I was stuck on the road in a blizzard in Gangwondo.**

가능한 문장 (2) (3) (4) (6) (9) (10)

STEP 3 문장을 확인하세요.

어휘 들여다 보기   **on a road / on the road** 박과장은 그 도로가 강원도 어딘지에 대한 정보가 전혀 없다. 따라서 '도로에'는 부정관사를 써서 on a road라고 하면 된다. 하지만 일반적으로 정관사 on the road를 더 많이 쓴다. 이 역시 '두히키' 정관사라고 생각하면 된다. '두히키' 정관사 사용 여부는 대화 상대방이 누구냐에도 영향을 받는다. 청자가 친한 친구라고 하면 나에 대해 더 많이 깊이 알 것이기 때문에 그 도로가 정확히 어딘지 알지 못해도 정관사 on the road를 사용해도 문제가 없다. 반면, 가깝지 않은 직장 동료에게 얘기하는 경우 부정관사 on a road라고 해도 충분하다.

(1) I was <u>trapped</u> on a road in Gangwondo because <u>snow</u> fell heavily. ×

(2) I was <u>stuck</u> on a road in Gangwondo because <u>snow</u> fell heavily. ○

(3) I was <u>stuck</u> on a road in Gangwondo because <u>the snow</u> fell heavily. ○

(4) I was <u>stuck</u> on the road in Gangwondo because <u>it</u> snowed heavily. ○

(1)은 틀리고 나머지는 좋다. (1) trapped는 '갇힌'이란 뜻이므로 눈이 2미터쯤 와서 차에서 내릴 수가 없어 119가 와서 꺼내 준 경우에나 사용할 수 있다. 표제문 맥락에는 '꼼짝 못하는'이란 뜻의 stuck를 쓰는 것이 맞다. 한편, '눈'은 제로관사 snow도 좋지만 지나치게 일반적이라 다소 모호하므로 정관사 the snow가 더 좋다.[28] 또, '폭설이 내리다'는 (3) the snow fell heavily 외에도 비인칭주어를 쓴 (4) it snowed heavily 역시 좋다. 대명사 it이 날짜, 날씨, 거리, 시간 등을 나타내는 문장의 주어로 사용될 때, 이를 비인칭주어 또는 형식주어라고 한다.

(5) I had to stop on the road in Gangwondo because of <u>a heavy snow</u>. ×

(6) I had to stop on the road in Gangwondo because of <u>heavy snowfall</u>. ○

(5)는 틀리고 (6)은 좋다. '폭설'은 heavy snow가 아니라 heavy snowfall이다. '(지금 내리고 있는) 폭설이 곧 멈출 것이다.'라고 할 때도 The heavy snow will stop soon.은 틀리고, The heavy snowfall will stop soon.이 맞다.

(7) I was <u>caught</u> on the road in <u>the snowstorm</u> in Gangwondo. x

(8) I was <u>caught</u> on the road in <u>the blizzard</u> in Gangwondo. x

(9) I was <u>stuck</u> on the road in <u>a snowstorm</u> in Gangwondo. o

(10) I was <u>stuck</u> on the road in <u>a blizzard</u> in Gangwondo. o

(7) (8)은 틀리고 (9) (10)은 좋다. 몇 년 전 내가 겪은 '폭설/눈보라'를 박과장이 알지 못하는 상황이므로 정관사 the snowstorm / the blizzard는 안 되고, 부정관사 a snowstorm / a blizzard가 좋다. '폭설'은 heavy snowfall이 맞지만 맥락상 '눈보라'를 뜻하는 snowstorm / blizzard 역시 좋다. snowstorm보다 blizzard가 더 센 눈보라를 말하지만, 보통 같은 뜻으로 통용된다. 한편, caught는 예상하지 못한 상태에서(by surprise) 폭설을 만났다는 뜻이다. 도로에 갇혔다는 의미일 수도 있고 조심스럽게 운전해서 목적지로 갔다는 의미일 수도 있다. 따라서 caught는 표제문 뜻에 100% 부합하는 것은 아니므로 caught보다는 stuck가 더 맥락에 맞는 표현이다.

A

**그 사람은 한국경제에
여러 가지 구조적인
문제가 많다고 말합니다.**

situation: 그 전문가는 한국 경제는 가계 부채, 인구 고령화, 재벌주도 경제와 같은 구조적인 문제에 봉착해 있다고 주장한다.

(1) He says Korean economy has many structural problems.　☐

(2) He says the Korean economy has many structural problems.　☐

(3) He says economy in Korea has many structural problems.　☐

(4) He says the economy in Korea has many structural problems.　☐

(5) He says Korea's economy has many structural problems.　☐

(6) He says the Korea's economy has many structural problems.　☐

'한국문화'는 무정관사 Korean culture, '한국역사'는 무정관사 Korean history, '한국정치'는 무정관사 Korean politics, '한국사회'는 무정관사 Korean society다. 그러나 '한국경제'는 정관사 the Korean economy다. '경제'를 뜻하는 economy에는 반드시 정관사 the가 필요하다. 따라서 the Korean economy / the economy / the economy in Korea라고 해야 한다. 왜 '경제'만 정관사 the economy라고 하는지 명확한 답은 없지만, 문헌을 찾아 나름대로 추론해 보면, 무정관사 economy는 원래 개인적인 차원의 '효율적인 사용', '아껴 씀', '근검절약'을 뜻했다.(예: 비행기의 economy class, 대형 양판점의 덕용포장 economy pack) 그러던 것이 경제학의 발전과 함께 국가 전체가 가지고 있는 자원의 효율적인 활용을 통해 국민의 후생을 증대하고자 하는 노력 쪽으로 의미가 확대되었고, 이 과정에서 '종합적인/거시적 차원의 아껴 씀'을 뜻하기 위해 정관사 the economy라고 하게 된 것으로 추정된다.

(1) (2) (1)은 틀리고 (2)는 좋다. Korean economy 앞에는 정관사 the가 필요하다. 한편, '구조적인 문제'는 structural problems 외에도 structural issues / structural risks / structural vulnerabilities / structural challenges를 쓸 수 있다.　**(3) (4)** (3)은 틀리고 (4)는 좋다. '한국경제'는 the economy in Korea 대신 the economy of Korea라고 해도 좋다.　**(5) (6)** (5)는 맞고 (6)은 틀렸다. '경제'를 뜻하는 economy는 반드시 정관사 the가 필요하지만 the Korea's economy라고는 하지 않는다. 소유격과 정관사는 함께 쓰이지 않기 때문이다. 'Tom의 휴대폰'을 Tom's cell phone이라고 하지 the Tom's cell phone이라고 하지 않는 것과 같다. '미국 경제'도 마찬가지다. the America's economy는 틀리고 America's economy라고 한다.

(1) I am going to my parents-in-laws' house at the New Year's Day. ☐

(2) I am going to my parents-in-law's house for New Year's Day. ☐

(3) I am going to my husband's parents' house on New Year's Day. ☐

(4) I am going to in-laws' house for the New Year's Day. ☐

(5) I am going to the in-laws' house on New Year's Day. ☐

(6) I am going to my in-laws' house on New Year's Day. ☐

(7) I am going to my in-laws' house for New Year's Day. ☐

(8) I'm going to my in-laws' on New Year's Day. ☐

며느리 입장에서 '시댁', 사위 입장에서 '처갓집'을 parents-in-law's house처럼 복잡하게 말하지 않는다. 이 때는 '처가 쪽 가족', '시집 식구들'을 뜻하는 복수형 in-laws를 써서 말하는 것이 보편적이다. 물론 in-laws는 '시동생', '처남', '처제'들을 모두 뜻하는 포괄적인 단어이기는 하지만 일반적으로 '시부모', '장인, 장모'를 뜻한다. 따라서 '시댁'은 my in-laws' house 또는 간단히 줄여서 my in-laws'라고 한다. 물론 my husband's parents' house / my wife's parents' house라고 해도 된다. 시아버지나 시어머니만 살아 계신다면 '시댁'을 my husband's mother's house / my husband's father's house라고 하면 된다. 물론 my mother-in-law's house / my father-in-law's house 역시 좋다.

(1) (2) (3) (1) (2)는 틀리고 (3)은 좋다. '시부모님'은 parents-in-law이므로 그 소유격 역시 's를 추가하여 parents-in-law's다. 따라서 문법적으로는 (2)가 맞지만, '시댁'을 이렇게 말하는 사람은 없고, (3)처럼 '남편 부모님의 집'처럼 말한다. 한편 명절, 공휴일에는 관사를 붙이지 않으므로 New Year's Day가 맞다. 아울러, 전치사 at은 틀리고 for 또는 on이 맞다. **(4) (5)** 틀렸다. (4) 제로관사 in-laws' house, 정관사 the New Year's Day는 문법적으로 틀린 문장이고, (5) 정관사 the in-laws'에는 '정말로 만나고 싶지 않은, 내가 정말로 싫어하는 시부모'가 함축되어 있기 때문에 맥락에 맞지 않아 틀렸다.[29] 그에 비해 소유격 my in-laws'는 중립적인 의미를 갖고 있다. **(6) (7) (8)** 좋다. '시댁'은 my in-laws' house도 좋지만, house는 당연한 것이니 생략 가능하다. 따라서 my in-laws'라고만 해도 된다.

가능한 문장 A (2) (4) (5) B (3) (6) (7) (8)

가산명사라도
사용 유형은
다양하다

법 칙
22

가산명사라도 사용 유형은 다양하다

가산/불가산 여부는 우리 직관과 다른 경우가 많다

어떤 명사가 가산명사인지 아닌지는 직관적으로 어느 정도 파악할 수 있다. 다만, 이런 직관이 맞아 떨어지지 않는 경우가 적지 않다는 데 문제가 있다. 예를 들어, headache(두통)는 가산명사인데[30] 두통을 한 개, 두 개 셀 수 있다는 관념은 한국인에게 상당히 낯설다. 어쨌든 '두통이 있어요' 할 때는 I have a headache.처럼 부정관사 a가 필요하다. cold(감기)도 가산명사이므로 '감기 걸렸어요'할 때 I caught a cold.라고 한다. 하지만 대부분의 병명은 불가산명사다. cancer(암)는 불가산명사이므로 He has lung cancer.(그 사람은 폐암이다.)처럼 제로관사와 단수형으로 쓴다.

반대로, luck(운, 행운)은 가산명사처럼 보이지만 불가산명사다. 따라서 부정관사 a와 같이 쓰이지 않는다. 불가산명사 중에는 형용사와 결합하여 가산명사화 하는 경우도 있지만(success → a huge success), luck은 형용사와 함께 쓰인다고 해도 가산명사화 하지 않는다. 예를 들어, '네 잘못이 아니야. 그냥 운이 나빴을 뿐이야.'는 It wasn't your fault. It was just bad luck.이라고 한다. 아울러 homework도 불가산명사인데, 숙제를 한 개 두 개 셀 수 있다는 관념이 우리에게 오히려 더 친숙하다. 하지만 '나 숙제 있어요'라고 할 때 I have a homework.라고 하지는 않는다. cancer, homework를 불가산명사로 사용하여야 할 논리적 당위성을 찾기는 어렵다. '영어라는 언어에서는 이런 각도에서 바라보고 있구나.'라고 생각하고 암기해야 할 문제이지 어떤 논리적 설명을 기대하는 것은 무리다.

마찬가지로 '기분'은 영어로 mood인데, 우리가 생각할 때 mood는 불가산명사로 보인다. '기분'을 한 개, 두 개로 센다는 관념이 어색하기 때문이다. 반면 네이티브에게 mood는 '일시적인 기분/감정/의향', 즉 the way you are feeling at a particular time을 뜻한다. 그렇기 때문에 mood를 한 개, 두 개 끊어지는 개념으로 보고 가산명사로 사용한다. '걔는 지금 기분이 좋다.'는 She is in a good mood now.다. mood의 정의를 제대로 이해하고 나면 이 문장을 자연스럽게 받아들일 수 있을 것이다. 마찬가지로 '입맛'이라는 뜻의 appetite는 가산명사이므로 '입맛이 없어요.'는 I don't have an appetite.이라고 한다. 하지만 I am suffering from loss of appetite.(식욕부진에 시달리고 있다.)에서처럼 관사를 사용해서는 안 되는 경우도 있다. 이때는 추상명사이기 때문이다.

한편 가산명사, 불가산명사 양쪽으로 다 쓰이는 경우도 있다. scholarship은 일반적으로 가산명사로 쓰지만 불가산명사로 쓰기도 한다. '장학금을 받고 대학을 다녔다.'는 I attended college on a scholarship.이 일반적이지만, 관사 없이 I attended college on scholarship.이라고 해도 된다.

'식빵 두 개를 샀다.'를 I bought two white breads.라고 하지 않는다는 것은 비교적 많은 사람이 알고 있을 것이다. 이때는 I bought two loaves of white bread.라고 해야 맞다. 사실 bread는 불가산명사라고 학교에서 배웠기 때문에 그렇게 아는 것이지, 직관적으로 불가산명사라고 아는 것은 아닐 것이다. 그렇다면 '단팥빵 두 개를 샀다.' 역시 I bought two loaves of red bean bread.라고 해야 할까? 사실 단팥빵을 red bean bread라고 하면 어색한 표현이 된다. 단팥빵처럼 작고 동글동글한 빵은 보통 bun이라고 하므로 '단팥빵'은 red bean bun이 좋다. 그리고 bun은 가산명사다. 따라서 I bought two red bean buns.라고 하면 좋다. 이렇듯이 네이티브가 생각하는 방식을 파악해서 나름대로의 원리를 찾은 후, 최종적으로 머리 속에 암기하는 과정을 거치는 것이 그나마 효율적인 공부 방법이 될 것이다.

대체로 영어에는 비슷한 의미를 갖는 가산명사와 불가산명사의 짝이 있다. 예를 들어, advice는 불가산명사지만 tip은 가산명사다. work는 불가산명사지만 job은 가산명사다. spaghetti는 불가산명사지만 noodle은 가산명사다. trouble은 대체로 불가산명사지만 problem은 가산명사다. pay는 불가산명사지만 income과 salary는 가산명사다. laughter는 불가산명사지만 laugh는 가산명사다. surgery는 불가산명사지만 operation은 가산명사다. 그렇다면 thing은 가산명사인데, 여기에 대응하는 불가산명사는 무엇이 있을까? 바로 stuff가 불가산명사다. action과 behavior는 물론 뜻은 약간 다르지만 어쨌든 action은 가산명사고 behavior는 불가산명사다. a traffic jam은 가산명사고 heavy traffic은 불가산명사다.[31] 이런 식으로 단어들의 특성을 비교하면서 암기하면 흥미를 유지하면서 상대적으로 수월하게 가산/불가산명사에 대한 이해가 늘게 될 것이다. 이렇게 명사 특성을 구분할 줄 알아야 부정관사, 정관사를 제대로 사용할 수 있게 된다.

가산명사지만 용법에 제약을 많이 받는 경우도 있다

추상명사를 가산명사로 사용하는 대표적인 사례 중에 education이 있다. education은 '교육'이라는 뜻을 갖는 추상명사인데, 경우에 따라 '1개의 교육과정', '한 사람이 받은 교육'으로 의미가 확장되어 가산명사로 사용된다. '그 사람은 교육을 잘 받았다.'는 He received a good education.이며, '아이들을 교육시키는 데는 돈이 많이 든다.'는 An education of a child costs a great deal.이다. 아울러 education이 일반적인 가산명사라고 하면, 두 번째 문장에서 복수형을 써서 Educations of children cost a great deal.이 가능하겠지만, 실제로는 제로관사와 단수형을 써서 Education of children costs a great deal.이라고 한다. 즉, 복수형 educations는 그 어떠한 상황에서도 전혀 사용되지 않는다. 저자는 이 점을 늘 궁금하게 생각하고 있었는데 어느날 문용(2008; p.208)의 '고급 영문법 해설'을 읽다가 아래 설명을 접하게 되었다.

> 가산명사라지만 가산명사의 가산성의 정도가 동일하지 않음을 알 수 있다. (중략) education이나 knowledge도 흔히는 불가산명사로 쓰이지만, 형용사의 수식을 받는 경우 그 의미가 한정됨으로써 부정관사가 부가되기도 한다. 하지만 education이나 knowledge가 복수형을 만들지는 못한다. 부정관사가 부가되는 경우 knowledge나 education은 a think나 a sleep, a pity, a babble처럼 '한정된' 자격의 가산명사에 속하는 셈이다.

위 설명이 education이 왜 복수형으로 사용되지 않는지에 대한 이론적인 설명을 해 준 것은 아니지만 저자에게는 모든 명사가 유사하게 사용될 것이라고 하는 막연한 생각이 잘못 되었음을 깨닫는 계기가 되었다. 가산명사라도 모두 복수형을 만드는 것도 아니고, 역으로 단수형으로는 거의 안 쓰이고 항상 복수형으로만 쓰이는 명사도 있으며, 단어마다 각각 고유의 특질이 다르다는 것이다.

항상 복수형으로만 쓰는 명사에 대해서는 많은 영문법 책에서 다루고 있으므로 독자들도 잘 알고 있을 것이다. gloves(글러브), sneakers(운동화), heels(하이힐), pumps(발등이 보이는 끈 없는 여성 정장 신발), pants(바지), slacks(평상복 바지), glasses(안경), shorts(반바지), tongs(집게), pajamas(파자마)[32] 등은 항상 복수로 사용되며, 복수동사, 복수지시형용사와 함께 쓰인다. 하지만 학문 분야 physics(물리학), mathematics(수학), statistics(통계학), politics(정치학) 등은 복수형으로 사용되지만 단수 취급한다. 예를 들어 '물리학은 과학의 한 종류다'는 Physics is a type of science.다. 복수형이지만 진짜 복수로 취급하는지, 아니면 모양만 복수이고 실상은 단수로 취급하는지는 단어에 따라 다르다. 아울러, 같은 단어라도 뜻에 따라 단수 취급, 복수 취급을 달리 하는 경우도 있다. 예를 들어, politics는 '정치학'이라는 학문으로서의 뜻도 있고 '(실제 벌어 지고 있는 현실) 정치'라는 뜻도 있다. 전자는 단수 취급을 하지만 후자는 복수 취급을 한다. 따라서 Tell me more about what Korean politics are like later.(나중에 한국 정치에 대해 더 자세히 얘기해 줘.)처럼 politics를 복수 취급한다.

가산명사의 불가산명사화: 제로관사

가산명사가 개체성을 잃어버리고 추상성을 갖게 되면 부정관사 a / an을 사용하지 않는다.[33] 이것을 거창하게 '가산명사의 불가산명사화'라고 이름을 붙여 봤다. 하지만 요점은 간단하다. 주로 가산명사로 쓰이는 명사가 의미상 한 개냐, 두 개냐가 중요하지 않게 되면(즉, 일반적인 관념/개념/정의로 추상화되면) 더 이상 부정관사를 붙일 이유가 없어진다는 말이다.

'사과'를 뜻하는 apple을 제로관사로 쓸 수 있을까, 없을까? 얼마든지 가능하다. '나는 이 사과 품종을 좋아한다.'는 I like this type of apple.이다. an apple / the apple / apples 모두 틀리다. '이 와인에서는 사과맛이 난다.'는 This wine has a taste of apple. 또는 This wine has a hint of apple.이다. '과일로서의 사과'가 아니라 '사과 종류', '사과향', '사과 향신료' 등 추상적인 의미를 뜻할 때는 제로관사로 사용된다.

'점심 먹었다.'는 I had lunch today.다. 집에 오자마자 배가 고파 엄마에게 '지금 저녁 줄 수 있어요?'라고 할 때 제로관사 Could you get dinner ready right now?라고 하면 된다.[34] 굳이 다른 점심, 저녁들과 차별화할 이유가 없기 때문에 부정관사를 쓰지 않게 되었다고 이해하면 될 것이다. 그러나 I had a special lunch with my boss today.에서 보듯이 다른 것과 구별이 되는 특별한 점심인 경우 반드시 부정관사를 붙여야 한다. 마찬가지로, a big lunch(푸짐한 점심), a poor lunch(부실한 점심)처럼 보통의 점심과 달리 '별도로 한 개로 취급할 정도가 되는 경우' 반드시 부정관사를 붙인다.

문법책을 보면 '직위', '관직'이 보어 역할을 하면 제로관사로 쓰인다고 되어 있는데, 보어든 아니든 '그 직위를 점유하고 있는 사람'이 아니라 '그 계급'을 뜻하는 경우 제로관사로 쓰인다. 한편, 식당 서비스에 불만이 있는 고객을 매니저가 응대하는 경우, '그 손님은 매니저가 대응할 것이다.'는 He'll be introduced to a manager shortly.라고 하면 된다.[35] '(우리) 부장님께 곧 인사시켜 드릴게요.'는 You'll be introduced to the manager shortly.다. manager에 각각 부정관사, 정관사가 사용되고 있다. 반면, '그 사람은 곧 매니저로 승진할 거야.'는 He'll be promoted to manager shortly.며, 제로관사 manager다. 이는 '(눈에 보이는) 매니저', '부장님'이 아니라 추상적인 차원의 '매니저'라고 하는 직위/신분(a position/a title of a manager)'을 뜻하기 때문이다. '그 사람은 대위로 곧 승진할 것이다.' 역시 He'll be promoted to captain shortly.다. '대위라는 계급'을 뜻하기 때문에 제로관사 captain이 사용된 것이다. 직위도 제로관사로 쓰이는 경우가 많다. '그 사람은 2017년에 대통령으로 선출되었다.'는 He was elected as President in 2017.처럼 제로관사로 사용된다.

앞에서 설명했지만, 건물, 장소가 본래의 목적으로 사용되는 경우 제로관사로 쓰이는 경우가 있다. 다만 이런 현상은 bed, church, court, prison, school, college, university, work 등 아주 제한적인 몇몇 단어에만 나타나므로 이런 사례를 암기하면 된다. '(공부하러) 학교 갑니다.'는 I'm going to school. '그 사람은 2002년에 고등학교를 졸업했다.'는 He graduated from high school in 2002.[36] '대학에서 물리학을 공부했다.'는 I studied physics at university.다. 반면에, 학생 아닌 사람이 어떤 목적으로 그 학교에 가는 경우 '(토플시험 치러) 그 학교로 갑니다.'는 정관사 I'm going to the school.이라고 한다. '환경과학에 학위를 제공하는 대학을 찾고 있다.'는 I am looking for a university that offers a degree in environmental science.다.

여기서 다룬 예를 제외하고도 기타 관용적으로 제로관사로 사용하는 경우가 수천 가지는 될 것이다. 그때그때 외우는 수밖에 도리가 없다.

핸드폰 요금이 엄청 나와.

situation:
핸드폰으로 유튜브 등 인터넷 동영상을
많이 보다 보니 약정 데이터 사용량을
초과하는 경우가 많아 전화요금이 상당히
많이 나온다. 나는 핸드폰 1회선을 사용
하고 있다.

STEP 1 표제문을 영어 문장으로 만들어 보세요.

I always use a large amount of data on my cell phone.
핸드폰으로 데이터를 아주 많이 써.

핸드폰 요금이 엄청 나와.

STEP 2 표제문을 영어로 잘 옮긴 것에 모두 체크하세요.

(1) **My phone charge is really a lot.**

(2) **My phone fee is really much.**

(3) **The phone bills are really expensive.**

(4) **The phone bill is really expensive almost every month.**

(5) **I usually have a big phone bill.**

(6) **I usually have a large phone bill.**

(7) **My phone company charges me a fortune.**

(8) **My phone company charges me an arm and a leg.**

(9) **I pay a lot for my phone bill.**

(10) **I pay a lot for my phone bills.**

가능한 문장 **(3) (4) (6) (7) (8) (9) (10)**

어휘 들여다 보기   **핸드폰 요금** '핸드폰 요금'은 가산명사 phone bill이다. 그렇다면 복수형 my phone bills가 맞는가, 아니면 단수형 my phone bill이 맞는가? 둘 다 좋지만 두 표현에서 화자의 인식과 의도는 서로 다르다. 복수형 my phone bills의 경우, 비록 1회선을 사용하고 있는 경우에도, 여러 달(multiple months)이라는 관점에서 보면 요금청구서가 여러 장이 되니까 복수형을 사용한 것이다. 따라서 화자가 복수형을 사용하는 경우, 최근 몇 달 동안 핸드폰 요금이 갑자기 많이 나왔다든가 하는 것처럼 특정 기간을 염두에 두고 말할 때 사용된다. 반면, 단수형 my phone bill은 일상적으로 핸드폰 요금이 항상 많이 나오기 때문에 별로 특별한 현상이 아니라는 인식에 바탕을 두고 있다. 따라서 일상적으로 많이 나오는 점을 표현하는 usually / commonly 등과 함께 사용하거나, 현재완료시제를 통해 과거부터 지금까지 쭉 그랬다는 느낌을 표현하면 더욱 좋다. 한편, 문장에 포함된 어구에 따라 오로지 단수형으로만 사용해야 하는 경우도 있다. almost every month처럼 '한 달 단위로', '한 달 기준으로'란 뜻을 갖는 어구가 문장에 포함된 경우, 반드시 my phone bill을 사용해야 한다. 이런 문장에서 복수형을 써서 My phone bills are really expensive almost every month.라고 하면, 휴대폰을 2회선 이상 사용하고 있음을 나타내기 때문에 표제문 맥락에 맞지 않게 된다.

(1)   My phone charge is really a lot. ×

(2)   My phone fee is really much. ×

틀렸다. (1) my phone charge는 아무런 뜻이 없다. 그나마 가장 말이 되는 가장 근접한 어구는 my phone's charge 정도가 되겠는데 '배터리 충전상태(battery level)'를 뜻한다. ('충전기'는 phone charger라고 한다.) 예를 들어, '내 핸드폰 완전히 충전돼 있다.'는 My phone is fully charged.다. (2) my phone fee 역시 말이 안 된다. 그나마 근접한 표현은 my phone's fees 정도가 되겠는데 그 의미 또한 내 핸드폰과 관련된 제 비용(가입비, 할부금, 요금, 보험료 등)을 뜻한다.

(3)   The phone bills are really expensive. ○

(4)   The phone bill is really expensive almost every month. ○

좋다. 단수형 the phone bill / 복수형 the phone bills 모두 좋다. 그러나 (4)처럼 almost every month 같은 어구가 추가되어 있는 경우, 의미상 복수형 the phone bills는 핸드폰이 여러 대 있다는 뜻을 나타내므로 맞지 않고, 단수형 the phone bill만 맞다. 한편, really expensive 외에도 huge / really high / outrageous / a lot of money를 써도 좋다. a lot of money가 다소 어색하게 느껴질 수 있겠지만 아무런 문제가 없다. 즉, The phone bills are a lot of money. / The phone bill is a lot of money almost every month. 둘 다 훌륭한 문장이다.

(5)   I usually have a big phone bill. ×

(6)   I usually have a large phone bill. ○

(5)는 틀리고 (6)은 좋다. a big phone bill은 핸드폰 요금 청구서의 종이 크기가 크다는 말이고, a large phone bill은 핸드폰 청구 요금이 많다는 말이다.

(7) My phone company charges me <u>a fortune</u>. ○

좋다. fortune은 '행운'이라는 뜻으로는 불가산명사, '거금', '상당한 돈'이라는 뜻으로는 가산명사로 쓰인다. 예를 들어, '그 사람은 부동산으로 상당한 재산을 모았다.'는 He made a fortune in real estate.다. 한편, fortune은 '운수', '미래'를 뜻하기도 하는데, 복수형 fortunes로 '(개인, 가문, 국가 등이 겪는) 성쇠/부침/기복'을 뜻하기도 한다. 한편, money는 불가산명사이며 '거금'은 a lot of money, a considerable amount of money, a huge amount of money 등으로 표현 가능하므로 (7) a fortune 대신 사용할 수 있다. big money는 완전히 콩글리시고, a big amount of money라고 하는 경우도 드물다. big과 money는 거의 같이 쓰이지 않는다.

(8) My phone company charges me <u>an arm and a leg</u>. ○

좋다. (8) an arm and a leg는 '거금(a lot of money)'을 뜻하는 숙어로, 주로 동사 cost와 함께 쓰인다. 예를 들어 These shoes cost me an arm and a leg.는 '이 신발 사는 데 엄청 돈 많이 들었다.'라는 뜻이다.

(9) I <u>pay</u> a lot <u>for</u> my phone <u>bill</u>. ○

(10) I <u>pay</u> a lot <u>for</u> my phone <u>bills</u>. ○

좋다. 앞에서 설명했듯 '핸드폰 요금'은 단수형 my phone bill / 복수형 my phone bills 둘 다 좋다. 동사 pay는 ⟨pay + A(금액) + for + B(대상)⟩ 형식으로 'B(대상)에 대해 A(금액)을 지불하다'라는 뜻으로 자주 사용된다. 물론 문장에 따라 ⟨pay + A(금액)⟩ 형식으로만 사용되는 경우도 있고, ⟨pay for + B(대상)⟩ 형식으로만 사용되는 경우도 있다. 누군가가 제품의 품질에 불평하는 것을 듣고 '싼 게 비지떡'이라고 할 때 You get what you pay for.라고 한다.

난방비를 절약해야 돼.

situation:
그동안 실내온도를 너무 높게 하고 살았다.
난방비가 너무 많이 나오니 난방비를 좀
아껴야겠다.

STEP 1 표제문을 영어 문장으로 만들어 보세요.

| | I've kept the room temperature set too high. |

난방비를 절약해야 돼. 　　　　　　　방 온도를 너무 높게 해 놓고 있었어.

STEP 2 표제문을 영어로 잘 옮긴 것에 모두 체크하세요.

(1) **I have to save a heating expense.**

(2) **I have to save on heating expenses.**

(3) **I have to save on the heating expenses.**

(4) **I have to save on a heating bill.**

(5) **I have to save on the heating bill.**

(6) **I have to save on heating bills.**

(7) **I have to save on my heating bills.**

(8) **I have to reduce my heating expenses.**

(9) **I have to decrease my heating expenses.**

가능한 문장 **(2) (3) (5) (7) (8)**

어휘
들여다
보기

expense / cost '난방비'는 heating expenses / heating costs라고 한다. expense는 불가산 명사인데, 단수형으로 쓰면 '(아주 일반적인 의미의) 비용', '(용처에 들어간) 돈'이라는 뜻이다. 그런데 '어떤 목적에 소요되는 비용/경비'를 뜻할 때는 복수형으로 expenses라고 한다. 이런 뜻일 때는 항상 복수형으로 사용된다. living expenses(생활비), household expenses(가계비), medical expenses(의료비), legal expenses(소송비용), travel expenses(출장비), moving expenses(이사비) 등이 그 예다.

cost 역시 단수로는 '값', '가격', '비용'을 뜻한다. '인플레이션 때문에 생활비가 폭등했다.'는 The cost of living has soared because of inflation.이다. 복수형 costs는 '어떤 일정한 목적을 수행하는 데 들어 가는 경비'를 가리킨다. 주로 사업체에서 생산 활동에 수반되는 비용을 뜻하는 경우가 많다. '인건비'는 labor costs, '생산비'는 production costs, '판촉비'는 sales and marketing costs다. '난방비'는 heating expenses / heating costs 둘 다 좋다. 이때는 항상 복수형으로 사용되는 점에 유의하자.

expense – expenses / cost – costs의 관계를 가산명사, 불가산명사로 구분하는 것은 도움이 안된다. 그 냥 이런 뜻으로는 이렇게, 저런 뜻으로는 저런 모양으로 사용되나 보다 하며 외우는 것이 좋겠다.

(1)　I have to <u>save</u> a heating expense. ×

틀렸다. '난방비를 절약하다'는 영어로 타동사 save my heating expenses라고 하지 않는 다. 전치사 on을 사용하여 자동사 save on my heating expenses라고 한다. save의 목적 어는 money(돈), time(시간), energy(에너지), electricity(전기) 등 절약하거나 저축하는 바로 그 객체나 대상이 되는 것이 일반적이다.

(2)　I have to save on <u>heating expenses</u>. ○

(3)　I have to save on <u>the heating expenses</u>. ○

좋다. 〈무한정사 + 복수형〉 heating expenses도 좋고, 〈정관사 + 복수형〉 the heating expenses도 좋다. 아울러, 〈소유격 + 복수형〉 my heating expenses도 좋다. expenses 대신 costs라고 해도 된다.

(4)　I have to save on <u>a heating bill</u>. ×

(5)　I have to save on <u>the heating bill</u>. ○

(6)　I have to save on <u>heating bills</u>. ×

(7)　I have to save on <u>my heating bills</u>. ○

(4) (6)은 틀리고 (5) (7)은 좋다. (4) 부정관사 a heating bill과 (6) 〈무한정사 + 복수형〉 heating bills는 도저히 누구의 난방비를 가리키는지 알 수가 없기 때문에 틀렸다. 그렇다면 (2) 무 한정사 heating expenses는 맞는데 (6) 무한정사 heating bills는 틀린 이유는 무엇일까? 먼저, heating expenses는 추상적이다. 따라서 정관사 the / 소유격 my 등이 없어도 불 가산명사로서의 특성이 있기 때문에 관사 없이도 어느 정도 자유롭게 사용된다. 반면, (6) heating bills는 구체적으로 '난방요금 고지서'를 가리킨다. 따라서 heating bills는 속성상 누구 것인지 분명하게 밝혀야 할 필요성이 있는 단어다. 따라서 정관사 the / 소유격 my가 없으면 무엇을 가리키는지 도무지 알 수가 없게 되므로 이렇게 말하지 않는다. 곧 틀린 문

장이다. 한편 heating bill은 가산명사다. 난방비는 한 달에 한 번 정기적으로 계속 납부하므로 복수형 heating bills라고 할 수 있겠지만, 복수형은 집을 여러 채 가지고 있거나 사업장이 여러 개 있어 매달 여러 건의 난방비 고지서를 받는 상황에서도 쓸 수 있다. 때문에, 자신이 거주하는 집의 난방비를 아껴야 한다고 하는 경우, 단수형 heating bill이 더 좋다. 정관사 the heating bill / 소유격 my heating bill 둘 다 좋으나, 소유격 my heating bill 이 더 좋다.

(8) I have to <u>reduce</u> my heating expenses. o

(9) I have to <u>decrease</u> my heating expenses. x

(8)은 좋고 (9)는 틀렸다. '난방비를 줄이다'라고 할 때 〈reduce / cut down + heating expenses〉는 좋다. 그러나 decrease는 자동사로는 '크기, 숫자 등이 줄다/감소하다', 타동사로는 '생산, 가격, 강도(intensity)를 줄이다/감소시키다'라는 뜻이며, 대체로 수량을 뜻하는 단어(예: number, amount, size)를 목적어로 취하기 때문에 표제문 맥락에는 잘 맞지 않는다. 예를 들어, Gradually decrease the amount of vitamin C you are taking.(비타민 C 섭취량을 서서히 줄여라.)처럼 쓸 수 있는 단어다.

영어지식★　단수형 vs. 복수형

단어들 중에는 expense, cost처럼 복수형이 되면서 추상적인 의미가 구체적인 의미로 바뀌는 명사가 많이 있다. 예를 들어, sale(판매) − sales(판매량), communication(의사소통, 전달, 통신) − communications(보도기관, 방송사), regulation(조절, 통제) − regulations(규정, 법령), relation((이론적 측면의) 관련성) − relations((구체적인) 관계) 등을 들 수 있다. 예를 들어 '홍보'는 public relations, '외교관계'는 diplomatic relations, '노사관계'는 industrial relations처럼 '구체적인 관계'로서의 relations는 복수형으로 사용된다.

심지어 단수와 복수가 의미상 연관이 없는 사례도 심심치 않게 발견할 수 있다. custom(관행) − customs(세관), manner(방법) − manners(예절), earning(동사 earn의 현재분사) − earnings(소득), mean(평균) − means(수단, 재력) 같은 단어가 이런 경우에 속한다. 가령, 미 하원 세입위원회를 the House Ways and Means Committee라고 부르는데, 여기서 means는 재원(財源)(resources)을 뜻한다. ways는 '세입 조달을 위한 방법(methods)'을 뜻하므로 ways and means는 '정부 재정을 충당하기 위한 조세 관련 법령과 각종 세목'을 뜻한다.

집에 오는데 눈이 심하게 왔어.

situation:
출발할 때는 눈이 안 왔는데 차를 몰고
퇴근하는 길에 갑자기 눈보라가 치기
시작했다. 오늘 날씨가 안 좋고 눈도
가끔씩 내리기는 했지만, 아내는 내가
겪은 눈보라를 모르는 상황이다.

STEP 1 표제문을 영어 문장으로 만들어 보세요.

아내 **You look nervous! What happened?**
긴장한 거 같은데!　　　　무슨 일 있었어?

나 [   ] **It was really nerve-racking.**
집에 오는데 눈이 심하게 왔어.　　　　엄청 긴장하며 운전했어.

STEP 2 표제문을 영어로 잘 옮긴 것에 모두 체크하세요.

(1) **Snow fell down heavily on the way home.**

(2) **Snow fell heavily on the way home.**

(3) **The snow fell heavily on the way home.**

(4) **I was caught in a heavy snowfall on the way home.**

(5) **It wasn't snowing when I left but it started to snow heavily
halfway through my commute.**

(6) **The blizzard started while I was on the way home.**

(7) **A blizzard started while I was on the way home.**

(8) **I drove through the snow.**

(9) **I drove through a heavy snowfall.**

(10) **I drove through the heavy snowfall.**

(11) **I drove through a snowstorm.**

(12) **I drove through the blizzard.**

가능한 문장 (2) (3) (5) (6) (7) (9) (11) (12)

STEP 3 문장을 확인하세요.

> **어휘 들여다 보기**

눈(雪) 영어는 '눈 자체'와 '눈이 내리는 사건'을 구분한다. 전자는 snow(불가산명사)고 후자는 snowfall(주로 가산명사)이다. snow는 '지금 현재 내리는 눈', '거리에 쌓여 있는 눈', '산에 쌓여 있는 눈' 등 그 어떠한 눈도 다 포괄한다. 반면 snowfall은 '어제 내리고 있었던 눈 내리는 사건', '지금 눈 내리고 있는 사건'을 뜻한다.

표제문 맥락에서는 아내가 눈이 온 사실을 모르고 있다. 이런 경우 부정관사 a heavy snowfall / a snowstorm / a blizzard라고 한다. 물론 아내가 눈보라가 내린 사실을 알고 있었더라면 정관사 the heavy snowfall / the snowstorm / the blizzard라고 할 것이다. 다만, 대체로 오늘 날씨가 안 좋고 눈도 조금 내리고 했으므로 아내가 눈보라가 친 사실 자체는 몰랐다고 해도 그 가능성에 대해서는 인지하고 있는 상황이므로 정관사 the snowstorm / the blizzard라고 한다고 해서 크게 틀렸다고 할 정도는 아니다. 다만, 정관사 the heavy snowfall은 어감상 매우 구체적이기 때문에 아내가 폭설 사실을 명시적으로 알고 있지 않은 상황이라면 사용하기가 곤란하다.

(1) Snow <u>fell down</u> heavily on the way home. ✕

(2) Snow fell heavily on the way home. ○

(3) The snow fell heavily on the way home. ○

(1)은 틀리고 (2) (3)은 좋다. (1) fall down은 '넘어지다', '나자빠지다', '쓰러지다', '엎어지다'라는 뜻이다. (2) 제로관사 snow는 좀 막연하기는 하지만, on the way home으로 구체성을 주고 있으므로 그럭저럭 괜찮다. (3) the snow가 더 좋다. 정관사 the snow는 '바로 방금 전에 퇴근하면서 내리고 있던 그 눈'을 지칭한다. fell heavily 대신 came down heavily를 써도 좋다.

(4) I was caught in a heavy snowfall on the way home. ✕

틀렸다. 눈 때문에 움직이지 못했음을 뜻하므로 표제문 맥락에 맞지 않는다.

(5) It wasn't snowing when I left but it started to snow heavily <u>halfway through my commute</u>. ○

좋다. halfway through my commute는 '퇴근길 중간 정도에서부터'라는 뜻이다. halfway home 또는 in the middle of my commute 역시 좋다.

(6) <u>The blizzard</u> started while I was on the way home. ○

(7) <u>A blizzard</u> started while I was on the way home. ○

부정관사 a blizzard / 정관사 the blizzard 둘 다 좋다. 아울러 while I was on the way home 대신 while I was driving이라고 해도 좋다.

(8) I drove through the <u>snow</u>. ×

(9) I drove through <u>a heavy snowfall</u>. ○

(10) I drove through <u>the heavy snowfall</u>. ×

(8) (10)은 틀리고 (9)는 좋다. (8) snow는 길에 쌓여 있는 눈을 말한다. 눈이 내리고 있는 현상은 snowfall이라고 한다. 한편, (9) 부정관사 a heavy snowfall은 좋으나, (10) 정관사 the heavy snowfall은 지나치게 구체적이기 때문에 아내가 이미 폭설이 내렸다는 사실을 알고 있는 경우에만 사용할 수 있다.

(11) I drove through <u>a snowstorm</u>. ○

(12) I drove through <u>the blizzard</u>. ○

좋다. 실생활에서 snowstorm / blizzard는 '눈보라'라는 거의 비슷한 뜻으로 사용된다. 부정관사 a blizzard / 정관사 the snowstorm도 좋다.

A
대학교육과 소득은 양의 상관관계를 갖습니다.

situation: 대학교육(특히, 전공분야)과 향후 소득은 밀접한 양의 상관관계를 보인다.

(1)　College educations are positively correlated with salaries.　　□

(2)　The college education is positively correlated with salary.　　□

(3)　A college education is positively correlated with salary.　　□

(4)　A college education is positively correlated with an income.　　□

(5)　A college education is positively correlated with income.　　□

(6)　College education is positively correlated with pay.　　□

(7)　A person's salary is positively correlated with a college education.　　□

(8)　People's salaries are positively correlated with a college education.　　□

(9)　Your salary is positively correlated with your college education.　　□

표제문 맥락의 '일반적인 의미의 소득'은 〈무한정사 + 단수형〉 income / salary로 표현한다. 일반적으로 가산명사는 I like apples.처럼 〈무한정사 + 복수형〉으로 일반적, 총칭적 의미를 나타낼 수 있다. income / salary도 가산명사로 자주 쓰이기는 하지만, 표제문 맥락에서 '일반적인 의미의 소득'을 표현할 때 복수형 incomes / salaries라고는 하지 않는다. incomes / salaries는 개개인이 갖는 개별적인 소득이 연상되기 때문이다. 가산명사는 대체로 〈부정관사 + 단수명사〉, 〈정관사 + 단수명사〉로도 일반적인 의미를 표현할 수가 있는데 income / salary의 경우 부정관사 an income / a salary 또는 정관사 the income / the salary 어느 하나도 이런 뜻으로 사용할 수가 없다. 표제문 맥락에서 income / salary는 추상적인 의미의 '소득'을 나타내는 불가산명사로 사용되는 것으로 생각할 수 있다. 반면 education은 income / salary와는 거의 정반대 용법을 취한다. education은 거의 항상 추상명사로서 불가산명사로 사용된다. 따라서 표제문 맥락에 제로관사 college education이 잘 맞는다. 그런데, 한편으로 부정관사 an education은 '한 명의 개인이 받는 한 개의 교육 이력'을 뜻할 수도 있다. 즉, 부정관사 an education으로도 표제문의 '일반적인 의미의 교육'을 표현할 수 있다. 다만, 정관사 the education은 표제문 맥락에 사용되지 않으며, 특히 복수형 educations는 그 어떠한 맥락에서도 절대로 사용되지 않는다.

(1) (2) (3) (4) (5) (1) (2) (4)는 틀리고 (3) (5)는 좋다. (1) 복수형 college educations와 (2) 〈정관사 + 복수형〉 the college educations는 문법적으로 틀렸다. (4) 부정관사 an income도 틀렸다.　**(6)** 좋다. '보수'를 뜻하는 pay는 원래 불가산명사이므로 아예 복수형으로 사용되지 않는다. 참고로, 비슷한 의미인 earnings는 항상 복수형으로 사용되며, 단수형 earning이라는 단어는 존재하지 않는다. earning은 동사 earn의 현재분사에 불과하다.　**(7) (8) (9)** 좋다. 부정관사 an income / a salary를 표제문 맥락에 사용할 수는 없으나, 소유격과 단수형, 복수형 income / salary / incomes / salaries를 사용하는 것은 아무런 문제가 없다. 예를 들어, 단수형 salary / income을 소유격 a person's와 함께 사용해서 a person's salary / a person's income이라고 하면 아무런 문제가 없다. 마찬가지로, 복수형 salaries / incomes를 소유격 people's와 함께 사용해서 people's salaries / people's incomes라고 해도 좋다. 또는 일반인을 뜻하는 소유격 대명사를 써서 your income / your salary 역시 아주 훌륭한 표현이다.

**(그 병원에서)
간 이식수술은 1982년
부터 시술되었어.**

situation: 그 병원에서 간 이식수술이 처음 실시된 것은 1982년 2월이다. 처음 시도에서 수술에 성공했다. 1982년에도 여러 건 수술을 했었고, 지난 수십 년간의 경험을 바탕으로 현재 전문가들이 포진해 있다.

＿＿＿＿＿＿＿＿＿ at this hospital, and now they have a team of experts.

그 병원에서 간 이식수술은 1982년부터 시술되었어.　　　　현재는 전문가들이 포진해 있어.

(1) Liver implant operation was performed from 1982 ☐

(2) Liver graft operation was performed from 1982 ☐

(3) Liver transplant surgery was performed from 1982 ☐

(4) The liver transplant was performed in 1982 ☐

(5) The first liver transplant was performed in 1982 ☐

(6) Liver transplants were introduced in 1982 ☐

'간 이식수술'은 〈1〉 liver transplant operation 또는 〈2〉 liver transplant surgery다. 줄여서 〈3〉 liver transplant라고만 해도 된다. transplant는 가산명사로 '(생체, 조직 등의) 이식'을 뜻하며, '이식수술', '이식행위' 등 단일적인 한 번의 조치/행위/처치를 뜻한다. '1회의 간 이식수술'은 a liver transplant, '복수의 간 이식수술'은 liver transplants, '(화자·청자가 알고 있는) 특정한 간 이식수술'은 the liver transplant다. 〈1〉〈2〉〈3〉은 '(의사에 의해 수행되는) 간 이식수술' 뿐만 아니라 '간 이식수술기법'을 뜻하기도 한다. 다만, 〈1〉〈2〉가 '간 이식수술기법' 뜻으로 자주 사용되는 데 비해 〈3〉은 주로 '개별 간 이식수술' 뜻으로 자주 사용되기 때문에 문장을 어떻게 구성하느냐에 따라 표제문 뜻에 맞기도 하고 맞지 않기도 한다. 명사의 〈무한정사 + 복수형(불가산명사는 단수형 그대로)〉은 일반적인 의미를 표현하는 가장 일반적인 방법이다. 따라서 〈1〉〈2〉〈3〉의 〈무한정사 + 복수형〉, 즉, liver transplant operations / liver transplant surgery(불가산명사이므로 단수형) / liver transplants를 활용하면 가장 안전하게 표제문 뜻을 표현할 수 있다.

(1) (2) (3) (1) (2)는 틀리고 (3)은 좋다. (1)의 implant는 인공적인 구조물을 삽입하는 것을 말한다. dental implants(치과 임플란트), breast implants(가슴 임플란트) 등이 그 예다. (2)의 graft는 내 신체의 어느 한쪽에서 다른 쪽으로 이식하는 것을 말한다. 예를 들어, skin graft(피부이식)가 그 예다. 다른 사람의 장기를 환자에게 이식하는 것은 transplant라고 한다. '간 이식수술'은 liver transplant, '심장 이식수술'은 heart transplant이다. 〈무부정관사 + 단수형〉 liver transplant surgery / 〈무한정사 + 복수형〉 liver transplant operations 둘 다 좋다.　**(4) (5)** (4)는 틀리고 (5)는 좋다. 정관사 the liver transplant는 '(화자·청자가 알고 있는) 특정한 간 이식수술'이라는 뜻이 되어 표제문 맥락에 맞지 않다. '간 이식수술이 1982년부터 시술되었다'는 '최초의 간 이식수술은 1982년에 발생했다'와 같은 뜻이므로 '최초의 간 이식수술'을 뜻하는 내용상 서수사를 추가하여 the first liver transplant라고 하면 좋은 문장이 된다　**(6)** 좋다. introduced의 강력한 영향으로 the liver transplant / the liver transplant operation / liver transplant surgery 모두 주어로 사용 가능하다. 그러나 부정관사 a liver transplant는 워낙 '한 건의 간 이식수술'이라는 뜻이 강하므로 (6)의 주어로 사용할 수가 없다.

가능한 문장　**A** (3) (5) (6) (7) (8) (9)　**B** (3) (5) (6)

고유·추상·
집합·물질명사에
관사를 정확히 써라

116 여동생에게 삼성 갤럭시 S8을 사 줬는데, 여동생이 원하는 것은 아이폰 8이었어.

117 나 지금 스타벅스에 와 있어.

118 저 사람은 내가 데리고 있는 직원이야.

119 (전문가들에 의하면) 머지않아 100세까지 산다고 합니다.

120 그 경기는 서울 포시즌스 호텔에서 열렸어.

법칙
23 고유·추상·
집합·물질명사에
관사를 정확히 써라

고유명사와 관사 문제

'아이폰을 하나 샀다.'는 무한정사 I bought iPhone.일까, 부정관사 I bought an iPhone.일까? 내가 매일 다니는 사무실 근처에 있는 스타벅스에 있는 경우, 정관사 I'm in the Starbucks.라고 해야 할까, 아니면 제로관사 I'm in Starbucks.라고 해야 할까? 또는 내가 평소에 잘 가지 않는 지역에 처음 가보는 스타벅스에 있는 경우, '나 스타벅스에 있어.'를 부정관사 I'm in a Starbucks.라고 해야 할까, 아니면 제로관사 I'm in Starbucks.라고 해야 할까?

문법책을 보면 고유명사는 원칙적으로 관사와 함께 사용되지 않는다고들 한다. 실제로 사람 이름이나 상호는 군이 특별한 경우가 아니면 부정관사 또는 정관사와 사용되지 않는다. 그러나 이는 고유명사이기 때문이 아니라, 단어의 특성과 쓰임새에 기인한 것에 불과하다. 사람 이름이라도 사람의 특성을 나타내는 형용사와 함께 쓰일 때는 정관사 the를 붙인다. 가령, '멍청한 조지 트럼프'는 the stupid George Trump / '화려한 매력이 넘치는 엠마 스톤'은 the glamorous Emma Stone이라고 한다.[37] 한편, 일시적인 감정 상태를 표현하는 경우에는 부정관사 a도 사용된다. 'Tom은 화가 나서 술을 마시고 있었다.'는 부정관사 A very angry Tom was having a drink.라고 한다.[38]

일반적으로 Christmas, Chuseok 등 명절에도 관사를 붙이지 않는다. My parents got me an iPad for Christmas.(부모님이 크리스마스 선물로 아이패드를 사주셨다.)처럼 말해야 한다. 그러나 I hope you have a lovely Christmas.(즐거운 크리스마스 보내세요.)처럼 '여러 가능성 있는 크리스마스 중 한 개'를 뜻하는 경우에는 부정관사 a를 붙인다. 마찬가지로 '한국어'나 '영어' 같은 언어도 일반적으로는 관사 없이 사용하지만 수식어구와 함께 쓰인 경우 정관사 the를 붙인다. 예를 들어, The Korean I heard on Jeju was quite different from the Korean I hear in Seoul.(제주도에서 들었던 한국어와 서울에서 듣는 한국어가 상당히 다르더라.)의 경우, '일반적인 한국어'가 아니라 '서로 특성이 다른 한국어'를 말하므로 정관사의 일반적인 용법에 따라 the를 붙인 것이다.

또한 회사 이름(Ford, Twitter, Facebook)이나 브랜드(Chanel) 자체를 뜻하는 경우 관사를 붙이지는 않지만, 그 회사에서 생산한 제품을 뜻하는 경우, 관사의 용법에 의거하여 부정관사 또는 정관사를 붙인다. 브랜드에 속한 개별 제품 모델을 언급하는 경우에도, 제품 형태(셀 수 있느냐, 없느냐)에 따라 관사 사용이 다양하다. 예를 들어, 회사이름인 Chrysler / Ford / Audi / Samsung / Apple 자체에는 관사를 붙이지 않는다. Apple's new A9 chip will be produced by Samsung.(애플의 신규 A9 칩은 삼성이 생산할 것이다.), The Jeep is produced by Chrysler.(지프는 크라이슬러가 생산한다.)처럼 써야 한다. 한편, '사장님은 자동차가 포드 한 대, 아우디 한 대 이렇게 두 대가 있다. 포드는 흰색이고 아우디는 은색이다.'는 He has two cars: a Ford and an Audi.

The Ford is white and the Audi is silver.다. 이 문장에서 보듯이 회사가 생산한 제품을 뜻할 때는 관사를 취한다. 여기서 a Ford / an Audi는 각각 'Ford가 생산한 자동차', 'Audi가 생산한 자동차'를 뜻하며, the Ford / the Audi는 바로 앞서 언급한 자동차를 뜻한다.[39]

또 다른 예로, 정보통신기업 Apple에는 관사를 붙이지 않지만 iPhone은 Apple이 생산하는 제품이므로 일반명사처럼 사용하면 된다. '아이폰이 맘에 든다.'는 I like the iPhone. 또는 I like iPhones.라고 한다.[40] '아이폰 한 대'를 나타내는 경우는 an iPhone이라고 한다. '아이폰 여러 대'를 말하는 경우는 복수형 iPhones다. '핸드폰 쓰기 시작한 이래로 아이폰만 쓰고 있다.'는 I've only been using iPhones since I started using cell phones.다. 중간에 핸드폰 기변을 했으므로 복수형 iPhones라고 한 것이다.

고가 브랜드 Chanel 역시 브랜드 자체를 뜻하는 경우에는 관사를 사용하지 않는다. 그러나 Chanel이 생산한 제품을 뜻하는 경우에는 a Chanel / the Chanel이 가능하다. 물론 옷인지, 가방인지, 시계인지, 향수인지 대화 당사자가 알고 있는 상황이어야 제대로 의사전달이 될 것이다. 이번에는 한 개 두 개로 세기 곤란한 제품들에 대해 살펴보자. 'Persil은 내 아내가 가장 선호하는 세제다.'는 Persil is my wife's favorite washing detergent.다. Persil은 브랜드이므로 관사를 붙이지 않는다. 아울러, 구체적인 세제 종류(type)를 언급할 때에도 정관사 the를 붙일 필요가 없다. 'Persil Original Scent 두 통을 샀다.'는 I bought two bottles of Persil Original Scent.다. 다만, 몇 개의 품목 중에서 비교하는 맥락에는 정관사 the를 사용할 수도 있다. '(이거 저거 써보고 최종적으로) Persil Original Scent 쪽을 택했다.'는 After trying everything, I settled with the Persil Power-Liquid Original Scent.라고 한다. (물론 이 문장에서는 정관사 the를 생략해도 문제없다.) 또 다른 예를 들면, 이미 보통명사화된 진통제 aspirin은 an aspirin(아스피린 한 알) / two aspirins(아스피린 두 알)라고 하는 데 비해, Tylenol은 복수형으로 쓰지 않는다. 따라서 '타이레놀 먹었다.'는 I took some Tylenol.이라고 한다. 굳이 '타이레놀 2알'이라고 말해야 하는 상황인 경우 I took two Tylenol pills[tablets].라고 한다.

소프트웨어, 컴퓨터 게임 등에도 정관사를 붙이지 않는다. '나는 그동안 MS Office만 썼다.'는 무관사 I have always used Microsoft Office.다. '나는 MS Office 2016 두 개를 샀다.'는 I bought two copies of Microsoft Office 2016.다. 마찬가지로 I've always used Microsoft Windows.(나는 항상 MS 원도우만 쓰고 있다.), I bought FIFA 11 from EA Sports.(EA Sports에서 피파 11을 샀다.), I played Lineage.(나는 리니지를 했다.)에도 관사를 사용하지 않는다.

식료품명에도 관사를 사용하지 않는다. 따라서 I had Cheetos.(치토스 먹었다.), I had Snickers.(스니커즈 먹었다.), I had Coke.(콜라 먹었다.), I prefer Pepsi.(펩시를 더 좋아한다.), I want Coke Zero.(코카콜라 제로를 마시고 싶다.) / I want Mountain Dew Code Red.(마운틴 듀 마시고 싶다.), I drink Budweiser.(버드와이저 마신다.)처럼 관사 없이 쓴다. 다만, 식당 등에서 Coke를 가산명사로 써서 '코카콜라 한 개'를 a Coke, '코카콜라 3 개'를 3 Cokes라고 하는 것은 전혀 다른 문제다. 여기서 a Coke는 a bottle of Coke(콜라 한 병) / a glass of Coke(콜라 한 잔) / a can of Coke(콜라 한 캔)를 뜻한다. 대화 당사자 사이에 a Coke가 무엇을 의미하는지 이미 지식이 공유된 경우, Coke를 가산명사로 취급해도 아무런 문제가 없다. 따라서 식당에 가서 직원에게 Three coffees, a Coke, and we'd like a water too, please. (커피 세 잔, 콜라 한 잔, 물 한 잔 주세요.)라고 주문해도 아무런 문제가 없다.

스포츠팀의 이름에는 정관사 the를 사용한다. 예를 들어, 야구 구단 LA Dodgers 앞에는 the를 붙여야 한다. '그 선수는 LA 다저스 투수로 활동했었다.'는 He was a pitcher for the LA Dodgers.다.[41] 호텔 이름에도 정관사 the를 붙인다. '하얏트 호텔'은 the Hyatt Hotel, '힐튼 호텔'은 the Hilton Hotel이다. 이처럼 인명, 지명 등 고유명사(LA, Hyatt, Hilton)와 보통명사(dodgers, hotel)를 결합하여 만든 기관과 조직에는 정관사 the를 붙이는 경우가 많다. 물론 역명(Seoul Station), 대학 이름(Harvard University, Cambridge University)처럼 정관사 없이 쓰는 예외도 있다.

추상명사: 가산명사인가, 불가산명사인가?

추상명사는 kindness(친절), knowledge(지식), luck(행운), childhood(어린 시절), leadership(리더십), relationship(관계), sentiment(심기), beauty(아름다움) 등과 같은 추상적인 개념을 말한다. 예를 들어 '권력은 부패하며, 절대권력은 절대적으로 부패한다.'는 Power corrupts and absolute power corrupts absolutely.라고 한다. 일반적인 의미로 사용되는 power / absolute power 모두 제로관사다. '우리의 자아 개념은 어린 시절에 형성되기 시작한다.'는 Our self-concepts begin to form in early childhood.라고 한다. 이처럼 불가산명사인 추상명사는 특별한 사정이 없는 한 제로관사로 쓴다.

추상명사를 '다른 것과 구분하여 특정할 수 있는 경우' 당연히 정관사 the를 붙여 사용한다. '한국에서 공교육은 6세부터 시작된다.'는 제로관사 Formal education in Korea begins at 6 years old.다. '일반적인' 공교육을 뜻하므로 정관사 the formal education이라고 하지 않는다. 그러나 같은 뜻의 the formal education of Koreans에는 정관사 the를 반드시 붙여야 한다. 설사 뜻이 같더라도 형태가 달라지면 관사도 달라지게 된다.

work는 '일', '직장', '업무'를 뜻하며 보통 제로관사로 쓴다. 예를 들어 He tried to finish <u>work</u> by noon.은 '(일찍 퇴근하기 위해) 정오까지 끝내려고 애를 썼다.'라는 뜻이며, I come to <u>work</u> at 8.은 '출근시간이 아침 8시이다.'라는 뜻이다. 반면, 정관사 the work는 '바로 지금 하고 있는 일'을 뜻한다. He tried to finish <u>the work</u> by noon.은 '(점심을 홀가분하게 먹기 위해, 업무 흐름상 12시가 마감시간이기 때문에) 정오까지 그 업무를 처리하기 위해 애를 썼다'는 뜻이 된다. 참고로, 소유격 his work는 맥락에 따라 어느 것을 의미하는지가 결정된다. He tried to finish <u>his work</u> by noon.에서 his work = the work다. 하지만 The accountant described <u>his work</u> to the sales staff.는 맥락에 따라 바로 그 시점에 그 사람이 하고 있었던 프로젝트(a project he's working on) 또는 그 사람이 담당하고 있는 일 전반(his responsibilities; his tasks; his job)을 뜻할 수도 있다.

〈정관사 the + 추상명사〉가 추상명사를 수행하는 집단을 뜻하기도 한다. management는 '경영', '관리'라는 추상적인 뜻이지만, 정관사 the management는 '경영진'이라는 뜻이 된다. leadership 역시 '지도력', '통솔력', '주도권'을 뜻하지만, 정관사 the leadership은 '지도부'를 뜻

한다. the management / the leadership은 '집합명사'라고 할 수 있겠다.[42]

추상명사와 물질명사를 무조건 불가산명사(즉, 부정관사를 취하지 않고 복수형으로도 사용되지 않는)라고 단정적으로 주장하는 웹사이트가 많다. 영어 학습자들을 헷갈리게 하는 잘못된 주장이다. 추상명사는 그 특성상 불가산명사가 많을 수밖에 없다. 그렇다고 해서 추상명사가 무조건 불가산명사라는 주장은 성립하지 않는다.

상당수의 추상명사는 그 자체로서 가산명사다. 예를 들어, '문제'는 영어로 problem 또는 trouble인데, 전자는 가산명사이고 후자는 대체로 불가산명사다.[43] 예를 들어, '새로운 시스템에서 문제가 발생하고 있다.'는 The new system is giving me a problem. 또는 The new system is giving me trouble.이라고 한다. time은 일반적인 의미의 '시간'은 불가산명사지만, 일반적인 시간에서 톡 튀어져 나온 '일정/특정 기간'을 의미하는 '시간'은 가산명사다. '문제를 다 못 풀었다. 시간이 부족해서.'는 I didn't finish the test. I ran out of time.이다. 그러나 '그 사람 부상은 낫는데 시간이 오래 걸릴 거야.'는 His injuries will take a long time to heal.이다. '어제 재밌었어?'는 Did you have a good time last night?다.[44] 이 밖에도 가산명사로 사용되는 사례는 difficulties, ideas, opinions, hopes, fears, silences, attitudes, influences, benefits, functions, increases, attempts, capacities 등 셀 수 없이 많다.

집합명사, 물질명사

집합명사는 알아보기 쉬운 것도 있고 알아보기 어려운 것도 있다. 예를 들어 clothes는 알아보기 쉬운 집합명사다. '옷 한 개 한 개'를 말하지 않고, '집합적인 옷', 즉, '옷들'이란 뜻이다. 따라서, 재킷을 가리키며 '이 옷 스타일이 아주 좋다.'는 뜻으로 This clothes are really stylish.라고 하지 않는다. (심지어 단수형 this 때문에 제대로 문장으로 성립하지도 않는다.) 이때는 This jacket is really stylish.라고 구체적으로 말해야 한다. clothes는 '개별적인 한 개 한 개의 옷'을 지칭할 수 없기 때문이다. 하지만 surgery는 집합명사인지 알아보기 어렵다. '수술 자체'는 operation이고, 'operation을 비롯한 수술적 치료의 전반적인 과정'은 surgery이다. 따라서 surgery는 집합명사이며, 불가산명사로 쓰인다.

많은 집합명사들이 집합적인 의미와 그 집합의 개별적인 구성원 두 가지 의미를 다 가지고 있는 경우도 적지 않다. 예를 들어, family는 '가족'이라는 집합을 뜻할 때는 단수로 취급하고, '가족 구성원'을 뜻할 때는 복수로 취급한다. hair는 '머리털 전체'의 의미일 때는 집합명사로서 불가산명사로 취급하지만, '머리카락 한 올'의 뜻일 때는 보통명사로서 가산명사로 취급한다. '그 사람은 머리가 갈색이다.'는 He has brown hair.라고 한다. 반면에 '수프에서 머리카락이 나왔어요.'는 I found a hair in the soup.라고 한다. 물론 이때는 '(머리카락의) 가닥'을 뜻하는 strand를 써서 I found a strand of hair in the soup.라고 하는 것이 가장 정확하다.

물질명사는 water, gas, oil, wood, paper, sugar, butter, bread, money 등과 같은 재료, 액체, 기체, 식품 등을 말한다. 불가산명사이므로 부정관사 a / an을 사용하지 않고 복수형도 사용하지 않는다. 수량을 나타낼 때는 much water, some water, a glass of water 등과 같이 수량형용사,

수량 단위명사 등의 도움을 받는다. 물질명사는 대체로 직관적으로 파악할 수 있지만 항상 분명한 것은 아니다. 예를 들어, 테이블에서 사용하는 napkin은 종이나 천조각처럼 보이지만 보통명사이며 가산명사다. 여러 개의 냅킨이 탁자 위에 놓여져 있는 경우, 복수형 The napkins are on the table.이다. 흔히 우리가 크리넥스라고 불리는 '휴지' 역시 가산명사이므로 He blew his nose on a tissue.(그 남자는 휴지로 코를 풀었다.)[45]처럼 앞에 a를 붙인다. 반면, toilet paper(화장실 휴지, 두루마리 휴지)는 불가산명사다.[46] '화장실 휴지가 떨어졌다.'는 I'm out of toilet paper.다.

'그 여자는 긴 머리 스타일이다.'는 She has long hair.다. 왜 hair는 물질명사일까? 이는 물리적으로 셀 수 있느냐 없느냐 보다는 실제적인 효용성이 있느냐 없느냐가 중요하기 때문이다. sand, sugar, rice, hair 등은 이들을 구성하고 있는 입자들은 물리적으로는 셀 수 있겠지만 우리 생활에서의 실용성은 거의 없다. 따라서 이들은 본질적으로 '물'과 다를 바 없는 것이며, 그래서 물질명사로 나타나게 된다.[47] 다만 가끔씩 입자 한 개를 셀 필요도 있으므로 이때는 단위를 나타내는 다른 명사의 도움을 받으면 된다. 예를 들어, '한 알의 모래알'은 a grain of sand, '쌀 한 톨'은 a grain of rice, '머리카락 한 올'은 a strand of hair다. 다만, hair는 hair 자체를 가산명사로 사용하여 a hair / hairs라고 할 수도 있다.

추상명사, 물질명사의 가산명사화 : 추상 → 객체로 의미를 확장한다

불가산명사로 사용되는 추상명사 중에 추상성을 탈피하여 '별도의 한 개로 취급할 정도가 되는 경우' 가산명사가 된다. 최소한 그 순간에는 추상명사가 아니라, 보통명사이자 가산명사인 것이다. 예를 들어, embarrassment는 '어색함', '민망함', '난처함'을 뜻하는 추상명사로 불가산명사다. 여기에서 뜻이 확장되어 '한 개의 어색한 상황', '한 개의 민망한 상황', '한 개의 난처한 상황'처럼 가산명사화되는 일이 많다. 갑자기 이러지도 저러지도 못하는 난처한 상황이 생긴 경우 What an embarrassment!(이거 골치 아프게 됐네!)처럼 부정관사를 넣어 표현한다. development도 '개발', '발전', '성장'이라는 뜻의 불가산명사인데, '새롭게 전개되는 국면/상황'이라는 뜻의 가산명사로 자주 쓰인다. 'IT분야의 새로운 진전사항들에 관심이 많다.'는 He's interested in new developments in the IT area.다. '성공을 기원합니다.'는 불가산명사 I wish you success.인데 비해, '그건 정말 대성공이었다.'는 가산명사 It was a great success.다. establishment은 '설립/수립/창설'이지만, an establishment 또는 establishments가 되면 '회사/점포/기관/시설'이란 뜻이 된다.

responsibility는 기본적으로 '책임'이라는 뜻의 추상명사지만 '가정에서 또는 회사에서 맡고 있는 과업(tasks)'이라는 뜻으로 쓰이면 보통명사화 되어 복수형으로 쓰인다. '아이의 아빠는 아기가 태어나기 전부터 그 어떤 책임도 지길 거부했다.'는 My child's father has refused to take any responsibility since before the baby was born.이다. 그렇지만 '나는 사무실에서 맡고 있는 책임이 아주 많다.(즉, 아주 바쁘다)'는 I have a lot of responsibilities at work.다. 이때는 '여러 가지 과업(various tasks/projects)'이란 뜻이므로 복수형이 자연스럽다. 단수형을 쓴 I have a lot of responsibility at work.도 틀린 문장은 아니지만 의미가 달라져, '나는 회사에서 매우 중요한 막

중한 업무를 맡고 있다.(즉, 나는 중요한 사람이다.)'라는 뜻이 된다.

business / recommendation / suggestion 등도 마찬가지다. business는 '사업', '장사', '영업'과 '기업체', '사업체'란 뜻으로 쓰이고, recommendation은 '권고', '추천', '추천하고 싶은 것', '추천서'의 뜻으로 쓰이며, suggestion은 '제안', '제안사항 한 건'이란 뜻으로 쓰인다. 예를 들어, 노트북을 사려고 '추천해 줄 만한 것 있어?'라고 친구에게 물어보는 경우 Any recommendations?다. '추천'이라는 추상적인 의미가 아니라 '추천하고 싶은 노트북 모델'을 뜻하기 때문에 가산명사가 맞고, 〈any + 가산명사의 복수형〉이 일반적이므로 Any recommendations?라고 한 것이다.

불가산명사로서의 뜻과 가산명사로서의 뜻이 치즈처럼 엉겨 붙어 있어 금방 구분하기가 어려운 경우도 많다. 예를 들어, TV는 '영상전송방식', 'TV로 방송되는 프로그램'으로 쓰일 때는 불가산명사, '텔레비전 수상기'일 때는 가산명사다. '하루 종일 TV만 봤다.'는 무정관사 I watched TV all day. '오늘 저녁 TV에서 뭐해?'는 무정관사 What's on TV tonight?지만, 'TV를 켰다.'는 정관사 I turned the TV on.이다. '새 TV를 살까 생각 중이다.'는 부정관사 I'm thinking of buying a new TV. 'TV가 고장 난 거 같아.'는 정관사 The TV is not working properly.다. 하지만 라디오 방송에 대해서는 이런 구분을 하지 않는다. 예를 들어, '출근 길에 항상 라디오를 듣는다.'는 I always listen to the radio on my way to work.다.

thought 역시 간단하지 않다. '나 그거에 대해 어제 고민 많이 했어.'는 여러 가지 대안들, 대립되는 아이디어들을 고민한 것이 아니라 한 가지 문제를 가지고 오랫동안 생각한 것(one thing that I'm thinking about for a long time)이니까 단수형 I gave it a lot of thought가 맞다. (즉, 여기서 thought는 추상명사다.) 반면, '나 머리 속이 복잡해.'는 여러 가지 다른 고민(a lot of separate things)을 많이 가지고 있는 것이니까 복수형 I have a lot of thoughts on my mind.다. (즉, thought은 가산명사다).

물질명사의 수량은 a bottle of water / a loaf of bread / a sheet of paper / a piece of advice 등 '단위(unit)를 나타내는 별도의 어구'의 도움을 받아 표현한다. '우리는 스파게티 두 개와 샐러드 한 개를 주문했다.'는 We ordered two plates of spaghetti and a salad.다. spaghetti는 불가산명사이므로 수량을 나타내고자 하는 경우 단위를 나타내는 plate의 도움을 받아야 하는 데 비해, salad는 가산명사이므로 (단위명사 없이) 부정관사 a salad라고 한 것이다. 마찬가지로 '양념 치킨 두 마리'는 two spicy chickens가 아니라 two boxes of spicy chicken 또는 two orders of spicy chicken이 맞다. two chickens는 '(음식이 아닌 살아 돌아다니는) 닭 두 마리'라는 뜻이다.

그러나 어떤 맥락에서 물질명사도 '한 개', '두 개' 셀 수 있다고 생각되면(즉, '개체성'을 확보하면) 얼마든지 가산명사로 사용된다. coffee는 불가산명사이므로 a cup of coffee / two cups of coffee처럼 표현하는 것이 문법적으로 맞지만, 구어체에서는 가산명사처럼 쓰여 two coffees처럼 말하는 일이 많다. 특히 커피숍, 식당처럼 제공 형태가 규격화되어 있는 경우 빈번하게 가산명사로 사용된다. 반대로 가정집에서 two coffees라고 하면 아주 어색하게 느껴질 것이다.

여동생에게 삼성 갤럭시 S8을 사 줬는데, 여동생이 원하는 것은 아이폰 8이었어.

situation:
생일을 맞아 여동생에게 깜짝 선물로
갤럭시 최신형을 사 줬는데 실제로
여동생은 아이폰을 갖고 싶었다고 한다.

STEP 1 표제문을 영어 문장으로 만들어 보세요.

여동생에게 삼성 갤럭시 S8을 사줬는데, 여동생이 원하는 것은 아이폰 8이었어.

STEP 2 표제문을 영어로 잘 옮긴 것에 모두 체크하세요.

(1) **I bought Samsung Galaxy S8 for my sister, but she wanted iPhone 8 instead.**

(2) **I bought a Samsung Galaxy S8 for my sister, but she wanted an iPhone 8 instead.**

(3) **I bought the Samsung Galaxy S8 for my sister, but she wanted the iPhone 8 instead.**

(4) **I bought a Samsung Galaxy S8 for my sister, but she wanted the iPhone 8 instead.**

(5) **I bought the Samsung Galaxy S8 for my sister, but she wanted an iPhone 8 instead.**

(6) **I got a Samsung Galaxy S8 to my sister, but she wanted an iPhone 8 instead.**

(7) **I got a Samsung Galaxy S8 for my sister, but she wanted an iPhone 8 instead.**

가능한 문장 (2) (3) (4) (5) (7)

어휘 들여다 보기 **갤럭시 S8 / 아이폰 8** '갤럭시 S8', '아이폰 8' 같은 핸드폰 기종(cell phone model)을 언급할 때는 상황에 따라 적절한 관사를 사용하자. 고유명사지만 보통의 가산명사처럼 생각하고 일반적인 관사 원칙에 따르면 된다. 표제문 맥락의 경우, 동생에게 핸드폰 한 대를 사준 것이니까 부정관사를 써서 a Samsung Galaxy S8 / an iPhone 8이라고 해도 좋고, 갤럭시 S8, 아이폰 8 등을 총칭하기 위해 정관사를 써서 the Samsung Galaxy S8 / the iPhone 8이라고 해도 좋다.

다만 표제문 맥락상 복수형을 사용하기는 곤란하다. 물론 맥락이 적절하다면 복수형도 얼마든지 사용할 수 있다. 예를 들어, '미국 사람 2명 중 한 명은 아이폰을 쓴다.'는 Half of Americans are using iPhones.라고 하면 된다. 그러나 '미국 사람 3명 중 한 명은 갤럭시 S를 쓴다.'를 A third of Americans are using Samsung Galaxy Ss.라고 하는 것은 다소 어색할 수 있다. 삼성 스마트폰은 iPhone만큼 브랜드로 각인이 덜 되어 있기 때문에, 정확한 모델명(예를 들어, Samsung Galaxy S8)을 써서 표현해야지, 이 문장처럼 Samsung Galaxy Ss라고 하거나 Galaxies, Galaxy S 등으로 줄여서 사용하기는 곤란하다. 대신 정관사 the Samsung Galaxy S series / 소유격 Samsung's Galaxy S phones / 무정관사 Samsung smart phones라고 하면 좋다.

(1) I bought Samsung Galaxy S8 for my sister, but she wanted iPhone 8 instead. ×

(2) I bought a Samsung Galaxy S8 for my sister, but she wanted an iPhone 8 instead. ○

(3) I bought the Samsung Galaxy S8 for my sister, but she wanted the iPhone 8 instead. ○

(1)은 틀리고 (2) (3)은 좋다. 제품명에는 적절한 관사를 붙여 줘야 하므로 (1)은 틀렸다. (2) 부정관사 a Samsung Galaxy S8도 좋고 (3) 정관사 the Samsung Galaxy S8도 좋다. (3)은 정관사 the가 붙었지만 '특정한 삼성 갤럭시 S8 폰 한 개', '특정한 아이폰 한 개'를 뜻하지는 않는다. (2)와 (3)에서 부정관사 a / 정관사 the는 그 모델을 아우르는 총칭적 용법으로 사용된 것이다.

(4) I bought a Samsung Galaxy S8 for my sister, but she wanted the iPhone 8 instead. ○

(5) I bought the Samsung Galaxy S8 for my sister, but she wanted an iPhone 8 instead. ○

좋다. 정관사와 부정관사를 서로 교차해서 사용해도 아무 문제도 없다.

(6)　I got a Samsung Galaxy S8 <u>to</u> my sister, but she wanted <u>an</u> iPhone 8 instead. ×

(7)　I got a Samsung Galaxy S8 for my sister, but she wanted <u>an</u> iPhone 8 instead. ○

(6)은 틀리고 (7)은 좋다. 동사 get은 〈get + DO(직접목적어) + for + IO(간접목적어)〉 형식으로 '~에게 …을 주다'라는 뜻으로 사용된다. 물론 〈get + IO(간접목적어) + DO(직접목적어)〉 형식으로 전환도 가능하다. 따라서 (7)은 I got my sister a Samsung Galaxy S8이라고 해도 좋다.

영어 지식 ✱　**휴대폰과 관련된 어휘**

휴대폰 화면 위에 붙이는 '보호필름'은 screen protector, '충전기'는 charger다. '보조 배터리'는 portable charger 또는 external battery라고 한다. 휴대폰의 '액정'은 LCD screen이지만 '액정이 깨졌다.'라고 할 때는 My screen is cracked. / I cracked my screen.이라고 하는 것이 보통이다. '이어폰'은 복수형 earphones이며, '헤드폰'도 복수형 headphones다. earbuds도 '이어폰'이란 뜻이기는 한데 earphones보다는 사용 빈도가 높지 않다. 다만 최근에는 블루투스 기술의 보편화에 따라 '무선 이어폰'을 나타낼 때 wireless earphones / wireless earbuds 중에서 후자를 더 자주 사용하는 경향이 있다. '무선 이어폰'은 기술적으로는 블루투스 기술을 이용하므로 Bluetooth earphones / Bluetooth earbuds 역시 좋다.

situation:
수지 사무실 건물의 1층 코너에
있는 스타벅스에 도착해서 수지
에게 전화로 하는 말이다. 나는
이 스타벅스에서 수지와 가끔씩
만난다. 스타벅스는 여기 말고
길 건너 맞은편에도 있고 옆 건물
1층에도 있다.

STEP 1 표제문을 영어 문장으로 만들어 보세요.

나 지금 스타벅스에 와 있어.

STEP 2 표제문을 영어로 잘 옮긴 것에 모두 체크하세요.

(1) **I am at Starbucks.**

(2) **I am at the Starbucks.**

(3) **I am in Starbucks.**

(4) **I am in the Starbucks.**

(5) **I am in the Starbucks on the corner of the office building.**

(6) **I am in Starbucks on the corner of your office building.**

(7) **I am in the Starbucks in the corner of the office building.**

(8) **I am in the Starbucks at the corner of your office building.**

(9) **I'm in the Starbucks on the ground floor.**

(10) **I'm at Starbucks on the ground floor.**

가능한 문장 **(1) (3) (5) (6) (8) (9) (10)**

⟮어휘
들여다
보기⟯ **스타벅스** 고유명사에는 관사를 붙이지 않는 것이 보통이다. 가령, a hamburger from McDonald's(맥도날드 햄버거 한 개), a hamburger from Burger King(버거킹 햄버거 한 개), jeans from Levi's(리바이스 청바지)처럼 관사 없이 써야 한다. Starbucks 역시 관사 없이 쓰는데, '스타벅스에서 만나자.'라고 할 때도 I'll see you at Starbucks.라고 한다. 설령 코엑스처럼 엄청나게 큰 장소라서 스타벅스가 두 개 있고, 그 중 하나가 우리가 항상 만나는 그 스타벅스라고 하더라도 I'll see you at the Starbucks.라고는 하지 않는다. 정관사 the Starbucks를 쓰는 경우에는 반드시 수식하는 어구가 와서 어느 스타벅스를 말하는지 확정해 줘야 한다. 나와 수지가 서로 잘 아는 스타벅스라고 해서 정관사 the Starbucks를 쓰는 것이 아니라 수식하는 어구가 있어야 정관사 the Starbucks가 가능한 것이다. 예를 들어, 주변에 스타벅스가 세 개 있는 상황에서 다른 데가 아닌 '너희 회사 건물 1층에 있는 스타벅스에 와 있어.'는 I'm in the Starbucks on the ground floor of your building.이라고 할 수 있다.

(1) I am at Starbucks. o

(2) I am at the Starbucks. ×

(3) I am in Starbucks. o

(4) I am in the Starbucks. ×

(1) (3)은 좋으나 (2)(4)는 틀렸다. 다른 수식어구의 수식을 받는 경우에만 정관사를 붙여 the Starbucks라고 할 수 있다. '스타벅스에'라고 할 때는 전치사 in Starbucks / at Starbucks 둘 다 좋다.

(5) I am in the Starbucks on the corner of the office building. o

(6) I am in Starbucks on the corner of your office building. o

(7) I am in the Starbucks in the corner of the office building. ×

(8) I am in the Starbucks at the corner of your office building. o

(5) (6) (8)은 좋으나 (7)은 틀렸다. 건물의 귀퉁이를 가리킬 때는 on the corner of / at the corner of가 맞다. (7) in the corner of는 '건물의 구석에'란 뜻이 아니라 '내 사무실의 구석에'를 뜻하기 때문에 표제문 맥락에 전혀 맞지 않다. 한편, 정관사 the office building / 소유격 your office building 둘 다 좋다.

(9) I'm in the Starbucks on the ground floor. o

(10) I'm at Starbucks on the ground floor. o

좋다. '1층'은 the ground floor / the first floor다. 둘 다 정관사 the가 필요하다. 참고로, '땅바닥', '지면'을 뜻하는 ground는 흔히 정관사 the ground의 형태로 쓰인다. earth 역시 '땅', '지면'을 뜻하는 경우 흔히 정관사 the earth 형태로 쓰인다. (물론 정관사 the earth는 '지구'를 뜻하기도 한다.) ground는 우리가 건물 안에 있거나 걸어 다닐 때 발 밑에 닿는 단단한 바닥을 가리키는 데 비해(흙이건 콘크리트이건 가리지 않는다), 바닥이 흙이나 바위 등으로 되어 있는 경우 earth를 쓸 수 있다.

situation:
난 회사의 재무팀장인데, 내 밑에 있는
직원이 지나가는 것이 보였다. 남편에게
하는 말이다.

STEP 1 표제문을 영어 문장으로 만들어 보세요.

You see the guy over there. [   ]

저기 저 친구 보이지?　　　　　　　　　저 사람은 내가 데리고 있는 직원이야.

STEP 2 표제문을 영어로 잘 옮긴 것에 모두 체크하세요.

(1) **He's my staff.**

(2) **He's one of my staff.**

(3) **He's my team member.**

(4) **He's on my team.**

(5) **He's in my department.**

(6) **He works under me.**

(7) **He works with me.**

(8) **He's my subordinate.**

(9) **I'm his boss.**

(10) **He's my coworker.**

(11) **He's my colleague.**

가능한 문장 **(2) (5) (7) (10) (11)**

어휘 들여다 보기 **직원** '직원'을 staff라고 생각하기 쉽다. 하지만 staff는 '(집단으로서의) 총 직원'을 뜻하며, my staff 는 내 부서원 전체를 뜻한다. 개별적인 직원을 말할 때는 a member of my staff / my staff member / one of my staff members라고 해야 한다. '부하직원'을 뜻하는 subordinate도 문자적으로 는 가능하겠지만 수평적인 북미 문화에서 굳이 이렇게 수직적인 관계를 드러낼 필요도 없고 드러내지도 않는 것이 보통이다. '동료'라고만 해도 충분하므로 my coworker / my colleague 정도로 표현하면 된다. coworker는 같은 회사, 보통은 같은 부서에 근무하는 동료를 가리키고, colleague는 같은 회사에 다니지 않더라도 같은 분야에 종사하는 비즈니스 파트너를 망라하는 개념이다.

(1) He's my staff. ×

(2) He's <u>one of my staff</u>. ○

(1)은 틀리고 (2)는 좋다. staff는 집합적인 의미의 '직원 전체'를 뜻한다. '개별적인 직원' 은 one of my staff / one of my staff members / a member of my staff / my staff member라고 한다. 또는 무부정관사 part of my staff / 부정관사 a part of my staff 둘 다 좋다. part는 '일원', '구성원'이라는 의미가 있다.

(3) He's my <u>team</u> member. ×

(4) He's on my <u>team</u>. ×

(5) He's in my <u>department</u>. ○

(3)(4)는 틀리고 (5)는 좋다. 북미에서 team은 soccer team, baseball team처럼 스포츠팀에 주로 사용된다. 아울러 회사의 team은 '임시조직'을 말하므로 표제문 맥락에 맞지 않다. 상설조직은 department라고 하는 것이 일반적이다. 따라서 marketing team을 네이티브 가 처음 들으면 신상품을 발매하기 위한 임시조직이라고 생각을 하지 회사 내에 상설적으로 존재하는 '영업부/판매부'라는 생각은 하지 않는다. design team 역시 마찬가지다. 네이티브에게 design team은 특정한 상품 개발을 위해 일시적으로 작업을 같이하는 임시조직(temporarily working on the project)이라는 느낌이 강하게 든다. 따라서 임시조직인 경우 team이라고 해도 되지만 상설조직인 경우 department라고 하는 것이 바람직하다. He's on my department.는 틀리고 He's in my department. / He's one of my department members.는 좋다.

(6) He works <u>under</u> me. ×

(7) He works <u>with</u> me. ○

(6)은 틀리고 (7)은 좋다. (6) He works under me.는 내 밑에 있는 층에서 일한다는 뜻이다. He works with me.는 좋다. 또는 He works for me.도 좋다.

(8) He's my subordinate. ×

(9) I'm his boss. ×

틀렸다. 둘 다 문법상, 어법상으로는 하자 없는 문장이다. 그러나 정말로 상하관계를 표현해야 하는 경우를 제외하고는 이런 식으로 말하지를 않는다. 저자가 한국적인 상황을 전제하고 논의를 진행하고 있기는 하지만, 영어로 의사표현을 하는 이상 영어식 사고(서양식 사고)를 무시할 수 없으므로 한국에서만 통용되고 영어권에서는 통용되지 않는 문장을 맞는 문장이라고 말할 수는 없다. 상하관계를 언급해야 하는 특별한 이유가 없는 경우 (8) (9) 모두 매우 어색한 문장이다.

(10) He's my coworker. ○

(11) He's my colleague. ○

좋다. coworker는 은연중에 조직 서열상 나와 동급 또는 내 밑에 있는 계급 직원들을 가리킬 때 주로 사용된다. 내 직장 상사를 coworker라고는 잘 말하지 않는다. 이런 경우 He's my boss. / He's my supervisor. / He's one of the senior managers.처럼 말한다. 한편, colleague는 변호사, 의사처럼 전문직 종사자들 사이에 자주 사용된다. 소속은 다를지라도 같은 업종(즉, '법조계', '의료계')에 종사하는 사람을 가리켜 colleague라고 한다.

(전문가들에 의하면)
머지않아 100세까지 산다고 합니다.

situation:
의학 및 과학기술의 발전으로 평균 수명이 100세 내외가 될 것이라고 한다. 100세 시대에는 대부분의 사람들이 90세~110세 정도를 살 것이라고 생각한다.

STEP 1 표제문을 영어 문장으로 만들어 보세요.

Experts say [ ]

전문가들에 의하면 머지않아 100세까지 산다고 합니다.

STEP 2 표제문을 영어로 잘 옮긴 것에 모두 체크하세요.

(1) **we'll live until 100 years old sooner or later.**

(2) **we'll be able to live to be 100 years old in the near future.**

(3) **we are going to live 100 plus years in the near future.**

(4) **the life expectancy will be 100 years old in the near future.**

(5) **life expectancy will rise to 100 years in the near future.**

(6) **the life expectancy of people will rise to 100 years in the near future.**

(7) **most people are going to enjoy a life expectancy of 100 years in the near future.**

(8) **a life expectancy of 100 years is not far from now.**

(9) **not long from now, a life expectancy of 100 years will be normal.**

(10) most people are going to enjoy a 100-year life in the near future.

(11) it's going to be an era of centenarians in the near future.

가능한 문장 (2) (3) (5) (6) (7) (9) (10)

STEP 3 문장을 확인하세요.

(어휘 들여다 보기) **life expectancy** '100세까지 산다'는 것은 '평균수명이 100세에 이른다'는 말이므로 '평균수명'을 뜻하는 life expectancy를 활용할 수 있다. 그렇다면 정관사 the life expectancy일까, 소유격 our life expectancy일까, 아니면 아예 무한정사 life expectancy일까? life expectancy는 추상명사이므로 부정관사 a life expectancy는 불가하고, 정관사 the life expectancy라고 해야 할 이유가 없으므로, 제로관사 life expectancy가 맞다. 따라서 Experts say life expectancy will be 100 years in the near future.라고 하면 좋다. 또는 소유격 our life expectancy도 좋다.

다만, life expectancy를 한정하는 어구가 있으면 정관사 the를 쓴다. the life expectancy of Koreans 처럼 of Koreans를 추가하면 정관사 the life expectancy가 가능하다. 또는 형용사 average를 추가하여 average life expectancy라고 하면 정관사 the average life expectancy가 가능하다. 따라서 Experts say the life expectancy of Koreans will rise to 100 years in the near future. / Experts say the average life expectancy will rise to 100 years in the near future.라고 하면 좋다. life expectancy / the life expectancy of Koreans / the average life expectancy는 모두 사실상 같은 뜻인데 형식만 다른 것이다. 설사 같은 뜻을 전달하더라도 형식에 따라 관사가 달라지는 경우는 셀 수 없이 많다.

그렇다면 표제문 맥락에 부정관사 a life expectancy는 절대로 사용 불가인가? '평균수명 100세'를 부정 관사 a life expectancy of 100 years라고 한다. 이때 정관사 the를 안 붙이는 이유는 평균수명은 100 세, 101세, 102세, 95세, 98세 등 아주 다양한 가능성이 있고 '그 중에서 한 개에 해당하는 평균수명 100세' 를 뜻하기 때문이다. '평균수명 100세'를 활용하여 Experts say a life expectancy of 100 years is not long from now.도 좋다.

(1) we'll live <u>until</u> 100 years old sooner or later. ×

(2) we'll be able to <u>live to be 100 years old</u> in the near future. ○

(1)은 틀리고 (2)는 좋다. 〈until + A시간〉은 'A시간까지(그리고 A시간 이후에는 끝난다)'란 뜻이 다. (1)은 '100세까지만 산다', 즉 '100세가 되면 죽는다'는 말이다. (2)처럼 live + to be 100 years old로 고치면 좋은 문장이 된다.[48] 아울러, will은 너무 강한 확신이니 will be able to로 고치는 것이 더 자연스럽다.

(3) we are going to <u>live 100 plus years</u> in the near future. ○

좋다. '100세까지 산다'라고 할 때 〈동사 live + 형용사 100 plus years old〉라고 하지 않고 〈동사 live + 무형용사 100 plus years〉라고 하니 주의하기 바란다. 원래 〈동사 live + 전 치사 for 100 plus years〉였는데 전치사 for가 생략된 형태라고 생각하면 쉽게 이해가 될 것이다.

법칙 23 585

(4) the life expectancy will be 100 years old in the near future. ×

(5) life expectancy will rise to 100 years in the near future. ○

(6) the life expectancy of people will rise to 100 years in the near future. ○

(4)는 틀리고 (5)(6)은 좋다. 무정관사 life expectancy는 좋지만, 정관사 the life expectancy 는 불가하다. 다만 수식어구가 있으면 가능하다. 예를 들어, the life expectancy of people / the life expectancy of Koreans는 좋다. 물론 (5)(6) of people / of Koreans가 있든 없 든 전달하는 의미는 동일하다. 의미와 관계 없이 어구의 형식상 정관사 the가 필요한 경우 반드시 넣어야 하고 그렇지 않으면 틀린 표현이 된다.

(7) most people are going to enjoy a life expectancy of 100 years in the near future. ○

(7) 좋다. A of B 형식을 취하는 경우 A 앞에는 정관사 the를 붙이는 것이 보통이지만, 무조 건 정관사 the를 붙이는 것은 아니다. life expectancy와 100 years의 관계를 살펴보면, 위 에 나온 the life expectancy of people은 people의 속성으로서의 life expectancy인 데 비해, 100 years는 여러 가능한 life expectancy 중 하나의 사례에 불과함을 알 수 있다. 이 런 이유로 부정관사 a life expectancy of 100 years가 맞다.

(8) a life expectancy of 100 years is not far from now. ×

틀렸다. 〈far from + 장소〉 형식으로 사용되어 물리적 거리가 멀다는 뜻을 나타낸다. 시간 적으로 멀다는 뜻을 나타내는 표현은 far off다. 따라서, a life expectancy of 100 years is not far off.라고 하면 좋다.

(9) not long from now, a life expectancy of 100 years will be normal. ○

좋다. not long from now는 '얼마 안 있어'라는 뜻이다. '매우 가까이 왔다'는 뜻이므로 표 제문 맥락에 부합한다. a life expectancy of 100 years is very near 역시 좋다.

(10) most people are going to enjoy a 100-year life in the near future. ○

좋다. a 100 year life은 2016년 출간된 *The 100-Year Life: Living and working in an age of longevity*라는 책 제목에서 힌트를 얻은 것인데, 저자의 튜터들에 의하면 표제문 맥 락에서는 정관사 the 100-year life는 아예 불가하고, 부정관사 a 100-year life는 썩 좋은 표현은 아니지만 가능은 하겠다고 했다.

(11) it's going to be an era of centenarians in the near future. ×

틀렸다. 한국에는 '100세 시대'라는 말이 있어 표제문도 '조만간 100세 시대가 된다'라고 생각할 수 있다. 그러나 영어에는 '100세 시대'라는 말이 없다. 한국 영자신문에 an era of centenarians 등이 등장하는데 이는 모두 실제로 전혀 사용되지 않는 말이다.

법칙 23 587

situation:
이세돌과 인공지능 알파고의 바둑 대국 (총 5회)은 서울에 있는 포시즌스 호텔에서 개최되었다.

STEP 1 표제문을 영어 문장으로 만들어 보세요.

지호 Did you hear that an AI go player competed with a human athlete last week?
지난주에 인공지능이 인간 바둑기사하고 대국한 거 들었어?

나 Yes. [   ] and actually I went there.
응. 그 경기는 서울 포시즌스 호텔에서 열렸어.   나 거기 갔었잖아.

STEP 2 표제문을 영어로 잘 옮긴 것에 모두 체크하세요.

(1) **The play was held in Four Seasons Hotel**

(2) **The games were held in a Four Seasons Hotel**

(3) **The games were held at the Four Seasons Hotel**

(4) **The championship was held at the Four Seasons Hotel**

(5) **The matches were held in the Four Seasons Hotel**

(6) **The matches took place at the Four Seasons Hotel**

(7) **That competition was held in the Four Seasons Seoul**

(8) **That event took place at the Four Seasons Seoul**

(9) **The Four Seasons Hotel hosted the matches**

가능한 문장 **(3) (5) (6) (7) (8) (9)**

포시즌스 호텔 고급 호텔 이름에는 일반적으로 정관사 the를 붙인다. the Hilton / the Grand Hyatt / the Walkerhill / the Intercontinental / the Four Seasons 등 많은 호텔 이름 앞에 the가 있음을 알 수 있다. 일반적으로 〈xxx + Hotel〉, 〈xxx + Building〉 형식의 이름을 갖게 되니 고유명사임을 알리기 위해 정관사 the를 붙이게 되지 않았나 추정한다. '롯데호텔', '신라호텔' 같은 한국 토종 호텔의 경우는 정관사 the를 붙여야 할 것인지 붙이지 말아야 할 것인지 다소 혼란스럽지만, 인터넷 검색을 해 보면 대체로 정관사 the를 사용하는 경우가 대부분이다. 아울러 영어에서는 고급 호텔 이름에 정관사를 붙이는 것이 일반적이므로 국내외 호텔을 불문하고 정관사 the를 붙이는 것이 좋겠다.

다만 무조건 정관사 the만 붙이는 것은 아니다. 의미상 'xxx 호텔 중 한 군데'를 뜻하는 경우 부정관사 a를 붙이는 데 아무런 문제가 없다. 예를 들어 '도쿄에 갔을 때 힐튼 호텔에 머물렀다.'는 I stayed at a Hilton Hotel when I was visiting Tokyo.라고 해도 좋다. 도쿄에 힐튼 호텔이 두 군데 이상인 것이 분명하므로 그 중 한 군데를 표현하기 위해 부정관사 a Hilton Hotel이라고 해도 좋다. 물론 정관사 the Hilton Hotel도 좋다.

포시즌스 호텔은 서울에 한 군데 영업 중이다. 고급호텔에는 일반적으로 정관사 the를 붙이므로 the Four Seasons Hotel이 맞다. 서울에 딱 한 개 있으므로 반드시 정관사 the Four Seasons Hotel이라고 해야 한다. 부정관사 a Four Seasons Hotel은 불가하다. 서울에 있으므로 Seoul을 붙여 the Four Seasons Hotel Seoul도 맞기는 한데, 너무 길므로 보통 the Four Seasons Seoul이라고만 하면 된다.

(1) The <u>play</u> was held in <u>Four Seasons Hotel</u> ×

틀렸다. 정관사 the Four Seasons Hotel이라고 해야 한다. play는 '경기 자체'가 아니라 '경기 내용', '경기 진행', '경기 운영' 등을 뜻한다. 예를 들어, '그 사람 경기 내용이 좋았다.'는 '그 사람은 경기를 잘했다'이므로, 명사 play를 써서 His play was very good. 또는 동사 play를 써서 He played very well.이다. '비로 인해 경기를 중단했다.'는 The play had to stop because of the rain.이다. 여기서 play는 '경기' 자체가 아니라 '경기 진행', '경기 운영'이라는 뜻이다. 표제문 맥락에는 game / match가 좋다. 또한 대국이 총 5회 개최되었으므로 '경기'는 복수형 games / matches라고 해야 한다.

(2) The games were held in <u>a</u> Four Seasons Hotel ×

틀렸다. 만약 서울에 포시즌스호텔이 두 군데 이상이라면 부정관사 a Four Seasons Hotel이라고 해도 된다. 다만, 표제문 맥락에서는 화자가 '그 경기는 서울 포시즌스호텔에서 열렸다.'라고 하고 나서 and actually I went there라고 했<u>으므로</u>, 설령 서울에 포시즌스 호텔이 두 군데 이상이라고 하더라도 부정관사 a Four Seasons Hotel을 사용할 수 없고, 반드시 정관사 the Four Seasons Hotel이라고 해야 한다.

(3) The games were held <u>at the</u> Four Seasons Hotel ○

좋다. 고급 호텔 이름에는 정관사 the를 붙여야 한다. 아울러 지금(2017년 12월 기준으로) 포시즌스 호텔은 서울에 딱 한 군데만 영업 중이므로 반드시 정관사 the Four Seasons Hotel이라고 해야 한다. 한편, 전치사 in은 '물리적 공간에서'의 뜻이 너무 부각되므로 at을 쓰는 것이 더 좋다. at은 '(각종 행사가 개최되는 영업장소로서의 호텔이라고 하는 곳)에서'를 뜻한다.

(4) The <u>championship</u> was held at the Four Seasons Hotel ×

(5) The <u>matches</u> were held <u>in</u> the Four Seasons Hotel ○

(6) The <u>matches</u> took place <u>at</u> the Four Seasons Hotel ○

(4)는 틀리고 (5) (6)은 좋다. 토너먼트나 리그 등을 통해 진출한 팀이나 선수가 최종 우승자를 가리기 위해 벌이는 경기를 the championship이라고 한다. 따라서 (4) championship은 맥락에 맞지 않는다. '시합'이라는 뜻의 match가 좋으며, 5회 개최되었으므로 복수형 the matches라고 해야 한다. 한편 '포시즌스 호텔에서'는 전치사 in the Four Seasons Hotel / at the Four Seasons Hotel 둘 다 좋다.

(7) <u>That competition</u> was held in the Four Seasons Seoul ○

(8) <u>That event</u> took place at the Four Seasons Seoul ○

좋다. competition을 하나의 행사로 보면 단수형 that competition도 좋고, 대국 한 건 한 건을 competition으로 보면 다섯 건이니까 those competitions 역시 좋다. 그러나, event는 '이세돌과 알파고의 5회의 바둑 대국 전체'를 뜻하므로 단수형 that event만 맞고 those events는 맞지 않는다.

(9) The Four Seasons Hotel <u>hosted</u> the matches ○

좋다. host는 '(행사를) 주최하다'라는 뜻이다. 주어를 the Four Seasons Hotel로 함으로써 중점이 '경기'에서 '호텔'로 옮겨지는 점은 있으나 크게 문제 없이 표제문 맥락에 사용할 수 있다.

영어지식 ✱ 정관사 the가 필요한 박물관과 예술작품

고급 호텔 이름에도 the를 붙이지만 박물관 이름과 예술 작품에도 정관사 the를 붙인다. I thought *the Starry Night* was in the the Van Gogh Museum, but actually it's in the Museum of Modern Art in New York City.('별이 빛나는 밤'이 반고흐 미술관에 있는 줄 알았는데 실제로는 뉴욕 현대미술관(MOMA)이 소장하고 있다.)처럼 쓴다.

레오나르도 다빈치의 '최후의 만찬'은 the Last Supper, 클림트의 '키스'는 the Kiss, 앙리 마티스의 '춤'은 the Dance, 뭉크의 '절규'는 the Scream이다. 반면, 별로 유명하지 않는 작품에는 정관사를 붙이지 않는다. 물론 유명하냐 안 유명하냐는 주관적인 판단이므로 화자가 유명한 작품이라고 생각하면 그냥 정관사 the를 붙이면 된다. 예를 들어, 고흐의 작품 중 '까마귀가 나는 밀밭(Wheatfield with Crows)'은 그다지 유명하지 않은 작품이므로 무정관사 Wheatfield with Crows by Van Gogh라고 하든지 소유격 Van Gogh's Wheatfield with Crows라고 하면 된다.

A
나는 말보로 골드를 피워.

situation: 나는 외국 담배 브랜드인 Marlboro Gold를 오랫동안 피워 오고 있다.

친구 **What cigarettes do you smoke?**
담배 뭐 펴?

나 [   ] **and I absolutely love them.**
나는 말보로 골드를 피워.   이건 정말 최고야.

(1) I smoke Marlboro Gold   ☐

(2) I smoke a Marlboro Gold   ☐

(3) I smoke the Marlboro Gold   ☐

(4) I smoke the Marlboro Golds   ☐

(5) I smoke Marlboro Golds   ☐

(6) I'm a big fan of Marlboro Gold.   ☐

(7) Marlboro Gold is my choice.   ☐

(8) Marlboro Golds are my pick.   ☐

담배 브랜드 이름과 담배 명칭은 〈무한정사 + 단수형〉으로 쓰인다. 예를 들어, I smoke Marlboro. / I smoke Marlboro Gold.라고 한다. 또는 〈무한정사 + 복수형〉인 Marlboros / Marlboro Golds 역시 좋다. 그러나 다른 브랜드, 제품명과 비교하는 맥락에서는 정관사 the를 붙일 수도 있다. 예를 들어 I've started to smoke the Marlboro 27's, but overall the Marlboro Lights are still a pretty good cigarette.(최근에 Marlboro 27's 를 피우기 시작했기는 했지만, 전반적으로 Marlboro Lights도 그래도 꽤 괜찮은 담배라고 생각한다.)처럼 쓴다.

(1) (2) (3) (4) (5) (2) (3) (4)는 틀렸고 (1) (5)는 좋다. **(2)** 부정관사 a Marlboro Gold는 '말보로 골드 한 개피'를 말 하므로 틀렸고, 다른 담배와 비교하는 상황이 아닌 경우에는 **(3) (4)**처럼 정관사 the Marboro Gold(s)라고 하 지 않는다.[49] 제품 종류로서의 '말보로 골드'에는 〈무관사 + 단수형〉 (1) Marlboro Gold 또는 〈무관사 + 복수 형〉 (2) Marlboro Golds 둘 다 좋다. **(6)** 좋다. 〈a big fan of + A(대상)〉는 'A(대상)를 선호한다'라는 뜻이다. **(7) (8)** 단수형 Marlboro Gold와 복수형 Marlboro Golds 둘 다 좋다. 한편, '선택'이란 뜻의 choice와 pick 대신 '좋아하는 물건'이란 뜻의 favorite를 써도 된다. 즉, my choice / my pick / my favorite 모두 가능하다.

situation: 밤에 친구들과 함께 학교에서 조별 프로젝트를 하다가 바람도 쐴 겸 나가서 밥을 먹기로 했다. 학교 근처에 있는 김밥천국은 보통 우리가 다니는 식당 중 하나이며, 인근에는 김밥천국이 몇 군데 있다.

친구 **Let's eat something. I'm hungry.**
뭐 좀 먹자.　　　　　　　　　　배고파.

나 　　　　　　　　　　　　　　　　　　　**They're open 24 hours.**
학교 근처에 있는 김밥천국 가 볼까?　　　　거기는 24시간 문을 열거든.

(1)　　How about going to the Gimbap Heaven?　　　　☐
(2)　　How about going to Gimbap Heaven's?　　　　☐
(3)　　How about going to Gimbap Heaven?　　　　☐
(4)　　How about going to Gimbap Heaven close to school?　　　　☐
(5)　　How about going to Gimbap Heaven close to the school?　　　　☐
(6)　　How about going to the Gimbap Heaven close to our school?　　　　☐
(7)　　Can we eat at Gimbap Heaven near school?　　　　☐
(8)　　Can we eat at the Gimbap Heaven near the school?　　　　☐
(9)　　Can we stop by the Gimbap Heaven's restaurant near our school?　　　　☐

'김밥천국'을 영어로 Gimbap Cheonguk이라고 할까 했는데 인터넷 검색을 해 보니 Gimbap Heaven 또는 Gimbap Paradise를 더 많이 쓴다. Gimbap Heaven이 가장 적절할 것 같다. 고유명사라고 하더라도 프랜차이즈 식당, 커피숍, 마트 같이 영업장이 여러 개 있는 경우 필요에 따라 관사를 붙인다. Gimbap Heaven이 여러 개 있더라도 통상적으로 우리가 잘 가는 그 식당을 언급하는 경우 제로관사 Gimbap Heaven이라고만 한다. 화자와 청자가 서로 아는 곳이라고 해서 정관사 the Gimbap Heaven이라고 하지는 않는다. the Gimbap Heaven이라고 하려면 the Gimbap Heaven near our school(학교 근처에 있는 김밥천국)처럼 무언가 더 특정할 만한 정보가 있어야 한다.

(1) (2) (3) (1) (2)는 틀렸고 (3)은 좋다. 다만, (3)은 어느 쪽 김밥천국을 말하는 것인지 불분명하다. (3)은 '아무 김밥 천국(any Gimbap Heaven)' 또는 '보통 우리가 다니는 김밥천국(the one we usually go to)' 등을 뜻한다. 우리가 보통 가던 김밥천국이 있는 경우 그 김밥천국을 뜻하겠지만 그렇지 않은 경우 추가적인 정보를 줘야 표제문 맥락에 맞게 된다. **(4) (5) (6)** 좋다. 〈한정사 + Gimbap Heaven + 한정어구〉 형식과 관련하여, '한정어구'가 있는 경우에는 정관사 the를 사용하는 것이 좋다. (정관사 the를 사용하지 않아도 문제는 없다.) 한편 close to 뒤에는 정관사 the school / 소유격 our school / 무한정사 school 모두 좋다. 여기서 school은 '학교 건물'을 나타내는데도 저자의 튜터들은 모두 무한정사 school이 좋다고 했다. 아마도 학생에게 school은 친숙하고 자주 사용되기 때문에 구어체에서 무한정사 school로 사용되는 것이 아닌가 추측한다. 동사 close는 [klouz]로 발음하지만 형용사 close는 [klous]로 발음하니 주의하자. **(7) (8) (9)** (7) (8)은 좋으나 (9)는 틀렸다. **(9)** stop by는 함께 걸어가고 있는 상황에는 쓸 수 있으나 표제문 맥락에는 맞지 않는다. 아울러 the Gimbap Heaven's restaurant도 틀렸다. 소유격 Gimbap Heaven's를 쓸 이유도 없고, 소유격과 정관사는 동시에 한꺼번에 사용되지도 않는다. Can we eat at 대신 Why don't we eat at / How about going to를 써도 좋다.

situation: 매장에 갔더니 마음에 드는 샤넬, 에르메스 치마가 각각 딱 한 개 진열되어 있었다. 처음에는 샤넬 살 생각을 했는데 다시 생각해 보니 에르메스가 더 좋아 그걸 사기로 결정했다. 치마를 잡거나 만지고 있지는 않다.

(1) I'll buy Hermes instead of Chanel.

(2) I'll buy a Hermes instead of a Chanel.

(3) I'll buy the Hermes instead of the Chanel.

(4) I'll buy that Hermes instead of that Chanel.

(5) I'll buy the Hermes one instead of the Chanel one.

(6) I'll buy that Hermes one instead of that Chanel one.

(7) I'll buy that Hermes skirt instead of the Chanel skirt.

(8) I'll buy the Hermes skirt instead of that Chanel skirt.

(9) I'll go for the Hermes instead of the Chanel.

(10) I'll take the Hermes instead of the Chanel.

브랜드 이름인 Hermes / Chanel[50]에 대해서는 관사를 붙이지 않는다. 그러나 'Hermes가 생산한 제품', 'Chanel이 생산한 제품'을 뜻하는 경우 필요에 따라 부정관사 a Hermes / a Chanel 또는 정관사 the Hermes / the Chanel 또는 지시사 this Hermes / that Chanel을 붙인다.

(1) (2) (3) (4) (1) (2)는 틀리고 (3) (4)는 좋다. (1) 무한정사 Hermes / Chanel은 브랜드 그 자체를 말하는 것이다. 브랜드를 사고 파는 천문학적인 M&A 상황에 사용할 수 있겠지만 표제문 맥락에는 전혀 맞지 않다. 마음에 드는 치마를 매장에서 이미 보고 있는 상황이므로 부정관사 a Hermes / a Chanel도 전혀 말이 안 된다. (3) (5) 정관사 the가 자연스럽다. 한편, (4) (6)에서 지시사 that이 두 번 반복되어 한국인 관점에서는 어색하게 느껴지지만 영어적 관점에서는 전혀 어색하지 않는 자연스러운 문장이다. 그럼에도 불구하고 (4) (6)보다는 (7) (8)처럼 the / that을 번갈아 사용하면 더욱 자연스러운 문장이 된다. 이때는 강조하고자 하는 브랜드에 지시사 that을 붙이면 된다. **(5) (6) (7) (8)** 좋다. 이미 치마(skirt)를 사겠다고 한 상황이므로 skirt를 대신하는 대명사 one으로 대체해도 된다. 다만, 대명사 one까지 생략해서 the Hermes / the Chanel 또는 that Hermes / that Chanel 이라고 하면 너무 짧아져서 어감이 썩 좋지 않으므로 대명사 one을 그대로 유지하는 것이 좋겠다. 즉, the Hermes one / the Chanel one 또는 that Hermes one / that Chanel one이라고 하면 좋다. **(9) (10)** 좋다. '살래'는 go for / take 외에 get / choose / pick 등을 써도 좋다.

가능한 문장 **A** (1) (5) (6) (7) (8) **B** (3) (4) (5) (6) (7) (8) **C** (3) (4) (5) (6) (7) (8) (9) (10)

1   심지어 관사가 포함되어 있지 않는 문장(예: He's in school.)도 제로관사(zero article)라고 하는 관
    사 용법의 하나로서 다뤄진다. 모든 영어 텍스트의 8.5%가 관사(a/an, the)라고 하니, 제로관사까지
    포함하면 영어에서 관사가 얼마나 큰 비중을 차지하는지 쉽게 알 수 있을 것이다. 이런 '관사'를 무시하
    고 고급 영어를 구사할 수 있는 방법은 없다고 저자는 확신한다. 다르게 말하면, 고급영어를 구사하기
    위해서는 관사를 제대로 이해하는 것이 그 출발점이 되어야 한다고 생각한다.
    다만, 관사의 결정은 여러 많은 요소에 의해 영향을 받기 때문에 이 모든 현상을 한정된 지면에 다 담
    기는 어렵다. 저자가 그동안 영어를 공부하면서 깨닫게 된 것, 독자들에게 유의미하다고 생각하는 것, 무엇보다도 '물고기'
    를 넘어 '물고기 잡는 법'이 될 만한 것, 즉, 일반화해서 다른 사례에 법칙처럼 적용할 만한 것을 중점으로 다루도록 하겠다.

2   한국어에는 왜 관사(특히 부정관사)가 없는 것일까? 그 이유를 확실하게 말할 수 있는 사람은 없을 것이지만 추론은 가능
    하다. 이와 관련하여 최근 발표된 양현권, 김낙훈, 성민창의 '영어 부정관사의 문법적 본질에 대한 사회심리학적 이해: 영
    어 교육에의 함의'(The SNU Journal of Education Research, March 2017, Vol. 26, pp. 79-94)가 상당히 설득력이 있다고 생각
    하여 인용한다.

        Nisbett에 따르면, 서유럽인과 동아시아인의 지적 특징(intellectual aspects) – 예를 들면, 언어 능력
        의 특징 – 은 이들이 몸담고 살아가는 서로 다른 두 사회의 특징(social characteristics)과 깊이 연관된
        다. (중략) Nisbett에 따르면, 한국인들은 사물과 자연을 인식함에 있어 개체 중심이 아니라 집단 중심적
        인 특징을 보인다. 한국인의 이러한 특징은 이들이 영어 부정관사의 학습에서 겪게 되는 어려움의 주된
        요인이 될 수 있다. 그 까닭은 한국인들의 사회심리적 인식 체계는 개체 중심적이 아니라 집단 중심적인
        데 비하여 영어 부정관사의 학습에서는 개체 중심적인 체계가 요구되기 때문이다.

    아울러 이 논문에서는 전통적으로 부정관사의 가장 기본적인 특성으로 간주되어 온 '정해지지 않음(indefiniteness)' 용법
    을 부정하고, 부정관사의 또 다른 용법인 '단일개체임(oneness)' 용법이 부정관사의 본질적이고 핵심적인 용법이라고 주
    장한다.
    이 점은 저자가 그동안 영어를 공부하면서 느껴온 점과 상당히 일치하는 것이다. 서양 문명, 서양 과학의 분석적 접근이 오
    늘날 서양이 세계를 지배하고 있는 근본적인 힘이라고 저자는 확신한다. 이런 접근이 언어와 상호작용하여 왔을 것임은
    명백하다.
    이 파트에서 저자도 명사의 의미를 봤을 때 단일개체로서 셀 수 있느냐(countable) 없느냐(uncountable)가 관사 선택에
    중요한 영향을 미치고 있음을 인식하고 있으며, 아울러 문장의 미묘한 의미 차이를 구별하는 기준의 하나로 활용하고 있
    으니 참고하기 바란다.

3   다른 예로서 '바나나 한 개 있다.'는 I have a banana.라고 한다. 그러나 '얼굴에 바나나가 묻어 있다.'는 There's some
    banana on your face.라고 한다. a banana는 '바나나 한 개'를 뜻하기 때문에 가산명사이고, some banana에서
    banana는 '바나나 자국', '바나나 흔적'이란 뜻이므로 불가산명사다. 한편 chicken은 살아 움직이는 동물을 뜻하는 경
    우에는 가산명사로 쓰이지만, 음식으로서의 닭을 뜻할 때는 불가산명사로 쓰인다. 따라서 '(음식으로서) 난 치킨을 좋아
    한다.'는 무부정관사 I like chicken.이 맞다. '치킨을 두 마리 시켰다.'는 I ordered two chickens.가 아니라 I ordered
    two boxes of chicken.이라고 한다. (다만, 한 마리를 통째로 튀기는 옛날식 통닭을 두 마리 시킨 경우 I ordered two
    chickens.라고 할 수는 있겠다.) 네이티브의 머리 속에서는 항상 대상이 셀 수 있는지 없는지, 셀 수 있다면 한 개인지 두
    개 이상인지 본능적으로 파악이 되고 있다. 독자들도 영어로 말할 때는 항상 이런 관점을 견지해야 한다.
    물론 세상의 모든 규칙 아닌 규칙이 그렇듯이 여기에도 예외는 있다. surgery는 가산명사로 사용되는 법이 없다. 반대
    로 operation은 불가산명사로 사용되지 않는다. surgery는 몸에 칼을 대는 모든 종류의 의료시술 및 수술 이후의 처
    치를 포괄하는 뜻으로서 불가산명사이고 operation은 '수술 그 자체'만을 뜻하며 가산명사다. 이렇듯 영어에는 가산명
    사와 불가산명사가 쌍을 이루는 경우가 적지 않다. staff(직원 전체) – staff member(직원 1명), police(경찰 전체) –
    policeman(경찰 1명), family(가족 전체) – family member(가족 1명), machinery(기계류) – machine(기계 한 대),
    baggage(짐 전체) – bag(가방 한 개) 등처럼 '집합적인 개념'과 '개별적인 단위'를 구분해야 맥락에 맞게 활용이 가능하다.
    이런 단어들은 각각 가산명사, 불가산명사로만 쓰이고 그 반대로는 쓰이지 않는다.

4   이제부터는 어떤 단어가 '주로' 가산명사로 쓰이는지, 아니면 불가산명사로 쓰이는지 관심을 가져 보자. 예를 들어, fruit
    는 가산명사처럼 보인다. 하지만 네이티브에게 fruit는 과일 전체(fruit in general)를 총칭하는 집합명사이며 불가산명사
    로 주로 사용된다. 따라서 '과일 좋아하세요?'는 무관사에 단수형을 써서 Do you like fruit?라고 한다. '난 과일 좋아한다.'
    역시 I like fruit.라고 한다. 흔하지는 않지만 fruit가 가산명사로 사용되는 경우도 있다. 예를 들어, 바구니 속에 들어 있는
    여러 가지 과일들 중에서 '이 과일들을 좋아한다.'라고 할 때는 I like these fruits.라고 한다. 물론 이런 상황에서도 I like
    this fruit.라고 해도 된다.

한편 staff는 '화자가 염두에 두고 있는 어떤 조직의 총체적인 의미로서의 직원'을 뜻하므로, 무관사 staff만 쓰는 일은 많지 않고, 정관사 the staff / 지시사 this staff 형식을 취하는 것이 일반적이다. the staff를 단수로 취급할 것인가, 복수로 취급할 것인가는 여느 집합명사처럼 골칫거리다. 대체로 미국식 영어에서는 단수 취급하고, 영국식 영어에서는 복수 취급하는 것으로 보인다. 다만, the staff를 대명사로 받을 때 단수를 쓰느냐, 복수를 쓰느냐는 전혀 다른 문제다. 이때는 항상 복수 대명사 they로 받는다. 단수 대명사 it이 아니다. 예를 들어, This staff is very well trained, they're also very nice.(여기 직원들은 모두 아주 훈련이 잘되어 있다. 아울러 친절하기까지 하다.)처럼 쓸 수 있다. 한편, staff가 '총체적인 의미로서의 직원'을 뜻한다고 해서 '직원 모두'를 뜻하는 것은 아니다. 예를 들어, 누군가 우리 회사를 방문했을 때 '직원이 곧 도와줄 겁니다.'라고 안내를 한다고 하자. 이때 The staff will help you in a minute.라고 하면 된다. 이때 The staff는 '이 회사의 직원 전체'가 아니라 '직원 중 일부(즉, 한 명 또는 두 명 등)'를 뜻한다.

5 앞 파트에서는 이렇게 관사가 안 붙을 때 '무관사'라고 말해 왔는데, 이를 문법적인 용어로 '제로관사'라고 한다. '무관사', '제로관사'는 같은 개념이라고 생각하면 된다. 다만, '무관사'는 단순히 부정관사, 정관사가 없는 '현상'에 중점을 둔 것인 데 비해, '제로관사'는 이에서 더 나아가 보다 적극적으로 문법, 어법적인 관점에서 명사가 왜 부정관사, 정관사 등 아무런 관사가 없이 사용되는지 그 '원리'에 관심을 갖고 이유를 규명하고자 하는 노력을 포함한다고 이해하면 되겠다.

6 space에 왜 정관사가 붙지 않는지 굳이 설명을 하자면 못 할 것도 없다. space / universe / cosmos는 모두 '우주'로 번역되는데 그 의미하는 바는 사뭇 다르다.

먼저 the universe는 은하계, 성단, 블랙홀 등 존재하는 모든 물질과 시간을 총 망라하는 '(총체적인) 우주'를 말한다. 그러니 정관사 the universe라고 해도 문제는 없을 것이다. the universe에서 '지구 내부와 표면'을 제외한 공간이 space다. 그러나 보다 현실적으로는 인류가 인공위성이나 탐사선을 보낸 공간을 space의 범위로 보는 것이 합리적이다. space는 the universe 중에서 인류와 직간접적인 관련을 맺는 공간이다. 과학기술의 발달에 따라 얼마든지 확장이 가능하기 때문에 space에 정관사 the를 붙이는 것은 마땅치가 않다. 한편 cosmos는 다소간 철학적, 사유적 측면의 '질서 있는 단일 체계로서의 우주 전체'를 가리킨다. 따라서 정관사 the cosmos라고 하는 것이 전혀 어색하지 않다.

'우주선(spacecraft)', '우주왕복선(space shuttle)', '우주복(space suit)' 등에 universe가 아니라 space를 쓰는 것은 이상과 같은 점을 고려할 때 당연한 것이다.

참고로, 정관사 the space는 '한정된 공간'을 뜻한다. 예를 들어, '너무 작은 공간이라 차를 주차할 수가 없었다.'는 The space was too small to park the car there.라고 한다.

7 일반적인 명사 분류에 따라 저자도 '가산명사', '불가산명사'를 사용하기는 하겠지만, 앞서 설명한 대로 '가산명사'라고 하는 별도 부류의 명사가 따로 있는 것은 아니라는 점을 강조하고자 한다. 이 책에서 '가산명사'는 어떤 명사가 주로 가산명사로 쓰이거나, 또는 보통명사이건 추상명사이건 고유명사이건 어떤 상황에서 발현된 뜻이 '가산성'을 갖고 있는 경우라고 유연하게 생각하면 되겠다.

8 참고로, 수영장, 물놀이 테마파크, 해수욕장 등에 있는 샤워실(즉, 내가 일상적으로 다니는 곳이 아닌 곳의 샤워실)에 있었다면 부정관사 I was in a shower when you called me.라고 해야 할까? 이때도 여전히 정관사를 써서 I was in the shower at the beach when you called me. 정도로 표현하면 좋다. 정관사 in the shower를 사용하되 at the beach로 수식을 해 주면 좋은 표현이 된다.

부정관사 I was in a shower는 shower의 완전히 다른 의미를 뜻할 가능성이 높기 때문에 의미가 뒤죽박죽되어 버린다. shower에는 '소나기'라는 뜻도 있고 baby shower(임신 축하 선물 파티), wedding shower(예비 신부 축하 선물 파티)처럼 '선물 파티'라는 뜻도 있기 때문에 I was in a shower는 소나기를 맞고 있었다는 뜻도 될 수 있고 임신 축하 파티 중이었다, 결혼 축하 선물 파티 중이었다는 뜻도 될 수 있어서 도저히 무슨 뜻인지 알 수가 없게 된다.

9 왜 그런지 확정적인 설명은 찾기 어렵지만 다음과 같은 주장이 설득력이 있는 것 같다. 〈in + 시간표현〉은 기간을 나타내고, 〈at + 시간표현〉은 특정 시점을 나타낸다. 사람은 낮에는 활동을 하고 밤에는 수면을 취한다. 물리적으로는 같은 시간이지만 인간이 심리적으로 느끼는 시간의 길이는 시간대에 따라 다르다. 즉, 낮에는 활동이 많으므로 기간으로 인식이 되지만 밤에는 활동이 없으므로 '점'으로 느껴진다. 이런 심리적 인식이 at night로 나타나게 되었다. 저자도 이 주장이 설득력이 있다고 생각한다. 〈at + 시간표현〉에는 at noon, at 10, at midnight처럼 등 일관되게 제로관사가 나타나는데 이런 점과 관련이 있는 것 같다.

10 '토스트 두 개'는 two slices of toast다. a noodle은 '국수 한 가락(one strand of noodles)'을 뜻하므로 보통의 맥락에서는 a noodle이라고 할 일은 없고 항상 noodles로 쓰인다고 생각된다. two noodles는 '국수 두 가락'을 뜻한다. 따라서 '국수 두 그릇'은 two bowls of noodles라고 한다.

11 원래 fruit는 집합명사로서 '과일 전체'를 뜻했지만, 요즘에는 가산명사로서도 자주 사용된다. 따라서 She likes vegetables but doesn't like fruits.도 사용할 수는 있다. 그럼에도 불구하고, 단수형 fruit가 복수형 fruits보다 더 자연스럽고 더 바람직하다.

12 WiFi의 표기법은 WiFi, Wi-Fi, Wi-fi, Wifi, wifi 등 다양하다. WiFi는 wireless fidelity의 약자로서 '무선인터넷'이 아니라 '무선인터넷표준'이다. 이런 이유로 불가산명사인 것 같다.

13 미국의 정식 명칭은 정관사 the 없는 United States of America다. 영어의 특성 때문에 정관사 the를 붙일 뿐이다. 마찬가지로 EU 역시 정관사 없는 European Union이다. UCLA의 경우 정식명칭 자체에 정관사 the가 들어 있다. the University of California, Los Angeles이다. 마찬가지로, MIT도 the Massachusetts Institute of Technology다. USA에는 원래 the가 없으니 the USA가 자연스럽고, UCLA, MIT에는 정관사 the가 있었으니 여기에 다시 정관사 the를 붙이면 the the University of California, Los Angeles가 되어 말이 안 되기 때문이다. 물론 Havard, Stanford, Yale처럼 자기 고유의 이름을 갖는 대학에 대해서는 원래부터 관사를 붙이지 않는다.

14 NBC는 완전히 굳어진, 즉 그 유래를 더 이상 아는 사람도 없고 회사 스스로도 옛날 이름을 전혀 사용하지 않아 NBC 자체가 하나의 고유한 이름이 되었기 때문에 정관사 the NBC라고 할 이유가 없다. 고유한 이름에 관사를 사용하지 않는 것이 규칙이다. 반면, BBC는 아직도 여전히 많은 경우 스스로를 British Broadcasting Corp.이라고 언급하기도 하고, 많은 사람들이 BBC는 British Broadcasting Corp.의 약자라는 점을 잘 알고 있기 때문에 정관사 the BBC라고 하는 것 같다. 그러나 회사 BBC가 아니라 방송 채널로서의 BBC인 경우 정관사 the는 생략 가능하다. 예를 들어 The show will be broadcast on (the) BBC tonight at seven.(그 프로는 오늘 저녁 7시에 BBC에서 방송된다.) / It's on (the) BBC tonight at eight o'clock.(그건 오늘 저녁 8시에 BBC에서 한다.)처럼 the는 생략할 수 있다.

15 예를 들어, '흐린 하늘'은 맥락에 따라 the cloudy sky / a cloudy sky / cloudy skies 등으로 표현된다. sky가 일반명사이므로 하늘의 여러 가지 가능성 중에서 하나를 표현하고자 할 때 〈부정관사 a + 형용사 + sky〉 형식으로 사용하는 데 아무런 문제가 없다. 일기예보에서 '대체로 흐리고 오후 한때 소나기가 예상됩니다.'는 We expect a cloudy sky throughout the day with a brief shower in the afternoon.이라고 하면 좋다. 마찬가지로, '반달'은 a half moon, '보름달'은 a full moon이다. (사실 정관사 the half moon, the full moon이라고 해도 된다. 지구를 도는 달의 특정 상태를 나타내므로 지구를 제외한 다른 어디에서도 볼 수가 없기 때문이다.) 필요에 따라 복수형 moons도 얼마든지 사용된다. '목성 주위에는 큰 위성이 네 개 있다.'는 There are four large moons around Jupiter.다.

16 부사로서의 서수는 어차피 정관사를 붙이지 않으니 논외로 한다. 예를 들어, '경기에서 일등으로 들어왔다.'는 He came in first in the race.이고, '반에서 1등이다.'는 He ranked first in his class.다. 여기에서 first는 부사다.

17 정관사 the third world war도 가능하다. 시기가 문제이지 언젠가는 3차 세계대전이 일어날 것이라고 확신하는 사람들은 정관사 the third world war라고 할 것이고, 3차 세계대전은 아직 발생하지 않았고 발생할지 안 할지 알 수도 없다고 생각하는 사람들은 부정관사 a third world war라고 할 것이다.

18 새로 바뀐 로마자 표기 방식에 따르면 the Hangang River라고 해야 하겠지만 저자의 튜터들은 이미 한국에 오래 살아서 그런지 the Hangang 또는 the Han River를 선호했다.

19 물론 부정관사 a bus를 사용할 수 있는 경우도 있다. 화자와 청자가 한국에 살고 있는데 런던 여행을 갔다고 하자. (둘 다 런던 지리는 전혀 알지 못한다.) 이 경우 '런던 시내로 버스를 타고 갔다.'라고 할 때 I took a bus to the center of London.이라고 한다. 이 맥락에서는 어느 노선/경로를 타고 런던 도심으로 들어 갔는지가 중요한 것이 아니고 (화자와 청자 모두 어느 노선인지 전혀 모른다.), 철도, 택시, 비행기가 아니라 '버스'라는 교통수단을 타고 갔다는 사실이 중요하기 때문에 부정관사 a bus가 바람직하다. 이런 맥락에서 정관사 I took the bus to the center of London.이라고 해도 틀린 것은 아니다. 최소한 그 버스를 탈 정도의 런던 버스노선에 대한 지식은 있기 때문이다. 물론 이런 맥락에서는 부정관사 a bus가 더 자연스러울 것이다.

20 doohickie 또는 doohickey는 미국 남부(특히 텍사스)에서 자주 사용되는 단어로서 한국어의 '거시기'에 해당된다. 즉, 이름을 잊었거나 잘 모르는 것을 지칭할때 쓰는 말이다. 일반적으로는 thingamajig라고 한다. doohickey는 튜터 April이 가르쳐 준 말인데 발음상의 편의 등을 고려하여 '정관사의 두히키 용법'이라고 하겠다.

21 (1) (2) (3)이 같은 뜻이기는 하지만 사용 빈도에 있어서도 현격한 차이가 있다. (3) 총칭적 표현은 제로관사에 복수형을 택하는 것이 가장 일반적이다. (1) 부정관사에 단수형은 (3)보다 덜 일반적이기는 하지만 사용 가능하다(acceptable). (2) 정관사에 단수형 역시 가능은 하지만 상당히 격식적(formal)으로 딱딱하게 들린다.

22 I'd like an apple. / I'll buy an apple.처럼 '한 개'를 '구입하겠다'는 맥락에는 당연히 an apple이 아무런 문제가 없다. 그러나 '일반적인 선호'를 표시하는 I like와 '사과 한 개'를 뜻하는 an apple은 의미상 도저히 어울릴 수가 없다. 다른 후속어구의 도움 없이는 온전한 문장으로 성립하지 않는다.

23 이렇게 사과, 바나나, 포도를 비교하는 맥락에서는 부정관사에 단수형 an apple / a banana는 좋다. 또는 복수형 apples / bananas 역시 좋다. 그러나 정관사 the apple / the banana는 불가하다. (참고로, 단수형 a grape은 '포도 한 알'을 뜻하므로, 일상적인 거의 모든 상황에서는 복수형 grapes라고 한다. 또는 '포도 한 송이'는 a bunch of grapes라고 한다.) I like apples more than bananas, but not as much as grapes.라고 해도 좋으나, I like the apple more than the banana, but not as much as the grapes.는 틀렸다.

24 Granny Smith는 푸른색에 신맛이 나는 사과 품종이고, McIntosh는 작고 붉은색을 띠는 사과 품종이다. Apple이 생산했던 컴퓨터 모델 Macintosh는 매킨토시 프로젝트를 담당했던 컴퓨터 과학자인 제프 래스킨이 좋아했던 사과 품종 McIntosh의 이름에서 따왔다고 한다. McIntosh는 한국의 부사와 모양이나 맛이 비슷하기는 한데, 맛은 거기에 전혀 미치지 못한다. 전반적으로 북미의 사과는 한국 사과를 따라 오지 못하는데, 저자도 미국 유학 중 사과를 먹었을 때 만족했던 적이 거의 없다. 한편 '나는 Granny Smith를 좋아한다.'는 I like Granny Smith. 또는 I like Granny Smiths.다. (정관사를 써서 I like the Granny Smith.라고는 하지 않는다. 다만 다른 품종과 비교하는 경우에는 정관사 the Granny Smith를 쓸 수 있다.) '나는 McIntosh를 좋아한다.'는 I like McIntosh. 또는 I like McIntoshes.다.

25 불가산명사는 문제가 안 된다고 했는데, 어떤 명사가 거의 불가산명사로만 쓰이는 경우에는 문제가 없지만, 가산명사로도 쓰이고 불가산명사로도 쓰이는 명사들이 문제가 된다. 예를 들어, tax / income은 가산명사, 불가산명사로 자주 사용된다. 그렇다면, '세금은 소득에 따라 정해진다.'는 뭐라고 할까? 이때는 Tax is based on income.이라고 한다. 부정관사 a tax / an income, 정관사 the tax / the income, 복수형 taxes / incomes 그 어떤 것도 일반적인 의미의 '세금', 일반적인 의미의 '소득'을 대표하지 못한다. 오로지 〈제로관사 + 단수형〉 tax / income만 가능하다. 다만, tax는 복수형 taxes까지는 가능하다. 즉, 일반적인 의미의 '세금'을 tax 또는 taxes로 표현할 수 있다. 그러나 income은 복수형 incomes가 불가능하다. 오로지 제로관사에 단수형 income만을 사용한다. 아무튼 Taxes are based on income.까지는 가능하다.

26 좀 더 깊이 생각해 보면, (2)는 화자(話者)가 잘 몰라서 부정관사 A neighbor라고 할 수도 있겠고, 굳이 자세하게 말하고 싶지 않아 A neighbor라고 할 수도 있겠다. 윗집에 한 명(또는 여러 명)이 살고 있는데 그중 불특정한 한 명(one of the guys)이라는 뜻이다. 의미가 가장 불분명한 문장이다. (3) The neighbor / (4) My neighbor는 '맨날 피아노 치는 그 사람'이라는 뜻이며, 그 사람을 인지하고 있음을 나타낸다. 얼굴을 봤거나 인사를 했을 가능성이 높기는 하지만 반드시 그런 경우에 한정하는 것은 아니며, '이 시간에 거의 같은 곡을 자주 쳐서 아는데, 아마도 맨날 피아노 치는 그 사람'일 것이라는 말이다. 복수인 (5) (6) (7)은 윗집에 여러 명 사는 것은 분명하고 그 중에서 한 명 또는 한 명 이상이 피아노를 친다고 가정하는 문장이다.

27 현재 어느 바닷가에 있는 상황(예: I went to the beach.)에서의 관사의 용법과 앞으로 바닷가에 갈 예정이 있는 경우(예: I'm going to a beach this summer.)에서의 부정관사 a beach를 사용할 수 있느냐 없느냐 문제는 근본적으로 다를 수밖에 없다. 전자의 경우 이미 내가 그 장소에 있기 때문에 〈I went to a beach + 부가어구〉 형식이 되어야 사용 가능한 데 비해, 후자는 여러 가능한 바닷가 중에서 어디가 될지 결정되지 않았거나, 결정되었다고 하더라도 변경 가능성이 있으니 부정관사 a beach를 별다른 제약 없이 사용할 수 있다.

28 참고로, in Gangwondo를 생략하면 snow / the snow 선택에 차이가 생긴다. 〈1〉 A few years ago I was stuck on a road because snow fell heavily. 〈2〉 A few years ago I was stuck on a road because the snow fell heavily.를 보면, 〈1〉 무정관사 snow, 〈2〉 정관사 the snow 둘 다 좋으나, in Gangwondo가 있을 때보다는 〈2〉를 훨씬 더 많이 선호한다. in Gangwondo를 생략하면 문장의 구체성이 다소 떨어지기 때문에 snow까지 구체성이 떨어지면 어색한 느낌이 강하게 들게 된다. 이런 이유로 그나마 구체성이 좀 더 있다고 느껴지는 〈2〉 정관사 the snow를 훨씬 더 선호하는 것이다.

29 왜 정관사 the in-laws'에 이런 부정적인 의미가 들어 있는 것일까? 이유는 확실히 알 수 없으나 정관사 the는 아주 부정적인 뜻을 갖는 경우가 종종 있다. 가령, the good life는 '세속적이고 쾌락을 추구하는 화려한 인생'을 뜻한다. 반면, a good life는 '남을 돕고 진심으로 남을 배려하는, 그러면서도 물질적으로도 크게 부족하지 않은 인생', 즉, 흔히 우리가 말하는 '좋은 인생', '안락한 인생' 또는 '모범이 되는 인생' 등을 뜻한다. 따라서 He only knows 'the good life', not 'a good life'.(그 사람은 쾌락만 좇을 뿐이지 의미 있고 참된 인생은 안중에 없다.)처럼 쓸 수 있다.
숙어는 아니지만 위와 같은 정관사의 용법이 나타나는 예를 더 생각해 보자. 일반적인 상황에서 '어제 직장을 그만 두었다.'는 소유격 I quit my job yesterday.라고 하지, 정관사 I quit the job yesterday.라고는 하지 않는다. 하지만, 지난 수개월 동안 내 직장을 혐오하고 지겨워하고 치를 떨었다면 '드디어 그 거지 같은 직장 때려치웠다.'는 뜻으로 정관사 I finally quit the job.이 충분히 가능하다.

또한, 흔히 비밀스럽고 대체로 불법적인 물건을 정관사 the goods(그 제품/상품)이라고 하고, '술'을 the liquid(그 액체)라고 지칭하는 경우가 많은데, 이것 역시 일부 명사가 정관사 the와 결부되어 특수한 의미를 갖게 되는 사례다. 물론 이런 사례는 그다지 많지는 않다.

30 영어에서 질병은 불가산명사, 증상은 가산명사로 나타내는 것이 일반적이다. a headache(두통), a cold(감기), a fever(열), a temperature(고열), a toothache(치통), a stomachache(복통), a runny nose(콧물 증상), a sore throat(목 아픈 증상) 등은 '증상'에 가깝고 짧은 시간에 치료가 끝나기에 가산명사로 쓰인다. 반대로 diabetes(당뇨), anemia(빈혈), appendicitis(맹장염), colon cancer(대장암) 등은 치료에 비교적 시간이 오래 걸리는 질병이므로 불가산명사로 쓰인다. 그러나 증상인지 질병인지 애매한 것들도 있다. diarrhea(설사), constipation(변비)은 불가산명사다. 대체로 질병 관련은 불가산명사라고 생각하면 된다.

31 물론 a traffic jam과 heavy traffic은 같은 뜻은 아니나 같이 쌍으로 외우면 기억도 잘 나고 뜻의 차이도 잘 이해된다. a jam은 가산명사이고 traffic은 불가산명사다. a jam은 '1회의 (교통) 흐름 정지'란 뜻이다. 반면, traffic은 '교통량'이라는 뜻이다. a traffic jam은 교통 흐름이 많은 것을 뜻할 뿐만 아니라 교통 사고로 인해 차량 흐름이 정지된 것을 말하고, heavy traffic은 교통량이 많아져서 자동차 속도가 낮아지는 것을 말한다. 후자는 자동차 흐름이 정지했다는 말이 아니라 속도가 낮아졌다는 말이다. 이렇게 차이는 있으나 일반적인 상황이라면 대체 사용이 가능할 것이다.

32 많은 문법책에 두 부분이 합쳐서 하나를 이루는 가구나 의류에 대해 복수형으로 사용한다고 설명되어 있는데 당연히 예외는 있다. 예를 들어, 위 아래 옷이 있는 '양복'을 suit라고 하는데 '양복 한 벌'은 단수형 a suit / '양복 여러 벌'은 복수형 suits가 사용된다. '재킷'도 '재킷 한 벌'은 단수형 a jacket / '재킷 여러 벌'은 복수형 jackets다.

33 단수형 가산명사를 말하는 것이다. 당연한 얘기지만 '가산명사의 복수형'이 특정한 뭔가를 지칭하지 않는 경우 제로관사다. She is reading a book about plants and flowers.(그 여자는 식물과 꽃에 대한 책을 읽고 있다.)를 보면 plants와 flowers에 관사를 붙이지 않았다. plants / flowers는 가산명사 복수형이므로 부정관사 a / an을 붙여서는 당연히 안 되고, 특정한 plants / flowers가 아니니 정관사 the 역시 붙여서는 안 된다.

34 주로 부정관사 없이 사용되다가도 갑자기 명확하게 끊어지는 한 개에 대한 인식이 생기는 경우 다시 부정관사를 붙이게 된다. lunch는 가산명사로 자주 쓰이지만 I had lunch with my friend today.처럼 부정관사를 생략하는 것이 보통이다. 여기서 lunch는 '(점심에 먹는) 음식'이라는 뜻이기 때문에 별도로 구분할 실익이 없기 때문이다. 그런데 '점심을 늦게 먹었다.'는 I had a late lunch. '점심을 많이 먹었다.'는 I had a big lunch. '점심을 잘 먹었다.'는 I had a nice lunch. '점심을 재빨리 먹었다.'는 I had a quick lunch. '오늘 점심 제대로 못 먹었다.'는 I had a poor lunch today. 처럼 부정관사 a / an을 사용한다. 보통과 다른 특이한 점심을 먹은 경우 개별성/개체성이 갑자기 확 부각되기 때문에 부정관사를 붙이는 것이다. 심지어 이런 형용사가 없더라도 '점심행사'라는 의미가 들어가면 lunch에도 부정관사 a를 사용한다. 예를 들어, On the occasion of his retirement we are going to have a lunch for him.(그분의 정년퇴직을 맞이하여 오찬을 함께 할 예정이다.)에서는 lunch가 '(점심에 먹는) 음식'이 아니라 '(점심 시간에 개최하는) 행사'가 되기 때문에 부정관사 a lunch가 맞다.

35 부정관사 a manager를 쓴 것은 매니저가 두 명 이상임을 뜻한다. 보통 식당에는 daytime manager, evening manager 등 매니저가 두 명 이상인 경우가 보통이다. 따라서 a manager는 '그 시간에 일하고 있는(on duty at that time) 매니저'를 뜻한다.

36 이때 부정관사 a high school이라고 하면 대단히 모욕적인 의미가 된다. 어느 학교인지 관심도 없고 어디에 있는지, 심지어 진짜 고등학교를 졸업했는지 의심하는 뜻이 들어가 있다. 반면에 정관사 the high school을 쓰면 화자와 청자가 서로 알고 있는 '그 고등학교'를 졸업했다는 뜻이 될 수도 있고, 그 동네/마을/도시에 고등학교가 딱 하나 있는데(the only high school in town) 그 고등학교를 졸업했다는 뜻이 될 수도 있다.

37 다만, 일상석으로 많이 사용되는 형용사 honest, poor, little, old, young 등이 사용되는 경우 정관사를 붙이지 않는다. 예를 들어, honest George / poor George / little George / young George처럼 사용된다. 왜 어느 경우에는 정관사 the와 함께 사용되고 어느 경우에는 the를 사용하지 않는지 특별한 원칙을 찾기는 어려우나, 일반적으로 자주 쓰이는 경우(honest, poor, lazy, lucky 등) 또는 시간의 흐름에 따라 변화하는 경우(young, old, little 등) 정관사 the 없이 사용되고, 주로 그 사람의 속성을 나타내거나 시간의 흐름에 따라 변함이 없는 경우 정관사 the와 함께 사용되는 것 같다. 이는 정관사 the의 기본적인 용법을 고려하면 어느 정도 납득이 된다.

38 그 사람이 항상 성질 나 있는 것이 아니니까, 즉 일시적인 감정상태를 표현하는 것이니까 부정관사 A very angry Tom이라고 한 것이다. 다만 이 문장은 보통의 말하기 상황에서는 Tom was very angry and was having a drink.이라고 하면 되기 때문에 잘 쓰지 않는다. (이 문장은 문어체 문장이다.) A very angry Tom은 얄미운 태도로 Tom을 놀리는 맥락에서 사용될 수 있겠다.

39 소유격 His Ford is white, and his Audi is silver.라고 해도 좋다. 이 맥락에서 정관사 the Ford와 소유격 his Ford 사이에 아무런 선호 차이가 없다. 둘 다 똑같이 좋다. 참고로, Audi는 독일에서 '아우디'로 발음되지만 미국에서는 통상 au를 [오]로 발음하기 때문에 Audi를 [오디]로 발음한다. (다만 이때 [오]는 한국어의 [오]가 아니라 '입을 넓게 벌린 [오]', 즉, [오]와 [아]의 중간 정도의 소리이다.)

40 소비자들 사이에 iPhone은 제품명 이상의 이미지, 즉, 브랜드에 가까운 이미지를 가지고 있다 보니 정관사를 생략하고 I like iPhone.이라고 하는 경우도 있다. 다만 많은 사람들이 무정관사 I like iPhone.에 거부감을 가지고 있으니 굳이 사용할 필요는 없다. 대신 복수형 I like iPhones.는 아주 자연스러운 문장이다.

41 LA 다저스(Dodgers)의 전신은 브루클린 다저스인데, 브루클린 시민들은 거리의 전차들을 피해 다니느라 정신이 없었다고 한다. 이런 모습을 보고 '피하다'의 뜻의 다저스를 팀명으로 정했다고 한다. 일반적인 의미의 '피하는 사람들'이 아니라 '바로 그 피하는 사람들'이라는 뜻으로 정관사 the Dodgers라고 한 것이므로 정관사 the의 존재가 충분히 이해된다.

42 실제 대화에서 정관사 the는 생략 가능하다. 즉, management / leadership만으로도 '경영진', '지도부'라는 뜻을 표현하는 데 무리가 없다.

43 trouble이 복수형 troubles로 사용되기는 하는데 이렇게 되면 뜻이 달라진다. 복수형 troubles는 '(객관적인) 문제'가 아니라 '(마음속의) 고민거리', '근심거리'를 뜻한다. She told me her personal troubles.(그 여자는 내게 개인적인 고민을 털어놨다.)처럼 쓸 수 있다.

44 당연히 다른 것과 구분되는 특정한 시간을 말하는 경우 정관사 the를 사용한다. '시간 있어?'는 Do you have time?이지만 '몇 시냐?'는 Do you have the time? / What's the time?이다. (What time is it?도 좋다. 의문형용사 what이 있어 정관사 the가 쓰이지 않은 것이다.) 또는 '시간 내서 댓글 달아 줘서 고마워.'는 Thank you for taking the time to comment.다.

45 설사 티슈를 여러 장 썼다고 하더라도 on tissues라고 하지는 않고, 관행적으로 on a tissue라고 한다. 다만 문장 형식을 약간 바꿔 He used some tissues to blow his nose.(코 풀기 위해 티슈 몇 장 썼다.)는 좋은 문장이다. 이때 He blew his nose on tissues.라고 하지는 않는다. 아주 많은 티슈를 소비했다는 점을 강조하는 경우 on some tissues라고 한다. 티슈 한 통 전체(a box of tissues)를 다 썼다는 뜻을 전달하고자 하는 경우, He used all of the tissues when he blew his nose. 또는 He blew his nose and used all the tissues.라고 한다.

46 toilet paper는 항상 단수형으로 사용된다. '한 묶음 안에 화장지 6개가 들어 있다.'라고 하고자 하는 경우 복수형 There are 6 toilet papers in a package.가 아니라, 단수형 There are 6 rolls of toilet paper in a package.라고 한다.

47 오주영, 2006, 영어 명사의 인지적 학습에 관한 연구, Journal of Language Sciences 14-1, pp.127-140

48 이 문장도 틀렸다고 하는 네이티브도 있다. 이 문장은 마치 100살이 한계점(the cutoff) 같은 느낌을 준다고 한다. 즉, 아무도 100살 이상 살 수 없다는 뜻으로 생각될 수도 있다는 말이다.

49 다음과 같은 상황에서는 정관사 the를 사용할 수 있다. 편의점에 가서 직원한테 Do you have Marlboro?(말보로 있어요?)라고 물었다고 하자. 직원이 Sure, which one?(네, 어떤 걸로 드릴까요?)라고 물었을 때 '말보로 골드로 주세요'라고 하려면 I'll take the Marlboro Gold. / I'll take the Marlboro Golds.처럼 대답할 수 있다. (Marlboro Gold는 단수형, 복수형 둘 다 좋다.) 그런데 편의점에 들어가자마자 '말보로 골드 있어요?'라고 할 때는 Can I get Marlboro Gold? / Can I get a pack of Marlboro Gold?라고 한다. 이때는 정관사 the를 사용하지 않는다.

50 Chanel / Hermes는 영어로 어떻게 발음할까? 원래 프랑스어 발음도 중요하지만 영어학습자 입장에서는 북미에서 보통 사람들이 어떻게 알고 어떻게 발음하는지가 더 중요하다. Chanel 발음은 [ʃənél]이다. 한국어로 Hermes는 보통 그리스 신화에서는 '헤르메스'로, 명품 이름으로는 '에르메스'로 발음된다. 영어로는 이런 구분 없이 각자 취향에 따라 [hə́:rmi:z] / [에어메스] / [에어미:ㅈ] 정도로 발음한다.

도움을 받은 책

문용, 2008, 『고급 영문법 해설』, 박영사

박기성, 2009, 『영어와 한국어 의미론 비교 연구 이론과 실제』, 도서출판 동인

이희재, 2010, 『번역의 탄생』, 교양인

양현권, 김낙훈, 성민창, 2017, 『영어 부정관사의 문법적 본질에 대한 사회
심리학적 이해: 영어 교육에의 함의』, The SNU Journal of Education Research 26권 1호

최영, 2002, 『영어의 관사 체계』, 영어교육연구 제24호

이익섭, 2003, 『국어 부사절의 성립』, 태학사

남승호, 2007, 『한국어 술어의 사건 구조와 논항 구조』, 서울대학교 출판부

유현경, 1998, 『국어 형용사 연구』, 한국문화사

이상억, 1999, 『국어의 사동 · 피동 구문 연구』, 집문당

김종록, 2008, 『외국인을 위한 표준 한국어 문법』, 박이정

Randolph Quirk, Sidney Greenbaum, Geoffrey Leech, and Jan
Svartvik, 1985, *A Comprehensive Grammar of the English Language*,
Longman

Sydney Greenbaum, 1996, *The Oxford English Grammar*,
Oxford University Press

도움을 받은 웹사이트

www.english.stackexchange.com
www.usingenglish.com
www.wordreference.com

**While without grammar
very little can by conveyed,
without vocabulary
nothing can by conveyed.**

문법을 모르면 표현이 아주 제한되지만,
단어를 모르고는 아예 아무것도 표현할 수 없다.

David Wilkins